GEORG H. KÜSTER

Untersuchungen zur Einkommensverteilung im Wirtschaftswachstum

Forschungsbeiträge der Adolf-Weber-Stiftung

Band 3

Untersuchungen zur Einkommensverteilung im Wirtschaftswachstum

Von

Dr. Georg H. Küster

DUNCKER & HUMBLOT / BERLIN

Gedruckt 1969 bei Erich Lezinsky, Berlin 20
Printed in Germany

Vorwort der Herausgeber

Die hiermit vorgelegte Studie liefert einen Beitrag zur Problematik wirtschaftspolitischer Konfliktsituationen in industrialisierten Volkswirtschaften marktwirtschaftlicher Prägung. Den Ausgangspunkt der Untersuchungen bildet die vielfach behauptete Inkonsistenz zwischen dem Verteilungs- und Wachstumsziel der Wirtschaftspolitik. Der Verfasser analysiert sowohl die normativ-ökonomischen als auch die positivökonomischen Aspekte dieses Problemkreises. Der Schwerpunkt der Arbeit liegt bei der Analyse der Interdependenzen zwischen dem Verteilungs- und Wachstumsprozeß. Jedoch beschränkt sich der Verfasser nicht auf eine Diskussion rein funktionaler Abhängigkeiten „modellplatonischer" Observanz, sondern er versucht vielmehr bestimmte sozialökonomische Charakteristika entwickelter Industriegesellschaften als empirische Hypothesen in die theoretischen Untersuchungen einzubringen.

Die Adolf-Weber-Stiftung hat sich vor allem aus drei Gründen zur Förderung der vorgelegten Studie entschlossen. Der erste Grund ist in der sozialwissenschaftlichen Konzeption der Arbeit zu sehen, deren Ziel die Überwindung des „sozialen Vakuums" neoklassischer und postkeynesianischer Provenienz durch die explizite Berücksichtigung sozioökonomischer Strukturelemente und soziopolitischer Steuerungsmechanismen bildet.

Ein zweiter Punkt betrifft die Aktualität und Dringlichkeit der angesprochenen Fragen. In der „aufgeklärten Marktwirtschaft" sind die wirtschaftspolitischen Instanzen auf die Ziele einer gleichmäßigeren Einkommens- und Vermögensverteilung einerseits und eines stabilen Wirtschaftswachstums andererseits verpflichtet. Während die staatliche Wirtschaftspolitik in der BRD bisher den stabilisierungs- und produktivitätspolitischen Postulaten die Priorität zuerkannte, haben die verteilungs- und infrastrukturpolitischen Normen erst in der jüngsten Vergangenheit sichtbare politische Bedeutung erhalten. Die heute im Vordergrund des öffentlichen Interesses stehenden Beziehungen zwischen dem verteilungs-, stabilisierungs- und wachstumspolitischen Komplex der modernen Wirtschaftspolitik stellen auch das Thema dieser Arbeit dar. Bezüglich der konstitutiven Elemente der Wirtschaftspolitik weist der Verfasser vor allem auf die Mehrdeutigkeit der Zielvariablen, den

Substitutionsbereich zwischen wirtschaftlichen und politischen Aktionen sowie die Pluralität der wirtschaftspolitischen Gewalten hin.

Ein dritter Punkt betrifft den Zusammenhang zwischen Einzel-, Struktur- und Niveausteuerung der Wirtschaftstätigkeit in „reifen" Volkswirtschaften. Während die Funktionsweise des Preismechanismus, der die Einzelgrößen und Strukturen der Wirtschaft aufeinander abstimmt, und des Einkommensmechanismus, der das Niveau der Wirtschaftstätigkeit steuert, hinlänglich geklärt ist, stellt das Zusammenwirken beider Teilmechanismen ein bis heute weitgehend ungelöstes Problem dar. Der Verfasser liefert hierzu einen Lösungsansatz. Er geht davon aus, daß historisch bedingte Organisierungs- und Konzentrationstendenzen zu einer unilateralen bzw. bilateralen Preis- und Lohnadministration auf den Faktor- und Produktmärkten der industrialisierten Volkswirtschaften geführt haben. Die Gruppenpolitik habe die interdependente Preissteuerung auf den Märkten substituiert — mit dem Ergebnis, daß heute zahlreiche Löhne und Preise sowie Lohn- und Preisstrukturen inflexibel seien. Diese Rigidität der Preismechanik werde jedoch durch eine erhöhte Flexibilität einer gesamtwirtschaftlichen Niveaugröße, des Preisniveaus, wieder aufgehoben. Die „schleichende Inflation" — als Folge marktstruktureller Verhärtungen — wird somit zur wesentlichen Voraussetzung für eine dennoch flexible und funktionsfähige Marktsteuerung in pluralistischen Industriegesellschaften.

Rudolf Gunzert, Harald Jürgensen

Vorwort des Verfassers

Die vorliegende Arbeit entstand während meiner Praktikanten- und Assistententätigkeit am Institut für Europäische Wirtschaftspolitik der Universität Hamburg. Dem Direktor des Instituts, meinem Doktorvater Herrn Prof. Dr. Harald Jürgensen, möchte ich an dieser Stelle für die anregende und großzügige Förderung danken, die er mir zuteil werden ließ. Herrn Prof. Dr. J. Lübbert und Herrn Prof. Dr. E. Kantzenbach habe ich für wertvolle Hinweise und Kritik zu danken. Die Arbeit wurde von der Adolf-Weber-Stiftung finanziell gefördert. Alle enthaltenen Unzulänglichkeiten habe ich selbstverständlich allein zu vertreten.

Frankfurt a. M., Februar 1969

Georg H. Küster

Inhalt

Abkürzungsverzeichnis

AER	= The American Economic Review
CJE	= The Canadian Journal of Economics and Political Science
EJ	= The Economic Journal
FA	= Finanzarchiv
FAZ	= Frankfurter Allgemeine Zeitung
HbJ	= Hamburger Jahrbuch für Wirtschafts- und Gesellschaftspolitik
HdSw	= Handwörterbuch der Sozialwissenschaften
IEP	= International Economic Papers
JfNuSt	= Jahrbücher für Nationalökonomie und Statistik
JfS	= Jahrbuch für Sozialwissenschaft
JPE	= The Journal of Political Economy
OEP	= Oxford Economic Papers
Proc.	= Papers and Proceedings
QJE	= The Quarterly Journal of Economics
REStat	= The Review of Economics and Statistics
REStud	= The Review of Economic Studies
SchdVfS	= Schriften des Vereins für Socialpolitik
SchJ	= Schmollers Jahrbuch
SchZ	= Schweizerische Zeitschrift für Volkswirtschaft und Statistik
SEJ	= The Southern Economic Journal
SJPE	= The Scottish Journal of Political Economy
Vol.	= Volume
WA	= Weltwirtschaftliches Archiv
WuSt	= Wirtschaft und Statistik
WWI	= Mitteilungen des Wirtschaftswissenschaftlichen Instituts der Gewerkschaften
ZfdgSt	= Zeitschrift für die gesamte Staatswissenschaft
ZfN	= Zeitschrift für Nationalökonomie

Einleitung

Verteilung und Wachstum – Thesen und Probleme

Explizit oder implizit sind die Träger der Wirtschaftspolitik in allen industrialisierten Volkswirtschaften der westlichen Welt auf einen wirtschaftspolitischen Normenkatalog verpflichtet, der im wesentlichen die Ziele eines relativ hohen Wirtschaftswachstums, einer gleichmäßigeren Einkommens- und Vermögensverteilung, der Vollbeschäftigung, Preisniveaustabilität und des freien Zahlungsbilanzausgleichs sowie eine marktwirtschaftliche Grundentscheidung enthält[1]. Zwischen diesen wirtschaftspolitischen Postulaten bestehen soziale und wirtschaftliche Interdependenzen, die sich in substitutiven oder komplementären Zielbeziehungen ausdrücken können. Die einzelnen Bestandteile des Zielsystems bilden zusammen ein „magisches Ziel-Polygon", so daß sich der Wirtschaftspolitiker vor einen interdependenten und inkonsistenten Normenkatalog gestellt sieht.

Die Art der wechselseitigen Abhängigkeit der Ziele untereinander wird von den Mitteln bestimmt. Ziele und Mittel bilden demnach ein zusammenhängendes System. Die Interdependenz der Ziel-Mittel-Systeme wird wiederum von der sozialen und wirtschaftlichen Interdependenz der ökonomischen Daten und Variablen des zugrunde liegenden Wirtschaftssystems bestimmt. Aufgrund dieser Zusammenhänge kann man sich mit *Schiller* „die moderne Wirtschaftspolitik als ein gleichzeitiges, aber durch leads und lags kompliziertes Operieren auf einem strategischen Feld in verschiedener Richtung (vorstellen). . . . das Vorrücken auf einer Linie von einem bestimmten Punkt an (ist) nur bei Stillstand oder einer Rückwärtsbewegung auf einer anderen möglich. Zusammen wird das alles dann zu einer Aufgabe, das Optimum des Vorrückens im ganzen zu bestimmen"[2].

---

[1] Einen Überblick über die verschiedenen Zielsysteme geben u. a. *Hutchison*, T. W.: Das Problem der systematischen Verknüpfung von Normen und von Aussagen der positiven Ökonomik in grundsätzlicher Betrachtung, in: v. Beckrath, E., und Giersch, H., (Hrsg.), Probleme der normativen Ökonomik und der wirtschaftspolitischen Beratung, SchdVfS, N. F. Bd. 29, Berlin 1963, S. 5 f.; *Kirschen*, E. S., und andere: Economic Policy in Our Time, Vol. I, General Theory, Amsterdam 1964, S. 3 ff.; deutsch: Ziele der praktischen Wirtschaftspolitik, in: Gäfgen, G., (Hrsg.), Grundlagen der Wirtschaftspolitik, Neue Wissenschaftliche Bibliothek 11, Köln—Berlin 1966, S. 237 ff.

Wirtschaftspolitische Maßnahmen, die zugunsten des einen oder anderen Ziels ergriffen werden, zeitigen demnach Alternativkosten der Zielrealisierung (opportunity costs). Sie stellen den Preis dar, den die Wirtschaftsgesellschaft für die Annäherung an eine Zielgröße in Form von Zielverlusten bei anderen Postulaten zu entrichten hat. Prinzipiell stellt sich damit einer rationalen Wirtschaftspolitik das Problem, die Summe der Alternativkosten zu minimieren und die unvermeidlichen Kosten einer vergleichenden Bewertung zu unterziehen. Damit ergibt sich das Problem der wirtschaftspolitischen Prioritäten und eine welfare-theoretische Fragestellung.

Sowohl in wirtschaftspolitischen Tagesdiskussionen als auch in wissenschaftlichen Untersuchungen wird stets darauf hingewiesen, daß die Verteilungs- und Wachstumsnorm konkurrierende wirtschaftspolitische Zielsetzungen seien. Danach hätten Maßnahmen, die eine gleichmäßigere Einkommens- und Vermögensstreuung bezwecken, gewisse Wachstumseinbußen zur Folge, während wachstumsbelebende Mittel zu einer differenzierteren Verteilung führen müßten. Die zu diesem Problem geäußerten Thesen lassen jedoch keinen eindeutigen Schluß auf einen grundsätzlich antagonistischen Charakter von Verteilungs- und Wachstumsziel zu.

Unter säkularem, entwicklungstheoretischem Aspekt kann beispielsweise die bekannte Feststellung von *Marx*, daß das kapitalistische Gesetz eine der Akkumulation von Kapital entsprechende Akkumulation von Elend bedinge[3], als Unvereinbarkeitsthese ausgelegt werden. Das säkulare Wachstumsmodell von *Marx* beruht auf Prämissen wirtschaftlicher, gesellschaftlicher und politischer Art, die zu stark differenzierter Verteilung im Zuge der wirtschaftlichen Entwicklung führen.

Die Interpretation des kapitalistischen Entwicklungsprozesses durch *Schumpeter* geht von einem relativ konstanten Aufbau der in Geldgrößen ausgedrückten Einkommenspyramide aus. Realwirtschaftlich kommt *Schumpeter* jedoch zu dem Ergebnis: „In realen Größen gemessen haben sich die relativen Anteile wesentlich zugunsten der niedrigeren Einkommensgruppen verändert. Dies folgt aus der Tatsache, daß die kapitalistische Maschine alles in allem eine Maschine der Massenproduktion ist, was unvermeidlich auch Produktion für die Massen bedeutet[4]." Auf den gleichen Gesichtspunkt stellt *Smithies* ab: „The greatest equalizer from the real income standpoint is capitalistic devel-

---

[2] Vgl. *Schiller,* K.: Neuere Entwicklungen in der Theorie der Wirtschaftspolitik, Walter Eucken Institut, Vorträge und Aufsätze, Heft 1, Tübingen 1958, S. 21.

[3] Vgl. *Marx,* K.: Das Kapital. Kritik der politischen Ökonomie, Bd. I, Der Produktionsprozeß des Kapitals, Ausgabe des Marx-Engels-Lenin-Instituts Moskau, 8. Aufl., Berlin 1959, S. 680.

opment itself. The difference between a Cadillac and a Ford is far less than the difference between a Ford and a bicycle[5]."

Während *Schumpeter* und *Smithies* den Wachstumsaspekt als dominantes und den Verteilungsaspekt als rezessives Merkmal ansehen, scheitert nach *Marx* der kapitalistische Entwicklungsprozeß an seiner Verteilungsdynamik und tritt zwangsläufig in eine revolutionäre Phase ein. Für die Wirtschaftspolitik ist jedoch die Vereinbarkeit oder Unvereinbarkeit von Wachstums- und Verteilungspostulat auf der säkularen Ebene weitgehend irrelevant, da die wirtschaftspolitischen Maßnahmen zwar langfristige Wirkungen besitzen, jedoch unter diesem Zeithorizont nicht operational sind. Die Schärfe des Zielkonfliktes wird erst in kurz- oder mittelfristiger Sicht evident, sei es, daß sich die (behaupteten) Nivellierungstendenzen in der realen Verteilung zu langsam durchsetzen, sei es, daß gewisse entwicklungsbedingte differenzierende Verteilungstrends vermieden werden sollen.

Bezüglich des Zusammenhanges zwischen Wachstum und Verteilung auf kurze oder mittlere Sicht stellt *Föhl* fest: „Schnelles Wachstum des Sozialprodukts wird durch zeitweisen Verzicht auf soziale Gerechtigkeit erkauft[6]." Aus dieser Hypothese können unterschiedliche wertende Konsequenzen gezogen werden. Unter der Annahme, daß die menschlichen Bedürfnisse begrenzt seien, kommt *Tinbergen* zu dem Ergebnis, daß man mit zunehmender Güterversorgung mehr Nachdruck auf das Ziel einer gleichmäßigeren Verteilung legen könne[7]. Dagegen plädiert *Galbraith*, der Autor der „affluent society", für eine stärkere Orientierung am Wachstumspostulat: „In the advanced country ... increased production is an alternative to redistribution ... How much better to concentrate on increasing output, a programme on which both rich and poor can agree, since it benefits both[8]."

Einen Schritt weiter geht *Littmann*, wenn er das Verteilungspostulat in Form der Vermögensverteilung mit der marktwirtschaftlichen Grundentscheidung konfrontiert. Er gelangt zu dem Ergebnis, „daß die Marktwirtschaft zwar bei einer einseitigen Vermögensbildung zugunsten der Unternehmer arbeitsfähig bleiben kann, daß das andere mögliche Extrem jedoch mit den ökonomischen Bedingungen un-

---

[4] Vgl. *Schumpeter*, J. A.: Kapitalismus, Sozialismus und Demokratie, 2. erw. Aufl., übers. von S. Preiswerk, Bern 1950, S. 113.

[5] Vgl. *Smithies*, A.: Economic Welfare and Policy, in: Economics and Public Policy, Brookings Lectures 1954, Washington D. C. 1955, S. 19.

[6] Vgl. *Föhl*, C.: Das Steuerparadoxon, in: FA, N. F. Bd. 17, 1956/57, S. 35.

[7] Vgl. *Tinbergen*, J.: Economic Policy: Principles and Design, Amsterdam 1956, S. 22.

[8] Vgl. *Galbraith*, J. K.: The Affluent Society, Boston 1958; zitiert nach der Taschenbuchausgabe Pelican Books 1962, S. 86.

vereinbar ist[9]". *Rothschild* bezweifelt generell die verteilungspolitische Flexibilität der kapitalistischen Wirtschaftsordnung: „... in a capitalist economy which is to function, the shares of wages and profits can hardly be dramatically altered[9a]." *Krelle* betrachtet diesen Zielkonflikt dagegen wesentlich toleranter: „Der Apparat der Marktwirtschaft arbeitet mit verschiedener Verteilung gleich gut. Er hat in Wirklichkeit viel mehr Freiheitsgrade, als die klassische Theorie glauben machen wollte[10]."

Ausgehend von der Unvereinbarkeitsdoktrin beendete *Jecht* sein Referat über „Staatliche Wirtschaftspolitik und Einkommensverteilung" auf der Tagung des diesem Themenkreis traditionell verpflichteten Vereins für Socialpolitik im Jahre 1957 mit dem Appell, „einen Ausgleich zu finden zwischen dem weiteren Wachstum der Volkswirtschaft und einer Verteilung des Volkseinkommens im Einklang mit der auch heute gültigen Idee der sozialen Gerechtigkeit[11]". Ein solcher Ausgleich würde eine „wachstumsoptimale Verteilung" bzw. eine „verteilungsoptimale Wachstumsrate" bedingen, wobei prima facie anzunehmen ist, daß beide Optima zwischen den Extremen eines maximalen Wachstums und einer total nivellierten Verteilung liegen werden.

Der Zielkonflikt zwischen Verteilungs- und Wachstumspostulat kann als „Punkt-Problem" oder als „Margen-Problem" aufgefaßt werden. In einer sehr farbigen Formulierung, die die ideologischen Schlagworte der Verteilungs- und Wachstumsdebatte als ironische Akzente verwendet, kennzeichnet *Boulding* die Abweichungen vom „optimum degree of inequality" wie folgt: „As we move away from this towards greater equality we lose 'peakedness', interest, color, excitement, drama: the perfectly equal is the perfectly dull. As we move away from this imaginary ideal in the other direction, towards greater inequality, we lose democracy, brotherhood, the concern and responsibility of all for all which is what makes organization tolerable. Somewhere in the middle, at the blessed Aristotelian mean, is an optimum point from which any movement one way or the other costs us more than we gain[12]." Während *Boulding* sich die Lösung des wirtschaftspoliti-

---

[9] Vgl. *Littmann,* K.: Über einige Zwangsläufigkeiten der Vermögensverteilung in der Marktwirtschaft, in: ZfdgSt, 113. Bd., 1957, S. 216.

[9a] Vgl. *Rothschild,* K. W.: The Limitations of Economic Growth Models, in: Kyklos, Vol. 12, 1959, S. 581.

[10] Vgl. *Krelle,* W.: Bestimmungsgründe der Einkommensverteilung in der modernen Wirtschaft, in: Hoffmann, W. G., (Hrsg.), Einkommensbildung und Einkommensverteilung, SchdVfS, N. F. Bd. 13, Berlin 1957, S. 70.

[11] Vgl. *Jecht,* H.: Staatliche Wirtschaftspolitik und Einkommensverteilung, in: Hoffmann, W. G., (Hrsg.), Einkommensbildung und Einkommensverteilung, S. 147 f.

[12] Vgl. *Boulding,* K. E.: Principles of Economic Policy, Englewood Cliffs N. J. 1958, S. 94.

schen Zielkonfliktes als Punkt-Problem vorstellt, sieht *Krelle* es als ein Margen-Problem an. Er geht von einer Untergrenze der Kapitalverzinsung aus, bis zu der Investition und Beschäftigung gerade noch erhalten bleiben, bei deren Überschreiten jedoch der marktwirtschaftliche Wachstumsprozeß nicht mehr funktioniert. Diese Untergrenze der Kapitalverzinsung ist gleichzeitig die Obergrenze für den Reallohn. Wird die Obergrenze der Kapitalverzinsung, die mit der Untergrenze des Reallohns identisch ist, überschritten, so wird eine „soziale Revolution" ausgelöst, und das marktwirtschaftliche Wirtschaftssystem bricht zusammen[13]. Danach stellt sich die evolutorische Marktwirtschaft als ein relativ flexibles Gebilde dar, das durch verteilungs- und wachstumspolitische Maßnahmen nicht wesentlich tangiert wird.

Liegt zwischen zwei wirtschaftspolitischen Normen eine Konkurrenzbeziehung vor, so setzt eine rationale Wirtschaftspolitik die Kenntnis der Indifferenzkurven und der Transformationskurve voraus. Das erste Erfordernis bezieht sich auf die normative Ökonomik; es gilt die zur Diskussion stehenden Postulate auf ihren Zielinhalt, auf ihr normatives Element zu prüfen. Die zweite Bedingung verlangt die Kenntnis bzw. Klärung der theoretisch-funktionalen Zusammenhänge, gehört also in den Bereich der positiven Ökonomik. Für die Wirtschaftspolitik ergibt sich der optimale Zielkompromiß am Tangentialpunkt von Indifferenz- und Transformationskurve[14].

Eine Konkurrenzbeziehung zwischen teilbaren wirtschaftspolitischen Zielen stellt jede Volkswirtschaft vor das Wahlproblem, welchen Teil der wirtschaftlichen Ressourcen sie welchem Ziel widmen soll. Dieses Problem kann unter statischem und dynamischem Aspekt analysiert werden. *Boulding* stellte dazu 1953 kritisch fest: „'Justice' has been thought of too much in terms of the division of a fixed pie rather than in terms of encouraging the baking of more pies[15]." Für den Zielkonflikt zwischen Verteilungs- und Wachstumspostulat stellt sich dieses Problem zwangsläufig in dynamischer Fassung, da sich das Wirtschaftswachstum nur auf intertemporale Vorgänge bezieht. Somit kann die beträchtliche Schwierigkeit, eine „gerechte" Einkommensverteilung ceteris paribus zu definieren, umgangen und die Fragestellung „bescheidener" auf die Beziehungen zwischen Verteilungs- und Wachstumsprozeß beschränkt werden. Es gilt nicht, die „gerechte" Verteilung schlecht-

---

[13] Vgl. *Krelle*, W.: Bestimmungsgründe der Einkommensverteilung in der modernen Wirtschaft, S. 63 ff.

[14] Vgl. zu dieser Nomenklatur *Giersch*, H.: Allgemeine Wirtschaftspolitik, 1. Bd., Grundlagen, Die Wirtschaftswissenschaften, Wiesbaden 1960, S. 51 f.

[15] Vgl. *Boulding*, K. E.: The Fruits of Progress and the Dynamics of Distribution, in: AER, Vol. 43, Proc., 1953, S. 482 f.

hin zu formulieren, sondern es gilt, die Verteilungsfrage unter der Nebenbedingung einer wachsenden Wirtschaft zu behandeln. Daß ihre Beantwortung damit nicht leichter fällt, dürfte offensichtlich sein. Aber sie erscheint doch einer ökonomischen Analyse eher zugänglich zu sein.

Jeder Versuch, einen Zielkompromiß zwischen Verteilungs- und Wachstumsnorm zu formulieren, setzt eine grundsätzliche Klärung der zwischen dem Verteilungs- und Wachstumsprozeß bestehenden möglichen Beziehungen sowie definitorische Abgrenzungen voraus. An dieser Stelle mag es genügen, einige generelle Bemerkungen dazu zu machen. Prinzipiell können zwischen dem Wachstums- und Verteilungsprozeß einseitige oder wechselseitige Beziehungen bestehen. Einseitige Abhängigkeiten liegen dann vor, wenn entweder die Verteilung ausschließlich das Wachstum oder das Wachstum allein die Verteilung beeinflußt. Wechselseitig ist die Beziehung dann, wenn es sich bei Verteilung und Wachstum um einen ineinander verzahnten Prozeß handelt. Für alle drei Fälle besteht sowohl die Möglichkeit positiver als auch negativer Korrelation. Im folgenden wird von der Hypothese des Bestehens eines wechselseitigen Zusammenhanges ausgegangen, die man mit der Interdependenz aller wirtschaftlichen Vorgänge zu begründen vermag.

Eine generelle Bestimmung der Begriffe Wachstum und Verteilung ergibt eine Leerformel. Als Bezugsgröße beider Begriffe kann vereinfachend das Sozialprodukt angesehen werden. Während damit der Wachstumsbegriff hinreichend konkretisiert ist, bleibt der Verteilungsbegriff zunächst immer noch offen. Die Verteilung des Sozialprodukts kann nach zahlreichen Kriterien erfolgen. Vier Distributionsbegriffe haben sich eingebürgert[16]: der funktionale, personelle, gruppenbezogene und sektorale Begriff. Während die funktionale Verteilung das Einkommen nach der ökonomischen Funktion im Wirtschaftsprozeß gliedert, stellt die personelle Einkommensstruktur eine ohne Ansehen der Person und ihrer Funktion vorgenommene Gliederung nach der Einkommenshöhe dar. Die gruppenbezogene Verteilung bezieht sich auf die nach sozioökonomischen Kriterien abgegrenzten Gruppen von Wirtschaftssubjekten, während die sektorale Distribution eine Aufteilung des Sozialprodukts nach institutionellen (Staat, Unternehmen, private Haushalte) oder produktionswirtschaftlichen Aspekten (Wirtschaftsbereiche, Industrien, Branchen) vornimmt. Bei allen vier Verteilungsbegriffen handelt es sich keineswegs um eindeutig fixierte Termini. Sie

---

[16] Zu den verschiedenen Kategorien von Verteilungsbegriffen vgl. u. a. *Bombach*, G.: Die verschiedenen Ansätze der Verteilungstheorie, in: Schneider, E., (Hrsg.), Einkommensverteilung und technischer Fortschritt, SchdVfS, N. F. Bd. 17, Berlin 1959, S. 96 ff.; *Krelle*, W.: Verteilungstheorie, Tübingen 1962, S. 2 ff.; *Stobbe*, A.: Untersuchungen zur makroökonomischen Theorie der Einkommensverteilung, Kieler Studien 59, Tübingen 1962, S. 22 ff.

stellen vielmehr Begriffskategorien dar, die einer weiteren Spezifizierung zugänglich sind.

Das normative und positive Problem des Zusammenhanges zwischen Verteilung und Wachstum des Sozialprodukts kann mit Hilfe der folgenden, auf *Boulding* zurückgehenden Graphik leicht veranschaulicht werden[17]. Auf der Abzisse der Figur 1 ist die Zeit, auf der Ordinate in logarithmischem Maßstab das Volkseinkommen abgetragen. In der Ausgangslage (Fall 1) ist das Sozialprodukt *OB* aufgeteilt in das kontraktbestimmte Einkommen der unselbständig Beschäftigten *OA* und das residualbestimmte Einkommen der Selbständigen *AB*. Bei dieser Einkommensverteilung folgt das Volkseinkommen dem Wachstumspfad *Bb* und das Arbeitseinkommen dem Pfad *Aa*. Die quotenmäßige Verteilung bleibt im Zuge des Wachstums konstant. Durch eine verteilungspolitische Maßnahme werde nun die ursprüngliche Verteilung zugunsten der Empfänger kontraktbestimmter Einkommen geändert

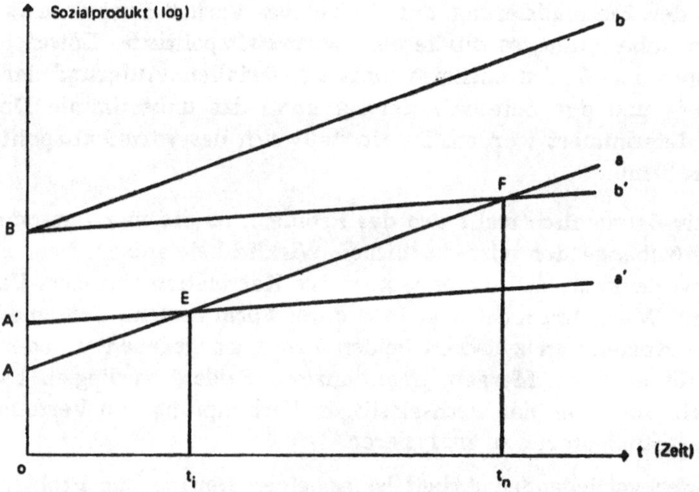

Figur 1

(Fall 2): Das Profiteinkommen wird um *AA'* reduziert und das Arbeitseinkommen nimmt um eben diesen Betrag zu. Aufgrund dieser Änderung der Verteilungsstruktur folgt das Wachstum des Sozialprodukts nun dem Pfad *Bb'*, dessen Zuwachsrate erheblich geringer ist als die des Wachstumspfades *Bb*. Im Zeitablauf ergibt sich, daß die verbesserte

[17] Vgl. *Boulding*, K. E.: The Fruits of Progress and the Dynamics of Distribution, S. 482.

Verteilungsposition der Arbeitnehmer mit einer Wachstumsminderung nicht nur des Sozialprodukts, sondern auch der Lohnsumme ($A'a'$) erkauft wird. Vom Zeitpunkt t_i ab ist das Lohnniveau ohne verteilungspolitischen Eingriff zugunsten der unselbständig Beschäftigten (Fall 1) ständig höher als das mit einer Verteilungsänderung erreichbare Einkommensniveau der Arbeitnehmer (Fall 2). Das beschleunigte wirtschaftliche Wachstum im Fall 1 führt vom Zeitpunkt t_n ab sogar zu einem Lohnniveau, das höher ist als das gesamte Sozialprodukt im Fall 2.

Normativ-ökonomisch stellt sich demnach das Problem, ob der durch die Verteilungsänderung zugunsten der unselbständig Beschäftigten zu realisierende Wohlstandsgewinn (Dreieck AEA') den durch das geometrisch unbestimmte Dreieck $a'Ea$ charakterisierten Wohlstandsverlust aufzuwiegen vermag. Aus den hier unterstellten Kurvenverläufen folgt, daß eine kurzfristige Annäherung an das vorgegebene Verteilungsziel die langfristige Verwirklichung des Wachstumspostulats beeinträchtigt. Die beiden genannten Dreiecke stellen die Alternativkosten der Zielrealisierung dar. Wäre das Verlust-Dreieck $a'Ea$ tatsächlich unbestimmt, so dürfte eine wirtschaftspolitische Entscheidung zugunsten der Wachstumsnorm nicht schwerfallen. Aufgrund der Unsicherheit und der Zeitdiskontierung kann das unbestimmte Dreieck jedoch determiniert werden. Damit stellt sich das wirtschaftspolitische Wahlproblem.

Positiv-ökonomisch stellt sich das Problem, ob die hier unterstellten Zusammenhänge der wirtschaftlichen Wirklichkeit entsprechen. Es ist durchaus denkbar, daß die enge negative Korrelation zwischen Verteilung und Wachstum nicht oder in anderer Form besteht, daß eine enge positive Korrelation zwischen beiden Prozessen gegeben ist oder daß innerhalb gewisser Margen „reaktionslose Felder" vorliegen. Es gilt demnach, die Arten der wechselseitigen Verknüpfung von Verteilungs- und Wachstumsprozeß zu analysieren.

Ziel der vorliegenden Arbeit ist es, einen Beitrag zur Problematik wirtschaftspolitischer Konfliktsituationen zu liefern. Da die Zielkonflikte in Form und Ausmaß wesentlich von der Funktionsweise des zugrunde liegenden Wirtschaftssystems bestimmt werden, soll sich die Arbeit vor allem den theoretischen Zusammenhängen zwischen Verteilung und Wachstum zuwenden. Es gilt nachzuweisen, daß jeder wachstumstheoretische Ansatz implizit oder explizit eine Verteilungstheorie voraussetzt bzw. enthält, und vice versa. Diese theoretischen Erwägungen werden jedoch in den Dienst der Wirtschaftspolitik gestellt. Es wird davon ausgegangen, daß die heute noch herrschende, sehr artifiziell anmutende Trennung von wirtschaftlichen Prozessen einerseits und sozialen und politischen Vorgängen andererseits einen nur begrenzten Einblick in die Beziehungen zwischen Verteilung und Wachstum gewährt. Verteilungs- und Wachstumsprozesse können nicht als ein interdependentes Geschehen aufgefaßt werden, das ausschließlich von rein wirtschaftlichen Größen determiniert und von rein ökonomischen Mechanismen gesteuert wird. Vielmehr sollte das Verteilungs- und Wachstumsergebnis in den industrialisierten Volkswirtschaften der westlichen Welt als Resultante aus verschieden gerichteten Kraftvektoren verstanden werden, die der wirtschaftlichen *und* sozialen und politischen Sphäre angehören. Der „Schritt zurück" zum „System der politischen Ökonomie" erscheint notwendig, um die wirtschaftspolitischen Probleme der pluralistischen Gesellschaften von heute einer Lösung näherzubringen[18]. Der simultane Prozeß der „Ökonomisierung der Politik" und der „Politisierung der Ökonomie" verlangt eine Integration der wirtschaftlichen, sozialen und politischen Faktoren in einem gemeinsamen Interdependenzsystem.

Die im ersten Teil vorgenommene Analyse der Aussagefähigkeit von wirtschaftspolitischen Bezugssystemen bezweckt eine Konkretisierung des verteilungs- und wachstumspolitisch Gewollten. Im Mittelpunkt stehen die Zielwandlungen, die durch (säkulare) Änderungen der wirtschaftlichen Situation und die Verschiebungen in der Struktur der wirtschaftspolitischen Entscheidungszentren bedingt sind. Diese normativ-ökonomische Lageanalyse weist eine gewisse Parallelität zum zweiten Teil der Arbeit auf, der sich den theoretischen Möglichkeiten einer Integration von Verteilungs- und Wachstumsprozeß zuwendet. Im 3. und 4. Kapitel werden verschiedene modelltheoretische Konstruktionen einer Kombination von Verteilung und Wachstum auf ihre Struktur- und Niveaukomponenten, ihre Steuerungsmechanismen und ihre wirtschaftspolitische Aussagefähigkeit untersucht. Das 5. Kapitel stellt das Zentrum der Arbeit dar. Es enthält ein kombiniertes Verteilungs- und Wachstumsmodell, das von wirtschaftlichen, gesellschaftlichen und politischen Größen bestimmt und von wirtschaftlichen und politischen Abstimmungsmechanismen gesteuert wird. Das wirtschaftspolitisch orientierte Strukturmodell des trilateralen Monopols soll ein vereinfachtes Bild der Verteilungs- und Wachstumszusammenhänge in pluralistischen Gesellschaften geben. Im dritten Teil werden die durch vertei-

---

[18] Diese Neuorientierung ist vor allem französischen Ursprungs. Der „Soziologismus" der französischen Verteilungstheorie und der politische Ansatz der „économie concertée" bilden die entscheidenden Ansätze. Vgl. u. a. *Marchal*, A.: Die neuen Tendenzen im französischen Wirtschaftsdenken, in: JfNuSt, Bd. 167, 1955, S. 321 ff.; *Hosmalin*, G.: Der soziologische Ansatz und die ökonomische Theorie der Einkommensverteilung in Frankreich, in: JfNuSt, Bd. 172, 1960, S. 273 ff.; *Kleps*, K.: Wirtschaftsplanung in Frankreich, in: HbJ, 8. Jahr, 1963, S. 37 ff.

lungspolitische Maßnahmen ausgelösten prozessualen Abläufe im Rahmen des trilateralen Monopols untersucht. Es handelt sich um die Darstellung der gesamtwirtschaftlichen Wirkungen von Verteilungsänderungen in globaler und strukturbezogener Betrachtung unter der Annahme bestimmter individueller und gruppenbezogener Reaktionsparameter. Der Schlußteil behandelt die Wachstums- und Verteilungswirkungen von Verteilungsänderungen.

Erster Teil

Das Verteilungs- und Wachstumsziel in wirtschaftspolitischen Bezugssystemen

Die wirtschaftspolitischen Zielsetzungen einer gleichmäßigeren Verteilung der Einkommen und Vermögen und eines relativ hohen wirtschaftlichen Wachstums sind Bestandteile der ökonomischen Wohlfahrtsfunktion einer Gesellschaft. Die Wirtschaftspolitik steht vor der Aufgabe, die Wohlfahrt der Gesamtgesellschaft zu maximieren. Als Generalnenner aller angestrebten ökonomischen Ziele ist die wirtschaftliche Wohlfahrt gleichzeitig sowohl Zielvariable als auch Bewertungsmaßstab jeder wirtschaftspolitischen Aktivität. In diesem Sinne kann die Wohlfahrtsfunktion einer Gesellschaft als wirtschaftspolitisches Bezugssystem aufgefaßt werden. Die verteilungs- und wachstumspolitischen Eingriffe in den Wirtschaftsprozeß und seine Rahmenbedingungen setzen daher voraus, daß die Stellung und Bedeutung des Verteilungs- und Wachstumsziels in der gesamtwirtschaftlichen Wohlfahrtsfunktion geklärt und beide Ziele hinreichend präzise definiert werden.

Es lassen sich zwei Ansätze unterscheiden, aus denen jeweils ein Bezugssystem für wirtschaftspolitische Maßnahmen entwickelt werden kann: erstens der wohlfahrtstheoretische Ansatz — vor allem in der Formulierung des Paretianischen Optimums — und zweitens der pragmatische Ansatz, der von einem Katalog bestimmter wirtschaftspolitischer Postulate ausgeht[1]. Aus dem auf mikroökonomischem Fundament aufgebauten sozialökonomischen Optimum folgt als Leitfaden wirtschaftspolitischen Handelns die Beseitigung der Hindernisse für die Erfüllung der partiellen Optima des Güteraustausches, der Produktion, der Beschäftigung und der Kapitalakkumulation. Handelt es sich um unvermeidbare Abweichungen von den Optimalbedingungen, so gilt es, die Voraussetzungen für eine zweitbeste Lösung zu schaffen[2].

---

[1] *Ferguson* bezeichnet die beiden Ansätze als „welfare maximization approach“ und „target-attainment approach“; vgl. *Ferguson*, C. E.: A Macroeconomic Theory of Workable Competition, Durham N. C. 1964, S. 65 ff.

[2] Zum sozialökonomischen Optimum und der Theorie des „Zweitbesten“ vgl. u. a. *Giersch*, H.: Allgemeine Wirtschaftspolitik, S. 97 ff.

Aus dem meist makroökonomisch konzipierten pragmatischen Ansatz, der die Schwierigkeiten, eine wirtschaftspolitisch relevante und realistische Wohlfahrtsfunktion zu konstruieren, anerkennt, ergibt sich ein zeit- und lagebezogener Katalog von spezifischen wirtschaftspolitischen Zielen, die es anzustreben gilt. Die wirtschaftliche Wohlfahrt einer Gesellschaft wird in diesem Fall gleichsam in Teilbereiche zerlegt. Als Zielvariable der Wirtschaftspolitik erscheint in dieser Sicht „eine bestimmte Relation volkswirtschaftlicher Globalgrößen“[3].

Der entscheidende Unterschied zwischen den zwei wirtschaftspolitischen Bezugssystemen ist jedoch darin zu sehen, daß der wohlfahrtstheoretische Ansatz im engeren Sinne eine unmittelbare Verbindung von normativer und positiver Ökonomik darstellt, während das pragmatische Bezugssystem keiner bestimmten ökonomischen Theorie verpflichtet ist. Während die generellen wirtschaftspolitischen Maßnahmen, die sich aus dem sozialökonomischen Optimum ableiten lassen, letztlich alle der Einführung allgemeiner und vollständiger Konkurrenz dienen, sind die aus dem pragmatischen Bezugssystem folgenden wirtschaftspolitischen Aktivitäten einerseits sehr viel gezielter, andererseits nicht auf ein bestimmtes ökonomisches System verpflichtet.

Trotz dieser Unterschiede sind beide Bezugssysteme von der Intention her wohlfahrtstheoretisch. Beide Ansätze implizieren eine, wenn auch anders geartete Wohlfahrtsfunktion. Zudem lassen beide Richtungen mehrere spezielle wirtschaftspolitische Bezugssysteme zu, die man in Anlehnung an *Giersch* als wirtschaftspolitische Konzeptionen bezeichnen könnte[4]. In den zwei folgenden Paragraphen sollen Stellung, Bedeutung und Inhalt des Verteilungs- und Wachstumsziels in den genannten Bezugssystemen untersucht werden.

Erstes Kapitel

Die Zielproblematik in wohlfahrtstheoretischer Sicht

1. Nach *Mishan* ist die theoretische Wohlfahrtsökonomik jener Zweig der Forschung, „which endeavours to formulate propositions by which we may rank, on the scale of better or worse alternative economic

---

[3] Vgl. *Schiller*, K.: Neuere Entwicklungen in der Theorie der Wirtschaftspolitik, S. 8 f.
[4] Vgl. *Giersch*, H.: Allgemeine Wirtschaftspolitik, S. 44 f.

situations open to society[1]". Da sich je nach Definition des Wohlstandsbegriffs[2] unterschiedliche ökonomische Alternativen ergeben, steht die Interpretation dessen, was Wohlstand ist, im Mittelpunkt wohlfahrtstheoretischer Bemühungen. Nach *Jochimsen* lassen sich drei — dogmenhistorisch überlieferte — Wohlstandsbegriffe unterscheiden, die zu drei verschiedenen Wohlfahrtssystemen geführt haben[3]:

1. der physisch-materielle Wohlstandsbegriff der Klassiker;
2. der utilitaristisch-subjektive Wohlstandsbegriff der Grenznutzenschule;
3. der behavioristisch-formale Wohlstandsbegriff der Paretianischen Wohlfahrtsökonomik.

In allen drei wohlfahrtstheoretischen Ansätzen werden Aussagen der positiven Ökonomik mit normativen Annahmen verknüpft. Im folgenden werden diese drei wirtschaftspolitischen Bezugssysteme auf ihre verteilungs- und wachstumspolitischen Implikationen untersucht.

2. Während des überwiegenden Zeitraums der Industrialisierung der heute reifen Volkswirtschaften stand die wirtschaftliche Lage im Zeichen des „kalten Sterns der Knappheit". Es herrschte Massenelend, und die Hoffnung auf eine bessere Zukunft wurde durch die ökonomischen Theoreme der Klassiker wie das „eherne Lohngesetz", das „Gesetz von der fallenden Profitrate" und das Bevölkerungsgesetz von *Malthus* zerstört. Unter Bezugnahme auf die Schriften von *Ricardo* und *Malthus* sprach *Carlyle* 1850 von den „respectable professors of dismal science". Die wirtschaftliche Entwicklung endet nach klassischer Lehre in einem Gleichgewichtszustand, in dem die gesamte Bevölkerung am physischen Existenzminimum leben müßte. Die Determinanten dieser säkularen Wachstumsprognose waren zwei „natürliche" Gesetze: das biologische Gesetz der Bevölkerungsexpansion und das technisch-ökonomische Gesetz der abnehmenden Grenzerträge.

3. Diese sehr grobe Skizze der wirtschaftlichen Lage in der Industrialisierungsepoche und ihrer langfristigen Entwicklungschancen läßt es verständich erscheinen, daß in den „Old Welfare Economics" der Klassiker Volkswohlstand und physisches Sozialprodukt gleichgesetzt werden. In einer Situation allgemeiner Armut sind die knappen zur

---

[1] Vgl. *Mishan*, E. J.: A Survey of Welfare Economics 1939—1959, in: EJ, Vol. 70, 1960, S. 199 (deutsch: Ein Überblick über die Wohlfahrtsökonomik 1939—1959, in: Gäfgen, G. (Hrsg.), Grundlagen der Wirtschaftspolitik, S. 110 ff.).

[2] In diesem Kapitel werden die Begriffe Wohlfahrt und Wohlstand synonym verwendet.

[3] Vgl. *Jochimsen*, R.: Ansatzpunkte der Wohlstandsökonomik, Veröff. d. List Gesellschaft E. V., Bd. 21, Basel und Tübingen 1961, S. 31.

Verfügung stehenden Güter notwendig „closely related, if not to the survival, at least to the elemental comforts of man. They fed him, covered him when he was out of doors, and kept him warm when he was within. It is not surprising that the production by which these goods were obtained was central to men's thoughts"[4]. Die Maximierung des Gütervolumens wird zur allgemein akzeptierten wirtschaftspolitischen Zielvariablen, jede Unterscheidung zwischen physisch-mengenmäßigem Sozialprodukt und Wohlstand entfällt. Eine weitere Begrenzung des wohlfahrtstheoretischen Horizonts der klassischen Lehre ist in der These enthalten, daß fast ausschließlich die privatwirtschaftliche Produktion als wohlstandsfördernd angesehen wurde[5]. Zwar wurde dem staatlichen Sektor die Schaffung der für die marktwirtschaftlichen Abläufe notwendigen Rahmenbedingungen zuerkannt, aber die produktivitätssteigernde Rolle der staatlichen Aktivität wurde nicht gesehen. Die Beschränkung des Wohlstandsbegriffes auf die stoffliche, privatwirtschaftliche Produktion wurde schon durch *List* einer beißenden Kritik unterzogen, die sich in dem bekannten Satz zusammenfassen läßt: „Wer Schweine erzieht, ist nach ihr (der klassischen Lehre; d. Verf.) ein produktives, wer Menschen erzieht, ein unproduktives Mitglied der Gesellschaft[6]."

4. Die Gleichsetzung von Wohlstand und physisch-mengenmäßigem, privatwirtschaftlich produziertem Sozialprodukt läßt die Vermutung aufkommen, daß ein Verteilungspostulat in der klassischen Wohlfahrtsökonomik nicht enthalten sei. Den Gegenbeweis vermag ein Zitat von *Smith* zu liefern, der allerdings nicht zur Tradition der dismal science gehört. Auf die Wohlfahrtseffekte von Lohnerhöhungen eingehend stellte er fest: „But what improves the circumstances of the greater part can never be regarded as an inconveniency to the whole. No society can surely be flourishing and happy, of which the far greater part of the members are poor and miserable. It is but equity, besides, that they who feed, clothe, and lodge the whole body of the people, should have such a share of the produce of their own labour as to be themselves tolerably well fed, clothed, and lodged[7]." In den „Old Welfare Economics" werden, wie *Jochimsen* feststellt, „Verteilungsgerechtigkeit und Produktionszweckmäßigkeit aus einheitlicher Quelle verstanden

---

[4] Vgl. *Galbraith*, J. K.: The Affluent Society, S. 108.

[5] Vgl. dazu u. a. *Neumark*, F.: Wandlungen in den Auffassungen vom Volkswohlstand, Wissenschaft und Gegenwart, Heft 28, Frankfurt a. M. 1964, S. 12 ff.

[6] Vgl. *List*, F.: Das nationale System der politischen Ökonomie, Sammlung sozialwissenschaftlicher Meister, Hrsg. H. Waentig, Bd. 3, 2. Aufl., Jena 1910, S. 231.

[7] Vgl. *Smith*, A.: An Inquiry into the Nature and Causes of the Wealth of Nations (Ausgabe der Everyman's Library), London—New York 1960, S. 70.

und gewürdigt[8].“ Ausgehend von dem physischen Wohlstandsbegriff und der Prämisse, daß Wohlfahrt und Gütervolumen, wenn nicht völlig identisch sind, so sich doch zumindest proportional zueinander verhalten, besteht nach klassischer Lehre keine Möglichkeit, durch nivellierende Einkommensumverteilungen gesamtwirtschaftliche Wohlstandssteigerungen zu erzielen. *Giersch* folgend kann daher festgestellt werden, daß „die klassische Auffassung vom Volkswohlstand . . . somit (impliziert), daß die Einkommensverteilung irrelevant ist“[9]. Dieses Ergebnis beruht letztlich auf der Abstraktion von dem Gesetz des abnehmenden Grenznutzens des Realeinkommens.

5. Die Feststellung, daß die Einkommensverteilung als normativökonomisches Problem in der klassischen Wohlfahrtsökonomik ausscheidet, bedarf jedoch einer wesentlichen Einschränkung. Zwar kann durch nivellierende Einkommensumverteilungen der wirtschaftliche Wohlstand einer Gesellschaft nicht gesteigert werden, aber wenn es um Wohlstandsfragen unter dynamischen Aspekten geht, wenn die Kapitalakkumulation zur Diskussion steht, dann wird die Verteilungsfrage auch im klassischen System problematisch. *Baumol* spricht unter Bezugnahme auf die Wachstumstheorie der Klassiker von den „magnificent dynamics“, die einen „shrewd and courageous approach largely absent from present-day analysis“ darstellten[10]. Die Frage, inwieweit die Verteilung der Einkommen die Expansionskraft der Volkswirtschaft beeinflußt, ist eines der zentralen Probleme der klassischen Nationalökonomie überhaupt.

6. Eine in ihrer Klarheit und Kürze brillante Kennzeichnung des klassischen Wachstumsmechanismus stammt von *Keynes*, dem Mann, der die klassische Nationalökonomie reformiert bzw. revolutioniert hat. Er geht davon aus, daß in der Industrialisierungsepoche die Ungleichheit in der Verteilung des Reichtums die Kapitalakkumulation begünstigt habe: „Die ungeheuren Anhäufungen festen Kapitals, die zum größten Segen der Menschheit während des halben Jahrhunderts vor dem Kriege entstanden, hätten niemals in einer Gesellschaft stattfinden können, in der Reichtum gleichmäßig verteilt wurde[11].“ Und er fährt dann fort: „So war das Wachstum dieses merkwürdigen Systems von einem doppelten Bluff, einer doppelten Täuschung abhängig. Einerseits

---

[8] Vgl. *Jochimsen*, R.: Ansatzpunkte der Wohlstandsökonomik, S. 32.

[9] Vgl. *Giersch*, H.: Das Problem der Objektivität des wirtschaftspolitischen Urteils und der Lösungsversuche der neueren Lehre vom wirtschaftlichen Wohlstand, in: ZfdgSt, 107. Bd., 1951, S. 255.

[10] Vgl. *Baumol*, W. J.: Economic Dynamics, An Introduction, With a Contribution by R. Turvey, 2. Aufl., New York 1964, S. 21.

[11] Vgl. *Keynes*, J. M.: Die wirtschaftlichen Folgen des Friedensvertrages, übers. von M. J. Bonn und C. Brinkmann, München und Leipzig 1921, S. 13.

begnügten sich die arbeitenden Klassen aus Ungewißheit oder Machtlosigkeit mit einer Lage, in der sie nur ein ganz kleines Stück des Kuchens ihr eigen nennen konnten, den sie, die Natur und die Kapitalisten zusammen herstellten. . . . Auf der anderen Seite durfte die Kapitalistenklasse den besten Teil des Kuchens ihr eigen nennen. Sie hatte theoretisch die Freiheit, ihn zu verzehren, unter der stillschweigenden Bedingung, daß sie in Wirklichkeit sehr wenig davon aufaß. Die Pflicht zu ‚sparen' machte Neunzehntel aller Tugenden aus, und das Wachstum des Kuchens wurde der Gegenstand wahrer Religiosität. . . . Das Geheimnis des Kuchens bestand darin, daß er niemals verzehrt werden durfte, weder von dem einzelnen noch von seinen Kindern nach ihm[12]." In der Formulierung *Harrods* lautet die aus diesem Funktionsmechanismus ableitbare normative Maxime der klassischen Lehre, „daß das Sparen der wohlhabenden Bevölkerungsteile dauernderen Nutzen für die arbeitende, arme Bevölkerung abwerfen werde als Mildtätigkeit"[13]. Einkommensungleichheit und „kapitalistische Askese der Reichen" werden also nach klassischer Lehrmeinung zu unerläßlichen Requisiten der Maximierung des gesamtwirtschaftlichen Wohlstandes.

7. Mit dem „Erlaß" des Gesetzes vom abnehmenden Grenznutzen durch die Grenznutzenschule werden in die Wohlstandsökonomik die subjektiven Nutzenschätzungen der Individuen als wohlstandsbestimmende Größen eingeführt, und die Annäherungsformel des physischen Wohlstandskonzepts der Klassiker wird präzisiert. Der wirtschaftliche Wohlstand einer Gesellschaft präsentiert sich in der kardinalen Version der utilitaristischen Wohlstandsökonomik als die Summe aller individuell bestimmten Nutzeneinheiten. Entscheidend für den Wohlstand des einzelnen sind nicht die Güter selbst, sondern ist der Nutzen, den sie stiften. Durch die Einführung des Gesetzes vom abnehmenden Grenznutzen der Güter bzw. des Einkommens wird die Identität bzw. Proportionalität von wirtschaftlichem Wohlstand — gemessen in Nutzeneinheiten — und Sozialprodukt in Frage gestellt, und die Einkommensverteilung wird zum normativ-ökonomischen Problem.

8. Die Verteilungsfrage ist das Kernstück der utilitaristischen Wohlstandsökonomik. Unter den Prämissen eines gegebenen Sozialprodukts, konstanten Angebots an Produktionsfaktoren und gegebenen Bedürfnissen folgt aus dem Gesetz des abnehmenden Grenznutzens der Einkommen, daß durch redistributive Maßnahmen der wirtschaftliche Wohlstand einer Gesellschaft so lange gesteigert werden kann, bis für

---

[12] Vgl. *Keynes*, J. M.: Die wirtschaftlichen Folgen des Friedensvertrages, S. 14.

[13] Vgl. *Harrod*, R. F.: Dynamische Wirtschaft, übers. v. L. Bosse, Wien—Stuttgart 1949, S. 28.

alle Individuen der gleiche Grenznutzen des Einkommens erreicht ist. Wird zusätzlich eine Gleichverteilung der Wohlstandsempfindungsstrukturen unterstellt, so wird der wirtschaftliche Wohlstand maximiert, wenn vollständige Konkurrenz auf allen Märkten und Gleichheit der Einkommensverteilung verwirklicht sind. Langfristig ist in diesem System das Maximum wirtschaftlichen Wohlstandes realisiert, wenn der Grenznutzen des Einkommens bei allen Wirtschaftssubjekten auf null gesunken ist. In dieser radikalen Form ist die utilitaristische Wohlfahrtsökonomik vor allem von *Lerner* entwickelt worden, der feststellt, daß „to maximize the total satisfaction in a society, the rational procedure is to divide income on an equalitarian basis“[14]. Ohne die impliziten und expliziten Voraussetzungen, unter denen dieses Ergebnis ableitbar ist, näher zu diskutieren[15], soll hier nur der Grundgedanke der utilitaristischen Wohlfahrtsökonomik herausgestellt werden, daß Wohlstandssteigerungen allein durch die Herbeiführung einer gleichmäßigeren Einkommensverteilung möglich sind.

9. Es stellen sich zwei weitere Fragen. Erstens: Sieht die utilitaristische Wohlfahrtsökonomik einen Zusammenhang zwischen der Realisierung des Verteilungspostulats — wie oben dargestellt — und der Lösung des Produktions- und Allokationsproblems? Zweitens: Wie ist das Wachstumspostulat zu interpretieren? Aus der Anwendung nutzentheoretischer Erwägungen auf das Verteilungsproblem folgt unmittelbar, daß die Verteilungswirkungen die Produktionszweckmäßigkeit nicht tangieren. Distributionsaspekt einerseits und Produktions- und Allokationsaspekt andererseits werden getrennt, „es gibt (in diesem System; d. Verf.) keine (unaufhebbaren) negativen Auswirkungen der Redistribution auf die Produktion“[16]. Auf einen möglichen Gegensatz zwischen redistributiven Maßnahmen und Kapitalakkumulation geht die utilitaristische Wohlstandsökonomik nicht ein. Eine spezifische Wachstumsproblematik ergibt sich in diesem System nicht. Andererseits haben die Gedankengänge der „utilitarian welfare economics“ deutlich gemacht, daß Fragen des wirtschaftlichen Wohlstands nicht ohne Berücksichtigung verteilungspolitischer Gesichtspunkte behandelt werden können[17].

---

[14] Vgl. *Lerner*, A. P.: The Economics of Control. Principles of Welfare Economics, New York 1944, S. 32.

[15] Vgl. dazu u. a. *Lerner*, A. P.: The Economics of Control, S. 7 ff.

[16] Vgl. *Jochimsen*, R.: Ansatzpunkte der Wohlstandsökonomik, S. 36.

[17] Vgl. dazu die Feststellung *Tinbergens*: „Moreover, the distribution of the product or income between individuals is a major factor in welfare, which, in addition, may influence total product. Welfare hence need not be at a maximum with production or its buying power at a maximum.“ Vgl. *Tinbergen*, J.: Welfare Economics and Income Distribution, in: AER, Vol. 47., Proc., 1957, S. 490.

10. So bedeutsam die Einsicht in die Trennung von Sozialprodukt und wirtschaftlichem Wohlstand sowie die Erkenntnis allein durch Verteilungsänderungen verursachter Wohlstandssteigerungen und schließlich das verteilungspolitische Junktim bei Wohlstandsdiskussionen sind — das utilitaristische Wohlstandskonzept scheitert an der Unvergleichbarkeit und daher Nichtaddierbarkeit individueller Nutzenschätzungen. Dieser Schwierigkeit sucht die Paretianische oder Neue Wohlstandsökonomik durch die Festlegung des *Pareto*-Kriteriums (schwaches Wohlstandskriterium) zu entgehen. Das Paretianische Optimum ist „defined as a position from which it is not possible, by any reallocation of factors, to make anyone better off without making at least one person worse off"[18]. Im folgenden ist zu prüfen, welche expliziten und impliziten Aussagen die „New Welfare Economics" über Verteilung und wirtschaftliches Wachstum enthalten.

11. Inwieweit die Paretianische Wohlfahrtsökonomik auf Distributionsprobleme anwendbar ist, kann an Hand des bekannten Boxdiagramms gezeigt werden[19]. Es wird davon ausgegangen, daß in einer Volkswirtschaft nur zwei Wirtschaftssubjekte (*A* und *B*) und zwei

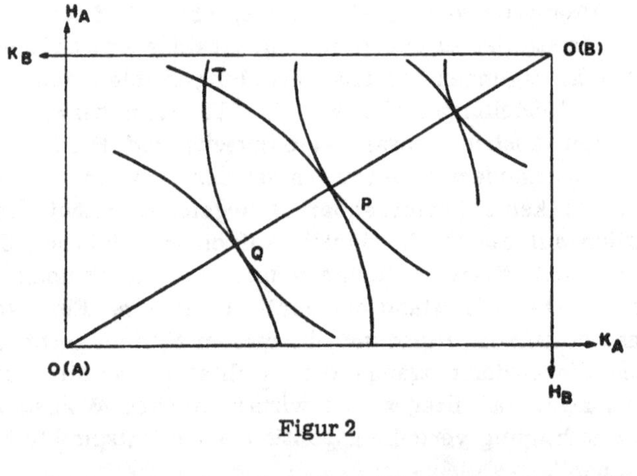

Figur 2

Güter (*H* und *K*) vorhanden sind. Das Diagramm, dessen Breite und Höhe von der Menge der zur Verfügung stehenden Güter, also dem Sozialprodukt, bestimmt wird, enthält alle beliebigen Güterverteilun-

[18] Vgl. *Mishan*, E. J.: A Survey of Welfare Economics 1939—1959, S. 206.

[19] Zur Kontraktkurve und zum Boxdiagramm vgl. *Edgeworth*, F. Y.: Mathematical Psychics. An Essay on the Application of Mathematics to the Moral Sciences, London 1881, Nachdruck New York 1961, S. 28; *Scitovsky*, T.: A Note on Welfare Propositions in Economics, in: REStud, Vol 9, 1941/42, S. 77 ff.; zitiert nach: derselbe, Papers on Welfare and Growth, London 1964, S. 123 ff.

gen zwischen den beiden Wirtschaftssubjekten. Jedem der beiden Individuen ist eine Schar von Indifferenzkurven zugeordnet, die jeweils die Güterkombination angeben, die im Urteil von *A* bzw. *B* gleichwertige Versorgungslagen darstellen. Mit der Entfernung der Indifferenzkurven von ihrem jeweiligen Ursprung nimmt das Versorgungsniveau zu. Die Optima des Güteraustauschs bzw. der Produktion sind in den Punkten realisiert, wo sich zwei Indifferenzkurven berühren. Die Verbindungslinie aller Tangentialpunkte ist die Kontraktkurve, die demnach der geometrische Ort aller Punkte ist, in denen die Grenzraten der Substitution bei beiden Wirtschaftssubjekten gleich sind. Jeder Punkt auf der Kontraktkurve repräsentiert damit ein soziales Optimum[20].

12. Aus diesem analytischen Ansatz der Paretianischen Wohlfahrtsökonomik lassen sich bezüglich der Distributionsproblematik folgende Schlüsse ziehen: Erstens kann, solange eine Güterverteilung auf beide Wirtschaftssubjekte in der Ausgangslage gegeben ist, die nicht auf der Kontraktkurve liegt (Punkt *T*), die Güterverteilung durch die Aufnahme von Tauschbeziehungen bzw. im Rahmen der Produktionspolitik für beide Individuen verbessert werden. Handelt es sich, zweitens, um Bewegungen auf der Kontraktkurve (von *P* nach *Q*), so stellt sich ein weiteres verteilungspolitisches Problem, das die Paretianische Wohlfahrtsökonomik (explizit) nicht zu lösen vermag. Die Fragen, ob zugunsten von *A* auf Kosten von *B* oder umgekehrt umverteilt werden soll, um wieviel die Verteilung u. U. geändert werden soll und an welche Kriterien sich die Wirtschaftspolitik dabei möglicherweise zu halten habe, werden von der Paretianischen Wohlfahrtsökonomik nicht gestellt. *Boulding* kennzeichnet daher die wirtschaftspolitische Aussagefähigkeit dieses wohlstandstheoretischen Ansatzes zutreffend wie folgt[21]: „The real significance of the Paretian welfare economics, then, is that it sets forth explicitly the distinction between those changes in social variables which can take place through ‚trading' — i. e., through a mutual benefit of all parties — and those changes which involve ‚conflict', or the benefit of one party at the expense of another."

13. Aber selbst dieser Versuch einer eindeutigen Trennung von Effizienz- und Distributionseffekten wirtschaftspolitischer Maßnahmen und die Beschränkung auf die vergleichende Analyse suboptimaler und optimaler Allokationszustände muß als gescheitert angesehen werden.

---

[20] Vgl. *Boulding*, K. E.: Welfare Economics, in: Haley, B. F. (Hrsg.), A Survey of Contemporary Economics, Vol. II, Homewood Ill. 1952, S. 15 (deutsch: Einführung in die Wohlfahrtsökonomik, in: Gäfgen, G. (Hrsg.), Grundlagen der Wirtschaftspolitik, S. 77 ff.).

[21] Vgl. *Boulding*, K. E.: ebda., S. 18.

Es konnte nachgewiesen werden, daß das *Pareto*-Kriterium implizit auch eine verteilungspolitische Norm bezüglich der Wahl verschiedener Punkte auf der Kontraktkurve enthält[22]. Aufgrund der individualistischen Methode der Wohlstandsfeststellung (Vetorecht jedes einzelnen Wirtschaftssubjektes) wird der verteilungspolitische status quo ante gegenüber anderen möglichen Verteilungssituationen geschützt. Damit hat sich ein „konservatives Vorurteil" in die Paretianische Wohlfahrtsökonomik eingeschlichen. Soziale Reformen und entscheidende wirtschaftspolitische Änderungen lassen sich aus diesem wirtschaftspolitischen Bezugssystem nicht ableiten, oder der verteilungspolitische status quo würde zur wirtschaftspolitischen Norm.

14. Die Anwendbarkeit der Paretianischen Wohlfahrtsökonomik als Bezugssystem für wachstumspolitische Maßnahmen ist ebenfalls umstritten. Dies beruht im wesentlichen auf der statisch-allokativen Grundkonzeption der „New Welfare Economics" sowie auf einem methodischen Mangel des marginalanalytischen Instrumentariums.

Zunächst zur wachstumspolitischen Relevanz der Allokationsmechanik. Nach der Paretianischen Wohlfahrtskonzeption ist der wirtschaftliche Wohlstand dann maximal, wenn die Allokation der Produktionsfaktoren auf die durch die Konsumentenpräferenzen gesetzten Verwendungszwecke optimal ist. Das Optimum der Allokation ist erreicht, wenn sich die mit den Produktpreisen bewerteten Grenzprodukte der Faktoren in den alternativen Verwendungsarten ausgeglichen haben. In der statischen Version des Optimums werden sowohl die Mengen der Produktionsfaktoren als auch die Bedarfsstruktur als konstant angesehen. In einer dynamischen Formulierung des Optimums müßte dagegen dem Zeitfaktor bzw. dem Wachstum der Produktionsfaktoren und den Änderungen der Bedarfsstruktur Rechnung getragen werden. Für die Wirtschaftspolitik und ihr normatives Bezugssystem stellt sich somit das Problem einer wachstumsoptimalen Faktorallokation. Nach einer Formaldefinition von *Jürgensen* wäre die Verteilung der Ressourcen auf die Verwendungszwecke dann als wachstumsoptimal anzusehen, wenn der maximale Gegenwartswert aus der Summe des gegenwärtigen und zukünftigen Wohlstands unter Berücksichtigung des ökonomischen Horizonts erreicht ist[23]. Diese Leerformel vermag jedoch das materielle wirtschaftspolitische Problem, ob eine Verwirklichung

---

[22] Vgl. *Jochimsen,* R.: Ansatzpunkte der Wohlstandsökonomik, a. a. O., S. 56; derselbe, Grundlagen, Grenzen und Entwicklungsmöglichkeiten der Welfare Economics, in: v. Beckerath, E. und H. Giersch (Hrsg.), Probleme der normativen Ökonomik und der wirtschaftspolitischen Beratung, S. 136 f.

[23] Vgl. *Jürgensen,* H.: Grundlagen einer produktivitätsorientierten Industrialisierungspolitik, in: Wirtschaftsdienst, 44. Jg., Heft 1, 1964, S. 20 f.

der statisch optimalen Faktorallokation in jedem Zeitpunkt das Erreichen einer langfristig maximalen Wohlstandszunahme verhindert oder erst ermöglicht, nur anzudeuten. Es ist daher zu prüfen, ob die Paretianische Wohlfahrtsökonomik dynamische Elemente enthält, bzw. ob zwischen optimaler Faktorallokation in der statischen und dynamischen Version Widersprüche bestehen.

15. In *Sohmens* Apologie der Paretianischen Wohlfahrtsökonomik wird ein grundsätzlicher Gegensatz zwischen statisch optimaler Faktorallokation und raschem wirtschaftlichem Wachstum mit dem Hinweis auf die intertemporale Optimalbedingung bestritten, die es nach Sohmens Ansicht dem System gestattet, bei gegebenem Konsum einen hohen Anteil des Sozialprodukts für Investitionen zur Verfügung zu stellen; damit besitze das Paretianische Optimum einen Wachstumsmechanismus[24]. Zweifellos enthält die Berücksichtigung der Zeitpräferenzen der Investoren und Konsumenten und ihr Ausgleich über einen gleichgewichtigen Zinssatz einen dynamischen Aspekt. Doch dürfte außer Frage stehen, daß diese esoterische Modelldynamik keinen Bezug zur evolutorischen Wirklichkeit aufweist. Die sich aus Datenänderungen ergebenden Anpassungsprozesse kann dieses komparativ-statische System nicht erfassen. Damit werden so essentiell dynamische Vorgänge wie die Änderungen der Produktivitäts- und Bedarfsstruktur und die Prozeß- und Produktinnovationen nicht berücksichtigt. *Little* zieht daraus die Konsequenz, daß „it seems better to reach conclusions, and to criticize them in the light of dynamic considerations, rather than to produce a dynamic theory without any real content“[25]. Die wachstumspolitisch bedeutsame Frage, wie die Ansprüche einer Generation an das Sozialprodukt mit denen der nachfolgenden zu vereinbaren sind, ob also das Sozialprodukt in eine hohe Konsum- und niedrige Investitionsquote oder umgekehrt aufgeteilt werden soll, wird im Paretianischen System mit Hilfe einer aggregierten Zeitpräferenzfunktion beantwortet. Damit würde es den individuellen Sparentscheidungen überlassen, den „optimalen“ Wachstumspfad zu bestimmen. Die Einwände gegen dieses individualistische Vorurteil sind bekannt und sollen hier nicht wiederholt werden[26]. Zu erwähnen ist jedoch die Kritik *Gierschs*, der auf die entgangenen social benefits aufmerksam macht, die durch

---

[24] Vgl. *Sohmen*, E.: Grundlagen, Grenzen und Entwicklungsmöglichkeiten der Welfare Economics, in: v. Beckerath, E., und Giersch, H., (Hrsg.), Probleme der normativen Ökonomik und der wirtschaftspolitischen Beratung, S. 85 ff.

[25] Vgl. *Little*, I. M. D.: A Critique of Welfare Economics, 2. Aufl., London 1957, S. 2.

[26] Vgl. dazu u. a. *Jochimsen*, R.: Ansatzpunkte der Wohlstandsökonomik, a. a. O., S. 51 ff.; *Bombach*, G.: Optimales Wachstum und Gleichgewichtswachstum, in: Schneider, E., (Hrsg.), Optimales Wachstum und optimale Standortverteilung, SchdVfS, N. F. Bd. 27, Berlin 1962, S. 49 ff.

die dem marktwirtschaftlichen System inhärente individuelle Wertung hervorgerufen werden[27].

16. Den methodischen Mangel des Paretianischen Optimums drückt *Boulding* in der bekannten Metapher aus, daß „there is nothing in the marginal conditions which can differentiate the top of a molehill from that of Mount Everest“[28]. Damit werden dynamische Entwicklungsprobleme, die u. a. auch darin bestehen können, einen „Wohlstandshügel“ herunterzusteigen, um den Anstieg eines „Wohlstandsgiganten“ zu beginnen, aus der Paretianischen Wohlstandsökonomik verbannt. Man hat versucht, diese theoretische Lücke durch das Aufstellen von Totalbedingungen zu füllen, die sich auf die strukturellen Änderungen in Produktion und Beschäftigung sowie auf den technischen Fortschritt in seinen beiden Varianten, der Prozeß- und Produktinnovation, beziehen. Die Totalbedingungen postulieren, daß es im Optimum nicht möglich sein darf, den wirtschaftlichen Wohlstand aufgrund solcher struktureller Änderungen zu steigern. Diese Totalbedingungen gelten jedoch unter der Annahme, daß alle Marginalbedingungen erfüllt sind, die Einkommensverteilung gegeben und optimal ist[29]. Formal ist mit der Einführung der Totalbedingungen in das Paretianische System die Möglichkeit gegeben, alle denkbaren Situationen einem Wohlstandsvergleich zu unterziehen und die beste Situation herauszukristallisieren. Die formale Vollkommenheit geht jedoch zu Lasten der wirtschaftspolitischen Anwendbarkeit und beruht letztlich auf einem tautologischen Ansatz. Die aus den Totalbedingungen abgeleitete Regel, daß dann strukturelle Sprünge wohlstandssteigernd wirken, wenn der soziale Gesamtwert der strukturellen Änderung über den sozialen Gesamtkosten liegt, ist inhaltsleer: „(Wir) reden, um es klar zu sagen, über Namen und nicht über Sachen. Die Sachdiskussion wird gleichsam vertagt, weil es an einer objektiv gültigen und praktisch brauchbaren Vorschrift über Kriterien fehlt, an denen die Tatbestände der Wirklichkeit im Sinne dieser Begriffe gemessen werden können[30].“

17. Bevor wir zu einem abschließenden Urteil über die Bedeutung der Paretianischen Wohlfahrtsökonomik für wachstums- und verteilungspolitische Maßnahmen kommen, gilt es, noch einen Erweiterungsversuch dieses wirtschaftspolitischen Bezugssystems zu überprüfen. Ausgehend von dem Gedanken, daß sich kaum wirtschaftspolitische Ein-

---

[27] Vgl. *Giersch,* H.: Strategien der Wachstumspolitik, in: ZfdgSt, 119. Bd., 1963, S. 245 ff.

[28] Vgl. *Boulding,* K. E.: Welfare Economics, S. 27.

[29] Vgl. zu den Totalbedingungen u. a. *Giersch,* H.: Allgemeine Wirtschaftspolitik, S. 121 ff.

[30] Vgl. *Giersch,* H.: Allgemeine Wirtschaftspolitik, S. 125 f.

griffe denken lassen, die das schwache Wohlstandskriterium erfüllen, ist dieser Wertmaßstab durch die Einführung des Kompensationsprinzips erweitert worden. Das erweiterte Wohlstandskriterium besagt, „that social income has risen, even though some members are worse off than they were before, if these members who are better off could compensate the losers and still remain better off[31]."

Mit den Kompensationstests hoffte man zunächst, eine objektive Methode zur Ermittlung von reinen Effizienzeffekten entdeckt zu haben, d. h. Fragen der wirtschaftlichen Rationalität von solchen der Verteilung trennen zu können. Dagegen ist mit *Mishan* einzuwenden: „Compensation is, after all, hypothetical: it is consistent with making the poor yet poorer[32]." Auch in diesem Fall wird also die Verteilung tangiert. *Little* weist darauf hin, daß die Objektivität des Kompensationsprinzips allein auf einer definitorischen Irreführung beruht, und kommt zu dem Ergebnis, „that the proposed criterion, whether it is to be a criterion of wealth, efficiency, welfare, or real social income, contains an implicit value judgement[33]." Um die verteilungspolitischen Bedenken gegen das hypothetische Kompensationsprinzip auszuräumen, ist dieses Prinzip in zwei Punkten ergänzt worden[34]: erstens müssen die Kompensationen tatsächlich gezahlt werden, und zweitens sind die Benachteiligten anteilig an der Wohlstandssteigerung zu beteiligen. Die Durchführung dieses strengen Kompensationsprinzips kann die im Ausgangszustand bestehende Einkommensverteilung zwar wiederherstellen, verursacht jedoch in der Regel Kosten, die die Wohlstandsgewinne reduzieren bzw. sogar überkompensieren können. Ohne hier auf die umfangreiche Diskussion des erweiterten Wohlstandskriteriums einzugehen, kann mit *Giersch* festgestellt werden, daß theoretisch zwar eine einwandfreie Lösung des Kompensationsproblems denkbar ist, daß sie aber in der strengen theoretischen Form wirtschaftspolitisch nicht operational ist[34a]. Jedoch darf nicht übersehen werden, daß dem Grundgedanken des Kompensationsprinzips für wirtschaftspolitische Konfliktsituationen entscheidende Bedeutung zukommt. Dies gilt auch für die Widersprüche zwischen Verteilungs- und Wachstumspostulat.

18. Im folgenden sollen die Ergebnisse des Paretianischen Bezugssystems hinsichtlich der Verteilungs- und Wachstumspolitik noch einmal zusammengefaßt werden. Die Paretianische Wohlfahrtsökonomik ver-

---

[31] Vgl. *Streeten*, P.: Values, Facts and the Compensation Principle, in: v. Beckerath, E., und Giersch, H., (Hrsg.), Probleme der normativen Ökonomik und der wirtschaftspolitischen Beratung, S. 164.
[32] Vgl. *Mishan*, E. J.: A Survey of Welfare Economics 1939—1959, S. 225.
[33] Vgl. *Little*, I. M. D.: A Critique of Welfare Economics, S. 93.
[34] Vgl. *Giersch*, H.: Allgemeine Wirtschaftspolitik, S. 126 f.
[34a] Vgl. *Giersch*, H.: Allgemeine Wirtschaftspolitik, S. 127.

sucht, die Fragen der Produktionseffizienz von denen der Verteilungsgerechtigkeit zu trennen. Sie will damit Werturteilen ausweichen und sich allein auf den ökonomischen Aspekt zurückziehen. Mögliche Wohlstandssteigerungen durch Verteilungsänderungen werden also aus der Betrachtung ausgeklammert. Daraus folgt gleichfalls, daß selbst bei Erfüllung der Marginal- und Totalbedingungen das absolute Wohlstandsoptimum so lange nicht erreicht ist, wie nicht eine nach dem Werturteil der Gesellschaft optimale Einkommensverteilung vorliegt. Es sind also Wohlstandssituationen denkbar, die, obwohl sie die Marginal- und Totalbedingungen nicht erfüllen, aufgrund der individuellen und kollektiven verteilungspolitischen Vorstellungen höher eingeschätzt werden als bei Erfüllung der beiden genannten Bedingungsgruppen. Die wohlfahrtstheoretischen Bemühungen der modernen Wohlfahrtstheorie haben nach *Samuelson* zum Ergebnis, daß „it cannot tell us that a movement about which it can give a determinate answer is better than a movement about which it cannot give an answer[35]." Der Versuch der Paretianischen Ökonomik, die Frage der Verteilungsgerechtigkeit aus der Wohlstandsdebatte zu verbannen, muß also als gescheitert angesehen werden. So stellt *Streeten* fest: „The upshot of the discussion about compensation principle and the new welfare economics is that ‚efficiency', ‚wealth', ‚real income', ‚economic welfare' etc., cannot be separated from equity, justice or distributional value judgements[35a]." Dies beruht vor allem auf dem konservativen Vorurteil und der Tatsache, daß der wirtschaftliche Wohlstand bzw. das Sozialprodukt mit Preisen bewertet wird, die ihrerseits von der Einkommensverteilung abhängen. Wachstumspolitische Folgerungen lassen sich aus dem Paretianischen System ebenfalls kaum ziehen. Dies resultiert im wesentlichen aus dem statischen Vorurteil dieses Bezugssystems, das die Probleme der Kapitalakkumulation, des technischen Fortschritts und der strukturellen Wandlungen nur sehr artifiziell zu berücksichtigen vermag.

19. Zieht man ein Resümee aus der Analyse der drei wohlfahrtsökonomischen Ansätze hinsichtlich der Bedeutung und des Inhalts des Verteilungs- und Wachstumspostulates, so ergibt sich ein recht unterschiedliches Bild. In der klassischen Wohlstandsökonomik wird die Verteilungsfrage eindeutig mit dem Wachstumsziel verbunden und ihm untergeordnet. Ein wirtschaftspolitisches Optimierungsproblem zwischen Wachstum und Distribution ist nicht vorhanden. In der utilitaristischen Wohlstandsökonomik wird die Verteilung zum primären nor-

---

[35] Vgl. *Samuelson*, P. A.: Foundations of Economic Analysis, Cambridge Mass., 1953, S. 259.

[35a] Vgl. *Streeten*, P.: Values, Facts and the Compensation Principle, S. 179.

mativen Problem mit dem Ziel einer egalitären Nutzenverteilung. Der Wachstumsgedanke wird durch die Allokationsproblematik verdrängt, ein Widerspruch zwischen egalitärer Nutzenverteilung und Produktionseffizienz besteht nach Ansicht der Utilitaristen nicht. In der Paretianischen Wohlfahrtsökonomik dominiert ebenfalls die statische Allokationsproblematik, die geringen dynamischen Elemente besitzen keine wirtschaftspolitische Relevanz. Die Frage der Verteilungsgerechtigkeit wird zwar im Paretianischen System explizit nicht beantwortet, ist aber implizit mit einem Bekenntnis zum verteilungspolitischen status quo enthalten.

20. Legt man sich abschließend die Frage vor, welchen Beitrag die drei wohlfahrtsökonomischen Systeme zum wirtschaftspolitischen Zielkonflikt zwischen gleichmäßigerer Einkommens- und Vermögensverteilung und relativ hohem wirtschaftlichen Wachstum leisten, so ist festzustellen, daß jedes System für sich keine anwendbaren wirtschaftspolitischen Leitlinien für die Wachstums- und Verteilungspolitik in den reifen Volkswirtschaften liefert. Dies ist einmal darauf zurückzuführen, daß alle drei Systeme mehr oder weniger Ausdruck einer historischen Situation und ihrer wissenschaftlichen Interpretation sind und daher nicht in toto auf die wirtschaftliche Lage von heute angewendet werden können[36]. Zweitens ist mit *Little* darauf hinzuweisen, daß „economic welfare is a subject in which rigour and refinement are probably worse than useless. Rough theory, or common sense, is, in practise, what we require[37].“ Andererseits jedoch enthalten alle drei Wohlstandsansätze wesentliche Elemente und Grundgedanken, die die Bestimmung beider wirtschaftspolitischer Ziele auch in den reifen Volkswirtschaften erleichtern und den Zielkonflikt transparent machen können. Dazu gehören vor allem der dynamische Ansatz der Klassiker, das Gesetz des abnehmenden Grenznutzens der Utilitaristen sowie die Einsicht in die Verzahnung von Produktionszweckmäßigkeit und Verteilungsgerechtigkeit.

---

[36] Vgl. dazu auch die Feststellung *Smithies:* „Each of the approaches to welfare and policy . . . was essentially a product of its time, and no one of them seems adequate as a guide to the problems of today“; vgl. *Smithies,* A.: Economic Welfare and Policy, S. 13.

[37] Vgl. *Little,* I. M. D.: A Critique of Welfare Economics, S. 279.

Zweites Kapitel

Die Zielproblematik in pragmatischer Sicht

1. Die Paretianische Wohlfahrtsökonomik versuchte ein wertfreies, konsistentes und umfassendes Bezugssystem aufzustellen, aus dem wirtschaftspolitische Maßnahmen eindeutig ableitbar sein sollten. Das Mißlingen dieses Versuchs ließ gedanklich die Entwicklung zweier weiterer wohlfahrtstheoretischer Systeme zu: die Konstruktion eines Leerformel-Apparates der Wohlstandsökonomik, der keinerlei ausgesprochene oder unausgesprochene Wertsetzungen mehr enthält, oder die bewußte Rückkehr zu vorgegebenen und zeitnahen wirtschaftspolitischen Normen[1]. Da von einem Leerformel-Apparat keine Hilfe bei wirtschaftspolitischen Entscheidungen im Rahmen eines „magischen Ziel-Polygons" zu erwarten ist, bleibt also nur das „offene Bekenntnis" der Wohlstandsökonomik zu bestimmten normativen Vorstellungen, um zu wirtschaftspolitischen Schlußfolgerungen zu gelangen[2]. Es stellt sich das Problem, den Inhalt des Wachstums- und Verteilungspostulats innerhalb dieses pragmatischen wirtschaftspolitischen Bezugssystems zu identifizieren.

2. Abstrakt lassen sich Verteilungs- und Wachstumspostulat als Struktur- und Maximalziel kennzeichnen[3]. Zielformulierungen, die sich auf eine Struktur beziehen, beinhalten ein Optimierungsproblem, im Falle des Verteilungspostulats eine Optimierung der personen- oder gruppenbezogenen Einkommens- und Vermögensstruktur. Maximalziele wie das eines relativ hohen Wirtschaftswachstums sind unter Berücksichtigung von Nebenbedingungen zu verwirklichen und stellen somit ebenfalls eine Optimierungsaufgabe. Eine Konkretisierung der Leerformel „Optimierung" wird auch durch die Beiworte „gleichmäßigere" Verteilung und „relativ hohes" Wachstum nicht erreicht, denn formal kann „gleichmäßiger" bzw. „relativ hoch" entweder gleichmäßiger bzw. höher als früher oder gleichmäßiger bzw. höher als anderswo oder gleichmäßiger bzw. höher als ohne Verteilungs- und Wachstumspolitik bedeuten[3a]. Material aber stehen hinter diesen Formaldefinitionen andere Determinanten. Es kann davon ausgegangen werden,

---

[1] Vgl. dazu u. a. *Jochimsen*, R.: Grundlagen, Grenzen und Entwicklungsmöglichkeiten der Welfare Economics, S. 138.

[2] Dieser Ansatz wird vor allem von *Tinbergen* und *Weisser* vertreten. Vgl. *Tinbergen*, J.: Economic Policy: Principles and Design, S. 11 ff.; *Weisser*, G.: Die Überwindung des Ökonomismus in der Wirtschaftswissenschaft, in: Grundsatzfragen der Wirtschaftsordnung, Berlin 1954, S. 9 ff.; derselbe, Grundsätze der Verteilungspolitik, in: ebenda, S. 41 ff.

[3] Vgl. *Giersch*, H.: Allgemeine Wirtschaftspolitik, S. 269 ff.

[3a] Vgl. *Giersch*, H.: Strategien der Wachstumspolitik, S. 241.

daß die wirtschaftspolitischen Zielsetzungen im wesentlichen von den folgenden vier Gruppen von Bestimmungsgründen geprägt werden[4]:

1. den sozialphilosophisch begründeten, gesellschaftspolitischen Normen;
2. den herrschenden ökonomischen Theorien und Doktrinen;
3. der konkreten, vergangenen oder gegenwärtigen wirtschaftlichen Lage;
4. der spezifischen Struktur der wirtschaftspolitischen Instanzen.

Die beiden zuerst genannten Gruppen stellen auf eine Dominanz des geistigen Überbaus ab, bei den zwei weiteren Einflußkomponenten handelt es sich um den eigentlich pragmatischen Ansatz zur Aufstellung eines wirtschaftspolitischen Bezugssystems. Die in Kap. 1 behandelten wohlfahrtstheoretischen Konzeptionen sind im wesentlichen normative Derivate positiv-ökonomischer Theorien und/oder ökonomisierte Resultate sozialphilosophischer Normen[5]. Obwohl auch der pragmatische Ansatz von diesen Einflüssen keineswegs frei ist, kann dennoch davon ausgegangen werden, daß die heutige Wirtschaftspolitik auf einem pragmatischen Zielsystem beruht, d. h. primär von der wirtschaftlichen Lage und der Struktur der wirtschaftspolitischen Instanzen abhängt.

3. Der sozialphilosophische Ansatz zur näheren Bestimmung des Inhalts wirtschaftspolitischer Ziele geht davon aus, daß die ökonomischen Postulate als Mittel zur Erfüllung bestimmter übergeordneter, individueller und gesellschaftlicher „letzter Werte" aufzufassen sind. Wenn es sich also bei den gesellschaftspolitischen Normen und den wirtschaftspolitischen Zielen um ein Ziel-Mittel-System handelt, dann könnte die Möglichkeit bestehen, die Mittel durch die Zwecke inhaltlich zu determinieren. Daß die wirtschaftspolitischen Postulate als Mit-

---

[4] Daß sich die vier Gruppen von Bestimmungsgründen z. T. überschneiden, ist nicht zu vermeiden. Die wechselseitige Beeinflussung der vier Determinanten und das Auffinden einer einzigen Bestimmungsgröße stehen hier nicht zur Diskussion.

[5] Vgl. beispielsweise die bekannte These Max *Webers*, daß „die religiöse Wertung der rastlosen, stetigen, systematischen, weltlichen Berufsarbeit als schlechthin höchsten asketischen Mittels und zugleich sicherster und sichtbarster Bewährung des wiedergeborenen Menschen und seiner Glaubensechtheit ... ja der denkbar mächtigste Hebel der Expansion jener Lebensauffassung sein (mußte), die wir als ‚Geist' des Kapitalismus bezeichnen. Und halten wir nun noch jene Einschnürung der Konsumtion mit dieser Entfesselung des Erwerbsstrebens zusammen, so ist das äußere Ergebnis naheliegend: Kapitalbildung durch asketischen Sparzwang"; vgl. *Weber*, M.: Asketischer Protestantismus und kapitalistischer Geist, in: derselbe: Soziologie — Weltgeschichtliche Analysen — Politik, (Hrsg. J. Winkelmann), Stuttgart 1956, S. 371 (Auszug aus *Weber*, M.: Die protestantische Ethik und der Geist des Kapitalismus).

tel zur Verwirklichung gesellschaftspolitischer Normen zu verstehen sind, dürfte kaum zu bezweifeln sein[6]. So kann beispielsweise das „magische Fünfeck“ der Wirtschaftspolitik, das die Ziele Wachstum, Vollbeschäftigung, Preisstabilität, Zahlungsbilanzausgleich und gleichmäßigere Einkommensverteilung enthält, als Konkretisierung des „klassischen“ gesellschaftspolitischen Zieldreiecks: Freiheit, Gerechtigkeit und Wohlstand interpretiert werden[7]. Die wirtschaftspolitischen Postulate stellen nun zwar eine Konkretisierung der gesellschaftspolitischen Normen dar, können aber ihrerseits nicht durch die außerökonomischen „letzten Werte“ näher bestimmt werden. Der Rückgriff auf die hinter den ökonomischen Entscheidungen stehenden gesellschaftspolitischen Normen vermag keinen Beitrag zur Identifizierung wirtschaftspolitischer Ziele zu leisten[8].

4. Der Versuch, den Inhalt des Verteilungs- und Wachstumspostulats durch die herrschenden ökonomischen Theorien zu bestimmen, wurde schon kritisch gewürdigt[9]. An dieser Stelle soll ergänzend auf zwei typische, aus theoretischen Modellen abgeleitete verteilungspolitische Konzepte eingegangen werden, die heute im Brennpunkt der wirtschaftspolitischen Diskussionen stehen. Die Entwicklung der Grenzproduktivitätstheorie der Verteilung stellt eine wissenschaftliche Reaktion auf die marxistische Ausbeutungs- und Verelendungstheorie dar. Sie versucht den Satz zu beweisen, daß die Einkommensverteilung unter den Bedingungen der allgemeinen und vollständigen Konkurrenz eine leistungsgerechte Verteilung darstelle. Die Leistungsgerechtigkeit des Marktes liefere zwangsläufig eine Verteilung, die als „natürlich“ und

---

[6] Vgl. dazu die gesellschaftspolitischen Begründungen der verteilungspolitischen Vorschläge in allen bisher veröffentlichten Vermögensverteilungs- bzw. -bildungsplänen: Welty, E., (Hrsg.), Die Sozialenzyklika Papst Johannes XXIII., Mater et Magistra, 2. Aufl., Freiburg i. Br. 1962, S. 69 ff.; Müller, E., (Hrsg.), Eigentumsbildung in sozialer Verantwortung. Der Text der Denkschrift des Rates der Evangelischen Kirche in Deutschland, Hamburg 1962, S. 94 ff.: Vermögensbildung für Jedermann, Eine neue Denkschrift evangelischer und katholischer Persönlichkeiten zur Eigentumspolitik, in: FAZ v. 15. Jan. 1964, S. 14; Materialien zur Vermögensbildung in Arbeitnehmerhand — Thesen, Pläne, Gesetze 1946—1965, Schriftenreihe des Instituts für Städtebau, Wohnungswirtschaft und Bausparwesen e. V., Bonn 1965.

[7] Vgl. dazu auch *Würgler*, H.: Die obersten Zielsetzungen der Wirtschaftspolitik, in: SchZ, 96. Jg., 1960, S. 196 f.

[8] Zu dem gleichen Ergebnis kommt auch *Meimberg*, wenn er feststellt, „daß hochrangige Werte als solche, wie groß auch ihr Einfluß ist oder sein sollte, nicht willkürfrei in einer Weise interpretierbar sind, die es gestattet, sozialökonomisch relevante Ziele konkret zu bestimmen. Schon gar nicht ist möglich, willkürfrei über den Inhalt der genannten Werte und die hieraus für den sozialökonomischen Bereich zu ziehenden Folgerungen Näheres in einer Weise auszusagen, die für alle Situationen gültig ist“; vgl. *Meimberg*, R.: Über das Element der Willkür in sozialökonomischen Werturteilen, in: JfS, Bd. 15, 1964, S. 322.

[9] Vgl. Kap. 1 dieser Arbeit.

„gerecht" anzusprechen sei[10]. Gegen die Leistungsgerechtigkeit des Marktes und seiner Verteilung ist unter den angenommenen Bedingungen nichts einzuwenden. Es muß jedoch bezweifelt werden, ob der marktwirtschaftliche Bewertungsmaßstab als allgemeinverbindlich und „gerecht" anerkannt werden kann[11]. Die funktionale Verteilung in Form der Grenzproduktivitätstheorie vermag das auf Personen und Gruppen bezogene Gerechtigkeitsproblem nicht zu lösen.

Ähnlich verhält es sich mit dem Konzept der produktivitätsorientierten Lohnpolitik. Die Anwendung dieses Konzeptes führt zu einer Stabilität der gesamtwirtschaftlichen Lohnquote in der Zeit[12]. In der wirtschaftspolitischen Tagesdiskussion wird diese Form der Lohnpolitik oft mit einer „gerechten" Verteilung oder der Realisierung des Zieles einer gleichmäßigeren Einkommensverteilung gleichgesetzt. Gegen diese Auslegung des Verteilungspostulats sind drei entscheidende Einwände zu erheben. Erstens hat die Stabilität einer Quote in der Zeit mit „Gerechtigkeit" so lange nichts zu tun, wie nicht nachgewiesen werden kann, daß die Ausgangsquote als „gerecht" oder zumindest als identisch mit der Verteilungsforderung anzusehen ist. Zweitens stellt sich die Frage, inwieweit die Quotenbetrachtung überhaupt als Maßstab in der Verteilungsfrage verwendbar ist. Eine langfristige Stabilität der Lohn- und Gewinnquote bedeutet beispielsweise bei steigendem Sozialprodukt einen stets wachsenden absoluten Abstand zwischen den Durchschnittseinkommen der den Quoten zugerechneten Einkommensbeziehern. Und schließlich werden die Wandlungen der Beschäftigungsstruktur in einer reinen Quotenbetrachtung nicht berücksichtigt. Sinkt z. B. die Zahl der Empfänger von Residualeinkommen und steigt gleichzeitig die Zahl der

[10] So leitet beispielsweise J. B. *Clark* sein verteilungstheoretisches Werk mit dem Satz ein: „It is the purpose of this work to show that the distribution of the income of society is controlled by a natural law, and that this law, if it worked without friction, would give to every agent of production the amount of wealth which that agent creates." Und an anderer Stelle heißt es in seiner Auseinandersetzung mit der von *Clark* als Ausbeutungstheorie empfundenen Theorie *Thünens*: „As Von Thünen did not suspect, the natural law of wages gives a result that would satisfy his own requirement, as being desirable und morally justifiable"; vgl. *Clark*, J. B.: The Distribution of Wealth. A Theory of Wages, Interest and Profits, London und New York 1899, Nachdruck New York 1956, S. V.; S. 324.

[11] Auf die normativen Implikationen der Grenzproduktivitätstheorie weisen u. a. hin *Samuelson*, P. A.: Economic Theory and Wages, in: Wright, D. M., (Hrsg.), The Impact of the Union, New York 1951, S. 328 ff.; *Preiser*, E.: Erkenntniswert und Grenzen der Grenzproduktivitätstheorie, in: SchZ, 89. Jg., 1953, S. 25 ff.; zitiert nach: derselbe, Bildung und Verteilung des Volkseinkommens, 2. durchgesehene und erw. Aufl., Göttingen 1961, S. 266; 284.

[12] Zum Produktivitätskonzept vgl. u. a. *Liefmann-Keil*, E.: Produktivitätsorientierte Lohnpolitik, in: WA, Bd. 76, 1956, S. 240 ff.; *Kullmer*, H. K.: Produktivität, Lohn und Inflation. Vorfragen und Probleme der produktivitätsorientierten Lohnpolitik, Meisenheim am Glan 1965.

Bezieher von Arbeitseinkommen, so verbirgt sich hinter einer Konstanz der Verteilungsquoten eine abweichende Entwicklung der Durchschnittseinkommen beider Einkommensgruppen[13].

Die beiden genannten Konzepte der Verteilungspolitik gehen davon aus, daß die wirtschaftspolitischen Ziele aus dem Wirtschaftsdenken, letztlich aus dem Wirtschaftlichkeitsprinzip deduziert werden könnten. Der Versuch, eine „wirtschaftliche Gerechtigkeit" zu konstituieren, ist in beiden Fällen die normative Einkleidung eines technischen Begriffs der positiven Ökonomik: das mikroökonomische Unternehmensgleichgewicht und das makroökonomische Kreislaufgleichgewicht werden mit einem Gerechtigkeitsanspruch versehen. Diese Verquickung von normativer und positiver Ökonomik vermag jedoch das wirtschaftspolitische Problem einer gleichmäßigeren Verteilung der Einkommen und Vermögen unter Aufrechterhaltung eines relativ hohen Wirtschaftswachstums nicht zu lösen. „Gleichgewicht ist kein Ziel an sich, vor allen Dingen nicht ein Gleichgewicht um jeden Preis[14]." Die ökonomistische Deutung wirtschaftspolitischer Ziele erlaubt zwar eine hinreichend exakte Bestimmung des Verteilungs- und Wachstumspostulats[15], jedoch wird die Zweck-Mittel-Relation zwischen den übergeordneten gesellschaftspolitischen Zielen und den wirtschaftlichen Zielen aufgehoben und damit das Wirtschaften zum Selbstzweck[16]. Berücksichtigt man weiter die Tatsache, daß normativ-teleologische Vorstellungen die „objektiven" Theorien beeinflussen, aus denen dann wieder Normen abgeleitet werden mit dem Anspruch, sie lägen in der „Natur der Sache" — *Myrdal* spricht diesbezüglich vom „naturrechtlichen Zirkelschluß"[17] —, so ergibt sich zwar ein Bezug zu Wertsetzungen, die aber erstens verdeckt und kaum als allgemeingültig angesprochen werden können, und die zweitens die „Geschichtsbedingtheit aller abgeleiteten Postulate"[18] leugnen, solange sich die wirtschaftliche Wirklichkeit schneller und anders entwickelt als die sie erklärende Theorie.

---

13 Zur Kritik an der verteilungspolitischen Relevanz der produktivitätsorientierten Lohnpolitik vgl. u. a. *Rothschild*, K. W.: Der Lohnanteil am Gesamteinkommen. Einige Bemerkungen zu einem umstrittenen Problem, in: WA, Bd. 78, 1957, S. 157 ff.; *Bombach*, G.: Die verschiedenen Ansätze der Verteilungstheorie, S. 100 ff.

14 Vgl. *Bombach*, G.: Gleichgewicht — kein Ziel an sich, in: Der Volkswirt, Nr. 52/53, v. 24. Dez. 1960, S. 55.

15 Ähnliche Probleme stellen sich für die „Lehre vom Gütermaximum"; vgl. *Weisser*, G.: Die Überwindung des Ökonomismus in der Wirtschaftswissenschaft, S. 13 ff.

16 Vgl. dazu vor allem *Weisser*, G.: Die Überwindung des Ökonomismus in der Wirtschaftswissenschaft, S. 10 ff.

17 Vgl. *Myrdal*, G.: Das politische Element in der nationalökonomischen Doktrinbildung. Mit einem Nachwort von P. *Streeten*, Schriftenreihe der Forschungsstelle der Friedrich-Ebert-Stiftung, Hannover 1963, S. 16 f.

18 Vgl. *Weisser*, G.: Die Überwindung des Ökonomismus in der Wirtschaftswissenschaft, S. 39.

5. Eine Untersuchung des Inhalts wirtschaftspolitischer Ziele in Abhängigkeit von der wirtschaftlichen Lage und der Struktur der wirtschaftspolitischen Instanzen hat sich auf den wirtschaftlichen, gesellschaftlichen und politischen Gesamtprozeß in einer Volkswirtschaft zu beziehen. Sie ist damit notwendig historische bzw. entwicklungstheoretische Analyse. Die folgende Untersuchung beschränkt sich auf die direkt für die Verteilungs- und Wachstumsvorgänge relevanten Trendvariablen und Strukturen. Unter wirtschaftlicher Lage wird demgemäß die langfristige Entwicklung der Verteilungs- und Wachstumsindikatoren verstanden. Die institutionelle Struktur der Träger der Wirtschaftspolitik wird definiert als die gesamtwirtschaftliche Konstellation der die Verteilungs- und Wachstumsnorm setzenden und ausführenden wirtschaftspolitischen Entscheidungszentren. Die isolierte Betrachtung des integrierten wirtschaftlichen, gesellschaftlichen und politischen Gesamtprozesses unter den Aspekten der „wirtschaftlichen Lage" und des „institutionellen Rahmenwerks" bietet sich nicht nur aufgrund der herkömmlichen Trennung in gesellschaftliche und politische Daten einerseits und ökonomische Variablen andererseits an, sondern ergibt sich aus der Tatsache, daß die aus beiden Einflußbereichen resultierenden Rückwirkungen auf das Verteilungs- und Wachstumspostulat verschiedenartig sind. Ausgangspunkt für diese Einteilung ist die Erkenntnis, daß die Industriegesellschaften nach dem 2. Weltkrieg sowohl als „nivellierte" Massengesellschaften als auch als „pluralistische" Gruppengesellschaften zu charakterisieren sind. Aus naheliegenden Gründen kann hier nicht auf die soziologische und politologische Problematik dieser Kennzeichnungen eingegangen werden[19]. Es dürfte jedoch den Erkenntnissen der Soziologie und Politologie nicht widersprechen, wenn festgestellt wird, daß unter ökonomischen Gesichtspunkten sich die moderne Industriegesellschaft von der Einkommensverwendungsseite her tendenziell als „nivellierte" Massengesellschaft darstellt und von der Einkommensverteilungsseite her als „pluralistische" Gruppengesellschaft. Diese Hypothese liegt den nachfolgenden Untersuchungen über den Inhalt des Verteilungs- und Wachstumspostulats zugrunde.

---

[19] Vgl. dazu u. a. *Hofstätter*, P. R.: Gruppendynamik. Kritik der Massenpsychologie, Reinbek bei Hamburg 1957, (Rowohlts Deutsche Enzyklopädie), S. 7 ff.; *v. d. Gablentz*, O. H.: Der Staat in der pluralistischen Gesellschaft, in: HbJ, 4. Jahr, Festausgabe für E. Heimann, 1959, S. 133 ff.; *Riesman*, D., und Mitarbeiter, Die einsame Masse. Eine Untersuchung der Wandlungen des amerikanischen Charakters, Hamburg 1958, (Rowohlts Deutsche Enzyklopädie); *Dahrendorf*, R.: Die Politik der Massengesellschaft. Amerikanische Theorien und europäische Realitäten, in: HbJ, 9. Jahr, 1964, S. 187 ff.

6. Die lagebezogene Zielinterpretation des Verteilungs- und Wachstumspostulats stellt im wesentlichen drei Fragen[20]. Zunächst ist zu untersuchen, wie sich die Wachstums- und Verteilungssituationen im Zuge des Entwicklungsprozesses geändert haben. Zweitens stellt sich das Problem, wie sich die Entwicklung der Wachstums- und Verteilungsindikatoren auf die Zielformulierung und den Zielinhalt der in Frage stehenden Postulate ausgewirkt hat. Es wäre denkbar, daß sich bei den wirtschaftspolitischen Zielen ein ähnlicher Prozeß der Umwertung und Ausdehnung vollzogen hat, wie er bei juristischen Normen zu beobachten ist, die durch Auslegung an die veränderte Rechtswirklichkeit angepaßt werden. In diesem Zusammenhang ist zu prüfen, ob sich die Maßstäbe für Zielannäherungen oder -verwirklichungen aufgrund neuer ökonomischer Erscheinungen in den modernen Industriegesellschaften verschoben haben und sich damit u. U. Möglichkeiten ergeben, die Realisierung des Verteilungs- und Wachstumspostulats auf anderen Wegen als bisher anzustreben. Schließlich stellt sich ein drittes, theoretisches Problem: Führen die Änderungen der Wachstums- und Verteilungssituation und des Inhalts der wirtschaftspolitischen Postulate zu einem neuen wirtschaftswissenschaftlichen Erkenntnisobjekt, das Wirtschaftstheorie und Wirtschaftspolitik zu einem allgemeinen Umdenken zwingt? Da diese Frage die wirtschaftspolitische Zielproblematik nicht wesentlich tangiert, wird sie im theoretischen Teil dieser Arbeit behandelt[21].

7. Der entscheidende statistische Indikator der Wachstumssituation einer Volkswirtschaft ist die Zuwachsrate des Sozialprodukts. Von der Mitte des 19. Jahrhunderts bis zur Mitte des 20. Jahrhunderts, also in rund hundert Jahren, hat sich das reale Pro-Kopf-Einkommen der Bevölkerung in den Industrienationen gewaltig erhöht[22]. Angesichts die-

---

[20] Einen ähnlichen Ansatz, wie den hier vorgelegten einer lagebezogenen Zielinterpretation, hat kürzlich *Molitor* entwickelt: „Für eine Erfahrungswissenschaft genügt es nicht, ... von beliebigen denkbaren oder bekenntnismäßig eingeführten Zwecken auszugehen. ... Aus dem weiten Kreis der denkbaren Zwecke, die sich Menschen in der Gesellschaft setzen können, ist immer nur ein bestimmtes Sortiment in einem anspruchsvollen Sinne ‚aktuell', und die Frage, wovon dessen Zusammensetzung abhängt, verweist die Analyse auf die jeweilige Entwicklungsphase der Gesellschaftswirtschaft, für die in gleicher Weise die Realfaktoren wie die Bewußtseinslage von Bedeutung sind. Der erste Schritt der erklärenden Theorie (der Wirtschaftspolitik; d. Verf.) besteht mithin darin, aus der gesellschaftlichen Wirklichkeit die dominierenden Interessen abzuleiten...“; vgl. *Molitor*, B.: Vermögensverteilung als wirtschaftspolitisches Problem, Tübingen 1965, S. 11 f.

[21] Vgl. dazu das 5. Kap. dieser Arbeit.

[22] Zahlenangaben finden sich u. a. bei *Hoffmann*, W. G., und J. H. *Müller:* Das Deutsche Volkseinkommen 1851—1957, Tübingen 1959, 2. Teil, S. 12 ff.; *Bombach*, G.: Quantitative und monetäre Aspekte des Wirtschaftswachstums, in: *Hoffmann*, W. G. (Hrsg.), Finanz- und währungspolitische Bedingungen stetigen Wirtschaftswachstums, SchdVfS, N. F. Bd. 15, Berlin 1959, S. 154 ff.;

ses im Vergleich zu der Situation in den Entwicklungsländern heute und den sich entwickelnden Industrieländern damals exorbitant hohen Lebensstandards in den westlichen Industriegesellschaften ist es nicht weiter erstaunlich, daß verschiedene Autoren heute ein Versorgungsniveau der Bevölkerung für erreicht halten, das es rechtfertigt, es mit den Schlagworten „affluent society“[23] und „Zeitalter des Massenkonsums“ bzw. sogar „jenseits des Massenkonsums“[24] zu kennzeichnen. Im deutschen Sprachgebrauch hat sich die vielfach mit negativem, sozialkritischem Akzent versehene Formel von der „Konsumgesellschaft“ bzw. der „Wohlstandsgesellschaft“ eingebürgert[25], die deutlich macht, daß das beobachtete Phänomen des hohen Lebensstandards der Bevölkerung nicht nur für die USA, sondern auch für die europäischen Industrieländer gilt. Damit ist nicht gesagt, daß es nicht auch in den Wohlstandsstaaten absolute Armut und große Unterschiede im Lebensstandard gibt, aber Armut als Massenerscheinung ist nicht mehr existent[26]. Das entscheidende Charakteristikum einer affluent society besteht nach *Galbraith* vor allem in dem Erreichen von Sättigungsgrenzen in weiten Bereichen der privatwirtschaftlich organisierten Produktion: „Now goods are abundant. More die in the United Staates of too much food than of too little. Where the population was once thought to press on the food supply, now the food supply presses relentlessly on the population[27].“ Mag dieses Bild auch sehr pointiert gezeichnet sein, daß sich heute die Industriegesellschaften in einem Zustand nie gekannten Wohlstandes befinden, dürfte kaum ernsthaft zu bezweifeln sein[28].

8. *Galbraith* folgert aus dieser Situation der reifen Volkswirtschaften, daß „the effect of increasing affluence is to minimize the im-

---

Hoffmann, W. G., und Mitarbeiter: Das Wachstum der Deutschen Wirtschaft seit der Mitte des 19. Jahrhunderts, Berlin—Heidelberg—New York 1965, S. 12 ff.

[23] Vgl. *Galbraith*, J. K.: The Affluent Society.

[24] Vgl. *Rostow*, W. W.: Stadien wirtschaftlichen Wachstums. Eine Alternative zur marxistischen Entwicklungstheorie, übers. v. E. *Müller*, Göttingen o. J., (1960), S. 94 ff.

[25] Vgl. *Ortlieb*, H.-D.: Unsere Konsumgesellschaft. Glanz und Elend des deutschen Wirtschaftswunders, in: HbJ, 4. Jahr, Festausgabe für E. Heimann, 1959, S. 225 ff. sowie *Preiser*, E.: Probleme der Wohlstandsgesellschaft, Bayerische Akademie der Wissenschaften, Phil.-Hist. Klasse, Sitzungsberichte, Jg. 1964, Heft 7, München 1964.

[26] Daß partielle Armutserscheinungen selbst in den USA noch nicht überwunden sind, zeigt das innenpolitische Programm der Administration *Johnson* für die Legislaturperiode 1965 bis 1968, das dem Elend des sog. vergessenen Fünftels der Nation ausdrücklich den Kampf angesagt hat.

[27] Vgl. *Galbraith*, J. K.; The Affluent Society, S. 108 f.

[28] Vgl. dazu die die *Galbraith*schen Thesen im wesentlichen bejahenden Schriften von *Molitor*, B.: „Gesellschaft im Überfluß“. Bemerkungen zu einer Studie von J. K. *Galbraith*, in: HbJ, 4. Jahr, Festausgabe für E. Heimann, 1959, S. 188 ff.; *Neumark*, F.: Steuerpolitik in der Überflußgesellschaft, Berlin 1961; *Preiser*, E.: Probleme der Wohlstandsgesellschaft.

portance of economic goals. Production and productivity become less and less important"[29]. Diese Folgerung beruht auf der Anwendung des utilitaristischen Gesetzes vom abnehmenden Grenznutzen auf das Wirtschaftswachstum. Angesichts der Tatsachen, daß sich heute in den Überflußbereichen die Bemühungen der privaten Produzenten unter erheblichem Werbeaufwand auf den Absatz ihrer Güter jenseits der Sättigungsgrenzen konzentrieren, daß die künstliche Veraltung der Produkte oft die echten Innovationen ersetzt, daß die Bedürfnisse für die erstellten Güter ebenfalls „produziert" werden müssen, liegt der Rückgriff auf das Grenznutzenkonzept nahe[30]. Die Erfolglosigkeit der Versuche der empirischen Nutzenmessung bedeuten ja nicht eine Ungültigkeit des Gesetzes vom abnehmenden Grenznutzen. Wird dieser Gedanke in der Wachstumspolitik berücksichtigt, so ergibt sich damit eine Trennung von Wohlstands- und Produktivitätsaspekt des wirtschaftlichen Wachstums[31]. Der Produktivitätsaspekt betrifft in dieser Deutung die Steigerung des bloßen Gütervolumens bzw. der Produktivkraft einer Volkswirtschaft, während der Wohlstandsaspekt sich auf eine nutzenorientierte, allerdings in Nutzeneinheiten nicht meßbare, jedoch wirtschaftspolitisch äußerst relevante Größe bezieht.

9. Die Unterscheidung zwischen Produktivitäts- und Wohlstandsaspekt der wachstumspolitischen Zielsetzung — Wohlstandsaspekt in Abweichung von dem oben verwandten Begriff der Wohlstandsgesellschaft — ist unter Bezugnahme auf die Nutzentheorie wirtschaftspolitisch kaum verwendbar. Die wirtschaftspolitische Operationalität dieser Dichotomie kann jedoch dadurch verbessert werden, daß die produktivitätsorientierte Wachstumspolitik mit einer Steigerung des privatwirtschaftlich erzeugten Angebots an Gütern und Diensten gleichgesetzt wird und die wohlstandsorientierte Wachstumspolitik u. a. mit einer Erhöhung des Angebots an öffentlichen Leistungen[32]. Eine Akzent-

---

[29] Vgl. *Galbraith*, J. K.: The Affluent Society, S. 126.

[30] So stellt auch *Abramovitz* fest: „The significance of additional income for welfare becomes progressively weaker as industrialization proceeds, as per capita income rises, as the options in consumption become greater, and as goods come more and more to have symbolic rather than material significance"; vgl. *Abramovitz*, M.: The Welfare Interpretation of Secular Trends in National Income and Product, in: *Abramovitz*, M., und andere: The Allocation of Economic Resources, Essays in Honor of B. F. *Haley*, Stanford 1959, S. 15.

[31] Zum Wohlstands- und Produktivitätsaspekt des Wirtschaftswachstums vgl. *Abramowitz*, M.: The Welfare Interpretation of Secular Trends in National Income and Product, S. 4; *Bombach*, G.: Wirtschaftswachstum und Stabilität, in: Wachstum und Konjunktur, Veröffl. d. Deutschen Volkswirtschaftlichen Gesellschaft e. V., Darmstadt und Opladen 1960, S. 30.

[32] Ziel einer wohlstandsorientierten Wachstumspolitik ist nicht nur eine Steigerung der öffentlichen Investitionen. Sie beinhaltet ebenfalls die Berücksichtigung der übrigen Postulate des wirtschaftspolitischen Zielkatalogs.

verschiebung der wachstumspolitischen Zielsetzung in Richtung auf eine so verstandene wohlstandsorientierte Wachstumspolitik wäre unter den Bedingungen abzuleiten, daß die Wachstumssituation in den reifen Volkswirtschaften durch ein soziales Ungleichgewicht gekennzeichnet ist und eine automatische Beseitigung des Ungleichgewichts durch die Marktmechanik nicht zu erwarten ist.

Galbraith hat für die USA die Existenz eines sozialen Ungleichgewichts behauptet, das durch Sättigungserscheinungen im Bereich der privaten Produktion bei gleichzeitigem Bestehen echter Knappheitssituationen im öffentlichen Sektor charakterisiert ist[33]. Wenn auch die exakten ökonomischen Kriterien fehlen, um eine solche Ungleichgewichtssituation nachzuweisen, so könnte dennoch die Lawine von Bedarfsmeldungen, die in den Jahren 1961 bis 1966 in der BRD bei der öffentlichen Hand eingingen, als Indiz für die Existenz eines sozialen Ungleichgewichts gewertet werden[34]. Zusätzlich ist zu bemerken, daß man aller Wahrscheinlichkeit nach mit einem steigenden Bedarf an Infrastrukturinvestitionen im Zuge des zukünftigen Wachstums zu rechnen hat. Für diese Annahme sprechen nach *Jürgensen* der schon bestehende Nachholbedarf, die zunehmende Kompliziertheit des Produktionsprozesses und die steigenden Wachstumskosten[35]. Der marktwirtschaftlich gesteuerte Wachstumsprozeß im privatwirtschaftlichen Sektor der Volkswirtschaft kreiert, indem er die individuellen Bedürfnisse befriedigt, laufend neue Kollektivbedürfnisse (Wachstumskosten), die in den reifen Volkswirtschaften oft progressiven Verlauf aufweisen.

10. Eine automatische Beseitigung des sozialen Ungleichgewichts durch die Marktmechanik ist nicht zu erwarten, da sich die öffentlichen Investitionen gegenüber den privaten Investitionen vor allem durch drei wesentliche Merkmale unterscheiden[36]: durch ihren relativ hohen Kapitalkoeffizienten, durch die Existenz von externen Effekten und durch ihren politischen Steuerungsmechanismus. Daraus erwächst der Wirtschaftspolitik die wachstumspolitische Aufgabe, für ein im Sinne

---

[33] Zum sozialen Gleichgewicht bzw. Ungleichgewicht vgl. *Galbraith*, J. K.: The Affluent Society, S. 206 ff.

[34] Einen Überblick über die Bedarfsmeldungen an Infrastrukturinvestitionen in der BRD gibt *Michalski*, W.: Infrastrukturpolitik im Engpaß, Veröff. d. Hamburgischen Weltwirtschaftsarchivs, Hamburg 1966, S. 177 ff.

[35] Vgl. *Jürgensen*, H.: Bemerkungen zu Wachstums- und Verteilungseffekten privater und öffentlicher Investitionen, in: *Schneider*, E., (Hrsg.), Wirtschaftskreislauf und Wirtschaftswachstum, Festschrift für C. Föhl, Tübingen 1966, S. 91.

[36] Zur Charakterisierung der Infrastrukturinvestitionen vgl. u. a. *Werlé*, E.: Öffentliche Investitionen und Wirtschaftswachstum, Sonderschrift des Ifo-Instituts für Wirtschaftsforschung, Nr. 25, Berlin—München 1960, S. 20 f.; *Stohler*, J.: Zur rationalen Planung der Infrastruktur, in: Konjunkturpolitik, 11. Jg., 1965, S. 279 ff.

der wohlstandsorientierten Wachstumspolitik „optimales“ Einsatzverhältnis von privaten und öffentlichen Investitionen zu sorgen. Wenn jedoch *Hesse* feststellt, daß „die Aufteilung einer bestimmten Investitionssumme auf den öffentlichen und privaten Bereich ... dann als optimal anzusehen (ist), wenn der marginale Kapitalkoeffizient den niedrigstmöglichen Wert erreicht“[37], so ist diese Äußerung zumindest mißverständlich. Nur unter expliziter Berücksichtigung der langfristigen Erschließungs- oder Komplementaritätseffekte der Infrastrukturinvestitionen wäre diese Feststellung vertretbar.

11. Die lagebezogene Analyse der wachstumspolitischen Zielsetzung in reifen Volkswirtschaften läßt den Schluß zu, daß sich eine Gewichtsverlagerung in der Wachstumsnorm von der Steigerung des privatwirtschaftlich erzeugten Gütervolumens bzw. der Produktivkraft zu einer wohlstandsorientierten Wachstumspolitik anbahnt, die die Gemeinschaftsaufgaben in den Vordergrund stellt. Diese Tatsache drückt sich auch augenfällig darin aus, daß eine starke Steigerung der staatlichen Aktivität auf dem Gebiet der Infrastruktur in den politischen Programmen aller Parteien und Regierungen seit 1965 enthalten ist. Diese neue Ausrichtung der wachstumspolitischen Zielsetzung legt es nahe, die Zuwachsrate des Sozialprodukts nicht unbesehen als Wachstumsindikator zu verwenden. Eine rationale Wirtschaftspolitik hat zu berücksichtigen, daß die nach der herkömmlichen Sozialproduktsberechnung ermittelte Wachstumsrate vornehmlich einen Maßstab für die Zunahme des bloßen Produktionsvolumens darstellt, der zwar die negativen Begleiterscheinungen des Wachstums der privaten Produktion enthält, die ökonomischen Aktivitäten jedoch, die sich nicht über Märkte vollziehen, unzureichend oder überhaupt nicht bewertet. Aus diesen Gründen erscheint es angebracht, vor einem „Wachstumsfetischismus“, der sich auf die Zunahme der Produktivkraft einer Volkswirtschaft bezieht, zu warnen und auf die wohlstandsorientierte Wachstumskonzeption zu verweisen[38]. Wie diese konkret auszugestalten ist, welche Höhe der Zuwachsrate des Sozialprodukts unter diesem Aspekt die „richtige“ ist, und ob u. U. die Erfüllung weiterer wirtschaftspolitischer Postulate dennoch eine sehr hohe Wachstumsrate des Sozialprodukts notwendig macht, — diese Fragen können mit Hilfe einer isolierten, lagebedingten Interpretation des Wachstumsziels nicht beantwortet werden.

12. Die Darstellung der Verteilungssituation und ihrer Wandlungen setzt die Kenntnis der verteilungspolitischen Bezugsgruppen, der ver-

---

[37] Vgl. *Hesse*, H.: Der Einfluß des Staates auf die wirtschaftliche Entwicklung, in: ZfdgSt, 117. Bd., 1961, S. 644.

[38] Vgl. dazu auch *Bombach*, G.: Wirtschaftswachstum und Stabilität, S. 29 ff.

teilungsrelevanten wirtschaftlichen Größen sowie der Verteilungsmaßstäbe voraus. Wie einleitend dargelegt wurde, interessiert hier vor allem die funktionelle bzw. die gruppenbezogene Verteilung, d. h. konkret die Aufteilung des Sozialprodukts auf die selbständig und unselbständig Beschäftigten und die Entwicklung des Durchschnittseinkommens innerhalb beider Gruppen. Als verteilungswirksame Größen sind in erster Linie das Einkommen als Stromgröße und das Vermögen als Bestandsgröße aufzufassen. Unter Einkommen wird allgemein das einer Wirtschaftseinheit in einer Zeitperiode aufgrund seiner Teilnahme am gesamtwirtschaftlichen Produktionsprozeß zufließende Angebot von Gütern und Diensten verstanden, also das Realeinkommen. Diesem unter Ausschaltung von Preiseinflüssen ermittelten Realeinkommen steht das Nominaleinkommen gegenüber, das in den modernen Industriegesellschaften zur entscheidenden verteilungsstrategischen Variablen geworden ist. Unter Vermögen ist das Eigentum an Sachgütern sowie die durch Rechtsanspruch begründeten Forderungen gegen andere Wirtschaftseinheiten zu verstehen[39]. Die Komplexität der Verteilungsvorgänge wird jedoch durch die Beschränkung auf diese zentralen verteilungspolitischen Größen nur unzureichend erfaßt. Daneben gilt es auch die Arbeitszeitrelation zwischen den beiden Einkommensgruppen, die Verteilung der Transferzahlungen des Staates und die Konsumtivkapitalbildung der Einkommensbezieher zu berücksichtigen. Schließlich ist die wirtschaftliche Interdependenz zwischen Einkommens- und Vermögensverteilung zu beachten, die beinhaltet, daß die Einkommensverteilung sowohl Determinante als auch Resultante der Vermögensverteilung ist.

13. Ob die Ungleichheit in der Einkommens- und Vermögensverteilung langfristig zu- oder abgenommen hat, ist stark umstritten. Die behauptete säkulare Stabilität der Lohn- und Gewinnquote sagt aus wohlbekannten Gründen diesbezüglich nichts aus, da die Wandlungen der Beschäftigungsstruktur nicht adäquat berücksichtigt werden können. Auch die Versuche, langfristige Entwicklungen in der personellen Einkommensverteilung nachzuweisen, haben zu keinen eindeutigen Ergebnissen geführt[40]. Die Tragfähigkeit des statistischen Zahlenma-

---

[39] Vgl. zu dieser Definition auch *Föhl,* C., und Mitarbeiter: Kreislaufanalytische Untersuchung der Vermögensbildung in der Bundesrepublik und der Beeinflußbarkeit ihrer Verteilung, Gutachten erstellt im Auftrage des Bundeswirtschaftsministeriums, Tübingen 1964, S. 3.

[40] Die statistischen Untersuchungen von *Kuznets* über die langfristige Entwicklung der personellen Einkommensverteilung vor Steuerabzug in den USA, Großbritannien und Deutschland haben zwar zu dem Ergebnis geführt, „that the relative distribution of income, as measured by annual income incidence in rather broad classes, has been moving towards equality — with these trends particularly noticeable since the 1920's but beginning per-

terials ist für Aussagen über die langfristige Entwicklung der personen- bzw. gruppenbezogenen Einkommens- und Vermögensstruktur zu gering. Für die Nachkriegsentwicklung in der BRD sind dagegen Zahlen verfügbar, die zumindest den Trend anzugeben vermögen. Danach ist der Anteil der Einkommen aus unselbständiger Arbeit am Volkseinkommen von 1950—1965 von 58,6 % auf 66,0 % gestiegen[41]. Gleichzeitig hat sich jedoch der Anteil der unselbständig Beschäftigten (Beamte, Angestellte, Arbeiter) an der Gesamtzahl der Erwerbstätigen von ca. 70 % (1950) auf 80 % (1965) erhöht[42]. Aufgrund dieser gegenläufigen Entwicklung kann gefolgert werden, daß in dem Zeitraum von 1950 bis 1965 das Durchschnittseinkommen aus unselbständiger Beschäftigung in der BRD mit einer geringeren Rate zugenommen hat als das Volkseinkommen[43]. Die Entwicklung der Vermögensverteilung in der BRD ist von *Föhl* untersucht worden, der zu dem Ergebnis kommt, „daß der in der Bundesrepublik in den zehn Jahren seit der Währungsreform erwirtschaftete private Vermögenszuwachs, der mit rund 120 Mrd. beziffert werden kann, nahezu in voller Höhe den Beziehern von Besitzeinkommen zugefallen sei"[44].

14. Während die Entwicklung der zentralen verteilungsrelevanten Größen zumindest den Schluß zuläßt, daß eine gleichmäßigere Einkommens- und Vermögensstruktur weder durch den säkularen noch den Wachstumsprozeß nach dem 2. Weltkrieg verwirklicht worden ist, ergibt sich aus dem Zahlenmaterial für die verteilungspolitisch bedeutsamen Hilfsgrößen eine andere Konsequenz. Die Arbeitszeit für die selbständig Beschäftigten dürfte eher zu- als abgenommen haben, während die Arbeitszeitverkürzungen bei den unselbständig Beschäftigten recht beachtlich sind[45]. Heute stellen Arbeitszeitverkürzungen eine konsumtive Verwendung der erreichten Produktivitätsfortschritte dar und können kaum noch als soziale Mindestforderungen interpre-

---

haps in the period before the first world war", doch schränkt *Kuznets* seine Ergebnisse als sehr unsicher ein; vgl. *Kuznets*, S.: Economic Growth and Income Inequality, in: AER, Vol. 45, 1955, S. 4.

[41] Vgl. Statistisches Bundesamt, (Hrsg.), Statistisches Jahrbuch für die Bundesrepublik Deutschland 1967, Stuttgart und Mainz 1967, S. 520.

[42] Vgl. Statistisches Bundesamt (Hrsg.), Statistisches Jahrbuch der Bundesrepublik Deutschland 1967, S. 138.

[43] Vgl. dazu auch die Ergebnisse des Sachverständigenrates zur Begutachtung der gesamtwirtschaftlichen Entwicklung, Stabilisierung ohne Stagnation, Jahresgutachten 1965/66, Stuttgart und Mainz 1965, S. 55 ff.

[44] Vgl. *Föhl*, C: Über die Möglichkeit einer Beeinflussung der Vermögensbildung und ihrer Verteilung, in: FA, N. F. Bd. 19, 1958/59, S. 132. Genauere Zahlenangaben finden sich bei *Föhl*, C., und Mitarbeiter: Kreislaufanalytische Untersuchung der Vermögensbildung in der Bundesrepublik und der Beeinflußbarkeit ihrer Verteilung, S. 61 ff.

[45] Vgl. die Zahlenangaben bei *Bombach*, G.: Quantitative und monetäre Aspekte des Wirtschaftswachstums, S. 222.

tiert werden, die auch arbeitswissenschaftlich zu rechtfertigen wären. Daß die staatlichen Ausgaben für die soziale Sicherung entscheidend zugenommen haben, dürfte ebenfalls unbestritten sein. Das Schlagwort vom „Wohlfahrtsstaat" kennzeichnet den Endpunkt dieser Entwicklung recht eindeutig[46]. Ob die steigenden Sozialausgaben allerdings verteilungspolitisch effektiv sind, ist aufgrund der bestehenden Überwälzungsmöglichkeiten schwer abzuschätzen. Die Vermögensbildung in Form der Konsumtivkapitalbildung ist eines der typischen Kennzeichen von reifen Volkswirtschaften. Die Konsumtivkapitalbildung beschränkt sich nicht auf eine bestimmte Einkommensschicht oder sozioökonomische Gruppe, sondern ist eine ökonomische Erscheinung, die sich quer durch alle verteilungspolitischen Klassifizierungen zieht. Wir haben damit einen Tatbestand vor uns, der zwar keine gleichmäßigere Verteilung des Erwerbsvermögens darstellt, aber dennoch die vermögenspolitische Zielsetzung nicht unbeeinflußt lassen dürfte[47].

15. Dieser kurze Überblick über die tatsächliche Verteilungssituation in den reifen Volkswirtschaften zeigt, daß sich im Zuge des historischen Entwicklungsprozesses keine gravierenden Änderungen in der Einkommens- und Vermögensverteilung ergeben haben. Der entwicklungstheoretisch entscheidende Tatbestand ist nicht die Änderung der personen- oder gruppenbezogenen Einkommens- und Vermögensstruktur, sondern die gewaltige Zunahme des Versorgungsniveaus der Bevölkerung bei weitgehend konstanter Verteilungsstruktur. Angesichts dieses Ergebnisses stellt sich die Frage, welche Einflüsse von dem steigenden Lebensstandard der Gesamtbevölkerung auf die verteilungspolitische Zielsetzung ausgegangen sind. Sind die Thesen, daß „equality...is a luxury of rich societies"[48] bzw. daß unter der Annahme begrenzter Bedürfnisse der Bevölkerung „more emphasis needs to be placed on some degree of equality in distribution"[49], dazu angetan, den verteilungspolitischen Zielen in den reifen Volkswirtschaften eine größere Resonanz oder gar Dringlichkeit zu verschaffen? Eine Untersuchung der

---

[46] Zahlenangaben finden sich u. a. bei *Jecht*, H.: Staatliche Wirtschaftspolitik und Einkommensverteilung, S. 155; *Recktenwald*, H. C.: Die Finanzwirtschaft der Bundesrepublik in der Mitte unseres Jahrhunderts. Wachstum und Strukturwandlungen, in: JfNuSt, Bd. 177, 1965, S. 178 ff.

[47] Zahlenangaben über die Höhe der Konsumtivkapitalbildung finden sich bei *Oshima*, H. T.: Consumer Asset Formation and the Future of Capitalism, in: EJ, Vol. 71, 1961, S. 20; *Schmucker*, H.: Die langfristigen Strukturwandlungen des Verbrauchs der privaten Haushalte in ihrer Interdependenz mit den übrigen Bereichen einer wachsenden Wirtschaft, in: Neumark, F. (Hrsg.), Strukturwandlungen einer wachsenden Wirtschaft, Bd. 1, SchdVfS, N. F. Bd. 30/I, Berlin 1964, S. 116 ff.

[48] Vgl. *Boulding*, K. E.: Principles of Economic Policy, S. 94.

[49] Vgl. *Tinbergen*, J.: Economic Policy: Principles and Design, S. 22.

Wandlungen des Verteilungspostulats im historischen Wachstumsprozeß der industrialisierten Volkswirtschaften läßt in sehr pauschaler Betrachtung drei spezifische Ausprägungen dieser Zielsetzung erkennen. In einer Gesellschaft allgemeiner Armut, wie sie zu Beginn der Industrialisierung gegeben war, steht zwangsläufig die Verteilung des Einkommens im Vordergrund des verteilungspolitischen Interesses. Die Forderung nach einer gleichmäßigeren Einkommensverteilung wird für einen großen Teil der Bevölkerung zur Lebensfrage. Demgemäß stellte die Redistribution der Einkommen die zentrale verteilungspolitische Zielsetzung in der Mitte des 19. Jahrhunderts dar. Gegen Ende des 19. Jahrhunderts, als das allgemeine Einkommensniveau sich etwas erhöht hatte, sah man in der sozialen Sicherung den Kern des Verteilungsziels. Für diese Ausprägung ist u. a. die Bismarcksche Sozialgesetzgebung repräsentativ. Zusätzlich führte die Erscheinung der Konjunkturen und Krisen zu der Forderung, den Arbeitsplatz zu sichern, also zur Vollbeschäftigungsmaxime. Wachsendes Pro-Kopf-Einkommen und zunehmende soziale Sicherung haben nach Überwindung der wirtschaftlichen Nachkriegsschwierigkeiten in den europäischen Industriestaaten eine weitere Zielwandlung hervorgerufen: primäres verteilungspolitisches Ziel ist die Realisierung einer gleichmäßigeren Vermögensverteilung. Die Forderung, eine gleichmäßigere personelle und gruppenbezogene Vermögensstruktur anzustreben, kann als die der Wohlstandsgesellschaft adäquate verteilungspolitische Norm angesehen werden[50, 51].

16. Der hier konstatierte, von dem Versorgungsniveau der Bevölkerung abhängige, säkulare Wandel des Inhalts des Verteilungspostulats in Richtung auf Änderung der bestehenden Vermögensstruktur könnte jedoch mit den folgenden, aus der Empirie abgeleiteten Erfahrungssätzen bestritten werden:

1. Die Trennung von Unternehmerfunktion und Produktionsmittelbesitz führt zur Bedeutungslosigkeit des Privateigentums.
2. Das bestehende System der sozialen Sicherung vermag das Ziel einer breiteren Vermögensstreuung sinnvoll zu ersetzen.
3. Wie der Kampf um die Anteile am wachsenden Sozialprodukt zeigt, ist die auf das Einkommen bezogene verteilungspolitische Zielsetzung nicht gegenstandslos geworden.

---

[50] Vgl. zu dieser Interpretation auch *Preiser*, E.: Probleme der Wohlstandsgesellschaft, S. 18.

[51] Zu dem gleichen Ergebnis kommt auch *Molitor*, wenn er, ausgehend von den Merkmalen der Wohlstandsgesellschaft (hohes reales Einkommensniveau der privaten Haushalte, stetiges Wachstum des Volkseinkommens, bereitstehende Aufstiegschancen), feststellt, daß sich damit „eine für die allgemeine Vermögensbildung günstige Situation (bietet)“; vgl. *Molitor*, B.: Vermögensverteilung als wirtschaftspolitisches Problem, S. 35.

4. Das Freizeitverlangen und die steigende Konsumtivkapitalbildung der unselbständig Beschäftigten dokumentieren eine in bezug auf die Erwerbskapitalbildung mangelnde Akkumulationswilligkeit.

17. Während in der klassischen und nachklassischen Deutung des kapitalistischen Entwicklungsprozesses dem Privateigentum an den Produktionsmitteln eine überragende strategische Bedeutung für die Verteilung zugesprochen wurde, wird das Eigentum in den reifen Volkswirtschaften oft als verteilungspolitische quantité négligeable angesehen. Diese These wird damit begründet, daß in Verbindung mit einer zunehmenden Unternehmenskonzentration eine Trennung von juristischen Eigentumsrechten an den Unternehmen und der Kontroll- und Lenkungsbefugnisse festzustellen sei[52]. Aus dieser Tendenz folge eine zunehmende Verbeamtung der Wirtschaft, ein objektiviertes Verhältnis der wirtschaftlichen Führungsschicht zu den von ihr geleiteten Unternehmen und damit eine Mediatisierung des Privateigentums an den Produktionsmitteln. So stellt beispielsweise *Salin* die sehr pointierte Behauptung auf, „daß man heute schon das Produktionseigentum als Gemeineigentum bezeichnen könnte, belastet durch verbriefte Ansprüche der nominellen Eigentümer, der Aktionäre“[53]. Daß das Aufkommen der Kapitalgesellschaften sowie auch der Kapitalsammelstellen zu einer gewissen Mediatisierung des Privateigentums geführt haben, ist auch losgelöst von der problematischen Konzentrationshypothese kaum ernsthaft zu bezweifeln. Daraus ist jedoch nicht zwangsläufig eine verteilungspolitische Bedeutungslosigkeit des auf das Erwerbsvermögen bezogenen Vermögenspostulats abzuleiten. Die These von der Irrelevanz des Privateigentums bezieht sich primär auf die damit oft verbundene wirtschaftliche und politische Machtposition, die verteilungspolitische Zielsetzung dagegen auf einen Ausgleich der personen- bzw. gruppenbezogenen Vermögensunterschiede unter Bezugnahme auf die Sicherungs- und Einkommensfunktion des Vermögens, selbst wenn diese Funktionen unter Berücksichtigung der Quantitäten, um die es zunächst geht, nur geringes Gewicht besitzen werden. Es kann im Gegenteil mit *Molitor* davon ausgegangen werden, daß „die Trennung von Unternehmerfunktion und Produktionsmittelbesitz darin (liegt), daß Änderungen in der personellen Vermögensverteilung möglich werden, ohne daß die Qualität der Unternehmenspolitik in Mitleidenschaft gezogen würde“[54]. Das „Regime der Manager“ (*Burnham*)

---

[52] Vgl. dazu u. a. die Untersuchung von *Berle*, A. A., und G. C. *Means:* The Modern Corporation and Private Property, New York — Chicago — Washington 1932.

[53] Vgl. *Salin*, E.: Soziologische Aspekte der Konzentration, in: Neumark, F., (Hrsg.), Die Konzentration in der Wirtschaft, SchdVfS, N. F. Bd. 22, Berlin 1961, S. 36.

[54] Vgl. *Molitor*, B.: Vermögensverteilung als wirtschaftspolitisches Problem, S. 31.

ist daher als eine Erscheinung zu interpretieren, die die verteilungspolitische Bedeutung des Ziels einer gleichmäßigeren Vermögensstreuung nicht schmälert und gleichzeitig eine reibungslosere Realisierung dieses Postulats ermöglicht.

18. Hinsichtlich der Wechselbeziehungen zwischen sozialer Sicherung und breiterer Vermögensstreuung stellt *Föhl* fest: „Solange die Sozialversicherung für alles sorgt, für Krankheit, Arbeitslosigkeit und Alter, und zwar fast bis zur Vollversorgung entsprechend dem verdienten Arbeitseinkommen, solange hat doch der Bezieher von Arbeitseinkommen überhaupt keinen Grund, etwas zurückzulegen“[55]. Mit dieser Bemerkung wird auf eine Substitutionsbeziehung zwischen sozialer Sicherung und gleichmäßigerer Vermögensverteilung abgestellt, die den Schluß nahelegen könnte, daß der hohe Grad an staatlicher Vorsorge für die Wechselfälle des Lebens eine vermögenspolitische Zielsetzung zumindest partiell ersetzen könnte. Diese Ansicht kann sich auf die Sicherungsfunktion des Vermögens stützen, die entweder durch staatliche Zwangssparmaßnahmen oder durch freiwillige Akkumulation von Erwerbskapital wahrgenommen werden kann. Gegen die staatliche Sozialpolitik in der traditionellen Version wird meist noch der zusätzliche Einwand erhoben, daß ein Zwangssparprozeß jene Ergebnisse vermissen lasse, die mit Hilfe einer breiteren Vermögensstreuung ebenfalls erreicht werden sollen: größere Freiheit und Selbständigkeit des einzelnen Wirtschaftssubjekts, größere „Gerechtigkeit“ und höheres Verantwortungsbewußtsein des Individuums dem gesellschaftlichen Ganzen gegenüber.

19. Eine Beurteilung dieser Argumentation wird außerordentlich erschwert durch die Tatsache, daß sie auf Verhaltenshypothesen beruht. Der Potentialis bezieht sich sowohl auf das Sparverhalten der Arbeitnehmer ohne soziale Sicherung als auch auf die Freiheits- und Verantwortungsfunktion der Erwerbskapitalbildung. So vermutet z. B. *Molitor*, „daß ein Abbau der sozialen Sicherung nicht nur keine Steigerung, sondern eher ein Absinken des sonst gegebenen Volumens des individuellen Sparens (einschließlich der Beitragsleistungen zur Sozialversicherung) zur Folge hätte“[56], da die Minderschätzung künftiger Bedürfnisse, die Unsicherheit über die Erwerbs- und Altersperiode sowie der gesellschaftliche Zwang zum Prestigekonsum nur eine sehr geringe Sparneigung erwarten ließen. Die Freiheits- und Verantwortungsfunktion des Erwerbsvermögens muß ebenfalls als sehr problematisch bezeichnet werden. Es ist nicht ohne weiteres einsichtig, wie durch

---

[55] Vgl. *Föhl*, C.: Über die Möglichkeit einer Beeinflussung der Vermögensbildung, S. 149.

[56] Vgl. *Molitor*, B.: Vermögensverteilung als wirtschaftspolitisches Problem, S. 43.

privates Eigentum ein gemeinschaftlicher Geist produziert werden soll, wie durch die heutigen verteilungspolitischen Maßnahmen der Sparprämienverträge, „Volksaktien“ oder durch steuerentlastete 312 DM pro anno zwangsläufig ein Verantwortungsbewußtsein des einzelnen gegenüber der Gesellschaft geschaffen bzw. gestärkt wird[57]. *Ortlieb* weist in diesem Zusammenhang darauf hin, daß die Freiheit und Sicherheit des einzelnen weit wirkungsvoller durch eine Verbesserung der Startchancen im Wirtschaftsporzeß via Bildungspolitik, durch die Vollbeschäftigungs- und Wachstumspolitik des Staates und die soziale Sicherung zu erreichen wären[58]. Dies muß aber nicht besagen, daß heute die vermögenspolitische Zielsetzung verteilungspolitisch irrelevant wäre. Es kann vielmehr davon ausgegangen werden, daß die bestehende soziale Sicherung in den Wohlfahrtsstaaten westlicher Prägung und der relativ hohe Lebensstandard gerade die Voraussetzungen für eine Verteilungspolitik liefern, die an der personellen- bzw. gruppenbezogenen Vermögensstruktur ansetzt, und damit eine sinnvolle, wenn auch anfangs im Effekt fast unmerkliche Ergänzung zu den übrigen Maßnahmen darstellt.

20. Die Frage, ob die auf die Einkommen bezogene Verteilungsforderung in den reifen Volkswirtschaften gegenstandslos geworden sei, ist aus zwei Gründen negativ zu beantworten: Erstens ist die Einkommensverteilungspolitik ein wichtiges Instrument der Vermögenspolitik und zweitens versuchen alle Gruppen von Einkommensbeziehern am wachsenden Wohlstand möglichst vorteilhaft zu partizipieren. Der instrumentale Charakter der Einkommensverteilungspolitik für die Politik einer breiteren Vermögenssteuerung resultiert aus der Tatsache, daß die Höhe der Erwerbskapitalbildung neben der Sparwilligkeit als subjektivem Faktor von der objektiven Determinante der Sparfähigkeit bestimmt wird. Aber dem auf die Einkommensunterschiede bezogenen Verteilungspostulat kommt in den Wohlstandsgesellschaften auch ein eigenständiger Wert zu. Es stellt zwar kein Spezifikum der Wohlstandsgesellschaft dar, aber es ist durch den hohen Lebensstandard auch nicht beseitigt worden[59]. Um die Bedeutung des einkommenspolitischen Verteilungsziels richtig einschätzen zu können, ist auf

[57] In Artikel 14, II des Grundgesetzes der Bundesrepublik Deutschland heißt es daher auch vorsichtiger: „Eigentum verpflichtet. Sein Gebrauch soll zugleich dem Wohle der Allgemeinheit dienen.“ Gegen die Freiheitsfunktion wäre zudem einzuwenden, daß sie in den meisten Vermögensplänen und Sparförderungsaktionen mit einer temporären Einschränkung der freien Verfügbarkeit des Einkommens verbunden ist.

[58] Vgl. *Ortlieb*, H.-D.: Die Legende vom Volkskapitalismus. Zur Rolle des Privateigentums in unserer heutigen Wirtschaftsordnung und Wirtschaftsstruktur, in: HbJ, 7. Jahr, 1962, S. 26 ff.

[59] Vgl. auch *Preiser*, E.: Probleme der Wohlstandsgesellschaft, S. 17.

die Plakatierung der Industriegesellschaften als „Konsumgesellschaft" oder als „Zeitalter des Massenkonsums" Bezug zu nehmen. Nach *Schelsky* scheint es so, „als ob an Stelle des Klassenstatus die Verbraucherposition zur zentralen Determinante aller Verhaltensformen wird, ..., so daß der negative Prozeß der Nivellierung der Klassengesellschaft positiv als die Herausbildung der hochindustriellen Freizeit- und Verbrauchergesellschaft zu bestimmen wäre"[60]. Es ist heute unter Soziologen unbestritten, daß der Verbrauch zu einem der wichtigsten Statussymbole des einzelnen in der Gesellschaft geworden ist, begründet vor allem durch die Statusunsicherheit und -unsichtbarkeit in der dynamischen und anonymen Industriegesellschaft. Daraus folgt, daß die Konkurrenz der Wirtschaftssubjekte um gesellschaftlichen Rang und soziales Ansehen dem Individuum eine Konsumpflicht auferlegt, einen dem angestrebten oder erreichten sozialen Status gemäßen ostentativen Verbrauch[61]. *Riesman* kennzeichnet daher den konsum- und freizeitfreudigen Menschen in den reifen Volkswirtschaften auch als „außengeleiteten" Typus, der permanent seine Konsumrollen wechselt und immer auf der Suche nach einem ihm möglicherweise entgehenden „Werterlebnis" ist[62]. Da der Konsumspielraum des einzelnen Wirtschaftssubjekts vor allem von der Höhe seines verfügbaren Einkommens abhängt, geht also der Kampf um die Einkommensverteilung auch in den Wohlstandsgesellschaften weiter[63].

21. Wenn die Arbeitszeitverkürzungen und die Bildung von Konsumtivkapital als verteilungspolitisch relevante Größen anzusehen sind, dann stellt sich die Frage, ob und inwieweit die steigende Tendenz, die beide Indikatoren in den Wohlstandsgesellschaften aufweisen, zu einer Änderung der auf das Einkommen und Erwerbsvermögen bezogenen Verteilungsforderung geführt hat. Dabei ist davon auszugehen, daß zwischen Freizeit und Konsumtivkapitalbildung einerseits und Einkommen und Erwerbsvermögen andererseits eine Substitutions-

---

[60] Vgl. *Schelsky*, H.: Gesellschaftlicher Wandel, in: derselbe, Auf der Suche nach Wirklichkeit. Gesammelte Aufsätze, Düsseldorf-Köln 1965, S. 341.

[61] Die Hypothese der conspicuous consumption wurde zuerst aufgestellt von *Veblen*, T.: Theorie der feinen Leute. Eine ökonomische Untersuchung der Institutionen, (zuerst veröff. 1899), übers. von S. Heintz und P. v. Haselberg, Köln—Berlin o. J., S. 79 ff.; vgl. zu diesem Problemkreis auch u. a. *Rinsche*, G.: Der aufwendige Verbrauch. Sozialökonomische Besonderheiten geltungsbedingter Nachfrage, in: Das Prestigemotiv in Konsum und Investition, Beiträge zur Verhaltensforschung, Heft 4, Berlin 1961, S. 105 ff.

[62] Vgl. *Riesman*, D. und Mitarbeiter: Die einsame Masse, S. 137 ff.

[63] *Abramovitz* bemerkt dazu: „From the viewpoint of longterm comparisons of welfare, the competitive, selfdefeating, and irrational elements in consumption appear to have at least one important thing in common. Their scope of action becomes larger the higher the level of per capita income"; vgl. *Abramovitz*, M.: The Welfare Interpretation of Secular Trends in National Income and Product, S. 15.

beziehung vorliegt. In dem haushaltswirtschaftlichen Entscheidungsmodell ist eine Arbeitszeitverkürzung zunächst eine Alternative zur Einkommenssteigerung. Da die Erwerbskapitalbildung u. a. von der Höhe des verfügbaren Einkommens bestimmt wird, stellt die Freizeitzunahme auch ein Substitut zur Vermögensbildung dar[64]. Die Konsumtivkapitalbildung ist ebenfalls als Alternative zur Erwerbskapitalbildung anzusehen. Gleichzeitig ist jedoch zu berücksichtigen, daß Arbeitszeitverkürzungen und Haushaltsvermögensbildung in einem begrenzt substitutiven Verhältnis stehen[65].

Freizeitsteigerung und Konsumtivkapitalbildung als Massenphänomene sind als das logische Ergebnis der bisherigen wirtschaftlichen Entwicklung anzusprechen, die nach der Mechanisierung und Automatisierung der Produktion nun die Industrialisierung der privaten Haushalte in Angriff nimmt[66]. Um die These, daß die zunehmende Freizeit und die steigende Gebrauchsvermögensbildung eine mangelnde Akkumulationswilligkeit der Arbeitnehmerhaushalte dokumentieren und begründen, abzuleiten, ist auf die Gesamtheit der verteilungsrelevanten Parameter Bezug zu nehmen. Folgende Argumente vermögen die These zu stützen:

1. Die Vorsorge- und Sicherungsfunktion des Erwerbsvermögens wird durch das System der sozialen Sicherung weitgehend ersetzt.
2. Die Einkommensfunktion neugebildeten Erwerbsvermögens ist anfangs zwangsläufig nur minimal erfüllt und wird von den erwarteten Lohn- und Gehaltssteigerungen überkompensiert.
3. Die Freiheitsfunktion des Erwerbsvermögens kommt bei den zunächst in Frage stehenden Beträgen ebenfalls kaum zur Geltung und wird durch die Vollbeschäftigungs- und Wachstumspolitik wirksamer wahrgenommen.
4. Der Prestigewert der Erwerbsvermögensbildung wird weitaus geringer eingeschätzt als derjenige der Freizeitsteigerungen und Haushaltsvermögensbildung.

Die genannten Faktoren können zwar eine geringe Akkumulationswilligkeit hinreichend begründen, lassen jedoch keinen direkten Schluß auf die Akkumulationsfähigkeit der unselbständig Beschäftigten zu,

---

[64] Dazu stellt *Preiser* fest: „In der Verkürzung der Arbeitszeit haben wir ... ein Kennzeichen der Wohlstandsgesellschaft. Wir hätten es natürlich auch, wenn bei gleichbleibender Arbeitszeit die Ersparnisse zunähmen; Reichtum kann sich offenbar entweder in einer höheren Sparquote oder in einer Verkürzung der Arbeitszeit äußern"; vgl. *Preiser*, E.: Probleme der Wohlstandsgesellschaft, S 8.

[65] Vgl. dazu auch Kap. 6 dieser Arbeit.

[66] *Oshima* und *Schmucker* bauen auf dem Kriterium der Haushaltsvermögensbildung eine Stufentheorie der wirtschaftlichen Entwicklung auf; vgl. *Oshima*, H. T.: Consumer Asset Formation and the Future of Capitalism, S. 20 ff.; *Schmucker*, H.: Die langfristigen Strukturwandlungen des Verbrauchs der privaten Haushalte in ihrer Interdepedenz mit den übrigen Bereichen einer wachsenden Wirtschaft, S. 106 ff.

da diese Komponente von der Einstufung des sozialen Existenzminimums bzw. eines der Wohlstandsgesellschaft angemessenen Lebensstandards abhängt. Aus der mangelnden Neigung der Arbeitnehmer, Erwerbsvermögen zu bilden, folgt für die Wirtschaftspolitik, daß die auf das Einkommen bezogene Verteilungsforderung in den Wohlstandsgesellschaften de facto zwar der Vermögensbildung dient, jedoch in Form der Gebrauchsvermögensbildung, und daß daher eine Differenz zwischen dem individuellen vermögenspolitischen Ziel einerseits und dem ordnungspolitischen Ziel der Vermögenspolitik andererseits konstatiert werden kann[67, 68].

22. Während sich die Massengesellschaft des 19. Jahrhunderts dadurch auszeichnet, daß sie eine Polarität von zentraler Staatsmacht auf der einen und ungegliederter Masse der Individuen auf der anderen Seite aufweist, ist für die pluralistischen Gesellschaften der Mitte des 20. Jahrhunderts eine deutliche Gruppierung im politischen, gesellschaftlichen und wirtschaftlichen Raum typisch. Zwischen die Masse der isolierten Einzelnen und den Staat haben sich sozioökonomische Gruppen und politische Parteien geschoben, die sich durch gemeinsame Interessen der Gruppenmitglieder formiert haben und in dauernder Konkurrenz miteinander ihre politischen, sozialen und wirtschaftlichen Forderungen durchzusetzen suchen. Mit den Worten von *Leibholz*: „Wie im politischen Bereich die Parteien, haben sich in der heutigen Massengesellschaft zwischen den einzelnen und die Gesellschaft verfestigte intermediäre Gruppen geschoben“[69]. Noch deutlicher wird dieser gesellschaftliche Strukturwandel von *Riesman* herausgearbeitet: „An die Stelle einer einzigen Hierarchie mit einer herrschen-

---

[67] Vgl. dazu auch *Schreiber*, W.: Das Auseinanderfallen von ordnungspolitischer Wünschbarkeit und persönlicher Motivation der Vermögensbildung, in: *Stiller*, E., (Hrsg.), Lohnpolitik und Vermögensbildung, Veröff. d. List Gesellschaft e. V., Bd. 37, Basel 1964, S. 54.

[68] Wenn *Gehlen* und *Molitor* feststellen, daß das Interesse der Wirtschaftsbürger am Eigentum heute relativ groß und ebenfalls wie der Konsum prestigegesteuert sei, so ist darauf hinzuweisen, daß in diesem Zusammenhang fast ausschließlich Eigentumsformen genannt werden, die nicht zum Erwerbsvermögen zu zählen und damit nicht Inhalt der offiziellen wirtschaftspolitischen Zielsetzung sind. Die Akkumulationswilligkeit bezieht sich auf die dauerhaften Gebrauchsgüter des Haushalts, nicht so sehr auf die Erwerbskapitalbildung. Dieser Unterschied verwischt sich manchmal bei *Molitor*, wenn er von einem hohen Vermögensinteresse der Wirtschaftsbürger spricht. Vgl. *Gehlen*, A.: Soziologische Aspekte des Eigentumsproblems in der Industriegesellschaft, in: Eigentum und Eigentümer in unserer Gesellschaftsordnung, Veröff. der Walter-Raymond-Stiftung, Bd. 1, Köln und Opladen 1960, S. 171; *Molitor*, B.: Vermögensverteilung als wirtschaftspolitisches Problem, S. 43.

[69] Vgl. *Leibholz*, G.: Gesellschaftsordnung, Verbände, Staatsordnung, in: Die unternehmerische Verantwortung in unserer Gesellschaft, Tatbestand und Forderung, Veröff. der Walter-Raymond-Stiftung, Bd. 4, Köln und Opladen 1964, S. 225.

den Klasse an ihrer Spitze sind die Interessenverbände (vetogroups) getreten, unter denen die Macht aufgespalten ist“[70].

Die Entwicklung von einer atomistischen zu einer molekularen Gesellschafts- und Wirtschaftsstruktur wird heute allgemein akzeptiert.[71] Sehr deutlich wird diese Tendenz in ihren Ursachen und Wirkungen von *Boulding* charakterisiert: „The past fifty or a hundred years have seen a remarkable growth in the number, size, and power of organizations of many kinds, ranging through all areas of life[71a].“ Das Ausmaß dieser Änderungen der Gesellschafts- und Wirtschaftsstruktur macht *Boulding* mit einem Vergleich der Situationen von 1852 und 1952 deutlich[71b]. 1852 waren Gewerkschaften praktisch nicht existent, ebensowenig gab es Arbeitgeberverbände. Es existierten keine berufsständischen Organisationen, keine Landwirtschaftsverbände, keine Publikumsgesellschaften im Unternehmensbereich und keine großen Unternehmenseinheiten. Die staatliche Aktivität beeinflußte nur einen im Vergleich zu 1952 infinitesimalen Bruchteil des Volkseinkommens, Ministerien für Arbeit, Landwirtschaft etc. bestanden nicht. Zwar wurden verschiedene Versuche unternommen, große Organisationen zu gründen, aber: „None of these attempts, however, resulted in the establishment of stable, continuing organizations such as we see today[71c].“

In der Mitte des 20. Jahrhunderts ist dagegen ein großer Prozentsatz der Arbeitnehmer gewerkschaftlich organisiert, es haben sich starke

---

[70] Vgl. *Riesman,* D. und Mitarbeiter: Die einsame Masse, S. 220.

[71] Vgl. dazu in soziologischer und politologischer Sicht u. a. *Leibholz,* G.: Der Strukturwandel in der modernen Demokratie, Juristische Studiengesellschaft Karlsruhe, Schriftenreihe H. 2, Karlsruhe 1952; *Breitling,* R.: Die Verbände in der Bundesrepublik. Ihre Arten und ihre politische Wirkungsweise, Meisenheim am Glan 1955; *Weber,* W.: Das politische Kräftesystem in der wohlfahrtsstaatlichen Massendemokratie, in: derselbe, Spannungen und Kräfte im westdeutschen Verfassungssystem, 2. erw. Aufl., Stuttgart 1958, S. 139 ff.; *Habermas,* J.: Über den Begriff der politischen Beteiligung, in: *Habermas,* J., *v. Friedeburg,* L., *Oehler,* C. und *Weltz,* F.: Student und Politik, Neuwied a. Rhein und Berlin 1961, S. 13 ff.; *Dahrendorf,* R.: Die Politik der Massengesellschaft, S. 187 ff. Unter volkswirtschaftlichem Aspekt: *Galbraith,* J. K.: American Capitalism. The Concept of Countervailing Power, London 1952 (zitiert nach der Taschenbuchausgabe Pelican Books, 1963); *Spengler,* J. J.: Power Blocs and the Formation and Content of Economic Decisions, in: AER, Vol. 40, Proc., 1950, S. 413 ff.; *Hoover,* C. B.: The Relevance of the Competitive, Laissez-Faire Economic Model to Modern Capitalistic National Economies, in: Kyklos, Vol. 8, 1955, S. 40 ff.; *Lewis,* B. W.: Economics by Admonition, in: AER, Vol. 49, Proc., 1959, S. 384 ff.

[71a] Vgl. *Boulding,* K. E.: The Organizational Revolution. A Study in the Ethics of Economic Organization, New York 1953, S. 3.

[71b] Vgl. zum folgenden *Boulding,* K. E.: The Organizational Revolution, S. 3 f.

[71c] Vgl. derselbe, ebenda, S. 3.

industrielle und landwirtschaftliche Verbände gebildet, die Großunternehmen dominieren zahlreiche Märkte, und nahezu alle Berufe besitzen berufsständische Organisationen. Die Zahl spezieller Wirtschaftsministerien hat sich vervielfacht, und die staatliche Aktivität insgesamt hat sich erheblich ausgedehnt. Es existieren aber nicht nur mehr und vielfältigere Organisationen, „but the organizations themselves are larger, better organized, more closely knit, more efficient in the arts of attracting members and funds and in pursuing their multitudinous ends[71d].“ Aus diesem empirischen Befund schließt *Boulding*, „that at least one aspect of the many-sided revolution through which we have been passing is the ‚organizational revolution‘[71e].“

Auf die Ursachen der organisatorischen Revolution eingehend, trennt *Boulding* zwischen nachfrage- und angebotsbedingten Einflüssen[71f]. Nachfragebestimmte Gründe sind solche, die aus dem Verhalten und den Notwendigkeiten der Wirtschaftssubjekte folgen, angebotsbedingte Gründe sind solche, die aus den Möglichkeiten und Fähigkeiten erwachsen, Organisationen zu gründen. Auf der Nachfrageseite hebt *Boulding* die Statussuche hervor, vor allem für die Gewerkschaftsbewegung: „This destruction of status as a result of the development of free and active labor markets is probably one of the most important forces underlying the rise of the labor movement[71g].“ Den Angebotsfaktoren kommt jedoch größeres Gewicht zu. Darunter fallen die Entwicklung des Verkehrssystems, der Massenkommunikationsmittel sowie die Erfindung neuer Organisationstechniken und spezifischer Organisatoren: „The ‚invention‘ of the professional, specialized organizer is probably one of the most important developments in the structure of organization relating to the growth of size[71h].“

Auf den institutionellen Rahmen des gesamtgesellschaftlichen Entscheidungsprozesses hat sich die Änderung der Wirtschafts- und Sozialstruktur u. a. dahingehend ausgewirkt, daß nicht nur — wie in der atomistischen Gesellschaft — ein wirtschaftspolitisches Entscheidungszentrum besteht, sondern mehrere Träger der Wirtschaftspolitik in gegenseitiger Abstimmung oder Rivalität die wirtschafts- und gesellschaftspolitischen Leitlinien für die Gesamtgesellschaft festzulegen versuchen[72]. Der historische Prozeß der Dezentralisation der politischen und wirtschaftspolitischen Macht hat zu einer mehrpoligen, dezentrali-

---

[71d] Vgl. derselbe, ebenda, S. 4.
[71e] Vgl. derselbe, ebenda, S. 4.
[71f] Vgl. derselbe, ebenda, S. 16 ff.
[71g] Vgl. derselbe, ebenda, S. 19.
[71h] Vgl. derselbe, ebenda, S. 27.
[72] Zum Dezentralisierungsprozeß der wirtschaftspolitischen Gewalten vgl. u. a. *Spengler*, J. J.: Power Blocs and the Formation and Content of Economic

sierten politischen und wirtschaftspolitischen Aktionsgemeinschaft mit Gewaltenteilung geführt. Wie schon erwähnt, liefert der gesamtwirtschaftliche Verteilungsprozeß ein entscheidendes Kriterium für die Gruppierung der intermediären Gewalten, so daß sich für die gesamtwirtschaftliche Zielproblematik aus diesem Ansatz zunächst nur eine Konkretisierung der verteilungspolitischen Zielsetzung ableiten läßt. Da jedoch die Verfolgung der übrigen gesamtwirtschaftlichen Normen verteilungspolitische Auswirkungen zeitigen wird, ist auch ein Einfluß der sozioökonomischen Gruppen auf diese Ziele festzustellen. Es kann somit davon ausgegangen werden, daß der konkrete Inhalt wirtschaftspolitischer Ziele in den reifen Volkswirtschaften in den Gruppenforderungen bzw. dem Gruppenkompromiß zum Ausdruck kommt[73]. Als die bedeutendsten verteilungspolitisch orientierten Gruppenvertretungen können in den modernen Industriegesellschaften die Gewerkschaften, die Arbeitgeberverbände, die „grüne Front" und der Staat angesehen werden[74].

23. Die sozioökonomischen Gruppen unterscheiden sich voneinander durch einen unterschiedlichen organisatorischen Aufbau, die Zahl ihrer Mitglieder, ihre strategische Position im Wirtschafts- und Verteilungsprozeß und ihre Zielsetzungen. Die angestrebten Ziele hängen ihrerseits von zahlreichen, wechselnden Bestimmungsgründen ab. Um eine Kasuistik zu vermeiden, sei zunächst davon ausgegangen, daß die Aktionen der sozioökonomischen Gruppen auf einer bestimmten Grundmaxime beruhen, die die Voraussetzung ihrer Existenz bildet. In Übereinstimmung mit *Wössner* kann dazu festgestellt werden: „Die Verbandsmacht wird ... zu einem Instrument der Ethoskorrektur. Sie paßt sich den Bedingungen der liberalkapitalistischen Umwelt an und sucht im Unterschied zur vorindustriellen Gesellschaft in der Vergruppung singulärer maximalisierender Selbstinteressen den kollektiven Vorteil. Die ‚ratio' der Interessenverbände drückt sich daher in der Überzeugung aus, daß es keine ‚natürliche' Gesetzmäßigkeit der Preis- und Einkommensbildung über den freien Markt gibt. Die Machbarkeit

---

Decisions, S. 413 ff.; *Tinbergen*, J.: Centralization and Decentralization in Economic Policy, Amsterdam 1954, S. 2 f.; *Meinhold*, W.: Wirtschaftspolitischer Pluralismus und die Aufgaben der Koordinierung von Zielen und Mitteln, in: *Seraphim*, H.-J.: (Hrsg.), Probleme der Willensbildung und der wirtschaftspolitischen Führung, SchdVfS, N. F. Bd. 19, Berlin 1959, S. 123 ff.

[73] Vgl. u. a. *Kolms*, H.: Der Einfluß der nicht-staatlichen Instanzen auf die Einkommensverteilung, in: Hoffmann, W. G., (Hrsg.), Einkommensbildung und Einkommensverteilung, S. 166 ff.; *Blümle*, E.-B.: Zur Zielproblematik der Wirtschaftsverbände. Versuch einer Systematik, in: JfS, Bd. 16, 1965, S. 337 ff.

[74] Die Gruppenvertretung der Landwirtschaft wird im folgenden nicht berücksichtigt werden. Auf die Sonderstellung des Staates gegenüber den beiden anderen Gruppenvertretungen wird noch näher eingegangen.

und Beeinflußbarkeit von Preisen und Einkommen gehört zum konstitutiven Verbandsbewußtsein. Es reflektiert ständig darüber, ob gegenüber der Fremdgruppe der Marktanteil der Eigengruppe nicht zu tief, ungerecht, jedenfalls aber ständig in der Diskussion gehalten werden muß. So haben in der Strategie des Vorteilskampfes nur die Subjekte gewechselt. Früher waren es jeweils einzelne, jetzt sind es die Kollektive, die Verbände“[75]. Reduziert man diese soziologische Aussage auf ihren ökonomischen Kern, so kann man mit *Kerr* konstatieren: „The purpose of these policies is, in fact, to curtail the free operation of supply and demand[76].“ Da die Wirtschaftsgruppen als wirtschaftliche Machtzentren aufzufassen sind, wird die Zielsetzung zweifellos mit der Stärke der Machtposition variieren. Nach *Spengler* wird die wirtschaftliche Macht der „polito-economic power blocs“ vor allem von drei Faktoren bestimmt: „... (*a*) a sufficiently large membership strategically distributed throughout the economy; (*b*) consciousness of kind, of belonging to a distinct and easily identifiable segment of the labor force, and of having economic interests which appear to be preponderantly alike for the whole membership; and (*c*) effectiveness of organisation at top, intermediate, and subbloc (or local) levels[77].“ Es kann ergänzt werden, daß auch die „Kampfbereitschaft“ der Mitglieder, also Streik- oder Aussperrungsbereitschaft, die Stärke einer Wirtschaftsgruppe wesentlich mitbestimmt, da diese Bereitschaften die schärfste Waffe im Gruppenkampf darstellen[78].

24. Für die Ableitung der Gruppenzielsetzungen ist ebenfalls wesentlich, ob sich die Gruppen als eine wirtschaftliche oder politische Organisation verstehen. Für die Gewerkschaften geht *Dunlop* davon aus, daß „it will be useful to regard buyers of labor services as confronted by a ‚business enterprise‘ (trade union) just as when raw materials or money capital is purchased“[79]. Dieser These hat *Ross* die Antithese entgegengestellt, „that a trade union is a political agency operating in an economic environment“[80, 81]. Aus der Gewerkschaftstheorie im Ge-

---

[75] Vgl. *Wössner*, J.: Industriegesellschaft und Verbandswesen, in: JfS, Bd. 15, 1964, S. 225.

[76] Vgl. *Kerr*, C.: Labor Markets: Their Character and Consequences, in: AER, Vol. 40, Proc., 1950, S. 282.

[77] Vgl. *Spengler*, J. J.: Power Blocs and the Formation and Content of Economic Decisions, S. 415.

[78] Vgl. *Hicks*, J. R.: The Theory of Wages, 2. Aufl., London 1963, S. 140 ff.

[79] Vgl. *Dunlop*, J. T.: Wage Determination under Trade Unions, 2. Aufl., New York 1950, S. 32.

[80] Vgl. *Ross*, A. M.: Trade Union Wage Policy, Berkeley und Los Angeles 1948, S. 12.

[81] Den gleichen Standpunkt bezieht *Lindblom*: „The union is a body politic. Its income goals are transformed into actual wage demands through political organization“; vgl. *Lindblom*, C. E.: Unions and Capitalism, New Haven 1949, S. 43.

wande der Unternehmenstheorie folgt, daß die wesentlichen Bestimmungsgründe der Gewerkschaftspolitik die Wechselbeziehungen von Löhnen, Kosten, Preisen und Profiten darstellen. Alle übrigen Faktoren sind nach *Dunlop* von untergeordneter Bedeutung[82]. Als Ziel der großen monopolistischen Unternehmung Gewerkschaft leitet *Dunlop* der Gewinnmaximierungshypothese in der Unternehmenstheorie entsprechend ab, daß „probably the most generalized assumption respecting actual aims of trade unions would be the maximization of the wage bill"[83]. Als weitere, aber weniger wahrscheinliche Ziele nennt *Dunlop* das Anstreben derjenigen Lohnsumme, die Vollbeschäftigung gewährleistet, sowie den maximal möglichen Durchschnittslohn für die Gewerkschaftsmitglieder[84]. Faßt man die Gewerkschaften dagegen als corps politique auf, so bilden die „orbits of coercive comparison" die entscheidenden Determinanten der Gewerkschaftspolitik. Nach *Ross* gelangt man damit zu einer politisch bestimmten, weiteren Zielsetzung der Gewerkschaften, die vom Vergleich, der Imitation, der Rivalität und den Konflikten innerhalb der Gewerkschaftsorganisation bestimmt wird: „The formal rationale of the union is to augment the economic welfare of its members; but a more vital institutional objective — survival and growth of the organization — will take precedence whenever it comes into conflict with the formal purpose"[85]. Damit erklärt *Ross* das auf das Verhältnis zwischen Gewerkschaftsmitgliedern und Gewerkschaftsführung angewandte Theorem von der vollständigen Repräsentation der Interessen in bestimmten Situationen für eine Fiktion und offenbart die Eigendynamik der gewerkschaftlichen Organisation[86].

25. Die Einkommensmaximierungshypothese *Dunlops* ist mit dem Argument angegriffen worden, daß sie mehrere Interpretationen zulasse und daher nicht eindeutig sei: „this postulate is compatible with virtually any type of union wage policy"[87]. Dies beruht im wesentlichen auf der Mehrdeutigkeit der „membership-function", die die potentiellen und tatsächlich eingeschriebenen, die beschäftigten und die arbeitslosen Mitglieder einbeziehen kann, und der Vieldeutigkeit des Einkommens, das unter kurz- und langfristigem Zeithorizont maximiert

---

[82] Vgl. *Dunlop*, J. T.: Wage Determination under Trade Unions, Vorwort zur 2. Aufl.
[83] Vgl. *Dunlop*, J. T.: Wage Determination under Trade Unions, S. 119.
[84] Vgl. *Dunlop*, J. T.: Wage Determination under Trade Unions, S. 36 ff.
[85] Vgl. *Ross*, A. M.: Trade Union Wage Policy, S. 43.
[86] Zum Problem der Demokratie in der gewerkschaftlichen Willensbildung vgl. *Külp*, B.: Lohnbildung im Wechselspiel zwischen politischen und wirtschaftlichen Kräften, Volkswirtschaftliche Schriften, Heft 84, Berlin 1965, S. 27 ff.
[87] Vgl. *Reder*, M. W.: The Theory of Union Wage Policy, in: REStat, Vol. 34, 1952, S. 35.

werden kann, dessen Maximierung von dem Sicherheitsstreben und der Risikofreudigkeit der Gewerkschaftsführung abhängt. So kann eine gewerkschaftliche Zurückhaltung bei Lohnforderungen, die mit dem Mittel des Streiks durchsetzbar wären, als langfristige Einkommensmaximierung rationalisiert werden, da damit u. U. das endgültige Ausscheiden von Unternehmen aus dem Markt verhindert und eine Reduktion der Beschäftigungs- und Einkommensmaximierungsmöglichkeiten vermieden wird. Wenn in derselben Situation eine aggressive Lohnpolitik unter Anwendung des Streiks verfochten wird, so kann dies ebenfalls als Maximierungsstreben interpretiert werden, da die Gewerkschaft der Meinung sein kann, daß der mögliche Beschäftigungsrückgang mehr als aufgewogen wird durch die erzielte Lohnerhöhung bei den beschäftigten Mitgliedern. *Reder* kommt aufgrund dieser Überlegungen zu dem Ergebnis, daß „actual union wage policy will crucially depend upon all those variables of union behavior that a maximization theory takes for granted“[88]. Die von *Ross* postulierte gewerkschaftliche Zielsetzung besitzt jedoch keinen größeren heuristischen Wert, da es sich um eine Leerformel handelt, die auch mit der *Dunlop*schen Zielsetzung vereinbar ist. Die Kontroverse zwischen *Dunlop* und *Ross*, die sich weniger auf die unterschiedlichen Zielsetzungen, als auf die Determinanten der Gewerkschaftspolitik bezieht, wird letztlich von der Frage beherrscht, ob die wirtschaftlichen (Löhne, Kosten, Preise, Profite) oder die politischen Bestimmungsgründe (orbits of coercive comparison) in ihrem Einfluß auf die Gewerkschaftspolitik überwiegen. Bezüglich der Zielfixierungen bemerkt *Reder* daher zu Recht: „In short, the objectives of union behavior, in both Dunlop's theory and Ross's, are so general and vague as to be of little use in understanding union wage policy“[89].

26. Eine weitere Möglichkeit, die Zielsetzungen der Gewerkschaften abzuleiten und zu konkretisieren, besteht in der Bildung von Gewerkschaftstypen. Zunächst sei hier auf den Ansatz von *Briefs* eingegangen, der mit seiner Unterscheidung von „klassischer“ und „befestigter“ Gewerkschaft gleichzeitig eine historisch orientierte Entwicklungstheorie des Gewerkschaftswesens verbindet und den Wandel des Gewerkschaftstypus im Zusammenhang mit dem Wandel der Gesellschaftsstruktur erklärt[90]. Die klassische Gewerkschaft, die unter den Gesetzen des liberal-kapitalistischen Zeitalters angetreten war, beruhte auf fol-

---

[88] Vgl. *Reder*, M. W.: The Theory of Union Wage Policy, S. 36.
[89] Vgl. *Reder*, M. W.: The Theory of Union Wage Policy, S. 36.
[90] Vgl. *Briefs*, G.: Zwischen Kapitalismus und Syndikalismus. Die Gewerkschaften am Scheideweg, München 1952, vor allem S. 79 ff.; derselbe, Gewerkschaften (I), in: HdSw, Bd. 4, Stuttgart—Tübingen—Göttingen 1965, S. 545 ff.

genden Existenz-, Struktur- und Funktionsbedingungen. Das existentielle a priori kommt darin zum Ausdruck, daß das Bestehen der Gewerkschaft den rechtlich freien, wirtschaftlich abhängigen Arbeitnehmer, das Vorhandensein von Arbeitsplätzen und die Verantwortlichkeit der Unternehmer für die Schaffung von Arbeitsplätzen voraussetzt. Das strukturelle a priori besteht darin, daß die Gewerkschaft den für sie relevanten Sektor des Arbeitsmarktes abdecken, einen aktionsfähigen Kern der Arbeiterschaft dieses Zuzugssektors erfassen und sich als dauerhafte Institution formieren muß. Das funktionale a priori besagt, daß die Gewerkschaft aus Gründen der Selbstverwaltung und der Kontrolle ihres Marktsektors über ein Programm stets präsenter Forderungen verfügen muß und daß diese Ziele auf die Wünsche der Mitglieder abgestimmt und realisierbar sein müssen, d. h. die Gewerkschaft darf keine unrealistischen Forderungen stellen, da ihr dies einen Prestigeverlust in der Öffentlichkeit und mangelnden Respekt bei den Unternehmern eintragen würde. Die klassische Gewerkschaft zeichnete sich durch eine nüchterne und vorsichtige Politik aus. Sie erfüllte die Bedingungen des klassischen Kapitalismus: „Die klassische Gewerkschaft war und verhielt sich wie eine abhängige Variable im Prozeß der Wirtschaft“[91].

Die befestigten Gewerkschaften, wie sie sich in Europa schon nach dem 1. Weltkrieg und in den USA nach der Weltwirtschaftskrise entwickelten, sind durch drei Kriterien charakterisiert. Einmal sind die Gewerkschaften allgemein, also durch die legislative, exekutive und judikative Gewalt, durch die öffentliche Meinung und die Arbeitgeber anerkannt und erfahren eine laufende Kompetenzerweiterung, die ihnen halböffentliche Funktionen und Verantwortungen zuerkennt. Die Befestigung der Gewerkschaften dokumentiert sich zweitens in der Verpflichtung des Arbeitgebers, die Gewerkschaften als Vertretung seiner Belegschaft anzusehen und mit ihnen zu verhandeln. Das dritte Kriterium für die Befestigung bildet die Anerkennung der Gewerkschaft als Repräsentationsorgan durch die Arbeitnehmer selbst. Die befestigte Gewerkschaft wird damit zum „Organ der Volkswirtschaft“, zum „Organ der Wirtschafts- und Sozialordnung“. Während die klassische Gewerkschaft von unten her getragen war, ist die befestigte Gewerkschaft eine „Institution mit bürokratischer Verwaltung, hierarchistischer Stufung und oft oligarchischer Führung“[92]. Während die klassische Gewerkschaft den Markt als Datum akzeptierte, gilt für die Strategie der befestigten Gewerkschaft, daß der Markt ebenso wie andere wirtschaftliche Faktoren eine Variable ist, die manipuliert und gesteu-

---

[91] Vgl. *Briefs*, G.: Gewerkschaften (I), S. 556.
[92] Vgl. *Briefs*, G.: Gewerkschaften (I), S. 557.

ert werden kann. Demnach kann man hinsichtlich der Zielsetzungen im klassischen und befestigten Gewerkschaftstyp feststellen, daß sich die Gewerkschaftspolitik der klassischen Gewerkschaften durch einen „marktkonformen Pragmatismus" auszeichnete, während die befestigte Gewerkschaft auf gesellschaftspolitische Änderungen ausgerichtet ist: „Der Habitus des Forderns verliert hier viel von seiner Dämpfung und Vorsicht"[93]. Aus dieser Typisierung von *Briefs* kann zwar nicht auf den konkreten Zielinhalt der Gewerkschaftspolitik geschlossen werden, aber sie zeigt deutlich den veränderten Zielbereich (wirtschaftliche — politische Ziele) und die veränderte Intensität des Forderns (adaptive — aggressive Gewerkschaftspolitik).

27. *Kerr* hat zwei Versuche unternommen, die verschiedenen Gewerkschaftsarten zu typisieren. In einem ersten Ansatz gruppiert *Kerr* die Gewerkschaften „in terms of their approaches to price stability"[94]. Er unterscheidet fünf allgemeine Typen[95]:

1. „Agent of the State": Diese Gewerkschaften dienen der staatlichen Politik, sie vertreten keine eigene wirtschaftspolitische Linie (UdSSR, China).
2. „Partner in Social Control": Die Gewerkschaften arbeiten formell (Holland) oder informell (BRD, Skandinavien) mit dem Staat zwecks Sicherung der Geldwertstabilität und Vollbeschäftigung zusammen.
3. „Sectional Bargainer": Die Verantwortlichkeit der Gewerkschaft bezieht sich nicht auf die Gesamtwirtschaft, sondern nur auf ihre Mitglieder bzw. ihre Industrie oder Branche (USA, Kanada).
4. „Class bargainer": Die Gewerkschaft versucht eine höhere Lohnquote für die gesamte Arbeiterschaft zu erreichen. Meist stehen diesem Gewerkschaftstyp andere Organisationen in der Wirtschaft gegenüber, wie die der Landwirtschaft, Arbeitgeber, Beamten und Angestellten, die für ihre Mitglieder ebenfalls eine höhere Quote durchsetzen wollen. Insgesamt übersteigen die Ansprüche aller Gruppenorganisationen das reale Sozialprodukt.
5. „Enemy of the System": Dieser Gewerkschaftstyp sieht sein Ziel darin, die bestehende wirtschaftliche und politische Struktur zu zerstören.

Kerr weist ausdrücklich daraufhin, daß „in some societies, the union movement shifts from one ‚type' or policy to another"[96]. Dieser Wechsel in der Politik gilt vor allem für die drei mittleren, moderierten Gewerkschaftstypen. Die Stabilität des Geldwertes wird durch den „Feind der Gesellschaft" am stärksten, durch den „Diener des Staates" am wenigsten gefährdet. Die Bildung von Gewerkschaftstypen mit Hilfe

[93] Vgl. *Briefs*, G.: Zwischen Kapitalismus und Syndikalismus, S. 90.
[94] Vgl. *Kerr*, C.: The Impacts of Unions on the Level of Wages, in: Myers, C. A., (Hrsg.), Wages, Prices, Profits, and Productivity, o. O., o. J. (1959), S. 94.
[95] Vgl. zum folgenden *Kerr*, C.: The Impacts of Unions on the Level of Wages, S. 94 ff.
[96] Vgl. *Kerr*, C.: The Impacts of Unions on the Level of Wages, S. 95.

des Kriteriums der Stabilitätsgefährdung sagt jedoch wenig über die gewerkschaftlichen Zielsetzungen aus, da nur von einem Aspekt der gesamtwirtschaftlich möglichen Wirkungen ausgegangen wird. Zudem sind die Unterschiede zwischen dem „Partner in Social Control“, dem „Class Bargainer“ und dem „Sectional Bargainer“ zu unscharf. Praktisch ist heute jede Gewerkschaft in der Lage, sowohl die eine als auch die andere „soziale Rolle“ zu spielen.

Dagegen sagt der zweite Ansatz einer Typisierung bezüglich der gewerkschaftlichen Zielsetzungen wesentlich mehr aus, da er die Motive bzw. Programme zum Kriterium macht[97]. *Kerr* unterscheidet in sechs Gewerkschaftstypen:

1. „Pure and Simple Unionism“: Das Schwergewicht der Gewerkschaftspolitik liegt auf Lohnverhandlungen zwecks Steigerung der Nominallöhne.
2. „New Deal Unionism“: Die Gewerkschaften dieses Typs gehen eine politische Allianz mit anderen Organisationen ein, um auf eine staatliche Vollbeschäftigungspolitik hinzuwirken. Vollbeschäftigung ist das primäre, Nominallohnsteigerung das sekundäre Ziel der Gewerkschaftspolitik.
3. „Improvement Unionism“: In diesem Fall versuchen die Gewerkschaften, die Löhne an die Steigerung der Lebenshaltungskosten (Lohngleitklauseln) und den Produktivitätsfortschritt zu binden.
4. „Direct Controls Unionism“: Ziel der Gewerkschaftspolitik ist es, die Regierung zu direkten Preiskontrollen zu veranlassen.
5. „Managerial Unionism“: Das Programm der Gewerkschaft ist auf die Einkommensverteilung innerhalb des Unternehmens (Gewinnbeteiligung, Investivlohn) und die Kontrolle über die Unternehmung bzw. Industrie (Mitbestimmung) ausgerichtet.
6. „Labor Party Unionism“: Hier soll die Einkommensverteilung durch Einflußnahme auf die Regierung statt durch Lohnverhandlungen verbessert werden (progressive Besteuerung, Transferzahlungen).

Das *Kerr*sche Schema beruht auf der Kombination zweier Methoden der Gewerkschaftspolitik, der politischen und der wirtschaftlichen, mit drei Zielgrößen: dem Nominallohn, dem Reallohn und den Verteilungsquoten. Dabei wird die Durchschlagskraft der Nominallohnpolitik als relativ gering und die der Quotenpolitik als sehr stark eingeschätzt[98].

28. Die bisherigen Ausführungen über die Zielsetzungen der Gewerkschaftspolitik werfen zwei Probleme auf. Einmal stellt sich die Frage, wie sich die politischen zu den wirtschaftlichen Zielen bzw. Methoden verhalten, und zum anderen, in welchem Zusammenhang Ziele und Mittel stehen. In Übereinstimmung mit *Kerr* ist davon auszugehen,

---

[97] Vgl. *Kerr*, C.: Trade-Unionism and Distributive Shares, in: AER, Vol. 44, Proc., 1954, S. 282 ff.

[98] Vgl. *Kerr*, C.: Trade-Unionism and Distributive Shares, S. 282.

daß „to explore the impact of unionism in only the economic and not also the political sphere is to tell but half the tale“[99]. Die Verwirklichung der sehr allgemein gehaltenen Zielvorstellung einer möglichst hohen Wohlstandssteigerung der Gewerkschaftsmitglieder kann grundsätzlich auf zwei Wegen erreicht werden:

1. durch Beeinflussung der staatlichen Wirtschaftspolitik,
2. durch direkte Einflußnahme auf die verteilungsstrategischen Variablen.

In Anlehnung an eine Unterscheidung von *Ohm* könnte im ersten Fall von der „Politik wirtschaftspolitischer Verbände“, im zweiten von der „wirtschaftender Zweckverbände“ gesprochen werden[100]. „The political power of such a bloc consists principally in its capacity to influence the content, the interpretation, and the administration of legislation affecting transactions[101].“

Der Mangel an formalen wirtschaftspolitischen Kompetenzen könnte prima facie den Eindruck hervorrufen, daß es sich bei den Gewerkschaften — wie auch bei den Arbeitgeberverbänden — um wirtschaftende Zweckverbände handelt. Die faktische Stellung, die die Gewerkschaften und Arbeitgeberverbände in der pluralistischen Gesellschaft im Wirtschafts- und Verteilungsprozeß einnehmen, qualifizieren sie jedoch eindeutig zum wirtschaftspolitischen Organ[102]. Zudem verdeckt die angeführte Unterscheidung die Tatsache, daß zwischen wirtschaftspolitischen und verteilungs- bzw. lohnpolitischen Aktionsbereichen bei beiden Organisationen eine kontinuierliche und fast vollkommene Substitutionsmöglichkeit und -bereitschaft besteht. Beispielsweise dürfte man auf Seiten der Gewerkschaften durchaus bereit sein, Fortschritte in der Mitbestimmung durch lohnpolitische Zugeständnisse zu honorieren bzw. zu erkaufen. Ebenso kann in rezessiven Wirtschaftslagen mit partieller Arbeitslosigkeit angenommen werden, daß eine zurücksteckende Lohnpolitik verfolgt wird, wenn die staatliche Wirtschaftspolitik sich für konjunkturbelebende Maßnahmen verbürgt. Diese Substitutionsbereitschaft kann auch für die rein politischen Ziele der Gewerkschaften vermutet werden: Für Zugeständnisse seitens der Regierung bei politischen Gewerkschaftsforderungen (z. B. Notstandsgesetzgebung in der BRD) kann eine Zurückhaltung der Gewerkschaften bei ihren wirt-

---

[99] Vgl. *Kerr,* C.: Trade-Unionism and Distributive Shares, S. 280.
[100] Vgl. *Ohm,* H.: Allgemeine Volkswirtschaftspolitik, Bd. I, Systematisch-theoretische Grundlegung, 2. verb. und erg. Aufl., Berlin 1965, S. 10.
[101] Vgl. *Spengler,* J. J.: Power Blocs and the Formation and Content of Economic Decisions, S. 415.
[102] Vgl. auch *Briefs,* G.: Zwischen Kapitalismus und Syndikalismus, S. 60 ff.; *Christmann,* A.: Die Gewerkschaften in der industriellen Gesellschaft. Versuch einer Standortbestimmung, in: HbJ, 5. Jahr, 1960, S. 133.

schaftlichen Ansprüchen als wahrscheinlich angesehen werden. Es muß daher davon ausgegangen werden, daß die politischen und wirtschaftlichen Methoden und Ziele austauschbar sind.

29. Wenn beispielsweise *Reynolds* vier gewerkschaftliche Hauptziele nennt[103]: Aufrechterhaltung bzw. Stärkung der Organisation, Sicherung der Arbeitsplätze für die Gewerkschaftsmitglieder, Verbesserung der Arbeitsbedingungen (Arbeitszeiten, Lohnsätze) und Entwicklung eines Systems industrieller Rechtsprechung (Arbeitsrecht), so sind diese Ziele als austauschbar anzusehen. Die Substituierbarkeit der Ziele besagt aber letztlich nichts anderes, als daß es sich um Vorziele handelt, denen Mittelcharakter zukommt und die alle einem Endziel zu dienen bestimmt sind, das sich kaum anders fassen läßt als in der Formel: Wohlfahrtssteigerung der Gewerkschaftmitglieder. In diesem Sinne sind die bisher abgeleiteten Gewerkschaftsziele alle als Mittel der Gewerkschaftspolitik zu definieren. Unter rein ökonomischem Aspekt stellt die Nominallohnpolitik heute das gewichtigste Mittel der gewerkschaftlichen Verteilungspolitik dar, die Änderung der realen Einkommensverteilung zugunsten der Gewerkschaftsmitglieder das wirtschaftliche Hauptziel[104].

Die Höhe der angestrebten Verteilungsänderung hängt u. a. von der strategischen Stellung der Gewerkschaften und ihrem beschäftigungspolitischen Gewicht in der Volkswirtschaft, der Streikbereitschaft ihrer Mitglieder, der konjunkturellen und Wachstumssituation der Gesamtwirtschaft, der Höhe der Profite, der Entwicklung der Lebenshaltungskosten, der Steigerung der arbeitsbezogenen Produktivität sowie von der Verwirklichung anderer, ökonomisch nicht faßbarer Gewerkschaftsziele ab. Als heute wesentliche Gründe für neue Lohnforderungen werden von den Gewerkschaften vor allem die Steigerung der arbeitsbezogenen Produktivität und der Lebenshaltungskosten genannt. Aus dieser Begründung kann jedoch kaum gefolgert werden, daß die Lohnpolitik der Gewerkschaften passiv orientiert sei. Die Gewerkschaften pflegen sich dieser allgemein verständlichen und akzeptierten Motive auch zu bedienen, um die angestrebte Steigerung der realen Durchschnittseinkommen der Gewerkschaftsmitglieder möglichst reibungslos durchsetzen zu können. Die Formulierung des Programms der „expansiven Lohnpolitik" hat gezeigt, daß die Steigerung des Arbeitnehmeranteils am realen Sozialprodukt in den Zielvorstellungen der Gewerk-

---

[103] Vgl. *Reynolds*, L. G.: Labor Economics and Labor Relations, 4. Aufl. Englewood Cliffs N. J. 1964, S. 66.

[104] Daß auch rein lohnpolitische Aktivitäten nicht-pekuniären Zielen der Gewerkschaften dienen können, zeigt *Dunlop*, J. T.: Wage Policies of Trade Unions, in: Fellner, W. und B. F. Haley, (Hrsg.), Readings in the Theory of Income Distribution, London 1950, S. 336 ff.

schaften eine bedeutende Rolle spielt[105]. Daher dürfte auch die Feststellung *Lindbloms* im wesentlichen durchaus zutreffen, daß „such factors as the cost of living, productivity, and ability to pay do, of course, enter into the timing of demands and the strategy of bargaining; but they are not ‚principles'. They do not correctly express income goals. They are merely more acceptable ways of saying ‚All we can get'"[106].

30. Mit einer solchen verteilungspolitischen Strategie und Zielsetzung bewegen sich die Gewerkschaften jedoch durchaus innerhalb der Spielregeln einer pluralistischen Gesellschaft. Auch die Tatsache, daß neue Lohnrunden mit Maximalforderungen „eingeläutet" werden, frei nach dem Motto eines Satirikers, daß es zur Verständigung zweier Seite genüge, wenn sie das Allerschlimmste voneinander annähmen, sprengt den Rahmen der Gruppengesellschaft nicht. Ohne in diesem Zusammenhang auf die Grenzen der Gewerkschafts- und Arbeitgeberforderungen einzugehen[107], sollen dennoch einige Charakteristika der gewerkschaftlichen Nominallohnpolitik in einer vollbeschäftigten, leicht inflationär wachsenden Wirtschaft hervorgehoben werden. Zunächst einmal ist davon auszugehen, daß die klassische Beschränkung gewerkschaftlicher Lohnforderungen, die sich aus der ökonomischen Logik (Preis-Mengen-Mechanismus) zwangsläufig ergebenden Beschäftigungsrückgänge bei zu hohen Lohnansprüchen, solange nicht existiert, wie sich der Staat auf eine Vollbeschäftigungspolitik in Krisensituationen verpflichtet hat. Daraus kann man mit *Kerr* die Konsequenz ziehen: „The problem of undue wage increases under full employment is more the result of full employment than of unionism[108]."

Bezüglich des Zusammenhanges zwischen gewerkschaftlicher Nominallohnpolitik und leichter Inflation sei *Boulding* zitiert: „A fall in money wages is something for which the union gets blamed, as a rise is something it gets praised. A fall in real wages due to price increases cannot be laid directly at the union's door; neither can a rise in real wages due to price declines. Hence in an inflation the union gets credit for the rise in wages but does not take the blame for the rise in prices; in a deflation it gets the blame for the fall in wages but gets no credit for the fall in prices. The interest of unions in at least a gentle inflation is all too clear[109]." Daß die Einsicht der Gewerkschaften in den gesamt-

---

[105] Vgl. *Agartz*, V.: Expansive Lohnpolitik, in: WWI-Mitteilungen, Bd. 6, 1953, S. 245 ff.

[106] Vgl. *Lindblom*, C. E.: Unions and Capitalism, S. 35.

[107] Siehe dazu Kap. 5, Ziff. 17.

[108] Vgl. *Kerr*, C.: Labor Markets: Their Character and Consequences, S. 289.

[109] Vgl. *Boulding*, K. E.: Collective Bargaining and Fiscal Policy, in: AER, Vol. 40, Proc., 1950, S. 317.

wirtschaftlichen Wachstumszusammenhang nicht nur eine wohlmeinende Unterstellung ist, zeigt die im wesentlichen sehr zurückhaltende Nominallohnpolitik der westdeutschen Gewerkschaften in der ersten Phase des wirtschaftlichen Wiederaufbaues in der BRD nach 1949, der zweifellos auch das Verständnis für die schwierige gesamtwirtschaftliche Situation zugrunde gelegen haben dürfte. So stellt auch der Sachverständigenrat zur Begutachtung der gesamtwirtschaftlichen Entwicklung fest, daß die deutschen Gewerkschaften „im Vergleich zu ausländischen Gewerkschaften im großen und ganzen verhältnismäßig zurückhaltend (waren)“[110]. Verbunden mit dem zunehmenden Verständnis für den gesamtwirtschaftlichen Wirkungszusammenhang ist eine Zielwandlung der gewerkschaftlichen Verteilungspolitik von der Nominallohnpolitik zur Einkommensverwendungspolitik in Form von Arbeitszeitverkürzungen und Erwerbskapitalbildung sichtbar geworden. Man hat erkannt, daß die gesamtwirtschaftliche Verteilungsmechanik mit der Nominallohnpolitik allein nicht entscheidend zu beeinflussen ist. Eine bestimmte Form der Einkommensverwendung, das Sparen von Lohnerhöhungen, muß als notwendige Ergänzung zur Nominallohnpolitik hinzutreten. Daher beginnen die westdeutschen Gewerkschaften, wenn auch sehr zögernd, Vermögensbildungspläne zu unterstützen bzw. zu kreieren[111]. Man versucht mit Hilfe der Vermögenspolitik, die Nominallohnpolitik zu effektuieren.

31. Das politische Moment in der Gewerkschaftspolitik gewinnt erhöhte Bedeutung, wenn berücksichtigt wird, daß die einkommenspolitischen Interessen der unselbständig Beschäftigten nicht von einer einzigen, auf nationaler Ebene organisierten Gewerkschaft wahrgenommen werden, sondern von einer Vielzahl von Einzelgewerkschaften, die zwar meist alle einer gesamtwirtschaftlichen Gewerkschaftsföderation angehören, jedoch ihre verteilungspolitischen Ziele weitgehend selbständig verfolgen. Das eigentliche wirtschaftspolitische Entscheidungszentrum ist beispielsweise in der BRD nicht der Deutsche Gewerkschaftsbund, sondern sind die nach Branchen und Regionen (Tarifbereichen) gegliederten Industriegewerkschaften. Der Gesamtkomplex der Gewerkschaften besitzt also eine bestimmte organisatorische Gliederung, eine politische Struktur. Des weiteren ist davon auszugehen, daß — vor allem in den USA — mehrere Gewerkschaften den gleichen Zuzugssektor abzudecken suchen, d. h. auf einem bestimmten Arbeitsmarkt um die organisatorische Eingliederung der Arbeitnehmer kon-

[110] Vgl. Sachverständigenrat zur Begutachtung der gesamtwirtschaftlichen Entwicklung, Stabiles Geld — stetiges Wachstum, Jahresgutachten 1964/65, Stuttgart und Mainz 1965, S. 69.

[111] Vgl. dazu den entsprechenden Tarifvertrag in der deutschen Bauindustrie in: Leber, G.: (Hrsg.), Vermögensbildung in Arbeitnehmerhand. Tarifvertrag, Gesetz, Bank, Dokumentation 4, Frankfurt a. M. 1966, S. 49 ff.

kurrieren. Aus diesen Gegebenheiten kann zunächst bezüglich der Gewerkschaftspolitiken gefolgert werden, daß sich die einkommenspolitischen Zielsetzungen der Einzelgewerkschaften nicht nur an gesamtwirtschaftlichen Orientierungsparametern ausrichten, sondern auch die branchenbezogenen Werte der gesamtwirtschaftlichen Leitgrößen berücksichtigen. So werden heute als wesentliche Bestimmungsgründe für neue Lohnforderungen häufig die branchenbezogene Produktivitäts- und Gewinnsituation angegeben. Das politische Element der Gewerkschaftspolitik beruht jedoch nicht auf dem Einfluß bzw. der Orientierung der bereichsbezogenen wirtschaftlichen Indikatoren, sondern auf der sich aus der organisatorischen Gliederung der Gewerkschaften ergebenden politischen Interdependenz der verteilungspolitischen Entscheidungen bzw. Zielsetzungen.

32. Aus der Existenz einer Gewerkschaftshierarchie, gemessen an der bestehenden Lohnhierarchie, und einer Gewerkschaftsrivalität folgt, daß der Vergleich und die Imitation wesentliche Bestimmungsgründe der verteilungspolitischen Zielsetzungen der Einzelgewerkschaften darstellen. *Ross* stellt diesbezüglich fest: „comparisons play a large and often dominant role as a standard of equity in the determination of wages under collective bargaining[112]." Und *Reder* bemerkt zu diesem Problemkreis: „The role of imitation in economic activity is easily underestimated; this is in good part due to the ‚spirit of rationality' which individuals feel they ought to display in their economic activities . . . The following of a wage pattern by a given firm and union is, in an important sense, simply an example of the familiar sociological phenomenon of imitation[113]." Aus diesen Bestimmungsgründen läßt sich eine Gewerkschaftspolitik ableiten, die auf eine Angleichung der eigenen Forderungen an die von anderen Einzelgewerkschaften durchgesetzten Ansprüche ausgerichtet ist. Der Druck zum gleichartigen Verhalten findet seinen Niederschlag in den Phänomenen der Lohnführerschaft, der Schlüsseltarifverträge, bestimmter Musterverträge etc. Der Zwang zum gleichartigen Verhalten geht von den Gewerkschaftsmitgliedern, von den Unternehmern und von der Öffentlichkeit aus. Zur Beurteilung des Erfolges einer Gewerkschaftspolitik werden andere, vergleichbare Tarifverträge als Beurteilungsbasis herangezogen: „What is equitable is determined by comparison with the treatment afforded other parties in approximately similar circumstances[114]."

Aus der politischen Struktur der verschiedenen Einzelgewerkschaften folgt, daß jede Gewerkschaft bestrebt ist, die Position in der beste-

---

[112] Vgl. *Ross*, A. M.: Trade Union Wage Policy, S. 50.
[113] Vgl. *Reder*, M. W..: The Theory of Union Wage Policy, S. 37.
[114] Vgl. *Reder*, M. W.: The Theory of Union Wage Policy, S. 39.

henden Lohnhierarchie zumindest zu halten. Die Sicherung des lohnpolitischen status quo wird daher häufig zur einkommenspolitischen Minimalforderung[115]. Ein Vorprellen einer Gewerkschaft löst eine Lawine von angleichenden Lohnforderungen aus, die das gestörte hierarchische Gleichgewicht wieder herzustellen suchen. Die Konkurrenz zwischen den Einzelgewerkschaften um einen möglichst günstigen Platz in der gesamtwirtschaftlichen Lohnhierarchie gewinnt damit entscheidende Bedeutung für die Fixierung des einkommenspolitischen Ziels. Rivalisieren zwei und mehrere Einzelgewerkschaften auf dem gleichen Arbeitsmarkt, so folgt aus der Orientierung an den einkommenspolitischen Erfolgen der Einzelgewerkschaften untereinander sowohl ein offensives wie defensives Verhalten: „Coercive comparisons are displayed in their purest form by the making and breaking of political wage equilibria between rival unions[116].“ Ein gegenseitiges Überbieten rivalisierender Gewerkschaften dürfte jedoch das wahrscheinliche Ergebnis sein.

33. Im allgemeinen und speziell in einer voll- bzw. überbeschäftigten Wirtschaft dürften die Arbeitgeberverbände wesentlich lockerer organisiert sein als die Gewerkschaften. Dies ist vor allem darauf zurückzuführen, daß das wirtschaftliche Eigeninteresse der unselbständig Beschäftigten in stärkerem Maße mit der verteilungspolitischen Aktion ihrer Organisation koinzidiert und somit eine größere Solidarität begründet, als es bei den selbständig Beschäftigten der Fall ist. Konkurrenten werden auch bei gemeinsamer Bedrohung selten solidarisch handeln können. Der Gegensatz zwischen der Bereitschaft zu lohnpolitischen Zugeständnissen auf dem mittelständischen und dem großindustriellen Flügel in verschiedenen Arbeitgeberverbänden ist schon fast klassisch zu nennen. Häufig gewinnt man den Eindruck, daß der Interessenkonflikt zwischen dem mittelständischen und großindustriellen Flügel in den Arbeitgeberverbänden bedeutsamer ist als der Gegensatz zwischen den Gewerkschaften und dem großindustriellen Flügel der Arbeitgeberverbände.

Aus dieser interessenpolitischen Heterogenität der Arbeitgeberorganisationen folgt, daß eine einzige, allen Mitgliedern gemeinsame einkommenspolitische Zielsetzung der Arbeitgeberverbände kaum abzuleiten ist. Die Identifizierung dieser gruppenpolitischen Zielsetzung wird weiter durch den Tatbestand der Mediatisierung des Privateigentums erschwert, der der These, daß die Maximierung des langfristigen Gruppeneinkommens die Zielvorstellung der Arbeitgeberverbände sei, zumindest für den großindustriellen Flügel und damit auch für die

---

[115] Vgl. *Ross*, A. M.: Trade Union Wage Policy, S. 50.
[116] Vgl. *Ross*, A. M: Trade Union Wage Policy, S. 64.

gesamte sozioökonomische Gruppe widerspricht. Auch kurzfristig läßt sich kein einheitliches und fixierbares Ziel für die Arbeitgeberorganisationen postulieren. Trotz dieser Schwierigkeiten, die verteilungspolitische Zielvorstellung der Arbeitgeberverbände abzuleiten, dürfte die Leerformel, daß auch diese sozioökonomische Gruppe auf eine Sicherung bzw. Steigerung der wirtschaftlichen Wohlfahrt ihrer Mitglieder abzielt, als Annäherungsformel vertretbar sein. Eine Konkretisierung dieser Leerformel hat davon auszugehen, daß „die Gewerkschaften historisch das Primäre (sind), die Arbeitgeberorganisationen das Sekundäre“[117]. Daraus kann eine Abwehr- und Schutzfunktion der Arbeitgeberverbände abgeleitet werden, die sich heute in einer mehr defensiven Verteilungspolitik dieser Gruppen äußert[118].

34. Um die Bedeutung der wirtschaftspolitischen Aktivität des Staates für eine nähere Bestimmung des Verteilungspostulats ermessen zu können, ist es zunächst sinnvoll, die staatliche Wirtschaftspolitik nach *Musgrave* in drei Zielbereiche zu zerlegen: den Allokations-, Distributions- und Stabilisierungsbereich[119]. Der erste Zielbereich betrifft die Änderung der Faktorallokation zugunsten der staatlichen und kollektiven Bedürfnisse, der zweite die Änderung der Einkommens- und Vermögensverteilung zugunsten der unselbständig Beschäftigten und der dritte die Sicherung der wirtschaftlichen Stabilität und die Förderung des Wirtschaftswachstums. Sowohl für die wachstums- als auch für die verteilungspolitischen Aktivitäten des Staates gilt, daß in einer marktwirtschaftlich orientierten Wirtschaftsordnung nur ausgleichende und ergänzende Funktionen wahrgenommen werden. Bezüglich des Wachstumspostulats äußern sich diese Funktionen einmal in der indirekten Förderung des von den privaten Wirtschaftseinheiten gesteuerten Wachstumsprozesses sowie vor allem in der Inanspruchnahme wirtschaftlicher Ressourcen für die Gemeinschaftsaufgaben. Damit wird die staatliche Wirtschaftspolitik zu einem entscheidenden Faktor für eine wohlstandsorientierte Wachstumspolitik. Wirtschaftspolitische Maßnahmen, die diesen Zielbereich betreffen, sind an der Gesamtwirtschaft orientiert, d. h. in diesem Fall treibt der Staat keine Gruppenpolitik im engeren Sinne. Im Bereich der Verteilungspolitik ist der Staat jedoch insofern als wirtschaftspolitische Gruppe aufzufassen, als er einmal die Interessenvertretung für die „Fußkranken des Wirtschaftswunders“

---

[117] Vgl. *Lechtape*, H.: Die deutschen Arbeitgeberverbände. Ihre volkswirtschaftliche Funktion und ihre soziologischen Grundlagen, Münsterer Wirtschafts- und Sozialwissenschaftliche Abhandlungen, Heft 3, Leipzig 1926, S. 10.

[118] Vgl. *Leckebusch*, R.: Entstehung und Wandlungen der Zielsetzungen, der Struktur und der Wirkungen von Arbeitgeberverbänden, Untersuchungen über Gruppen und Verbände, Bd. 3, Berlin 1966, S. 48 ff.

[119] Vgl. *Musgrave*, R. A.: The Theory of Public Finance, New York-Toronto-London 1959, S. 5 ff.

übernimmt, die keine im Gruppenkampf konkurrenzfähige Organisation besitzen, und indem er zweitens — meist auf indirektem Wege — wechselnde Koalitionen mit den Sozialpartnern eingeht, um Störungen des Machtgleichgewichts zwischen diesen beiden Gruppenvertretungen zu vermeiden.

In der Gruppengesellschaft ist das ursprünglich als rein staatliches Prinzip konstituierte Prinzip der Gewaltenteilung auf die Wirtschaftsgesellschaft ausgedehnt worden und begründet damit ein funktionelles Kooperationsverhältnis zwischen Staat und Wirtschaftsgruppen, das eine Verabsolutierung der wirtschaftlichen Macht auf einer Seite verhindert[120]. Die staatliche Hoheitsfunktion wird damit in der interessensegmentierten Gesellschaft nicht beseitigt, da die Kooperation mit den Wirtschaftsgruppen auf verteilungspolitischem Gebiet seinen wirtschaftspolitischen Primat im Allokations- und Stabilisierungsbereich nicht wesentlich einschränkt. Zu der redistributiven Tätigkeit „ist eine demokratische Regierung gezwungen, weil die Einkommen in der Marktwirtschaft ungleichmäßig, aber die Wählerstimmen in der Demokratie gleichmäßig verteilt sind"[121]. Diese aus der Stimmenmaximierungshypothese folgende ausgleichende Verteilungspolitik des Staates besagt jedoch nicht, daß der Einfluß des „Kapitals" auf die staatliche Wirtschaftspolitik eine quantité négligeable ist. Die unzureichende Information der wirtschaftlich schwachen Schichten erlaubt es den demokratischen Regierungen, das Produzenteninteresse ebenfalls zu berücksichtigen, ein Tatbestand, der durch die Interventionen dieser Gruppen im parlamentarischen, vorparlamentarischen und administrativen Raum hinreichend bewiesen sein dürfte[122].

35. Zusammenfassend kann zur Analyse des pragmatischen Zielansatzes festgestellt werden, daß eine annähernd genaue und sinnvolle Interpretation des Wachstums- und Verteilungsziels weder durch den Rückgriff auf übergeordnete gesellschaftspolitische Normen noch durch die Bezugnahme auf ökonomische Theorien erzielt werden kann. Mit *Weisser* kann zu diesen Versuchen gesagt werden, daß „es ... auch bei Zugrundelegung der Gerechtigkeitsmaxime, des Wohlstandsaxioms und des Freiheitsaxioms und einer Vorentscheidung für grundsätzlich marktwirtschaftliche Ordnungsformen kein Maß der Verteilungskorrekturen (gibt), das als das richtige mit Sicherheit angesprochen werden kann"[123]. Auch der hier vorgelegte Versuch, den Inhalt des Wachs-

---

[120] Vgl. *Christmann*, A.: Die Gewerkschaften in der industriellen Gesellschaft, S. 135.

[121] Vgl. *Giersch*, H.: Allgemeine Wirtschaftspolitik, S. 245.

[122] Vgl. dazu ausführlicher *Giersch*, H.: Allgemeine Wirtschaftspolitik, S. 244 ff.

[123] Vgl. *Weisser*, G.: Distribution (II), in: HdSw, Bd. 2, Stuttgart-Tübingen-Göttingen 1959, S. 645.

tums- und Verteilungspostulats aus der gesamtwirtschaftlichen Lage und der gesamtwirtschaftlichen Konstellation der wirtschaftspolitischen Entscheidungszentren abzuleiten, kann nicht mit eindeutigen Ergebnissen hinsichtlich der Zielkonkretisierung aufwarten. Jedoch lassen sich aus der lage- und institutionenbezogenen Zielanalyse bestimmte Änderungen der zielbestimmenden Größen, entwicklungsbedingte Zielwandlungen und Änderungen der Zielrichtung und des Zielbereichs entnehmen, die zumindest die Abhängigkeit beider Postulate und ihre Zieldimensionen erkennen lassen.

Die lage- bzw. entwicklungsbezogene Zielinterpretation hat ergeben, daß die Entwicklung der westlichen Industrienationen zu Wohlstandsgesellschaften weder das Wachstums- noch das Verteilungsziel aus dem wirtschaftspolitischen Normenkatalog eliminiert haben. Es war jedoch festzustellen, daß aufgrund des vergleichsweise sehr hohen Versorgungsniveaus der Bevölkerung Zielwandlungen eingetreten sind. Die Verteilungspolitik ist im wesentlichen vermögenspolitisch orientiert, wobei es jedoch zu einer Zieldifferenz zwischen individueller und offizieller Vermögensverteilungsvorstellung gekommen ist. Die staatliche Vermögenspolitik verfolgt das Ziel einer breiteren Erwerbskapitalbildung, die Gewerkschaftsorgane nähern sich ebenfalls dieser Zielvorstellung, während die unselbständig Beschäftigten die Konsumtivkapitalbildung präferenzieren. Da zwischen den Zielen einer gleichmäßigeren Einkommensverteilung und einer breiteren Vermögensstreuung im Sinne der Erwerbskapitalbildung eine Komplementaritätsbeziehung besteht und zudem die auf das Einkommen bezogene Verteilungsforderung aufgrund der konsumtiven Konkurrenz in den Wohlstandsgesellschaften sich nicht überlebt hat, ist auch das Ziel einer gleichmäßigeren Einkommensverteilung aktuell. Das Wachstumsziel hat in den reifen Volkswirtschaften einen stärker qualitativen Akzent erhalten, d. h. es geht nicht nur um die Steigerung des bloßen Gütervolumens, sondern in immer dringlicher werdender Form um die Erfüllung der Gemeinschaftsaufgaben[124].

Die gruppenbezogene Zielinterpretation läßt zunächst nur die inhaltliche Bestimmung der verteilungspolitischen Forderungen der einzelnen Wirtschaftsgruppen bzw. ihrer Organisationen zu. Die Existenz einer mehrpoligen, dezentralisierten wirtschaftspolitischen Aktions-

[124] Diese Tendenz läßt sich auch aus der Theorie der *Kondratieff*-Zyklen ableiten, die einen Wechsel von Perioden mit großen Infrastrukturinvestitionen und Phasen mit geringer Investitionstätigkeit auf diesem Gebiet behauptet. Vgl. u. a. *Ehrlicher*, W.: Probleme langfristiger Strukturwandlungen des Kapitalstocks, in: Neumark, F.: (Hrsg.), Strukturwandlungen in wachsender Wirtschaft, Bd. 2, SchdVfS, N. F. Bd. 30/II, Berlin 1964, S. 871 ff.; *Bombach*, G.: Lohnentwicklung, Sparprozeß und Kapitalbildung, in: Stiller, E.: (Hrsg.), Lohnpolitik und Vermögensbildung, S. 48 f.

gemeinschaft hat für das Verteilungspostulat zur Folge, daß sich die gesamtwirtschaftlich wirksame Zielvorstellung aus dem Zielkompromiß der Gruppenverhandlungen ergibt. Für alle einzelnen am Gruppenkompromiß beteiligten Organisationen dürfte der von *Pen* für die Gewerkschaften formulierte Satz gelten: „In the view of most unions the share of labour should at least be constant, and preferably should gradually increase[125].“ Versucht man den Zielkompromiß genauer, jedoch ohne numerische Fixierung zu formulieren, so dürfte das folgende Ergebnis der wirtschaftlichen Wirklichkeit weitgehend entsprechen: Hinsichtlich des vermögenspolitischen Ziels geben die Gewerkschaften die Unverteilungsideen auf und beschränken sich auf die Neuverteilung der Vermögenszuwächse. Die Arbeitgeberverbände ihrerseits suchen die Unantastbarkeit der Bestände durchzusetzen und geben den Forderungen nach einer Neuverteilung der Vermögenszuwächse einen gewissen Spielraum. Dieser Kompromiß trägt auch der wachstumspolitischen Norm in gewisser Weise Rechnung. Ein ähnliches Ergebnis läßt sich für das auf das Einkommen bezogene Verteilungspostulat ableiten. Eine geringe gesamtwirtschaftliche Produktivitätszunahme und damit eine rezessive Wachstumssituation veranlaßt die Gewerkschaften zu einer zurückhaltenderen Einkommenspolitik, während in Zeiten allgemeiner Voll- bzw. Überbeschäftigung und einer hohen Wachstumsrate eine aggressivere Politik betrieben werden dürfte. Die Arbeitgeberverbände ihrerseits sind in einer andauernden und generellen Hochkonjunktur zu größeren verteilungspolitischen Konzessionen bereit als in Zeiten geringen Wachstums. Die Wachstumsbezogenheit des verteilungspolitischen Kompromisses kommt hier eindeutig zum Ausdruck: „In der Verteilungsdebatte hat sich der Kampf um die gerechte Aufteilung eines gegebenen ‚Kuchens‘ immer mehr auf die Frage nach der gerechten Aufteilung seines Zuwachses verlagert[126].“

---

[125] Vgl. *Pen*, J.: Wage Determination Revisited, in: Kyklos, Vol. 11, 1958, S. 20.

[126] Vgl. *Bombach*, G.: Wirtschaftswachstum und Stabilität, S. 7 f.

Zweiter Teil

Theoretische und methodische Grundlagen einer Integration von Verteilungs- und Wachstumsprozeß

Die Aufgabe, die zwischen dem Verteilungs- und Wachstumsprozeß bestehenden funktionalen Beziehungen zu ordnen, darzustellen, auf ihre wirtschaftspolitische Relevanz zu prüfen und entsprechend zu gewichten, bewegt sich zwischen der Scylla historisierender Beschreibung und der Charybdis theoretisierender Weltfremdheit. Das Ziel, zu einem geschlossenen, relativ eindeutigen und wirtschaftspolitisch operationalen System theoretischer Beziehungen zu gelangen, muß angesichts der Vielzahl der in Betracht zu ziehenden wirtschaftlichen und außerwirtschaftlichen Faktoren als utopisch bezeichnet werden. Die zahlreichen, heterogenen und oft historisch bedingten wirtschaftlichen, politischen und gesellschaftlichen Kräfte, die den Verteilungs- und Wachstumsprozeß im Zusammenwirken bestimmen, haben zwar eine Fülle von Verteilungs- und Wachsstumsmodellen entstehen lassen, die jedoch alle unter ihren einschränkenden Annahmen und der Begrenztheit ihrer Ergebnisse leiden. Trotz der Flut verteilungs- und wachstumstheoretischer Untersuchungen ist die Skepsis gegenüber den Antworten auf die Frage, welche ökonomischen und metaökonomischen Determinanten das Wachstum des Sozialprodukts und die Verteilung der Einkommen und Vermögen letzten Endes bestimmen, auch unter Theoretikern noch außerordentlich groß. Zwei Zitate mögen dies stellvertretend belegen. Bezüglich der Wachstumstheorie bemerkt *Bombach:* „Welche Kräfte die Wachstumsrate in unserer heutigen Wirtschaft letztlich bestimmen, wissen wir ohnehin nicht[1].“ Und hinsichtlich des Standes der Verteilungstheorie stellt *Robinson* fest: „If there is any law governing the distribution of income between classes, it still remains to be discovered[2].“

Es dürfte offensichtlich sein, daß die Unsicherheit über die Bestimmungsgründe von Verteilung und Wachstum als isolierte Prozesse eine

[1] Vgl. *Bombach,* G.: Die verschiedenen Ansätze der Verteilungstheorie, S. 136.

[2] Vgl. *Robinson,* J.: An Essay in Marxian Economics, 6. Aufl., London 1960, S. 34.

theoretische Integration beider Vorgänge nur unter noch restriktiveren Annahmen ermöglicht und mit noch begrenzteren Ergebnissen ausstattet. Es ist daher *Boulding* zuzustimmen, daß „the problem of what in fact is the relationship between distribution and economic progress is one of the least known relationships in all of economics“[3]. Dennoch hat man davon auszugehen, daß jeder wachstumstheoretische Ansatz verteilungstheoretische Implikationen enthält, ebenso wie jede Verteilungstheorie wachsstumstheoretische Folgerungen zuläßt. Es ist ein bleibendes Verdienst der klassischen Nationalökonomie, den Verteilungs- und Wachstumsprozeß als einen einheitlichen, in sich verzahnten und sich simultan vollziehenden Vorgang verstanden zu haben. Nachdem diese klassische Tradition durch die statische bzw. komparativ-statische Orientierung der „alten Neoklassik“[4] und des *Keynes*schen Systems unterbrochen wurde, ist seit dem Ende des 2. Weltkriegs eine zögernd einsetzende Renaissance der Integrationsversuche von Verteilungs- und Wachstumstheorie zu beobachten. Den dennoch unbefriedigenden Stand der Theorie in dieser Hinsicht dokumentiert die folgende Bemerkung *Aras* aus dem Jahre 1958: „No one will deny, I believe, that one of the most important problems which current growth economics have left open is the analysis of income distribution. How strange it is to imagine a growth theory of the capitalist economy which does not have analysis of income distribution as its central core. It would be Hamlet, without the Prince of Denmark[5].“

Eine Integration von Verteilungs- und Wachstumstheorie hat von funktionalen Beziehungen auszugehen, die über die indirekte funktionale Verknüpfung von Verteilungs- und Wachstumsvorgängen im System der generellen Interdependenz aller wirtschaftlichen Größen hinausgehen und damit eine enge und direkte Kausalität bzw. Funktionalität zwischen Verteilung und Wachstum begründen. Die Vielzahl der entwickelten isolierten Verteilungs- und Wachstumsmodelle sowie die weitaus geringere Zahl derjenigen Systeme, die den Zusammenhang zwischen Verteilung und Wachstum in den Mittelpunkt stellen, lassen sich zwei großen Gruppen von Integrationsansätzen zuordnen, die entweder dem klassischen Erbe oder dem *Keynes*schen Gedankengut verpflichtet sind. In Anlehnung an *Ehrlicher* können das klassische und das *Keynes*sche System nach ihrer wirtschaftlichen Mechanik und ihrer

---

[3] Vgl. *Boulding*, K. E., Principles of Economic Policy, S. 103.

[4] Unter der „alten Neoklassik“ ist nach neuestem Sprachgebrauch die statische, preistheoretisch formulierte Gleichgewichtstheorie der Faktor- und Produktmärkte zu verstehen, unter der „neuen Neoklassik“ (Neo-Neoklassik) die Verbindung von Faktorpreismechanismus und Wachstumstheorie. Der Kürze halber wird im folgenden bezüglich der „neuen Neoklassik“ jedoch nur von Neoklassik gesprochen.

[5] Vgl. *Ara*, K.: Capital Theory and Economic Growth, in: EJ, Vol. 68, 1958, S. 511.

Determinierung unterschieden werden[6]. Während das klassische System preismechanisch gesteuert wird und produktionstheoretisch determiniert ist, arbeitet das *Keynes*sche System einkommensmechanisch und ist nachfragetheoretisch bestimmt. In Anwendung dieser Kriterien auf die vorliegenden neoklassischen und Postkeynesianischen Integrationansätze von Verteilungs- und Wachstumstheorie kann der den klassischen Bahnen folgende neoklassische Ansatz als produktions- und preistheoretischer Lösungsversuch bezeichnet werden, der Postkeynesianische Ansatz als nachfrage- und einkommenstheoretischer Lösungsversuch[7]. In dem 3. und 4. Kapitel werden beide Systeme daraufhin untersucht, auf welchen methodischen und theoretischen Grundlagen sie beruhen, welche spezifischen Abhängigkeiten zwischen Verteilung und Wachstum unterstellt werden (können), inwieweit ihre Prämissen und Hypothesen der wirtschaftlichen Wirklichkeit entsprechen und ob sie den Anforderungen der Wirtschaftspolitik zu genügen vermögen. Die beiden Kapitel enthalten also im wesentlichen einen kritischen Überblick über die Integrationsmöglichkeiten von Verteilungs- und Wachstumstheorie.

Ausgangspunkt des im 5. Kapitel entwickelten Modells ist die Hypothese, daß neben der Preis- und Einkommensmechanik ein dritter gesamtwirtschaftlicher Steuerungsmechanismus die Wachstums- und Verteilungsvorgänge mitbestimmt. Es wird der politische Abstimmungsmechanismus in das integrierte Wachstums- und Verteilungsmodell eingeführt und versucht, aus dem Zusammenwirken aller drei Mechanismen zu einem Ergebnis über die Art und Richtung des Zusammenspiels von Verteilungs- und Wachstumsprozeß in pluralistischen Gesellschaften zu gelangen. Die Basis für die Einführung des politischen Steuerungsmechanismus bildet die Annahme, daß der gesamtwirtschaftliche Verteilungsprozeß durch die Aktionen sozioökonomischer Gruppen entscheidend beeinflußt wird[8]. Das Ergebnis dieser Analyse, das Modell des trilateralen Monopols, kann zwar nicht als ein geschlossenes, relativ eindeutiges und wirtschaftspolitisch operationales System angesehen werden, aber es ermöglicht u. E. dennoch eine realistischere Einsicht in die Funktionsweise des integrierten Verteilungs- und Wachstumsprozesses in reifen Volkswirtschaften.

---

[6] Vgl. *Ehrlicher*, W.: Die Geld-, Finanz- und Lohnpolitik im volkswirtschaftlichen Systemzusammenhang, in: JfS, Bd. 12, 1961, S. 83 ff.

[7] Die hier vorgenommene Klassifikation deckt sich weitgehend mit der von *Stobbe* und *Oppenländer* vorgeschlagenen Einteilung in angebots- und nachfrageorientierte Verteilungs- bzw. Wachstumstheorien. Vgl. *Stobbe*, A.: Untersuchungen zur makroökonomischen Theorie der Einkommensverteilung, S. 22; *Oppenländer*, K.: Die moderne Wachstumstheorie. Eine kritische Untersuchung der Bausteine der Gleichgewichtskonzeption und der Wirklichkeitsnähe, Berlin — München 1963, S. 50.

[8] Vgl. dazu das 2. Kap. dieser Arbeit.

Drittes Kapitel

Die produktions- und preistheoretische Integration

1. Die Grenzproduktivitätstheorie galt bis zum Ende des 2. Weltkriegs als die Verteilungstheorie schlechthin[1]. Nachdem man aufgrund der zahllosen, z. T. vernichtenden Kritiken, die die Grenzproduktivitätstheorie in den vierziger und fünfziger Jahren erfahren hat, annehmen konnte, daß sie aus der theoretischen Tagesdiskussion verschwinden und auf das dogmenhistorische Altenteil abgeschoben würde, ist ihr in der jüngsten Vergangenheit ein erstaunliches comeback gelungen, indem sie mit der modernen Wachstumstheorie neoklassischer Provenienz verbunden wurde. Der wachstumstheoretische Ansatz der Neoklassik stellt auf produktions- und preistheoretischer Grundlage einen Versuch dar, Verteilungs- und Wachstumstheorie zu integrieren[2]. Um den Grundgedanken dieses Integrationsversuchs zu skizzieren, wird in drei gedanklichen Schritten vorgegangen, die gleichzeitig die entscheidenden Entwicklungsstufen der neoklassischen Theorie darstellen[3]. In einem ersten Modell soll der theoretische Zusammenhang zwischen Einkommensverteilung und Höhe des Sozialprodukts unter der Annahme konstanter makroökonomischer Produktionsfakto-

---

[1] So leitet beispielsweise *Fellner* einen verteilungstheoretischen Beitrag aus dem Jahre 1953 noch mit der Feststellung ein: „By contemporary distribution theory we presumably mean a qualified marginal productivity theory; that is to say, a combination of the marginal productivity theory with other analytical elements"; vgl. *Fellner*, W. J.: Significance and Limitations of Contemporary Distribution Theory, in: AER, Vol. 43, Proc., 1953, S. 484.

[2] Den Ausgangspunkt der neoklassischen Wachstumstheorie bildeten zwei Aufsätze von *Solow*, R. M.: A Contribution to the Theory of Economic Growth, in: QJE, Vol. 70, 1956, S. 65 ff.; derselbe, Technical Change and the Aggregate Production Function, in: REStat, Vol. 39, 1957, S. 312 ff.

[3] Die in diesem Zusammenhang notwendig knappe Darstellung des neoklassischen Integrationsversuchs stützt sich neben den erwähnten Beiträgen von *Solow* auf die Veröffentlichungen von: *Ara*, K.: Capital Theory and Economic Growth, S. 511 ff.; *Meade*, J. E.: A Neo-Classical Theory of Economic Growth, 2. verb. Aufl., London 1962; *Bombach*, G.: Optimales Wachstum und Gleichgewichtswachstum, S. 47 ff.; *v. Weizsäcker*, C. C.: Wachstum, Zins und optimale Investitionsquote, Veröff. der List Gesellschaft E. V., Bd. 26, Basel-Tübingen 1962; *Oppenländer*, K.: Die moderne Wachstumstheorie. S. 165 ff.; *Bombach*, G.: Von der Neoklassik zur modernen Wachstums- und Verteilungstheorie, in: SchZ, 100. Jg., 1964, S. 399 ff.; *Hahn*, F. H. und R. C. O. *Matthews*: The Theory of Economic Growth: A Survey, in: EJ, Vol. 74, 1964 S. 779 ff.; *Krelle*, W.: Investition und Wachstum, in: JfNuSt, Bd. 176, 1964, S. 1 ff.; *Riese*, H.: Gleichgewichtswachstum und optimales Wachstum in der neoklassischen Wachstumstheorie, in: Kyklos, Vol. 17, 1964, S. 40 ff.; *Vogt*, W.: Eine Verallgemeinerung der Wachstumstheorie, in: WA, Bd. 92, 1964, S. 259 ff.; *Bombach*, G.: Wirtschaftswachstum, in: HdSw, Bd. 12, Stuttgart-Tübingen-Göttingen 1965, S. 763 ff.

ren, d. h. die Funktionsweise der Faktormärkte im System der vollständigen Konkurrenz untersucht werden. Im zweiten Modell wird die einschränkende Bedingung der Konstanz der Produktionsfaktoren Arbeit und Kapital aufgehoben und sowohl ein proportionales als auch ein disproportionales Wachstum der Produktionsfaktoren unterstellt. Das dritte Modell berücksichtigt den technischen Fortschritt in modellexogener und -endogener Form. An diese vereinfachte, nur die grundlegenden Zusammenhänge aufzeigende Darstellung der neoklassischen Wachstums- und Verteilungstheorie schließen sich dann die kritischen Untersuchungen an.

2. Der einzelwirtschaftliche Grundgedanke der Grenzproduktivitätstheorie besagt, daß der individuelle, nach Gewinnmaximierung strebende Unternehmer bei für ihn als gegeben angenommen Faktor- und Produktpreisen solange Produktionsfaktoren einstellt, bis der (gegebene) Preis des Faktors, also Lohn- oder Zinssatz, gleich seinem bewerteten Grenzprodukt ist (Minimalkostenkombination)[4]. Der funktionale Zusammenhang zwischen Faktoreinsatz und Produktionsergebnis wird durch die Produktionsfunktion bestimmt, die den technischen und organisatorischen Horizont repräsentiert. Die Grenzproduktivitätstheorie unterstellt als Produktionsfunktion das Ertragsgesetz, nach dem der Grenzertrag eines Faktors bei Konstanz aller übrigen Einsatzmengen um so geringer ist, je mehr von diesem Faktor eingesetzt wird. Aus diesem einzelwirtschaftlichen Grenzproduktivitätssatz kann zunächst nur die Nachfrage nach den Produktionsfaktoren bei gegebenen Lohn- und Zinssätzen abgeleitet werden. Die Unternehmer werden ihre Nachfrage nach Arbeit bzw. Kapital erhöhen (senken), so lange der Lohn- bzw. Zinssatz unter (über) der Grenzproduktivität der Arbeit bzw. des Kapitals liegt.

Während in einzelwirtschaftlicher Betrachtung die Preise der Produktionsfaktoren als Daten und die nachgefragten Mengen als Variable anzusehen sind, hat eine gesamtwirtschaftliche Betrachtung von gegebenen Mengen an Produktionsfaktoren und variablen Preisen auszugehen. Der gesamtwirtschaftliche und damit verteilungstheoretische Aspekt der Entlohnung der Produktionsfaktoren, d. h. der Höhe von Lohn- und Zinssatz und der den Produktionsfaktoren zufließenden Anteile am gesamten Volkseinkommen, ergibt sich demnach erst, wenn auch das Arbeits- bzw. Kapitalangebot berücksichtigt wird. Der Gleichgewichtslohn bzw. -zins wird ceteris paribus um so höher sein, je geringer das gesamtwirtschaftliche Angebot von Arbeit und Kapital ist. Bei der Grenzproduktivitätstheorie handelt es sich um einen Preis-

---

[4] Vgl. dazu und zum folgenden u. a. *Krelle*, W.: Verteilungstheorie, S. 51 ff.

Mengen-Mechanismus, der zur Vollbeschäftigung aller Produktionsfaktoren tendiert. Ist beispielsweise der Lohnsatz zu hoch, so wird die daraus resultierende Arbeitslosigkeit solange auf den Lohnsatz drükken, bis eine Lohnhöhe erreicht ist, bei der alle Arbeitswilligen beschäftigt werden und vice versa. Aus der Produktionsfunktion kann der verteilungstheoretische Satz abgeleitet werden, daß der Anteil eines Faktors am Produktionsergebnis um so größer ist, je höher das Grenzprodukt dieses Faktors relativ zum anderen bei gleichen eingesetzten Faktormengen ist. Aufgrund des Gesetzes vom abnehmenden Grenzertrag sind jedoch die Grenzerträge eines Faktors um so geringer, je mehr von diesem Faktor eingesetzt wird. Daraus folgt, daß „die Produktionsfaktoren im Verhältnis ihrer relativen Seltenheit entlohnt werden"[5]. Welche Höhe das den Produktionsfaktoren zufließende Gesamteinkommen erreicht, kann ohne Kenntnis der Eigenschaften der zugrundegelegten Produktionsfunktion nicht gesagt werden. Die Beantwortung dieser Frage hängt von der Substitutionselastizität der Produktionsfaktoren ab, die angibt, wie sich bei einer prozentualen Änderung der Zins-Lohn-Relation das mengenmäßige Faktoreinsatzverhältnis prozentual verändert. Ist die Substitutionselastizität der Arbeit größer (kleiner) als eins, so verbessert (verschlechtert) sich die Verteilung für den Faktor Arbeit bei relativ zum Zins sinkendem Lohn[6]. Mit *Preiser* kann zur Grenzproduktivitätstheorie als Verteilungstheorie festgestellt werden: „Die Einkommensverteilung ist bestimmt, sobald einerseits die Kurven der Grenzproduktivität und damit die Nachfragekurven, andererseits die Angebotskurven bzw. die Mengen der zur Verfügung stehenden Produktionsfaktoren bekannt sind[7]."

3. Unter den Prämissen eines gegebenen technischen Wissens, eines gegebenen Fonds an produktiven Mitteln (Arbeit und Kapital) und einer gegebenen Bedarfsstruktur kann eine statisch optimale Faktorallokation abgeleitet werden, die die bestmögliche Versorgung der Konsumenten, die bestmögliche Ausnutzung der volkswirtschaftlichen Ressourcen und damit die Maximierung des Sozialprodukts bewirkt. Die Allokation der Produktionsfaktoren ist dann optimal, wenn durch eine andere als die gegebene Verwendung der Produktionsfaktoren eine Steigerung der gesamtwirtschaftlichen Effizienz des Systems und damit eine bessere Versorgung der Konsumenten nicht mehr erzielt werden

[5] Vgl. *Preiser*, E.: Erkenntniswert und Grenzen der Grenzproduktivitätstheorie, S. 274.

[6] Zur Substitutionselastizität der Produktionsfaktoren vgl. u. a. *Krelle*, W.: Verteilungstheorie, S. 62 ff.

[7] Vgl. *Preiser*, E.: Erkenntniswert und Grenzen der Grenzproduktivitätstheorie, S. 274.

kann. Unter dem Gesichtspunkt der Zusammensetzung des Sozialprodukts gilt dann, daß von der jeweils letzten Einheit eines Produktionsfaktors in den verschiedenen Verwendungsarten Produkte erstellt werden, die den Verbrauchern den gleichen Grad an Bedürfnisbefriedigung gewähren. Dies besagt jedoch nichts anderes, als daß sich im System der optimalen Faktorallokation die bewerteten Grenzproduktivitäten der Faktoren in den alternativen Verwendungsarten ausgeglichen haben müssen. Der Ausgleich der bewerteten Grenzproduktivitäten vollzieht sich bei vollständiger Konkurrenz dadurch, daß die Unternehmer bei unterstelltem Gewinnmaximierungsstreben eine Produktmenge erstellen, deren Grenzkosten gleich dem (gegebenen) Preis sind[8].

Der Mechanismus, durch den die optimale Allokation der Produktionsfaktoren herbeigeführt wird, ist die interdependente Preismechanik. Der Einsatz der Produktionsfaktoren Arbeit und Kapital wird durch die Zins-Lohn-Relation gesteuert. Im Modell der vollständigen Konkurrenz wird damit volle Auslastung beider Produktionsfaktoren gewährleistet und eine Maximierung der gesamtwirtschaftlichen Produktion erreicht[9]. Die produktions- und verteilungstheoretische Steuerung vollzieht sich nach Maßgabe der Grenzproduktivitätstheorie. Sie bewirkt einen gesamtwirtschaftlich einheitlichen Lohn- und Zinssatz, wobei der Zinssatz der Profitrate entspricht[10]. „Die Konkurrenz um den Arbeiter, die Konkurrenz der Arbeiter und die Konkurrenz auf den Absatzmärkten wird somit Lohnsatz und Fertigungsmenge so einspielen, daß alle Arbeiter beschäftigt sind[11].“ Bezüglich der produktions- und verteilungstheoretischen Aspekte des Modells der vollständigen Konkurrenz kann mit *Schneider* festgestellt werden: „Die Gleichgewichtsanalyse vom Walras-Typ — bekanntlich eine Totalanalyse auf mikroökonomischer Grundlage — kennt keine besondere Theorie der Einkommensverteilung. Mit der Bestimmung der Gleichgewichtspreise

---

[8] Das Modell der vollständigen Konkurrenz ist die positiv ökonomische Version des sozialökonomischen Optimums der Paretianischen Wohlfahrts ökonomik. Zum Modell der vollständigen Konkurrenz vgl. u. a. *Jöhr,* W. A.: Das Modell der vollständigen Konkurrenz. Seine Funktion und seine Stellung in der Nationalökonomie, in: Konkurrenz und Planwirtschaft, Bern 1946, S. 19 ff.

[9] Im Falle, daß in einer Wirtschaft nur Monopole bestehen, könnte eine Verbesserung der Faktorallokation dadurch erreicht werden, daß solange eine Umverteilung der Faktoren vorgenommen wird, bis sich die Differenzen zwischen Preisen und Grenzkosten in allen Unternehmen angeglichen haben. Vgl. dazu u. a. *Giersch,* H.: Das Handelsoptimum, Ein Beitrag zur Theorie der Wirtschaftspolitik, in: WA, Bd. 76, 1956, S. 1 ff.

[10] Vgl. *Krelle,* W.: Die Grenzproduktivitätstheorie des Lohnes, in: JfNuSt, Bd. 162, 1950, S. 32.

[11] Vgl. *Krelle,* W.: Die Grenzproduktivitätstheorie des Lohnes, S. 40.

und Gleichgewichtsmengen der Konsumgüter und Produktionsmittel im Rahmen des Walrasschen Gleichungssystems ist zugleich die Verteilung der Einkommen zwischen den am Produktionsprozeß beteiligten Unternehmer- und Nichtunternehmerhaushalten gegeben[12]."

4. Geht man mit der neoklassischen Wachstumstheorie davon aus, daß die Höhe des Sozialprodukts (Y) von dem vorhandenen Kapitalstock (K) und dem verfügbaren Arbeitspotential (A) bestimmt wird, so kann man, wenn das Wachstum der beiden Produktionsfaktoren bekannt ist, auch die Zuwachsrate des Sozialprodukts determinieren. Der funktionale Zusammenhang zwischen Produktionsfaktoren und Produktionsergebnis wird durch eine makroökonomische Produktionsfunktion ausgedrückt:

$$Y = f(K, A)$$

Um die Art des Zusammenhanges zwischen Faktoreinsatz und Produktionsergebnis zu präzisieren, geht die neoklassische Theorie meist von der *Cobb-Douglas*-Funktion aus, deren wesentliche Eigenschaften eine Substitutionselastizität von eins und constant returns to scale bilden[13, 14]:

$$Y = A^n \cdot K^{1-n} \qquad 0 < n < 1$$

n und $1\text{-}n$ haben als technische Parameter zu gelten, die durch die Produktionselastizität des Faktors Arbeit bzw. Kapital definiert sind:

$$n = \frac{\partial Y}{\partial A} \cdot \frac{A}{Y}$$

$$1 - n = \frac{\partial Y}{\partial K} \cdot \frac{K}{Y}$$

Unter der Annahme, daß vollständige Konkurrenz auf allen Faktor- und Produktmärkten herrscht und die Unternehmer nach Gewinnmaximierung streben, die Faktoren also mit ihren Grenzprodukten

---

12 Vgl. *Schneider*, E.: Einkommen und Einkommensverteilung in der makroökonomischen Theorie, in: L'industria, Milano 1957, S. 256 ff.; zitiert nach: derselbe, Volkswirtschaft und Betriebswirtschaft, Ausgewählte Aufsätze, Tübingen 1964, S. 217.

13 Zur *Cobb-Douglas*-Funktion vgl. u. a. *Cobb*, C. W. und P. H. *Douglas*: A Theory of Production, in: AER, Proc., Vol. 18, 1928, S. 139 ff.; *Douglas*, P. H.: Are there Laws of Production?, in: AER, Vol. 38, 1948, S. 1 ff.; *Krelle*, W.: Verteilungstheorie, S. 59 ff.

14 Die neoklassische Wachstumstheorie beschränkt sich nicht allein auf eine Produktionsfunktion vom Typ *Cobb-Douglas*. Schon *Solow* führt alternativ zur *Cobb-Douglas*-Funktion eine *Leontief-Funktion* und eine *CES*-Funktion (constant elasticity of substitution) in sein Modell ein; vgl. *Solow*, R. M.: A Contribution to the Theory of Economic Growth, S. 73 ff.

entlohnt werden, sind die partiellen Grenzprodukte gleich dem Reallohn (l) bzw. Realzins (= Profitrate) (r):

$$l = \frac{\partial Y}{\partial A}$$

$$r = \frac{\partial Y}{\partial K}$$

Mit diesen Gleichungen ist sowohl die Einkommensverteilung als auch die Höhe der Nachfrage nach Produktionsfaktoren bestimmt, wenn die Höhe bzw. das Wachstum der Produktionsfaktoren bekannt ist. Die Zuwachsrate des Faktors Arbeit ($\frac{\mathring{A}_t}{A_t} = w_a$) wird in den neoklassischen Modellen überwiegend modellexogen erklärt, ist damit also unabhängig von den Lohnbewegungen[15]:

$$A_t = A_0 \cdot e^{wat}$$

Das Gleichgewicht auf dem Arbeitsmarkt wird durch die Anpassung der Reallohnrate an die Wachstumsrate des Faktors Arbeit hergestellt.

Die Kapitalakkumulation dagegen stützt sich auf eine modellendogene Abhängigkeit klassischer Prägung[16]: Die freiwillige Ersparnis (S) der Produktionsfaktoren ist einkommensabhängig und bestimmt den Zins, der seinerseits die Investitionstätigkeit (I) steuert. Dabei wird von der Gleichgewichtsbedingung $I = S$ ausgegangen[17]:

$$S = s \cdot Y$$

$$\mathring{K}_t = I = s \cdot Y_t$$

Das Gleichgewicht zwischen Kapitalakkumulation (Sparen) und Investitionsgüternachfrage wird durch die Anpassung der Zins- oder Profitrate an die Wachstumsrate des Kapitalangebots ($\frac{\mathring{K}_t}{K_t} = w_k$) hergestellt. Für die Wachstumsrate des Sozialprodukts ($\frac{\mathring{Y}_t}{Y_t} = w_y$) gilt somit bei Zugrundelegung der *Cobb-Douglas*-Funktion die Beziehung:

$$w_y = n \cdot w_a + (1 - n) \cdot w_k$$

---

[15] Auf die theoretischen Ansätze, die den Produktionsfaktor Arbeit als modellendogen bestimmten Faktor behandeln, kann hier nicht eingegangen werden. Vgl. dazu *Enke*, S.: Population and Development: A General Model, in: QJE, Vol. 77, 1963, S. 55 ff.; *Niehans*, J.: Economic Growth with two Endogenous Factors, in: QJE, Vol. 77, 1963, S. 349 ff.

[16] Das Epitheton „klassisch" gilt nur für die Steuerung der Investitionen durch den Zins; die Einkommensabhängigkeit der freiwilligen Ersparnis ist dagegen „keynesianisch".

[17] Symbol: s = gesamtwirtschaftliche Sparquote.

womit sich die Wachstumsrate des gesamtwirtschaftlichen Outputs als mit den Produktionselastizitäten gewichtetes arithmetisches Mittel aus dem Wachstum des Kapitalstocks und des Arbeitspotentials darstellt. *Solow* beschreibt diesen Wachstumsprozeß wie folgt: „The process can be viewed in this way: at any moment of time the available labor supply is given ... and the available stock of capital is also a datum. Since the real return to factors will adjust to bring about full employment of labor and capital we can use the production function ... to find the current rate of output. Then the propensity to save tells us how much of net output will be saved and invested. Hence we know the net accumulation of capital during the current period. Added to the already accumulated stock this gives the capital available for the next period, and the whole process can be repeated[18]."

Die verteilungstheoretischen Aspekte dieses Modells folgen aus der Grenzproduktivitätstheorie und der *Cobb-Douglas*-Funktion. „The marginal productivity equation determines the time path of the real wage rate. ... there is a similar marginal productivity equation for capital which determines the real rental per unit of time for the services of capital stock[19]." Die Höhe der Lohn- und Gewinnquote entspricht unter den Bedingungen dieses Modells der Höhe der Produktionselastizitäten von Arbeit und Kapital[20]:

$$n = \frac{\partial Y}{\partial A} \cdot \frac{A}{Y} = l \cdot \frac{A}{Y} = \frac{Ynu}{Y}$$

$$1 - n = \frac{\partial Y}{\partial K} \cdot \frac{K}{Y} = r \cdot \frac{K}{Y} = \frac{Yu}{Y}$$

Da n und 1-n als technische, von Änderungen des Faktorangebots unabhängige Konstante zu gelten haben, ist die quotenmäßige Verteilung ebenfalls konstant und unabhängig von der Sparneigung: „As always with the Cobb-Douglas function the share of labor in real output is constant[21]." Um die Auswirkungen der produktionsdeterminierten Verteilung auf die Wachstumsrate des Sozialprodukts aufzuzeigen, kann die gesamtwirtschaftliche Sparquote auch wie folgt bestimmt werden[22]:

$$s = s_{nu} \cdot n + s_u \cdot (1 - n)$$

---

[18] Vgl. *Solow*, R. M.: A Contribution to the Theory of Economic Growth, S. 68.

[19] Vgl. *Solow*, R. M.: A Contribution to the Theory of Economic Growth, S. 68.

[20] Symbole: Ynu = Nichtunternehmereinkommen; Yu = Unternehmereinkommen.

[21] Vgl. *Solow*, R. M.: A Contribution to the Theory of Economic Growth, S. 84.

[22] Vgl. *Meade*, J. E.: A Neo-Classical Theory of Economic Growth, S. 33 ff.

wobei s_{nu} und s_u die Sparquoten der Produktionsfaktoren Arbeit und Kapital darstellen. Diese Beziehung zeigt, daß aus der produktionstechnisch determinierten Verteilung und den Sparverhaltensweisen der Besitzer der Produktionsfaktoren eine bestimmte Kapitalakkumulation und damit Wachstumsrate des Sozialprodukts folgt.

5. Aus diesem neoklassischen Grundmodell folgt, daß bei einer gleichhohen prozentualen Zunahme der Produktionsfaktoren Arbeit und Kapital weder eine Änderung der im Ausgangszustand bestehenden Zins-Lohn-Relation noch eine Änderung der quotenmäßigen Verteilung festzustellen ist. Divergieren jedoch die Zuwachsraten der Produktionsfaktoren, so stellt sich ein neues wachstums- und verteilungstheoretisches Problem. Geht man realistischerweise davon aus, daß die wirtschaftliche Entwicklung in den industrialisierten Volkswirtschaften durch eine steigende Kapitalintensität des Produktionsprozesses gekennzeichnet ist, so muß sich unter den Annahmen der neoklassischen Wachstumstheorie das Faktorpreisverhältnis ändern. Eine steigende Kapitalintensität bedeutet eine sinkende Grenzproduktivität des Kapitals. Aufgrund des Faktorpreismechanismus wird demnach der Realzins (= Profitrate) relativ zum Lohnsatz sinken. Diese Änderung der Faktorpreisrelation führt aufgrund der auf Gewinnmaximierung ausgerichteten Entscheidungen der Unternehmer zu Substitutionsvorgängen, die sich eben in der steigenden Kapitalintensität der Produktion ausdrücken. Unter der Annahme einer Substitutionselastizität der Produktionsfaktoren von eins bleibt die quotenmäßige Verteilung der Einkommen trotz der veränderten Faktorpreisverhältnisse konstant, da sie durch eine relativ gleich große Änderung des Faktoreinsatzverhältnisses in entgegengesetzter Richtung kompensiert wird. Auf diesen Prämissen aufbauend läßt sich ein Wachstumspfad in der Endphase konstruieren, in der die Wachstumsrate des Sozialprodukts unabhängig von der Kapitalakkumulation wird. Die Grenzproduktivität des Kapitals wird null und eine weitere Zunahme des Kapitalstocks erhöht nicht mehr die Wachstumsrate des Sozialprodukts, sondern hebt nur noch das Niveau der Wirtschaftstätigkeit um eben diese Investitionen an. Ein weiteres Wachstum des Sozialprodukts hängt in dieser Endphase allein von der Entwicklung des Arbeitspotentials ab. Das klassische „Gesetz der sinkenden Profitrate" findet in diesem Modell seinen Ausdruck, das im Endzustand zu einem „dry up" (*Oppenländer*) der Investitionen führt.

6. Den Zugang zum dritten Modell des neoklassischen Integrationsversuchs von Wachstums- und Verteilungstheorie gewährt die naheliegende Frage, warum die permanente Steigerung der Kapitalintensität der Produktion nicht zu einer sinkenden Grenzproduktivität des Kapitals und einem Erliegen der Investitionstätigkeit geführt hat.

Wäre das „Gesetz der sinkenden Profitrate“ voll zur Geltung gekommen, so wäre dadurch der „kapitalistische Motor“ des Wachstumsprozesses zunehmend gedrosselt worden und Steigerungen des Sozialprodukts, wie sie sowohl in der langfristigen wirtschaftlichen Entwicklung der industrialisierten Volkswirtschaften als auch in der Nachkriegszeit nach Abschluß der Wiederaufbauperiode im engeren Sinne zu verzeichnen waren, wären schwer zu erklären. Diese „theoretische Lücke“ wird in der neoklassischen Wachstumstheorie durch die Annahme geschlossen, daß der technische Fortschritt die sinkende Grenzproduktivität des Kapitals und ihren Einfluß auf die Kapitalakkumulation zu kompensieren bzw. mehr als auszugleichen vermag. In einem ersten Ansatz wurde der technische Fortschritt als autonom angesehen, d. h. man ging von einer strikten Trennung von Kapitalbildung und technischem Fortschritt aus. Unter technischem Fortschritt wird im Gegensatz zur Faktorsubstitution, die eine Bewegung auf einer gegebenen Produktionsfunktion darstellt, eine Verschiebung der Produktionsfunktion, das Aufstellen einer neuen Produktionsfunktion verstanden[23].

Unter Berücksichtigung des technischen Fortschritts (F) erhält man die folgende, erweiterte Wachstumsgleichung:

$$w_y = n \cdot w_a + (1 - n) \cdot w_k + F$$

Unter den Voraussetzungen, daß die Produktionselastizitäten von Arbeit und Kapital in der Zeit konstant und unabhängig von der Angebotsentwicklung der Faktormengen sind, daß der technische Fortschritt mit einer bestimmten, unveränderten Rate zunimmt und neutral bezüglich des Verhältnisses der Grenzproduktivitäten der Produktionsfaktoren ist, daß das Arbeitspotential mit einer gleichbleibenden Rate wächst und daß die gesamtwirtschaftliche Sparquote konstant gehalten wird, läßt sich die Gleichgewichtsrate des neoklassischen Modells als Wachstumsrate des Endzustandes, gegen den das System konvergiert, ableiten[24]. In diesem Endzustand wächst der Kapitalstock mit gleicher Rate wie das Sozialprodukt:

$$w_y = w_k$$

da w_y bei konstantem F und w_a nur dann konstant sein kann, wenn w_k konstant ist. Bei konstanter gesamtwirtschaftlicher Sparquote kann w_k nur konstant sein, wenn der reziproke Wert des Kapital-

---

[23] Zum technischen Fortschritt und seine Abgrenzung vgl. u. a. *Ott*, A. E.: Technischer Fortschritt, in: HdSw, Bd. 10, Stuttgart-Tübingen-Göttingen 1959, S. 302 ff.

[24] Vgl. dazu *Meade*, J. E.: A Neo-Classical Theory of Economic Growth, S. 30 ff.

koeffizienten konstant ist. Dieser ist jedoch nur konstant, wenn Y und K mit der gleichen Rate zunehmen, wenn also $w_y = w_k$ ist. Würde der Kapitalstock durch eine autonome Zunahme der Sparquote schneller wachsen als das Sozialprodukt, so würde die Kapitalproduktivität abnehmen und bei konstanter Sparquote auch das Produkt aus Sparquote und Kapitalproduktivität, d. h. die Akkumulationsrate des Kapitals, und vice versa. Damit ist gezeigt, daß in der Endphase das Wirtschaftswachstum unabhängig von der Höhe der Wachstumsrate des Kapitals ist und damit auch unabhängig von der Spar- und Investitionsquote. Langfristig hängt das Wachstum des Sozialprodukts allein von der Zunahme des technischen Fortschritts, des Arbeitspotentials und der Produktionselastizität der Arbeit ab:

$$w_y = \frac{n}{1-(1-n)} \cdot w_a + \frac{1}{1-(1-n)} \cdot F$$

$$w_y = w_a + \frac{1}{n} \cdot F$$

Mit *Bombach* kann zu diesem System festgestellt werden, daß „einer bestimmten Produktionsgesetzen unterliegenden Volkswirtschaft ... auch eine bestimmte Wachstumsrate immanent (ist), die durch eine noch so intensive Investitionstätigkeit letzten Endes nicht überschritten werden kann[25]." Eine Steigerung der Investitionen über die vorgezeichnete Rate hinaus bringt keine Wachstumsgewinne: „Der Wachstumsgewinn durch die zusätzlichen Investitionen wird aufgesogen durch die Investitionen selbst[26]."

Die Annahme eines autonomen technischen Fortschritts erwies sich angesichts der empirischen Messungsergebnisse jedoch als unhaltbar. Aus diesem übervereinfachten Ansatz hätte man folgern müssen, daß ca. zweidrittel bis dreiviertel der beobachteten Wachstumsraten dem dritten Produktionsfaktor zuzuschreiben wären[27]. Daher ist man von der deus-ex-machina-Hypothese abgerückt und hat in der jüngsten Zeit wieder eine Verbindung zwischen technischem Fortschritt und Kapitalbildung in zwei Formen geschaffen: der Hypothese des kapitalgebundenen technischen Fortschritts (embodied technical progress) und derjenigen des induzierten technischen Fortschritts (learning by doing)[28].

---

[25] Vgl. *Bombach*, G.: Wirtschaftswachstum, S. 774.

[26] Vgl. *Bombach*, G.: Optimales Wachstum und Gleichgewichtswachstum, S. 56.

[27] Vgl. dazu die Berechnungen von *Solow*, R. M.: Technical Change and the Aggregate Production Function, S. 316; *Bombach*, G.: Quantitative und monetäre Aspekte des Wirtschaftswachstums, S. 190, Tabelle 9.

[28] Vgl. u. a. *Solow*, R. M.: Investment and Technical Progress, in: Arrow, K. J., Karlin, S. und P. Suppes (Hrsg.), Mathematical Methods in the Social Sciences, Stanford Cal. 1960, S. 89 ff.; *Arrow*, K. J.: The Economic Implica-

Während die Hypothese des kapitalgebundenen technischen Fortschritts die Annahme der Homogenität des Faktors Kapital aufgibt und statt dessen unterstellt, daß die Transformation des technologischen Wissens in die wirtschaftliche Praxis Investitionen voraussetzt, geht die Hypothese des induzierten technischen Fortschritts von der Induktion technischen Wissens durch Investitionen aus. Diese neuen Entwicklungen sollen hier jedoch aufgrund der nur sekundären Wirkungen auf die Verteilung nicht berücksichtigt werden.

7. Eine kritische Untersuchung des neoklassischen Integrationsversuchs von Verteilungs- und Wachstumstheorie hat sich vor allem auf den Realitätsgehalt der verteilungs- und wachstumstheoretischen Annahmen sowie auf das methodische Fundament dieses Systems zu beziehen. Wenn auch *Solow* konzidiert, daß verschiedene der Voraussetzungen seines Modells der Realität nicht entsprechen und er sein Ziel darin sieht, „to examine what might be called the tightrope view of economic growth and to see where more flexible assumptions about production would lead a simple model"[29], so sieht er dennoch den Vorteil seines Modells darin, „that it provides a theoretical counterpart to . . practical possibilities (for economic policy; d. Verf.)"[30]. Daher erscheint eine realitätsbezogene Modellkritik des neoklassischen Systems durchaus sinnvoll. Als Ausgangspunkt dieser Kritik können die verschiedenen Gleichgewichtskonzeptionen sowie die verwendeten Steuerungsmechanismen dienen. Das Modell der vollständigen Konkurrenz, von dem die Neoklassik ausgeht, ist ein mikroökonomisches Totalmodell, das auf der alleinigen Steuerung durch die interdependente Preismechanik beruht. Das Produktions-, Allokations- und Distributionsproblem werden simultan durch die individuellen Dispositionen der Wirtschaftssubjekte auf vollkommenen Faktor- und Produktmärkten gelöst. Gesamtwirtschaftliches Gleichgewicht besteht in diesem ersten Modell, wenn alle einzelwirtschaftlichen, partiellen Gleichgewichtsbedingungen erfüllt sind.

Das zweite Modell weist demgegenüber eine modifizierte Gleichgewichtskonzeption auf. Modelltheoretischer Ausgangspunkt sind wiederum die partiellen Gleichgewichte, die analog auf den Zustand des gesamtwirtschaftlichen Gleichgewichts angewandt werden. Die mikroökonomische Grenzproduktivitätstheorie wird durch Aggregation zu

---

tions of Learning by Doing, in: REStud, Vol. 29, 1961/62, S. 155 ff.; *v. Weizsäcker*, C. C., Zur ökonomischen Theorie des technischen Fortschritts, Göttingen 1966.

[29] Vgl. *Solow*, R. M.: A Contribution to the Theory of Economic Growth, S. 91.

[30] Vgl. *Solow*, R. M.: A Contribution to the Theory of Economic Growth, S. 93.

einer makroökonomischen Produktions- und Verteilungstheorie. Dieses verteilungstheoretische Gleichgewicht wird durch die Preismechanik gesteuert. Das wachstumstheoretische Gleichgewicht beruht dagegen auf dem einkommensmechanischen Abstimmungsmechanismus von freiwilliger Ersparnis und geplanter Investition. Eine weitere Spezifizierung des Gleichgewichts im Zwei-Faktoren-Modell läßt sich ohne Einbeziehung des dritten Produktionsfaktors nicht erzielen.

Wird der technische Fortschritt in autonomer Form im neoklassischen Integrationsversuch berücksichtigt, so läßt sich der Gleichgewichtszustand dieses dritten Modells neben den im Zwei-Faktoren-Modell genannten Gleichgewichtskonzeptionen noch durch einen weiteren Gleichgewichtsbegriff kennzeichnen. Der Gleichgewichtspfad dieses Systems ist diejenige Wachstumsrate des Sozialprodukts, die sich ergibt, wenn der autonome technische Fortschritt die Tendenz zu abnehmenden Grenzerträgen des schneller wachsenden Produktionsfaktors Kapital gerade kompensiert[31]. Die Gleichgewichtskonzeption der neoklassischen Wachstumstheorie, auch in ihren Erweiterungen durch die Annahme eines kapitalgebundenen bzw. induzierten technischen Fortschritts, ist im wesentlichen angebotsorientiert und stellt auf ein Gleichgewicht ab „zwischen den Wachstumskräften, die die Profitrate erhöhen (Bevölkerungswachstum, technischer Fortschritt) und den Kräften, die die Profitrate senken (Kapitalakkumulation)[32].“ Im folgenden werden nacheinander der verteilungstheoretische und der wachstumstheoretische Gleichgewichtsmechanismus des neoklassischen Systems auf die Realitätsnähe ihrer Prämissen untersucht.

8. Die Grenzproduktivitätstheorie vermag die gesamtwirtschaftliche Verteilung der Einkommen unter der Annahme dreier spezifischer Bedingungen zu erklären[33]:

1. auf allen Faktor- und Produktmärkten muß vollständige Konkurrenz bestehen, bzw. alle Unternehmer müssen sich als Anbieter von Gütern und Diensten und als Nachfrager nach Produktionsfaktoren als Mengenanpasser verhalten[34];
2. alle Unternehmer müssen die Maximierung des Produktionsgewinnes anstreben;

---

[31] *Riese*: „Die neoklassische Theorie des Gleichgewichtswachstums ist also nichts anderes als eine Theorie der Kompensation von autonomem technischem Fortschritt und Substitutionseffekt“; vgl. *Riese*, H.: Gleichgewichtswachstum und optimales Wachstum in der neoklassischen Wachstumstheorie, S. 53.

[32] Vgl. *v. Weizsäcker*, C. C.: Zur ökonomischen Theorie des technischen Fortschritts, S. 17.

[33] Vgl. dazu *Lübbert*, J.: Untersuchungen zur Theorie der gesamtwirtschaftlichen Einkommensverteilung, Kieler Studien 68, Tübingen 1964, S. 11 ff.

[34] Im folgenden wird der Unterschied zwischen Marktformenlehre im Sinne der morphologischen Betrachtung und Marktverhaltenslehre aufgegeben und eine Parallelität beider Ansätze unterstellt.

3. alle gegebenen effizienten Produktionsmöglichkeiten müssen einer Produktionsfunktion genügen, die homogen vom ersten Grade ist (*Cobb-Douglas*-Funktion).

Sind diese Bedingungen erfüllt, so kann die Verteilung der Einkommen auf die Anbieter von Produktionsfaktoren erklärt werden. Die Bestimmung der Einkommensverteilung unter diesen Bedingungen ist ohne Kenntnis der Preise der Faktoren und/oder der Höhe der Beschäftigung möglich, d. h. sie wird allein durch die Gestalt der Produktionsfunktion bestimmt. Ist eine der genannten Bedingungen nicht gegeben, so können die technischen Eigenschaften der Produktionsfunktion die Verteilung allein nicht determinieren, d. h. die gesamtwirtschaftliche Verteilung wird auch von den Preisen und Mengen der Produktionsfaktoren, den Zielsetzungen der Unternehmer etc. bestimmt[35].

9. Spätestens seit der Veröffentlichung von *Sraffa* hat die ökonomische Theorie erkannt, daß die Bedingungen der vollständigen Konkurrenz auf allen Faktor- und Produktmärkten in der wirtschaftlichen Wirklichkeit nicht gegeben sind, daß die Marktform der vollständigen Konkurrenz vielmehr die seltene Ausnahme und die Zwischenmarktformen der monopolistischen bzw. monopsonistischen Konkurrenz die generelle Regel darstellen[36]. Die ersten Versuche, die Prämissen der vollständigen Konkurrenz durch realistischere Hypothesen zu ersetzen und für die Zwischenmarktformen ein theoretisches Lehrgebäude ähnlich dem der vollständigen Konkurrenz zu entwickeln, müssen als unbefriedigend bezeichnet werden[37]. Diese Theorien der unvollständigen Konkurrenz bewegen sich fast ausschließlich auf statisch-partialanalytischer Ebene, das Grenzproduktivitätsprinzip wird gemäß den Marktformen der monopolistischen bzw. monopsonistischen Konkurrenz modifiziert und die Entlohnung der Produktionsfaktoren für die einzelnen Marktformen abgeleitet.

Als Ergebnis erhält man zwei Formen der „Ausbeutung": „monopolistic exploitation which arises when the demand curve for the commodity is not perfectly elastic, and monopsonistic exploitation which arises when the supply curve of the factor is not perfectly

---

[35] Vgl. dazu ausführlicher *Lübbert*, J.: Untersuchungen zur Theorie der gesamtwirtschaftlichen Einkommensverteilung, S. 13 ff.

[36] *Sraffa*: „It is necessary, therefore, to abandon the path of free competition and turn in the opposite direction, namely, towards monopoly"; vgl. *Sraffa*, P.: The Laws of Return under Competitive Conditions, in: EJ, Vol. 36, 1926, S. 542.

[37] Diese Theorien wurden entwickelt von *Robinson*, J.: The Economics of Imperfect Competition, London 1933, 11. Nachdruck, London 1961; *Chamberlin*, E. H.: The Theory of Monopolistic Competition, 7. Aufl., Cambridge Mass. 1960.

elastic to the individual employer[38]." Totalmodelle auf mikroökonomischer Grundlage, wie das *Walras*ianische Gleichgewichtssystem bei vollständiger Konkurrenz auf allen Faktor- und Produktmärkten, liegen unter der Annahme unvollkommener Konkurrenz bislang noch nicht vor. Das Ergebnis der Grenzproduktivitätstheorie, auch in ihrer erweiterten Form, daß es immer einen eindeutig fixierbaren Gleichgewichtspreis für die nachgefragten und angebotenen Faktoren und Produkte gibt, kann aufgrund der empirisch belegbaren Tatsachen, daß auf den Arbeitsmärkten in den industrialisierten Volkswirtschaften das bilaterale Monopol und auf den Produktmärkten das Oligopol dominiert, also nicht akzeptiert werden.

10. Es muß als geradezu paradox bezeichnet werden, daß eine von der klassisch-liberalen Tradition geprägte Wachstumstheorie auf einem verteilungstheoretischen Fundament aufbaut, das die Unternehmerfunktion durch die unterstellte Gewinnmaximierungshypothese bei vollständiger Konkurrenz mit der bloßen Kombination der Produktionsfaktoren gemäß den als gegeben angenommenen Faktor- und Produktpreisen erfüllt sieht. *Keirstead* stellt dazu fest: „It is an entrepreneurless economy, in which the managers of firms have simply to make the technical judgements as to what constitutes the maximum profit combination of the factors[39]." Zwei empirisch begründete Einwände sind gegen das von der Grenzproduktivitätstheorie unterstellte Unternehmerbild und die unternehmenspolitische Zielsetzung geltend zu machen:

1. die Vernachlässigung der Änderungen der Sozialstruktur der Unternehmen;
2. die Nicht-Berücksichtigung der wirtschaftlichen Dynamik.

Die Analyse der Wandlungen der Sozialstruktur der Unternehmung hat zu der Erkenntnis geführt, daß in den modernen Großunternehmen — vor allem in Form der Publikumsgesellschaft — eine Trennung von Eigentümer- und Unternehmerfunktion eingetreten ist („managerial enterprise")[40] und daß die Unternehmung als eine vielschichtige hier-

---

[38] Vgl. *Robinson*, J.: The Economics of Imperfect Competition, S. 311.

[39] Vgl. *Keirstead*, B. S.: An Essay in the Theory of Profit and Income Distribution, Oxford 1953, S. 14.

[40] Zu dieser Richtung der Unternehmenstheorie vgl. u. a. *Berle*, A. A. und G. C. *Means*: The Modern Corporation and Private Property, S. 119 ff.; *Means*, G. C.: Collective Enterprise and Economic Theory, in: *Arndt*, H., (Hrsg.): Die Konzentration in der Wirtschaft, Bd. 3, SchdVfS, N. F. Bd. 20/III, Berlin 1960, S. 1523 ff.; *Baldwin*, W. L.: The Motives of Managers, Environmental Restraints, and the Theory of Managerial Enterprise, in: QJE, Vol. 78, 1964, S. 238 ff.

archische Organisation bzw. als ein System kooperativer Handlungen aufzufassen ist („organization theory of the firm")[41].

Bezüglich der unternehmenspolitischen Zielsetzung folgt aus diesen Ansätzen, daß die in der traditionellen Theorie vorgenommene Gleichsetzung von Unternehmensinteresse und Eigentümerinteresse, aus der die Gewinnmaximierungshypothese abgeleitet wird, heute keine generelle Gültigkeit mehr beanspruchen kann. *Reder* bemerkt dazu: „There is nothing in a policy of ‘enlightened self-interest‘ which would require a manager to make the greatest possible profit for the stockholders. So long as enough is made to satisfy them, the management has wide discretion as to its actual objectives[42]." Die Realitätsnähe der Gewinnmaximierungshypothese ist logisch an die Existenz von Eigentümerunternehmern gebunden und wird in dem Maße der Hypothese eines irgendwie gearteten Sicherheitsstrebens in der Unternehmenspolitik weichen müssen, wie der Trennungsprozeß von Management und Eigentümern in der Unternehmenssphäre fortschreitet und die Unternehmung als ein Kooperations- bzw. Organisationssystem von verschiedenen Gruppen aufgefaßt werden muß[43].

11. Der Aspekt der wirtschaftlichen Dynamik führt insofern zu einer gegenüber der Gewinnmaximierungshypothese modifizierten unternehmenspolitischen Zielsetzung, als die unternehmenspolitischen Daten durch das Wirtschaftswachstum und strukturelle Wandlungen laufend, aber diskontinuierlich geändert werden und somit einen unvollkommenen Preiswettbewerb auf nahezu allen Faktor- und Produktmärkten konstituieren. Sowohl die Marktunvollkommenheiten als auch die Verlagerung des Wettbewerbs vom reinen Preiswettbewerb zu anderen Wettbewerbsformen (Qualitäts-, Konditionen-, Werbungs- und Innovationswettbewerb) haben zur Folge, daß die Zielvariable der Unternehmenspolitik nicht in einer Maximierung des kurzfristigen Unternehmensgewinns gesehen werden kann. Das Interesse der Unternehmenspolitik wird sich unter diesen Bedingungen nicht auf die kurzfristige Gewinnmaximierung richten, da abzusehen ist, daß die daraus resultierende Preispolitik zu Gewinnreduktionen in späteren Perioden führen kann. Der Verzicht auf die Maximierung des Perioden-

---

[41] Vgl. dazu u. a. *Papandreou,* A. G.: Some Basic Problems in the Theory of the Firm, in: Haley, B. F., (Hrsg.), A Survey of Contemporary Economics, Vol. II, Homewood Ill. 1952, S. 183 ff.; *Leibenstein,* H.: Economic Theory and Organizational Analysis, New York 1960.

[42] Vgl. *Reder,* M. W.: A Reconsideration of the Marginal Productivity Theory, in: JPE, Vol. 55, 1947, S. 453.

[43] *Means* weist eine solche Entwicklung nach und bezeichnet sie als einen Trend von der privatkapitalistischen zur kollektivkapitalistischen Produktionsform; vgl. *Means,* G. C.: Collective Enterprise and Economic Theory, S. 1524 ff.

gewinns muß als ein Instrument der Unternehmenspolitik im unvollkommenen Wettbewerb angesehen werden[44]. Verbunden mit der wirtschaftlichen Dynamik sind ein für die Unternehmenspolitik erhöhtes Risiko und eine vergrößerte Unsicherheit. Unter der realistisch erscheinenden Annahme, daß der unternehmerische Zeithorizont nicht eindeutig und die unternehmerischen Erwartungen nicht sicher sind, wird die Maximierung des Unternehmergewinns zu einer empirisch irrelevanten Tautologie[45].

Den markanten Gegensatz zum Unternehmerbild der Grenzproduktivitätstheorie bildet die Unternehmer-Konzeption von *Schumpeter*[46]. Unter Unternehmern versteht *Schumpeter* alle, die die für die wirtschaftliche Entwicklung konstitutive Funktion der Durchsetzung neuer Kombinationen erfüllen. Ob es sich dabei um Selbständige oder Unselbständige, um Gründer, Finanziers oder Techniker handelt, ist gleichgültig. Diesem dynamischen Unternehmer, der die neuen Kombinationen in Form von neuen Gütern und Produktionsmethoden, neuartigen Organisationsformen und Entdeckungen bisher unbekannter Absatz- und Beschaffungsmärkte durchsetzt und damit den technischen Fortschritt im weitesten Sinne vorantreibt, steht der „Wirtschlechtweg" gegenüber, der sich stets anpaßt und in gewohnten Bahnen denkt und handelt. Dieses Unternehmerbild, das mit den dynamischen Änderungen in der wirtschaftlichen Wirklichkeit und den Unvollkommenheiten der Märkte konsistent ist, ermöglicht die Berücksichtigung der dynamischen Profitarten, wie den „Pioniergewinn des dynamischen Neuerers", den kinetischen Unternehmergewinn und den Monopolgewinn, der formal zwar auch statisch denkbar, meist aber zukunftsbezogen und damit nur unter dynamischen Bedingungen ableitbar ist[47]. Der neoklassische Integrationsversuch von Verteilungs- und Wachstumstheorie ist außerstande, diese dynamischen Profitarten in sein System einzubeziehen. Die allgegenwärtige und sofortige Konkurrenz würde diese Gewinne gar nicht erst aufkommen lassen, damit aber auch aller Wahrscheinlichkeit nach ein wirtschaftliches Wachstum unmöglich machen[48].

---

[44] Vgl. *Stobbe*, A.: Untersuchungen zur makroökonomischen Theorie der Einkommensverteilung, S. 112 f.

[45] Vgl. *Papandreou*, A. G.: Some Basic Problems in the Theory of the Firm, S. 208.

[46] Vgl. zum folgenden *Schumpeter*, J. A.: Theorie der wirtschaftlichen Entwicklung. Eine Untersuchung über Unternehmergewinn, Kapital, Kredit, Zins und den Konjunkturzyklus, 5. Aufl., Berlin 1952, S. 110 ff.

[47] Zu den verschiedenen Profitarten vgl. *Preiser*, E.: Multiplikatorprozeß und dynamischer Unternehmergewinn, in: JfNuSt, Bd. 167, 1955, S. 89 ff.; zitiert nach: derselbe, Bildung und Verteilung des Volkseinkommens, S. 157 ff.

[48] Vgl. *Schumpeter*, J. A.: Kapitalismus, Sozialismus und Demokratie, S. 130 ff.

12. Den Kern der neoklassischen Konzeption bildet der Zusammenhang zwischen Faktoreinsatz und Produktionsergebnis. Es wird unterstellt, daß alle gegebenen effizienten Produktionsmöglichkeiten der *Cobb-Douglas*-Funktion genügen müssen. Diese Annahme impliziert vollständige Teilbarkeit, Homogenität und Substituierbarkeit der Produktionsfaktoren, sowie constant returns to scale. Hinter diesen Prämissen verbirgt sich die Vorstellung einer vollkommenen Flexibilität der Wirtschaftsstruktur sowie die Hypothese, daß durch die Zusammenfassung einzelwirtschaftlicher Größen zu gesamtwirtschaftlichen Aggregaten keine Änderungen in den Ergebnissen eintreten[49]. Die Annahme, daß sämtliche in einer Volkswirtschaft vorhandenen Arbeitskräfte und Produktionsmittel eine gleichartige Qualität aufweisen und daher die Aggregate Kapital und Arbeit homogen seien, muß prima facie befremdend wirken. Die Leistungsunterschiede innerhalb des Arbeitspotentials und des Kapitalstocks, bedingt durch unterschiedliche berufliche Ausbildung und divergierende Einführung des technischen Fortschritts, sind zu augenfällig, als daß die Homogenitätsprämisse in der Realität als erfüllt angesprochen werden könnte. Um diese Schwierigkeiten zu überwinden, hat man das Homogenitätskriterium langfristig definiert. Danach liegt eine Homogenität dann vor, wenn mittel- und langfristig eine hinreichende Mobilität der Faktoren Arbeit und Kapital unterstellt werden kann. *Lübbert* kommt hinsichtlich des Faktors Arbeit zu dem Ergebnis, daß sich — wenn man von institutionellen Hemmnissen absähe — in den industrialisierten Volkswirtschaften „kaum dauerhafte und die Mobilität der Arbeitskräfte zumindest langfristig einschränkende Merkmale finden (lassen)“[50].

Unter langfristigem Aspekt dürfte dieses Resultat weitgehend der Wirklichkeit entsprechen, mittelfristig sind jedoch die Mobilitätshindernisse, beispielsweise in Form der strukturellen Arbeitslosigkeit, wesentlich stärker einzuschätzen. Zudem sind die institutionell bedingten Rigiditäten in der Beschäftigungsstruktur, denen eine wachsende Bedeutung zukommt, zu berücksichtigen. Kurz- und mittelfristig kann daher kaum eine hinreichende Mobilität der Arbeitskräfte im Sinne der Grenzproduktivitätstheorie unterstellt werden. Die Homogenität des Faktors Kapital setzt voraus, daß die gegebenen Kapitaleinheiten reibungslos in andere Verwendungen überführt werden können. Diese Annahme kann durch die Realität nicht verifiziert

---

[49] So stellt *Bombach* fest, daß „manche Distributionsmodelle ... unter Verweis auf das Aggregationsproblem leicht ad absurdum zu führen (sind)“; vgl. *Bombach*, G.: Die verschiedenen Ansätze der Verteilungstheorie, S. 108.

[50] Vgl. *Lübbert*, J.: Untersuchungen zur Theorie der gesamtwirtschaftlichen Einkommensverteilung, S. 20.

werden[51]. Der gesamtwirtschaftliche Kapitalstock muß vielmehr als außerordentlich heterogen angesehen werden und eine hinreichende Kapitalmobilität des Kapitalstocks kann nicht nachgewiesen werden.

13. Die Prämisse kontinuierlicher Substituierbarkeit der Produktionsfaktoren Arbeit und Kapital kann zwar nicht mit dem Argument bestritten werden, daß sich die Substitutionsvorgänge in der Mikrowelt diskontinuierlich vollzögen, da damit Kontinuität in der Makrosphäre nicht ausgeschlossen wäre[52]. Jedoch muß auch die kontinuierliche Faktorsubstitution in der Makrowelt als unrealistische Annahme bezeichnet werden, da die industrialisierten Volkswirtschaften auch durch das Bestehen struktureller Überkapazitäten bei gleichzeitiger Existenz von Engpaßproblemen gekennzeichnet sind. Kurzfristig kann also auch gesamtwirtschaftlich kaum eine kontinuierliche Faktorsubstitution unterstellt werden[53]. Entspricht die Beziehung der Produktionsfaktoren zueinander nicht der Hypothese der *Cobb-Douglas*-Funktion, so wird damit das verteilungs- und wachstumstheoretische Ergebnis des neoklassischen Integrationsversuchs, d. h. die Konstanz der quotenmäßigen Einkommensverteilung bei vollkommen flexiblen Lohn- und Zinssätzen, wesentlich verändert. Wählt man schließlich den der *Cobb-Douglas*-Funktion entgegengesetzten Funktionstyp, die *Leontief*-Funktion[54], die in ihrer einfachsten Version besagt, daß die Produktionsfaktoren komplementär mit konstantem Einsatzverhältnis sind (lineare Limitationalität), „so kann von einer ... endogenen Bestimmung der Faktorpreise mittels der Produktionsfunktion keine Rede sein; die Grenzproduktivitätstheorie versagt ihren Dienst“[55] und ein Modell der vollständigen Konkurrenz ist unter diesen Bedingungen nicht mehr konstruierbar. Es ist aber gerade dieser Funktionstyp, der für die industrielle Produktion als die realistischere Hypothese angesehen wird[56]. Damit ergibt sich das kurios anmutende Resultat, daß das neoklassische System ausgerechnet für die Sektoren der industrialisierten Volkswirtschaften als unrealistisch angesehen werden muß, die den Wachstumsprozeß am stärksten beschleunigen.

---

[51] Vgl. *Lübbert*, J.: Untersuchungen zur Theorie der gesamtwirtschaftlichen Einkommensverteilung, S. 20 f.

[52] Vgl. *Bombach*, G.: Die verschiedenen Ansätze der Verteilungstheorie, S. 119.

[53] Vgl. *Stobbe*, A.: Untersuchungen zur makroökonomischen Theorie der Einkommensverteilung, S. 55 f.

[54] Vgl. *Leontief*, W. W.: The Structure of American Economy 1919—1929, New York 1941.

[55] Vgl. *Ott*, A. E.: Produktionsfunktion, technischer Fortschritt und Wirtschaftswachstum, in: *Schneider*, E., (Hrsg.), Einkommensverteilung und technischer Fortschritt, S. 160.

[56] Vgl. dazu *Gutenberg*, E.: Grundlagen der Betriebswirtschaftslehre, Bd. 1, Die Produktion, 8./9. Aufl., Berlin-Göttingen-Heidelberg 1963, S. 218 ff.

14. Die Annahme einer vollkommenen Fungibilität des gesamtwirtschaftlichen Kapitalstocks begründet die empirische Irrelevanz der *Cobb-Douglas*-Funktion und damit des neoklassischen Integrationsversuchs. Diesen Mangel an Realitätsnähe sucht ein Ansatz zu überwinden, der davon ausgeht, daß für den schon bestehenden Kapitalstock der Volkswirtschaft eine vollständige und kontinuierliche Substitutionsmöglichkeit nicht gegeben sei, daß aber für die marginalen, d. h. letzterrichteten bzw. in der Planung befindlichen Produktionsprozesse eine vollkommene Flexibilität der Faktorproportionen unterstellt werden könne. *Johansen*, der diesen Ansatz zuerst entwickelt haben dürfte, sieht es als realistisch an, „that there are ex ante substitution possibilities between capital and labour, or that there are substitution possibilities at the margin. Once a piece of capital is produced and has been put into operation, it will continue to operate through all its life span in cooperation with a constant amount of labour input. We may perhaps express this by saying that there are no ex post substitution possibilities, or that there are no substitution possbilities between total labour input and existing capital stock[57]." *Lübbert* hat den Versuch unternommen, diese recht wirklichkeitsnahe Hypothese in der Grenzproduktivitätstheorie zu berücksichtigen[58]. Ohne hier im einzelnen sein Modell zu diskutieren, kann festgestellt werden, daß der Einbau der ex ante und ex post Substitution in die Grenzproduktivitätstheorie dazu zwingt, die Erwartungen der Investoren über die Preis- und Lohnsatzentwicklung in der Volkswirtschaft ebenfalls zu berücksichtigen. Unter diesen Annahmen gelangt man zu dem Resultat, daß der Anteil der Arbeitseinkommen ceteris paribus um so größer ist, je älter der gesamtwirtschaftliche Kapitalstock und/oder je geringer die für die Zukunft erwartete Steigerung der Reallohnsätze ist. Sind die Gleichgewichtsbedingungen der Grenzproduktivitätstheorie in den marginalen Produktionsprozessen erfüllt und wird von einer ständigen Steigerung der Reallohnsätze in der Vergangenheit ausgegangen, „so muß der Anteil des Arbeitseinkommens am Gesamteinkommen größer sein als es der Gestalt der Produktionsfunktion bei totaler Anpassung und bei vollständiger Fungibilität der Elemente des Kapitalbestandes entsprechen würde"[59].

---

[57] Vgl. *Johansen*, L.: Substitution versus Fixed Production Coefficients in the Theory of Economic Growth: A Synthesis, in: Econometrica, Vol. 27, 1959, S. 159; vgl. auch derselbe, A Multi-Sectoral Study of Economic Growth, Amsterdam 1960, S. 26.

[58] Vgl. *Lübbert*, J.: Untersuchungen zur Theorie der gesamtwirtschaftlichen Einkommensverteilung, S. 17 ff.

[59] Vgl. *Lübbert*, J.: Untersuchungen zur Theorie der gesamtwirtschaftlichen Einkommensverteilung, S. 61.

15. Da die makroökonomische Grenzproduktivitätstheorie ihre Ergebnisse in Analogie zur mikroökonomischen Grenzproduktivitätstheorie ableitet, stellt sich die Frage, ob die Aggregation einzelwirtschaftlicher Größen zu makroökonomischen Aggregaten möglich ist, d. h. ob die durch Aggregation gewonnene Vereinfachung nicht zu einer Verfälschung führt[59a]. Unter Bezugnahme auf die gesamtwirtschaftliche Angebots-Nachfrage-Mechanik kann beispielsweise konstatiert werden, daß eine Summierung der einzelwirtschaftlichen Nachfragekurven nach Arbeitskräften zu einer gesamtwirtschaftlichen Nachfragekurve keinesfalls die tatsächliche Gesamtnachfrage darstellt, da diese Addition unter der einschränkenden Prämisse eines konstanten Produktpreises erfolgt ist. Einzelwirtschaftlich ist diese Voraussetzung durchaus sinnvoll, gesamtwirtschaftlich aber werden z. B. bei Lohnsteigerungen aufgrund der Kreislaufzusammenhänge auch Produktpreisänderungen ausgelöst[60]. Wie schon erwähnt, muß auch das Arbeiten mit einer aggregierten Produktionsfunktion vom Typ *Cobb-Douglas* mit gebührender Skepsis betrachtet werden. Diese Problematik beschränkt sich nicht nur auf die Frage der Homogenität und Mobilität der beiden Faktorgruppen, sondern bezieht sich vor allem auf die Möglichkeiten der Aggregation individueller zu gesamtwirtschaftlichen Produktionsfunktionen. Die Möglichkeit einer linearen Aggregation setzt voraus, daß alle einzelwirtschaftlichen Produktionsfunktionen die gleiche Gestalt haben bzw. sich nur durch einen multiplikativen Faktor unterscheiden. Diese Annahme ist in einer disproportional wachsenden Wirtschaft mit Wachstums- und Schrumpfungsbereichen, wie sie in der Empirie gegeben sind, extrem unrealistisch[61]. Es ist daher mit *Lübbert* festzustellen, „daß der Aussagewert eines allein von der Grenzproduktivitätstheorie ausgehenden Makromodells der Einkommensverteilung geringer ist als der Aussagewert des zugrundeliegenden Mikromodells[62]".

16. Die kritische Analyse der Prämissen der Grenzproduktivitätstheorie (vollständige Konkurrenz; Gewinnmaximierungsstreben der

---

[59a] Vgl. dazu auch Kap. 5, Ziff. 3.

[60] Vgl. *Krelle*, W.: Verteilungstheorie, S. 68 f.

[61] Das Resümee eines Übersichtsaufsatzes wirft ein bezeichnendes Licht auf das Arbeiten mit aggregierten Produktionsfunktionen: „After surveying the problems of aggregation one may easily doubt wether there is much point in employing such concepts as an aggregate production function. The variety of competitive and technological conditions we find in modern economies suggest that we cannot approximate the basic requirements of sensible aggregation, except, perhaps, over firms in the same industry or for narrow sections of the economy"; vgl. *Walters*, A. A.: Production and Cost Functions: An Econometric Survey, in: Econometrica, Vol. 31, 1963, S. 11.

[62] Vgl. *Lübbert*, J.: Untersuchungen zur Theorie der gesamtwirtschaftlichen Einkommensverteilung, S. 62.

Unternehmer; Produktionsfunktion vom Typ *Cobb-Douglas*) läßt den Schluß zu, daß diese Theorie die Verteilungsvorgänge in der wirtschaftlichen Wirklichkeit nicht hinreichend erklären kann. Diese theoretische Lücke suchen die Monopolgradtheorien oder Aufschlagstheorien zu schließen. Der Verwandtschaftsgrad zwischen Grenzproduktivitätstheorie und Monopolgradtheorie ist trotz aller gravierender Unterschiede insofern besonders eng, weil auch die Aufschlagstheorien das Verteilungsproblem von der preistheoretischen Seite her zu lösen versuchen und mit ihrem Lösungsversuch direkt an die drei zentralen Voraussetzungen der Grenzproduktivitätstheorie anknüpfen. Daher sollen im folgenden kurz die Grundgedanken der Verteilungstheorie *Kaleckis* dargestellt und kritisch überprüft werden[63].

Kalecki ersetzt die Prämissen: vollständige Konkurrenz, Gewinnmaximierungsstreben und Gültigkeit des Ertragsgesetzes durch die Annahmen monopolistischer Konkurrenz, eines in der Zeit invarianten Gewinnzuschlags und linearer Kostenverläufe. Den Gewinnzuschlag auf die Stückkosten bezeichnet *Kalecki* als Monopolgrad[64]. Der Lohnanteil (ohne Gehälter) am Volkseinkommen wird nach *Kalecki* durch den gesamtwirtschaftlichen Monopolgrad, das Verhältnis von Rohstoffausgaben zu den Löhnen und die industrielle Struktur der Wirtschaft bestimmt[65]. Je höher der Monopolgrad, je höher die relativen Rohstoffpreise und je größer der Anteil der kapitalintensiven Industrien am gesamten industriellen Produktionspotential, desto niedriger ist die Lohnquote. Sieht man von der Strukturkomponente und den relativen Rohstoffpreisen ab, so ist, soll es sich bei der Monopolgradtheorie um mehr als einen rein tautologischen Ansatz handeln, nach den Bestimmungsgründen und der zeitlichen Entwicklung des Monopolgrades als Ausdruck der Sozial- und Wirtschaftsstruktur zu fragen.

Kalecki postuliert eine Zunahme des Monopolgrades in der Zeit und nennt als Bestimmungsfaktoren die industrielle Konzentration, die Werbung, die Stärke der Gewerkschaften — womit die Monopolisierung des Arbeitsmarktes ebenfalls berücksichtigt ist — und das Verhältnis von fixen zu variablen Kosten[66]. Jedoch entwickelt

---

[63] Monopoltheorien der Verteilung wurden u. a. entwickelt von *Kalecki*, M.: Theory of Economic Dynamics, London 1954; *Mitra*, A.: The Share of Wages in National Income, Den Haag 1954.

[64] Auf die unterschiedlichen Definitionen des Monopolgrades durch *Kalecki* ist hier nicht einzugehen. Unter der Annahme linearer Kostenverläufe ergibt sich eine Identität des Monopolgrades von *Kalecki* und *Lerner*; vgl. *Lerner*, A. P.: The Concept of Monopoly and the Measurement of Monopoly Power, in: REStud, Vol. 1, 1933/34, S. 157 ff.

[65] Vgl. *Kalecki*, M.: Theory of Economic Dynamics, S. 30.

[66] Vgl. *Kalecki*, M.: ebenda, S. 17.

er keine geschlossene Theorie darüber, wie sich diese Komponenten auf die Höhe des Monopolgrades auswirken.

Mit *Rothschild* kann bezüglich des theoretischen Systems der Monopolgradtheorie festgestellt werden: „As the theory stands it is what we might call an 'open' theory, trying to explain some of the components but leaving others unexplained so that no rounded picture of past events or prospective future developments can be obtained[67]." Dem Ansatz der Monopolgradtheorie ist zwar grundsätzlich zuzustimmen, da die Modifizierung der von der Grenzproduktivitätstheorie vorausgesetzten Annahmen der Empirie erheblich näherkommen dürfte. Jedoch erscheint der Monopolgrad in der Konstruktion von *Kalecki* nicht geeignet, die vielfältigen Einflüsse auf die Einkommensverteilung zu einem eindeutigen theoretischen System zu verarbeiten. Der Monopolgrad muß als ein „im Grunde willkürliches Konglomerat von Daten und Variablen"[68] angesprochen werden und es muß vom analytischen Standpunkt aus als unbefriedigend bezeichnet werden, ihn als ein Sammelbecken aller möglichen ökonomischen und nicht-ökonomischen verteilungswirksamen Faktoren zu konzipieren, deren Einflußintensität kaum beurteilt werden kann. Man kann sich daher durchaus der Formulierung von *Reder* anschließen, der feststellt, daß „this theory denies that the marginal productivity theory helps to explain labors share, but does not tell us what does explain it"[69].

17. Die neoklassische Wachstumstheorie geht von der Annahme aus, daß sich das wirtschaftliche Wachstum allein aus der Entwicklung des Angebots an Produktionsfaktoren erklären läßt. Demgemäß ist der neoklassische Wachstumsmechanismus fast ausschließlich durch funktionelle Interdependenzen zwischen den drei makroökonomischen Produktionsfaktoren gekennzeichnet. Die Zusammenhänge zwischen gesamtwirtschaftlichem Angebot und gesamtwirtschaftlicher Nachfrage sind dagegen nur rudimentär in Form des *Say*schen Theorems entwickelt. Letztlich handelt es sich bei der neoklassischen Wachstumstheorie nicht eigentlich um eine Wachstumstheorie, die das Wirtschaftswachstum aus dem Zusammenspiel aller dominanten Bestimmungsgründe zu erklären beabsichtigt, sondern um eine dynamisierte Kapitaltheorie, die sich für die Bedeutung des Produktionsfaktors Kapital im Wachstumsprozeß interessiert[70]. Die Wachstumsrate des

---

[67] Vgl. *Rothschild*, K. W.: Some Recent Contributions to a Macro-Economic Theory of Income Distribution, in: SJPE, Vol. 8, 1961, S. 179.
[68] Vgl. *Krelle*, W.: Verteilungstheorie, S. 48.
[69] Vgl. Reder, M. W.: Alternative Theories of Labor's Share, in: *Abramovitz*, M. und andere, The Allocation of Economic Resources, S. 183.
[70] Vgl. dazu auch *Riese*, H.: Mittelfristiges wirtschaftliches Wachstum und neoklassische Wachstumstheorie, in: Kyklos, Vol. 18, 1965, S. 99.

Faktors Kapital wird modellendogen durch die gesamtwirtschaftliche freiwillige Ersparnis über den Zins determiniert. Die neoklassische Investitionstheorie sieht also den Zinsmechanismus als die entscheidende wachstumssteuernde Mechanik an. Dies gilt jedoch mit der Einschränkung, daß die freiwilligen Ersparnisse nicht als zinsabhängig, sondern als einkommensabhängig angesehen werden. Insofern stellt der Zinsmechanismus in der Neoklassik ein Konglomerat aus *Keynes*ianischen und klassischen Ideen dar — ein Charakteristikum, das sich auch in der gleichzeitigen Verwendung des preistheoretischen (Faktorpreisausgleich) und einkommensanalytischen Gleichgewichtsbegriffs (Spar-Investitions-Gleichgewicht) dokumentiert. Beiden investitionstheoretischen Ansätzen ist jedoch mit empirisch begründeter Skepsis zu begegnen[71]. Weder die Annahme, daß die Gesamtinvestitionen zinsgesteuert seien, noch die Hypothese, daß das gesamtwirtschaftliche Investitionsvolumen von den individuellen Sparentschlüssen der Wirtschaftssubjekte abhänge, hält einer kritischen Gegenüberstellung mit den Vorgängen in der wirtschaftlichen Wirklichkeit stand.

18. Die implizit im neoklassischen System enthaltene Prämisse, daß für den Verteilungs- und Wachstumsprozeß das *Say*sche Theorem gelte, stellt eine unrealistische Nebenbedingung dar. Um eine Nebenbedingung handelt es sich insofern, als das zentrale Anliegen der Neoklassik kapitaltheoretischer Natur ist und die Beziehungen zwischen Angebot und Nachfrage nicht näher untersucht werden. Mit der Voraussetzung, daß sich jedes Angebot seine eigene Nachfrage selbst schafft, verurteilt man die gesamtwirtschaftliche Nachfrage zu einer rein passiven Rolle im Wachstumsprozeß. Das Problem ihres Einflusses auf Einkommensverteilung und Wirtschaftswachstum wird nicht weiter ausgeführt. Damit wird eine grundlegende volkswirtschaftliche Beziehung durch die implizite Hypothese einer kontinuierlichen Adaption der Nachfrage an die im Vordergrund des Interesses stehenden Gesetzmäßigkeiten der Produktion zu einer einseitigen Abhängigkeit vereinfacht. Unrealistisch ist das *Say*sche Theorem deshalb, weil empirische Untersuchungen gezeigt haben, daß das Wirtschaftswachstum der westlichen Industriestaaten nach dem 2. Weltkrieg im wesentlichen durch das hohe Nachfrageniveau und seine ständige, diskontinuierliche Expansion sowie durch die Verschiebungen in der Nachfragestruktur bestimmt worden ist[72].

---

[71] Eine ausführlichere Begründung für die mangelnde Realitätsnähe dieser investitionstheoretischen Annahmen wird in den Kapiteln 4 und 5 dieser Arbeit gegeben.

[72] Vgl. dazu u. a. *Clauß*, F. J.: Das Produktivitätsproblem in Entwicklungsdiagnose und Wachstumstheorie, in: Konjunkturpolitik, 10. Jg., 1964, S. 114 ff.; *Maddison*, A.: Economic Growth in the West. London-New York 1964,

Aber abgesehen von den Vorgängen in der wirtschaftlichen Wirklichkeit, die von der Wirtschaftswissenschaft Aufklärung und Berücksichtigung in der Theorie verlangen, ergibt sich auch aus theoretischen Überlegungen notwendig die explizite Einbeziehung der Nachfrage und ihrer Komponenten in die Wachstumstheorie. Erstens dient die gesamtwirtschaftliche Nachfrage als kreislaufmechanischer Gegenpart zur Produktion. Sie hat die Funktion, den durch die Zunahme der produktiven Kapazitäten geschaffenen Wachstumsrahmen auszunutzen. Diese Vorstellung, die sowohl statisch als auch dynamisch denkbar ist, ist in dem neoklassischen System enthalten. Die aktive, dynamische Funktion der gesamtwirtschaftlichen Nachfrage, die darin besteht, ein weiteres Wachstum der Produktionsfaktoren und damit des Sozialprodukts zu induzieren, wird dagegen im neoklassischen System vollkommen vernachlässigt.

Diese wachstumsstimulierende Wirkung kann von einer Änderung der Nachfragestruktur ebenso ausgehen wie von einer Steigerung des Nachfrageniveaus. Ihre Funktion ist in einer sektoralen oder gesamtwirtschaftlichen Minderung des Investitionsrisikos und einer Erleichterung der Strukturwandlungen in der Produktion zu sehen. Eine Wachstumstheorie, die die wachstumsanregenden Effekte der gesamtwirtschaftlichen Nachfrage nicht explizit berücksichtigt, vermag die Wachstumsvorgänge in der Empirie nicht hinreichend zu erklären und der Wirtschaftspolitik keine oder nur begrenzte Hinweise für wachstumspolitische Interventionen zu geben[73].

19. Die kritische Überprüfung der verschiedenen Prämissen des neoklassischen Integrationsversuchs von Verteilungs- und Wachstumstheorie hat ergeben, daß die Mehrzahl der Voraussetzungen den Gegebenheiten in der wirtschaftlichen Wirklichkeit nicht entspricht. Dieses Resultat läßt den Schluß zu, daß das neoklassische System die kombinierten Verteilungs- und Wachstumsvorgänge in der Realität nur unzureichend zu erklären vermag. Wirtschaftspolitische Konsequenzen und Regeln für die Verteilungs- und Wachstumspolitik können daher aus diesem Integrationsversuch nur mit sehr begrenzter Gültigkeit abgeleitet werden. Eine kritische Untersuchung eines theoretischen Systems kann sich jedoch nicht auf die Überprüfung der Realitätsnähe der einzelnen Prämissen beschränken. Trotz mangelnder

---

S. 43 ff.; *Vogt*, W.: Makroökonomische Bestimmungsgründe des wirtschaftlichen Wachstums der Bundesrepublik Deutschland von 1950 bis 1960. Ein Beitrag zur Theorie des wirtschaftlichen Wachstums, Kieler Studien 66, Tübingen 1964, S. 156 ff.

[73] Vgl. zu dieser Kritik u. a. *Oppenländer*, K.: Die moderne Wachstumstheorie, S. 188; *Bombach*, G.: Wirtschaftswachstum, S. 794 ff.; *Riese*, H.: Mittelfristiges wirtschaftliches Wachstum und neoklassische Wachstumstheorie, S. 95.

Realitätsnähe der Einzelprämissen kann der grundlegende theoretische Ansatz zur Lösung des Integrationsproblems von Verteilungs- und Wachstumstheorie durchaus der Wirklichkeit entsprechen. Daher ist das neoklassische System auch auf seine methodischen und funktionalen Grundlagen hin zu untersuchen. Als Ausgangspunkt dieser Analyse bieten sich die in der Neoklassik verwendeten Gleichgewichtvorstellungen an. Das neoklassische System beruht auf drei Gleichgewichtskonzeptionen, dem mikroökonomischen Grenzproduktivitätsprinzip, dem makroökonomischen Gleichgewicht von Sparen und Investieren und dem technisch bedingten Gleichgewicht der Kompensation der sinkenden Profitrate. Da sich generell jedes Gleichgewicht über bestimmte Mechanismen einpendelt und von bestimmten Kräften gelenkt wird, kann die Frage nach dem methodischen und funktionalen Ansatz des neoklassischen Integrationsversuchs auch in der Form gestellt werden, welche Mechanismen und Determinanten diesem System zugrundeliegen. Implizit sind in dieser Problemstellung die Fragen enthalten, welche Rolle das Wachstum für die Verteilung bzw. die Verteilung für das Wachstum spielt und ob der verteilungs- und wachstumstheoretische Ansatz in diesem System überhaupt kompatibel sind.

20. Grundlage des neoklassischen Integrationsversuchs von Verteilungs- und Wachstumstheorie ist die Grenzproduktivitätstheorie. Dieser mikroökonomische Gleichgewichtsmechanismus, der durch simple Aggregation in eine makroökonomische Form umgewandelt wird, bestimmt die Verteilung der Einkommen auf die Produktionsfaktoren. Damit unterliegt die Einkommensverteilung allein den Gesetzmäßigkeiten der Produktion, die durch die interdependente Preismechanik bzw. — genauer — durch den Faktorpreismechanismus verwirklicht werden: „The price-wage-interest reactions play an important role in this neoclassical adjustment process[74].“ Die Einkommensverteilung wird in der Neoklassik also preismechanisch gesteuert und produktionstechnisch determiniert. Die Verteilung der Produktionsfaktoren auf die Wirtschaftssubjekte, also die Vermögensverteilung im weiteren Sinne, wird als gegeben unterstellt. Die Grenzproduktivitätstheorie leistet demnach nichts anderes, als eine vorgegebene Verteilung mit Preisen zu beziffern. *Peter* kommt aufgrund dieser Überlegungen zu dem Schluß, daß die Grenzproduktivitätstheorie „die Verteilung nicht aus irgendwelchen Ursachen (ableitet), sondern umgekehrt das Preissystem aus einer gegebenen Verteilung begründet“[75].

---

[74] Vgl. *Solow*, R. M.: A Contribution to the Theory of Economic Growth, S. 66.

[75] Vgl. *Peter*, H.: Formen der Einkommensbildung und Einkommensverteilung, in: Hoffmann, W. G., (Hrsg.), Einkommensbildung und Einkommensverteilung, S. 45.

Bei der Grenzproduktivitätstheorie handelt es sich um eine mit Preisen bewertete Zurechnungstheorie, die zwar richtig erkannt hat, daß ein Aspekt des Verteilungsproblems als Problem der relativen Preise verstanden werden muß, aber die Möglichkeit, alle Faktoreinkommen aus einem gemeinsamen Prinzip erklären zu können, mit einem hohen Maß an produktionstechnischem Determinismus bezahlen muß. Wie das *Walras*ianische System allein ein Bild der stationären Struktur aller ökonomisch relevanten Größen zu liefern vermag, so ermöglicht auch die Grenzproduktivitätstheorie nur eine preistheoretische Deutung der Verteilungsstruktur.

21. Ein weiterer, mit der preistheoretischen Lösung des Verteilungsproblems zusammenhängender Mangel der neoklassischen Konzeption ergibt sich aus der statischen Version der Faktorallokation. Wie *Preiser* bemerkt, wird „der beschränkte Erkenntniswert der Preistheorie ... für die Theorie der Einkommensverteilung bedeutungsvoll, sobald man den Blick von der bloßen Analyse der Struktur auf die von Bewegungen richtet“[76]. Das statische, mikroökonomische Fundament, auf dem der neoklassische Integrationsversuch beruht, erlaubt nur Vergleiche von Zuständen, ist jedoch für Sequenzanalysen ungeeignet. Durch Datenänderungen ausgelöste Anpassungsprozesse der Lohn- und Preisrelationen sind mit diesem verteilungstheoretischen Ansatz kaum zu erfassen. Da die Einkommens- und Vermögensverteilung als ein essentiell dynamischer Vorgang aufzufassen ist, hat sich an die Lageanalyse bzw. die vergleichende Betrachtung von Zuständen als weiterer Schritt eine dynamische Verteilungstheorie anzuschließen[77]. Man könnte geneigt sein, anzunehmen, daß die neoklassische Kombination von Verteilungs- und Wachstumstheorie einen solchen Dynamisierungsversuch der Verteilungstheorie in preistheoretischer Version enthalte. Die modellendogen (Kapital) und modellexogen (Arbeit) bestimmte Variation der Produktionsfaktoren könnte als eine Erweiterung und Anwendung der Grenzproduktivitätstheorie auf dynamische Verteilungs- und Wachstumsprobleme interpretiert werden. Eine solche Interpretation würde jedoch übersehen, daß es sich in diesem Fall allein um eine einfache Übertragung der Ideen der Faktorsubstitution und Minimalkostenkombination auf eine wachsende Wirtschaft handelt[78]. Wird nach dieser Methode vorgegangen, so stehen die einzelnen Unternehmer in jedem Zeitpunkt des Wachstumsprozesses vor dem

---

[76] Vgl. *Preiser*, E.: Distribution (I), in: HdSw, Bd. 2, Stuttgart—Tübingen—Göttingen 1959, S. 620 ff.; zitiert nach: derselbe, Bildung und Verteilung des Volkseinkommens, S. 304 f.

[77] Vgl. *Preiser*, E.: Distribution (I), S. 305.

[78] *Oppenländer* spricht daher von einer „quasidynamischen“ Grenzproduktivitätstheorie; vgl. *Oppenländer*, K.: Die moderne Wachstumstheorie, S. 185.

gleichen Problem wie in einer stationären Wirtschaft. Die Dynamisierung des Verteilungs- und Wachstumsprozesses wird als eine Kette von voneinander unabhängigen Zuständen konstruiert. Das essentiell dynamische Problem, die zeitliche und funktionale Verbindung der Zustände zu einem Prozeß, kann mit diesem Vorgehen nicht erfaßt und gelöst werden.

Ein weiterer Einwand gegen diese Form der Dynamisierung ergibt sich aus ihrem partialanalytischen Charakter. *Jochimsen* stellt dazu kritisch fest: „Der Preistheorie und allen detaillierten Varianten der Marktformenklassifikation, die mit scholastischer Akribie in immer neuen Denkmöglichkeiten aufgeführt werden, fehlt der Bezug auf den Gesamtmarkt[79].“Da alle Anbieter und Nachfrager Glieder eines Marktnetzes sind, hängen alle Marktformen im Zuge des wirtschaftlichen Wachstums miteinander zusammen. Gerade dieser für Wachstumsanalysen wichtige Zusammenhang wird durch die Partialanalyse zerrissen. Die Grenzproduktivitätstheorie als mikroökonomische Theorie der Nachfrage nach Produktionsfaktoren bezieht sich auf die Faktormärkte der Volkswirtschaft. Abgesehen von der oben kritisierten unzureichenden Dynamisierung und ebenfalls ausgenommen die mangelhafte Erklärung des Faktorangebots stellt sich bei einer Dynamisierung der Grenzproduktivitätstheorie das weitere Problem, wie die zur Herstellung des gesamtwirtschaftlichen dynamischen Gleichgewichts notwendige Verbindung zwischen Faktor- und Produktmärkten geschaffen wird. Selbst wenn also die Grenzproduktivitätstheorie durch den neoklassischen „Kunstgriff“ dynamisiert worden wäre, so handelte es sich doch nur um die Dynamisierung eines Teilmarktes. Die dynamischen Anpassungsprozesse zwischen den Faktor- und den Produktmärkten mit notwendigen zeitlichen Verzögerungen werden also nicht explizit berücksichtigt, ein dynamischer Impuls auf den Faktormärkten versickert ohne weitere Wirkungen im System der generellen funktionellen Interdependenz. Änderungen der Produktionspreise und -mengen treten in diesem preisgesteuerten Gleichgewichtsmechanismus nicht auf. Damit gelangt man zu dem Ergebnis, daß die dynamischen Elemente im neoklassischen System, was die Preissteuerung angeht, unvollkommen und unvollständig sind. Aufgrund der empirischen und methodischen Einwände gegen die Verwendung der Preismechanik in der Neoklassik kann mit *Riese* festgestellt werden, daß „dieses unrealistische Vertrauen auf den Preismechanismus ... die neoklassische Wachstumstheorie als eine Grundlage für wirtschaftspolitische Entscheidungen unbrauchbar (macht)“[80].

---

[79] Vgl. *Jochimsen*, R.: Marktform und wirtschaftliche Entwicklung, in: ZfdgSt, 122, Bd. 1966, S. 30.

[80] Vgl. *Riese*, H.: Mittelfristiges wirtschaftliches Wachstum und neoklassische Wachstumstheorie, S. 93.

22. Die produktionstechnische Determiniertheit der statischen Grenzproduktivitätstheorie wird auch in der quasidynamischen Version nicht überwunden. Daß man die Verteilung der Einkommen auf die Produktionsfaktoren nicht allein aus naturalökonomischen Gesetzmäßigkeiten ableiten kann, dürfte sich angesichts der Vielzahl von sozialökonomischen Faktoren, die in den industrialisierten Volkswirtschaften auf die Einkommensverteilung einwirken, von selbst verstehen[81]. Lohn- und Zinssätze, Lohnquote und Profitquote bestimmen sich nicht einfach nach den technischen Gesetzen der Produktion, sondern in ständiger Wechselbeziehung zwischen natural- und sozialökonomischen Prozessen. Diesen sozialökonomischen Faktoren wie der Macht der Gewerkschaften und Arbeitgeberverbände, den Monopolstellungen und Koalitionen auf den Produktmärkten, den Verhaltensweisen der Wirtschaftssubjekte und Wirtschaftsgruppen in Lohn- und Gewinnplanung und in ihrer Einkommensverwendung wird in der neoklassischen Theorie nicht Rechnung getragen. *Oppenländer* kommt daher zu dem naheliegenden Ergebnis, „daß, wenn eine realitätsnahe Wachstumstheorie gewonnen werden soll, der Gleichgewichtsmechanismus in den neoklassischen Wachstumsmodellen, der von der ‚quasidynamischen' Grenzproduktivitätstheorie ausgeht, beseitigt werden muß. Denn er behandelt die Einkommensverwendungsseite der Volkswirtschaft völlig ungenügend und räumt der Einkommensverteilung eine falsche Stellung innerhalb des Modells ein[82]."

Der produktionstechnische Determinismus in der Einkommensverteilung wird durch die Monopolgradtheorie durch Aufgabe des Ertragsgesetzes überwunden. Damit wird in diesem verteilungstheoretischen Ansatz die Möglichkeit zu einer Berücksichtigung der sozialökonomischen Gesetzmäßigkeiten eröffnet. Es muß jedoch bezweifelt werden, ob sich die Einflüsse der sozialökonomischen Faktoren auf die Verteilung allein in der unternehmerischen Preisplanung manifestieren. Da zudem der mikroökonomische Ansatz der Monopolgradtheorien nur aufgrund einer tautologischen Formulierung in die makroökonomische Sphäre umgesetzt wird, verschließt sich die Monopolgradtheorie den Zugang zur Einkommensverwendungsseite und damit zu wichtigen wachstumstheoretischen Fragestellungen.

23. Die in der neoklassischen Theorie enthaltene Gleichgewichtsbedingung für Sparen und Investieren könnte den Einwand nahelegen,

---

[81] Zu der Unterscheidung von natural- und sozialökonomischen Gesetzen vgl. *Preiser*, E.: Erkenntniswert und Grenzen der Grenzproduktivitätstheorie, S. 280.

[82] Vgl. *Oppenländer*, K.: Die moderne Wachstumstheorie, S. 187 f.

daß auch die Einkommensverwendungsseite in diesem System enthalten sei. Da dem Gleichgewicht von freiwilliger Ersparnis und geplanter Investition die Einkommens- oder Strommechanik zugrunde liegt, könnte man folgern, daß der neoklassische Integrationsversuch von Verteilungs- und Wachstumstheorie nicht ausschließlich auf der Preissteuerung beruht, sondern sich ebenfalls auf die Einkommensmechanik stützt. Wenn auch nicht zu bestreiten ist, daß das neoklassische System offen gegenüber der Verwendungsseite ist, so reduzieren sich die einkommensmechanischen Elemente bei näherer Betrachtung allein auf die Einkommensabhängigkeit des Sparens. Die Steuerung der Investitionen dagegen vollzieht sich preismechanisch, d. h. über den Zins. Da zudem die einkommensmechanische Lenkung der freiwilligen gesamtwirtschaftlichen Ersparnis nicht näher expliziert wird, bleibt die einkommensmechanische Steuerung in der Neoklassik weitgehend ein Torso. Der zentrale wirtschaftliche Abstimmungsmechanismus in dem neoklassischen Integrationsversuch von Verteilungs- und Wachstumstheorie ist der Preismechanismus.

24. Die Antwort auf die Frage, welche Rolle der Verteilungsprozeß für das Wirtschaftswachstum bzw. der Wachstumsprozeß für die Verteilung spielt, ergibt sich zwangsläufig aus der Produktionsdeterminiertheit des neoklassischen Systems. Das aus dem neoklassischen Integrationsversuch von Verteilung und Wachstum resultierende diesbezügliche Ergebnis lautet, „daß im neoklassischen Modell die Verteilung des Einkommens konstant, die Profitrate dagegen variabel ist“[83]. Bei in der Zeit konstanter Einkommensverteilung, konstanter Sparquote und konstanter Investitionsquote sinken langfristig die Grenzerträge des Kapitals, woraus eine abnehmende Wachstumsrate des Sozialprodukts folgt. Diese langfristig sinkende Tendenz der Wachstumsrate kann durch den technischen Fortschritt in verschiedenen Formen aufgefangen werden. Aus den produktiven Gesetzmäßigkeiten des neoklassischen Systems folgt demnach, daß die quotenmäßige Verteilung der Einkommen im Wachstumsprozeß als die konstante, die Wachstumsrate des Sozialprodukts als die variable gesamtwirtschaftliche Größe aufgefaßt werden kann. Gleichzeitig ist jedoch zu bemerken, daß sich hinter der Konstanz der Verteilungsquoten eine große Flexibilität der Durchschnittseinkommen der Produktionsfaktoren verbirgt. Geht man von dieser Verteilungsstruktur aus, so gelangt man zu dem Ergebnis, daß die Verteilung der Einkommen sehr variabel, die Wachstumsrate dagegen eine mit konstanter Rate sinkende Tendenz aufweist. Beide Ergebnisse leiten sich ausschließlich aus der Annahme einer *Cobb-Douglas*-Funktion mit einer Substitutionselastizität von eins ab.

---

[83] Vgl. *Bombach*, G.: Wirtschaftswachstum, S. 789.

Wird diese Prämisse aufgehoben und ein anderer Funktionstyp unterstellt, so wird auch die quotenmäßige Verteilung der Einkommen zu einer variablen gesamtwirtschaftlichen Größe: „If, on the average, elasticities of substitution are less than unity, the share of the rapidly-growing factor, capital, in national product should fall[84]." Sind solche CES-Funktionen (constant elasticity of substitution functions) gegeben, die eine in der Zeit konstante, aber von eins abweichende Substitutionselastizität aufweisen, so vermag die Einkommensverteilung das wirtschaftliche Wachstum zu beeinflussen, eine Möglichkeit, die bei der Annahme einer *Cobb-Douglas*-Funktion nicht besteht. Um dies nachzuweisen, ist auf den Zusammenhang zwischen quotenmäßiger Einkommensverteilung, gesamtwirtschaftlicher Ersparnis und wirtschaftlichem Wachstum einzugehen. Auch im neoklassischen Modell ergibt sich die Gesamtersparnis aus den Sparneigungen der beiden Gruppen von Einkommensempfängern, wobei jedoch die abstrakten Kategorien Arbeit und Kapital mit den sozio-ökonomischen Gruppen von Einkommensbeziehern gleichgesetzt werden müssen. Wird in dem neoklassischen Modell eine Substitutionselastizität von eins vorausgesetzt, so bleiben bei steigender Kapitalintensität Lohn- und Profitquote konstant, ein Ergebnis, das auch durch veränderte Sparneigungen der Einkommensgruppen nicht tangiert wird. Sind die Sparneigungen unveränderlich, so bleibt auch die gesamtwirtschaftliche Sparquote und damit die Wachstumsrate unverändert. Ändert sich langfristig die Verteilungssituation aufgrund einer Substitutionselastizität von ungleich eins, so variiert damit auch die gesamtwirtschaftliche Sparquote, solange unterschiedlich hohe Sparneigungen der beiden Einkommenskategorien unterstellt werden. Aber auch in diesem Fall liegt der dynamische Impuls nicht bei der Änderung der Einkommensverteilung, sondern bei der Produktionsfunktion und ihren Eigenschaften. Daher vollzieht sich auch dieser dynamische Prozeß genau in den von den produktionstechnischen Gesetzen vorgeschriebenen Bahnen[85].

25. Die Frage, ob der verteilungs- und der wachstumstheoretische Ansatz in dem neoklassischen Integrationsversuch kompatibel sind, hat sich auf die Determiniertheit des Systems und die verwandten Steuerungsmechanismen zu beziehen. Nach dem bisher Gesagten ist es eindeutig, daß Wachstum und Verteilung in der Neoklassik aus einem einheitlichen Erklärungsprinzip abgeleitet und als produktionstechnisch oder naturalökonomisch determiniert angesehen werden. Anders ausgedrückt handelt es sich um einen angebotsorientierten Integrations-

---

[84] Vgl. *Arrow*, K. J., H. B. *Chenery*, B. S. *Minhas* und R. M. *Solow*: Capital-Labor Substitution and Economic Efficiency, in: REStat, Vol. 43, 1961, S. 246.

[85] Vgl. dazu auch *Bombach*, G.: Wirtschaftswachstum, S. 790.

versuch. Hinsichtlich der im neoklassischen System verwendeten ökonomischen Koordinationsmechanismen kann festgestellt werden, daß zwar rudimentäre Elemente der Einkommensmechanik enthalten sind, daß jedoch die zentrale wirtschaftliche Steuerungsfunktion des sich simultan vollziehenden Verteilungs- und Wachstumsprozesses von der interdependenten Preismechanik wahrgenommen wird. Gegen die Preissteuerung sind jedoch neben empirischen erhebliche methodische Bedenken anzumelden. Sie betreffen einmal die augenfällige Diskrepanz zwischen der statischen, preistheoretischen Lösung des Verteilungsproblems und der dynamischen Formulierung des Wachstumsprozesses. Der entscheidende Mangel ist in dem Fehlen einer dynamischen Theorie der Faktorallokation zu sehen.

Die zweite, damit zusammenhängende methodische Unvereinbarkeit zwischen dem verteilungs- und wachstumstheoretischen Ansatz der Neoklassik ergibt sich aus der mikroökonomischen Konzeption der Verteilungstheorie und der makroökonomischen Formulierung der Wachstumstheorie. Wie schon ausgeführt, ist die mikroökonomische Version der Grenzproduktivitätstheorie als preistheoretische Erklärung der Verteilung zwar akzeptabel, in makroökonomischer Form führt sie jedoch zu sehr begrenzten Aussagen. Das Wirtschaftswachstum ist demgegenüber mikroökonomisch nicht faßbar, da eine Theorie der dynamischen Faktorallokation nicht existiert[86]. Makroökonomische Wachstumsmodelle sind dagegen durchaus in der Lage, den Wachstumsprozeß theoretisch einzufangen. Insofern läßt sich also feststellen, daß unter methodischem Aspekt die Integration von Verteilungs- und Wachstumstheorie im neoklassischen Modell keineswegs als vollkommen bezeichnet werden kann.

Viertes Kapitel

Die nachfrage- und einkommenstheoretische Integration

1. Die Annahme, daß Änderungen der Einkommensverteilung in Form von Lohn- und Zinssatzänderungen wirtschaftliche Adaptionsprozesse auslösen, die auch die Höhe des Sozialproduktes zu beeinflussen vermögen, gilt im System der generellen funktionalen Interde-

---

[86] *Preiser* stellt dazu die These auf: „Sobald man nämlich die Frage nach der volkswirtschaftlichen Entwicklung stellt, versagt die Preistheorie"; vgl. *Preiser*, E.: Diskussionsbeitrag, in: Hoffmann, W. G., (Hrsg.), Einkommensbildung und Einkommensverteilung, S. 115.

pendenz in jedem Fall. Jede Abweichung einer Variablen von ihrer gleichgewichtigen Ausgangslage bewirkt Änderungen aller übrigen Variablen. Es kann jedoch als hoffnungslos bezeichnet werden, im Rahmen eines mikroökonomischen Totalmodells die durch eine autonome Datenänderung ausgelösten, weitverzweigten Anpassungsprozesse durch Verschiebungen der partiellen Angebots- und Nachfragekurven analysieren zu wollen. *Stobbe* stellt dazu fest, daß „das *Marshall*sche Instrumentarium der Angebots- und Nachfragefunktionen ... im gesamtwirtschaftlichen Maßstab versagen (muß), sobald als Argumente der Funktionen Größen auftreten, die ihrerseits zu den endogenen Variablen des Systems gehören, so daß die für die Gültigkeit der Analyse grundlegende Annahme der parametrischen Unabhängigkeit beider Kurven voneinander bzw. einer bekannten Abhängigkeit nicht mehr gemacht werden kann“[1]. Aufgrund dieser analytischen Schwächen eines mikroökonomischen Totalmodells ist man mit der *Keynes*schen Kreislaufmechanik wieder dazu übergegangen, die Zahl der ökonomischen Variablen auf ein übersehbares Maß zu beschränken. Die Vielzahl der mikroökonomischen Größen wird auf wenige makroökonomische Aggregate zusammengeschmolzen. Damit gehen zwar die Beziehungen zwischen den einzelnen Wirtschaftssubjekten, zwischen Mengen und Preisen verloren, man erhält jedoch einfachere und handlichere Modelle, die auf den funktionalen Zusammenhängen zwischen den verschiedenen Aggregaten aufbauen.

2. Die von *Keynes*[2] für die Wirtschaftswissenschaft „zurückeroberte“ Kreislaufanalyse bzw. Einkommensmechanik[3] sowie die auf seinem System aufbauenden Postkeynesianischen Verteilungs- und Wachstumsmodelle stellen den Versuch dar, eine wachstums- und verteilungstheoretische funktionale Interdependenz auf makroökonomischer Ebene zu entwickeln. In makroökonomischen Kreislaufmodellen werden exogen und endogen bewirkte Veränderungen durch die Einkommensmechanik vollzogen. Ganz abstrakt ist ein Kreislaufmodell durch ein System von (wenigen) Polen (oder Wirtschaftsgruppen) gekennzeichnet, zwischen denen Geld-, Güter- und Leistungsströme fließen. Alle Ströme gehen von Polen aus und münden auch wieder ohne Sickerverluste in Pole. Die Summe aller hereinfließenden Ströme ist gleich der Summe aller herausfließenden Ströme. Dies gilt sowohl für jeden einzelnen Pol als auch für das gesamte System. Die Zu-

---

[1] Vgl. *Stobbe*, A.: Untersuchungen zur makroökonomischen Theorie der Einkommensverteilung, S. 45.

[2] Vgl. *Keynes*, J. M.: Allgemeine Theorie der Beschäftigung, des Zinses und des Geldes, übers. v. F. Waeger, unveränd. Nachdruck, Berlin 1955.

[3] „Zurückerobert“ insofern, als schon der Physiokratismus kreislauftheoretisch orientiert war.

oder Abnahme der einzelnen Geld-, Güter- und Leistungsströme wie auch des gesamten Kreislaufsystems äußert sich in der Veränderung der Strombreiten[4]. Da allen Güter- und Leistungsströmen Ausgabeströme gegenüberstehen, die eine entgegengesetzte Stromrichtung aufweisen, kann man sich auf die Betrachtung der Ausgabenströme beschränken. Aufgrund dieser Charakterisierung kann die Kreislaufmechanik auch als Einkommens- oder Strommechanik bezeichnet werden.

3. Die Unterschiede zwischen der makroökonomischen Kreislaufanalyse und der neoklassischen Preismechanik, die sich anhand der abstrakten wirtschaftlichen Mechanismen ohne verteilungs- und wachstumstheoretische Spezifizierung nachweisen lassen, bestehen in den Kriterien der Aggregation und der Determination der Systeme. Während in der makroökonomischen Version der Neoklassik Bestände zusammengefaßt werden, bezieht sich die Aggregation in den *Keynes*ianischen Theorien auf Stromgrößen, d. h. auf bestimmte Verwendungs- und Aufteilungsformen des Volkseinkommens. Die Abkehr von der Bestandsanalyse und die Ausrichtung auf die Ausgabenströme hat zur Folge, daß die im Bereich der Produktion bestehenden und durch die Produktionstechnik determinierten Zusammenhänge aus den auf einkommensanalytischer Basis entwickelten Modellen ausgeklammert werden. Eine Aufgliederung volkswirtschaftlicher Globalgrößen unter produktionstheoretischen Aspekten ist damit nicht mehr möglich. Als Grundlage kreislauftheoretischer Modelle dienen die Ausgabenströme, gegliedert nach den Arten der Einkommensverwendung und -verteilung. Damit wird die Quelle, die abstrakte technische Funktion, aus der die verschiedenen Einkommensarten fließen, vernachlässigt und es entstehen „Aggregate, die sich statistisch erfassen lassen, die verteilungspolitisch interessant sind, und auf denen man Einkommensanalysen aufbauen kann“[5].

Die Kreislaufanalyse eröffnet aufgrund ihres Aggregationskriteriums die Möglichkeit, die Ausgabenströme bestimmten Wirtschaftsgruppen zuzuordnen und damit den Verhaltensweisen, den sozialökonomischen Gesetzmäßigkeiten einen größeren Spielraum in der Analyse einzuräumen. Die produktionstechnische Determiniertheit des neoklassischen Systems wird zugunsten einer nachfragetheoretischen Bestimmung des Gesamtsystems aufgegeben[6]. Die gesamtwirtschaftlichen Prozesse

---

[4] Vgl. dazu *Krelle*, W.: Volkswirtschaftliche Gesamtrechnung einschließlich input-output-Analyse mit Zahlen für die Bundesrepublik Deutschland, Berlin 1959, S. 16 f.

[5] Vgl. *Bombach*, G., Die verschiedenen Ansätze der Verteilungstheorie, S. 131.

[6] Zu dieser Charakterisierung vgl. *Ehrlicher*, W.: Die Geld-, Finanz- und Lohnpolitik im volkswirtschaftlichen Systemzusammenhang, S. 83 f.

werden von den hinter den Ausgabenströmen stehenden Entscheidungen der Wirtschaftssubjekte bzw. -gruppen über Verwendung und Verteilung der Einkommen in Bewegung gesetzt. *Kaldor* bemerkt zu diesem methodischen Integrationsansatz von Verteilung und Wachstum: „As was perceived by the classical economists, there is an intimate connection between growth and distribution, but the precise nature of this relation can only be satisfactorily analysed in terms of Keynesian economics[7].“

4. Die folgende kritische Darstellung der *Keynes*schen und Postkeynesianischen Integrationsmodelle von Verteilungs- und Wachstumstheorie kann sich nur auf eine Auswahl konzentrieren, die jedoch den Anspruch erhebt, die entscheidenden Ansätze zu berücksichtigen. Der Einfachheit halber wird bei allen Modellen von einer geschlossenen Volkswirtschaft ohne staatliche Aktivität ausgegangen. Zunächst werden die ursprüngliche *Keynes*sche Verteilungstheorie und ihre verschiedenen Varianten (*Preiser, Föhl*) in ihrem Zusammenhang mit der Theorie des Volkseinkommens untersucht. Daran schließt sich die Darstellung der Wachstumsmodelle von *Domar* und *Harrod* und der modelltheoretische Einbau der zwischen Verteilung und Wachstum bestehenden Wechselbeziehungen im Rahmen dieser Wachstumsmodelle an, wobei auch konjunkturelle und säkulare Aspekte Berücksichtigung finden. Es folgt die Skizzierung der Integrationsversuche von *Robinson* und *Kaldor* sowie die Kennzeichnung der Verbindung von Verteilungs- und Wachstumstheorie auf kreislauftheoretischer Grundlage unter Einbeziehung der Vermögensverteilung durch *Pasinetti* und der machttheoretischen Aspekte durch *Preiser*. Den Abschluß bildet eine kurze Darstellung des erweiterten *Kaldor*-Modells, das als die Krönung der Postkeynesianischen Integrationsversuche von Verteilungs- und Wachstumstheorie angesprochen werden kann. Zweck dieser kritischen Modellanalysen ist es, die unterschiedlichen Modellstrukturen herauszuarbeiten und ihre verteilungs- und wachstumstheoretischen Annahmen einer empirisch orientierten Kritik zu unterziehen. Die hier vorgenommene Auswahl versucht die verschiedenen Integrationsmöglichkeiten von Verteilungs- und Wachstumstheorie auf kreislauftheoretischer Grundlage aufzuzeigen. Eine kritische Darstellung aller Modellvarianten ist nicht beabsichtigt[8].

---

[7] Vgl. *Kaldor*, N.: Introduction, in: derselbe, Essays on Economic Stability and Growth, London 1960, S. 13.

[8] Einen kritischen Überblick über weitere isolierte Verteilungs- und Wachstumsmodelle *Keynes*scher Provenienz bieten u. a. *Rothschild*, K. W.: Some Recent Contributions to a Macro-Economic Theory of Income Distribution, S. 173 ff.; *Krelle*, W.: Verteilungstheorie, S. 72 ff.; *Scheele*, E.: Die makroökonomische Theorie der Einkommensverteilung, in: JfS, Bd.

5. Die zentrale makroökonomische Relation, die den Ausgangspunkt aller von *Keynes* beeinflußten Verteilungs- und Wachstumsmodelle bildet, ist das Kreislaufgleichgewicht von freiwilliger Ersparnis und geplanter Investition. Bei dieser Gleichgewichtsbedingung handelt es sich um ein kurzfristiges Nachfragegleichgewicht, d. h. der durch das Sparen zunächst verursachte Nachfrageausfall wird durch die von den Unternehmern geplante Investition genau kompensiert. Im Kreislaufsystem fließen im Gleichgewicht alle Ausgabeströme ohne irgendwelche Sickerverluste. Eine Erörterung der Stellung der Verteilungstheorie in der *Keynes*schen Theorie des Volkseinkommens hat von der Bemerkung *Kaldors* auszugehen, daß „Keynes, as far as I know, was never interested in the problem of distribution as such“[9].

Der ursprüngliche verteilungstheoretische Ansatz, den *Keynes* in seinem Werk „A Treatise on Money“ entwickelte[10], muß als Nebenprodukt der geldpolitischen Untersuchungen angesehen werden und bildet auch keinen integralen Bestandteil seiner (späteren) Theorie des Volkseinkommens und der Beschäftigung. In seinem „Treatise on Money“ definiert *Keynes* das Volkseinkommen (income), ohne die Zufallsgewinne und -verluste (windfallgains und -losses) einzubeziehen. Das Volkseinkommen wird der Summe der Faktoreinkommen gleichgesetzt, das neben den Löhnen und Gehältern auch die Normalprofite, die Kapitalzinsen und die regulären Monopolprofite enthält[11]. Das Sparen wird nur auf das Faktoreinkommen bezogen, so daß eine Differenz zwischen Sparen und Investieren gleich den Zufallsgewinnen oder -verlusten ist. Das gesamtwirtschaftliche Gleichgewicht von Sparen und Investieren entspricht in diesem System der Übereinstimmung zwischen der Summe der Produktionskosten und der der Produktionserlöse und bedeutet, daß die Unternehmer ihre Produktion unverändert lassen, so daß das Volkseinkommen konstant bleibt[12].

Das Ergebnis seiner der *Marx*schen Theorie verpflichteten Verteilungstheorie faßt *Keynes* wie folgt zusammen: „Thus, however much of their profits entrepreneurs spend on consumption, the increment of wealth belonging to entrepreneurs remains the same as before. Thus

---

13/14, 1962/63, S. 333 ff./S. 141 ff.; *Rose*, K.: Wachstums- und Konjunkturtheorie, in: JfS, Bd. 13, 1962, S. 196 ff.; *Bombach*, G.: Wirtschaftswachstum, S. 783 ff.

[9] Vgl. *Kaldor*, N.: Alternative Theories of Distribution, in: REStud, Vol. 23, 1955/56, S. 83 ff.; zitiert nach: derselbe, Essays on Value and Distribution, London 1960, S. 227.

[10] Vgl. *Keynes*, J. M.: A Treatise on Money, Vol. I, The Pure Theory of Money, London 1930, S. 137 ff.

[11] Vgl. *Keynes*, J. M.: A Treatise on Money, Vol. I, S. 123.

[12] Vgl. u. a. den Überblick über die Diskussion um die Beziehungen zwischen Sparen und Investieren bei *Krelle*, W.: Sparen und Investieren in der volkswirtschaftlichen Gesamtrechnung, in: JfNuSt, Bd. 167, 1955, S. 141 ff.

profits, as a source of capital increment for entrepreneurs, are a widow's cruse which remains undepleted however much of them may be devoted to riotous living. When, on the other hand, entrepreneurs are making losses, and seek to recoup these losses by curtailing their normal expenditure on consumption, i. e. by saving more, the cruse becomes a Danaid jar which can never be filled up; for the effect of this reduced expenditure is to inflict on the producers of consumption-goods a loss of an equal amount[13]." Der diesem Ergebnis zugrundeliegende Funktionalzusammenhang ist kreislauftheoretischer Natur[14]. Die Zufallsgewinne und -verluste sind als reine Kreislaufgrößen definiert, die keine Differentialgewinne und -verluste enthalten.

Der verteilungstheoretische Gehalt dieser Theorie ist jedoch aufgrund der Ausgangsdefinitionen und der primär geldpolitischen Fragestellung nur sehr begrenzt. Die Einbeziehung der Differentialgewinne in das Faktoreinkommen und die funktionale Verbindung zwischen Faktoreinkommen und Sparen läßt nur bedingt eine verteilungstheoretisch sinnvolle Gruppierung der Aggregate — beispielsweise im Sinne des Zwei-Klassen-Modells — zu. Dies erklärt sich ebenso aus der geldpolitischen Problemstellung im „Treatise on Money" wie der rein monetären Ableitung der Zufallsgewinne[15]. Der Entstehungsgrund für die windfall gains ist die aufgrund der über die Faktorersparnisse hinausgehenden Investitionsgüternachfrage sich ergebende Preissteigerung in der Investitionsgüterindustrie. Eine Verbindung dieser be-

---

[13] Vgl. *Keynes*, J. M.: A Treatise on Money, Vol. I, S. 139.

[14] In einer von der *Keynes*schen Darstellung abweichenden Ableitung ergibt sich der Zufallsgewinn wie folgt:

$$Y = E + Q$$
$$E = C_E + S_E$$
$$Y = C_E + I$$
$$Q = I - S_E$$

Bedeutung der Symbole:

Y = Volkseinkommen
Q = Zufallsgewinne
E = Faktoreinkommen
C_E = Konsum aus Faktoreinkommen
S_E = Sparen aus Faktoreinkommen
I = Investition

[15] *Heuss* macht darauf aufmerksam, daß die ursprüngliche *Keynes*sche Verteilungstheorie eine Transformierung der *Wicksell*schen Zinsspannentheorie in makroökonomische Termini darstelle. Das Spar-Investitions-Gleichgewicht sei nichts anderes als die Übereinstimmung von natürlichem (Investition) und Marktzinsfuß (Sparen). Vgl. *Heuss*, E.: Die Verbindung von mikroökonomischer und makroökonomischer Verteilungstheorie, Walter Eucken Institut, Vorträge und Aufsätze, Heft 11, Tübingen 1965, S. 19, Anm. 15.

grenzt aussagefähigen Verteilungstheorie zur Theorie des Volkseinkommens läßt sich jedoch insoweit herstellen, als die dynamischen Unternehmergewinne und -verluste Indikator und Motor dynamischer Expansions- und Kontraktionsprozesse des Volkseinkommens sind.

6. In einem Beitrag, dessen Ziel der Einbau des Profits und damit der Einkommensverteilung in die Multiplikatortheorie ist, kennzeichnet *Preiser* die Entstehung, Veränderung und Funktion der *Keynes*schen Zufallsgewinne im Rahmen eines kurzfristigen nachfrageorientierten Modells, das die Bewegungen der Einkommensströme, der Gewinne, der Preise sowie die Finanzierungsbedingungen berücksichtigt[16]. Da die *Preiser*sche Fragestellung der *Keynes*schen hinsichtlich der Zufallsgewinne kongruent ist, jedoch einen expliziten Zusammenhang zwischen windfall-gains und der Höhe des Volkseinkommens herstellt, erscheint eine zusammenfassende verbale Darstellung der *Preiser*schen Sequenzanalyse sinnvoll[17]. Es wird von einer Volkswirtschaft mit Kapazitätsreserven und verfügbaren Arbeitskräften ausgegangen und angenommen, daß das gesamtwirtschaftliche Gleichgewicht, das durch eine Entsprechung von Produktionskosten und -erlösen und damit durch windfall-profits von null gekennzeichnet ist, durch eine autonome zusätzliche Investition gestört wird, die durch Nettogeldschöpfung finanziert wird. Diese Investitionen verursachen in der Investitionsgüterindustrie einen Nachfragestoß, der in dieser Abteilung steigende Preise hervorruft, da sich die Produktion trotz bestehender Kapazitätsreserven nicht sofort der gestiegenen Nachfrage anpassen kann (*Lundberg*-lag). Demgemäß erhöhen sich in der Produktionsgüterindustrie die Erlöse bei konstanten Produktionskosten und es entstehen temporäre Knappheitsgewinne. Erweitern die Produzenten dieses Sektors ihre Produktion im Ausmaß der entstandenen windfall profits, so vergrößert sich die Lohnsumme und damit Konsum und Sparen der Produktionsfaktoren. Während die Ersparnisse den in Gang gesetzten Expansionsprozeß des Volkseinkommens bremsen, führen die erhöhten Konsumausgaben der Produktionsfaktoren wiederum zu Preissteigerungen in der Konsumgüterindustrie und lassen damit erneut Zufallsgewinne in diesem Bereich entstehen. Wird die Produktion im Konsumgütersektor im Ausmaß dieser Marktlagengewinne gesteigert, ohne daß es zu induzierten Investitionen kommt, so werden die Einkommen der Produktionsfaktoren, und damit die Kon-

[16] Vgl. *Preiser*, E.: Multiplikatorprozeß und dynamischer Unternehmergewinn, S. 124 ff.

[17] Unterschiede zwischen der *Keynes*schen und *Preiser*schen Darstellung bestehen ebenfalls in den analytischen Instrumenten. So werden bei *Preiser* beispielsweise time-lags für Konsumtion und Produktion eingeführt, die Multiplikatoranalyse angewandt und die Begriffe der Stockholmer Schule berücksichtigt.

sumausgaben und Gewinne im Konsumgüterbereich nochmals zunehmen. Nach *n* Perioden führt dieser Prozeß zu einem neuen Gleichgewichtszustand bei erhöhtem Volkseinkommen mit windfall-gains von null[18].

Das *Preiser*sche Modell zeigt deutlich die Parallelität der Preisbewegungen mit der Entstehung und Bewegung der Zufallsgewinne, die Identität von Volkseinkommenssteigerung und Zufallsgewinn, die Gegenläufigkeit der Bewegungen von Sparen und Zufallsgewinn sowie die verschiedenen Definitionsaspekte der windfall-gains als positive Differenz zwischen Produktionskosten und -erlösen, zwischen Investieren und Sparen der Produktionsfaktoren und zwischen der Höhe des Volkseinkommens am Beginn und am Ende des Multiplikatorprozesses. Damit wird zwar der kinetische Unternehmergewinn als Reflex von Preisniveausteigerungen in die Theorie des Volkseinkommens integriert, jedoch handelt es sich nicht um eine Integration von Verteilungstheorie und Theorie des Volkseinkommens, da *Preiser* die verteilungstheoretisch wenig aussagefähigen Ausgangsdefinitionen von *Keynes* übernimmt.

7. In seiner „Allgemeinen Theorie" definiert *Keynes* die Ersparnis als den Überschuß des Einkommens über die Verbrauchausgaben der gleichen Periode, die Investition ebenfalls als den Teil des Einkommens, der nicht konsumiert wird. Damit ergibt sich notwendig die Gleichheit von Sparen und Investieren[19]. Diesen Definitionen entspricht der Begriffsinhalt des Volkseinkommens als Wert der laufenden Produktion[20]. Werden für die freiwillige Ersparnis und die geplante Investition Gleichungen der Verhaltensweise gebildet, so erhält man den Grundriß der *Keynes*schen Theorie der Bestimmung der Höhe des Volkseinkommens. Um die Ausgangsgleichung der ex-post-Identität von Sparen und Investieren für die Verteilungstheorie fruchtbar zu machen, ist das Volkseinkommen nach der Verdienstseite in Unternehmer- und Nichtunternehmereinkommen aufzugliedern[21]. Damit wird von dem für die Makroökonomik typischen Zwei-Klassen-Modell der Verteilung ausgegangen, dessen Kreislaufpole von den relativ inhomogenen Gruppen der selbständig und unselbständig Beschäftigten gebildet

---

[18] Vgl. *Preiser*, E.: Multiplikatorprozeß und dynamischer Unternehmergewinn, S. 142 ff.

[19] Vgl. *Keynes*, J. M.: Allgemeine Theorie der Beschäftigung, des Zinses und des Geldes, S. 54 f.

[20] Vgl. *Keynes*, J. M.: ebenda, S. 55.

[21] Vgl. zu dieser formalisierten Darstellung u. a. *Schneider*, E.: Einführung in die Wirtschaftstheorie, I. Teil, Theorie des Wirtschaftskreislaufs, 13. umgearb. und erw. Aufl., Tübingen 1967, S. 56 ff.; derselbe, Einkommen und Einkommensverteilung in der makroökonomischen Theorie, S. 218 ff.; *Bombach*, G.: Die verschiedenen Ansätze der Verteilungstheorie, S. 131 ff.

werden. Das Volkseinkommen setzt sich somit aus residual- und kontraktbestimmten Einkommen zusammen. Wird diese verteilungstheoretische Einteilung auf die ex-post-Identität von Sparen und Investieren bezogen, so ergibt sich die das Gewinneinkommen ex-post bestimmende Gleichung[22]:

$$Y_u = I - S_{nu} + C_u$$

die besagt, „daß die Summe aller Unternehmereinkommen ex post immer gleich ist der um den Wert des Unternehmerkonsums vermehrten Differenz zwischen der Nettoinvestition und der Nettoersparnis der Nichtunternehmer“[23].

Diese Gewinngleichung stellt lediglich eine verteilungstheoretische Umschreibung der Gleichheit von Sparen und Investieren dar. Wird der tautologische Charakter der ex-post-Gleichung für den Unternehmergewinn zugunsten einer Gleichgewichtsbetrachtung aufgegeben, so ergibt sich, daß die Sparentscheide zweier verschiedener Gruppen von Einkommensbeziehern mit den Investitionsplanungen der Unternehmer übereinstimmen müssen, wenn ein makroökonomisches Kreislaufgleichgewicht gegeben sein soll. Eine kausaltheoretische Interpretation der makroökonomischen Gewinngleichung unter der Annahme, daß Investition, Unternehmerkonsum und Arbeitnehmersparen gewinnunabhängige Determinanten des Profits sind, führt zu dem Ergebnis, daß das Unternehmereinkommen um so größer und damit die Einkommensverteilung ceteris paribus um so differenzierter wird, je höher die Ausgabeneignung der zugrundegelegten sozioökonomischen Gruppen ist. Als strategische Parameter der sozioökonomischen Gruppen

---

[22] Die Kreislaufgleichung für den Unternehmergewinn leitet sich wie folgt ab:

$$\begin{aligned} S &= I \\ S_{nu} + S_u &= I \\ S_u &= Y_u - C_u \\ S_{nu} + Y_u - C_u &= I \\ Y_u &= I - S_{nu} + C_u \end{aligned}$$

Bedeutung der Symbole:

Y_u = Unternehmereinkommen
C_u = Unternehmerkonsum
S_u = Unternehmerersparnis
S = Gesamtersparnis
S_{nu} = Nichtunternehmerersparnis

Vgl. dazu u. a. *Schneider*, E.: Einkommen und Einkommensverteilung in der makroökonomischen Theorie, S. 218 ff.

[23] Vgl. *Schneider*, E.: Einführung in die Wirtschaftstheorie, I. Teil, S. 62.

zur Beeinflussung der Einkommensverteilung im kreislauftheoretischen Zwei-Klassen-Modell sind demnach die Konsum- und Investitionsneigung der Unternehmer und die Sparneigung der Arbeitnehmer anzusehen. Das verteilungstheoretische Kreislaufaxiom, das *Keynes* unter Verwendung des biblischen Bildes vom Krug der armen Witwe aufgestellt hat, ist insofern einseitig, als zwar eine Steigerung der Investitionen und des Unternehmerkonsums differenzierend wirkt, eine Zunahme des Arbeitnehmersparens aber egalisierend. Unter Berücksichtigung der verteilungstheoretischen Kreislaufchancen beider sozioökonomischen Gruppen kann man mit *Schreiber* das Kreislaufaxiom der Verteilungstheorie wie folgt formulieren: „Die einen können verzehren so viel sie wollen, es geht auf Kosten der andern; die anderen können sparen, soviel sie wollen, es geht auf Kosten der einen[24]."

8. Die *Föhl*sche Kinematik geht von einer Trennung von Faktoreinkommen und Unternehmergewinnen aus und führt den Profit explizit als Determinante der Höhe der Investitionen, der Beschäftigung und des Volkseinkommens ein[25]. Das Faktoreinkommen wird als Summe der Einkommen der Produktionsfaktoren Arbeit und Kapital (Lohn und Zins), der Unternehmergewinn als Summe aus Zufallsgewinnen, Differential- und Monopolprofiten definiert. Das gesamtwirtschaftliche Gleichgewicht ist demnach in Abweichung von den Verteilungstheorien von *Keynes* („Treatise on Money") und *Preiser* durch einen strukturbedingten Unternehmergewinn, der sich als Differenz zwischen Produktionskosten und -erlösen auch ohne Auftreten von Zufallsgewinnen ergibt, gekennzeichnet[26]. In dem *Föhl*schen Zwei-Sektoren-Modell (Haushalte und Unternehmen) stellt die Summe der Löhne und Zinsen die gesamten Produktionskosten (ausschl. Fremdleistungen und Abschreibungen) dar, die als Einkommen den privaten Haushalten zufließen. Da die Löhne in den expandierenden Wirtschaftsbereichen vermutlich höher als in den übrigen Branchen sein dürften, ergibt sich ein gesamtwirtschaftliches Lohn- und damit Kostengefälle. Da sich die Gesamtausgaben gemäß den Bedürfnisskalen der Verbraucher und den Preisen der angebotenen Güter und Dienste ungleichmäßig verteilen, entstehen für die einzelnen Unternehmen und Wirtschaftsbereiche unterschiedlich hohe Erlöse und damit ein gesamtwirtschaftliches Erlös-

[24] Vgl. *Schreiber*, W.: Investieren, Sparen, Wirtschaftswachstum und Eigentumsbildung, in: JfNuSt, Bd. 171, 1959, S. 260.

[25] Vgl. dazu *Föhl*, C.: Geldschöpfung und Wirtschaftskreislauf, 2. Aufl. Berlin 1955;

[26] Zu der folgenden zusammenfassenden Darstellung vgl. vor allem *Föhl*, C.: Diskussionsbeitrag, in: Schneider, E., (Hrsg.), Lohnhöhe und Beschäftigung, SchdVfS, N. F. Bd. 11, Berlin 1955, S. 51 ff.; derselbe und Mitarbeiter, Kreislaufanalytische Untersuchung der Vermögensbildung in der Bundesrepublik und der Beeinflußbarkeit ihrer Verteilung, S. 7 ff.

gefälle. Das gesamtwirtschaftliche Gewinngefälle „ist durch die Bedürfnisskalen der Verbraucher sowie durch die Kostenstruktur und die von ihrer Marktstellung abhängige Preispolitik der Unternehmungen gegeben“[27].

Zur Erhaltung des Gleichgewichts ist ein bestimmter, strukturgegebener Unternehmergewinn notwendig, der eine Höhe erreichen muß, die bei gegebenen Gesamtausgaben und Arbeitsangebot eine Kostendeckung beim Grenzproduzenten gewährleistet. Der Gleichgewichtswert des Anteils der Gewinne am Volkseinkommen wird in diesem System durch die Neigung der Erlöskurve, durch das Gewinngefälle gegeben. Abweichungen von diesem Gleichgewichtswert nach unten führen zu Arbeitslosigkeit, Abweichungen nach oben zu Preisniveausteigerungen. Die Spezifika der *Föhl*schen Verbindung von Verteilungstheorie und Theorie des Volkseinkommens und der Beschäftigung bestehen in der ausdrücklichen Betonung struktureller Gesichtspunkte und der Ableitung der Nachfrage nach Arbeitskräften aus der Gewinnverteilung auf die einzelnen Unternehmen und Wirtschaftsbereiche. Formt man — wie *Föhl*[28] — das Zwei-Sektoren-Modell in ein Drei-Sektoren-Modell um, indem man die Gesamtheit aller Haushalte in Unternehmer- und Nichtunternehmerhaushalte aufteilt, so erhöht sich die verteilungstheoretische Aussagekraft dieser Theorie und es ergibt sich eine modelltheoretische Parallelität zu dem *Keynes*ianischen Ansatz aus der „Allgemeinen Theorie“.

9. Die *Keynes*sche Theorie der Höhe des Volkseinkommens beruht auf zwei Gleichgewichtsbedingungen: der Gleichheit von freiwilliger Ersparnis und geplanter Investition und der Gleichheit von Geldnachfrage aus dem Transaktions- und Spekulationsmotiv und Geldangebot des Bankensystems[29]. Eine Steigerung des Volkseinkommens wird aus einer Zunahme der gesamtwirtschaftlichen Nachfrage erklärt, d. h. ausgehend vom Spar-Investitions-Gleichgewicht aus einer Erhöhung der geplanten Investitionen über die freiwilligen Ersparnisse hinaus. Die einkommensmechanische Steuerung (Multiplikatorprozeß) pendelt Ungleichgewichtslagen des Systems aus und führt zur Gleichheit von Sparen und Investieren. Im Rahmen seines Systems konnte *Keynes* daher den Zusammenhang zwischen Verteilung und Wachstum wie folgt kennzeichnen: „Unsere Beweisführung führt uns somit zu der Folge-

---

[27] Vgl. *Föhl*, C. und Mitarbeiter: Kreislaufanalytische Untersuchung der Vermögensbildung in der Bundesrepublik und der Beeinflußbarkeit ihrer Verteilung, S. 14 f.

[28] Vgl. *Föhl*, C., und Mitarbeiter: Kreislaufanalytische Untersuchung der Vermögensbildung in der Bundesrepublik und der Beeinflußbarkeit ihrer Verteilung, S. 16 ff.

[29] Auf eine Darstellung des monetären Gleichgewichts kann in diesem Zusammenhang verzichtet werden.

rung, daß in den gegenwärtigen Zuständen das Wachstum von Reichtum, weit davon entfernt, von der Enthaltsamkeit der Reichen abhängig zu sein, wie gemeinhin angenommen wird, wahrscheinlicher von ihr aufgehalten wird[30]." Dieser Satz folgt aus den Annahmen eines kurzfristigen Zeithorizontes, eines gegebenen volkswirtschaftlichen Produktionsapparates und eines flexiblen Geldsystems. Der Auslastungsgrad des Arbeitspotentials und Kapitalstocks werden als variabel angenommen und die Höhe der Beschäftigung mit der Höhe des Volkseinkommens funktional verbunden. Somit führt eine Änderung der effektiven Nachfrage via Änderung des Auslastungsgrades des gesamtwirtschaftlichen Kapitalstocks zwangsläufig zu einer Änderung der Höhe des Sozialprodukts, die der Nachfragevariation proportional ist. Es handelt sich also um ein nachfragedeterminiertes System mit einer einkommensmechanischen Steuerung.

10. Um die Unterschiede zwischen der klassischen Theorie, der *Keynes*schen Theorie des Volkseinkommens und der Postkeynesianischen Wachstumstheorie, die alle das Spar-Investitions-Gleichgewicht als zentrale Gleichgewichtsvorstellung benutzen, deutlich herausstellen zu können, ist auf das Janusgesicht sowohl der Ersparnis als auch der Investition sowie auf den zwischen beiden Größen bestehenden Zusammenhang einzugehen. Während die Ersparnis als Nachfrage-Ausfall und als Investitions-Voraussetzung interpretiert werden kann[31], kann die Investition als Nachfrage-Zuwachs und als Kapazitäts-Zuwachs aufgefaßt werden[32]. Im *Keynes*schen System wirkt das Sparen als Nachfrage-Ausfall und das Investieren als Nachfrage-Zuwachs, so daß es sich bei dem Spar-Investitions-Gleichgewicht um ein reines Nachfrage-Gleichgewicht handelt. Den Gegensatz zwischen der klassischen und der *Keynes*schen Auffassung drückt *Preiser* wie folgt aus: „Ob eine Investition immer die notwendige Ersparnis vorfindet, ist die große Frage der traditionellen Theorie; für *Keynes* existiert sie nicht. Daß Ersparnisse immer die gewünschte Anlage finden, ist für die traditionelle Lehre selbstverständlich; für *Keynes* ist gerade das problematisch[33]."

---

[30] Vgl. *Keynes*, J. M.: Allgemeine Theorie der Beschäftigung, des Zinses und des Geldes, S. 315.

[31] Vgl. u. a. *Müller*, J. H.: Sparen als Investitions-Voraussetzung und als Nachfrage-Ausfall, in: Beiträge zur Theorie des Sparens und der wirtschaftlichen Entwicklung, Schriften des Instituts für das Spar-, Giro- und Kreditwesen, Bd. 1, Berlin 1958, S. 105 ff.

[32] Vgl. *Domar*, E. D.: Capital Expansion, Rate of Growth, and Employment, in: Econometrica, Vol. 14, 1946, S. 137 ff.; zitiert nach: derselbe, Essays in the Theory of Economic Growth, New York 1957, S. 73.

[33] Vgl. *Preiser*, E.: Sparen und Investieren, in: JfNuSt, Bd. 159, 1944, S. 257 ff.; zitiert nach: derselbe, Bildung und Verteilung des Volkseinkommens, S. 14.

Ein weiterer Unterschied zwischen der klassischen und *Keynes*schen Lehre ergibt sich daraus, daß im klassischen System das Gleichgewicht zwischen Sparen und Investieren durch den Preis-(Zins-)mechanismus hergestellt wird, während *Keynes* den Einkommensmechanismus verwendet[34]. Schließlich sind im *Keynes*schen System — im Unterschied zur klassischen Lehre — reale (in der Unterbeschäftigung) und nominale (in der Vollbeschäftigung) Volkseinkommenssteigerungen nur möglich, wenn die Investitionen über die freiwillige Ersparnis hinausgehen. Beschäftigungspolitisch ausgedrückt: durch das Gleichgewicht von Sparen und Investieren wird in einer Wirtschaft mit freien Ressourcen kein einziger Arbeiter mehr beschäftigt als vorher. Daraus folgt, daß die freiwillige Ersparnis keine notwendige Bedingung für eine Steigerung der Investitionen und damit des Volkseinkommens ist, außer für reale Sozialproduktszuwächse in einer vollbeschäftigten Wirtschaft[35].

In der Postkeynesianischen Wachstumstheorie werden im Gegensatz zum *Keynes*schen System die Angebots- oder Kapazitätseffekte des Spar-Investitions-Prozesses berücksichtigt. *Harrod* geht davon aus, daß, „solange nur von einem auch nur geringen Sparen die Rede ist, ... sich die Gesellschaft auf dem Wege fortschrittlicher Änderung (befindet)“[36] und *Domar* bezeichnet das *Keynes*sche System als „a theoretical wonderland where a positive net propensity to save is consistent with a constant stock of capital“[37]. Demgemäß steht im Mittelpunkt der Postkeynesianischen Wachstumstheorie der dualistische Effekt der Investitionen: „The construction of a new factory has a dual effect: it increases productive capacity and it generates income[38].“ Ein monetäres Gleichgewicht wird in die *Harrod-Domar*-Theorie nicht eingeführt, es handelt sich also um ein realwirtschaftliches System[39].

---

[34] *Keynes* billigt zwar der klassischen Lehre die Erkenntnis der Einkommensabhängigkeit des Sparens zu, stellt aber sein System eindeutig auf einkommensmechanische Basis: „Die herkömmliche Analyse war sich bewußt, daß Ersparnis vom Einkommen abhängt, aber sie übersah die Tatsache, daß Einkommen von Investition abhängt, in solcher Weise, daß, wenn sich die Investition ändert, sich das Einkommen notwendigerweise genau in jenem Grade ändern muß, der erforderlich ist, um die Änderung in der Ersparnis gleich der Änderung in der Investition zu machen;“ vgl. *Keynes*, J. M.: Allgemeine Theorie der Beschäftigung, des Zinses und des Geldes, S. 154.

[35] Vgl. dazu u. a. *Preiser*, E.: Geldschöpfung oder Sparen?, in: JfNuSt, Bd. 162, 1950, S. 245 ff.; zitiert nach: derselbe, Bildung und Verteilung des Volkseinkommens, S. 65 ff.

[36] Vgl. *Harrod*, R. F.: Dynamische Wirtschaft, S. 27.

[37] Vgl. *Domar*, E. D.: A Theoretical Analysis of Economic Growth, in: AER, Proc., Vol. 42, 1952, S. 479 ff.; zitiert nach: derselbe, Essays in the Theory of Economic Growth, S. 16.

[38] Vgl. *Domar*, E. D.: Expansion and Employment, in: AER, Vol. 37, 1947 S. 34 ff.; zitiert nach: derselbe, Essays in the Theory of Economic Growth, S. 88 f.

11. Geht man davon aus, daß die Berücksichtigung der Kapazitätseffekte von Nettoinvestionen durch *Harrod* und *Domar* den entscheidenden Unterschied gegenüber dem *Keynes*schen System ausmacht, so kann allein aufgrund dieser Erkenntnis ein theoretischer Zusammenhang zwischen wirtschaftlichem Wachstum und Einkommensverteilung konstruiert werden[40]. Dieser Integrationsansatz geht von der makroökonomischen Gleichung für den Unternehmergewinn aus und formuliert diese Gleichung in Quotenform:

$$\frac{Y_u}{Y} = \frac{I}{Y} - \frac{S_{nu}}{Y} + \frac{C_u}{Y}$$

Aufgrund der wachstumstheoretischen Zusammenhänge läßt sich die gesamtwirtschaftliche Investitionsquote auch als Produkt aus Kapitalkoeffizient und Wachstumsrate des Sozialprodukts auffassen[41]:

$$\frac{I}{Y} = \beta \frac{\Delta Y}{Y}$$

Durch Einsetzen dieses Ausdrucks für die Investitionsquote erhält man eine Gleichung für die gesamtwirtschaftliche Gewinnquote in einer wachsenden Wirtschaft:

$$\frac{Y_u}{Y} = \beta \frac{\Delta Y}{Y} - \frac{S_{nu}}{Y} + \frac{C_u}{Y}$$

Unter den Verhaltensannahmen, daß die unselbständig Beschäftigten ihr gesamtes Einkommen zu Verbrauchszwecken verwenden und die Konsumquote der Selbständigen langfristig weitgehend konstant ist, ist die gesamtwirtschaftliche „Gewinnquote bei gegebenem Kapitalkoeffizienten eine lineare Funktion der Wachstumsrate des Sozialproduktes“[42]. Das Nichtsparen der Arbeitnehmer führt in diesem Modell dazu, daß die Früchte des wirtschaftlichen Fortschritts allein den Selbständigen zufallen. Dieses Ergebnis stellt eine späte Legitimation der *Marx*schen Ausbeutungs- und Akkumulationstheorie dar, wenn man, wie es in zahlreichen Ländern realistisch sein dürfte, unterstellt, daß das Sparen den unselbständig Beschäftigten unmöglich ist, da sie am (physischen oder sozialen) Existenzminimum leben. Werden das Sparen der Nichtunternehmer und der Konsum der Unternehmer vernach-

---

[39] Vgl. dazu auch *Ott*, A. E.: Über die Gleichgewichtsbedingungen in einer wachsenden Wirtschaft, in: JfNuSt, Bd. 173, S. 235.

[40] Vgl. zum folgenden Modell vor allem *Bombach*, G.: Die verschiedenen Ansätze der Verteilungstheorie, S. 132 ff.

[41] Der Kapitalkoeffizient wird hier nicht als Verhaltensgröße, sondern als technisch bedingte Strukturgröße verstanden. Symbol: β = Kapitalkoeffizient.

[42] Vgl. *Bombach*, G.: Die verschiedenen Ansätze der Verteilungstheorie, S. 133.

lässigt, so ergibt sich ein direkt proportionaler Zusammenhang zwischen Wirtschaftswachstum und Einkommensverteilung: je höher die Wachstumsrate des Sozialprodukts ist, desto größer ist der Anteil der Gewinne am Volkseinkommen und desto ungleichmäßiger wird die Einkommensverteilung. In diesem Modell wird also die Existenz von Profiteinkommen durch das wirtschaftliche Wachstum erklärt: Ohne wirtschaftlichen Fortschritt gibt es keinen über den Normalprofit der Grenzproduktivitätstheorie hinausgehenden Gewinn. Das autonom vorgegebene Wirtschaftswachstum wird zur Determinante der Einkommensverteilung.

12. Die auf dem Kreislaufgedanken aufgebauten Verteilungs- und Wachstumstheorien lassen prinzipiell zwei Integrationsmöglichkeiten zu: die Einkommensverteilung kann als Resultante und als Determinante des Wirtschaftswachstums aufgefaßt werden. Nachdem wir ausgehend von der Kreislaufgleichung für den gesamtwirtschaftichen Unternehmergewinn die Einkommensverteilung als abhängige Variable des Wirtschaftswachstums analysiert haben, ist nun die umgekehrte Kausalkette zu untersuchen, inwieweit die Einkommensverteilung als Wachstumsdeterminante aufgefaßt werden kann. Nach einigen Umformulierungen der Ausgangsgleichung für die Profitquote ergibt sich die folgende Wachstumsgleichung[43, 44]:

$$\frac{\Delta Y}{Y} = \frac{s_u \frac{Y_u}{Y} + s_{nu} \frac{Y_{nu}}{Y}}{\beta}$$

Das wirtschaftliche Wachstum wird dieser Gleichung zufolge von der Höhe des Kapitalkoeffizienten, der Lohn- und Gewinnquote und den Sparneigungen der selbständig und unselbständig Beschäftigten be-

---

[43] Diese Gleichung leitet sich aus der für die Profitquote entwickelten wie folgt ab:

$$\frac{\Delta Y}{Y} = \frac{Y_u/Y - C_u/Y + S_{nu}/Y}{\beta}$$

$$\frac{\Delta Y}{Y} = \frac{S_u/Y + S_{nu}/Y}{\beta}$$

Bedeutung der Symbole:

s_u = Sparneigung der Unternehmer
Y_{nu} = Nichtunternehmereinkommen
s_{nu} = Sparneigung der Nichtunternehmer

[44] Vgl. zu diesem Integrationsansatz auch *Kurihara*, K. K.: The Keynesian Theory of Economic Development, London 1959, S. 121 ff.

stimmt. Unter den für die industrialisierten Volkswirtschaften realistischen Annahmen, daß die unselbständig Beschäftigten die niedrigen und die Selbständigen die hohen Einkommensklassen besetzen, daß die Bezieher kontraktbestimmter Einkommen eine geringere Sparneigung besitzen als die Bezieher residualbestimmter Einkommen und daß die Sparquoten beider sozioökonomischer Gruppen weitgehend konstant sind, werden Änderungen der Einkommensverteilung zugunsten der Arbeitnehmer bei gegebenem Kapitalkoeffizienten die gesamtwirtschaftliche Sparquote reduzieren und damit das Wachstum des Sozialproduktes verringern. Umgekehrt wirkt eine stärkere Differenzierung der Einkommensverteilung ceteris paribus auf den gesamtwirtschaftlichen Investitionsspielraum erweiternd und damit auf das Wirtschaftswachstum beschleunigend. *Kurihara* bemerkt zu diesem Ergebnis: „Thus it would appear as if classical economists had been correct in tacitly justifying income inequality as an indispensable prerequisite to economic progress[45]."

13. Die vorstehenden Integrationsansätze Postkeynesianischer Observanz gehen von einem konstanten Kapitalkoeffizienten und einer *Keynes*schen Konsumfunktion aus. Damit werden weder die Wirkungen von Verteilungsänderungen auf den gesamtwirtschaftlichen Kapitalkoeffizienten noch die Einflüsse des interdependenten Konsumentenverhaltens auf die gesamtwirtschaftliche Sparquote berücksichtigt[46, 47]. Das grundlegende psychologische Gesetz, nach dem „die Menschen in der Regel und im Durchschnitt geneigt sind, ihren Verbrauch mit der Zunahme in ihrem Einkommen zu vermehren, aber nicht im vollen Maße dieser Zunahme"[48], soll im folgenden durch die schon von *Veblen* entdeckte und von *Duesenberry* und *Modigliani*[49] getestete und ausgearbeitete Annahme ersetzt werden, „that consumers' preferences are interdependent and irreversible"[50]. Damit wird von der für die reifen

[45] Vgl. *Kurihara*, K. K.: The Keynesian Theory of Economic Development, S. 125.

[46] Vgl. dazu auch *Kurihara*, K. K.: The Keynesian Theory of Economic Development, S. 125.

[47] Da die Wirkungen von Verteilungsänderungen auf den Kapitalkoeffizienten sich auf indirektem Wege über Substitutionseffekte, Anreizeffekte für die Einführung des technischen Fortschritts und Änderungen des Auslastungsgrades vollziehen, soll diese funktionale Beziehung nicht weiter untersucht werden. Vgl. dazu andeutungsweise 4. Kap., Ziff. 19.

[48] Vgl. *Keynes*, J. M.: Allgemeine Theorie der Beschäftigung, des Zinses und des Geldes, S. 83.

[49] Diese These wurde gleichzeitig entwickelt von *Duesenberry*, J. S.: Income, Saving and the Theory of Consumer Behavior, Cambridge Mass. 1949; *Modigliani*, F.: Fluctuations in the Saving-Income Ratio: A Problem in Economic Forecasting, in: Studies in Income and Wealth, Vol. 11, New York 1949, S. 371 ff.

[50] Vgl. *Duesenberry*, J. S.: Income, Saving and the Theory of Consumer Behavior, S. 111.

Volkswirtschaften durchaus realistischen Hypothese ausgegangen, daß sich die Wirtschaftssubjekte in einem konsumtiven Wettkampf befinden, wobei sie sich untereinander an ihren Verbrauchsgewohnheiten orientieren („keeping up with the Jones")[51].

Der Integrationsversuch von Verteilungs- und Wachstumstheorie auf der Grundlage dieser Verhaltenshypothese setzt an der personellen Verteilung der Einkommen an und teilt das Volkseinkommen dementsprechend nach der Einkommenshöhe in drei Teile: den Teil des Volkseinkommens, der zu den Wirtschaftssubjekten mit niedrigem Einkommen (Y_1), mit mittlerem Einkommen (Y_2) und mit hohem Einkommen (Y_3) fließt[52]:

$$Y = Y_1 + Y_2 + Y_3$$

Entsprechend kann der Gesamtkonsum in den Konsum der drei Einkommensschichten aufgeteilt werden:

$$C = C_1 + C_2 + C_3$$

Um den Interdependenz-Effekt der Redistribution herausarbeiten zu können, wird unterstellt, daß der Konsum der Einkommensklassen 1 und 3 der *Keynes*schen Independenz-Hypothese gehorcht, während der Verbrauch der Gruppe 2 positiv durch den Konsum der beiden anderen Einkommensschichten beeinflußt wird, also der Interdependenz-Hypothese genügen soll. Damit ergeben sich die folgenden Konsumfunktionen für die drei Gruppen:

$$C_1 = c_1 \; Y_1 = c_1 \cdot \frac{Y_1}{Y} \cdot Y$$

$$C_3 = c_3 \cdot Y_3 = c_3 \cdot \frac{Y_3}{Y} \cdot Y$$

$$C_2 = a \cdot C_1 + b \cdot C_3 = \left[a \cdot c_1 \cdot \frac{Y_1}{Y} + b \cdot c_3 \cdot \frac{Y_3}{Y}\right] \cdot Y$$

Während c_1 und c_3 die marginale (= durchschnittliche) Konsumneigung der niedrigen und hohen Einkommensschicht angeben, be-

---

[51] Zur Untersuchung der Redistributionseffekte unter der Annahme der Interdependenz-Hypothese vgl. u. a. *Johnson*, H. G.: A Note on the Effect of Income Redistribution on Aggregate Consumption with Interdependent Consumer Preferences, in: Economica, Vol. 18, 1951, S. 295 ff.; derselbe, The Effects of Income-Redistribution on Aggregate Consumption with Interdependence of Consumers' Preferences, in: Economica, Vol. 19, 1952, S. 131 ff.; derselbe, The Macro-Economics of Income Redistribution, in: Peacock, A. T., (Hrsg.), Income Redistribution and Social Policy, London 1954, S. 19 ff.; *Bilkey*, W. J.: Equality of Income Distribution and Consumption Expenditures, in: REStat, Vol. 38, 1956, S. 81 ff.

[52] Vgl. zu dem folgenden Modell vor allem *Kurihara*, K. K.: The Keynesian Theory of Economic Development, S. 125 ff.

zeichnet a die Neigung der mittleren Einkommensklasse, sich dem Verbrauchsverhalten der niedrigen, und b, sich den Konsumgewohnheiten der höheren Einkommensschicht anzupassen. Dabei wird unterstellt, daß $c_1 > c_3$ und $b > a$ ist. Damit ist impliziert, daß die mittlere Einkommensgruppe ihren Verbrauch aufgrund einer Änderung der Konsumausgaben der Bezieher hoher Einkommen stärker anpaßt als bei einer Verhaltensänderung der unteren Einkommensschicht. Für die gesamtwirtschaftliche Konsumquote ergibt sich somit:

$$\frac{C}{Y} = c = c_1 \cdot \frac{Y_1}{Y} + a \cdot c_1 \cdot \frac{Y_1}{Y} + b \cdot c_3 \cdot \frac{Y_3}{Y} + c_3 \cdot \frac{Y_3}{Y}$$

Unter der Annahme, daß bei gegebenem Volkseinkommen eine Verteilungsänderung zugunsten der Bezieher niedriger Einkommen auf Kosten der Bezieher hoher Einkommen bei Konstanz der Quote der mittleren Gruppe erfolgt, lassen sich folgende Wirkungen auf den gesamtwirtschaftlichen Konsum ableiten: aufgrund des negativen Einkommenseffektes reduzieren sich die Konsumausgaben der hohen Einkommensklassen, aufgrund des positiven Einkommenseffektes steigen die Verbrauchsausgaben der niedrigen Einkommensschicht und aufgrund des Interdependenzeffektes nehmen die Konsumausgaben der mittleren Einkommensgruppe ab. Trotz der Annahme $c_1 > c_3$, die eine Steigerung des Gesamtkonsums bei einkommensnivellierenden Maßnahmen impliziert, führt der eingeführte Interpendenzeffekt, der aus der Hypothese $a < b$ resultiert, zu einer Verringerung der gesamtwirtschaftlichen Konsumquote.

Die Erkenntnis, daß einkommensnivellierende Maßnahmen bei gegebenem Volkseinkommen aufgrund der Hypothese des konsumtiven Wettkampfs verbrauchssteigernde Wirkungen zeitigen, kann unter der Annahme eines konstanten Kapitalkoeffizienten wie folgt wachstumstheoretisch formuliert werden:

$$\frac{\Delta Y}{Y} = \frac{1 - [c_1 \cdot Y_1/Y + a \cdot c_1 \cdot Y_1/Y + b \cdot c_3 \cdot Y_3/Y + c_3 \cdot Y_3/Y]}{\beta}$$

Da „the savings ratio may be increased by equalization measures“[53], wird in diesem Modell eine nivellierende Verteilungsänderung eine Steigerung des wirtschaftlichen Wachstums auslösen. Die von den Klassikern unterstellte Inkompatibilität von größerer Einkommensgleichheit und wirtschaftlichem Fortschritt beruht damit auf der Independenzhypothese des Konsumentenverhaltens (innengeleiteter Typus), auf der Abstraktion vom sozio-psychologischen Phänomen interdepen-

[53] Vgl. *Duesenberry*, J. S.: Income, Saving and the Theory of Consumer Behavior, S. 45.

denter Konsumentenpräferenzen (außengeleiteter Typus). *Kurihara* bemerkt dazu: „The above discussion suggests that the classical argument about the ‚abstinence of the rich' based on income inequality is as inconclusive as it is misleading[54, 55]."

14. Da das Postkeynesianische Wachstumsmodell *Harrods* neben der Klärung des Wachstumszusammenhanges auch Ansätze enthält, „die Beziehungen zwischen Wachstum, konjunkturellen und säkularen Gleichgewichtsstörungen in einem dynamischen System zu vereinigen, das Trend und Zyklus uno actu zu erklären versucht[56]", soll im folgenden diese Variante der Postkeynesianischen Wachstumstheorie auf ihre Integrationsmöglichkeiten mit der Distributionstheorie untersucht werden[57, 58]. *Harrods* Ziel ist die Entwicklung einer dynamischen Theorie, unter der er eine Theorie der Zuwachsraten versteht. Die grundlegenden, exogenen Wachstumsdeterminanten sind das Bevölkerungswachstum und der technische Fortschritt, die ihrerseits die Zunahme des Arbeitspotentials, des pro-Kopf-Einkommens und des Kapitalstocks bestimmen. Unter den Voraussetzungen eines neutralen technischen Fortschritts, eines konstanten Zinsfußes, der Einkommensabhängigkeit des Sparens, eines Spar-Investitions-Gleichgewichts und der Gültigkeit

---

[54] Vgl. *Kurihara*, K. K.: The Keynesian Theory of Economic Development, S. 129.

[55] Wenn *Kurihara* diese Interpretation vor allem auf die Entwicklungsländer angewandt wissen will, so erscheint dies zweifelhaft. *Duesenberry* und *Bilkey* haben bei ihren Versuchen, die Interdependenzhypothese für die USA zu testen, relativ gute Ergebnisse erzielt. *Johnson* meldet seine Zweifel hinsichtlich der Verifizierbarkeit dieser Hypothese für andere Länder als die USA sehr deutlich an. Trotz der „Exportation der Werte" der westlichen Industrienationen in die Entwicklungsländer (*Myrdal*) dürfte für die letzteren der traditionsgeleitete Typus auch im Konsumverhalten realistischer sein. Im Gegensatz zu *Kurihara* muß u. E. davon ausgegangen werden, daß für die Länder mit dem höchsten Industrialisierungsgrad die Interdependenzhypothese als am wahrscheinlichsten anzusehen ist.

[56] Vgl. *Rose*, K.: Wachstums- und Konjunkturtheorie, S. 199.

[57] Da in den bisher dargestellten Integrationsansätzen von Verteilung und Wachstum durch die Annahme eines technisch bestimmten Kapitalkoeffizienten implizit das *Domar*sche Wachstumsmodell unterstellt wurde, erscheint eine gesonderte Behandlung dieses Modells nicht mehr erforderlich. Vergleiche des *Harrod*- und *Domar*-Modells finden sich u. a. bei *Rose*, K.: Wachstums- und Konjunkturtheorie, S. 197 ff.; *Oppenländer*, K.: Die moderne Wachstumstheorie, S. 32 ff.; *van Rijckeghem*, W.: The Structure of Some Macro-Economic Growth Models: A Comparison, in: WA, Bd. 91, 1963, S. 84 ff. S. 84 ff.

[58] Der Darstellung des *Harrod*-Modells liegen die folgenden Beiträge zugrunde: *Harrod*, R. F.: An Essay in Dynamic Theory, in: EJ, Vol. 49, 1939, S. 14 ff.; zitiert nach: Hansen, A. H. und R. V. Clemence (Hrsg.), Readings in Business Cycles and National Income, London 1953, S. 200 ff.; derselbe, Dynamische Wirtschaft; derselbe, Domar and Dynamic Economics, in: EJ, Vol. 69, 1959, S. 451 ff.; derselbe, Second Essay in Dynamic Theory, in: EJ, Vol. 70, 1960, S. 277 ff.

des Akzelerationsprinzips leitet *Harrod* seine gleichgewichtige Wachstumsrate des Sozialprodukts ab[59]:

$$g_w = \frac{s}{C_r}$$

Die Aufrechterhaltung des gesamtwirtschaftlichen Gleichgewichts in der Zeit ist nach dieser Gleichung dann gewährleistet, wenn die Nettoinvestitionen und damit das Sozialprodukt exponentiell mit derjenigen Rate wachsen, die sich als Produkt aus gesamtwirtschaftlicher marginaler (= durchschnittlicher) Sparneigung und dem reziproken Wert des gesamtwirtschaftlichen marginalen (= durchschnittlichen) Kapitalkoeffizienten ergibt.

Die gleichgewichtige Wachstumsrate wird als unternehmerisches Gleichgewicht aufgefaßt: „The warranted rate of growth is taken to be that rate of growth which, if it occurs, will leave all parties satisfied that they have produced neither more nor less than the right amount. Or, to state the matter otherwise, it will put them into a frame of mind which will cause them to give such orders as will maintain the same rate of growth[60]." Dieser Auffassung entspricht die Interpretation des

---

[59] Ausgehend von den *Harrod*schen Prämissen

$$I = S \quad \text{(Spar-Investitions-Gleichgewicht)}$$
$$S = f(Y) \quad \text{(Sparfunktion)}$$
$$I = f(\Delta Y) \quad \text{(Investitionsfunktion)}$$

leitet sich die gleichgewichtige Wachstumsrate wie folgt ab:

$$I = S$$
$$S = s \cdot Y$$
$$I = C_r \cdot \Delta Y$$
$$s \cdot Y = C_r \cdot \Delta Y$$

$$\frac{\Delta Y}{Y} = g_w = \frac{s}{C_r}$$

Die Berücksichtigung der implizit im *Harrod*-Modell enthaltenen Gleichgewichtsbedingung, daß die Produktion (P) bzw. Mehrproduktion (ΔP) auch durch die Nachfrage (Y) bzw. Mehrnachfrage (ΔY) absorbiert werden muß:

$$Y = P$$
$$\Delta Y = \Delta P$$

führt formal zu demselben Ergebnis. Vgl. dazu *Ott*, A. E.: Über die Gleichgewichtsbedingungen in einer wachsenden Wirtschaft, S. 229 ff.

Bedeutung der Smbole: wie oben
s = marginale (= durchschnittliche) Sparquote
C_r = marginaler (= durchschnittlicher) Kapitalkoeffizient
P = Produktion
g_w = gleichgewichtige Wachstumsrate (warranted rate of growth)

[60] Vgl. *Harrod*, R. F.: An Essay in Dynamic Theory, S. 203.

Kapitalkoeffizienten, der definiert ist „als das Erfordernis nach neuem Kapital, dividiert durch jenen Produktionszuwachs, zu dessen Erlangung das neue Kapital erforderlich ist“[61]. Damit ist der Kapitalkoeffizient bei *Harrod* — im Gegensatz zu *Domar* — nichts anderes als eine Investitionsfunktion in Form des Akzelerationsprinzips[62]. Die wachstumsbestimmenden Investitionen sind abhängige Variable des Systems, es handelt sich um induzierte Investitionen und demgemäß kann das wirtschaftliche Wachstum bei *Harrod* als nachfragedeterminiert angesehen werden.

15. Neben der gleichgewichtigen Wachstumsrate (g_w) kennt *Harrod* eine tatsächliche (g) und eine natürliche Wachstumsrate (g_n). Die tatsächliche Wachstumsrate „is the rate of increase in total output which actually occurs“[63], wobei s die tatsächliche Sparquote und C der tatsächliche Kapitalkoeffizient ist. Die Gleichung für die tatsächliche Wachstumsrate

$$g = \frac{s}{C}$$

stellt eine dynamisierte Form der*Keynes*schen ex-post-Identität von Sparen und Investieren dar[64]. Die natürliche Wachstumsrate „is conceived as a welfare optimum, in which resources are fully employed and the best available technology used“[65]. Als Determinanten des natürlichen Wachstums werden neben der Sparquote und dem Kapitalkoeffizienten auch die exogenen Faktoren Bevölkerungswachstum und technischer Fortschritt einbezogen.

Aus der Gegenüberstellung dieser drei Wachstumsraten leitet *Harrod* konjunkturell und säkular bzw. strukturell bedingte Ungleichgewichte des wirtschaftlichen Wachstums ab. Den konjunkturellen Aspekt des Wachstums gewinnt *Harrod* aus der Diskrepanz zwischen dem gleichgewichtigen und dem tatsächlichen Wachstum. Da das tatsächliche Wachstum „durch Versuch und Irrtum bestimmt wird, von den gemeinsamen Versuchen und Irrtümern einer großen Anzahl von Menschen ... bedeutet (*es*) ein großes Glück, wenn ihre kollektiven Schätzungen dazu führen, daß sie genau auf den Wert g_w abzielen“[66]. Als beispielhafte Möglichkeit eines Abweichens von unternehmerischem Gleichgewicht

---

[61] Vgl. *Harrod*, R. F.: Dynamische Wirtschaft, S. 103.

[62] *Domar* geht aufgrund der mangelnden Realitätsnähe der entwickelten Investitionsfunktionen davon aus, daß die Investition die unabhängige Variable seines Modells ist. Dementsprechend wird der reziproke Wert des Kapitalkoeffizienten von ihm interpretiert als „the annual amount of income (net value added) which can be produced by a dollar of newly created capital;“ vgl. *Domar*, E. D.: Expansion and Employment, S. 94.

[63] Vgl. *Harrod*, R. F.: An Essay in Dynamic Theory, S. 205.

[64] Vgl. *Harrod*, R. F.: Dynamische Wirtschaft, S. 100.

[65] Vgl. *Harrod*, R. F.: Second Essay in Dynamic Theory, S. 279.

[66] Vgl. *Harrod*, R. F.: Dynamische Wirtschaft, S. 107.

und tatsächlichem Wachstum soll eine Steigerung der Sparquote unterstellt werden. Da im Gleichgewichtswachstum das Sparen von der absoluten Höhe des Volkseinkommens abhängt und von *Harrod* angenommen wird, daß sich die geplante Ersparnis immer durchsetzen wird, solange das erwartete gleich dem tatsächlichen Einkommen ist, hat bei einer Differenz zwischen beabsichtigter Ersparnis und geplanter Investition die letztere die Bürde der Anpassung allein zu tragen. Eine autonome Steigerung der Sparquote ist gleichbedeutend mit einer Steigerung der Rate g_w, wirkt aber auf die tatsächliche Wachstumsrate entgegengesetzt, da erhöhtes Sparen einen Rückgang der effektiven Nachfrage bedeutet und sich die Unternehmer in ihren Erwartungen enttäuscht sehen. Die Folge ist eine reduzierte Investitionsrate und damit ein verringerter Einkommenszuwachs. Die Rate g wird sich immer stärker von der Gleichgewichtsrate entfernen. Der umgekehrte Fall ruft einen abweichenden Entwicklungsverlauf von g gegenüber g_w nach oben hervor.

Das Ergebnis dieser Analyse ist die bekannte These von der Instabilität des Gleichgewichtspfades: „Längs der Generallinie des Fortschritts, die allein dann, wenn man an ihr festhält, Befriedigung verschafft, sind zentrifugale Kräfte am Werk, die das System mehr und mehr von der erforderlichen Fortschrittslinie abzugehen zwingen[67].“ Während die Sparquote für g_w eine unabhängige Variable darstellt, besitzt sie für g_n den Charakter eines „social requirement“. Die Abweichungen von erforderlichem und tatsächlichem Sparen begründen die Divergenzen von gleichgewichtigem und natürlichem Wachstum[68]. Ist der tatsächlich gesparte Betrag größer als der erforderliche, dann ist die gleichgewichtige Wachstumsrate größer als die natürliche und es gilt die dynamisierte Form der These der säkularen Stagnation. Ist die tatsächliche Ersparnis kleiner als die für das wohlfahrtsoptimale Wachstum erforderliche, dann ist $g_n > g_w$ und die Volkswirtschaft wird chronische Aufschwungs- und Inflationstendenzen aufweisen. Die Frage, ob dem marktwirtschaftlichen System eine Tendenz innewohne, die für ein Vollbeschäftigungswachstum notwendige Ersparnis zu leisten, versucht *Harrod* mit einer individuellen Theorie des Sparens zu beantworten. Sein Ergebnis lautet, daß keine Gewähr dafür besteht, daß sich die Sparquote jenem Kapitalbedarf anpassen wird, der ein langfristiges Vollbeschäftigungswachstum garantiert[69].

---

[67] Vgl. *Harrod*, R. F.: Dynamische Wirtschaft, S. 107.

[68] Vgl. *Harrod*, R. F.: Dynamische Wirtschaft, S. 108 ff.; derselbe, Second Essay in Dynamic Theory, S. 286 ff.

[69] „I have nothing to offer towards the dynamic theory of an equilibrium rate of interest, in the sense of one that tends to get established under the operation of natural forces;“ vgl. *Harrod*, R. F.: Themes in Dynamic Theory, in: EJ, Vol. 73, 1963, S. 407.

16. *Robinson* dürfte wohl als erste den Einwand gegen das kombinierte Konjunktur- und Wachstumsmodell *Harrods* erhoben haben, daß „the effect of distribution of income and of wealth has been omitted from the argument (Mr. *Harrod* dismisses the whole question of distribution with some dark hints about the political instability of an egalitarian society)"[70]. Als Ansatzpunkt für eine Integration der Verteilungstheorie in das *Harrod*sche System bietet sich die gesamtwirtschaftliche Sparquote an, die den verteilungstheoretischen Kategorien und sozioökonomischen Gruppierungen entsprechend aufgegliedert werden kann. Unter Verwendung des Zwei-Klassen-Modells erhält man für die unternehmerische Gleichgewichtsrate die folgende Gleichung:

$$g_w = \frac{s_u \frac{Y_u}{Y} + s_{nu} \frac{Y_{nu}}{Y}}{C_r}$$

In der gleichen Form lassen sich die Gleichungen für die tatsächliche und natürliche Wachstumsrate umformulieren. Damit wird die Verteilung der Einkommen auf und die Einkommensverwendung durch die selbständig und unselbständig Beschäftigten zur Determimante des gleichgewichtigen, tatsächlichen und natürlichen Wachstums.

Die Rolle, die die Einkommensverteilung für die drei verschiedenen Wachstumspfade spielt, ist jedoch unterschiedlich. Da sich nach *Harrod* die beabsichtigte Ersparnis in der Gleichgewichtsbetrachtung immer durchsetzt, bestimmt in diesem System unter der Annahme konstanter Sparneigungen und eines gegebenen Kapitalkoeffizienten allein die Verteilung die Höhe der Wachstumsrate. Während es sich bei g_w um geplante Größen handelt, geht es bei der tatsächlichen Wachstumsrate um ex-post-Größen. Die quotenmäßige Verteilung enthält also in diesem Fall die Zufallsgewinne und -verluste der Unternehmer. Im Rahmen des natürlichen Wachstums wird die gesamtwirtschaftliche Sparquote zu einem social requirement. Folgt man diesem Gedanken *Harrods*, so wird bei konstanten Sparneigungen eine bestimmte gesamtwirtschaftliche Einkommensverteilung ebenfalls zu einem wachstumspolitischen Erfordernis. Das konjunkturelle und strukturelle Instabilitätstheorem *Harrods* beruht auf der impliziten Annahme einer Limitationalität der Produktionsfaktoren Arbeit und Kapital[71]. In dem

---

[70] Vgl. *Robinson*, J.: Mr. Harrod's Dynamics, in: EJ, Vol. 59, 1949, S. 68 ff.; zitiert nach: Hansen, A. H. und R. V. Clemence (Hrsg.), Readings in Business Cycles and National Income, S. 247.

[71] *Bombach* macht darauf aufmerksam, daß es sich bei *Harrod* nicht um eine lineare Limitationalität handeln könne, sondern um ein sich in der Zeit änderndes, jedoch fixiertes Faktoreinsatzverhältnis; vgl. *Bombach*, G.: Von der Neoklassik zur modernen Wachstums- und Verteilungstheorie, S. 408, Anm. 1.

Wachstumssystem *Harrods* existiert kein Kompensationsmechanismus, der die Abweichungen vom Wachstumsgleichgewicht beseitigen könnte[72]. Der Einbau der Einkommensverteilung als Wachstumsdeterminante in das *Harrod*sche System läßt es nun zu, der Frage nachzugehen, ob die Einkommensverteilung einen Kompensationsmechanismus für die Abweichungen vom Gleichgewicht abgeben könnte.

17. Wenn die Einkommensverteilung bei Konstanz der Sparneigungen der Wirtschaftsgruppen und des Kapitalkoeffizienten als Bestimmungsgrund der drei Wachstumsraten angesehen werden kann, dann kann sinnvollerweise ebenfalls davon ausgegangen werden, daß die Abweichungen vom Gleichgewichtspfad durch Änderungen der Einkommensverteilung ausgeglichen werden können. Ist beispielsweise die konjunkturelle Situation einer Volkswirtschaft durch die Ratenkonstellation $g < g_w$ gekennzeichnet, so kann diese Rezessions- oder Depressionslage u. a. dadurch verursacht sein, daß die beabsichtigte und durchgesetzte gesamtwirtschaftliche Sparquote größer ist als die von den Unternehmern geplante Investitionsquote. Während die hohe Sparquote auf das Gleichgewichtswachstum beschleunigend wirkt, übt sie auf das tatsächliche Wachstum einen bremsenden Effekt aus, da die effektive Nachfrage nicht im Ausmaß der Investitionsplanungen zunimmt. Die Unternehmer sehen sich in ihren Erwartungen enttäuscht und die daraus resultierende Verringerung der geplanten Investitionen verschärft das Wachstumgsungleichgewicht. Unter Einführung der Annahme, daß die gesamtwirtschaftliche Sparquote bei Konstanz der Sparquoten der sozioökonomischen Gruppen von der bestehenden Einkommensverteilung bestimmt wird, kann durch eine nivellierende Verteilungsänderung die gesamtwirtschaftliche Sparquote verringert, die Enttäuschung der Unternehmer vermindert und die Vergrößerung der Abweichung der tatsächlichen von der gleichgewichtigen Wachstumsrate verhindert, reduziert oder genau kompensiert werden. In diesem Fall würden kompensatorische Verteilungsänderungen als konjunkturelle Stabilisatoren dienen können. Ist der beabsichtigte und tatsächlich gesparte Betrag größer als der für das natürliche Wachstum erforderliche, dann ist die Gleichgewichtsrate größer als die natürliche. Auch in diesem Fall kann

[72] Die *Harrod*schen Instabilitätstheoreme waren der Impuls für die Entwicklung der modernen Wachstumstheorie neoklassischer Observanz. *Solow* bemerkt zu *Harrods* Wachstumsmodell: „But this fundamental opposition of warranted and natural rates turns out in the end to flow from the crucial assumption that production takes place under conditions of fixed proportions. There is no possibility of substituting labor for capital in production. If this assumption is abandoned, the knife-edge notion of unstable balance seems to go with it." (Vgl. *Solow*, R. M.: A Contribution to the Theory of Economic Growth, S. 65). Unter Berücksichtigung der Substitutionsvorgänge via Faktorpreismechanismus erhält *Solow* ein stabiles Gleichgewichtswachstum.

die Gefahr einer säkularen Wachstumsstagnation durch Verteilungsänderungen vermieden werden, indem die tatsächliche Sparquote durch nivellierende Redistributionen auf die wohlfahrtsoptimale Sparquote herabgedrückt wird.

Generell kann die Einkommensverteilung im *Harrod*schen System als autonomer und als modellendogener Ausgleichsmechanismus Berücksichtigung finden. In autonomer Form würde es sich um nivellierende verteilungspolitische Eingriffe durch die staatliche Wirtschaftspolitik oder die Sozialpartner handeln können, in endogener Form müßte eine Abhängigkeit der Einkommensverteilung von den konjunkturellen Schwankungen bzw. vom säkularen Trend unterstellt werden können. *Robinson* scheint sich vor allem auf verteilungspolitische Interventionen zu beziehen, wenn sie bemerkt: „It can be plausibly argued that the phenomenon of excessive thriftiness is a product of excessive inequality, and that measures to correct inequality, which may be advocated on their own political or humanitarian merits, would, as a by-product, permanently reverse the position, and make deficient thriftiness the normal rule[73]." Damit werden Möglichkeiten aufgezeigt, wie der aus *Harrods* Theorie folgenden stagnativen Gefahr für das säkulare Wachstum begegnet werden könnte. *Harrod* selbst hat in einem späteren Beitrag den Verteilungsaspekt andeutungsweise berücksichtigt, indem er das gesamtwirtschaftliche Sparen in Haushalts-, Unternehmens- und Staatsersparnis aufteilt und die Unternehmensersparnis durch eine normale Profitrate bestimmt sein läßt. Die Normalgewinne werden als Profite definiert, die „would give them (den Unternehmern; d. Verf.) motives to increase operations at rates conformable with the natural growth rate of the economy as a whole"[74]. Eine explizite Einarbeitung dieses Gesichtspunkts in das kombinierte Konjunktur- und Wachstumssystem hat *Harrod* jedoch nicht unternommen.

Den entscheidenden Beitrag zu dieser Frage hat *Kaldor* geliefert, der das Multiplikatorprinzip auf die Verteilungstheorie anwendet und dessen gesamtwirtschaftlicher Anpassungsmechanismus auf der Dynamik der Einkommensverteilung beruht. Ausgehend von dieser theoretischen Basis stellt *Kaldor* fest: „Hence the ‚warranted' and the ‚natural' rates of growth are not independent of one another; if profit margins are flexible, the former will adjust itself to the latter through a consequential change in P/Y[75]." Damit wird die Einseitigkeit des *Harrod*schen Standpunktes, daß für jede gegebene natürliche Wachstumsrate nur ein Gleichgewichtswert der gesamtwirtschaftlichen Sparquote existiere,

---

[73] Vgl. *Robinson*, J.: Mr. Harrod's Dynamics, S. 247.

[74] Vgl. *Harrod*, R. F.: Themes in Dynamic Theory, S. 413.

[75] Vgl. *Kaldor*, N.: Alternative Theories of Distribution, S. 232. Symbol: $P = Yu$.

überwunden: „the Cambridge economists have gone on to show that an externally given aggregate saving ratio is not incompatible with independently given individual propensities to save, because the aggregate ratio is simply a weighted average of individual ratios, where the weights represent individual shares in national income. Therefore, within certain limits, there is always a distribution of income at which the system produces the required amount of savings[76]."

18. Es erscheint in diesem Zusammenhang interessant, die populären Thesen des konjunkturellen und strukturellen Kaufkraftarguments des Lohnes auf die rezessiven bzw. depressiven konjunkturellen und säkularen Abweichungen vom Wachstumsgleichgewicht anzuwenden[77]. Die naive Kaufkrafttheorie behauptete, „daß eine Lohnerhöhung die Konsumkraft hebe und die Produktion anrege, wodurch die Vollbeschäftigung aller menschlichen und sachlichen Produktionskräfte sichergestellt werden könne. Die einzige Voraussetzung dafür sei ein genügend intensiver, permanenter Lohndruck der Gewerkschaften auf die Unternehmer"[78]. *Lederer*, der dieses naive und generelle Kaufkraftargument relativiert und verfeinert hat, geht davon aus, daß „Art und Tempo des volkswirtschaftlichen Entfaltungsprozesses eine Funktion der Einkommenspyramide ist"[79]. Damit setzt *Lederer* die gleiche funktionale Beziehung zwischen Konjunktur und Wachstum einerseits und Einkommensverteilung andererseits voraus, die in das System *Harrods* eingearbeitet werden konnte. Eine konjunkturell bedingte Abweichung vom Gleichgewicht nach unten kann demnach durch lohnpolitische Maßnahmen verhindert werden: „Letzten Endes hat... die konjunkturelle Lohnpolitik den Zweck, den volkswirtschaftlichen Ertrag zu steigern: sie erzielt es aber nicht durch Veränderung des technischen und sozialen Aufbaus der Volkswirtschaft, sondern dadurch, daß das den Krisen- und Depressionszeiten eigentümliche Brachliegen von Arbeit und Kapital vermieden wird[80]."

---

[76] Vgl. *Pasinetti*, L. L.: Rate of Profit and Income Distribution in Relation to the Rate of Economic Growth, in: REStud, Vol. 29, 1961/62, S. 268.

[77] Zur Kaufkrafttheorie des Lohnes vgl. u. a. *Lederer*, E.: Konjunktur und Krisen, in: Grundriß der Sozialökonomik, IV. Abtlg., I. Teil, Tübingen 1925, S. 354 ff.; *Lederer*, E.: Wirkungen des Lohnabbaus, Tübingen 1930; *Marschak*, J.: Hohe Löhne und die Volkswirtschaft, in: Die Arbeit, Zeitschrift für Gewerkschaftspolitik und Wirtschaftskunde, 4. Jg., 1927, S. 725 ff.; *Massar*, K.: Lohnpolitik und Wirtschaftstheorie, Tübingen 1932.

[78] Vgl. *Wrede*, K. M.: Produktivität und Distribution im Lichte der deutschen gewerkschaftlichen Lehrmeinungen der Weimarer Epoche (1918—1933), Volkswirtschaftliche Schriften, Heft 56, Berlin 1960, S. 82.

[79] Vgl. *Lederer*, E.: Konjunktur und Krisen, S. 394.

[80] Vgl. *Marschak*, J.: Lohntheorie und Lohnpolitik, in: Heyde, L., (Hrsg.), Internationales Handwörterbuch des Gewerkschaftswesens, 2. Band, Berlin 1932, S. 1084.

Wird die Lohnerhöhung von den Gewerkschaften oder vom Staat durchgesetzt, so handelt es sich um einen modellexogenen Ausgleichsfaktor. Wird jedoch davon ausgegangen, daß während des Konjunkturzyklus ein Lohn-lag besteht, der dazu führt, daß die Löhne in der beginnenden Depressionsphase aufgrund der in der Hochkonjunktur erzielten, aber erst mit einer starken zeitlichen Verzögerung realisierbaren Produktivitätsfortschritte steigen, so können die Verschiebungen in der Einkommensverteilung modellendogen abgeleitet werden. In diesem Fall ist die Verteilung der Einkommen eine abhängige Variable von den konjunkturellen Schwankungen. Damit wäre eine endogene Automatik gegeben, die die *Harrod*schen Abweichungen vom Gleichgewicht nach unten bei Konstanz der Sparquoten und des Kapitalkoeffizienten auffangen und unter bestimmten Annahmen völlig kompensieren könnte. Die konjunkturell bedingte Instabilität des *Harrod*schen Gleichgewichtswachstums, die aus der Annahme limitationaler Faktoreinsatzverhältnisse folgt, kann demnach entweder durch autonome verteilungspolitische Eingriffe oder durch einen modellendogenen, gegenläufigen Verteilungsmechanismus ausgeglichen werden.

19. Die Diskrepanzen zwischen natürlichem und gleichgewichtigem Wachstum bei *Harrod* sind die wachstumstheoretische Deutung der „chronischen Probleme“ wie strukturelle Arbeitslosigkeit und „schleichende Inflation“. Eine Beziehung zwischen der säkularen Instabilität und dem Kaufkraftargument des Lohnes läßt sich in gleicher Weise herstellen wie es für die konjunkturelle Variante geschehen ist. In dem Fall wäre die Einkommensverteilung als abhängige Variable des Wachstumstrends zu betrachten. Prima facie lassen sich aus den beiden Grundtypen des strukturellen Wachstumsungleichgewichts, der säkularen Arbeitslosigkeit bzw. Inflation, keine modellendogenen Ausgleichsmechanismen via Verteilungsänderungen ableiten, die berechtigten Anspruch auf Realitätsnähe erheben könnten. Um jedoch die Konsequenzen des strukturellen Kaufkraftargumentes auf ein stagnatives Wachstumsungleichgewicht zu charakterisieren, sei davon ausgegangen, daß die Verteilungspolitik in der Lage sei, langfristig eine gleichmäßigere personelle Einkommensstruktur verwirklichen zu können. Der Kern des strukturellen Kaufkraftarguments liegt in seinem Bezug zum Gesetz der Massenproduktion, nach dem die massenweise Produktion eines Gutes kostensenkende Effekte zeitigt und einen höheren Grad von Arbeitsteilung und Mechanisierung ermöglicht. Nivellierende Verteilungsänderungen führen also zu Massenkonsum und zu niedrigeren gesamtwirtschaftlichen Durchschnittskosten: „Die Verschiebung des Einkommens von den oberen zu den unteren Stufen der Gesellschaft kann also insofern zu Ersparnissen führen, als die Massengüterproduktion gesteigert wird[81].“ Damit haben nivellierende Verteilungsände-

rungen die Konsequenz einer sinkenden gesamtwirtschaftlichen Sparquote bzw. eines sinkenden technischen Kapitalkoeffizienten. Das Ergebnis einer sinkenden Sparquote ergibt sich für das *Harrod*-System, das Ergebnis eines sinkenden Kapitalkoeffizienten für das *Domar*sche Modell[82]. In beiden Fällen werden stagnative Wachstumsphasen durch Maßnahmen zur Verwirklichung einer gleichmäßigeren Verteilung überwunden.

20. Der entscheidende kritische Einwand *Robinsons* gegen das Wachstumsmodell von *Harrod* bestand in der Vernachlässigung des Verteilungsaspektes[83]. In ihrer eigenen Wachstumstheorie[84] widmet *Robinson* demgemäß verteilungstheoretischen Gesichtspunkten erhöhte Aufmerksamkeit, indem sie die Zusammenhänge zwischen Profiten und Kapitalakkumulation in den Mittelpunkt ihrer Theorie stellt. Als Motto dieser Wachstumstheorie läßt sich die zentrale These verwenden: „If they have no profit, the entrepreneurs cannot accumulate, and if they do not accumulate they have no profit[85]." Das *Robinson*sche Grundmodell beruht auf den Annahmen, daß Kapital und Arbeit die einzigen Produktionsfaktoren sind, daß bei gegebenem technischen Wissen nur eine bestimmte Faktorkombination möglich ist, daß Verschiebungen der Produktionsstruktur innerhalb des Konsum- und Produktionsgüterbereichs nicht stattfinden und daß die Bezieher kontraktbestimmter Einkommen ihr gesamtes Einkommen konsumieren, während die Profiteinkommensempfänger ihr gesamtes Einkommen investieren. Unter diesen Voraussetzungen kann die (realwirtschaftliche) Verteilungsgleichung wie folgt formuliert werden[86]:

$$Y = Y_u + Y_{nu} = r \cdot K + l \cdot A$$

Das Volkseinkommen verteilt sich also in Form von Löhnen (Produkt aus Reallohn l und eingesetzter Arbeitsmenge A) und Profiten

---

[81] Vgl. *Marschak*, J.: Hohe Löhne und die Volkswirtschaft, S. 737.

[82] Zum Argument der sinkenden Durchschnittskosten vgl. auch *Mieth*, W.: Personelle Einkommensverteilung und fallende Angebotskurven, in: JfS, Bd. 11, 1960, S. 270 ff.

[83] Vgl. *Robinson*, J.: Mr. Harrod's Dynamics, S. 247.

[84] Vgl. *Robinson*, J.: The Accumulation of Capital, London 1956; deutsch, Die Akkumulation des Kapitals, übers. v. E. Weissel, Wien o. J.; dieselbe, Notes on the Theory of Economic Development, in: dieselbe, Collected Economic Papers, Vol. II, Oxford 1960, S. 88 ff.; deutsch, Anmerkungen zur Theorie der wirtschaftlichen Entwicklung, in: dieselbe, Über *Keynes* hinaus, Ausgewählte ökonomische Essays, übers. von E. Weissel, Wien—Frankfurt a. M.-Zürich 1962, S. 93 ff.

[85] Vgl. *Robinson*, J.: The Accumulation of Capital, S. 76.

[86] Zur formalisierten Darstellung der von *Robinson* verbal dargestellten Theorie vgl. vor allem *Kurihara*, K. K.: The Keynesian Theory of Economic Development, S. 73 ff.; *Scheele*, E.: Die makroökonomische Theorie der Einkommensverteilung, S. 187 ff.

(Produkt aus Profitrate r und eingesetztem Kapital K) auf die am Produktionsprozeß beteiligten Produktionsfaktoren (Zwei-Klassen-Modell).

Wird diese Gleichung nach der Profitrate r aufgelöst und entsprechend umformuliert, so ergibt sich:

$$r = \frac{\frac{Y}{A} - 1}{\frac{K}{A}}$$

Diese Gleichung zeigt, daß die gesamtwirtschaftliche Profitrate von der technischen Beziehung der Arbeitsproduktivität Y/A, dem Reallohnsatz l und der Kapitalintensität K/A abhängt. Aus den Annahmen

$$C = l \cdot A$$
$$S = r \cdot K$$

und unter Berücksichtigung der Gleichgewichtsbedingung

$$S = I$$

folgt

$$r = \frac{\Delta K}{K}$$

und damit

$$r = \frac{\Delta K}{K} = \frac{\frac{Y}{A} - l}{\frac{K}{A}}$$

Gemäß den gemachten Prämissen entspricht also die Wachstumsrate des Kapitals der gesamtwirtschaftlichen Profitrate und demgemäß wird die Akkumulation von denselben Faktoren bestimmt wie die Profitrate. Die Wachstumsrate des Kapitals variiert direkt mit der Rate der Nettoerträge des Kapitals ($Y/A — l$) und invers mit der Kapitalintensität K/A.

Das natürliche Wachstum des Systems — Wachstum im golden age — ergibt sich unter Bezugnahme auf beide Produktionsfaktoren und den technischen Fortschritt: „When technical progress is neutral, and proceeding steadily, without any change in the time pattern of production, the competitive mechanism working freely, population growing (if at all) at a steady rate and accumulation going on fast enough to supply productive capacity for all available labour, the rate of profits tends to be constant and the level of real wages to rise with output per man.... Provided that political events cause no disturbances, and provided that the entrepreneurs have faith in the future and desire to accumulate at the same proportional rate as they have been doing over the past, there is no impediment to prevent them from continuing to do so..... Total annual output and the stock of capital ... then grow together at a constant proportionate rate compounded of the rate of increase of the labour force and the rate of increase of output per man. We may describe these conditions as a golden age[87]."

21. Angesichts der Vielschichtigkeit und der kasuistischen Gedankenführung in *Robinsons* kombiniertem Verteilungs- und Wachstumsmodell erscheint eine Beschränkung der Interpretation auf die wesentlichen verteilungs- und wachstumstheoretischen Modelleigenschaften angebracht[88]. Ausgangspunkt unserer Analyse ist ein Vergleich zwischen dem Integrationsansatz à la *Domar* und dem System von *Robinson*. Da sich unter der Annahme, daß die gesamten Profiteinkommen investiert und die gesamten Lohneinkommen konsumiert werden, das formal-theoretische Gerüst des *Robinson*-Modells ohne Schwierigkeiten in die *Domar*sche Wachstumsformel transformieren läßt[89], kann zunächst festgestellt werden, daß der Integrationsansatz von *Robinson* implizit die gleichen Funktionalzusammenhänge enthält, wie sie sich in das *Domar*-Modell einarbeiten lassen. Entscheidende Unterschiede zwischen beiden Integrationsansätzen ergeben sich jedoch hinsichtlich der Determinanten und der Gleichgewichtsmechanismen. Während im *Domar*-Modell das Wirtschaftswachstum durch die Spar(-Investitions-)quote und die Kapitalproduktivität bestimmt wird und eine funktionale Beziehung zwischen Verteilung und Wachstum ausschließlich über die Einkommensverwendung (Sparquote) hergestellt werden kann, wird die Akkumulationsrate bei *Robinson* explizit durch die Profitrate und damit durch den Reallohnsatz, die Arbeitsproduktivität und die Kapitalintensität determiniert und die Verbindung zur Einkommensverteilung besteht sowohl über die Verwendungs- als auch über die Entstehungsseite (Reallohnsatz). Demgemäß sind in der Theorie *Robin*-

[87] Vgl. *Robinson*, J.: The Accumulation of Capital, S. 99.

[88] So bemerkt *Scheele*: „Robinson legt keine Theorie der Einkommensverteilung und des Wachstums vor, sondern nur eine Sammlung von denkbaren Fällen"; vgl. *Scheele*, E.: Die makroökonomische Theorie der Einkommensverteilung, S. 195.

[89] Die Transformation läßt sich wie folgt vornehmen:

$$\frac{\Delta K}{K} = \frac{\frac{Y}{A} - l}{\frac{K}{A}} = \frac{Y - l \cdot A}{K} = \frac{Y}{K}\left(\frac{Y - l A}{Y}\right) = \frac{Y}{K} \cdot \frac{Y_u}{Y} = \frac{Y}{K} \cdot \frac{S}{Y} = \beta \cdot s.$$

Vgl. dazu *Kurihara*, K. K.: The Keynesian Theory of Economic Development, S. 78 ff.

sons sowohl der preismechanische als auch der einkommensmechanische Steuerungsmechanismus enthalten und das System ist produktions- und nachfragetheoretisch determiniert. Daher kann der Integrationsansatz von *Robinson* als eine Kombination von neoklassischen und postkeynesianischen Vorstellungen bezeichnet werden[90].

Der preismechanische Verteilungsaspekt in *Robinsons* Theorie ergibt sich aus der expliziten Einführung des Reallohnsatzes als Wachstumsdeterminante. *Kurihara* bemerkt dazu: „So it appears that J. *Robinson* has brought us back to David Ricardo's theory of economic development, albeit via the Keynesian door[91].“ Aus der *Robinson*schen Wachstumsgleichung folgt der gleiche Tatbestand einer verringerten Akkumulationsrate bei ceteris paribus steigenden Reallöhnen, der hinter der Feststellung *Ricardos* steht, „daß keine Kapitalansammlung den Profit dauernd drücken wird, wenn nicht eine bleibende Ursache für das Steigen des Lohnes vorhanden ist“[92]. Jedoch ist die Bestimmung des einer gleichgewichtigen Entwicklung entsprechenden Reallohns bei *Robinson* mit *Keynes*ianischen Elementen versetzt: „The rise in the real-wage rate is an essential part of the mechanism which keeps the system running, for it is rising real wages which provide the market for the ever-growing product of the ever-growing stock of capital[93].“ *Robinson* berücksichtigt also den Kosten- und den Nachfrageeffekt steigender Reallöhne. Zur neoklassischen Ausrichtung gehört auch die Berücksichtigung des Substitutionsgedankens, den *Robinson* allerdings auf die Durchschnittsproduktivitäten anwendet. Die Interpretation des Ausgleichs zwischen einer divergierenden Entwicklung von Arbeitspotential und Produktionskapazität ist jedoch sehr allgemein gehalten[94]. Eindeutige Schlüsse über das Ausmaß der Substitution und ihre Rückwirkungen auf Verteilung und Wachstum sind kaum möglich[95].

Für die Feststellung, daß die durch den Preismechanismus gesteuerten Substitutionsvorgänge nicht eindeutig determinierbar sind, spricht auch die Einbeziehung der Lohnadministration in die Bestimmung der

---

[90] Vgl. z. B. *Scheele*, der die Theorie von *Robinson* unter die Integrationsansätze von neoklassischer und postkeynesianischer Theorie subsumiert; vgl. *Scheele*, E.: Die makroökonomische Theorie der Einkommensverteilung S. 186 ff.

[91] Vgl. *Kurihara* K. K.: The Keynesian Theory of Economic Development, S. 76.

[92] Vgl. *Ricardo*, D.: Grundsätze der Volkswirtschaft und Besteuerung, Sammlung sozialwissenschaftlicher Meister, Hrsg. H. Waentig, Bd. 5, 3. Aufl., Jena 1923, S. 292.

[93] Vgl. *Robinson* J.: Notes on the Theory of Economic Development, S. 101.

[94] Vgl. *Robinson*, J.: The Accumulation of Capital, S. 89.

[95] Vgl. dazu auch *Scheele* E.: Die makroökonomische Theorie der Einkommensverteilung, S. 195.

Höhe des Reallohnsatzes. *Robinson* stellt dazu fest: „Above all, in the highly developed capitalist economies labour organizations do not disrupt the system but are an essential element in its functioning. If organized labour were not strong enough to keep real wages rising with productivity, effective demand would fail and the capitalist economy would sink into stagnation[96]." Mit dieser Feststellung wird die politische Steuerung der Löhne in das System einbezogen und damit der Determinationsgrad der Preismechanik aufgehoben. Die Verbindung zwischen Verteilung und Wachstum auf einkommensmechanischer Basis stellt *Robinson* auf dem herkömmlichen Wege über die Sparquote her. Eine Modifizierung der rigorosen Annahme $S_{nu} = 0$ läßt sich leicht in den Gedankengang einbeziehen.

22. Die umfassenden und ehrgeizigen Bemühungen *Kaldors* um die Entwicklung einer realitätsnahen, integrierten Wachstums- und Verteilungstheorie gehen, da eine eindeutige statistische Klärung der quantitativen Zusammenhänge nicht möglich ist, von bestimmten „stylized facts" über das wirtschaftliche Wachstum und seine Begleiterscheinungen in den industrialisierten Volkswirtschaften aus. *Kaldor* nennt in diesem Zusammenhang folgende typische Faktoren: ständiges Wachstum von gesamtwirtschaftlicher Produktion und Arbeitsproduktivität; zunehmende Kapitalintensität; im Zeitablauf konstante Profitrate, die über der langfristigen „reinen" Zinsrate liegt; langfristige Konstanz des Kapitalkoeffizienten; eine enge positive Korrelation zwischen Gewinnquote und Investitionsquote, d. h. die Reallöhne steigen langfristig im Ausmaß der Produktivität; merkliche Unterschiede in den Zuwachsraten der Arbeitsproduktitát und der Produktion zwischen verschiedenen Ländern bei Konstanz der Verteilungsquoten und des Kapitalkoeffizienten[97]. Mit der Feststellung, daß „none of these ‚facts' can be plausibly ‚explained' by the theoretical constructions of neo-classical theory"[98], setzt sich *Kaldor* eindeutig gegen die neoklassische Integration von Wachstums- und Verteilungsprozeß ab. Es ist sein Ziel, „to present a model of income distribution and capital accumulation which is capable of explaining at least some of these ‚stylized' facts"[99]. Da das *Kaldor*sche Gedankengebäude in mehreren Etappen errichtet wurde und nicht alle Elemente seiner Modelle den direkten Zusammenhang zwischen Verteilung und Wachstum ansprechen, soll zunächst der ver-

---

[96] Vgl. *Robinson*, J.: Notes on the Theory of Economic Development, S. 102.

[97] Vgl. *Kaldor*, N.: Capital Accumulation and Economic Growth, in: Lutz, F. A., und Hague, D. C. (Hrsg.), The Theory of Capital, London—New York 1961, S. 178.

[98] Vgl. *Kaldor*, N.: Capital Accumulation and Economic Growth, S. 179.

[99] Vgl. *Kaldor*, N.: Capital Accumulation and Economic Growth, S. 179.

teilungstheoretische Ausgangspunkt gekennzeichnet werden, bevor auf die langfristigen Wachstumsmodelle eingegangen wird[100].

Gemäß den kurzfristigen Aspekten seines Verteilungsmodells geht *Kaldor* von einer vollbeschäftigten Wirtschaft und einem gegebenen Volkseinkommen aus, das sich in Lohn- und Profiteinkommen aufteilt. Das Ergebnis der formalisierten *Kaldor*schen Verteilungstheorie manifestiert sich in der Gleichung[101]:

$$\frac{Y_u}{Y} = \frac{1}{s_u - s_{nu}} \frac{I}{Y} - \frac{s_{nu}}{s_u - s_{nu}}$$

Nach *Kaldor* hängt also die Höhe der Profitquote und damit auch der Lohnquote von der Investitionsquote, die als unabhängige Variable angesehen wird, und den Sparquoten der unterstellten sozioökonomischen Gruppen ab. Der Anteil der Unternehmer am Volkseinkommen ist demnach um so größer, und die gesamtwirtschaftliche Einkommensverteilung bei gegebenem Volkseinkommen um so ungleichmäßiger, je höher die Investitionsquote und je kleiner die Sparquoten der selbständig und unselbständig Beschäftigten sind. Die Nachfragedeterminiertheit dieses Modells zeigt sich in dem zugrundeliegenden Einkommensmechanismus, daß unter der Bedingung konstanter Sparquoten „the level of prices in relation to the level of money wages is determined by demand: a rise in investment, and thus in total demand, will raise prices and profit margins, and thus reduce real consumption, whilst a fall in investment, and thus in total demand, causes a fall in

[100] Die folgenden Beiträge stellen die wesentlichen gedanklichen Schritte dar: *Kaldor,* N.: Alternative Theories of Distribution, S. 209 ff.; derselbe, A Model of Economic Growth, in: EJ, Vol. 67, 1957, S. 591 ff. zitiert nach: derselbe, Essays on Economic Stability and Growth, S. 259 ff.; derselbe, Capital Accumulation and Economic Growth, S. 177 ff.; derselbe und J. A. *Mirrlees:* A New Model of Economic Growth, REStud. Vol. 29, 1961/62, S. 174 ff.

[101] Diese Gleichung leitet *Kaldor* wie folgt ab (geänderte Symbole):

$$Y = Y_u + Y_{nu}$$

$$I = S$$

$$S = s_u Y_u + s_{nu} (Y - Y_u)$$

$$I = (s_u - s_{nu}) Y_u + s_{nu} Y$$

$$\frac{I}{Y} = (s_u - s_{nu}) \frac{Y_u}{Y} + s_{nu}$$

$$\frac{Y_u}{Y} = \frac{1}{s_u - s_{nu}} \frac{I}{Y} - \frac{s_{nu}}{s_u - s_{nu}}$$

Vgl. dazu und zum folgenden *Kaldor,* N.: Alternative Theories of Distribution, S. 227 ff.

prices (relatively to the wage level) and thereby generates a compensating rise in real consumption. Assuming flexible prices (or rather flexible profit margins) the system is thus stable at full employment"[102]. Die entscheidende Stabilitätsbedingung des Systems ist die Annahme $s_u > s_{nu}$. Ist diese Bedingung nicht erfüllt, so ist die Profitquote entweder unbestimmt ($s_u = s_{nu}$) oder das System zeitigt kumulative Entwicklungen ($s_u < s_{nu}$). Der coefficient of sensitivity of income distribution $\frac{1}{s_u - s_{nu}}$ gibt das Ausmaß der durch autonome Änderungen der Investitionsquote bewirkten Verteilungseffekte an. Bei annähernd gleicher Höhe der zwei Sparquoten bedarf es sehr großer Verteilungsänderungen, um die gesamtwirtschaftliche Sparquote an eine autonome Änderung der Investitionsquote anzupassen, bei erheblicher Differenz zwischen den Sparquoten der sozioökonomischen Gruppen sind dagegen nur geringfügige Verteilungsänderungen notwendig.

Um die Gültigkeit der mathematischen Formulierung auf einen ökonomisch sinnvollen Bereich zu beschränken, führt *Kaldor* vier Nebenbedingungen ein, die sich auf die beiden folgenden reduzieren lassen: erstens wird die Höhe der Gewinnquote durch das Existenzminimum des Reallohns begrenzt ($Y_u/Y \leqq Y_{nu}^{min}/Y$); zweitens darf die Höhe der Profitquote nicht einen Wert unterschreiten, der entweder durch die Mindestprofitrate für die Vornahme von Investitionen oder durch die Mindestprofitrate, die aus den Marktunvollkommenheiten resultiert (Monopolgrad), gegeben ist ($Y_u/\beta Y = Y_u/K \geqq r_{min}$ bzw. $Y_u/Y \geqq m$)[103]. Diese Restriktionen schließen die Fälle mit einer negativen Lohnquote bzw. einer Lohnquote von null und einer negativen Gewinnquote bzw. einer Gewinnquote von null aus dem System aus. Sind unter diesen Nebenbedingungen die Sparneigungen der Unternehmer und Arbeitnehmer konstant und ist die Stabilitätsbedingung $s_u > s_{nu}$ erfüllt, so ist die gesamtwirtschaftliche Einkommensverteilung eine lineare Funktion der gesamtwirtschaftlichen Investitionsquote.

23. Dieses kurzfristige Verteilungsmodell *Kaldors*, das das Multiplikatorprinzip für die Verteilungstheorie fruchtbar zu machen versucht, hat in der Zwischenzeit mehrere Erweiterungen und Ausgestaltungen erfahren, denen wir uns im folgenden zuwenden wollen. *Stobbe*, der das Verdienst des *Kaldor*schen Beitrages in der Berücksichtigung einer

---

[102] Vgl. *Kaldor*, N.: Alternative Theories of Distribution, S. 229 f.

[103] Symbole: r_{min} = Mindestprofitrate; m = Monopolgrad. Vgl. *Kaldor*, N.: Alternative Theories of Distribution, S. 232 f. Gleichzeitig mit *Kaldor* hat *Krelle* ein ähnliches System verteilungsstrategischer Fixpunkte entwickelt. Vgl. *Krelle*, W.: Bestimmungsgründe der Einkommensverteilung in der modernen Wirtschaft, S. 55 ff.

positiven Sparquote der Lohnempfänger sieht und bemerkt, „daß die seit den Tagen von Marx erfolgte Veränderung der ‚gesellschaftlichen Verhältnisse' — mit der in der Wirtschaftswissenschaft häufig zu beobachtenden Verzögerung — nun endlich in das Verteilungsmodell Eingang gefunden hat“[104], versucht eine Interpretation der „blinden Flecken“ des *Kaldor*-Modells[105]. Diese ergeben sich aus den Grenzfällen $s_u = s_{nu}$, $I/Y = s_u$ und $I/Y < s_u < s_{nu}$ bzw. $s_{nu} < s_u < I/Y$. Betreffs der Gleichheit der Sparquoten der sozioökonomischen Gruppen ergibt sich aus dem *Kaldor*-Modell eine Unbestimmtheit der Profitquote. Nun darf zwar die *Kaldor*sche Stabilitätsbedingung $s_u > s_{nu}$ aufgrund der Selbstfinanzierungsgewohnheiten der Unternehmer als realistisch angesprochen werden, aber es „ist dennoch nicht einzusehen, warum ein funktionsfähiges Wirtschaftssystem mit einer bestimmten, vom Anteil der Investitionen am Sozialprodukt abhängigen Einkommensverteilung nicht auch dann existieren soll, wenn die Sparquoten der beiden Gruppen von Haushalten zufällig gleich groß sind“[106].

Der „blinde Fleck“ in *Kaldor*s Theorie läßt sich dadurch erklären, daß eine Gleichheit der Sparquoten der Wirtschaftsgruppen die Stilllegung des sich über Verteilungsänderungen vollziehenden Gleichgewichtsmechanismus bedeutet: „Wenn beide Sparquoten einander gleich sind, ist die Gesamtersparnis nur noch von der Höhe des Einkommens abhängig und kann von Änderungen der Verteilung eines gegebenen Einkommens nicht mehr beeinflußt werden“[107]. In diesem Fall wird also das gesamtwirtschaftliche Gleichgewicht allein durch die Übereinstimmung von Spar- und Investitionsquote gesichert. Ist im zweiten Grenzfall Investitionsquote gleich Sparquote der selbständig Beschäftigten, so könnte daraus prima facie eine Lohnquote von null gefolgert werden. *Stobbe* weist nun nach, daß die Lohnquote in diesem Fall zwar von der Investitionsquote unabhängig und damit unbestimmt sei, aber aus kreislauftheoretischen Gründen nicht gleich null sein könne. Die Bedingung $s_u = I/Y$ besagt nur, „daß das reale Sozialprodukt und damit auch sein Wert im gleichen Verhältnis auf Konsum und Investition aufgeteilt ist wie das Gewinneinkommen auf Konsumgüternachfrage und Ersparnis“[108]. Das gesamtwirtschaftliche Gleichgewicht

[104] Vgl. *Stobbe*, A.: Untersuchungen zur makroökonomischen Theorie der Einkommensverteilung, S. 84.

[105] Vgl. *Stobbe*, A.: Kurzfristige und langfristige Bestimmungsgründe der Einkommensverteilung, in: SchZ, 96. Jg., 1960, S. 146 f.; derselbe: Untersuchungen zur makroökonomischen Theorie der Einkommensverteilung, S. 87 ff.

[106] Vgl. *Stobbe*, A.: Untersuchungen zur makroökonomischen Theorie der Einkommensverteilung, S. 88.

[107] Vgl. *Stobbe*, A.: Untersuchungen zur makroökonomischen Theorie der Einkommensverteilung, S. 88.

ist aber nur unter der weiteren Bedingung gewährleistet, „daß auch die Lohnsumme im selben Verhältnis auf Konsumgüternachfrage und Ersparnis aufgeteilt wird“[109]. Dies bedeutet jedoch Gleichheit der beiden Sparquoten und damit dasselbe Ergebnis wie im ersten Fall. Die Parameterkonstellationen des dritten Grenzfalles lassen nur ein fiktives gesamtwirtschaftliches Gleichgewicht bei einer negativen Lohnquote zu, die ökonomisch nicht interpretierbar ist. Ein Kreislaufgleichgewicht wird unter diesen Bedingungen nicht ermöglicht.

24. In seiner kritischen Würdigung hat *Bombach* das *Kaldor*-Modell vor allem in zwei Punkten erweitert und modifiziert: durch den Brükkenschlag zur Wachstumstheorie und eine realistischere Aufspaltung der Aggregate[110]. Ausgangspunkt für die wachstumstheoretische Formulierung dieser Theorie ist die kritische Einstellung zur Verwendung der Quotenbetrachtung in einem kurzfristig orientierten System: „ob beispielsweise eine Einschränkung der Investitionstätigkeit auch zu einer Abnahme der Investitionsquote führt, läßt sich erst sagen, wenn bekannt ist, in welchem Ausmaß mit dem rückläufigen Investitionsvolumen zugleich das Einkommen sinkt“[111]. Da diese Einwände nicht für Wachstumsanalysen gelten, schlägt *Bombach* eine Verbindung der *Kaldor*schen Verteilungstheorie mit der Wachstumstheorie vor[112]. Diese Verbindung läßt sich sehr leicht dadurch herstellen, daß man die in der *Kaldor*schen Gleichung enthaltene Investitionsquote durch das Produkt aus Kapitalkoeffizient und Wachstumsrate des Sozialproduktes ersetzt:

$$\frac{Y_u}{Y} = \frac{1}{s_u - s_{nu}} \beta \frac{\Delta Y}{Y} - \frac{s_{nu}}{s_u - s_{nu}}$$

Für die grundlegende Beziehung zwischen Verteilung und Wachstum ergibt sich unter der Prämisse der Konstanz des Kapitalkoeffizienten das gleiche Resultat wie für die Beziehung Investitionsquote und Verteilung. Dieser Integrationsansatz von Verteilung und Wachstum zeigt, wie sich bei gegebenem Kapitalkoeffizienten und einer bestimmten Sparquoten-Konstellation die Einkommensverteilung bei alternativen Wachstumsraten entwickeln würde[113]. Unter der Annahme, daß die

---

[108] Vgl. *Stobbe*, A.: Untersuchungen zur makroökonomischen Theorie der Einkommensverteilung, S. 89.

[109] Vgl. *Stobbe*, A.: Untersuchungen zur makroökonomischen Theorie der Einkommensverteilung, S. 89.

[110] Vgl. *Bombach*, G.: Die verschiedenen Ansätze der Verteilungstheorie, S. 135 ff.

[111] Vgl. *Bombach*, G.: Die verschiedenen Ansätze der Verteilungstheorie, S. 135.

[112] Die Verbindung seiner Verteilungstheorie mit dem Wirtschaftswachstum hat *Kaldor* selbst ebenfalls gesehen. Vgl. *Kaldor*, N.: Alternative Theories of Distribution, S. 231 f.

[113] Vgl. *Bombach*, G.: Die verschiedenen Ansätze der Verteilungstheorie, S. 136.

Sparneigung der Bezieher kontraktbestimmter Einkommen gleich null ist und daß alle Profite der Kapitalbildung zufließen, ist die Gewinnquote bei konstantem Kapitalkoeffizienten eine lineare Funktion der Wachstumsrate des Sozialprodukts.

Eine weitere „ganz erhebliche Schwäche" des *Kaldor*-Modells sieht *Bombach* in der Wahl der Einkommenskategorien und der aus ihnen abgeleiteten Sparquoten. Die Subsumierung der entnommenen und nicht entnommenen Gewinne unter eine einheitliche Einkommenskategorie Gewinn hat „für eine auch vom verteilungspolitischen Standpunkt leistungsfähige Distributionstheorie... den Nachteil, daß zwei Einkommenskategorien in einem einzigen Aggregat vermischt werden, die wenig gemeinsam haben"[114]. Die Feststellung *Pasinettis*, „that, as far as the determination of the rate of profit is concerned, the distinction between individuals who save exclusively out of profits and individuals who save out of wages is the only one that matters"[115], ist vom analytischen Standpunkt aus nicht haltbar, da die entnommenen Gewinne der Selbständigen als Planungsgrößen anzusehen sind, während die thesaurierten Profite der Unternehmungen rein residualen Charakter besitzen. Für die Aufschlüsselung der Sparquoten besagt dies, daß zwar die aus den entnommenen Gewinnen getätigte Ersparnis als propensity-Sparen angesehen werden kann, daß „die unverteilten Gewinne aber... nichts mit propensity-Sparen in diesem Sinne zu tun (haben)"[116]. Bei den letzteren handelt es sich um echte Überraschungsgrößen, die Reflexe des Wachstumsprozesses sind. Eine entsprechende Modifizierung des *Kaldor*-Modells führt dazu, daß es unbestimmt ist[117].

25. Es muß als das Verdienst *Pasinettis* bezeichnet werden, den vermögenspolitischen Aspekten der Einkommensverteilung und -verwendung in den Postkeynesianischen Integrationsansätzen von Verteilung

---

[114] Vgl. *Bombach*, G.: Die verschiedenen Ansätze der Verteilungstheorie, S. 136.

[115] Vgl. *Pasinetti*, L. L.: Rate of Profit and Income Distribution in Relation to the Rate of Economic Growth, S. 279, Anm. 1.

[116] Vgl. *Bombach*, G.: Die verschiedenen Ansätze der Verteilungstheorie, S. 137.

[117] Der von *Bombach* unter Berücksichtigung der genannten kritischen Einwände gegen das *Kaldor*-Modell entwickelte Integrationsansatz von Verteilungs- und Wachstumstheorie soll hier nicht diskutiert werden, da die darin verwendeten Verteilungskategorien (Haushaltseinkommen, staatliches Einkommen, unverteilte Gewinne) den verteilungspolitisch bedeutsamen Gegensatz zwischen Arbeitnehmern und Unternehmern nicht als zentralen Ansatz enthalten. Wesentliche Gedankengänge des *Bombach*-Modells werden in Kap. 5 und 7 erörtert. Zum *Bombach*-Modell vgl. *Bombach*, G.: Preisstabilität, wirtschaftliches Wachstum und Einkommensverteilung, in: SchZ, 95. Jg., 1959, S. 1 ff.; *Ott*, A. E.: Bemerkungen zu Bombachs Aufsatz über Preisstabilität, wirtschaftliches Wachstum und Einkommensverteilung, in: SchZ, 97. Jg., 1961, S. 76 ff.

und Wachstum Rechnung getragen zu haben. *Pasinetti* geht davon aus, „that, in any type of society, when any individual saves a part of his income, he must also be allowed to own it, otherwise he would not save at all. This means that the stock of capital which exists in the system is owned by those people (capitalists or workers) who in the past made the corresponding savings. And since ownership of capital entitles the owner to a rate of interest, if workers have saved — and thus own a part of the stock of capital (directly or through loans to the capitalists) — then they will also receive a share of the total profits. Therefore total profits themselves must be divided into two categories: profits which accrue to the capialists and profits which accrue to the workers[118]." Damit wird der von *Stobbe* als Querverteilung bezeichnete Tatbestand in die Postkeynesianische Theorie eingeführt, allerdings nur in der Form, daß ein Wirtschaftssubjekt „unselbständig beschäftigt ist und daneben in irgendeiner Form Besitzeinkommen bezieht"[119].

Um das *Kaldor*-Modell um diese Gesichtspunkte zu erweitern, unterscheidet *Pasinetti* zwischen zwei Verteilungskonzepten: der Verteilung zwischen Gewinnen und Löhnen und der Verteilung zwischen selbständig und unselbständig Beschäftigten. Für die Verteilung zwischen Unternehmern und Arbeitnehmern ergibt sich nach *Pasinetti* die folgende Gleichung[120]:

$$\frac{Y'_u}{Y} = \frac{1}{s_u - s_{nu}} \frac{I}{Y} - \frac{s_{nu}}{s_u - s_{nu}}.$$

---

[118] Vgl. *Pasinetti*, L. L.: Rate of Profit and Income Distribution in Relation to the Rate of Economic Growth, S. 270.

[119] Vgl. *Stobbe*, A.: Untersuchungen zur makroökonomischen Theorie der Einkommensverteilung, S. 35.

[120] Diese Gleichung leitet *Pasinetti* wie folgt ab (geänderte Symbole):

$$Y = Y_u + Y_{nu}$$

$$Y_u = Y'_u + Y'_{nu}$$

$$S = S_u + S_{nu}$$

$$S = I$$

$$S_u = s_u Y'_u$$

$$S_{nu} = s_{nu}(Y_{nu} + Y'_{nu})$$

$$I = s_{nu} Y + (s_u - s_{nu}) Y'_u$$

$$\frac{Y'_u}{Y} = \frac{1}{s_u - s_{nu}} \frac{I}{Y} - \frac{s_{nu}}{s_u - s_{nu}}$$

Symbole: Y'_u = Gewinneinkommen der Unternehmer
Y'_{nu} = Gewinneinkommen der Arbeitnehmer

Vgl. *Pasinetti*, L. L.: Rate of Profit and Income Distribution in Relation to the Rate of Economic Growth, S. 270.

Diese Gleichung, die auf der rechten Seite der *Kaldor*schen Verteilungsformel entspricht, besagt hier, daß die Verteilung zwischen Unternehmern und Arbeitnehmern von den Sparneigungen beider Gruppen und der Investitionsquote bzw. dem Produkt aus Wachstumsrate des Sozialprodukts und Kapitalkoeffizient abhängt. Sie betrifft also nur den Teil der Gewinneinkommen, der in die Hände der Unternehmer fließt.

Um die Verteilung zwischen Gewinn- und Lohneinkommen zu erhalten, müssen zusätzlich die Gewinneinkommen der Arbeitnehmer berücksichtigt werden:

$$\frac{Y_u}{Y} = \frac{Y'_u}{Y} + \frac{Y'_{nu}}{Y}$$

Für das dynamische Gleichgewicht ergibt sich dann die folgende Verteilungsformel[121]:

$$\frac{Y_u}{Y} = \frac{1}{s_u - s_{nu}} \frac{I}{Y} - \frac{s_{nu}}{s_u - s_{nu}} + r\left(\frac{s_u\, s_{nu}}{s_u - s_{nu}} \cdot \frac{K}{I} - \frac{s_{nu}}{s_u - s_{nu}} \cdot \frac{K}{Y}\right).$$

Stellt man bezüglich der hier notwendigen Zinstheorie die Hypothese auf, daß der langfristige Zinssatz der Profitrate gleich ist, dann reduziert sich die Gleichung für den Anteil der gesamten Profite am Volkseinkommen unter der Bedingung $I - s_{nu}\, Y \neq 0$ auf die Verteilungsformel:

$$\frac{Y_u}{Y} = \frac{1}{s_u} \frac{I}{Y}.$$

Diese Gleichung besagt, „that, in the long run, workers' propensity to save, though influencing the distribution of income between capitalists and workers ... does not influence the distribution of income between profits and wages“[122].

---

[121] Diese Gleichung kann wie folgt abgeleitet werden:

$$\frac{K_{nu}}{K} = \frac{S_{nu}}{S} = \frac{s_{nu}(Y - Y'_u)}{I} = s_{nu}\frac{Y}{I} - s_{nu}\frac{Y'_u}{I}$$

$$= s_{nu}\frac{Y}{I} - s_{nu}\left(\frac{1}{s_u - s_{nu}}\frac{I}{Y} - \frac{s_{nu}}{s_u - s_{nu}}\right)\frac{Y}{I}$$

$$= s_{nu}\frac{Y}{I} - \frac{s_{nu}}{s_u - s_{nu}} - \frac{s_{nu}^2}{s_u - s_{nu}}\frac{Y}{I}$$

$$= \frac{s_u\, s_{nu}}{s_u - s_{nu}}\frac{Y}{I} - \frac{s_{nu}^2}{s_u - s_{nu}}\frac{Y}{I} - \frac{s_{nu}}{s_u - s_{nu}} - \frac{s_{nu}^2}{s_u - s_{nu}}\frac{Y}{I}$$

Die fundamentale Beziehung zwischen Gewinnen und Sparen ergibt sich bei *Pasinetti* aus dem institutionellen Prinzip, „that wages are distributed among the members of society in proportion to the amount of labour they contribute and profits are distributed in proportion to the amount of capital they own“[123]. Diese grundlegende Beziehung besagt, „that, for each category, profits are in the long run proportional to savings“[124]. Für die Bestimmung des tatsächlichen Wertes der Gewinn-Spar-Relation für die verschiedenen Einkommenskategorien

$$\frac{Y'_u}{S_u} = \frac{Y'_{nu}}{S_{nu}}$$

geht *Pasinetti* von der Annahme aus, daß zwischen Unternehmersparen und Profiten eine direkte Beziehung besteht, so daß der Wert der Gewinn-Spar-Relation für alle Einkommenskategorien von der Sparquote der Unternehmer determiniert wird: „This proportionality relation can be nothing but s_u (geändertes Symbol; d. Verf.), which will therefore determine the ratio of profits to savings for all the saving groups, and consequently also the income distribution between profits and wages and the rate of interest for the whole system[125].“ Damit erhalten in dem Modell *Pasinettis* die Unternehmer über ihre Sparentscheide die entscheidende verteilungsstrategische Position: „Whatever the workers may do, they can only share in an amount of total profits which for them is predetermined; they have no power to influence it at all[126].“

26. *Preisers* Integrationsansatz von Verteilungs- und Wachstumstheorie ergibt sich aus der Kritik an der mit Ausnahme der Nebenbedingung bezüglich des Monopolgrades rein kreislauftheoretisch orientierten Verteilungstheorie *Kaldors*. *Preiser* stellt dazu fest: „Wir verdanken dieser Betrachtungsweise viele neue Einsichten, aber die Verteilung als Ganzes bekommt man auf diese Weise nicht in den Griff,

---

$$= \frac{s_u\, s_{nu}}{s_u - s_{nu}} \frac{Y}{I} - \frac{s_{nu}}{s_u - s_{nu}}$$

$$\frac{Y'_{nu}}{Y} = r \cdot \frac{K_{nu}}{Y} = \frac{K}{Y} \cdot r \cdot \frac{K_{nu}}{K} = r \left(\frac{s_u\, s_{nu}}{s_u - s_{nu}} \frac{K}{I} - \frac{s_{nu}}{s_u - s_{nu}} \frac{K}{Y} \right).$$

Symbole: r = Zinssatz; K = Kapitalstock; K_{nu} = Kapitalstock der Arbeitnehmer. Vgl. *Pasinetti,* L. L.: Rate of Profit and Income Distribution in Relation to the Rate of Economic Growth S. 271.

[122] Vgl. *Pasinetti,* L. L.: Rate of Profit and Income Distribution in Relation to the Rate of Economic Growth, S. 272.

[123] Vgl. derselbe, ebenda, S. 272.

[124] Vgl. derselbe, ebenda, S. 273.

[125] Vgl. derselbe, ebenda, S. 274.

[126] Vgl. derselbe, ebenda, S. 274.

weil die strukturellen gesellschaftlichen Machtverhältnisse unbeachtet bleiben. Insofern ist die Theorie nicht vollständig[127]." Demgemäß definiert er als Ziel seines Beitrages, „das Mit- und Gegeneinander der Faktoren zu zeigen, die von der Sozialstruktur und vom Kreislauf her auf die Verteilung wirken und nicht nur diese selbst, sondern auch den Prozeß des Wachstums beeinflussen"[128]. Als Bausteine seines Systems analytischer Beziehungen verwendet *Preiser* die Theorien von *Kaldor*, *Kalecki* und *Domar*. Ausgangspunkt seines Modells ist die *Kaldor*sche Verteilungsgleichung, die „die Verteilung in Abhängigkeit von den volkswirtschaftlichen Nachfrageströmen (zeigt), wobei über die soziale Struktur der Wirtschaftsgesellschaft nicht mehr vorausgesetzt wird, als daß es Unternehmerkapitalisten und Arbeiter gibt, die ganz bestimmte Investitions- und Konsumpläne haben und durchführen"[129]:

$$\frac{Y_u}{Y} = \frac{1}{s_u - s_{nu}} \frac{I}{Y} - \frac{s_{nu}}{s_u - s_{nu}} .$$

Die sich aus diesen Faktoren ergebende gesamtwirtschaftliche Verteilung bezeichnet *Preiser* als faktischen Monopolgrad.

Außer durch die Einkommensmechanik sieht *Preiser* die gesamtwirtschaftliche Verteilung auf die sozioökonomischen Gruppen auch und vor allem durch die Sozialstruktur determiniert[130, 131]. Der strukturelle Monopolgrad, der diese Einflüsse repräsentiert, drückt „das Ergebnis der mit dem unmittelbaren Blick auf die Verteilung geführten Auseinandersetzung zwischen Unternehmerkapitalisten und Arbeitern aus, eine Auseinandersetzung, die sich gleichzeitig auf dem Arbeitsmarkt und auf dem Gütermarkt abspielt und von beiden Parteien mit ganz bestimmten Zielsetzungen und Vorstellungen über ihre relative Machtposition geführt wird. Dabei orientieren sich die Unternehmer an der Profitrate, die Arbeiter am Reallohn; in keinem Fall denken die Beteiligten bei dieser unmittelbaren Auseinandersetzung an einen Einfluß der Nachfrageströme auf die Verteilung"[132]. Um den strukturellen Mo-

---

[127] Vgl. *Preiser*, E.: Wachstum und Einkommensverteilung, Sitzungsberichte der Heidelberger Akademie der Wissenschaften, Phil.-Hist. Klasse, Jg. 1961, 5. Abhlg., Heidelberg 1961, S. 9.

[128] Vgl. *Preiser*, E., Wachstum und Einkommensverteilung, S. 9.

[129] Vgl. *Preiser*, E.: Wachstum und Einkommensverteilung, S. 23.

[130] Neben *Preiser* hat auch *Stobbe* einen Integrationsversuch der Verteilungstheorien von *Kaldor* und *Kalecki* vorgelegt, der hier allerdings vernachlässigt werden kann, da er nicht mit der Wachstumstheorie verbunden wird; vgl. *Stobbe*, A.: Kurzfristige und langfristige Bestimmungsgründe der Einkommensverteilung, S. 131 ff.; derselbe: Untersuchungen zur makroökonomischen Theorie der Einkommensverteilung, S. 76 ff.

[131] *Preiser* bezeichnet sich selbst als Vertreter der Klassenmonopoltheorie, die die Existenz von Besitzeinkommen aus der Knappheit des Realkapitalbestandes (einschl. des Bodens) und der ungleichmäßigen Verteilung des Produktionsmittelbesitzes ableitet; vgl. *Preiser*, E.: Distribution (I), S. 299 f.

[132] Vgl. *Preiser*, E.: Wachstum und Einkommensverteilung, S. 21.

nopolgrad zu formalisieren, operiert *Preiser* mit einem durch die Klassenmonopolmacht bestimmten Gewinnaufschlag und einem durch die Verhandlungsmacht der Arbeitnehmerorganisationen determinierten Reallohnsatz[133]:

$$\frac{Y_u}{Y} = m = \frac{z}{l+z} \,.$$

Die beiden Verteilungsformeln werden von *Preiser* als Nachfrage- und Angebotsbeziehung aufgefaßt.

Ergibt sich aus den Gleichungen eine unterschiedliche Verteilung, so fungiert die Höhe des Volkseinkommens als Angleichungsmechanismus: „Nur bei einer ganz bestimmten Höhe des Volkseinkommens sind beide Gleichungen erfüllt, nur bei dieser Höhe stimmen die Realisations- mit den Entstehungsbedingungen, die Nachfrage- mit den Angebotsbedingungen der Verteilung überein[134].“ Das Wechselspiel zwischen beiden Verteilungen wird vor allem durch zwei Faktoren bestimmt: die Investitionsquote und den strukturellen Monopolgrad. „Im Wachstum tendiert die Investition dahin, die Profitquote zu vergrößern, also den faktischen Monopolgrad zu erhöhen. Die Machtverhältnisse, die den strukturellen Monopolgrad . . . bestimmen, wirken dem entgegen. Die wachsende Wirtschaft ist durch dieses Gegenspiel gekennzeichnet. Es kommt erst zur Ruhe, wenn das Volkseinkommen mit einer Rate zunimmt, die sowohl der Investition als auch dem strukturellen Monopolgrad entspricht; denn dieser bestimmt das Wachstum mit[135].“

---

[133] Diese Gleichung leitet sich wie folgt ab:

$$p = l_c + z_c \qquad\qquad z = z_c \frac{x}{a}$$

$$m = \frac{z_c}{l_c + z_c} \qquad\qquad l = l_c \frac{x}{a}$$

$$m = \frac{z}{l + z} \qquad\qquad Y_u = z_c\, x$$

$$\frac{Y_u}{Y} = m = \frac{z}{l + z} \qquad\qquad Y = x\,(l_c + z_c)$$

Bedeutung der Symbole:

m = struktureller Monopolgrad
l_c = Lohnkosten pro Stück
z_c = Gewinn pro Stück
a = Arbeitsstunden
x = Produktionsmenge
l = Lohn pro Arbeitsstunde
z = Gewinnaufschlag pro Arbeitsstunde

Vgl. *Preiser*, E.: Wachstum und Einkommensverteilung, S. 17 f.

[134] Vgl. *Preiser*, E.: Wachstum und Einkommensverteilung, S. 21.

[135] Vgl. *Preiser*, E.: Wachstum und Einkommensverteilung, S. 27.

27. Den Ausgangspunkt für einen Brückenschlag zur Wachstumstheorie bildet die Bestimmung derjenigen Höhe des Volkseinkommens, das sowohl der Angebots- als auch der Nachfragekonstellation der Verteilung entspricht. Dieser Wert des Volkseinkommens ergibt sich durch Gleichsetzung beider Verteilungsgleichungen:

$$m = \frac{1}{s_u - s_{nu}} \frac{I}{Y} - \frac{s_{nu}}{s_u - s_{nu}}$$

$$Y = \frac{I}{m\,(s_u - s_{nu}) + s_{nu}}$$

Diese Gleichung stellt eine zeitlose Form des *Keynes*schen Multiplikators dar, der neben den Sparneigungen der sozioökonomischen Gruppen und damit die Nachfragebeziehung der Verteilung auch die strukturellen Faktoren der Verteilung enthält.

Unter der Annahme, daß aus den Lohneinkommen nur konsumiert und aus den Profiteinkommen nur gespart wird, reduziert sich die Multiplikatorformel zu:

$$Y = \frac{I}{m} \cdot$$

Wie bei dem *Keynes*schen Einkommensmultiplikator wird eine Zunahme der Investitionen zu Preisniveau- und Volkseinkommenssteigerungen führen. Jedoch nicht — wie bei *Keynes* — über eine bei konstanter Sparquote steigende Gesamtersparnis, sondern über die Reaktionen der Lohnempfänger auf die für sie verschlechterte faktische Verteilungssituation. Es stellt sich dann wieder die Verteilung ein, die dem strukturellen Monopolgrad entspricht, den *Preiser* als die dominierende Verteilungsdeterminante ansieht. Dieser Prozeß der Angleichung ist ganz anderer Natur als bei *Keynes*, da m „nicht eine unmittelbare Beziehung des Profits zum Volkseinkommen ausdrückt, sondern eine mittelbare, der die Relation zwischen Profitaufschlag und Lohnsatz zugrundeliegt“[136].

Wird die modifizierte Multiplikatorformel in die *Domar*sche Wachstumsgleichung eingefügt, so ergibt sich:

$$\frac{\Delta Y}{Y} = \frac{m\,(s_u - s_{nu}) + s_{nu}}{\beta}$$

Diese Gleichung zeigt, wie das wirtschaftliche Wachstum sowohl durch die Nachfrage- als auch durch die Angebotsdeterminanten der Verteilung beeinflußt wird. Zugleich läßt diese Gleichung die Bestimmung

---

[136] Vgl. *Preiser*, E.: Wachstum und Einkommensverteilung, S. 28.

derjenigen Wachstumsrate des Sozialprodukts zu, die mit der faktischen und strukturellen gesamtwirtschaftlichen Verteilung kompatibel ist. Auf die aus diesem theoretischen Gerüst und zusätzlichen Annahmen und Variationen von *Preiser* abgeleiteten Ergebnisse kann hier nur kurz eingegangen werden[137]. Eine Erhöhung des strukturellen Monopolgrades nivelliert die Verteilung und bremst das wirtschaftliche Wachstum. Eine gesteigerte Konsumneigung der Unternehmer führt bei Vollbeschäftigung zu Preisniveausteigerungen, solange sie nicht durch eine verringerte Investitionsneigung kompensiert wird. Eine vergrößerte Sparneigung der Arbeitnehmer hat bei konstanten Preisen Beschäftigungs- und Wachstumsrückgänge zur Folge, während sich an der relativen Machtposition und somit an der Verteilung nichts ändert. Lohnerhöhungen, die über den Produktivitätsfortschritt hinausgehen, verbessern via sinkendem strukturellem Monopolgrad die Verteilung zugunsten der Arbeitnehmer bei sinkender Wachstumsrate.

28. Die *Kaldor*sche Verteilungstheorie vermag nur ein kurzfristiges Vollbeschäftigungswachstum zu erklären. Das Vollbeschäftigungsgleichgewicht wird über die Einkommensverteilungsdynamik erreicht, die die gesamtwirtschaftliche Ersparnis an die Investitionen angleicht. Damit kann das *I/S*-Gleichgewicht als das kurzfristige Ausgangsgleichgewicht des *Kaldor*-Modells bezeichnet werden. Die Integration dieser Verteilungstheorie mit der Wachstumstheorie ist insofern unvollkommen, als keine funktionalen Beziehungen für das Wirtschaftswachstum und seine Determinanten entwickelt werden. Für die Verbindung der Verteilung mit dem langfristigen Wirtschaftswachstum, d. h. für das langfristige Wachstumsgleichgewicht ergibt sich somit die Aufgabe, sowohl das Wachstum des Sozialproduktes als auch die Zunahme der Investitionen näher zu erklären. *Kaldor* geht von der Annahme aus, „that in a growing economy the general level of output at any one time is limited by available resources, and not by effective demand“[138]. Die Hauptstützen seines Integrationsversuchs von Verteilungs- und Wachstumstheorie bilden drei gesamtwirtschaftliche Funktionen: die Spar-, Investitions- und technische-Fortschritts-Funktion[139]. Bezüglich des dritten Produktionsfaktors geht *Kaldor* davon aus, „that any sharp or clear-cut distinction between the movement along a ‚production function' with a given state of knowledge, and a shift in the ‚production function' caused by a change in the state of knowledge, is arbitrary and artifical“[140]. *Kaldor* versucht also, „das Wachstum der gesamtwirtschaftlichen Angebotsseite nicht durch die Analyse der Ursa-

---

137 Vgl. *Preiser*, E.: Wachstum und Einkommensverteilung, S. 34 ff.
138 Vgl. *Kaldor*, N.: A Model of Economic Growth, S. 262.
139 Vgl. *Kaldor*, N.: Capital Accumulation and Economic Growth, S. 214 f.
140 Vgl. *Kaldor*, N.: A Model of Economic Growth, S. 265.

chen dieses Wachstums, sondern durch die Fixierung der Effekte dieser Ursachen zu fassen"[141].

Die technische-Fortschritts-Funktion zeigt somit „the rate of growth of labour productivity (and income) as an increasing function of the rate of net investment expressed as a proportion of the stock of capital — i. e. of the (proportionate) rate of growth of the capital stock"[142]:

$$\frac{Y_{t+1} - Y_t}{Y_t} = a + b\,\frac{K_{t+1} - K_t}{K_t} \qquad a > o\,;\ 1 > b > o$$

Unter Vernachlässigung des Bevölkerungswachstums und seines Einflusses auf die Wachstumsrate des Sozialprodukts stellt sich die Frage, wie die Transformation von technischem Fortschritt in Kapitalakkumulation zu erklären ist, d. h. das Problem der Investitionsfunktion. In einem ersten Versuch unerstellte *Kaldor* eine Investitionsfunktion, „which makes investment of any period partly a function of the change in output in the previous period and partly of the change in the rate of profit on capital in that period"[143].

$$I_t = (Y_t - Y_{t-1})\left(d + e\,\frac{Y_{ut-1}}{K_{t-1}}\right) + e\left(\frac{Y_{ut}}{K_t} - \frac{Y_{ut-1}}{K_{t-1}}\right) Y_t\,.$$

$$d > o\,;\, e > o$$

Ist die Profitrate im Zeitablauf konstant, so ist die Zuwachsrate des Kapitalstocks gleich der Zuwachsrate des Sozialprodukts in der laufenden Periode.

Diese Form der Investitionsfunktion ersetzt *Kaldor* durch eine zweite Version, nach der die Investitionsentscheidungen der Unternehmer vom langfristigen Wachstum des Sozialprodukts, das wiederum durch den technischen Fortschritt, die Kapitalakkumulation und das Bevölkerungswachstum (n) bestimmt wird, abhängig sind[144]:

$$I_{t+1} = \left(\frac{Y_{t+1} - Y_t}{Y_t} - n - a\right)\frac{K_t}{b} + n\,K_t + u\,\frac{d}{d_t}\left(\frac{Y_t}{K_t}\right)\cdot \qquad u > o$$

Ohne hier auf die weiteren Modifikationen dieses Grundmodells einzugehen[145], kann festgestellt werden, daß das langfristige Gleichgewichtswachstum (G_y) in *Kaldors* System unter den Bedingungen eines kon-

---

[141] Vgl. *Oppenländer*, K.: Die moderne Wachstumstheorie, S. 199.

[142] Vgl. *Kaldor*, N.: A Model of Economic Growth, S. 277. Die Symbole sind entsprechend den in dieser Arbeit verwendeten geändert worden; die Indices geben die Zeit an.

[143] Vgl. *Kaldor*, N.: A Model of Economic Growth, S. 271 f.

[144] Vgl. *Kaldor*, N.: Capital Accumulation and Economic Growth, S. 215 f.

[145] Vgl. dazu *Kaldor*, N. und J. A. *Mirrlees*: A New Model of Economic Growth, S. 174.

stanten Kapitalkoeffizienten und einer in der Zeit invarianten Profitrate erreicht wird[146]:

$$G_y = \frac{a}{1-b} + n.$$

Mit dieser Gleichgewichtsrate sieht *Kaldor* den Anspruch der Realitätsnähe seines Modells als erfüllt an: „One of the merits of the present model is that it shows that the constancy in the capital/output ratio, in the share of profit and in the rate of profit can be shown to be the consequence of endogenous forces operating in the system, and not just the result of some coincidence — as, e. g., that ‚capital saving' and ‚labour saving' inventions happened (historically) to have precisely offset one another, or that the growth in monopoly happened (historically) to have been counterbalanced by the fall in raw-material prices in terms of finished goods[147]."

29. Um die Kompatibilität der kurzfristigen und langfristigen Gleichgewichtsbetrachtung zu überprüfen und die Beziehungen zwischen Verteilung und Wachstum im *Kaldor*schen System herauszustellen, ist es notwendig, den gesamten Verteilungs- und Wachstumsprozeß kurz zu skizzieren. Formaltheoretisch ergibt sich der Zusammenhang zwischen verteilungs- und wachstumstheoretischem Gleichgewicht über die Identitätsgleichung:

$$\frac{I}{K} = \frac{I}{Y} \cdot \frac{Y}{K}$$

Diese Beziehung zwischen Angebots- und Verwendungsseite des gesamtwirtschaftlichen Systems läßt sich unter Verwendung der *I/S*-Gleichgewichtsbedingung und der verteilungspolitisch orientierten gesamtwirtschaftlichen Sparfunktion leicht umformulieren in[148]:

$$\frac{Y_u}{Y} = \frac{G_y \cdot \frac{K}{Y} - s_{nu}}{s_u - s_{nu}}$$

Danach ist die gesamtwirtschaftliche Einkommensverteilung abhängig von den Sparquoten der sozioökonomischen Gruppen, der Höhe des Kapitalkoeffizienten und der Wachstumsrate des Sozialprodukts, die hier nicht wie bei *Bombach*[149] durch die gesamtwirtschaftliche Spar-

---

[146] Vgl. *Kaldor*, N.: A Model of Economic Growth, S. 289; derselbe: Capital Accumulation and Economic Growth, S. 216.

[147] Vgl. *Kaldor*, N.: A Model of Economic Growth, S. 261.

[148] Zur Ableitung vgl. *Kaldor*, N.: A Model of Economic Growth, S. 284 f.

[149] Vgl. die Erweiterung des *Kaldor*schen Verteilungsmodells durch *Bombach*, G.: Die verschiedenen Ansätze der Verteilungstheorie, S. 134 f.

quote bestimmt ist, sondern durch den technischen Fortschritt und das Bevölkerungswachstum.

Unter den Annahmen, daß langfristig die Profitrate konstant ist und die gesamtwirtschaftliche Ersparnis sich allein aus Gewinneinkommen rekrutiert, kann unter Bezugnahme auf die technische-Fortschritts-Funktion und die erste Version der Investitionsfunktion der Gleichgewichtswert des Kapitalkoeffizienten wie folgt ausgedrückt werden[150]:

$$\frac{K}{Y} = \frac{s_u \cdot d + e \cdot G_y}{s_u \cdot (1 + G_y)}$$

Durch Einsetzen ergibt sich für die Profitquote die folgende Gleichung:

$$\frac{Y_u}{Y} = \frac{s_u \cdot d \cdot G_y - e \cdot G_y^2}{s_u^2 \cdot (1 + G_y)}$$

Die gesamtwirtschaftliche Einkommensverteilung ist damit abhängig von der Sparquote der Gewinneinkommensbezieher, den Parametern der Investitionsfunktion und der Wachstumsrate des Sozialprodukts, die durch den technischen Fortschritt und das Bevölkerungswachstum determiniert ist.

30. Das auf der kurzfristigen Verteilungsgleichung (Sparfunktion), der Investitions- und der technischen-Fortschritts-Funktion beruhende *Kaldor*sche System tendiert zu einem langfristigen Wachstumsgleichgewicht, wenn die Wachstumsrate des Sozialprodukts in der Zeit konstant und gleich der Akkumulationsrate des Kapitals ist. Die Anpassung beider Wachstumsraten erfolgt über die Investitionsfunktion, die eine Akzelerator- und eine Profitabhängigkeit enthält. Entspricht beispielsweise die Akkumulationsrate nicht der Wachstumsrate, sondern liegt unter der Rate des Sozialprodukts, so bewirkt die Abhängigkeit der Investitionshöhe von der Wachstumsrate des Sozialprodukts eine Zunahme der Investitionen. In die gleiche Richtung wirkt die Dependenz bezüglich der effektiven Kapitalverzinsung, da ein Zurückbleiben der Wachstumsrate des Kapitals gegenüber der Wachstumsrate des Sozialprodukts eine steigende Kapitalverzinsung bedeutet. Damit wird das langfristige Wachstumsgleichgewicht allein von der technischen-Fortschritts-Funktion und der Investitionsfunktion bestimmt. Im Gegensatz zur Wachstumstheorie von *Harrod* und *Domar* sind die Sparquoten ohne wachstumstheoretische Bedeutung. Der Gleichgewichtswert des Kapitalkoeffizienten wird von den Parametern der technischen-Fortschritts-Funktion bestimmt, dagegen haben die Faktorpreise keinen Einfluß. Stimmen die Wachstumsraten von Kapital und Sozialprodukt überein, so ergibt sich eine konstante Investitionsquote und

---

[150] Zur Ableitung vgl. *Kaldor*, N.: A Model of Economic Growth, S. 285 ff.

ein konstanter Kapitalkoeffizient und damit eine konstante Einkommensverteilung. Die Einkomensverteilung wird also im *Kaldor*schen System letztlich durch die Gleichgewichtswachstumsrate von Output und Kapital bestimmt[151]. Liegt die Wachstumsrate des Kapitals unter der Gleichgewichtsrate, so steigen aufgrund der Investitionsfunktion die Investitionen schneller als das Sozialprodukt. Bei gegebenen Sparquoten bewirken die steigenden Investitionsausgaben ein relativ stärkeres Steigen des Preisniveaus als des Lohnniveaus, wodurch der Anteil der Gewinne am Volkseinkommen steigt. Es kann daher festgestellt werden, daß auch langfristig die Einkommensmechanik den entscheidenden Transformationsmechanismus für Anpassungsprozesse darstellt.

31. Der in diesem Paragraphen unternommene kritische Überblick über die Postkeynesianischen Integrationsversuche von Verteilungs- und Wachstumsprozeß verfolgte das Ziel, die verschiedenartigen kreislauftheoretischen Ansatzpunkte für eine Verbindung von Verteilungs- und Wachstumstheorie aufzuzeigen und die unterschiedlichen Modellstrukturen und Mechanismen herauszuarbeiten. Gemeinsam ist allen Modellen die kreislauftheoretische Grundlage und die makroökonomische Konzeption. Einer der Pioniere der makroökonomischen Verteilungstheorie, *Boulding*, bemerkt zum formaltheoretischen Aufbau von Kreislaufmodellen: „Any macroeconomic model consists, first, of two parts: one or more identities relating various aggregates of the system and sufficient behavior equations relating the aggregates of the identities among themselves to give an equal number of equations and unknowns and so make an equilibrium solution possible[152].“ *Boulding* hebt vor allem die Überwindung des produktionstechnischen Determinismus durch die verhaltensorientierte Konzeption der Postkeynesianischen Theorie hervor: „What emerges in any case from the analysis is a concept of long-run dynamics which is much less deterministic than that of the classical, the Marxist, or the marginal school. The historical movement of the relative shares is determined by how people behave or are induced to behave and is not predetermined by any iron physical laws[153].“

Dennoch werden in den Postkeynesianischen Integrationsansätzen neben den Verhaltens- und Identitätsgleichungen auch technische Relationen verwendet. Eine solche technische Relation ist der gesamtwirt-

---

[151] Vgl. dazu auch *Scheele* E.: Die makroökonomische Theorie der Einkommensverteilung, S. 170 ff.; *Oppenländer*, K.: Die moderne Wachstumstheorie, S. 205 ff.

[152] Vgl. *Boulding*, K. E.: The Fruits of Progress and the Dynamics of Distribution, S. 476.

[153] Vgl. *Boulding*, K. E.: The Fruits of Progress and the Dynamics of Distribution, S. 480.

schaftliche Kapitalkoeffiizent, der demgemäß auch keine reine Stromgröße, sondern eine von der Periodenwahl abhängige Mischung aus „stock" (Kapitalbestand) und „flow" (Einkommen) darstellt[154]. Der Kapitalkoeffizient, dessen Höhe von der Auslastung der Kapazitäten, dem technischen Fortschritt, der Faktorsubstitution und gesamtwirtschaftlichen Struktureffekten abhängt, ist als das Bindeglied zwischen Einkommens- und Produktionstheorie anzusehen. Dem Postkeynesianischen Integrationsversuch kann damit eine Produktionsfunktion zugrundegelegt werden, wobei für die Modelle von *Harrod* und *Domar* von einer *Leontief*-Funktion oder *CES*-Funktion auszugehen wäre, während sich *Kaldor* auf seine bekannte technical progress function stützt[155]. Die Verwendung des Kapitalkoeffizienten stellt also ebenso eine Anerkennung der Gültigkeit produktionstechnischer Gesetzmäßigkeiten dar, wie die Verwendung der *Keynes*ianischen Sparfunktion im neoklassischen System eine Berücksichtigung der sozialökonomischen Gesetzmäßigkeiten bedeutet. Wenn sich demnach auch keine eindeutige Trennungslinie zwischen produktionstechnischen und verhaltensdeterminierten Gesetzmäßigkeiten in der Neoklassik und im Postkeynesianismus ziehen läßt, so kann dennoch im Ergebnis *Boulding* insofern zugestimmt werden, daß der Postkeynesianische Integrationsversuch primär auf sozialökonomischen und der neoklassische primär auf naturalökonomischen Gesetzmäßigkeiten beruht.

32. Eine realitätsnahe integrierte Verteilungs- und Wachstumstheorie, die gleichzeitig eine fundierte Grundlage für die Wirtschaftspolitik abgeben soll, ist ohne Bezugnahme auf soziale und institutionelle Faktoren nicht zu entwickeln. Daraus folgt die Aufgabe, das analytische Rahmenwerk der Kreislaufmechanik mit sozialem und institutionellem Inhalt zu füllen. Dieses Erfordernis gilt sowohl für die Berücksichtigung von Verhaltensweisen und deren Änderungen als auch für die sozialstrukturellen Daten, deren Einfluß sich nicht zwangsläufig und eindeutig den Verhaltensweisen und ihren Änderungen zuordnen läßt. Die Erfüllung dieser Forderungen bedingt eine weitere Aufspaltung der makroökonomischen Aggregate, um auf diese Weise zu annähernd homogenen Einheiten und relativ eindeutigen Verhaltensgleichungen zu kommen[156]. In einer abschließenden kritischen Rück-

[154] Wenn hier vom Kapitalkoeffizienten als technischer Relation gesprochen wird, so ist damit nicht die Verhaltensrelation von *Harrod* gemeint.

[155] Zur Diskussion der in den Modellen von *Harrod* und *Domar* enthaltenen Produktionsfunktionen vgl. u. a. *Ott*, A. E.: Produktionsfunktion, technischer Fortschritt und Wirtschaftswachstum, S. 155 ff.; *Bombach*, G.: Von der Neoklassik zur modernen Wachstums- und Verteilungstheorie, S. 408 f., Anm. 1.

[156] So bemerkt *Rothschild*: „What we experience now is the groping for relevant and fruitful theoretically sub-divisions of total income and other macro-economic aggregates. A 'splitting-up' activity is in process which

schau ist es nicht sinnvoll, alle diskutierten Integrationsansätze auf kreislaufanalytischer Basis noch einmal bezüglich ihrer Unterschiede in den Annahmen und im Modellaufbau zu erörtern. Die Abfolge der Untersuchung der verschiedenen Modelle war so angelegt, daß versucht wurde, die wesentlichen kritischen Einwände gegen die Postkeynesianischen Grundmodelle von Wachstum und Verteilung jeweils im nächsten Schritt der Untersuchung durch entsprechend erweiterte und modifizierte Modelle zu berücksichtigen. Daher sollen hier nur noch einmal kurz die wesentlichen Änderungen in den Prämissen bezüglich der Verhaltensannahmen und der Sozialstruktur herausgestellt und damit der Nachweis erbracht werden, wie durch ständige Anpassung der Prämissen an die wirtschaftliche Wirklichkeit die Aussagekraft dieser Theorien beträchtlich erhöht worden ist.

Für die verteilungstheoretische Seite des Postkeynesianischen Integrationsansatzes stellte der Übergang von der funktionalen Aufteilung der Einkommensarten zu gruppenbezogenen Einkommenskategorien zunächst insofern eine Bereicherung dar, als nun direkt auf die hinter den abstrakten makroökonomischen Aggregaten stehenden relevanten sozioökonomischen Gruppen Bezug genommen werden konnte. Dennoch kann die in fast allen diskutierten Modellen unterstellte Zweiklassentheorie nicht befriedigen. Die von *Bombach* vorgeschlagene Trennung von entnommenen und nichtentnommenen Gewinnen und die Unterscheidung von kontrakt- und residualbestimmten Einkommen der unselbständig Beschäftigten durch *Pasinetti* können diesbezüglich als erheblicher Fortschritt in Richtung einer Homogenisierung und Desaggregation bezeichnet werden. Sozialstrukturelle Daten, die die rein kreislauftheoretische Verteilungstheorie ursprünglich nicht berücksichtigte, werden durch *Kaldor*, *Pasinetti* und *Preiser* in die Postkeynesianische Theorie einbezogen. *Kaldors* Verdienst ist vor allem darin zu sehen, daß er aus dem historischen Wachstumsprozeß mit seinen starken allgemeinen Realeinkommenssteigerungen die Möglichkeit einer positiven Ersparnis der Bezieher von Lohneinkommen ableitet und sie in seinem Verteilungsmodell berücksichtigt. Gleichfalls sind die Ober- und Untergrenzen für Lohn- und Gewinneinkommen wie auch die Verwendung des Monopolgrades im Unterbeschäftigungsfall als sozialstrukturelle Daten des *Kaldor*-Modells zu interpretieren. Durch die Hinzufügung des Vermögensverteilungsaspektes hat *Pasinetti* eine schwerwiegende Lücke im Postkeynesianischen Gedankengebäude geschlossen und den Einfluß der Besitzverteilung wieder zur Geltung gebracht. *Preiser* arbeitet den Monopolgrad explizit in die Post-

---

reminds one of the work of atomic scientists"; vgl. *Rothschild*, K. W.: Some Recent Contributions to a Macro-Economic Theory of Income Distribution, S. 197.

keynesianische Integration von Wachstum und Verteilung ein und stellt dabei vor allem auf die machtpolitischen Auseinandersetzungen auf den Arbeits- und Gütermärkten ab.

Auch die Berücksichtigung zweier verschiedener Einkommensverwendungshypothesen (absolute income hypothesis — relative income hypothesis) in der Postkeynesianischen Theorie kann als Aufnahme sozialstruktureller Änderungen angesehen werden, wenn man beispielweise bereit ist, die *Keynes*sche Konsumfunktion dem innengeleiteten Typus und die Konsumfunktion à la *Duesenberry-Modigliani* dem außengeleiteten Typus der Überflußgesellschaft zuzuordnen. Trotz dieser beachtenswerten Fortschritte bleibt jedoch ein wesentliches Problem ungeklärt: es stellt sich die Frage, wie und durch welche Faktoren sich die Verhaltensparameter und sozialstrukturellen Daten im Zuge des Wachstums- und Verteilungsprozesses ändern. Die Konstanz dieser Parameter muß als der bisher ungelöste, bedeutende Rest dieses Integrationsversuchs bezeichnet werden: „To explain the income distribution (and other aspects of the growing economy) one has, therefore, to go beyond the circle of variables and relationships used so far, and to consider how they themselves are changed in the course of economic development[157]."

33. *Robinson* weist bekanntlich darauf hin, daß alle Modelle einer stetig wachsenden Wirtschaft „have their origin in a simple piece of arithmetic"[158]. Die mathematische Simplizität der Ausgangsmodelle der Postkeynesianischen Wachstumstheorie bedingt ihre historische Enthaltsamkeit. *Harrod* und *Domar* machen — im Gegensatz zu *Kaldor* — ausdrücklich darauf aufmerksam, daß ihre Modelle nicht den tatsächlichen Wachstums- und Entwicklungsprozeß in marktwirtschaftlich orientierten Volkswirtschaften beschreiben wollen[159]. Vom methodischen Standpunkt aus ist die Wachstumstheorie von *Harrod* und *Domar* ein System von miteinaner verknüpften, definitorisch-theoretischen Sätzen, die als Bedingungen für das moving equilibrium formuliert werden[160, 161]. Über die Notwendigkeit einer Synthese zwischen den

---

[157] Vgl. *Rothschild*, K. W.: The Limitations of Economic Growth Models, S. 582.

[158] Vgl. *Robinson*, J.: The Model of an Expanding Economy, in: EJ, Vol. 62, 1952, S. 2.

[159] So bemerkt *Harrod*: „The main object of this article . . . is to present a tool of analysis, not to diagnose present conditions" (vgl. *Harrod*, R. F.: An Essay in Dynamic Theory, S. 219); *Domar* stellt diesbezüglich fest: „The models do involve heroic simplifications" (vgl. *Domar*, E. D.: A Theoretical Analysis of Economic Growth, S. 25 f.).

[160] Vgl. *Rose*, K.: Der Erkenntniswert der Wachstumsmodelle in: JfNuSt, Bd. 168, 1956, S. 330.

[161] Hier geht es um die logischen Bedingungen des Gleichgewichts, nicht um empirische Bedingungen; vgl. dazu *Albert*, H., Wachstumsmodelle und

formalisierten Gleichgewichtsmodellen, die auf einem tautologischen System von Begriffen aufbauen, und den empirisch ambitionierten Entwicklungstheorien[162], die die Ursachen des tatsächlichen Wachstums erklären wollen und demnach empirische Hypothesen über reale Abläufe enthalten, herrscht heute weitgehende Übereinstimmung[163].

Dennoch sprechen für eine kritische Überprüfung der Realitätsbezogenheit der wachstumstheoretischen Annahmen in den Postkeynesianischen Wachstumsmodellen mehrere Gründe. Wenn eine Gleichgewichtstheorie eine Maßstabsfunktion für die Beurteilung der konkreten Abläufe übernehmen soll, die es ermöglicht, die Gemeinsamkeiten und Besonderheiten empirischer Prozesse zu erkennen, so muß dieser Maßstab den Vorgängen in der Realität zumindest angemessen sein. Dies setzt ein Minimum an empirischem Gehalt, an Hypothesen voraus. Als dieses notwendige Minimum wird hier der unterstellte Wachstumsmechanismus, die Steuerungsmechanik des Systems angesehen. Wenn man auch mit *Rose* aufgrund der übervereinfachten Annahmen von *Harrod* und *Domar* den Schluß ziehen kann, daß das Wachstumsgleichgewicht sowohl zerstörbar als auch instabil ist und daß Gleichgewichtspfad und Entwicklungstrend nicht zusammenfallen[164], so kann dennoch gefragt werden, ob der in den Modellen unterstellte Steuerungsmechanismus, auch wenn er zu Ungleichgewichtslagen führt, realistisch ist oder nicht. Das Erfordernis, den empirischen Gehalt der Postkeynesianischen Theorien zu prüfen, stellt sich eindeutig für die Weiterentwicklung der Ausgangsmodelle, die z. T. explizit den Anspruch erheben, die Wachstumswirklichkeit zu beschreiben. Die folgende kritische Untersuchung wird sich auf drei zentrale Punkte beschränken: die preistheoretischen Aspekte, die Stellung des Sparens und die der Investitionen im Wirtschaftswachstum.

34. Die preistheoretische Integration von Verteilung und Wachstum kann — wie gezeigt (3. Kap.) — zwar die Änderungen der relativen Preise, der Preisstruktur und die dadurch ausgelösten Prozesse auf mikroökonomischer Ebene erklären, ist jedoch nicht in der Lage, die von Datenänderungen verursachten makroökonomischen Bewegungsabläufe wie Schwankungen des Preisniveaus, der Beschäftigung und des Volkseinkommens sowie den Prozeß des wirtschaftlichen Wachstums adäquat zu erfassen. Eine Integration von Verteilung und Wachstum auf preistheoretischer Basis wäre nur möglich, wenn die bisher

---

Realität. Bemerkungen zu Roses Kritik der Wachstumstheorie, in: JfNuSt, Bd. 169, 1958, S. 122; *Rose*, K.: Replik, in: JfNuSt, Bd. 169, 1958, S. 125.

[162] Vgl. etwa die Theorie von *Schumpeter*, J. A.: Theorie der wirtschaftlichen Entwicklung.

[163] Vgl. *Domar*, E. D.: A Theoretical Analysis of Economic Growth, S. 19.

[164] Vgl. *Rose*, K.: Der Erkenntniswert der Wachstumsmodelle, S. 326.

statisch bzw. komparativ-statisch konzipierte Preistheorie zu einer Theorie der dynamischen Faktorallokation weiterentwickelt werden könnte oder wenn eine Verbindung zwischen Mikro- und Makrotheorie hergestellt werden könnte. Wenn *Haberler* im Jahre 1951 bemerkte: „No completely satisfactory combination of price and income analysis has yet been presented"[165], so besitzt diese Feststellung auch im Jahre 1966 ihre Gültigkeit. Die Ansätze von *Robinson* und *Preiser*, preistheoretische Elemente in die grundsätzlich makroökonomisch konzipierte Wachstums- und Verteilungstheorie einzubeziehen, vermögen unter dynamischem Aspekt nicht zu überzeugen[166]. Wenn *Robinson* den Reallohnsatz explizit in ihrem Integrationsversuch berücksichtigt, so wird damit zwar der Preismechanismus bzw. die politische Steuerung des Systems angesprochen, aber die dazugehörige dynamische Theorie der Faktorallokation wird nicht entwickelt. Die Summe der kontraktbestimmten Einkommen ergibt sich immer als Produkt aus Durchschnittslohnsatz und eingesetztem Arbeitspotential, in dieser tautologischen Formulierung läßt sich ohne Schwierigkeiten eine Verbindung von Preis- und Einkommensmechanismus herstellen. Die Erklärung der Prozesse, die zu diesem Lohnsatz führen, und die Darstellung der Wechselwirkungen zwischen Höhe des Lohnsatzes, Faktorallokation und wirtschaftlichem Wachstum bleibt eine solche Theorie jedoch schuldig.

Die gleichen Einwände sind gegen den auf der Monopolgradtheorie fußenden Ansatz von *Preiser* zu erheben. Zwar muß die *Preiser*sche Konzeption insofern als ein bedeutender Fortschritt angesehen werden, als die gesamtwirtschaftliche Verteilung gleichzeitig durch preistheoretische und einkommensmechanische Elemente bestimmt wird, aber dennoch erscheint der Monopolgrad in der Wachstumsgleichung als ein Fremdkörper, dessen Beziehungen zum Wachstum weitgehend unerklärt bleiben. So ist beispielsweise das Ergebnis, daß eine Steigerung des Monopolgrades das Wirtschaftswachstum verringert, zumindest außerordentlich kontrovers[167]. Diese hier nur sehr summarisch vorgetragenen Einwände gegen die Versuche, preistheoretische Elemente in der makroökonomischen Verteilungs- und Wachstumstheorie zu berücksichtigen, beziehen sich auf die Unvollkommenheiten der bisher vorgelegten Ansätze. Über die Notwendigkeit, den Preismecha-

---

[165] Vgl. *Haberler*, G.: Wage Policy, Employment and Economic Stability, in: Wrigth, D. M., (Hrsg.), The Impact of the Union, S. 48.

[166] Dies gilt auch für den von *Stobbe* vorgelegten Integrationsansatz von preistheoretisch und einkommenstheoretisch konzipierter Verteilungstheorie. Vgl. *Stobbe*, A.: Untersuchungen zur makroökonomischen Theorie der Einkommensverteilung, S. 69 ff.

[167] Vgl. etwa die Monopoltheorie von *Schumpeter* J. A.: Kapitalismus, Sozialismus und Demokratie S. 143 ff.

nismus als den die Strukturgrößen steuernden Mechanismus in die Verteilungs- und Wachstumstheorie einzubeziehen, besteht kein Zweifel. Dies gilt auch für den Komplex der sozialökonomischen und institutionellen Faktoren, die Verteilung und Wachstum mitbestimmen, da sich die Auswirkungen dieser Faktoren oft nur über die jeweiligen Preise erfassen lassen.

35. Die Postkeynesianische Wachstumstheorie geht von dem Spar-Investitions-Gleichgewicht aus. Bezüglich der Ausgangsmodelle von *Harrod* und *Domar* hat man häufig von einer Renaissance des Sparens in dem Sinne gesprochen, daß die Bedeutung des Sparens für den gesamtwirtschaftlichen Fortschritt gegenüber der negativen Akzentuierung durch *Keynes* und seine Schule rehabilitiert worden sei[168]. Die Modelle werden dahingehend interpretiert, daß bei gegebenem Kapitalkoeffizienten das Wirtschaftswachstum allein durch den Sparprozeß gesteuert werde. Gegen diese Deutung ist — neben den genannten methodischen Einwänden — anzuführen, daß die dynamische Funktion des Sparens allein aus der Annahme resultiert, daß dem Sparen eine entsprechende Investition gegenübersteht. Aufgrund seiner empirisch orientierten Analyse des Wirtschaftswachstums in den industrialisierten Volkswirtschaften nach dem 2. Weltkrieg kommt *Bombach* zu dem Ergebnis: „Man könnte sogar ketzerisch sein, und in bezug auf den Zusammenhang zwischen Sparneigung und Wachstumsrate das Gegenteil von dem behaupten, was die *Domar-Harrod*-Formel besagt: je geringer die Sparneigung der privaten Haushalte, desto größer die Unternehmergewinne und damit die Investitionsneigung. Je höher die Investitionsneigung, desto größer die Wachstumsrate[169].“ Die weitere Frage, ob die Aufrechterhaltung des Wachstumsgleichgewichts die Gleichgewichtsbedingung $I = S$ oder ein Vorprellen kreditfinanzierter Investitionen verlangt, ist ein Problem der Periodisierung. *Domar* sieht die Geldschöpfung als notwendiges, legitimes und definitives Mittel der Investitionsfinanzierung an, da er von Vollbeschäftigung ausgeht: „Investment of today must always exceed savings of yesterday. A mere absence of hoarding will not do. An injection of new money (or dishoarding) must take place every day[170].“ Wie *Hamberg* nachgewiesen hat, ist das Spar-Investitions-Gleichgewicht nur dann Bedingung für ein Wachstumsgleichgewicht, wenn kein Ausgaben-lag unterstellt wird.

---

[168] Vgl. u. a. *Müller* J. H.: Sparen als Investitions-Voraussetzung und als Nachfrage-Ausfall, S. 115 ff.; *Peters*, H.: Die unterschiedlichen Auffassungen von der Wirkung des Sparens und die moderne Wachstumstheorie, Schriften des Instituts für das Spar-, Giro- und Kreditwesen, Bd. 11, Berlin 1960.

[169] Vgl. *Bombach*, G.: Quantitative und monetäre Aspekte des Wirtschaftswachstums, S. 214, Anm. 52.

[170] Vgl. *Domar*, E. D.: Expansion and Employment, S. 92.

Geht man dagegen vom Ausgaben-lag aus, so muß die (kreditfinanzierte) Investition größer als die Ersparnis sein[171].

36. Der entscheidende Unterschied der Postkeynesianischen Wachstumsmodelle gegenüber der *Keynes*schen Theorie des Volkseinkommens besteht in der expliziten Berücksichtigung des Kapazitätseffektes positiver Nettoinvestitionen. Es ist jedoch die Crux aller wachstumstheoretischen Ansätze, die Bestimmungsgründe der Investitionstätigkeit in Form einer realistischen, gesamtwirtschaftlichen Investitionsfunktion zu berücksichtigen. *Domar* stellt dazu fest: „Attempts to derive an investment function in terms of output, profits, capital stock, interest rate, and other variables have not been successful so far, and at this stage of our knowledge it may be just as well to admit our ignorance and to treat investment as the independent variable[172]." Diese Enthaltsamkeit führt jedoch zu dem unbefriedigenden Ergebnis, keinen Einblick in den gesamtwirtschaftlichen Wachstumsmechanismus zu gewähren. Die Gegenposition zu *Domar* nimmt *Harrod* ein, der eine Investitionsfunktion in Form des Akzelerationsmechanismus unterstellt. Auch *Kaldor* bezieht dieses Prinzip in seine verschiedenen Investitionsfunktionen ein[173]. Erst im Rahmen dieser Modelle, die eine Investitionsfunktion zugrundelegen, ist es möglich, die Rückwirkungen von Verteilungsänderungen auf das Wirtschaftswachstum abzuleiten. Die theoretische Verknüpfung von Verteilung und Wirtschaftswachstum über die gesamtwirtschaftliche Sparquote muß aus den oben genannten Gründen als unzureichend und unrealistisch angesehen werden, da die Transformationsmechanik, die die Ersparnisse in Investitionen umwandelt, nicht explizit erklärt wird. In denjenigen Postkeynesianischen Modellen, die eine Investitionsfunktion einbeziehen, übernimmt jedoch eindeutig die Einkommensmechanik die Aufgabe, freiwillige Ersparnis und geplante Investitionen in Übereinstimmung zu bringen.

37. Abschließend kann festgestellt werden, daß der Postkeynesianische Integrationsversuch von Verteilungs- und Wachstumstheorie primär nachfragedeterminiert ist und auf einer einkommensmechanischen Steuerung beruht. Grundsätzlich lassen sich auf dieser methodischen Grundlage je nach Verhaltensannahme sowohl die Verteilung als auch

---

[171] Vgl. *Hamberg,* D.: Economic Growth and Instability, New York 1956, S. 225 ff.

[172] Vgl. *Domar,* E. D.: A Theoretical Analysis of Economic Growth, S. 21.

[173] Wenn *Oppenländer* das *Kaldor*-Modell und seine verschiedenen Varianten der angebots-orientierten Gruppe von Wachstumstheorien zuordnen will, so spricht u. E. gegen diese Zuordnung der *Kaldor*sche Verteilungsmechanismus und die am Akzelerator-Prinzip orientierte Investitionsfunktion. Diese beiden wesentlichen Bestandteile des *Kaldor*-Modells beruhen auf der Einkommensmechanik. (Vgl. *Oppenländer* K.: Die moderne Wachstumstheorie, S. 192).

das Wachstum als causa movens des Gesamtprozesses interpretieren. Damit stellt sich erst in einem solchen funktionalen System die für die vorliegende Untersuchung wesentliche Frage, ob die Verteilung als Resultante oder Determinante des Wirtschaftswachstums angesprochen werden kann. Die Antwort auf diese Frage hängt von der Wahl der als konstant und variabel angenommenen Verhaltensdeterminanten und damit der Richtung der Kreislaufmechanik ab. Das Problem der Richtung und der Wirkungsweise des gesamtwirtschaftlichen Anpassungsprozesses läßt sich auch als Stabilitätsproblem auffassen: Es ist zu untersuchen, ob die Verteilung oder das Wachstum als autonome bzw. modellexogene oder induzierte bzw. modellendogene Größe oder Struktur zu interpretieren ist und wie sich unter den jeweiligen Annahmen die Anpassung an das Gleichgewicht bei einer vorausgesetzten Datenänderung vollzieht. In der Postkeynesianischen Integrationstheorie sind die unterschiedlichsten Möglichkeiten für Kausalinterpretationen enthalten. Ohne auf die verschiedenen Einzelfälle einzugehen, können zwei Haupttypen von Modellen unterschieden werden: diejenigen, die bei konstantem Kapitalkoeffizienten die Sparquote als unabhängige Variable ansehen, und diejenigen, die von einer autonomen Investitionsquote und einem gegebenen Kapitalkoeffizienten ausgehen. Cum grano salis kann festgestellt werden, daß die erste Gruppe die Verteilung als Determinante und die zweite die Verteilung als Resultante des Wachstums betrachten.

In den Modellen von *Harrod* und *Domar* bestimmt der verhaltens- bzw. technisch determinierte Kapitalkoeffizient gemeinsam mit der gesamtwirtschaftlichen Sparquote die Wachstumsrate des Sozialprodukts. Unter der Annahme, daß die gesamtwirtschaftliche Sparquote durch die Einkommensverteilung gesteuert wird, ergibt sich, daß bei gegebenem Kapitalkoeffizienten die Verteilung das Wachstum determiniert. Wird der Kapitalkoeffizient als Investitionsfunktion interpretiert *(Harrod)*, so können autonome Verteilungsänderungen zu kumulativen Abweichungen vom Gleichgewichtspfad führen, wenn von einer *Leontief*-Produktionsfunktion ausgegangen wird. Wird — umgekehrt — eine autonome Änderung des Kapitalkoeffizienten unterstellt, so kann das Wachstumsgleichgewicht durch Anpassung der Verteilung wiederhergestellt werden. Damit kommen wir zur zweiten Gruppe von Modellen, die autonome Investitionen und einen gegebenen Kapitalkoeffizienten unterstellen und damit eine vorgegebene Wachstumsrate. Bei Änderungen der autonomen Größen sind hier vor allem drei Anpassungsformen zu unterscheiden: die Anpassung über eine variable Beschäftigung, über ein variables Preisniveau oder über eine variable Einkommensverteilung, wobei in allen drei Fällen Verteilungseffekte zu verzeichnen sind. Eine autonome Steigerung der Investitionsquote über die freiwillige Sparquote hinaus kann Steigerungen des Volkseinkommens bis zur Vollbeschäftigungsgrenze auslösen. Unter Vollbeschäftigungsbedingungen führen weitere Investitionssteigerungen zu Preisniveausteigerungen mit leichten Verteilungsänderungen zugunsten der Gewinneinkommensbezieher. Die Investition schafft sich ihre eigene Ersparnis. Damit sind die beiden Möglichkeiten aus *Keynes'* „Allgemeiner Theorie" (Anpassung durch Beschäftigungsvariation) und dem „Treatise on Money" (Anpassung durch Preisniveauvariation) genannt. Die dritte Möglichkeit der Anpassung, allein über Verteilungsänderungen, macht die Besonderheit von *Kaldors* Verteilungsmodell aus. *Kaldor* erklärt die Anpassung an eine Steigerung der autonomen Investitionen ausschließlich durch eine gewichtsmäßige Zunahme der Gewinneinkommen. Die Anpassung über ein steigendes Preisniveau hat zwar ebenfalls Verteilungsänderungen zur Folge, jedoch bei weitem nicht in dem Ausmaß, wie bei alleiniger Anpassung über den Verteilungsmechanismus[174]. Im Vollbeschäftigungsfall wird also nach *Kaldor* eine Wachstumsbeschleunigung ausschließlich durch differenzierende Verteilungsänderungen sanktioniert.

Fünftes Kapitel

Das wirtschaftspolitisch orientierte Strukturmodell des trilateralen Monopols

1. Die Höhe der Wachstumsrate des Sozialprodukts und die gesamtwirtschaftliche Verteilungsstruktur werden in den neoklassischen und postkeynesianischen Systemen von bestimmten Schlüsselrelationen determiniert, die ihrerseits Ausdruck und Ergebnis des Wirkens unterschiedlicher wirtschaftlicher Steuerungsmechanismen sind. In den neoklassischen Integrationsansätzen steuert die Zins(satz-)Lohn(satz-)Relation simultan den gesamtwirtschaftlichen Verteilungs- und Wachstumsprozeß, während in den Postkeynesianischen Modellen die Investitions-(Spar-)Konsum-Relation über Zuwachsrate und Verteilung des Sozialprodukts entscheidet[1]. Gemeinsam ist demnach beiden Integrations-

---

[174] Es ist das Verdienst von *Heuss*, den Unterschied zwischen dem *Keynes*schen Anpassungsprozeß über das Preisniveau und dem *Kaldor*schen Anpassungsmechanismus klar herausgearbeitet zu haben; vgl. *Heuss*, E.: Die Verbindung von mikroökonomischer und makroökonomischer Verteilungstheorie, S. 10 ff.

[1] Auf die in den Kapiteln 3 und 4 herausgearbeitete Tatsache, daß auch die neoklassischen Modelle einkommenstheoretische und die Postkey-

ansätzen von Wachstums- und Verteilungstheorie die Steuerung von Struktur und Niveau der Wirtschaftstätigkeit sowie deren Änderungen durch zentrale strukturelle Relationen. Demnach kann das Problem der funktionellen Beziehungen zwischen Wachstum und Verteilung formal-theoretisch auch als Problem der funktionalen Verbindungen zwischen Struktur- und Niveaugrößen behandelt werden.

Nach *Bombach* konzentriert sich die Strukturforschung auf die zwischen ökonomischen Variablen bestehenden Größenverhältnisse und vernachlässigt die Größe an sich, also das einer Struktur zugehörige Niveau[2]. So gesehen bestünde ein Gegensatz zwischen Struktur- und Niveauanalyse. Da jedoch jedes Verteilungsmodell ein Strukturmodell mit Niveauelementen und jedes Wachstumsmodell ein Niveaumodell mit Strukturelementen darstellt, setzt die Untersuchung der funktionalen Beziehungen zwischen Verteilungs- und Wachstumsvorgängen zwangsläufig einen Brückenschlag zwischen Struktur- und Niveauanalyse voraus: „praktisch jedes Einkommensmodell ist heute zugleich auch Strukturmodell“[3].

Zwischen den in der Neoklassik und dem Postkeynesianismus verwendeten strukturellen Relationen besteht jedoch ein gravierender Unterschied: während der neoklassische Ansatz von der Preisstruktur — genauer: von der Struktur der Faktorpreise — ausgeht, legt die Postkeynesianische Theorie das Verhältnis von Einkommensaggregaten zugrunde. So gesehen handelt es sich im ersten Fall um eine mikroökonomische, im zweiten um eine makroökonomische Relation. Anders ausgedrückt: die Zins-Lohn-Relation bezeichnet ein Strukturverhältnis einzelwirtschaftlicher Größen, die Investitions-Konsum-Relation ein Strukturverhältnis aggregierter Größen. Offenkundig wird hier die Schwierigkeit einer eindeutigen Abgrenzung von Struktur- und Niveaugrößen: je nach Kriterium kann beispielsweise das volkswirtschaftliche Investitionsvolumen als Niveaugröße oder als Element einer Strukturgröße aufgefaßt werden. Dieser Mangel an Eindeutigkeit läßt sich einerseits nicht umgehen, besitzt aber andererseits für unsere Untersuchung keine große Bedeutung, da unter gesamtwirtschaftlichen Verteilungs- und Wachstumsaspekten allen aggregierten Partialgrößen strukturelles Gewicht beizumessen ist. Es kann somit davon ausgegangen werden, daß die strategischen strukturellen Relationen in den neoklassischen und Postkeynesianischen Modellen als Indikatoren für das Verteilungs- und Wachstumsergebnis anzusehen sind. Das Zustande-

---

nesianischen Modelle preistheoretische Elemente enthalten, sei hier ergänzend hingewiesen.

[2] Vgl. *Bombach*, G.: Der Strukturbegriff in der Ökonomie in: Neumark, F., (Hrsg.), Strukturwandlungen einer wachsenden Wirtschaft, Bd. 1, S. 13.

[3] Vgl. *Bombach*, G.: Der Strukturbegriff in der Ökonomie, S. 16.

kommen dieser Größenverhältnisse obliegt dann den wirtschaftlichen Steuerungsmechanismen.

2. Das wesentliche Unterscheidungskriterium zwischen neoklassischem und Postkeynesianischem Ansatz bildet die Steuerungsmechanik: „A major issue underlying the differences between what have come to be known as the Neo-Keynesian and the Neo-Classical theories of economic growth is the extent to which, and the mechanisms by which, savings and investment are brought into balance in a growing economy with full employment[4].“ Wie schon mehrfach festgestellt, obliegt die Steuerung des Verteilungs- und Wachstumsprozesses in der Neoklassik der interdependenten Preismechanik, im Postkeynesianismus der interdependenten Einkommensmechanik. Dieser Unterschied in den wirtschaftlichen Lenkungsmechanismen drückt sich entsprechend in verschiedenartigen strukturellen Beziehungen aus, der einzelwirtschaftlichen Relation der Neoklassik, der aggregierten Relation des Postkeynesianismus.

Kaldor hat den Unterschied zwischen den beiden Integrationsansätzen in anderer Weise formuliert[5]. Nach ihm ist zwischen der Steuerung über die Faktorpreise und derjenigen über die Produktpreise zu unterscheiden. Den Gleichgewichtsmechanismus, der über die Faktorpreise operiert, bezeichnet *Kaldor* als klassisch und interpretiert ihn als Bewegungsablauf über direkte Variationen der Reallöhne (und -zinsen). Um jedoch im *Keynes*schen System Änderungen der Reallöhne und -zinsen zu erhalten, „we need to turn to the commodity markets and examine the conditions of equilibrium for the demand and supply of commodities. It is the most significant feature of Keynes' theory to have shown that equilibrium between savings (ex ante) and investment (ex ante) is secured through forces operating in the commodity markets“[6]. Überschreiten also beispielsweise die Investitionen die Ersparnisse, so kann das gesamtwirtschaftliche Gleichgewicht entweder durch steigende Beschäftigung und zunehmendes (reales) Volkseinkommen (Unterbeschäftigungsfall) oder durch Preisniveausteigerungen verbunden mit (realen) Gewinnerhöhungen und Lohnsenkungen (Vollbeschäftigungsfall) wiederhergestellt werden. Demnach ist die neoklassische Theorie angebotsorientiert und verwendet daher den realwirtschaftlichen Faktorpreismechanismus, während das Postkeynesianische System nachfrageorientiert ist und mit dem nominalen Produktpreismechanismus arbeitet.

---

[4] Vgl. *Meade*, J. E.: The Adjustment of Savings to Investment in a Growing Economy, in: REStud, Vol. 30, 1963, S. 151.
[5] Vgl. *Kaldor*, N.: Capital Accumulation and Economic Growth, S. 195 f.
[6] Vgl. *Kaldor*, N.: Capital Accumulation and Economic Growth, S. 196.

Die *Kaldor*sche Trennung von Faktor- und Produktpreismechanismus erscheint prima facie zutreffend und zweckmäßig. Eine kurze Überlegung zeigt jedoch, daß die Gegenüberstellung von Faktor- und Produktpreismechanismus und ihre Zuordnung zum neoklassischen bzw. Postkeynesianischen Ansatz einen wesentlichen Aspekt des Unterschieds zwischen den beiden in Frage stehenden Steuerungsmechanismen vernachlässigt: die Tatsache nämlich, daß sich die „neoklassische Steuerung“ primär über Strukturbewegungen vollzieht, während die „Postkeynesianische Steuerung“ vor allem auf Niveauvariationen beruht. Der Terminus Produktpreismechanismus ist insofern irreführend, als es sich nicht um Bewegungen der Einzelpreise bei konstantem Preisniveau handelt, sondern um Variationen des Preisniveaus selbst bei u. U. konstanten Preisrelationen. Die strukturellen Relationen spielen sich also in den postkeynesianischen Modellen über Niveauänderungen ein und nicht über den Produktpreismechanismus im herkömmlichen Sinne. Aus diesen Gründen ist es zweckmäßiger und zutreffender, die beiden wirtschaftlichen Steuerungsmechanismen als Preismechanismus und Einkommensmechanismus zu bezeichnen.

Mit dieser Gegenüberstellung von Preis- und Einkommensmechanismus soll jedoch keinesfalls eine völlige Isolierung beider Bereiche behauptet werden. Es ist im Gegenteil festzustellen, daß zwischen den beiden zentralen wirtschaftlichen Steuerungsmechanismen funktionale Interdependenzen bestehen, die, wie im folgenden nachgewiesen werden wird, gerade für die Verteilungs- und Wachstumsproblematik besondere Bedeutung besitzen. Die generelle Form der wechselseitigen Abhängigkeit der beiden ökonomischen Mechanismen besteht in eben jenem Zusammenhang zwischen Struktur- und Niveaugrößen, den wir schon kurz angesprochen haben: strukturelle Änderungen, z. B. Änderungen der Lohnrelationen, werden in der Regel Verschiebungen des Lohnniveaus auslösen und umgekehrt.

3. Das Problem der wirtschaftlichen Steuerungsmechanismen wurde bisher weitgehend als eine methodische Frage behandelt. Es wurde unterstellt, daß der Unterschied zwischen Preis- und Einkommenstheorie nur auf einer „unterschiedlichen Betrachtungsweise ein- und desselben Problems“ beruhe[7]. Dieser methodischen Sicht entspricht die Trennung in Mikro- und Makrotheorie, wobei der Mikrotheorie die Aufgabe zufällt, wirtschaftliche Probleme unter dem Aspekt der Interdependenz der einzelwirtschaftlichen Reaktionen zu interpretieren, während die Makroökonomik dasselbe Problem unter dem Gesichtspunkt der Interdependenz gesamtwirtschaftlicher Aggregate zu erklären hat. Die formale Trennung in Mikro- und Makrotheorie wird ma-

---

[7] Vgl. *Preiser*, E.: Geldschöpfung oder Sparen?, S. 66.

terial durch die Klammer des Analogieschlusses zusammengehalten. In der wirtschaftswissenschaftlichen Praxis besagt dies, daß „die meisten makroökonomischen Systeme ... durch Analogie-Betrachtungen aus den mikroökonomischen Systemen gewonnen werden“[8]. Die Schlüssigkeit des Analogie-Verfahrens ist demnach abhängig von den Ergebnissen, zu denen eine Aggregationstheorie kommen würde.

Die Entwicklung einer Aggregationstheorie ist hier ebensowenig beabsichtigt wie die Darstellung der schon bestehenden Ansätze dazu. Wesentlich bescheidener soll hier nur kurz auf das Identifikationsproblem eingegangen werden, d. h. auf die Frage, warum mikroökonomische Interdependenzen nicht makroökonomischen Beziehungen gleichgesetzt werden können. Zu diesem Ergebnis führen schon die bekannten, inzwischen zu Axiomen verfestigten philosophischen Lehrsätze, daß — in statischer Sicht — ein gesellschaftliches Ganzes mehr ist als die Summe seiner Teile bzw. daß — in dynamischer Sicht — eine zunehmende gesellschaftliche Quantität schließlich eine neue Qualität entstehen läßt. Die Makroökonomik arbeitet mit anderen Wirtschaftseinheiten, anderen wirtschaftlichen und gesellschaftlichen Daten, anderen Prozeßvariablen und anderen Reaktionsformen als die Mikroökonomik. Eine Gleichsetzung muß sich daher zwangsläufig „entleerend“ auf die Aussagefähigkeit zumindest der Makroökonomik auswirken[9].

Dieser wissenschaftliche Entleerungsprozeß wird vermieden, wenn der mikro- und makroökonomische Bereich nicht nur formal, sondern auch material als eigenständiger Bereich angesehen wird. Den Anknüpfungspunkt für die These, daß es sich bei Mikro- und Makroökonomik um zwei selbständige Arten von Wirtschaftstheorie handelt, bietet nach *Ehrlicher* der verschiedenartige Steuerungsmechanismus der beiden theoretischen Systeme: der Preismechanismus einerseits und der Einkommensmechanismus andererseits[10]. Gegenstand der Steuerung der interdependenten Preismechanik ist das Gleichgewicht der angebotenen und nachgefragten Input- bzw. Output-Relationen im Vollbeschäftigungsfall, Gegenstand der Einkommensmechanik der Ausnutzungsgrad der Produktionsfaktoren und das Niveau der Wirtschaftstätigkeit. Wir übernehmen also die These von *Ehrlicher*, daß die wirtschaftliche Wirklichkeit durch ein Nebeneinander zweier wirtschaftlicher Abstimmungsmechanismen gekennzeichnet ist, „daß die Wirtschaft in jeder

---

[8] Vgl. *Stöwe*, H.: Ökonometrie und makroökonomische Theorie, Stuttgart 1959, S. 15.

[9] Vgl. beispielsweise *Lübbert*, J.: Untersuchungen zur Theorie der gesamtwirtschaftlichen Einkommensverteilung, S. 9.

[10] Vgl. zum folgenden *Ehrlicher*, W.: Ansätze zu einer makroökonomischen Theorie der Marktformen, in: JfNuSt, Bd. 178, 1965, S. 299 f.

Situation gleichzeitig von zwei grundsätzlich verschiedenen Mechanismen gesteuert wird, dem Preismechanismus einerseits, der die Relationen der Wirtschaft reguliert, und dem Einkommensmechanismus andererseits, der das Niveau der Wirtschaftstätigeit steuert"[11].

4. Wird die Hypothese akzeptiert, daß in der wirtschaftlichen Realität Preis- und Einkommensmechanismus gemeinsam und gleichzeitig den gesamtwirtschaftlichen Prozeß steuern, dann ergibt sich für die Integration von Verteilungs- und Wachstumstheorie zwangsläufig die Forderung, beide wirtschaftlichen Abstimmungsmechanismen zur Klärung des wechselseitigen Zusammenhanges zwischen Verteilung und Wachstum heranzuziehen. Ein so konstruiertes integriertes Verteilungs- und Wachstumsmodell wäre dann — in der Nomenklatur *Ehrlichers* — gleichzeitig preis- und einkommensmechanisch gesteuert und produktions- und nachfragetheoretisch determiniert. Die kritische Darstellung der bisher unternommen Integrationsversuche von Verteilungs- und Wachstumstheorie hat jedoch erkennen lassen, daß — von wenigen Ausnahmen abgesehen — ein solcher Erklärungsansatz bisher noch nicht vorliegt. Auf der Suche nach den Zusammenhängen zwischen Wachstum und Verteilung bewegt man sich bisher auf einer entweder preis- oder einkommensmechanischen Einbahnstraße. Einer Synthese stellen sich außerordentliche Schwierigkeiten entgegen.

Jedoch selbst wenn eine solche Synthese gelingen würde, so handelte es sich doch nur um ein Artefakt wirtschaftstheoretischen Determinismusses. Die sich in der wirtschaftlichen Wirklichkeit abspielenden Verteilungs- und Wachstumsprozesse werden durch den Rückgriff auf rein wirtschaftliche Mechanismen und Determinanten keineswegs hinreichend exakt beschrieben. Das Verteilungs- und Wachstumsgeschehen der reifen Volkswirtschaften wird neben den rein wirtschaftlichen Bestimmungsgründen und Transformatoren in starkem Maße durch soziale und politische Faktoren und Interdependenzen beeinflußt, die daher in einem integrierten Verteilungs- und Wachstumsmodell berücksichtigt werden müssen: „Erst das gesellschaftliche Geschehen als Ganzes kann als interdependentes System der Realität angesehen werden. Die Interdependenz des Marktgeschehens ist eine Fiktion der reinen Markttheorie. Das übrige ist nicht neben, unter oder über sie gelagert, sondern mit ihr verschränkt[12]." Es stellt sich daher das Problem, die Funktion der politischen und sozialen Faktoren und Mechanismen für den gesamtwirtschaftlichen Wachstums- und Verteilungs-

---

[11] Vgl. *Ehrlicher,* W.: Ansätze zu einer makroökonomischen Theorie der Marktformen, S. 299.

[12] Vgl. *Peter,* H.: Formen der Einkommensbildung und Einkommensverteilung, S. 51.

prozeß zu analysieren. Eine solche Untersuchung dürfte es gleichfalls gestatten, theoretische Ansätze einer funktionalen Interdependenz zwischen Preis- und Einkommensmechanismus einerseits und den sozialen und politischen Mechanismen andererseits zu entwickeln.

5. In der Theorie der Einkommensverteilung verfolgt die neue, französische, soziologische Richtung diesen Gedanken der gesamtgesellschaftlichen Interdependenz. *Marchal* und *Lecaillon* wählen diesen Ausgangspunkt, „pour constituer la base d'une économie sociale nouvelle qui ne serait pas un simple appendice á la mécanique des quantités, considérée comme seule véritable économique, mais une theorie générale de l'économie humaine“[13]. Die Besonderheit der französischen Verteilungstheorie — in ihrer Ausgangsposition wie in ihrer Verfahrensweise — sieht *Hosmalin* in ihren makroskopischen, soziologischen und dynamischen Aspekten[14].

Anlaß für die starke Betonung der makrooskopischen, soziologischen und dynamischen Gesichtspunkte war die inhaltliche Armut des verteilungstheoretischen Marginalkalküls. Die Prämissen eines rationalen, individualistischen Verhaltens, gegebener gesellschaftlicher und politischer Institutionen und gegebener und im Zeitablauf konstanter wirtschaftlicher Ziele, wie sie die Grenzproduktivitätstheorie unterstellt, werden von den Vertretern der „französischen Schule“ als wirklichkeitsfremd bezeichnet[15]. Aufgrund dieser Annahmen entwickelt sich die Wirtschaftstheorie „unter Luftabschluß“: „Sie wird zu einer geschlossenen Disziplin, deren Schlußfolgerungen nicht mehr zur Erklärung der wirklichen Welt oder zur Einwirkung auf diese dienen können, welche Anstrengungen man in der Folge in dieser Richtung auch unternehmen mag. Sie wird zu einem Zeitvertreib von der Art des Bridge oder des Schachspiels, vielleicht weniger harmlos[16].“

Der makroskopische Aspekt der französischen Theorie bedeutet auf diesem Hintergrund eine Ausweitung des nationalökonomischen Objektbereichs: „Das Individuum wird ... auf den zweiten Platz verwiesen: die Nationalökonomie der Gruppen, der Kollektive stellt sich über

---

[13] Vgl. *Marchal*, J. und J. *Lecaillon:* La Répartition du Revenu National, 1. Teil, Les Participants, Bd. 1, Les Salaries, Paris o. J., S. 40.

[14] Vgl. *Hosmalin*, G.: Der soziologische Ansatz und die ökonomische Theorie der Einkommensverteilung in Frankreich, in: JfNuSt, Bd. 172, 1960, S. 276.

[15] Vgl. *Marchal*, J.: Gegenstand und Wesen der Wirtschaftswissenschaft: von einer mechanischen Wissenschaft zu einer Wissenschaft vom Menschen, in: ZfdgSt, 106. Bd., 1950, S. 582 ff.; *Marchal*, A.: Die neuen Tendenzen im französischen Wirtschaftsdenken, S. 325 ff.

[16] Vgl. *Marchal*, J.: Gegenstand und Wesen der Wirtschaftswissenschaft ..., S. 584.

die des Individuums[17]." In ihrer makroökonomischen Fassung knüpft die französische Theorie an die Einkommenstheorie von *Keynes* an, indem sie ebenfalls mit Einkommensströmen und -aggregaten arbeitet. Der entscheidende Unterschied zwischen der *Keynes*schen und der französischen Verteilungstheorie besteht in der Berücksichtigung soziologischer Faktoren.

Marchal bemängelt an der *Keynes*schen Einkommenstheorie, „(that) the data and the variables of flow analysis seem to be ill-chosen for purposes of investigating income distribution. Incidentals are brought to light while essentials remain obscure. The relationships need to be shifted from the data to the variables and this can only be done by means of analysis in terms of struggles between groups"[18]. Die Einkommensaggregate werden nicht nach wirtschaftlich-funktionalen, sondern soziologischen Kriterien abgegrenzt, d. h. es werden sozio-ökonomische Gruppen gebildet, die sich durch gemeinsame Interessen auszeichnen[19]. Auf diesen Unterschied zwischen der Verteilungsanalyse in Form der Strommechanik (angelsächsischer Macrocosmismus) und derjenigen in Form des Gruppenkampfes (französischer Soziologismus) wird ausdrücklich hingewiesen, wenn auch nicht bestritten wird, daß „der vorherrschend ‚makrokosmische' Charakter der wirtschaftlichen Erscheinungen... dazu beigetragen (hat), ihre ‚soziologische' Eigenart hervortreten zu lassen"[20].

Der dynamische Aspekt wird in der französischen Verteilungstheorie eng mit strukturellen Faktoren verbunden. Man begnügt sich nicht mit einer einfachen „Dynamik im System" bei Konstanz der wirtschafts- und sozialstrukturellen Daten, sondern man zielt auf die „Dynamik des Systems" selbst ab: „La prise en considération de l'évolution des institutions et des comportements constituera la troisiéme caractéristique de notre approche[21]." Ausdrücklich werden die Verteilungsvorgänge mit bestimmten Merkmalen des Wirtschaftssystems verbunden, und das jeweilige gesamtwirtschaftliche Verteilungsergebnis erscheint als Funktion der wirtschafts- und sozialstrukturellen Konstellationen und des Gruppenverhaltens: „Au total, notre recherche se présente comme un

---

[17] Vgl. *Marchal,* A.: Die neuen Tendenzen im französischen Wirtschaftsdenken, S. 334.

[18] Vgl. *Marchal,* J.: Categories of Capitalists in the Theory of the Distribution of the National Income, in: Lutz, F. A. und D. C. Hague, (Hrsg.), The Theory of Capital, S. 272 f.

[19] Zur sozio-ökonomischen Gruppierung der französischen Verteilungstheorie vgl. *Marchal,* J. und J. *Lecaillon:* La Répartition du Revenu National, 1. Teil, Les Participants, Bd. 2, Les Entrepreneurs, Agriculteurs, Prêteurs, Bénéficiaires des Transferts, Paris o. J., S. 381.

[20] Vgl. *Marchal,* A.: Die neuen Tendenzen im französischen Wirtschaftsdenken, S. 334.

[21] Vgl. *Marchal,* J. und J. *Lecaillon:* La Répartition du Revenu National, 1. Teil, Les Participants, Bd. 1, S. 36.

essai, hardi, imprudent, on le confesse, de penser la répartition du revenu national dans son ensemble, en tenant compte de tous les processus et non seulement de certains arbitrairement privilégiés, des facteurs sociologiques ou collectifs et pas seulement des facteurs individuels, de l'evolution des institutions et des comportements enfin[22]."

6. Wie in der Verteilungstheorie, so ist auch für die Wachstumstheorie ein sozialökonomischer Ansatz möglich und notwendig, wenn man vom Vorfeld logischen Exerzierens zur Hauptaufgabe empirisch-gehaltvollen Explizierens gelangen will. Diese Notwendigkeit einer Synthese zwischen den tautologisch formulierten Wachstumsmodellen und sozialökonomisch ambitionierten Entwicklungstheorien ist schon relativ frühzeitig erkannt worden: „Both should be looked upon as the opposite ends of a bridge, the construction of which will perhaps some day give us a workable theory of growth[23]." Ein solcher sozialökonomischer Ansatz der Wachstumstheorie müßte sich einerseits auf die wirtschaftlichen Faktoren des Wachstumsprozesses beziehen, andererseits auf sozio-ökonomische Gruppierungen, auf politische und soziale Institutionen sowie auf die dementsprechenden Steuerungsmechanismen.

Drei Möglichkeiten der Ergänzung der rein wirtschaftlich-funktional ausgerichteten Wachstumstheorie durch soziale und politische Elemente bieten sich an:

1. die Erarbeitung einer Theorie der Infrastruktur;
2. die Entwicklung einer Theorie wirtschaftspolitischer Globalsteuerung;
3. der Aufbau einer Theorie der politisch-sozialen Steuerung.

Die drei genannten Ansätze stehen jedoch nicht isoliert nebeneinander, sondern bedingen sich wechselseitig. So werden z. B. Infrastrukturinvestitionen politisch gesteuert, werden als Mittel der wirtschaftspolitischen Globalsteuerung betrachtet und zeitigen politische Rückwirkungen. Zwecks einer theoretischen Integration von Verteilungs- und Wachstumstheorie erscheint es sinnvoll, die Problematik der Infrastrukturpolitik hier zu vernachlässigen[24]. Es soll vielmehr versucht werden, Elemente einer Theorie der politischen Steuerung auf die wirtschaftspolitische Globalsteuerung zu übertragen und diese für den gesamtwirtschaftlichen Verteilungs- und Wachstumsprozeß nutzbar zu machen.

---

[22] Vgl. *Marchal*, J. und J. *Lecaillon*: La Répartition du Revenu National, 1. Teil, Les Participants, Bd. 1, S. 39.

[23] Vgl. *Domar*, E. D.: A Theoretical Analysis of Economic Growth, S. 19.

[24] Vgl. dazu das Werk *Jochimsen*, R.: Theorie der Infrastruktur, Tübingen 1966.

Um den Inhalt dessen, was wir bisher als politischen Steuerungsmechanismus umschrieben haben, genauer zu kennzeichnen, ist es zweckmäßig, die Charakterisierungen der westlichen Industriegesellschaften als Massengesellschaft bzw. als pluralistische Gesellschaft aufzugreifen[25]. Es gilt demnach, die sozialen und politischen Organisationsprinzipien einer Massengesellschaft und einer Gruppengesellschaft herauszuarbeiten, die die Steuerung des jeweiligen Gesellschaftstyps übernehmen.

Nach *Dahl* und *Lindblom* handelt es sich bei den westlichen Industriegesellschaften um eine Verbindung von Marktwirtschaft und Demokratie, die simultan von vier polit-ökonomischen Systemen gesteuert wird: dem Preisystem, der Hierarchie, der Polyarchie und dem „Bargaining-System“[26]. Das Grundprinzip des Preis-Systems als wirtschaftlichem Koordinationsmechanismus einer Gesellschaft besteht darin, in einer Situation knapper Mittel und unbegrenzter Zwecke die individuellen Ziele zu einem gesamtgesellschaftlichen Entscheid zu amalgamieren. Der Preismechanismus löst dieses Optimierungsproblem, indem er den Individuen vergleichbare, quantifizierte Daten liefert und die gesamtwirtschaftlichen Entscheidungen an einzelne Wirtschaftssubjekte delegiert. Im Gegensatz zum Preis-System beruht das hierarchische System auf einer eindeutigen Über- und Unterordnung und ist durch lange, zentral gesteuerte Kontrollketten und Delegation von Entscheidungsbefugnissen charakterisiert. Die Konstellation derjenigen sozialen und politischen Prozesse, die *Dahl* und *Lindblom* als polyarchisches System bezeichnen, besteht darin, „that non-leaders exercise a relatively high degree of control over leaders“[27]. Die Polyarchie stellt somit eine Form der gesellschaftlichen Kontrolle über Hierarchien dar, die durch freie, regelmäßige und allgemeine Wahlen ausgeübt wird. Beim Verhandlungs-System handelt es sich nach *Dahl* und *Lindblom* um „a form of reciprocal control among leaders“[28]. Hier treffen also die Repräsentanten bzw. die Delegierten der Individuen gesellschaftliche Entscheidungen durch gegenseitiges Aushandeln. Der Konsensus innerhalb bestimmter intermediärer Gruppen wird durch die Interessengegensätze zwischen den verschiedenen Gruppen eingeschränkt.

---

[25] Vgl. Kap. 2 dieser Arbeit.

[26] Vgl. *Dahl*, R. A. und C. E. *Lindblom*: Politics, Economics and Welfare, New York-Evanston-London 1963 (Paperback Edition), S. 171 ff.; *Stohler*, J.: Wirtschaftswachstum und Wohlfahrtsstaat, in: ZfN, Bd. 24, 1964, S. 349 ff.

[27] Vgl. *Dahl*, R. A. und C. E. *Lindblom*: Politics, Economics and Welfare, S. 275.

[28] Vgl. *Dahl*, R. A. und C. E. *Lindblom*: Politics, Economics and Welfare, S. 324.

Diese Klassifikation der vier polit-ökonomischen Systeme muß für die Zwecke unserer Problemstellung einer sozialökonomischen Integration von Verteilungs- und Wachstumsprozessen modifiziert werden. Zunächst ist — wie oben näher ausgeführt wurde — festzustellen, daß die Verteilungs- und Wachstumsvorgänge nicht nur preismechanisch, sondern auch einkommensmechanisch gesteuert werden. Es müssen daher Preis- und Einkommensmechanismus in die Analyse einbezogen werden. Die Systeme der Polyarchie und Hierarchie sollen im folgenden weitgehend vernachlässigt werden. Damit soll jedoch keinesfalls die implizite These vertreten werden, daß diese beiden soziopolitischen Systeme keinen Einfluß auf die Verteilungs- und Wachstumsvorgänge hätten. Es ist offensichtlich, daß solche sozioökonomischen Gruppen wie Gewerkschaften und Arbeitgeberverbände sowohl durch hierarchische als auch durch polyarchische Elemente charakterisiert sind. Ebenso offensichtlich ist, daß in einer Massengesellschaft polyarchische Kontrollelemente dominieren.

Dennoch erscheint aus drei Gründen eine Beschränkung auf das Bargainning-System sinnvoll[29]:

1. Die Dominanz des Repräsentations-Prinzips, das dem Gewählten eine gewisse Unabhängigkeit gegenüber den Wählern zusichert, gegenüber dem Prinzip der Volkssouveränität;
2. Die Tatsache, daß sowohl im hierarchischen als auch im polyarchischen System ein Interessenausgleich am Anfang oder Ende der soziopolitischen Entscheidungen steht;
3. Das Faktum, daß es sich, was die verteilungs- und wachstumspolitischen Entscheidungen angeht, bei den modernen Industriegesellschaften um pluralistische Gesellschaften handelt.

Daher wird im folgenden auf eine nach den drei soziopolitischen Systemen differenzierte Analyse verzichtet und das Verhandlungssystem als der soziale und politische Abstimmungsmechanismus schlechthin begriffen. Wir gehen somit von der Hypothese aus, daß sich der sozialökonomische Integrationsansatz von Verteilungs- und Wachstumstheorie auf drei polit-ökonomische Entscheidungssysteme zu beziehen hat: den Preismechanismus, den Einkommensmechanismus und das Verhandlungs-System.

7. Um die Dynamik und Komplexität des Verteilungsprozesses und seiner Bestimmungsgründe hinreichend zu erfassen, ist auf den gesamten Prozeß der Einkommensbildung und -verwendung Bezug zu nehmen. Nach traditioneller Sicht vollzieht sich der gesamtwirtschaftliche

[29] Zur näheren Begründung vgl. Kap. 2, Ziff. 22 ff. sowie die dort angegebene Literatur.

Verteilungsprozeß in drei Stufen, deren Zusammenwirken das endgültige Verteilungsresultat, die Verteilung der Realeinkommen und des Vermögens auf die Wirtschaftssubjekte und -gruppen, bestimmt[30]. Auf der ersten Stufe, der Primärverteilung, werden die nominalen Bruttoeinkommen auf die am Produktionsprozeß Beteiligten verteilt. Die Verteilung wird auf der zweiten Stufe durch die staatliche Redistributionstätigkeit via Besteuerung und Zahlung von Transfereinkommen und Subventionen korrigiert. Daraus ergibt sich die Sekundärverteilung der Einkommen und Vermögen, d. h. die personen- und gruppenbezogene Struktur der persönlich verfügbaren Nominaleinkommen. Die letzte Stufe des gesamtwirtschaftlichen Verteilungsprozesses bildet die Verwendung der Einkommen zu Konsum-, Spar- und Investitionszwecken. Auf dieser Ebene des Distributionsprozesses fällt die Entscheidung über die reale Verteilung der Einkommen und Vermögen.

Auf allen drei Ebenen vollzieht sich der Verteilungsprozeß nach bestimmten Gesetzmäßigkeiten, die einerseits durch objektive, soziale, wirtschaftliche und technische Bedingungen vorgegeben, also strukturbedingt sind, und andererseits von den Entscheidungen der individuellen Wirtschaftssubjekte, der sozioökonomischen Gruppen und den staatlichen Instanzen bestimmt werden, also verhaltensbedingt sind[31]. Die Analyse der modelltheoretischen Ansätze einer Integration von Verteilungs- und Wachstumstheorie hat gezeigt, daß sich der neoklassische Integrationsversuch im wesentlichen auf die Stufe der Primärverteilung und technisch-wirtschaftliche Strukturbedingungen bezieht, während der Postkeynesianische Integrationsansatz vor allem auf die Stufe der Einkommensverwendung und verhaltensbedingte Gesetzmäßigkeiten abstellt. Die Sekundärverteilung wird als exogen bestimmt angesehen und nicht näher untersucht. Die zwischen den verschiedenen Stufen bestehenden Dependenzen bzw. Interdependenzen werden höchst selten untersucht.

Wendet man die Kriterien des verteilungstheoretischen Drei-Stufen-Schemas auf den gesamtwirtschaftlichen Wachstumsprozeß an, so entspricht der Ebene der Primärverteilung die wachstumstheoretische Stufe der Preis-, Mengen- und Investitionsentscheide und der der Sekundärverteilung diejenige der Konjunktur- und Wachstumspolitik, während die dritte Stufe des Verteilungs- und des Wachstumsprozesses

---

[30] Vgl. dazu *Föhl*, C.: Über die Möglichkeit einer Beeinflussung der Vermögensbildung und ihrer Verteilung, S. 134 ff.

[31] Vgl. *Föhl*, C.: Über die Möglichkeit einer Beeinflussung der Vermögensbildung und ihrer Verteilung, S. 134. *Ehrlicher*, W.: Lohneinkommen und wirtschaftliches Wachstum, in: Volkswirtschaftliche Korrespondenz der Adolf-Weber-Stifung, Nr. 13, Juli 1963, S. 4.

inhaltlich und formal identisch sind. Auf der ersten Stufe des Wachstumsprozesses werden also die individuellen preis- und produktionspolitischen Entschlüsse gefaßt, durch die simultan die Primärverteilung festgelegt wird. Diese Entscheidungen der Wirtschaftssubjekte werden auf der zweiten Stufe des Wachstumsprozesses durch die staatliche Konjunktur- und Wachstumspolitik korrigiert. Auf der dritten Ebene des Wachstumsprozesses wird durch die Konsum-, Spar- und Investitionsentscheidungen das realwirtschaftliche Fortschrittstempo der Gesamtwirtschaft bestimmt und gleichzeitig die Realverteilung der Einkommen.

Auch auf dieses wachstumstheoretische Drei-Stufen-Schema läßt sich die Kritik an dem verteilungstheoretischen Gliederungsversuch anwenden. Denn auch in diesem Fall wird eine Verbindung zwischen den technisch-wirtschaftlichen Gesetzmäßigkeiten auf der ersten und den Verhaltens-Gesetzen auf der dritten Stufe meist nicht hergestellt, auch hier klafft eine Erklärungslücke, verursacht durch die Annahme, daß die Konjunktur- und Wachstumspolitik exogen bestimmt sei. Trotz dieser offensichtlichen Mängel soll das verteilungs- und wachstumstheoretische Drei-Stufen-Schema der folgenden Untersuchung zugrunde gelegt werden, da sich mit Hilfe dieser Systematik die Funktion der politischen und sozialen Faktoren und Mechanismen für den gesamtwirtschaftlichen Verteilungs- und Wachstumsprozeß in reifen Volkswirtschaften relativ eindeutig ableiten läßt.

Daß die drei verschiedenen verteilungs- und wachstumstheoretischen Stufen mit den drei unterschiedlichen gesamtgesellschaftlichen Steuerungsmechanismen korrespondieren, ist evident. Bei den Verteilungs- und Wachstumsprozessen auf der ersten Stufe handelt es sich primär um preismechanische Abstimmungsprozesse durch die einzelnen Wirtschaftssubjekte, die jeweilige dritte Stufe läßt sich eindeutig der Einkommensmechanik zuordnen, während die zweite Stufe des Verteilungs- und Wachtumsprozesses der politischen Steuerung unterliegt. Entsprechend sind die Prozesse auf der ersten Ebene produktionstechnisch, auf der zweiten soziopolitisch und auf der dritten nachfragetheoretisch determiniert.

8. Das bisher entwickelte analytische Gerüst stellt den abstrakten Rahmen für die im folgenden zu behandelnde Frage dar, in welchen Formen sich die Verteilungs- und Wachstumsprozesse in reifen Industriegesellschaften vollziehen. Es wird versucht, mit Hilfe dieser analytischen Instrumente ein möglichst realitätsnahes, die Verteilungs- und Wachstumsvorgänge integrierendes Modell zu entwickeln, das sich jedoch nicht auf sämtliche gesamtwirtschaftlichen verteilungs- und wachstumsrelevanten Faktoren beziehen kann.

Im wesentlichen wird auf die drei folgenden Problemkreise eingegangen:

1. Welche Marktstrukturen und sozialen und politischen Institutionen determinieren den Verteilungs- und Wachstumsprozeß und welche marktstrukturellen und institutionellen Änderungen haben sich im säkularen Entwicklungsprozeß der reifen Volkswirtschaften ergeben?
2. Wie gestaltet sich das Zusammenspiel der drei gesamtgesellschaftlichen Steuerungsmechanismen unter den in Industriegesellschaften gegebenen marktstrukturellen und institutionellen Bedingungen und welche Konsequenzen lassen sich daraus bezüglich der wirtschaftlichen Struktur- und Niveaukomponenten ableiten?
3. Welche Verteilungs- und Wachstumsergebnisse zeitigt der durch wirtschaftliche, politische und soziale Faktoren und Mechanismen determinierte Gesamtprozeß in entwickelten Industriegesellschaften?

Um diese Fragen beantworten zu können, werden auch diejenigen verteilungs- und wachstumstheoretischen Überlegungen zu prüfen sein, die zwar von der produktions- und preismechanischen Grundlage einerseits, von der nachfrage- und einkommensmechanischen Basis andererseits ausgehen, aber einen modifizierten, der wirtschaftlichen Wirklichkeit besser angepaßten Ansatz darstellen.

9. Auf der Stufe der Primärverteilung geht es um die Distribution der Einkommen, „wie sie sozusagen frisch aus dem Produktionsprozeß hervorgehen“[32]. Damit stellt sich das Problem, wie sich die relative und absolute Höhe der Lohn- und Zinseinkommen auf den Arbeits- und Kapitalmärkten bestimmt. Wir wollen uns zunächst den Problemen des Arbeitsmarktes zuwenden[33]. Die theoretische Standard-Version der Funktionsweise der Arbeitsmärkte und des jeweiligen Lohnbildungsprozesses arbeitet mit den üblichen, restriktiven Prämissen der vollständigen Konkurrenz. *Hicks* faßt das Ergebnis dieses Ansatzes wie folgt zusammen: „Wages ... tend to that level where demand and supply are equal. If supply exceeds demand, some men will be unemployed, and in their efforts to regain employment they will reduce the wages they ask to that level which makes it just worth while for employers to take them on. If demand exceeds supply, employers will be unable to obtain all the labour they require, and will therefore offer higher wages in order to attract labour from elsewhere[34].“ Die klassische Lohntheorie faßt den Lohnsatz also als Preis des Faktors Arbeit auf und erklärt ihn wie einen Warenpreis, der durch Angebot und Nachfrage determiniert wird. Gleichzeitig mit dem Lohnsatz wird die Ar-

---

[32] Vgl. *Krelle*, W.: Bestimmungsgründe der Einkommensverteilung in der modernen Wirtschaft, S. 55.

[33] Zum Problem der Preisbildung auf den Kapitalmärkten vgl. Ziff. 28 dieses Kapitels.

[34] Vgl. *Hicks*, J. R.: The Theory of Wages, 2. Aufl., London 1963, S. 4 f.

beitsmenge bestimmt: „As a hypothetical construct, the perfectly competitive labor market determines the wage and rations the labor supply in a single completely impersonal operation[35]." Die Funktionsweise von Güter- und Arbeitsmärkten wird also vollkommen gleichgesetzt.

Bei dieser Sicht des Arbeitsmarktes handelt es sich um „a labor market completely without structure, bereft of any institutional rules governing entry, movement, exit, or wage determination and administration"[36]. Die mangelnde Realitätsnähe dieser Arbeitsmarkttheorie wurde relativ frühzeitig erkannt. Es wurden die Unterschiede des Arbeitsmarktes zum Produktmarkt herausgearbeitet und eine „besondere" Theorie für den Arbeitsmarkt entwickelt. Die Notwendigkeit einer spezifischen Lohntheorie ergibt sich nach *Hicks* aus den Eigenarten der Nachfrage nach Arbeitskräften und des Arbeitsangebots sowie der Form des Zusammenspiels von Angebot und Nachfrage auf den Arbeitsmärkten. Die Unmöglichkeit einer Gleichsetzung der Funktionsweise von Produkt- und Arbeitsmärkten wird vor allem durch die Argumente begründet, daß es sich bei der Nachfrage auf den Arbeitsmärkten — im Gegensatz zur Produktnachfrage — um abgeleitete Nachfrage handele, daß beim Arbeitsangebot aufgrund sozialer, räumlicher und beruflicher Mobilitätshemmnisse Reaktionen festzustellen seien, die eine marktrationale Adaption des Arbeitsangebots ver- bzw. behinderten und daß die Marktform der Arbeitsmärkte aus wirtschafts- und sozialstrukturellen Gründen meist zu einem Monopson bzw. zu einem bilateralen Monopol tendiere[37]. Daher hat man der Lohntheorie einen Sonderstatus zuerkannt, der durch die genannten Faktoren begründet ist und ihnen Rechnung tragen sollte.

10. *Hicks* hat das klassische Verständnis des Lohnbildungsprozesses dennoch als „quite a good simplified model of the labour market" gewertet[38]. Diese Bewertung könnte sich u. a. auf die historische Erkenntnis stützen, daß die Anbieter von und die Nachfrager nach Arbeitsleistungen jeweils isoliert anboten und nachfragten und daher die Löhne auf den Arbeitsmärkten des 19. Jahrhunderts tatsächlich sehr flexibel waren. Die Frage, ob die gesellschafts- und wirtschaftsstrukturellen Verhältnisse im 19. Jahrhundert so geartet waren, daß man mit relativer Sicherheit, wenn nicht von einer vollständigen, so doch von einer funktionsfähigen polypolistischen Preiskonkurrenz im wirtschaftlichen Bereich sprechen kann, ist nicht so umstritten, wie es zunächst scheinen

---

[35] Vgl. *Hildebrand,* G. H.: Economics by Negotiation, in: AER, Vol. 49, Proc., 1959, S. 401.

[36] Vgl. *Hildebrand,* G. H.: Economics by Negotiation, S. 401.

[37] Vgl. u. a. *Hicks,* J. R.: The Theory of Wages, S. 1 f.; *Kerr,* C.: Labor Markets: Their Character and Consequences, S. 279 f.; *Hildebrand,* G. H., Economics by Negotiation, S. 401.

[38] Vgl. *Hicks,* J. R.: The Theory of Wages, S. 5.

mag. Zweifellos ist der Aussage *Burns'* zuzustimmen: „Competitive individualism was as short-lived in America as in Germany. Evidences of the emergence of monopoly capitalism began to appear in the seventies of the last century[39]." Speziell für die deutsche Wirtschaft ist festzustellen, daß „der deutsche Kapitalismus ... selbst in seiner Glanzzeit eine reichliche Beimischung von Staats- und Verbandseingriffen in das Wirtschaftsleben auf(wies)"[40]. Dennoch dürfte unbestritten sein, daß die Lenkungsmechanismen der Wirtschaft in der Mitte des 19. Jahrhunderts der klassisch-liberalen Vorstellung vom allgemeinen und freien Preiswettbewerb wesentlich stärker entsprachen, als es in der Mitte des 20. Jahrhunderts der Fall ist. Die Automatik des Marktes dominierte in den wirtschaftlichen Beziehungen, wenn auch sicher nicht im Sinne einer auch nur annähernd vollständigen Konkurrenz[41].

Aufgrund der wirtschafts- und sozialstrukturellen Wandlungen haben sich die Marktstrukturen auf den Arbeitsmärkten im Zuge des historischen Entwicklungsprozesses der heute industrialisierten Volkswirtschaften ebenfalls entscheidend geändert. Infolge der Verbesserung des Verkehrssystems, der Nachrichtenübermittlung und der Arbeitsvermittlung haben sich die Arbeitsmärkte im 19. Jahrhundert zunächst erweitert, d. h. die Marktform der Arbeitsmärkte veränderte sich vom Nachfragemonopol in Richtung auf die polypolistische Konkurrenz[42]. Dieser ersten Transformation folgte eine zweite, die durch die Bildung von Gewerkschaftsorganisationen verursacht wurde. Die Gründung von Gewerkschaften wiederum wurde durch die weitere Entwicklung der Massenkommunikationsmittel, die Erfindung von Organisationstechniken und professionellen Organisationsspezialisten (Funktionären) sowie die Suche der Arbeitnehmer nach einem Status in der industriellen Gesellschaft ausgelöst[43]. Mit *Lester* ist festzustellen: „Unions not only profess to be representative, democratic organizations but historically are part of a protest movement against autocracy in industry[44]." Damit wurde der Konkurrenzgrad zwischen den einzelnen Anbietern von Arbeitskraft eingeschränkt, die Arbeitnehmer schlossen sich zu Organisationen zusammen und es ergab sich eine erneute Transforma-

---

[39] Vgl. *Burns*, A. F.: The Organization of Industry and the Theory of Prices, in: Hoover, E. M. und Dean, J., (Hrsg.), Readings in the Social Control of Industry, Philadelphia—Toronto 1949, S. 397.

[40] Vgl. *Stolper*, G.; K. *Häuser* und K. *Borchardt:* Deutsche Wirtschaft seit 1870, 2. Aufl., Tübingen 1966, S. 59.

[41] Vgl. dazu u. a. *Boulding*, K. E.: The Organizational Revolution, S. 3 ff. sowie die in Kap. 2, Ziff. 22 angegebene Literatur.

[42] Vgl. dazu u. a. *Eucken*, W.: Grundsätze der Wirtschaftspolitik, 2. Aufl., Tübingen—Zürich 1955, S. 46.

[43] Vgl. *Boulding*, K. E.: The Organizational Revolution, S. 16 ff.

[44] Vgl. *Lester*, R. A.: Reflections on the 'Labor-Monopoly' Issue, in: JPE, Vol. 55, 1947, S. 519.

tion der Arbeitsmärkte, die zum Angebotsmonopol tendierte[45]. In Reaktion darauf bildeten die Unternehmer Gegenorganisationen, die Arbeitsnachfrage wurde ebenfalls „monopolisiert“, so daß sich die Marktform der Arbeitsmärkte in ein bilaterales Monopol verwandelte[46].

Heute stehen sich auf den Arbeitsmärkten zwei durch Verfassung und Staat sanktionierte, mächtige Organisationen gegenüber, die die Lohnsatzbestimmung übernommen haben. Die hohe Interessensolidarität bei den Arbeitnehmern und die — etwas geringere — bei den Arbeitgebern, ihr Zusammenschluß und die Bildung von in ihrem Namen handlungsbevollmächtigten Organisationen, die Konzentration von Arbeitskräften und Produktionspotential in wenigen industriellen Zentren sowie die Erkenntnis, daß der Lohn nicht in erster Linie ein Warenpreis, sondern Einkommen für die Masse der Verbraucher ist und damit das entscheidende Nachfragereservoir für die industrielle Produktion, haben die markstrukturellen Bedingungen der Lohnbildung erheblich geändert. In den reifen Volkswirtschaften vollzieht sich die Lohnbildung nicht mehr auf isolierten, individuellen Märkten, sondern auf gesamtwirtschaftlicher Ebene: „The discussion has shifted from the level of the firm, considered in isolation, to the level of the entire nation. It no longer involves individuals but organizations, and it takes place simultaneously in the markets which have profoundly changed and in the government[47].“ Aus diesen Wandlungen der Wirtschafts- und Sozialstruktur folgt zwangsläufig die Forderung nach einer neuen theoretischen Konzeption der Lohnsatzbestimmung.

11. Einen solchen gegenüber der klassischen Version theoretischen Neuansatz der Lohnbestimmung stellt die Theorie des bilateralen Monopols dar. Dieser preistheoretische Ansatz, am Fall des isolierten Tauschs entwickelt, wurde schon von *Edgeworth* auf die Lohnbildungsproblematik übertragen. *Edgeworth* versuchte die allgemeine Frage zu beantworten: „How far contract is indeterminate[48].“ Seine generelle Antwort lautete: „(a) Contract without competition is indeterminate, (b) Contract with perfect competition is perfectly determinate, (c) Contract with more or less perfect competition is less or more indetermi-

---

[45] Vgl. zu dieser Sicht des Phänomens *Eucken*, W.: Grundsätze der Wirtschaftspolitik, S. 46.

[46] Dieser historische Trend zum bilateralen Monopol auf dem Arbeitsmarkt wird heute allgemein anerkannt. Vgl. u. a. auch *Galbraith*, J. K.: American Capitalism, S. 128 ff.; *Hicks*, J. R.: The Theory of Wages, S. 159 ff.

[47] Vgl. *Marchal*, J.: Wage Theory and Social Groups, in: Dunlop, J. T., (Hrsg.), The Theory of Wage Determination, London—New York 1957, S. 149.

[48] Vgl. *Edgeworth*, F. Y.: Mathematical Psychics, An Essay on the Application of Mathematics to the Moral Sciences, London 1881, Nachdruck New York 1961, S. 20.

nate[49]." Nach *Edgeworth* offenbart der isolierte Tausch eindeutig „the characteristic evil of indeterminate contract, deadlock, undecidable opposition of interests"[50]. Und bezüglich des Zusammenschlusses einzelner Wirtschaftssubjekte zu Gruppen bemerkt *Edgeworth*, daß „the increase of combination tends to increase indeterminateness in a sense favourable to the combiners"[51]. Als Lösung des Lohnbildungsproblems bietet *Edgeworth* also an, daß die Lohnsatzbestimmung ökonomisch unbestimmt ist und daß eine unendliche Serie von Lohnvereinbarungen aus der Situation des bilateralen Monopols auf dem Arbeitsmarkt resultiert.

Eine extensive Darstellung des marginalanalytischen Lösungsansatzes für die Marktform des bilateralen Monopols ist hier nicht beabsichtigt[52]. Dennoch erscheint eine kurze Skizzierung der Prämissen und Ergebnisse notwendig, um den Lösungsversuch der Lohnbestimmung mit Hilfe der Theorie des bilateralen Monopols mit dem daraus entwickelten Lösungsansatz der Bargaining-Theorien vergleichen zu können.

Das bilaterale Monopol ist dadurch definiert, daß sich auf einem Markt ein Anbieter und ein Nachfrager gegenüberstehen, wobei der Anbieter Monopolist und der Nachfrager Monopsonist ist. Beide Marktparteien unterliegen in ihrer Zielsetzung der üblichen Maximumannahme, also Nutzen- und/oder Gewinnmaximierung. Unter diesen einfachen Prämissen ergibt sich, daß die Preisbildung innerhalb bestimmter, ökonomisch ableitbarer Grenzen indeterminiert ist. Für die Preisbildung existiert ein Möglichkeitsfeld, innerhalb dessen jeder Punkt einen Gleichgewichtszustand darstellen kann. Für das bilaterale Monopol gilt also, daß die Preisbildung so lange indeterminiert ist, wie neben den Prämissen über die Zielsetzung der Marktparteien keine weiteren Annahmen eingeführt werden.

---

[49] Vgl. *Edgeworth*, F. Y.: Mathematical Psychics, S. 20.
[50] Vgl. *Edgeworth*, F. Y.: Mathematical Psychics, S. 29.
[51] Vgl. *Edgeworth*, F. Y.: Mathematical Psychics, Appendix VII, S. 144.
[52] Zur Theorie des bilateralen Monopols vgl. u. a. *Hicks*, J. R.: Annual Survey of Economic Theory. The Theory of Monopoly, in: Econometrica, Vol. 3, 1935, S. 1 ff.; deutsch: Jahresüberblick über die Wirtschaftstheorie: Die Theorie des Monopols, in: Ott, A. E.: (Hrsg.), Preistheorie, Neue Wissenschaftliche Bibliothek 1, 2. Aufl., Köln—Berlin 1965, S. 249 ff.; *Tintner*, G.: Note on the Problem of Bilateral Monopoly, in: JPE, Vol. 47, 1939, S. 263 ff.; *Fellner*, W.: Prices and Wages under Bilateral Monopoly, in: JPE, Vol. 61, 1947, S. 503 ff.; *v. Stackelberg*, H.: Grundlagen der theoretischen Volkswirtschaftslehre, 2. Aufl., Tübingen—Zürich 1951, S. 197 ff.; *Schneider*, E.: Einführung in die Wirtschaftstheorie, II. Teil, Wirtschaftspläne und wirtschaftliches Gleichgewicht in der Verkehrswirtschaft, 13. verb. und erw. Aufl., Tübingen 1967, S. 355 ff.

Solche zusätzlichen Annahmen stellen die Prämissen über die Verhaltensweise der beiden Marktparteien dar[53]. Mit *Schneider* können wir die mengenanpasserische, monopolistische bzw. monopsonistische und die optionsfixierende bzw. -empfangende Verhaltensweise für die Marktparteien im bilateralen Monopol unterstellen. Insgesamt ergeben sich dann fünf Lösungen des Preisbildungsproblems im bilateralen Monopol. Eine erste Lösung ergibt sich, wenn der Anbieter als Monopolist und der Nachfrager als Polypolist handelt. Dies ist die *Cournot*sche Monopollösung. Die *Cournot*sche Monopsonlösung wird erreicht, wenn der Nachfrager sich als Monopsonist, der Anbieter als Mengenanpasser verhält. Die dritte Lösung besteht im klassischen Polypolfall: Anbieter wie Nachfrager handeln als Mengenanpasser. Die vierte und fünfte Lösung ergeben sich, wenn unterstellt wird, daß sich der Anbieter (Nachfrager) als Optionsfixierer und der Nachfrager (Anbieter) als Optionsempfänger verhält. Handelt der Anbieter als Optionsfixierer, so besteht eine Ausbeutungsposition für die anbietende Marktpartei, im umgekehrten Falle für die nachfragende Partei: in beiden Fällen kann der Optionsfixierer den Optionsempfänger in eine Nullgewinnlage drängen. Mit *Schneider* kann somit festgestellt werden, „daß beim bilateralen Monopol in der Form des isolierten Tauschs der endgültige Tauschpunkt (Kontraktkurve) von der Verhaltensweise der Kontrahenten abhängig und dann und nur dann unbestimmt ist, wenn allein das Ziel, nicht aber die Verhaltensweise der Tauschenden zu den Daten des Problems gehört"[54]. Werden die Verhaltensweisen als Variable des Problems angesehen, vollzieht sich also der Tauch in einzelnen, sukzessiven Schritten, so sind alle Punkte auf der Kontraktkurve als Gleichgewichtslagen gleich möglich: „Input as well as price (i. e. wage rate) are ‚indeterminate'. They both depend on bargaining power[55]."

Kritisch ist zunächst festzustellen, daß der Versuch, das Lohnbildungsproblem mit Hilfe der Theorie des bilateralen Monopols zu lösen, einen erheblichen Fortschritt gegenüber der klassischen Version der Lohntheorie darstellt. Man sieht sich gezwungen, die ökonomische Relevanz sozialer und politischer Bestimmungsgründe anzuerkennen und den ökonomistischen Erklärungsansatz um eben diese Faktoren zu erweitern. Insofern kann gesagt werden, daß die Anwendung der Theorie des bilateralen Monopols auf Lohnbildungsprobleme das implizite Eingeständnis darstellt, daß auf dem Arbeitsmarkt neben den wirtschaftlichen Determinanten auch soziopolitische Einflüsse eine Rolle spielen.

---

[53] Vgl. zum folgenden *Schneider*, E.: Einführung in die Wirtschaftstheorie, II. Teil, S. 358 ff.

[54] Vgl. *Schneider*, E.: Einführung in die Wirtschaftstheorie, II. Teil, S. 362.

[55] Vgl. *Fellner*, W.: Prices and Wages under Bilateral Monopoly, S. 529. S. 517.

Trotz dieses unbestreitbaren Fortschrittes in der Lohntheorie bleibt kritisch festzustellen, daß die Theorie des bilateralen Monopols nur unter sehr restriktiven Annahmen auf den Arbeitsmarkt anwendbar ist, d. h. unter Annahmen, die gerade diejenigen Probleme ausschalten, die ein wesentliches Charakteristikum der Arbeitsmärkte in entwickelten Industriegesellschaften ausmachen. *Lester* verdeutlicht die Besonderheiten des Arbeitsmarktes anhand eines Vergleichs von Produkt- und Faktormärkten und führt zu diesem Problem aus: „Economists sometimes seem to overlook the fact that unions do not'sell labor', are not profit-making institutions, and are as much political as they are economic. Monopolistic principles developed for business concerns cannot be applied directly to unions. Unlike companies, unions are not operated to make a profit. Their activities are not determined by comparisons of sales income and costs; their policies are not based on marginal sales revenue, marginal operating costs, or net returns. It is doubtful wether unions consistently attempt to maximize any monetary quantity[56]." Diese Kritik an der Gleichsetzung der Gewerkschaften mit einem Angebotsmonopol auf einem Produktmarkt bedarf noch einiger Ergänzungen.

12. Die Kritik an der Anwendung der Theorie des bilateralen Monopols auf die Verhältnisse auf den Arbeitsmärkten läßt sich in fünf Punkten zusammenfassen:

1. die statische, partialanalytische Betrachtungsweise;
2. die Vernachlässigung oligopolistischer Strategien;
3. die Annahme eindeutiger Zielsetzungen;
4. die Simultaneität des Preis- und Mengenproblems;
5. der zu enge Spielraum für soziopolitische Faktoren:
6. die Beschränkung auf zwei organisierte Gruppen.

Im folgenden sollen die kritischen Punkte einer Übertragung der Theorie des bilateralen Monopols auf den Arbeitsmarkt kurz erläutert werden.

Bezüglich der statischen, partialanalytischen Betrachtungsweise, die in der Theorie des bilateralen Monopols Anwendung findet, vor allem, wenn ökonomisch determinierte Lösungen erreicht werden, können wir uns kurz fassen. Es gelten im wesentlichen die bekannten Einwände gegen dieses methodische Verfahren: ihre Realitätsferne, da in der wirtschaftlichen Wirklichkeit der dynamische Wandel dominiert; die Nicht-Übertragbarkeit partialanalytischer Ergebnisse auf gesamtwirtschaftliche Vorgänge. Dies wird besonders deutlich, wenn, um determinierte

---

[56] Vgl. *Lester*, R. A., Reflections on the 'Labor-Monopoly' Issue, S. 517.

Lösungen zu erhalten, die wirtschaftlichen Verhaltensweisen als Daten betrachtet werden müssen. Während dies für wirtschaftliche Zielsetzungen dieses methodische Verfahren: ihre Realitätsferne, da in der wirtökonomischen Verhaltensformen —einer wirtschaftlich variablen Größe kat' exochen — in den Datenkranz des Lohnbildungsproblems zumindest vollkommen wirklichkeitsfremd erscheinen. Es darf in diesem Zusammenhang darauf hingewiesen werden, daß die Entdeckung der Verhaltensformen für die Markttheorie den — gegenüber der Marktmorphologie — beträchtlichen Erklärungsvorteil mit sich brachte, einen geschmeidigeren Ansatz für die Preisbildungsproblematik zu liefern. Werden die wirtschaftlichen Verhaltensweisen jedoch ebenso konstant gedacht wie die Marktformen, so begibt man sich dieses Vorteils wieder.

Bemerkenswert ist gleichfalls, daß sich die Lösungen des Preisbildungsproblems im bilateralen Monopol auf Verhaltensweisen stützen, die weder theoretisch noch praktisch problematisch sind: theoretisch, weil sie — unter Annahme einer Verhaltenskonstanz in der Zeit — eindeutige Lösungen garantieren, praktisch, weil sie in der Realität nicht existieren. Mit hoher Wahrscheinlichkeit kann angenommen werden, daß den Verhaltensformen des Mengenanpassers, Monopolisten und Monopsonisten sowie des Optionsfixierers und -empfängers auf den Arbeitsmärkten keine Bedeutung zukommt. Wahrscheinlicher sind vielmehr Verhaltensweisen wie oligopolistische Strategien, Kampf- und Verhandlungsprozesse und willkürliche Mixturen aus polypolistischen, monopolistischen bzw. monopsonistischen sowie optionsfixierenden und -empfangenden Reaktionsformen der Kontrahenten.

Statt von festgefrorenen wirtschaftlichen Verhaltensweisen auszugehen, sollte man die Dependenz des Lohnfindungsprozesses von den relativen Machtpositionen, den Verhandlungsstrategien und -taktiken der Marktparteien anerkennen. Die Kennzeichnung des kollektiven Entscheidungsprozesses auf den Arbeitsmärkten durch *Ross* kristallisiert das wesentliche Merkmal dieses Prozesses eindeutig heraus: „Collective bargaining, we are frequently told, is essentially a ‚pressure game'; and so it is[57]." Die kollektiven Lohnverhandlungen sind tatsächlich ein strategisches Spiel zwischen zwei, u. U. drei oder vier Parteien. Demgemäß kommen dem Verhandlungsprozeß alle Attribute eines Spiels zu: Ungewißheit, Risiko, Trick, Bluff, Täuschungsmanöver etc. Es ist weiter darauf hinzuweisen, „that questions of strategy, uncertainty, bluff, and so on, cannot be regarded as exogenous forces, but must on the contrary be treated as decisive causal factors"[58]. Zwischen den Arbeitsmarktparteien besteht eine sozialökonomische Interde-

---

[57] Vgl. *Ross*, A. M.: Trade Union Wage Policy, S. 11.
[58] Vgl. *Rothschild*, K. W.: Approaches to the Theory of Bargaining, S. 286.

pendenz, eine Form der Kommunikation, die es ihnen nicht erlaubt, Reaktionen an den Tag zu legen, die vollkommen unabhängig von den Strategien des Marktpartners sind, sondern vielmehr beide Parteien zu Verhaltensformen zwingt, die sich in einer Kette von aufeinanderfolgenden und voneinander abhängigen „Schachzügen" äußern. Das klassische Verständnis ökonomischen Rationalverhaltens, die Maximierung bekannter Größen, versagt in dieser Situation: „The basic difficulty in defining rational behavior in game situations is the fact that in general each players' strategy will depend on his expectations about the other players' strategies[59]." Daraus folgt, daß der Versuch, den Bargaining-Prozeß durch rein wirtschaftliche, temporär konstante Verhaltensweisen einer eindeutigen Lösung zuzuführen, schon vom Ansatz her verfehlt ist.

Auf die Frage nach der Eindeutigkeit und zeitlichen Konstanz der Zielsetzungen ist hier nicht mehr in extenso einzugehen. Wie schon festgestellt, ist eine empirisch gehaltvolle Hypothese über die wirtschaftliche oder politische Zielvariable von Gewerkschaften und Arbeitgeberverbänden äußerst schwierig und stellt in den meisten Fällen einen etwas willkürlichen Akt des jeweiligen Betrachters dar. So gibt *Ross* zu bedenken: „The formal purpose of the union is vaguer than that of the business firm. Profit can be measured in one dimensinon. ‚Economic welfare' is a congeries of discrete phenomena — wages, with a dollar dimension; hours of work, with a time dimension; and physical working conditions, economic security, protection against managerial abuse, and various rights of self-determination, with no dimension at all. Therefore, the union leader has considerably more discretion in interpreting the formal purpose[60]." Es muß hier noch ergänzt werden, daß in der BRD — wie in einigen anderen europäischen Ländern — das gleiche für die Arbeitgeberverbände gilt. Als „eindeutig" können wir also die Ziele der beiden Marktparteien wohl kaum bezeichnen.

Bezüglich der zeitlichen Konstanz der Zielsetzungen der Sozialpartner können wir zunächst auf Kapitel 2 verweisen, wo Zieländerungen im Zuge des säkularen Entwicklungsprozesses nachgewiesen werden konnten. Hier stellt sich jedoch die weitere Frage, ob sich Zieländerungen während und durch den Bargaining-Prozeß selbst ergeben. In Übereinstimmung mit *Marchal* kann dazu festgestellt werden, „daß sich die Ziele nicht nur infolge außerökonomischer Beweggründe verändern, sondern daß sie im Verlauf derjenigen

---

[59] Vgl. *Harsanyi*, J. C.: Bargaining and Conflict Situations in the Light of a New Approach to Game Theory, in: AER, Vol. 55, Proc., 1965, S. 450.
[60] Vgl. *Ross*, A. M.: Trade Union Wage Policy, S. 27.

Prozesse selbst, die ihre Erreichung bezwecken, Veränderungen erfahren können"[61]. Die Gründe für einen Zielwandel im Zuge des Bargaining-Prozesses dürften vor allem in Machtfaktoren und in der Informationspoolung zu suchen sein. In diesem Zusammenhang gewinnt vor allem die Substitutionsbeziehung zwischen sozialen, politischen und wirtschaftlichen Teilzielen gravierende Bedeutung. Wird beispielsweise das wirtschaftliche Ziel einer Lohnerhöhung durch die Gewerkschaften nicht erreicht, so kann man doch erreichen, daß ein „Gewerkschaftsmann" als Vertreter in ein internationales Gremium einzieht.

Die Theorie des bilateralen Monopols löst das Preisbildungsproblem gleichzeitig mit der Bestimmung des Volumens der ausgetauschten Gütermengen. Dies ist eine traditionelle ökonomische Weisheit, die sich — unter bestimmten Bedingungen — zwangsläufig aus der funktionalen Logik des Marktmechanismus ergibt. Dennoch zeigt eine Analyse der Arbeitsmärkte in den entwickelten Industriegesellschaften ein eindeutig anderes Bild. Auf den Arbeitsmärkten werden heute zwar Löhne ausgehandelt, aber die „Ware" Arbeit wird dort nicht ausgetauscht. Dieses Auseinanderfallen zweier Funktionen, die der Arbeitsmarkt in der Theorie simultan erfüllt, soll im folgenden kurz etwas näher gekennzeichnet werden.

Kerr unterscheidet in einer interessanten Studie über die Strukturen und Ergebnisse der Arbeitsmärkte zwischen zwei grundlegenden Funktionen eines Arbeitsmarktes: der Preissetzungsfunktion und der Allokationsfunktion[62]. Während die erste Funktion der Bestimmung der Lohnhöhe dient, nimmt die Allokationsfunktion die Verteilung der Arbeitsplätze wahr. In seiner Kasuistik von fünf idealtypischen Arbeitsmärkten zeichnet sich der vollkommene Arbeitsmarkt dadurch aus, daß „physical movement of workers and the wage setting process are inextricably interwoven"[63]. Unter diesen Bedingungen besteht also keine Dichotomie von „wage market" und „job market". Heute allerdings dominiert ein anderer Markttyp, den *Kerr* idealtypisch als „institutional market" bezeichnet. Im institutionellen Markt sind die beiden Marktfunktionen getrennt: „The wage market and the job market are substantially disjointed and can and sometimes do go their quite separate ways. . . . (The wage market) is the sphere of influence of organizations, policies, and concepts of equity. The job

[61] Vgl. *Marchal,* J.: Gegenstand und Wesen der Wirtschaftswissenschaft: von einer mechanischen Wissenschaft zu einer Wissenschaft vom Menschen, S. 585.

[62] Vgl. zum folgenden *Kerr,* C.: Labor Markets: Their Character and Consequences, S. 278 ff.

[63] Vgl. *Kerr,* C.: Labor Markets: Their Character and Consequences, S. 279.

market area and the orbit of wage influencing considerations become quite distinct entities[64]."

Die Trennung von Preissetzungs- und Allokationsfunktion bedingt erhebliche Konsequenzen für die Funktionsweise der heutigen Arbeitsmärkte. Zwar existiert gewöhnlich ein einziger Preis für den Faktor Arbeit, aber nicht als Folge der preisnivellierenden Marktkräfte, sondern als Ergebnis der politischen Faktoren: „Its existence proves that market forces have been supplanted by institutional controls[65]." Die Dichotomie von Preissetzungs- und Allokationsfunktion ändert somit die Funktionsweise der Arbeitsmärkte in den reifen Industriegesellschaften erheblich: „Supply and demand do adjust and can be adjusted to the wage rate rather than wages adjusting to supply and demand. This is not to say that supply and demand have no effect on price, but only that their influence is often both indirect and muted[66]." Damit ist die Simultaneität von Lohn- und Beschäftigungsbewegungen auf den Arbeitsmärkten weitgehend aufgehoben.

Die Theorie des bilateralen Monopols hat — wie schon erwähnt — das unbestreitbare Verdienst, soziopolitischen Einflüssen eine gewisse Geltung bei der Lohnbildung verschafft zu haben. Wenn man jedoch das theoretische Gewicht, das die soziopolitischen Faktoren in der Theorie des bilateralen Monopols erhalten, mit ihrer Bedeutung bei der Lohnbildung in der Praxis vergleicht, so kann man sich kaum der Feststellung eines erheblichen Ungleichgewichts entziehen, das gleichzeitig die Realitätsferne dieses theoretischen Ansatzes dokumentiert. Der Spielraum für die sozialen und politischen Bestimmungsgründe der Lohnhöhe ist im bilateralen Monopol einfach zu eng. Die Wirksamkeit der wirtschaftlichen Faktoren wird überbetont, die Grenzen für den Lohnbildungsprozeß werden eindeutig ökonomisch determiniert. Bei der kritischen Beleuchtung der Verhaltensweisen und Zielsetzungen der im bilateralen Monopol aufeindertreffenden Marktparteien hatten wir schon festgestellt, daß eine Beschränkung auf die wirtschaftlichen Reaktionsformen und Zielvariablen der beiden Marktparteien wenig sinnvoll erscheint. „A sixty-day strike over 2 cents an hour may be irrational in the economic lexicon, but viewed as political behavior it may have all the logic of survival[67]."

Mit *Lester* haben wir davon auszugehen, daß „unions ... are political institutions, whose leaders are interested in maintaining their positions and in the growth and reputation of the organization, rather

---

[64] Vgl. *Kerr*, C.: Labor Markets: Their Character and Consequences, S. 282.
[65] Vgl. *Kerr*, C.: Labor Markets: Their Character and Consequences, S. 283.
[66] Vgl. *Kerr*, C.: Labor Markets: Their Character and Consequences, S. 283.
[67] Vgl. *Ross*, A. M.: Trade Union Wage Policy, S. 74.

than merely in obtaining a maximum lifetime income for the present membership“[68]. Aus diesem Verständnis der Gewerkschaften und Arbeitgeberverbände als politischen Institutionen folgt zwangsläufig, daß „bargaining limits are fixed as much by political as by economic inducements“[69]. Ohne an dieser Stelle die politischen und wirtschaftlichen Grenzen des Bargaining-Prozesses im einzelnen zu erörtern, kann doch schon festgestellt werden, daß kurzfristig die politischen Grenzen und langfristig die wirtschaftlichen Grenzen den lohnpolitischen Spielraum der beiden Kontrahenten bestimmen. Es gilt dabei jedoch zu beachten, daß beide Grenzen relativ flexibel sind und daß die politischen Ambitionen der Sozialpartner häufig auf langfristige Änderungen des institutionellen Rahmenwerks abzielen: „In order to achieve success in bargaining, the parties will not necessarily restrict themselves to the wage bargain proper but will demand such institutional changes as to make a success possible[70].“

Der letzte kritische Punkt der Übertragung der Theorie des bilateralen Monopols auf den Lohnbildungsprozeß besteht in der Annahme, daß die beiden Marktkontrahenten auf dem Arbeitsmarkt allein und unabhängig von Einflüssen Dritter die Lohnhöhe bestimmen. Diese Annahme trifft auf die tatsächlichen Vorgänge und Beziehungen im Lohnbildungsprozeß westlicher Industriegesellschaften nicht zu. Als dritter, mitbestimmender institutioneller und Machtfaktor auf den Arbeitsmärkten muß trotz der Gültigkeit der Tarifautonomie der Staat angesehen werden. Zwar sind die Beziehungen zwischen Gewerkschaften und Arbeitgeberverbänden einerseits und den staatlichen Organen andererseits meist potentieller und indirekter Natur[71], dennoch spielen sie für den Prozeß der Lohnfestsetzung eine nicht zu unterschätzende Rolle.

Christmann weist darauf hin, „daß der Staat heute nicht mehr als absolut neutrale Institution innerhalb des Gesellschaftsprozesses fungiert“, daß daraus aber nicht geschlossen werden dürfe, „daß zwischen Staat und den oligarchischen Kräften ein unüberbrückbarer Gegensatz besteht, der schließlich zu einer totalen Mediatisierung des Staates durch den organisierten Gruppenwillen führt“[72]. *Christmann* postuliert, daß zwischen den Gewerkschaften, Arbeitgeberverbänden

[68] Vgl. *Lester*, R. A.:Reflections on the 'Labor-Monopoly' Issue, S. 517.
[69] Vgl. *Kerr*, C.: Labor Markets: Their Character and Consequences, S. 283.
[70] Vgl. *Rothschild*, K. W.: Approaches to the Theory of Bargaining, S. 290.
[71] Vgl. *Shister*, J.: Trade-Unionism, Collective Bargaining and Economic Growth, in: AER, Vol. 44, Proc., 1954, S. 222.
[72] Vgl. *Christmann*, A.: Die Gewerkschaften in der industriellen Gesellschaft, S. 135.

und staatlichen Instanzen ein funktioneller Pluralismus besteht: „Die Gewaltenteilung, ursprünglich nur ein reines Staatsprinzip, greift über den verfassungsrechtlich fixierten Bereich des Staates hinaus auf die Gesellschaft über und begründet so zwischen den verschiedenen autonomen Willensgruppen und dem Staat ein funktionelles Kooperationsverhältnis, das beide, sowohl den Staat als auch die verschiedenen organisierten Gesellschaftsgruppen, davor bewahrt, ihre Machtposition zu verabsolutieren (funktioneller Pluralismus)[73]." Die Lage auf den Arbeitsmärkten der Industriegesellschaften ist also weder durch die Dominanz marktmechanischer Elemente charakterisiert, „nor are policies solely developed by the private governments of industry and organized labor, but also by public government which may intervene to assure that monopoly encroachments do not entirely eliminate competition from the market, that wages do not fall below a given level, and that employment be maintained at acceptable levels"[74].

Die Kritik an der Übertragbarkeit des theoretischen Ansatzes des bilateralen Monopols auf die Verhältnisse auf den Arbeitsmärkten der Industriegesellschaften können wir mit *Ross* wie folgt zusammenfassen: „Despite the popularity of analogies from physics, economic behavior remains perversely intractable to mechanical analysis. Within the several branches of economic theory this is nowhere better illustrated than in the theory of wages and collective bargaining. The apparatus of equilibrium analysis has been adopted in its entirety. Wages are the ‚price of labor', established in the ‚labor market'. Collective bargaining is ‚bilateral monopoly'; the union is a monopolistic seller of labor. Wages emerge from the interaction of supply and demand in the labor market. In order to complete the analogy, it is held that competition among buyers and sellers of labor integrates and unifies the wage structure, whereas imperfect competition among buyers and sellers inhibits the tendency toward equalization of wage rates[75]." Die Einzelkritik an der Anwendbarkeit des bilateralen Monopols auf die modernen Arbeitsmarktgegebenheiten mag schon jene Basis verdeutlicht haben, auf der eine realistische Arbeitsmarkt- und Lohntheorie für entwickelte Industriegesellschaften aufgebaut werden kann. Von der Systematik der ökonomischen Theorie her können auch die folgenden Ansätze als solche des bilateralen Monopols bezeichnet werden. Eine solche Zuordnung wäre jedoch rein formal: „Classifying this problem (of wage determination; d. Verf.) as one of bilateral monopoly is merely for the purpose of identifying

---

[73] Vgl. *Christmann*, A.: Die Gewerkschaften in der industriellen Gesellschaft, S. 135.
[74] Vgl. *Kerr*, C.: Labor Markets: Their Character and Consequences, S. 282.
[75] Vgl. *Ross*, A. M.: Trade Union Wage Policy, S. 72 f.

it taxonomically; the conventional theory of bilateral monopoly is of dubious help in this connection[76]."

13. Einige der wesentlichen Mängel der Theorie des bilateralen Monopols werden durch zwei arbeitsmarkttheoretische Ansätze von *Hicks* und *Galbraith* aufgehoben, die sich beide dadurch auszeichnen, daß sie die marktmechanische Analogie vermeiden und die dynamischen und politischen Faktoren der Lohnbestimmung hervorheben[77]. *Hicks* bezeichnet seinen Ansatz als Theorie industrieller Dispute[78]. In dieser Theorie interessiert er sich ausschließlich für die Fixierung des Nominallohnsatzes, die Preis-, Produktions- und Beschäftigungseffekte werden in diesem Zusammenhang vernachlässigt. Ausgangspunkt der *Hicks*schen Theorie ist die Annahme, daß der Lohnsatz durch die relative Verhandlungsstärke der beiden Marktparteien bestimmt wird. Damit stellt sich die Frage, welche Faktoren die jeweilige bargaining power determinieren. Die relative Verhandlungsstärke der Gewerkschaften drückt *Hicks* als Funktion der Streikdauer aus. Die Streikdauer ist um so länger und damit die Streikbereitschaft um so größer, je größer die Finanzkraft der Gewerkschaftsorganisation und der einzelnen Mitglieder, je höher die Solidarität unter den Gewerkschaftsmitgliedern, je stärker die Zustimmung der öffentlichen Meinung und je geringer die (negativen) Beschäftigungseffekte sind. Die relative Verhandlungsmacht der Arbeitgeber ist um so stärker, je länger sie eine Stillegung ihrer Betriebe durchhalten können. Dieses Durchhaltevermögen ist um so größer, je geringer die fixen Kosten und der finanzielle Rückhalt, je elastischer ihre Nachfrage nach Arbeitskräften, und je geringfügiger die Unterstützung und Zustimmung durch staatliche Stellen und öffentliche Meinung sind.

In formalisierter Fassung ergibt sich aus diesen Überlegungen eine Lohntheorie, die einen „Gleichgewichtslohn" zu fixieren vermag. *Hicks* stellt die Lohnforderungen der Gewerkschaften als Funktion der erwarteten Streiklänge dar und bezeichnet die sich ergebende Kurve als Widerstandskurve der Gewerkschaften. Je länger der für die Durchsetzung der Lohnforderungen zu erwartende Streik, desto geringer wird die „Lohnnachfrage" sein. Die Widerstandskurve der Gewerkschaften sinkt also mit der erwarteten Streiklänge. Das „Lohnangebot" der Arbeitgeber drückt *Hicks* als steigende Funktion der erwarteten Streikdauer aus und bezeichnet die entsprechende Kurve

---

[76] Vgl. *Reder*, M. W.: The Theory of Union Wage Policy, S. 37, Anm. 16.

[77] Vgl. *Hicks*, J. R.: The Theory of Wages, S. 136 ff.; *Galbraith*, J. K.: American Capitalism; derselbe: Countervailing Power, in: AER, Vol. 44, Proc., 1954, S. 1 ff.

[78] Vgl. zum folgenden *Hicks*, J. R.: The Theory of Wages, S. 136 ff.

als Konzessionskurve der Arbeitgeber. Während sich die Widerstandskurve der Gewerkschaften mit zunehmender Streiklänge gegen den Grenzwert des bisher gezahlten Lohns bewegt, konvergiert die Konzessionskurve der Arbeitgeber gegen einen Lohnsatz, der durch die

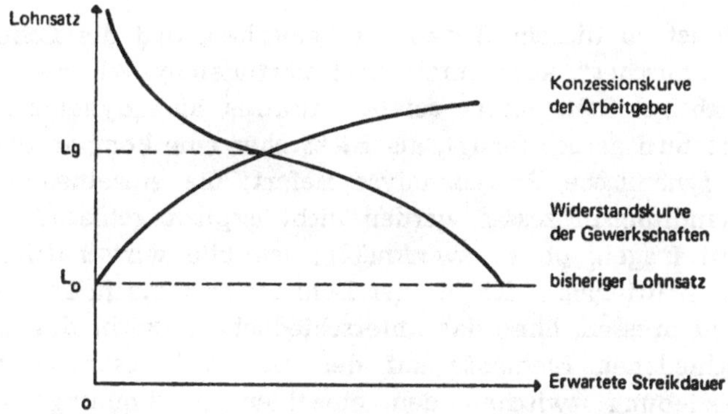

Figur 3

gewinnreduzierende Wirkung der Lohnerhöhung bestimmt wird. Wird die relative Machtposition von beiden Parteien richtig eingeschätzt, so kommt es zu einer Lohnvereinbarung bei dem Lohnsatz L_g, ohne daß gestreikt wird.

Diesen seinen lohntheoretischen Ansatz bezeichnet *Hicks* selbst als einen Versuch, die Indeterminiertheit des bilateralen Monopols durch Einführung „dynamischerer" Faktoren zu überwinden[79]. Dabei wird dem Informationsproblem besondere Bedeutung zuerkannt: „Any means which enables either side to appreciate better the position of the other will make settlements easier; adequate knowledge will always make a settlement possible. The danger lies in ignorance by one side of the other's dispositions, and in hasty breaking-off of negotiations[80]." Resümierend, aber auch vereinfachend, könnte man sagen: Streiks beruhen auf Irrtümern. Vereinfachend insofern, als *Hicks* die Notwendigkeit gelegentlicher Streiks durchaus anerkennt, „in order to keep their weapons burnished for future use, and to keep employers thoroughly conscious of the Union's power"[81]. Entscheidend für unseren Zusammenhang ist das Ergebnis, daß die *Hicks*sche Theorie zwar den Bahnen des bilateralen Monopols folgt, aber die Lohnsatzbestimmung nicht mit Hilfe wirtschaftlicher Bestimmungsgrößen, Verhaltensweisen und Zielsetzungen erreicht, sondern

[79] Vgl. *Hicks, J. R.:* Jahresüberblick über die Wirtschaftstheorie: Die Theorie des Monopols, S. 264.
[80] Vgl. *Hicks*, J. R.: The Theory of Wages, S. 147.
[81] Vgl. *Hicks*, J. R.: The Theory of Wages, S. 146.

den politischen und Machtfaktoren eine gravierende Bedeutung zuerkennt. Die Loslösung der Lohnsatzbestimmung von der Frage der angebotenen Arbeitsmenge (Beschäftigungsproblem) dokumentiert diese machtpolitische Akzentuierung des Lohnbildungsproblems eindeutig.

Kritisch ist zu diesem Ansatz zu bemerken, daß die Lohnfindung zwar „dynamischer", aber immer noch partialanalytisch gesehen wird. Die vorsichtige Beurteilung seines Ansatzes als „dynamischer" erscheint insofern gerechtfertigt, als *Hicks* eher eine komparative Statik als eine dynamische Prozeßanalyse liefert: die einzelnen Züge des Lohnverhandlungsprozesses werden nicht explizit gemacht[82]. Schließlich ist zu fragen, ob es zweckmäßig ist, alle wirtschaftlichen, sozialen und politischen Faktoren der Lohnbestimmung in zwei Kurvenverläufe zu pressen, ohne das unterschiedliche Gewicht des Einflusses der verschiedenen Elemente auf den Lohnfindungsprozeß und die Wechselbeziehung zwischen den einzelnen Bestimmungsgrößen zu klären. Trotz dieser Einwände kann abschließend zum *Hicks*schen Erklärungsansatz festgestellt werden, daß er die allgemeine praktische Erfahrung kollektiver Lohnverhandlungen relativ gut trifft.

14. Der *Galbraith*sche Erklärungsansatz der Funktionsweise der Arbeitsmärkte beruht auf einer generellen Theorie der Regulierung wirtschaftlicher Macht: „We are concerned here with the oldest of economic problems — that of the mitigation or regulation of economic power[83]." In traditioneller Sicht gibt es zwei Mechanismen, die das wirtschaftliche Machtproblem lösen: den Preiswettbewerb und die Regulierung durch den Staat. Die Preiskonkurrenz löse das Machtproblem dadurch, daß die Macht der einzelnen Verkäufer bzw. Käufer durch das unabhängige Verhalten der übrigen Marktteilnehmer auf der Angebots- bzw. Nachfrageseite beschränkt werde: „It was to the same side of the market — the restraint of sellers by other sellers and of buyers by other buyers, in other words to competition — that economists came to look for the self-regulatory mechanism of the economy[84]." Als incentive zur Beseitigung von wirtschaftlichen Machtpositionen diente das unabhängige Profitstreben der Konkurrenten auf einer Marktseite.

Das Modell des Preiswettbewerbs ist nach *Galbraith* nicht mehr gegeben, die tatsächlichen Marktstrukturen haben sich entscheidend geändert. Das absolute und relative Größenwachstum der Firmen

---

[82] Vgl. *Krelle*, W.: Lohn: (I) Theorie, in: HdSw, Bd. 7, Stuttgart—Tübingen—Göttingen 1961, S. 12.
[83] Vgl. *Galbraith*, J. K.: Countervailing Power, S. 1.
[84] Vgl. *Galbraith*, J. K.: American Capitalism, S. 124.

haben die Märkte verengt, die Marktform des Oligopols dominiert auf den wichtigsten Märkten der reifen Volkswirtschaften. *Galbraith* gelangt zu der essentiellen Schlußfolgerung, „that a small number of large corporations are responsible for a very substantial proportion of all industry activity“[85]. Unter diesen Bedingungen muß die machtausgleichende Funktion des Wettbewerbs offensichtlich versagen, und es stellt sich die Frage, welcher Mechanismus die Ausgleichsfunktion übernimmt, ohne daß der Staat eingreift. *Galbraith* beantwortet diese Frage mit der These, daß „private economic power is held in check by the coutnervailing power of those who are subject to it. The first begets the second“[86]. Die Konzentration industrieller Unternehmen in wenigen Firmen hat nicht nur mächtige Verkäufer, sondern auch starke Käufer entstehen lassen. Zwar haben sich Verkäufer- und Käuferorganisationen nicht gleichzeitig entwickelt, sondern folgten vielmehr dem Prinzip von challenge and response, aber ein Machtausgleich liegt nach *Galbraith* vor. Typisch für die countervailing power ist nach *Galbraith* ihre selbstregulierende Kraft und die Tatsache, daß der Machtausgleich durch die Marktgegenseite erfolgt.

Die Funktionsweise des Gegengewichtsprinzips verifiziert *Galbraith* vor allem am Beispiel der Arbeitsmärkte: „The operation of countervailing power is to be seen with the greatest clarity in the labour market where it is also most fully developed[87].“ Die historische Abfolge des Entstehens von Gewerkschaften und Arbeitgeberverbänden kann als Beweis für eine gewisse automatische Arbeitsweise des Prinzips von challenge and response angesehen werden. Der incentive für die Selbstregulierung privater Machtpositionen liegt in der Teilhabe an den Ausbeutungsvorteilen der originären Machtstellung. Angewandt auf den Arbeitsmarkt und die Entstehung der Gewerkschaften besagt das: Die Gewerkschaften wollten an den Ausbeutungsprofiten der Unternehmen, die eine monopsonistische, originäre Machtposition inne hatten, partizipieren. Somit kann mit *Galbraith* festgestellt werden: „Countervailing power is ... a self-generating force[88].“ Die Tatsache, daß auf den Arbeitsmärkten die aktive Begrenzung originärer Machtstellungen nicht durch die Konkurrenten auf der Angebots- und der Nachfrageseite, sondern durch die Marktgegenseite erfolgt, dürfte unbestreitbar sein. Die Ursache dafür ist auf der Arbeitsnachfrageseite in der Existenz von Großunternehmen zu sehen, die keine polypolistische Preiskonkurrenz kennen, auf der Arbeitsangebotsseite in der räumlichen und beruflichen Immobilität der Arbeitnehmer zu suchen.

---

[85] Vgl. *Galbraith*, J. K.: American Capitalism, S. 51.
[86] Vgl. *Galbraith*, J. K.: American Capitalism, S. 125.
[87] Vgl. *Galbraith*, J. K.: American Capitalism, S. 128.
[88] Vgl. *Galbraith*, J. K.: American Capitalism, S. 126.

Die Theorie von der Gegenmarktmacht beruht auf verschiedenen Annahmen, von denen *Galbraith* die beiden entscheidenden Prämissen selbst explizit behandelt. Der erste Punkt bezieht sich auf die Organisierbarkeit von Marktmacht: „The development of countervailing power requires a certain minimum opportunity and capacity for organization, corporate or otherwise[89].“ Die Realitätsnähe dieser Annahme wird vor allem für die Verbraucher bezweifelt und damit die generelle Gültigkeit der Gegengewichtstheorie eingeschränkt. Für die Verhältnisse auf den modernen Arbeitsmärkten jedoch ist die Annahme eines hohen Organisierbarkeitsgrades wirtschaftlicher und politischer Interessen durchaus realistisch. Der zweite Punkt betrifft die gesamtwirtschaftliche Angebots-Nachfrage-Konstellation: „Countervailing power is not exercised uniformly under all conditions of demand. It does not function at all as a restraint on market power when there is inflation or inflationary pressure on markets[90].“ Wenn die Nachfrage auf den Produktmärkten hinreichend stark ist, um auf die Kapazitäten zu drücken, dann besteht auf dem Arbeitsmarkt kein Gleichgewicht der Kräfte. Da die Arbeitgeber allgemein in der Lage sind, die Lohnkostensteigerungen auf die Preise aufzuschlagen und damit auf die Verbraucher zu überwälzen, „all bargaining strength shifts to the side of the union. The latter becomes simply an engine for increasing prices . . .[91]“

Beschränken wir uns in der kritischen Beurteilung der Theorie der gegengewichtigen Marktmacht auf ihre Übertragbarkeit auf die Arbeitsmärkte der industrialisierten Volkswirtschaften, so ist zunächst der Unterschied zur Theorie des bilateralen Monopols zu betonen. Wie *Hicks*, so arbeitet auch *Galbraith* die dynamischen Elemente und die politischen und Machtfaktoren auf den Arbeitsmärkten heraus. *Galbraith* selbst sieht den Unterschied seiner Theorie zu der des bilateralen Monopols vor allem darin, daß die Marktform des zweiseitigen Monopols in der ökonomischen Theorie als zufälliges Ereignis („adventitious occurence“) gedeutet wird, das zudem durch die einschränkenden Formalbedingungen der monopolistischen und oligopolistischen Motivationen und Verhaltensweisen der Realität entfremdet sei, während die Machtkonstellation der countervailing power sich quasi-automatisch entwickelt, also einen dynamischen Prozeß darstellt[92]. Der Unterschied des *Galbraith*schen Ansatzes zur Theorie der industriellen Dispute von *Hicks* ist im wesentlichen im Determinationsgrad des Lohnfindungsprozesses zu sehen. *Hicks* kommt mit Hilfe

---

[89] Vgl. *Galbraith*, J. K.: American Capitalism, S. 140.
[90] Vgl. *Galbraith*, J. K.: American Capitalism, S. 142.
[91] Vgl. *Galbraith*, J. K.: American Capitalism, S. 147.
[92] Vgl. *Galbraith*, J. K.: American Capitalism, S. 127 (Fußnote).

dynamischer Faktoren zu einem determinierten Ergebnis, *Galbraith* dagegen kann den aus dem Gleichgewicht der Marktmacht folgenden Lohnsatz nicht bestimmen. Das Ergebnis des Marktmachtgleichgewichts bleibt unbestimmt, d. h. die Frage der Aufteilung der ursprünglichen Ausbeutungsgewinne kann nicht beantwortet werden.

Angesichts der politischen Elemente und Faktoren, die den modernen Lohnfindungsprozeß kennzeichnen, kann die Indeterminierbarkeit der Lohnbildung im *Galbraith*schen Ansatz nicht ohne weiteres als Erklärungsmangel angesehen werden. Vielmehr sind die Unbestimmtheit des Lohnsatzes und — unter der Bedingung eines gesamtwirtschaftlichen Nachfrageüberhanges — die totale Gleichgewichtslosigkeit der Machtkonstellation auf den Arbeitsmärkten geradezu typische Merkmale einer soziopolitisch bestimmten Lohnvereinbarung der Sozialpartner. Bei der Theorie der countervailing power handelt es sich um eine sog. offene Theorie, die durch spezifizierte soziopolitische und wirtschaftliche Verhaltens- und Zielsetzungsprämissen durchaus einer genaueren Bestimmung zugänglich ist. Wir halten die größere Realitätsnähe dieser Theorie gegenüber allen übrigen Ansätzen für unbezweifelbar. Damit schließen wir uns dem Resümee *Kantzenbachs* an, der zu dem Ergebnis kommt, „daß das Prinzip der Gegenmarktmacht auf dem Arbietsmarkt — und nur auf diesem — verwirklicht und allgemein anerkannt worden ist“[93].

15. Bevor wir im folgenden auf den bargaining Prozeß selbst, seine Grenzen und seine Ergebnisse eingehen, sollen die Strukturmerkmale der modernen Arbeitsmärkte noch einmal kurz zusammengefaßt werden. Ein wesentliches Merkmal bildet das Wachstum der Organisationen: „The growth in the size and importance of organizations of almost all kinds in the past few decades constitutes a change in human affairs which has amounted to an ‚organizational revolution‘[94].“ Diese Zunahme der Zahl, Größe und Macht der Organisationen ist das entscheidende Faktum auf dem Arbeitsmarkt. Diese marktstrukturelle Änderung hat zu einer Änderung bzw. Verlagerung des ökonomischen Entscheidungsprozesses geführt: die anonymen Marktkräfte werden durch bewußte menschliche Entscheidungen abgelöst.

Diese Charakterisierung ist jedoch zu grob, da — wie *Ross* bemerkt — in einem formalen Sinne auch die „unpersönlichsten“ Marktkräfte nur durch bewußte menschliche Entscheidungen wirksam werden können. Die entscheidende Frage sei daher, „whether the human agencies are the servants or the masters of the market forces“[95].

---

[93] Vgl. *Kantzenbach*, E.: Die Funktionsfähigkeit des Wettbewerbs, S. 153.
[94] Vgl. *Boulding*, K. E.: The Organizational Revolution, S. 16.
[95] Vgl. *Ross*, A. M.: Trade Union Wage Policy, S. 4.

Diese Frage beantwortet *Ross* relativ eindeutig mit der Feststellung, daß „there is a persistent tendency toward rational organization in sufficient strength to achieve a degree of mastery“[96]. Wie weit dieser „Grad der Beherrschung“ auch reichen mag, als Konsequenz ergibt sich eindeutig eine Verlagerung der lohnbestimmenden Faktoren vom wirtschaftlichen zum politischen Bereich: „The most striking difference between collective bargaining and the unorganized labor market is that under the unorganized market the determination of wages is strictly ‚economic‘, accompanied by no publicity and almost a minimum of emotional tone; but under collective bargaining wage determination steps, as it were, from the market place into the football field, and is accompanied by an immense amount of palaver, play acting, game playing, and general emotional hullabaloo[97].“ Zusammenfassend kann festgestellt werden, daß aus der durch das Größenwachstum der Organisationen resultierenden Änderung der Marktstruktur auf den Arbeitsmärkten ein neuartiger Entscheidungsprozeß über die Lohnfindung folgt, der durch die Dominanz soziopolitischer Faktoren gekennzeichnet ist. Die Arbeitsmärkte müssen daher als veranstaltete, administrierte oder institutionalisierte Märkte aufgefaßt werden.

Bei der nun folgenden Skizze des bargaining-Prozesses zwischen Gewerkschaften und Arbeitgeberverbänden ist zunächst zu betonen, daß der Ablauf des Verhandlungsprozesses zwischen den beiden Marktparteien für jede einzelne Lohnrunde seine Besonderheiten aufweist: „The course of the ... negotiations is never the same in any two situations[98].“ Dennoch lassen sich typische Strukturen und Stadien dieses Entscheidungsprozesses herauskristallisieren. Zu den strukturellen Daten des Lohnfindungsprozesses gehört vor allem, daß es die Repräsentanten der Arbeitnehmer und Arbeitgeber sind und nicht diese selbst, die den Entscheidungsprozeß vornehmen. Dies bedeutet, daß zunächst ein interner Entscheidungsprozeß innerhalb der Gewerkschaften und der Arbeitgeberverbände über die jeweiligen Verhandlungsziele dem externen Entscheidungsprozeß vorgelagert ist. Es stellt sich also die Frage, welche Faktoren diesen Suchprozeß beeinflussen. Für die Gewerkschaftsseite unterstellt *Reynolds:* „The most important of these (factors; d. Verf.) are rank-and-file sentiment, the wage increases currently being won by other unions, the economic situation of the industry, and (if the industry is not completely organized) the problem of nonunion competition[99].“

---

[96] Vgl. *Ross*, A. M.: Trade Union Wage Policy, S. 4.
[97] Vgl. *Boulding*, K. E.: The Organizational Revolution, S. 100 f.
[98] Vgl. *Reynolds*, L. G.: Labor Economics and Labor Relations, S. 171.
[99] Vgl. *Reynolds*, L. G.: Labor Economics and Labor Relations, S. 244.
[100] Vgl. dazu Kap. 2, Ziff. 24 ff.

16. Auf den Einfluß des Mitglieder-Fußvolks und den der nicht organisierten Arbeitnehmer soll hier nicht näher eingegangen werden[100]. Dagegen werfen die beiden restlichen Determinanten einige Fragen auf, die vor allem in Hinblick auf die politische Abstimmungsmechanik von Bedeutung sind. Prima facie könnte man den Einfluß der wirtschaftlichen Situation der jeweiligen Industrie mit dem Hinweis auf die Profithöhe, die Preis- und Einkommenselastizität der Nachfrage nach den Produkten dieser Industrie sowie deren Expansionschancen abtun. Diese Faktoren spielen sicher eine große Rolle im gewerkschaftlichen Kalkül. Es ergibt sich jedoch noch ein weiterer Aspekt, wenn der Expansions- und der Konzentrationsgrad einer Industrie in ihren Auswirkungen auf den gewerkschaftlichen Organisationsgrad und die Höhe der gewerkschaftlichen Forderungen beachtet werden. Hier geht es also um den Zusammenhang zwischen der Struktur und den Wachstumschancen des Produktmarktes und der Struktur und den Verteilungschancen auf den Arbeitsmärkten[101].

Der Expansionsgrad einer Industrie wird vor allem durch die Einkommenselastizität bestimmt. Cum grano salis läßt sich feststellen, daß, je größer die Produktnachfrage ist, desto größer die Nachfrage nach Arbeitskräften und damit der gewerkschaftliche Lohnspielraum sein wird. Der Konzentrationsgrad einer Industrie determiniert das Ausmaß, in dem die Unternehmen die aus dem starken Nachfragewachstum resultierenden Profite einbehalten können. Diese Möglichkeit ist um so größer, je geringer die Gefahr des Auftretens von newcomern ist. Diese Gefahr ist dann relativ gering, wenn es sich um oligopolistische Produktmärkte handelt. *Schlesinger* kommt zu dem Ergebnis, „that the progressiveness of an industry provides an opportunity for a union to demand and obtain increased wages, while the oligopolistic structure precludes the erosion of these gains through the entry of additional firms“[102]. Bezüglich des Einflusses der Marktstrukturen auf die Lohnunterschiede zwischen den einzelnen Branchen und Industrien läßt sich ableiten: „it is unionization that gives to oligopoly its significance for the wage structure, and the converse is also true — that it is oligopoly that gives to unionism its significance for the wage structure“[103]. Daraus wiederum folgt, daß der Grad der Preiskonkurrenz auf den verschiedenen Produktmärkten der Volkswirtschaft über die strategische Position von Gewerkschaften entscheidet.

---

[101] Vgl. zu diesem Zusammenhang u. a. *Galbraith*, J. K.: American Capitalism. S. 129 f.; *Schlesinger*, J. R., Market Structure, Union Power and Inflation, in: SEJ, Vol. 24, 1957/58, S. 296 ff.

[102] Vgl. *Schlesinger*, J. R.: Market Structure, Union Power and Inflation, S. 304.

[103] Vgl. *Schlesinger*, J. R.: Market Structure, Union Power and Inflation, S. 304.

Die ehemals starke Stellung der Gewerkschaften im Montanbereich und die unbedeutende Rolle im Textil- und Agrarbereich dient dieser Theorie als Verifikation[104]. Daß diese Theorie gleichfalls einen „Beweis" für die selbstregulierende Kraft der countervailing power darstellt, sei abschließend vermerkt.

Der zweite Faktor der gewerkschaftsinternen Entscheidung betrifft die lohnpolitischen Erfolge bzw. den lohnpolitischen Status anderer Gewerkschaften. Auf die Bedeutung von Lohnvergleichen und -imitationen wurde schon hingewiesen[105]. Aufgrund der starken gesamtwirtschaftlichen Konsequenzen und des politischen Charakters dieses Faktors soll hier nochmals darauf eingegangen werden. Nach *Ross* gehen die stärksten Impulse für eine Stabilität der Lohnstruktur von (gewerkschaftlichen) Konzepten der Gleichheit und Gerechtigkeit aus, die einen „Einzugsbereich" besitzen, der sich von dem der anonymen Marktkräfte erheblich unterscheidet. Die angleichenden Tendenzen treten in zwei Formen auf: in Form des Vergleichs und in Form der Konsolidierung. „Equitable comparison links together a chain of wage bargains into a political system which displays many of the characteristics of an equilibrium relationship. Consolidation throws together previously separated bargaining units into the scope of a unitary decision. Both have the effect of integrating that portion of the wage structure in which they operate[106]." Beide Formen dieser angleichenden Tendenzen finden sich vor allem in solchen Volkswirtschaften, die lokal, regional und branchenbezogene sowie Gewerkschaften besitzen, die auf Unternehmensebene operieren. Aber auch für die regional und nach dem Industrieprinzip gebildeten Gewerkschaften der BRD läßt sich feststellen, daß der Vergleich der lohnpolitischen Erfolge eine erhebliche Rolle für die lohnpolitische Strategie spielt.

„The principle of equalization can be used for strategic purposes. Unions are interested in creating inequities as well as in eliminating them[107]." Offensiv wirkt das Vergleichsprinzip dann, wenn die Gewerkschaftsführung, um ihre Position und die ihrer Organisation zu verbessern, gezwungen ist, das bestehende Machtgleichgewicht in einem für sie günstigen Augenblick zu brechen, so daß ein lohnpolitischer Vergleich zu ihren Gunsten ausfällt. Die Gewerkschaftsspitze wird durch diesen Erfolg in ihren Führungsqualitäten vor den Mitgliedern bestätigt. Defensiv wirkt das Vergleichsprinzip, wenn die Gewerkschaftsführung gezwungen ist, die lohnpolitischen Erfolge anderer Gewerk-

---

[104] Vgl. *Galbraith*, J. K.: American Capitalism, S. 129; *Schlesinger*, J. R.: Market Structure, Union Power and Inflation, S. 304 f.
[105] Vgl. dazu Kap. 2, Ziff. 31 f.
[106] Vgl. *Ross*, A. M.: Trade Union Wage Policy, S. 50.
[107] Vgl. *Ross*, A. M.: Trade Union Wage Policy, S. 70.

schaften durch eine lohnpolitische Angleichung zu kompensieren. Die Koppelung der offensiven und defensiven Form des Vergleichsprinzips ergibt gesamtwirtschaftlich einen permanenten Lohnkostendruck, der ausschließlich auf persönlich-politische Ursachen zurückgeht.

17. Während der gewerkschaftsinterne Prozeß der Zielformulierung in starkem Maße durch politische Überlegungen mitbestimmt wird, ist der interne Entscheidungsprozeß der Arbeitgeber stärker durch wirtschaftliche Faktoren determiniert. Hier spielen — nach *Reynolds* — der Anteil der Arbeitskosten an den gesamten Produktionskosten, die Wettbewerbs- und Nachfragebedingungen auf den Produktmärkten, das Stadium des Konjunkturzyklus und die Einstellung der Arbeitgeber-Repräsentanten gegenüber den Gewerkschaftsführern eine große Rolle[108]. Aber auch die gegensätzlichen Interessen von großindustriellem und kleingewerblichem Flügel innerhalb der Arbeitgeberverbände sind von großer Bedeutung.

Der externe Entscheidungsprozeß, also der eigentliche Verhandlungsprozeß zwischen Gewerkschafts- und Arbeitgebervertretern über Lohnhöhe, Arbeitszeitverkürzungen, Arbeitsbedingungen etc. weist meist eine Form der Eigendynamik auf, die es schwierig erscheinen läßt, zu einer generellen Kennzeichnung dieses Prozesses ohne Rückgriff auf die verschiedenen bargaining-Theorien zu gelangen[109]. Dennoch sollen hier kurz verschiedene, analytisch separierbare Verhandlungsphasen aufgezeigt werden, die sich aber in der Praxis meist verwischen und überlappen[110]. Am Beginn von Lohnverhandlungen „both sides follow the technique of ‚the big demand'"[111]. Das Ausgehen von Maximalforderungen hat interne und externe Vorteile. Der interne Vorteil ist darin zu sehen, daß alle Mitglieder jeder Organisation ihre Sonderwünsche, seien sie auch noch so extrem, unterbringen können. Der externe Vorteil besteht in der Ausweitung des Verhandlungsspielraums durch eine Vielzahl von Verhandlungsobjekten.

In der ersten Verhandlungsphase, die ein Stadium des Abtastens darstellt, werden die Forderungen des Gegners in Frage gestellt und die eigenen begründet. Nach dieser Phase beginnt der eigentliche Verhandlungsprozeß. Es kristallisieren sich erste Ansatzpunkte für Kompromisse in Teilbereichen heraus, die essentials werden von den unwichtigeren Punkten getrennt. Häufig werden in diesem Stadium sog. Verhandlungs-Pakete entwickelt, u. U. mehrere von beiden Seiten. Diese

[108] Vgl. *Reynolds*, L. G.: Labor Economics and Labor Relations, S. 247 f.

[109] Vgl. dazu u. a. den Überblick über die bargaining Theorien von *Rothschild*, K. W.: Approaches to the Theory of Bargaining, S. 281 ff.; *Shackle*, G. L. S.: The Nature of the Bargaining Process, S. 292 ff.

[110] Vgl. zum folgenden *Reynolds*, L. G.: Labor Economics and Labor Relations, S. 170 ff.

[111] Vgl. *Reynolds*, L. G.: Labor Economics and Labor Relations, S. 171.

„Pakete" enthalten die für die Marktparteien unerläßlichen Forderungen in jeweils verschiedenen Zusammensetzungen. Die von beiden Marktparteien angebotenen Verhandlungs-Pakete befinden sich aber noch ein gutes Stück von einem Kompromiß entfernt. Die vierte Verhandlungsphase ist dann erreicht, wenn die Gewerkschaften die Streikdrohung ins Gespräch bringen. Sie wird meist verbunden mit einer zeitlichen Limitierung des Entscheidungsprozesses. Die Streikandrohung zwingt beide Parteien, ihre Positionen noch einmal realistisch zu überprüfen, was für gewöhnlich zu einer Mäßigung der gewerkschaftlichen Forderungen und zu einer Steigerung der Arbeitgeber-Angebote führt. „The possibility of a strike, however, is a central feature of the bargaining process and the main force making for ultimate agreement[112]." Wenn es zu einem Streik kommt, so bedeutet dies entweder, daß die echten Minimalforderungen — selbst unter Streikdrohung — nicht in Übereinstimmung zu bringen sind, oder, daß eine oder beide Marktparteien die echte Position der anderen falsch eingeschätzt haben. Kommt es zu einem Streik, so beginnt die fünfte Verhandlungsphase, die sich — mit zeitlichen Unterbrechungen — während des Streiks vollzieht. Hier gilt die *Hickssche* Überlegung, daß mit zunehmender Streiklänge die Kompromißwilligkeit beider Parteien zunimmt.

Auf den spieltheoretischen Charakter des kollektiven Entscheidungsprozesses über die Lohnhöhe und andere Variablen des Arbeitnehmer- und Arbeitgeberstatus haben wir schon ausdrücklich hingewiesen. Wesentliches theoretisches Erfordernis einer spieltheoretischen Lösung des bargaining Prozesses ist, „that game theory cannot regard the players' expectations about each other's behavior as given; rather, one of the most important problems for game theory is precisely to decide what expectations intelligent players can rationally entertain about other intelligent players' behavior"[113]. *Harsanyi* bezeichnet dieses Problem als das der wechselseitigen rationalen Erwartung (mutual rational expectation). Die Ungewißheit und damit die Gefahr des Irrtums sind zentrale Probleme kollektiver Entscheidungsprozesse. Sieht man die Streikhäufigkeit als Indikator für die Bewältigung des Unsicherheitsproblems an, so kann den Sozialpartnern in der BRD nur ein gutes Zeugnis ausgestellt werden. Im internationalen Vergleich erzielte die BRD den niedrigsten Wert des durch Arbeitsstreitigkeiten verursachten Produktionsausfalls[114]. Der Sachverständigenrat führt diese günstige Bilanz der BRD u. a. auf das System von Institutionen zurück, das

---

[112] Vgl. *Reynolds*, L. G.: Labor Economics and Labor Relations, S. 172.

[113] Vgl. *Harsanyi*, J. C.: Bargaining and Conflict Situations in the Light of a New Approach to Game Theory, S. 450.

[114] Vgl. dazu die Zahlenangaben des Sachverständigenrats zur Begutachtung der gesamtwirtschaftlichen Entwicklung, Stabilisierung ohne Stagnation, Jahresgutachten 1965/66, Stuttgart und Mainz 1965, S. 62.

für die Arbeitgeber-Arbeitnehmer-Beziehungen in der BRD bestimmend ist, wie z. B. Tarifautonomie, Betriebsverfassung, Mitbestimmung[115]. Jedoch dürfte auch das von Land zu Land unterschiedliche Gewerkschaftssystem sowie die Unterschiede in der konjunkturellen und Beschäftigungssituation dieses Ergebnis stark beeinflußt haben.

18. Die bisherige Kennzeichnung des bargaining Prozesses war rein formaler Natur. Von erheblich größerer Bedeutung ist die Frage, welche Determinanten des Verhandlungsprozesses zu welchen Ergebnissen führen.

Als Antworten auf diese Fragen sind jedoch eindeutige Ergebnisse ebenso wenig zu erwarten wie eindeutige Zuordnungen des Einflusses der verschiedenen Bestimmungsgründe des Verhandlungsprozesses auf das Verhandlungsresultat möglich sind. *Shackle* hat diesen Tatbestand unmißverständlich formuliert: „Each bargainer feels himself ignorant of the outcome until it is actually reached, but each believes that the outcome will be different according as he himself follows this or that detailed course of bargaining action[116]." Die Eigendynamik des bargaining Prozesses ist jedoch nicht derart, daß nicht simplifizierende und generalisierende Aussagen über gewisse Grenzen des Verhandlungsspielraums der Marktparteien möglich wären.

Die Grenzen des bargaining Prozesses können auf drei verschiedenen Ebenen liegen. Sie können einmal den internen Entscheidungsprozeß der beiden Marktparteien betreffen, sie können zweitens den Verhandlungsprozeß zwischen den Sozialpartern selbst limitieren und sie können schließlich durch andere Gruppen und/oder den Staat und/oder die Öffentlichkeit gesetzt werden. Auf allen drei Ebenen können die Limitierungen wirtschaftlicher oder soziopolitischer Natur sein, es kann sich um temporäre oder dauerhafte Grenzen handeln und schließlich können die begrenzenden Faktoren einen einzelnen, industriebezogenen Verhandlungsprozeß betreffen oder den gesamtwirtschaftlichen Spielraum des bargaining. Eine Kasuistik der verschiedenen möglichen Fälle ist hier nicht beabsichtigt. Die Einschränkung der Problemstellung erfolgt nach Relevanzgesichtspunkten. Die den internen Entscheidungsprozeß begrenzenden Faktoren haben wir schon in Kap. 2 dieser Arbeit unter der Fragestellung der Zielvorstellungen von Gewerkschaften und Arbeitgeberverbänden behandelt[117]. Auf die Frage der durch Dritte den Verhandlungspartnern gesetzten Grenzen ist jedoch einzugehen, da diese Grenzen den eigentlichen Entscheidungsprozeß zwischen den Marktparteien des Arbeitsmarktes stark beeinflussen

---

[115] Vgl. Sachverständigenrat, Stabilisierung ohne Stagnation, S. 60.
[116] Vgl. *Shackle*, G. L. S.: The Nature of the Bargaining Process, S. 295.
[117] Vgl. dazu Kap. 2, Ziff. 23 ff.

können. Im Mittelpunkt unseres Interesses stehen jedoch die einem einzelnen, industriebezogenen bargaining-Prozeß bezogenen Grenzen, wobei die gesamtwirtschaftlichen Limitierungen ebenfalls anzusprechen sind.

Das entscheidende Problem, das sich in diesem Zusammenhang stellt, ist das der Polarität von wirtschaftlichen und politischen Determinanten im Lohnfindungsprozeß. Die Frage ist also, ob der Gruppe der politischen Faktoren oder der der wirtschaftlichen Determinanten das größere Gewicht für den Verhandlungsprozeß und seine Grenzen zukommt. Zu den politischen Faktoren, die den Lohnbildungsspielraum zu limitieren vermögen, gehören u. a. die Gruppenmacht, die Gleichheitsvorstellungen der Marktparteien, die Verhandlungsstrategien sowie die grundsätzliche Einstellung zum gruppenpolitischen Konflikt als gesellschaftlicher Institution. Zu den wirtschaftlichen Determinanten sind vor allem der Beschäftigungsgrad, der Produktivitätsstatus und -fortschritt sowie die Kosten-Erlös-Relation der Unternehmen zu zählen.

Wir wollen zunächst diejenigen Grenzziehungen betrachten, die eindeutig aus der politischen bzw. wirtschaftlichen Sicht folgen und die daher auch nur die äußersten Grenzen des bargaining-Spielraums darstellen können. Ausgangspunkt der politisch orientierten Grenzziehung ist die Annahme, daß die Angebots-Nachfrage-Bedingungen dem Lohnbildungsprozeß keine „echten" Grenzen setzen. Die tatsächlichen Grenzen werden durch metaökonomische Größen gebildet: „Customarily the more significant limits are set by the danger points at which the survival of leaders and associations and coalitions is threatened[118]." Die Extremwerte, die aus den Theorien der wirtschaftlich bedingten Grenzen folgen, lauten entsprechend: der Lohnfindungsprozeß wird durch das wirtschaftliche Überleben der den Gewerkschaften angeschlossenen Arbeitnehmer und der den Arbeitgeberverbänden angeschlossenen Unternehmen limitiert, also durch einen Mindestlohn für die Arbeitnehmer und einen Mindestprofit für die Unternehmen[119]. Die Extremwerte schließlich, die dem bargaining-Prozeß durch Dritte gesetzt werden, können wir mit *Schlesinger* wie folgt formulieren: „The limits to the immediate exercise of power are those delicate diplomatic ones characteristic of situations of oligopoly or bilateral monopoly: the fear of faring too well and attracting public disapproval, the fear of encouraging government intervention, and the fear of precipitating powerful and resourceful antagonists into a situation of conflict[120]."

---

[118] Vgl. *Kerr*, C.: Labor Markets: Their Character and Consequences, S. 282 f.

[119] Vgl. *Dunlop*, J. T.: The Task of Contemporary Wage Theory, in: derselbe, (Hrsg.), The Theory of Wage Determination, S. 14.; *Krelle*, W.: Bestimmungsgründe der Einkommensverteilung in der modernen Wirtschaft, S. 62 ff.

[120] Vgl. *Schlesinger*, J. R.: Market Structure, Union Power and Inflation, S. 310.

Eine abgestuftere Bestimmung der bargaining-Grenzen ist äußerst schwierig. Dennoch besteht eine gewisse Wahrscheinlichkeit dafür, daß innerhalb der oben aufgezeigten Extremwerte noch andere, engere Grenzen für den Lohnfindungsprozeß bestehen. Aus politischer Sicht muß hier an die *Ross*sche Theorie der „orbits of coercive comparison" angeknüpft werden. Danach streben beide Marktparteien einen Verhandlungskompromiß an, der vergleichbar mit dem Ausgang anderer Lohnkonflikte ist. *Ross* geht davon aus, daß die verschiedenen Lohnverhandlungen in der Volkswirtschaft miteinander durch ein Gleichbehandlungsprinzip verbunden sind: „This force does not spread evenly over the entire system, but runs in limited circuits[121]." Ein „reifer" kollektiver Lohnverhandlungsprozeß zeichnet sich u. a. dadurch aus, daß zwischen den beiden Marktparteien eine De-facto-Übereinstimmung darüber besteht, welche „anderen Lohnverhandlungen" als Basis für die Gleichbehandlung dienen[122]. Als engere Grenzen des bargaining Prozesses sind demnach die Lohnabkommen der in den Bereich des zwingenden Vergleichs fallenden Gewerkschaften und Arbeitgeberverbände zu betrachten. Mit *Reder* kann also festgestellt werden, „that ,equitable comparisons' sharply limit, although they do not always uniquely determine, the choice of wage rates for a pattern-following firm and union"[123].

Eine Einengung des durch die wirtschaftlichen Extremwerte gegebenen Verhandlungsspielraums kann durch eine genauere Interpretation des Mindestlohns und Mindestprofits erreicht werden. Es kann als realistisch unterstellt werden, daß der bei einem Lohnkonflikt von beiden Parteien akzeptierte Mindestlohn derjenige Tariflohnsatz ist, der vor Beginn der neuen Lohnrunde galt. Dieser Lohnsatz dürfte auch in Rezessions- und Depressionszeiten ein lohnpolitisches Tabu darstellen. Der Minimalprofit und damit der Maximallohn ist schwieriger zu fixieren, da die kurzfristigen und langfristigen Beschäftigungseffekte zu berücksichtigen sind. Der langfristige negative Beschäftigungseffekt tritt dann ein, wenn die Unternehmen durch die Lohnkostensteigerung ihre Tore schließen müßten. Bis zu dieser Grenze wird keine Gewerkschaft gehen wollen, erst recht nicht die Arbeitgeber. Daß der kurzfristige Beschäftigungseffekt, d. h. die durch Lohnkostensteigerungen u. U. induzierte Arbeitslosigkeit den bargaining Spielraum limitiert, und daß dieser

---

[121] Vgl. *Ross*, A. M.: Trade Union Wage Policy, S. 6.

[122] Zum Konzept der „Reife" von kollektiven Lohnverhandlungen gehören neben dem genannten Merkmal die Bedingungen, daß sich keine der beiden Parteien in ihrer Existenz bedroht fühlen darf, und daß beide Parteien verhandlungswillig und kompromißbereit sind. Vgl. *Reder*, M. W.: The Theory of Union Wage Policy, S. 39, Anm. 22.

[123] Vgl. *Reder*, M. W.: The Theory of Union Wage Policy, S. 40.

Spielraum geringer ist als derjenige, der durch den endgültigen Arbeitsplatzverlust gesetzt wird, ist sicher. Die interessante Frage jedoch, bei welchem Beschäftigungsgrad der kritische Wert kurzfristig erreicht wird, bleibt ohne zusätzliche Determinanten offen. Eine der wichtigsten zusätzlichen wirtschaftlichen Determinanten ist der Produktivitätsfortschritt, der bekanntlich denjenigen Spielraum für die Marktparteien angibt, innerhalb dessen cet. par. beschäftigungs- und preisneutrale Lohnsatzerhöhungen vorgenommen werden können[124]. Ob diese Produktivitätsmarge allerdings von den Verhandlungspartnern als echte wirtschaftliche Grenze anerkannt wird, muß bezweifelt werden[125]. Eine von beiden Marktparteien verfolgte produktivitätsorientierte bzw. lohnkostenniveauneutrale Lohnpolitik stellt auf jeden Fall den engsten Spielraum für den kollektiven Verhandlungsprozeß dar.

Dieser kurze und unvollständige Abriß der möglichen politischen und wirtschaftlichen Grenzen des bargaining Prozesses dürfte hinreichend deutlich gemacht haben, daß es angesichts der Vielfältigkeit der möglichen Grenzziehungen ausgesprochen schwierig ist, ein Paar von Grenzwerten als dominierend anzusprechen. In Übereinstimmung mit *Reder* erscheint uns jedoch eine Aussage zulässig: „It must be conceded that conditions of economic survival are much more restrictive of the pattern that wage agreements between a given firm and union may follow in the (Marshallian) long run than in the short run[126].“ Die Unabhängigkeit des Lohnfindungsprozesses von solchen wirtschaftlichen Größen wie Kosten, Preisen und anderen ökonomischen Variablen ist nur kurzfristig gegeben, langfristig sind es die wirtschaftlichen Größen, die den bargaining Prozeß limitieren. Es sei jedoch noch darauf hingewiesen, daß die hier vorgenommene Gliederung in politische und wirtschaftliche Faktoren in dieser eindeutigen Form nicht möglich ist. Zwischen den politischen und wirtschaftlichen Determinanten besteht eine Interdependenz, die es in der Praxis fast unmöglich machen wird, den Weg der Lohnfindung in einem konkreten Fall dem Einfluß dieser oder jener Gruppe von Bestimmungsgründen zuzuordnen.

19. Die durch Dritte dem bargaining-Prozeß gesetzten äußersten Grenzen stellen in der wirtschaftlichen Praxis meist staatliche Inventionspunkte dar. Es hängt von der speziellen Ausgestaltung der Koalitionsfreiheit und des Tarifrechts ab, ob der Staat überhaupt eingreifen kann. Aber selbst wenn — wie in der BRD — eine vollkommene Tarifautonomie gegeben ist, werden die staatlichen Instanzen den Verhand-

---

[124] Vgl. dazu u. a. *Liefmann-Keil*, E.: Produktivitätsorientierte Lohnpolitik, S. 240 ff.; *Bombach*, G.: Die verschiedenen Ansätze der Verteilungstheorie, S. 110 ff.; Sachverständigenrat, Stabiles Geld — Stetiges Wachstum, S. 136 ff.
[125] Vgl. *Agartz*, V.: Expansive Lohnpolitik, S. 245 ff.
[126] Vgl. *Reder*, M. W.: The Theory of Union Wage Policy, S. 41.

lungsspielraum der Sozialpartner auf indirektem Wege zu beeinflussen suchen. Es stellt sich die Frage, wo die staatlichen Interventionspunkte liegen könnten, welche Maßstäbe die staatlichen Organe anlegen könnten, um gesamtwirtschaftlich zumutbare von unzumutbaren Lohnsatzänderungen zu unterscheiden. Es ist naheliegend und realistisch, daß die wirtschaftspolitische Aktivität des Staates sich an den gesamtwirtschaftlichen Zielsetzungen der Wirtschaftspolitik orientiert. Damit ergibt sich eine Vielzahl von Maßstäben. Sieht die staatliche Wirtschaftspolitik die Ziele seines magischen Polygons (Vollbeschäftigung, Preisniveaustabilität, stetiges Wirtschaftswachstum, freier Zahlungsbilanzausgleich, gleichmäßigere Einkommens- und Vermögensverteilung) bedroht, so wäre ein Anlaß für eine indirekte Einflußnahme gegeben. Das Ziel einer gleichmäßigeren Einkommensverteilung hat in vielen Ländern zu einem gesetzlich fixierten Mindestlohn geführt. Von größerem wirtschaftspolitischen Gewicht ist jedoch die Obergrenze für die Lohnverhandlungen. Die Festlegung einer Obergrenze ist vor allem für die Ziele der Vollbeschäftigung, der Preisniveaustabilität und des stetigen Wirtschaftswachstums von Bedeutung.

Ohne an dieser Stelle auf den weitläufigen Komplex des funktionalen Zusammenhanges zwischen Lohnerhöhungen einerseits und Vollbeschäftigung, Preisstabilität und Wirtschaftswachstum andererseits einzugehen[127], kann festgestellt werden, daß die staatlichen Instanzen vor allem den gesamtwirtschaftlichen, arbeitsbezogenen Produktivitätsfortschritt und — als flankierende Größen — den Preisniveauindex des Sozialprodukts sowie den Beschäftigungsgrad als Maßstäbe für die von den Sozialpartnern auszuhandelnden Lohnsatzsteigerungen ansehen. Da sich Überschreitungen dieses Verhandlungsspielraums entweder preisniveausteigernd oder beschäftigungsmindernd oder wachstumshemmend auswirken können, kann sich der Staat zu einer indirekten Einflußnahme berufen fühlen. In der BRD ist der gesamtwirtschaftliche Produktivitätsfortschritt von der offiziellen Wirtschaftspolitik als Leitlinie für die einkommenspolitischen Forderungen aller Wirtschaftssubjekte und Wirtschaftsgruppen anerkannt worden. Damit Preisniveaustabilität ohne Arbeitslosigkeit und Wachstumseinbußen und ohne Beschränkung der tarifpolitischen Autonomie der Sozialpartner möglich ist, „dürfen die Nominallöhne . . . dem Grundsatz nach im Durchschnitt nicht stärker erhöht werden als um den Prozentsatz, um den sich in der Gesamtwirtschaft das Produktionsergebnis je Stunde — von etwaigen Struktureffekten bereinigt — erhöht“[128]. Ein zusätzlicher Spielraum für kostenniveauneutrale Lohnerhöhungen ist dann gege-

---

[127] Vgl. zu diesen Zusammenhängen Kap. 7 und den Schlußteil dieser Arbeit.

[128] Vgl. Sachverständigenrat, Stabiles Geld — Stetiges Wachstum, S. 137.

ben, wenn die Kapitalkosten sinken, die terms of trade sich verbessern und in bestimmten Wirtschaftsbereichen auf den Arbeitsmärkten ein Marktungleichgewicht in Form eines Arbeitskräftemangels besteht.

Ob der gesamtwirtschaftliche Produktivitätsfortschritt tatsächlich die staatlichen Interventionspunkte markiert, muß jedoch bezweifelt werden. Die staatliche Einflußnahme auf die Lohnpolitik der Tarifpartner hängt u. a. auch von der Priorität der wirtschaftspolitischen Ziele sowie von dem Grad der Zielverletzung ab. Daher argumentiert der Sachverständigenrat bezüglich seiner kostenniveauneutralen Lohnpolitik auch relativ vorsichtig: „Die Leitregel zeigt nur den Richtpunkt an, bei dem die Ziele der Geldwertstabilität, der Vollbeschäftigung und des gesamtwirtschaftlichen Wachstums zum Wohle aller am wenigsten miteinander in Konflikt stehen[129]." Es ist jedoch zu ergänzen, daß die Verfolgung einer kostenniveauneutralen Lohnpolitik durch staatliche Grenzziehungen eine Sanktionierung des verteilungspolitischen status quo darstellen würde und damit zu einer „Ecke" des Ziel-Polygons in bedingtem Widerspruch steht. Wenn der Sachverständigenrat jedoch vermerkt, daß eine optimistische Einschätzung des Produktivitätsfortschritts durch den damit verbundenen Lohndruck die Rationalisierungsbestrebungen der Unternehmen verstärken könnte, so wird dieser Widerspruch gemildert[130]. Abschließend kann zu diesem Problemkreis festgestellt werden, daß der gesamtwirtschaftliche Produktivitätsfortschritt wohl kaum als diejenige Marge zu betrachten ist, die die Grenzen für eine Einflußnahme staatlicher Organe auf einzelne, industriebezogene Lohnfindungsprozesse angibt. Strukturelle Charakteristika wie die Wachstums- oder Schrumpfungschancen einer Industrie, ihre gesamtwirtschaftliche Bedeutung sowie die politische Reizbarkeit des Arbeitnehmer-Wählerpotentials dürften trotz der Empfehlungen des Sachverständigenrats die entscheidenderen Aktionsparameter staatlicher Einflußnahme darstellen.

Die Ziele der staatlichen Wirtschaftspolitik stellen jedoch nicht nur eine Begrenzung des bargaining Spielraumes dar, sondern bieten den Marktpartnern andererseits auch Chancen für eine Ausweitung ihres Lohnspielraums. In diesem Zusammenhang ist vor allem an das Vollbeschäftigungspostulat zu erinnern, daß den Staat in Rezessions- oder Depressionszeiten dazu zwingt, zusätzliche effektive monetäre Nachfrage zu schaffen. Die Bindung der staatlichen Wirtschaftspolitik an die Vollbeschäftigungsgarantie enthebt die Arbeitsmarktparteien der Sorge vor den beschäftigungspolitischen Konsequenzen ihrer lohnpolitischen Aktionen. Mit dieser Garantie im Rücken können die Gewerk-

---

[129] Vgl. Sachverständigenrat, Stabiles Geld — Stetiges Wachstum, S. 138.
[130] Vgl. Sachverständigenrat, Stabiles Geld — Stetiges Wachstum, S. 137.

schaften hohe Lohnforderungen stellen und die Arbeitgeberverbände können sie gewähren, da aufgrund der Vollbeschäftigungspolitik des Staates und der damit verbundenen Nachfrageexpansion eine Überwälzung der Lohnkostensteigerungen ohne weiteres möglich ist: „Thus, under inflationary pressure of demand, the whole structure of countervailing power in the economy is dissolved[131].“ Anders ausgedrückt: die gesamtwirtschaftlichen Zielsetzungen des Staates und die daraus folgenden wirtschaftspolitischen Verpflichtungen können die Grenzen des lohnpolitischen Verhandlungsprozesses erheblich ausweiten[132].

Neben den aus den gesamtwirtschaftlichen Zielen resultierenden Einflüssen des Staates auf den Lohnfindungsprozeß wird dieser auch durch die wirtschafts- und sozialstrukturellen Merkmale der Volkswirtschaft tangiert. Diese Merkmale selbst sind aber wiederum bestimmend für die Haltung der Marktparteien im Verhandlungsprozeß, für die Formen der Kommunikation zwischen staatlicher Wirtschaftspolitik und den Sozialpartnern, und gleichzeitig stellen sie eine Variable des Verhandlungsprozesses dar. Es kann also keinesfalls davon ausgegangen werden, daß die wirtschafts- und sozialstrukturellen Charakteristika Daten des Lohnfindungsprozesses sind und damit auch keine dauerhaften und endgültigen Grenzen des bargaining Prozesses. Vor allem *Rotschild* vertritt den Standpunkt, „that many events which are usually regarded as completely outside the field of wage theory or even economics are of vital importance for an understanding of the basic positions from which the adversaries start ... Arguments for and against the sacred nature of private property, racial ideologies ('the negro has to be kept in his place'), fascist endeavours to undermine trade unions and the fight against these tendencies, the position of women in society, all this and many other social, political, and cultural phenomena ... will have to be evaluated in any historical situation as class attempts to secure or change their bargaining position[133].“ Es dürfte jedoch auch bezüglich der wirtschafts- und sozialstrukturellen Merkmale sinnvoll sein, davon auszugehen, daß sie kurzfristig Datencharakter tragen, langfristig dagegen Variable des bargaining Prozesses darstellen.

20. Nach der Charakterisierung des bargaining Prozesses selbst und seiner verschiedenen Stadien, nach der kritischen Analyse der politischen, wirtschaftlichen und durch Dritte gesetzten Grenzen der kollektiven Lohnverhandlungen stellt sich nun die Frage, zu welchen möglichen und wahrscheinlichen Ergebnissen der institutionalisierte Lohnfindungsprozeß durch die beiden Marktparteien führt. Bisher konnte

---

[131] Vgl. *Galbraith,* J. K.: American Capitalism, S. 147.
[132] Zu dieser Problematik vgl. Ziff. 32 dieses Kap. und die dort angegebene Literatur.
[133] Vgl. *Rothschild,* K. W.: Approaches to the Theory of Bargaining, S. 290.

festgestellt werden, daß der Verhandlungsprozeß eine erhebliche politische Eigendynamik aufweist und daß keine politischen und wirtschaftlichen Grenzen eindeutig und endgültig fixiert werden können, mit Ausnahme der Extremwerte, die keine praktische Relevanz besitzen. Diese Feststellungen ergeben ein erstes, vollkommen sicheres Resultat: „the wage rate under conditions of bilateral monopoly and bilateral oligopoly is economically indeterminate[134].“ Um diese Aussage noch etwas zu präzisieren: „Under collective bargaining it does not seem very useful to regard wage rates as market prices. They are administered prices, i. e., they are held constant for considerable periods while other things are adjusted to the given wage[135].“ Dieser ökonomisch indeterminierte, politisch gesetzte Lohnsatz ist jedoch in seiner Höhe kaum eindeutig zu fixieren.

Trotz der Unsicherheit über die konkrete Höhe des ausgehandelten Lohnsatzes lassen sich dennoch vier weitere, als relativ sicher anzusehende Resultate kollektiver Lohnverhandlungen ableiten. Dazu gehört erstens die These, daß die kollektiven Lohnvereinbarungen eine Angleichung der lohnpolitischen und Arbeitsbedingungen für Arbeitnehmer und Unternehmen zur Folge haben. Die Vereinheitlichungstendenz wird vor allem von *Boulding* herausgestellt: „The main economic impact of collective bargaining is that a much greater degree of uniformity in wages and working conditions is established over the bargaining area[136].“ Dies ist besonders für diejenigen Volkswirtschaften relevant, die ein nur wenig untergliedertes Gewerkschaftssystem besitzen, wie beispielsweise die BRD. — Das zweite Ergebnis, die Stabilisierungstendenz der Einzellöhne, findet dagegen nur allgemeine Anerkennung in asymmetrischer Form: sie gilt für die Rigidität der Einzellöhne nach unten, sie ist umstritten für die Stabilität nach oben. Die Wirkung der Institutionalisierung und Kollektivierung des Lohnfindungsprozesses wird darin gesehen, daß die ausgehandelten Nominallöhne nach unten irreversibel sind: „The most important net effect of all these measures and policies is to make money wages rigid downward[137].“ Der dritte Effekt des collective bargaining wird in der Erstarrung von Lohnstrukturen gesehen. Aufgrund der Tatsache, daß auf allen wesentlichen Arbeitsmärkten der Volkswirtschaft eine politisch-institutionelle Form der Lohnfindung vorherrscht, glaubt man eine gewisse, politisch bedingte Rigidität der Lohnrelationen feststellen zu können: „As institutional controls spread and deepen, the ‚system‘ (of

---

[134] Vgl. *Kerr*, C.: Labor Markets: Their Character and Consequences, S. 283.

[135] Vgl. *Reynolds*, L. G.: Economics of Labor, in: Ellis, H. S., (Hrsg.), A Survey of Contemporary Economics, Vol. I, Homewood Ill. 1948, S. 256 f.

[136] Vgl. *Boulding*, K. E.: The Organizational Revolution, S. 99.

[137] Vgl. *Haberler*, G.: Wage Policy, Employment, and Economic Stability, S. 35.

wage rates; d. Verf.) may become increasingly formalized with ‚historical relations' and ‚patterns' taking the place more and more of supply and demand. Widely pervasive political interrelationships instead of physical movement of workers will tie the wage structure together. It may eventually appear that the ‚system of wages' will have to be regarded by economists as an independent variable, rather than a dependent variable at the mercy of a myriad of economic causes[138]."

Die bisher genannten Ergebnisse des kollektiven Lohnverhandlungsprozesses lassen die Frage aufkommen, wie es um die interdependente Preismechanik auf den Arbeitsmärkten und in der Gesamtwirtschaft bestellt ist. Bezüglich des Preiswettbewerbs und der Preissteuerung auf den Arbeitsmärkten scheinen unterschiedliche Ansichten zu bestehen. Die eine Extremposition wird von *Lindblom* vertreten: „Unionism is destroying the competitive price system[139]." Die Gegenthese wird von *Dunlop* verfochten: „All wage theory is in a sense demand and supply analysis. A wage is a price, and the wage structure is a sub-system of prices. Prices and price systems are fruitfully to be interpreted in terms of demand and supply. ... The notion of a ‚political' theory of wages involves confusion[140]." Eine mittlere Position beinhaltet die These von *Hildebrand*: „There is no doubt, however, that the negotiatory system reduces the role of competition in wage determination. Yet it would be needless exaggeration to say that supply and demand no longer have any influence or that wage-setting now becomes wholly a matter for the discretion of the parties[141]." Welche der genannten Thesen die Wirklichkeit realistisch beschreibt, hängt einmal von der empirischen Verifikation der Uniformierungs- und Rigiditätshypothesen ab und zweitens von der Analyse der Ausgangspositionen der drei unterschiedlichen Ansichten. Die Frage schließlich, ob die interdependente Preismechanik der Gesamtwirtschaft tangiert wird oder nicht, kann erst beantwortet werden, wenn neben der Funktionsweise des Arbeitsmarktes auch die Struktur- und Steuerungsmerkmale der Kapital- und Produktmärkte beschrieben worden sind.

21. Die Uniformierungstendenz, die durch kollektive bargaining Prozesse auf den Arbeitsmärkten ausgelöst wird, kann sich grundsätzlich auf drei Aspekte beziehen: die Nivellierung von Lohndifferenzen, die Aufrechterhaltung einer bestimmten Lohnhierarchie und die Gleichmäßigkeit der Änderung der Lohn- und Arbeitsbedingungen auf allen Arbeitsmärkten. Während die beiden erstgenannten Aspekte die Lohnstruktur betreffen, stellt der dritte Gesichtspunkt auf das Lohnniveau

---

[138] Vgl. *Kerr*, C.: Labor Markets: Their Character and Consequences, S. 287.
[139] Vgl. *Lindblom*, C. E.: Unions and Capitalism, S. 4.
[140] Vgl. *Dunlop*, J. T.: The Task of Contemporary Wage Theory, S. 14.
[141] Vgl. *Hildebrand*, G. H.: Economics by Negotiation, S. 402.

ab. Eine Lohnstruktur kann sich aus unterschiedlichen Kriterien ergeben: es kann sich um intra- und interbetriebliche Lohndifferenzen handeln, um berufliche, regionale und interindustrielle Lohnunterschiede. Da die Rigiditätserscheinungen sowohl bei der Lohnstruktur als auch bei allen Einzellöhnen auftreten sollen, können alle drei Probleme — der Uniformierung und der Rigidität von Einzellöhnen und Lohnstrukturen — im Rahmen der empirischen Analyse von Lohnstruktur und Lohnniveau behandelt werden.

Eine Untersuchung des Einflusses kollektiver Lohnverhandlungen auf die Lohnstrukturen hat die ökonomischen Einflüsse und die international differierenden institutionellen Faktoren der Wirtschaftsordnung und des Gewerkschaftssystems zu berücksichtigen. Es ist üblich, den Einfluß des collective bargaining auf die Lohnstrukturen daran zu messen, welche Unterschiede sich zur Situation eines vollständigen Preiswettbewerbs auf den Arbeitsmärkten ergeben. *Reynolds* weist zu Recht darauf hin, daß es sinnvoller wäre, die Lohnstrukturen, die sich aus dem bargaining Prozeß ergeben, mit solchen zu vergleichen, die aus Arbeitsmärkten resultieren, die nicht vollständig preisgesteuert aber auch nicht durch die Sozialpartner beherrscht werden, also nicht organisierte, tatsächliche Arbeitsmärkte[142]. Ein solcher Vergleich ist aber in einigen Volkswirtschaften, so der BRD, unmöglich. Auf die nationalen Besonderheiten der Gewerkschaftssysteme und der Wirtschaftsordnung wird im folgenden nicht eingegangen.

Im Jahre 1947 war es für *Lester* klar, „that the spread of unionism since 1932 has tended to reduce the amount of ‚unjustified' differentials in wage rates (*a*) between occupations within a plant, (*b*), between plants in the same locality, (*c*) between manufacturing industries, and (*d*) between areas and regions[143].“ Diese sehr allgemein gehaltene Vermutung wird jedoch durch neuere Beiträge zu diesem Komplex partiell widerlegt. In seinem zusammenfassenden Bericht über die US-amerikanischen Lohnstrukturen kommt *Kerr* zu dem abschließenden Ergebnis: „Union policies have often brought major, and presumably permanent changes in two of the differentials we have examined — personal and firm; and have had some, and presumably also permanent effects on area differentials. They have not evidently, however, been a dominant factor affecting the other two — occupational and industrial[144].“ In den Fällen, in denen nach *Kerr* ein Einfluß der kollekti-

---

[142] Vgl. *Reynolds*, L. G.: The Impact of Collective Bargaining on the Wage Structure in the United States, in: Dunlop, J. T., (Hrsg.), The Theory of Wage Determination, S. 195.

[143] Vgl. *Lester*, R. A.: Reflections on the 'Labor-Monopoly' Issue, S. 521.

[144] Vgl. *Kerr*, C.: Wage Relationships — The Comparative Impact of Market and Power Forces, in: Dunlop, J. T., (Hrsg.), The Theory of Wage Determination, S. 193.

ven Lohnverhandlungen festzustellen ist, wirkte er nivellierend und formalisierend, in den anderen Fällen ist zwar ebenfalls eine Reduktion der Lohnunterschiede zu konstatieren, aber aus anderen, ökonomischen Gründen[145]. Bezüglich der zwischenbetrieblichen und geographischen Lohnunterschiede decken sich die Ergebnisse von *Kerr* und *Reynolds*, aber für die berufliche und interindustrielle Lohnstruktur kommt letzterer zu anderen Resultaten. Danach haben sich die beruflichen Lohnunterschiede in bestimmten Industrien verringert und — wesentlicher — „collective bargaining has probably widened interindustry differentials, and in an anti-competitive fashion. Unionism has penetrated most effectively into the relatively high-wage industries, and has tended to ‚make the rich richer' [146]." *Hildebrand* stellt ebenfalls fest, daß „unionism has exerted its greatest impacts upon plant wage structures and upon interplant rates for comparable jobs"[147]. Für die beruflichen, regionalen und interindustriellen Lohnstrukturen konstatiert er einen nur geringen Nivellierungseffekt des bargaining Prozesses, die Marktkräfte dominieren[148].

Der geringe Einfluß der bargaining Prozesse auf die regionale und interindustrielle Lohnstruktur in den USA ist u. a. begründet durch das stark aufgesplitterte Gewerkschaftssystem. Daher lauten die empirischen Befunde vor allem für die interindustrielle Lohnstruktur in europäischen Ländern erheblich anders. So leitet *Perroux* seinen Essay über diesen Problemkreis in Frankreich mit der Feststellung ein: „the structure of wages is highly rigid[149]." In einer Untersuchung der schwedischen Verhältnisse erreicht *Rehn* das Ergebnis, „that unionism implies a basic tendency towards the establishing of comparatively rigid but equitable wage structures, thus diminishing the impact of changing market forces and permanent employer aspirations with regard to relative wages[150]." Für Deutschland und die BRD ist die tendenzielle Stabilität der industriellen Lohnrelationen vor allem von *Hoffmann* und *Bombach* nachgewiesen worden[151]. *Hoffmann* kommt zu

---

[145] Vgl. *Kerr*, C.: Wage Relationships, S. 181.

[146] Vgl. *Reynolds*, L. G.: The Impact of Collective Bargaining on the Wage Structure in the United States, S. 220.

[147] Vgl. *Hildebrand*, G. H.: Economics by Negotiation, S. 407.

[148] Vgl. *Hildebrand*, G. H.: Economics by Negotiation, S. 407 f.

[149] Vgl. *Perroux*, F.: Structural Inflation and the Economic Function of Wages: The French Example, in: Dunlop, J. T., (Hrsg.), The Theory of Wage Determination, S. 251.

[150] Vgl. *Rehn*, G.: Unionism and the Wage Structure in Sweden, in: Dunlop, J. T., (Hrsg.), The Theory of Wage Determination, S. 228.

[151] Vgl. dazu *Hoffmann*, W. G.: Die branchenmäßige Lohnstruktur der Industrie, Tübingen 1961; derselbe, Die industriellen Lohnrelationen, in: König, H., (Hrsg.), Wandlungen der Wirtschaftsstruktur in der Bundesrepublik Deutschland, SchdVfS, N. F. Bd. 26, Berlin 1962, S. 47 ff., *Bombach, G.*: Die Stabilität der industriellen Produktivitätsstruktur (Bemerkungen und

dem Ergebnis, „daß die relativen Lohnunterschiede zwischen den einzelnen Industriebranchen seit etwa 1888 unverändert geblieben sind“[152]. Dies gelte auch für die BRD von 1950—59: „Die Hierarchie der Branchenlöhne bleibt im großen und ganzen gewahrt[153].“ Ähnlich äußert sich *Bombach*: „In jedem Lande gibt es so etwas wie eine Lohnhierarchie, die sich nach kurzfristigen Verschiebungen immer wieder einstellt. Auf lange Sicht steigen die Geldlohnsätze also in allen Branchen mehr oder weniger gleichmäßig[154].“ In Beantwortung der Frage, durch welche Faktoren die festgestellte Rigidität der Lohnstruktur verursacht wird, nennt *Hoffmann* vor allem die Konjunkturempfindlichkeit und die Wachstumschancen der jeweiligen Industrien, während *Bombach* auch den machtpolitischen Aspekten der kollektiven Lohnverhandlungen zwischen Gewerkschaften und Arbeitgeberverbänden eine gewisse Bedeutung zuerkennt[155]. Insgesamt dürfte es wohl begründet sein, anzunehmen, daß die Rigidität der Lohnstrukturen durch den kollektiven Lohnfindungsprozeß auf den Arbeitsmärkten stark gefördert wird.

Die Frage des Einflusses kollektiver Lohnvereinbarungen auf das Lohnniveau kann von verschiedenen Gesichtspunkten aus gestellt und beantwortet werden. Die im Vordergrund des Interesses stehenden Aspekte betreffen die Verteilungs-, Wachstums- und Inflationswirkungen. Da diese Effekte nur im Rahmen einer gesamtwirtschaftlichen Analyse beurteilt werden können[156], wir uns hier aber auf die Problematik des Arbeitsmarktes beschränken, interessiert in diesem Zusammenhang ausschließlich die Frage, ob durch kollektive Lohnvereinbarungen ein nach unten rigides Lohnniveau bewirkt wird, d. h. ob die durch die Sozialpartner ausgehandelten Geldlohnsätze nicht sinken können. *Bombach* stellt dazu sehr global fest, daß „erfahrungsgemäß Lohnsenkungen heute praktisch nicht mehr realisierbar (sind)“[157]. Diese generelle Rigidität der Löhne nach unten erhält besondere Bedeutung für die Konjunktur- und Wachstumszyklen des Volkseinkommens. Die Administration der Geldlohnsätze wirkt sich

---

Ergänzungen zu einem Aufsatz von Walter C. Hoffmann), in: ZfdgSt, Bd. 116, 1960, S. 18 ff.

[152] Vgl. *Hoffmann*, W. G.: Die branchenmäßige Lohnstruktur in der Industrie, in: Volkswirtschaftliche Korrespondenz der Adolf-Weber-Stiftung, Nr. 32, 4. Jg., o. J., S. 2.

[153] Vgl. *Hoffmann*, W. G.: Die industriellen Lohnrelationen, S. 73.

[154] Vgl. *Bombach*, G.: Die Stabilität der industriellen Produktivitätsstruktur, S. 39.

[155] Vgl. *Hoffmann*, W. G.: Die branchenmäßige Lohnstruktur der Industrie (Aufsatz), S. 3 f.; *Bombach*, G.: Die Stabilität der industriellen Produktivitätsstruktur, S. 42.

[156] Vgl. zu diesen Wirkungen Ziff. 34 ff. dieses Kapitels.

[157] Vgl. *Bombach*, G.: Quantitative und monetäre Aspekte des Wirtschaftswachstums, S. 212.

demnach dahingehend aus, „that its main economic result is to make money wages ‚sticky', i. e. unresponsive to the general movements of inflation or deflation in the economy"[158]. Bezogen auf depressive oder rezessive Wirtschaftslagen besagt das: „In organized markets the dams of contract hold, often for a long time, and money wages do not fall in the face of a generally deflationary situation and rising unemployment[159]." Für die amerikanischen Rezessionen von 1949, 1954, 1958 und 1961 ist die Rigidität der Geldlohnsätze eindeutig nachgewiesen worden[160]. Für die Wachstumszyklen in der BRD gilt das gleiche: zwar bleiben die Tariflohnbewegungen nicht unbeeinflußt vom konjunkturellen Klima, aber in den meisten Jahren gingen die nominalen Lohnerhöhungen über den Anstieg der Produktivität hinaus[161]. Von Nominallohnsenkungen, auch in sog. Schrumpfungsbereichen der Wirtschaft, ist nichts bekannt.

Demnach müssen die empirischen Uniformierungs- und Rigiditätshypothesen als durch die Fakten bestätigt angesehen werden. Es fragt sich, wieso es dennoch zu unterschiedlichen Ansichten über die Preissteuerung auf den Arbeitsmärkten kommen kann. In diesem Zusammenhang spielt sicher die ideologische Komponente eine große Rolle. Wichtiger jedoch ist die unterschiedliche Ausdeutung des Wettbewerbsbegriffs. Wenn beispielsweise *Hildebrand* argumentiert, daß selbst eine auf Branchenebene organisierte Gewerkschaft den Wettbewerb um und zwischen den Arbeitern nicht völlig beseitige und sich in der Beweisführung dann auf nicht pekuniäre Wettbewerbsformen beruft, so wird hier ein Wettbewerbsbegriff gebraucht, der gegenüber dem Preiswettbewerb erheblich ausgedehnt ist[162]. Nun standen zwar von jeher nicht-pekuniärer und Preiswettbewerb auf den Arbeitsmärkten nebeneinander, aber es dürfte außer Frage stehen, daß die Beseitigung der interdependenten Preismechanik auf den Arbeitsmärkten durch ihre Institutionalisierung eine stärkere Verlagerung auf die nicht-pekuniären Wettbewerbsformen bewirkt hat. Dehnt man den Wettbewerbsbegriff so aus, wie *Hildebrand*, so wird das Ergebnis benutzt, um seine Ursachen zu bestreiten[163].

Abschließend können wir somit feststellen, daß die Primärverteilung auf den Arbeitsmärkten der reifen Volkswirtschaften weder durch

---

[158] Vgl. *Boulding*, K. E.: The Organizational Revolution, S. 101.

[159] Vgl. *Boulding*, K. E.: The Organizational Revolution, S. 102.

[160] Vgl. u. a. *Reynolds*, L. G.: Labor Economics and Labor Relations, S. 424; *Fellner*, W.: Amerikanische Erfahrungen mit der Lohninflation in den fünfziger Jahren, Walter Eucken Institut, Vorträge und Aufsätze, Heft 8, Tübingen 1962.

[161] Vgl. Sachverständigenrat, Stabiles Geld — Stetiges Wachstum, S. 69.

[162] Vgl. *Hildebrand*, G. H.: Economics of Negotiation, S. 402.

[163] Auf die Frage der „wage drift" und die damit gegebenen „marktgerechten" Lohnunterschiede wird später eingegangen werden. Vgl. Kap. 8, Ziff. 12 ff.

technische Gesetze der Produktion noch durch die interdependente Preismechanik bestimmt wird. Vielmehr wird der Lohnfindungsprozeß und damit die Einkommensbildung auf dieser Stufe des Verteilungsprozesses durch die aktive Einkommenspolitik der organisierten Marktparteien und ihren gegenseitigen Machtausgleich determiniert. Der Preiswettbewerb ist also auf den Arbeitsmärkten weitgehend außer Kraft gesetzt. Die Einkommensbildung für die Arbeitnehmer wird also aus der interdependenten Preismechanik herausgelöst und einem andersartigen, politischen Abstimmungsmechanismus unterworfen. Die wichtigsten Resultate der politisch determinierten Einkommensbildung bestehen in der Uniformierung der lohnpolitischen und Arbeitsbedingungen, in der Rigidität der Lohnstruktur und der Inflexibilität des Lohnniveaus nach unten. Damit wird in das flexible System der gesamtwirtschaftlichen Preisinterdependenz eine Rigidität hereingetragen, die fast alle Arbeitsmärkte umfaßt. Der Lohnsatz bzw. die Lohnsätze sind daher als wirtschaftsexogene Variable zu behandeln, als autonom gesetzte Ausgangspunkte für gesamtwirtschaftliche Anpassungsprozesse. Bei den modernen Arbeitsmärkten handelt es sich um „institutional markets“[164], „limited markets“[165], administrierte oder veranstaltete Märkte, deren Funktionsweise nicht auf individuellen, sondern auf institutionalisierten, organisierten Reaktionsformen beruht. *Marchal* bezweifelt grundsätzlich, ob es überhaupt noch sinnvoll sei, diese Märkte als „Märkte“ zu bezeichnen[166].

22. Auf der zweiten Stufe des gesamtwirtschaftlichen Verteilungsprozesses, der personellen Nominalverteilung, ist die verteilungspolitische Aktivität der staatlichen Instanzen zu berücksichtigen. Damit erfährt das Verteilungsmodell eine entscheidende Ausweitung: die bilateralen Marktsituationen, in denen sich zwei konkurrierende Wirtschaftsgruppen gegenüberstehen, erweitern sich zu trilateralen Verhältnissen. Gewerkschaften, Arbeitgeberverbände und staatliche Instanzen kämpfen um die Anteile am Sozialproduktszuwachs. Die staatliche Aktivität wird in diesem Zusammenhang nur auf die distribution branch beschränkt, die allocation branch und stabilization branch stehen hier nicht zur Diskussion. Daher handelt es sich auch nur um ein verteilungspolitisches trilaterales Monopol, nicht aber um ein gesamtwirtschaftliches trilaterales Monopol[167]. Wie in Kap. 2 schon ausgeführt, werden durch die staatliche Verteilungspolitik jene Be-

---

[164] Vgl. *Kerr,* C.: Wage Relationships — The Comparative Impact of Market and Power Forces, S. 174.

[165] Vgl. *Boulding,* K. E.: The Organizational Revolution, S. 36 f.

[166] Vgl. *Marchal,* J.: Wage Theory and Social Groups, S. 156.

[167] Zum gesamtwirtschaftlichen trilateralen Monopol vgl. Ziff. 32 dieses Kapitels.

völkerungskreise im Verteilungsprozeß berücksichtigt, die aufgrund der Wachstumsschwäche ihres Wirtschaftsbereiches, der Heterogenität ihrer Interessen, ihrer mangelnden Finanzkraft etc. nicht in der Lage sind, im gruppengesteuerten Primärverteilungsprozeß ihre Interessen selbst wahrzunehmen.

Neben diesen verteilungspolitischen Aufgaben nimmt der Staat jedoch auch Korrektur- und Ergänzungsfunktionen bezüglich des administrierten Lohnfindungsprozesses wahr. Zwischen Staat, Gewerkschaften und Arbeitgebern besteht ein funktionelles Kooperationsverhältnis, das sich im Ergebnis vor allem in der Ausgestaltung der Steuergesetzgebung, der Transfer- und Subventionsleistungen äußert. Quantitative Beweise für den Einfluß dieser politischen Kooperation mit wechselnden Machtverhältnissen lassen sich kaum anführen. Vielleicht kann der Einfluß der Gewerkschaften auf den Staat an der Höhe der indirekten Lohnkosten abgeschätzt werden. Die Tatsache, daß im Jahre 1959 die indirekten Lohnkosten im Steinkohlenbergbau und der Stahlindustrie der BRD nur 46% bzw. 32% der gesamten Lohnkosten ausmachten, gegenüber 66% bzw. 42% in Italien und 52% bzw. 43% in Frankreich[168], kann u. U. auf die größere politische Radikalität der Gewerkschaften in Italien und Frankreich zurückgeführt werden. Der Progressionsgrad der Einkommensteuer könnte ebenso als Indiz für die Stärke des Gewerkschaftseinflusses verwendet werden wie die relative Verteilung der Steuerlast auf direkte und indirekte Steuern. Als Beispiele für politische Pressionen von Arbeitgeberseite könnten die Verhinderung einer Ausweitung der Mitbestimmung in der BRD sowie der Versuch einer Einführung des Versicherungsprinzips in der Sozialversicherung angesehen werden.

Da in unserem Zusammenhang vor allem die Frage der Steuerungsmechanik interessiert, braucht auf die vielfältigen Möglichkeiten der politischen Interaktion zwischen Staat, Gewerkschaften und Arbeitgeberverbänden nicht des näheren eingegangen werden. Ein erstes Merkmal der staatlichen Redistributionspolitik ist eindeutig: es handelt sich bei allen diesbezüglichen Interventionen um wirtschaftsexogene, politisch determinierte Akte. Auf der Stufe der sekundären Nominalverteilung dominiert also der politische Abstimmungsmechanismus. Eine weitere Folgerung ergibt sich hinsichtlich der üblichen theoretischen Trennung von Primär- und Sekundärverteilung. Wenn die Einkommen sowohl in der Primär- als auch in der Sekundärverteilung durch die Organisation sozioökonomischer Gruppen administriert werden und wenn zudem nachgewiesen werden kann, daß die staatliche

---

[168] Zu den Zahlen vgl. *Wagenführ*, R.: Der Integrationsprozeß und das Lohnkostenargument, in: Kyklos, Vol. 15, Festschrift für E. Salin, 1962, S. 136.

Umverteilungspolitik von Gewerkschaften und Arbeitgeberverbänden in ihre verteilungspolitischen Zielvorstellungen einkalkuliert wird, dann erweist sich die Trennung in zwei Stufen des Verteilungsprozesses als unfruchtbar und artifiziell. Zwischen den sog. marktbestimmten Einkommen auf der ersten Stufe, den administrierten Löhnen, und den durch politische Interventionen bestimmten Einkommen besteht in den industrialisierten Volkswirtschaften keine Bruchschwelle mehr: „Die Kette ist ununterbrochen, und damit wird es vollkommen willkürlich, zu sagen, das sei ökonomisch und das nicht[169].“ Die verteilungspolitischen Strategien der Arbeitgeber- und Arbeitnehmerorganisationen beziehen sich eben nicht ausschließlich auf wirtschaftliche Größen, sondern vor allem auch auf den Datenkranz wirtschaftlicher Vorgänge: „Groups act differently from isolated individuals. So far as groups are concerned, it is no longer easy to distinguish between their action on a structure and their action within a structure[170].“ Da also die verschiedenartige Determination der Verteilungsprozesse auf der Stufe der Primär- und Sekundärverteilung in den reifen Volkswirtschaften entfällt, da auf beiden Stufen die Verteilung politisch bestimmt wird, erscheint die Zusammenfassung zu einem Prozeß sinnvoll.

23. Die Analyse der dritten Stufe des Verteilungsprozesses, der Einkommensverwendung, stützt sich prima facie auf die Einkommensmechanik, also auf die Niveausteuerung. Auf dieser Stufe geht es um die Effektuierung der verteilungspolitischen Aktionen der Partner des trilateralen Verteilungsmonopols durch die Einkommensverwendungsentschlüsse der beteiligten Wirtschaftssubjekte. Anders ausgedrückt: Es sind die Konsum-, Spar- und Investitionsentscheidungen der Arbeitnehmer und Unternehmen sowie der staatlichen Instanzen, die die endgültige, reale Verteilungseffizienz der nominalen, verteilungspolitischen Gruppenaktionen determinieren. Sind die nominellen Einkommenssteigerungen für die Arbeitnehmer durch die kollektiven Lohnvereinbarungen zwischen den beiden organisierten Marktparteien und die staatlichen Interventionen im Rahmen der Redistributionspolitik festgelegt, so wird diese verteilungspolitische Weichenstellung erst dann für die reale Einkommensverteilung richtungweisend, wenn die einzelnen Wirtschaftssubjekte mit ihrer individuellen Verwendungspolitik diese Richtung auch einhalten.

Für die Arbeitnehmer-Seite ergeben sich die folgenden Konsequenzen[171]. Werden beispielsweise die Arbeitnehmer-Einkommen nominell

---

[169] Vgl. *Marchal,* J. und J. *Lecaillon:* Strategischer Wert der Ausgangsstellung der Arbeitnehmer im Verteilungsprozeß des Volkseinkommens, in: ZfN, Bd. 18, 1958, S. 301.

[170] Vgl. *Marchal,* J.: Wage Theory and Social Groups, S. 169.

[171] Zu den Kreislaufzusammenhängen zwischen Einkommensbildung, Einkommensverwendung und Einkommensverteilung vgl. Kap. 4 und 7.

stärker erhöht als der gesamtwirtschaftliche Produktivitätsfortschritt ausmacht, so wird dieser potentielle Verteilungsgewinn erst dann realisiert, wenn der den Produktivitätszuwachs überschreitende Teil der Lohnerhöhung von den Arbeitnehmern gespart würde. Geschieht das nicht, so wird sich der mögliche Verteilungsvorteil für die Arbeitnehmer in Preissteigerungen im Konsumgütersektor verflüchtigen, wenn es sich um eine vollbeschäftigte Wirtschaft handelt. Die Einkommensverwendung entscheidet jedoch nicht nur über das endgültige einkommensverteilungspolitische Schicksal der Arbeitnehmer, sondern auch über ihren vermögenspolitischen Status. Damit wird das Arbeitnehmersparen sowohl zum Mittel für eine Verbesserung der realen Einkommensverteilung als auch zum Ziel der Vermögensbildung in Arbeitnehmerhand. Andererseits wird die Bildung von Erwerbskapital zur zusätzlichen Einkommensquelle, aus der die unselbständig Beschäftigten fundierte Einkommen beziehen können. Neben den kollektiven Lohnvereinbarungen bilden also die individuellen Verwendungsentschlüsse der Arbeitnehmer einen weiteren strategischen Verteilungsparameter auf Arbeitnehmerseite. Es ist nun offensichtlich, daß das gesamtwirtschaftliche reale Verteilungsergebnis auch von den Verwendungsentscheidungen der Arbeitgeberseite abhängt, d. h. von den Investitionsentschlüssen der Unternehmen. Auf der kreislaufanalytischen Ebene stellen die Investitionsausgaben der Unternehmen das verteilungstheoretische Gegengewicht zum Sparen der Arbeitnehmer dar.

Die Verwendungsentschlüsse der Arbeitnehmer- und Arbeitgeberseite werden u. a. durch preismechanische Variable beeinflußt, die neben dem Lohnsatz auch die Produktpreise und den Zinssatz umfassen. Bisher hatten wir ausschließlich den Lohnfindungsprozeß als verteilungsrelevanten Vorgang untersucht. Die Analyse des Einflusses der Produktpreise und Zinssätze hatten wir zunächst bewußt zurückgestellt. Daß auch diese preismechanischen Größen den gesamtwirtschaftlichen Verteilungsprozeß mitbestimmen, ist offensichtlich. So entscheidet bei konstanten Nominaleinkommen die Höhe der Produktpreise über die Höhe der Realeinkommen der Arbeitnehmer. Andererseits steuert der Zinssatz den relativen Einsatz der Produktionsfaktoren und beeinflußt die Höhe der Ersparnis und der Investitionen. Bevor wir daher zu einer endgültigen Aussage über das gesamtwirtschaftliche Verteilungsergebnis gelangen, sind die Marktstrukturen und die Preisbildungsprozesse auf den Produkt- und Kapitalmärkten zu untersuchen.

Schließlich ergibt sich als dritter Aspekt der Zusammenhang zwischen der Einkommensverwendung der Arbeitnehmer- und Arbeitgeberseite einerseits und gesamtwirtschaftlichem Verteilungs- und Wachstumsergebnis andererseits. Da — wie schon festgestellt — auf kreislaufanalytischer Ebene die Konsum-Investitions-(Spar-)Relation gleichzeitig die gesamtwirtschaftliche Einkommensverteilung und das wirtschaftliche Wachstum bestimmt, kann aufgrund der bestehenden Interdependenzen keine endgültige Aussage über die gesamtwirtschaftliche Realverteilung der Einkommen gemacht werden, ohne den Wachstumsprozeß zu berücksichtigen. Gerade wenn die gesamtwirtschaftliche Lohnsumme nicht direkt an die Entwicklung der gesamtwirtschaftlichen Produktivität gebunden ist, sich also die nominale Einkommensentwicklung auf den Arbeitsmärkten unabhängig von dem realen Wachstumsprozeß vollzieht, kommt der Frage nach Form und Entwicklung des Wirtschaftswachstums erhöhte Bedeutung zu.

Da sich die Hauptfrage dieses Kapitels auf die Steuerungsmechanik des Verteilungs- und Wachstumsprozesses in reifen Volkswirtschaften bezieht, soll im folgenden zunächst die erste Stufe des gesamtwirtschaftlichen Wachstumsprozesses behandelt werden, d. h. es sollen die Marktstrukturen und die Steuerungsmechanismen dargelegt werden, die die preis- und produktionspolitischen Entscheidungen der Unternehmen determinieren. Dabei handelt es sich im wesentlichen um die Preisbildung auf den Produktmärkten und die Zinsbildung auf den Kapitalmärkten. Anschließend soll die dritte Stufe des Wachstumsprozesses diskutiert werden, die es uns gleichzeitig gestattet, den gesamtwirtschaftlichen Kontext zwischen Einkommensverwendung, Einkommensverteilung und Wirtschaftswachstum zu durchleuchten. Erst dann wird die staatliche Aktivität in Form der Stabilisierungspolitik berücksichtigt, die den letzten Baustein zur Konstruktion des gesamtwirtschaftlichen trilateralen Monopols darstellt.

24. Analog dem Vorgehen bei der Analyse der Arbeitsmärkte sind auf der ersten Stufe des Wachstumsprozesses die marktstrukturellen und steuerungsmechanischen Charakteristika der Produkt- und Kapitalmärkte in entwickelten Industriegesellschaften herauszuarbeiten. Da die Variablen der Produkt- und Kapitalmärkte — Produktpreise und Zinssätze — für die Unternehmenspolitik entscheidende Aktionsparameter darstellen und die Unternehmen andererseits die Träger des realwirtschaftlichen Produktionsfortschritts sind, wird vor allem die Beziehung zwischen diesen Marktgrößen und der Unternehmenspolitik erörtert werden. Diese Beziehung besitzt sowohl verteilungstheoretische als auch wachstumstheoretische Relevanz. In beiden Fällen, bei der Analyse der Produkt- und Kapitalmärkte, handelt es sich nur um einen sehr gerafften Überblick, der sich ausschließlich auf die in unserem Zusammenhang wesentlichen Aspekte beschränkt.

Ausgangspunkt unserer Untersuchung ist die Frage, ob und in welcher Form der Unternehmenssektor von der organizational revolution erfaßt worden ist. Diese Frage weist zwei Aspekte auf: das Größenwachstum der Unternehmen selbst und das Entstehen von Unternehmensverbänden[172]. Wir wollen uns hier auf den erstgenannten Gesichtspunkt beschränken, der wiederum zwei unterschiedliche Fragestellungen enthält: die Frage der Konzentration mit markstrukturellen Folgeerscheinungen und die Frage des reinen Größenwachstums bei konstanter Marktstruktur. Die empirisch-statistischen Untersuchungen zur Unternehmenskonzentration vermitteln kein einheitliches Bild. *Berle* und *Means* kommen in ihrer Analyse zu dem Ergebnis, daß die Unternehmenskonzentration einen steigenden Trend aufweise[173]. *Bain* schließt seinen Überblick über US-amerikanische, empirische Untersuchungen mit der Feststellung ab, „that concentration of output among relatively few sellers is the dominant pattern (of American market structure)“[174]. *Kantzenbach* resümiert seine Ansicht dahingehend, daß langfristig ein etwa konstanter Konzentrationsgrad zu bestehen scheine, der sich aus zwei entgegengesetzten Komponenten zusammensetze: „Unter den jeweils bereits bestehenden Unternehmen nimmt der Konzentrationsgrad offenbar ständig zu, während gleichzeitig immer neue Unternehmen gegründet werden[175].“ Die Konzentrationsenquête kommt für die BRD von 1954—1960 zu dem Resultat, daß die Konzentration in der deutschen Industrie zugenommen habe: „Die größten Unternehmen und Unternehmensverbindungen haben ihre Anteile am industriellen Umsatz erhöht[176].“

Das reine Größenwachstum der Unternehmenseinheiten bei konstanten Marktanteilen und damit konstanter Marktstruktur dürfte für alle Sektoren der Wirtschaft zutreffen. Es ergibt sich — bei konstanter unternehmerischer Aktivität des Staates — notwendig aus dem Wachstum der Wirtschaft und den technischen Erfordernissen der Produktion. Zwar streut das Größenwachstum zwischen den verschiedenen Sektoren, Branchen und Firmen in der Volkswirtschaft erheblich, aber im großen und ganzen dürfte die Hypothese eines absoluten Größenwachstums der Unternehmen in wachsenden Wirtschaften realistisch sein. Interessanter in unserem Zusammenhang sind die Differenzen des Konzentrationsgrades in den verschiedenen Wirtschaftsbereichen. Nach *Galbraith*, der davon ausgeht, „that over an important sector of the American economy individual markets are shared by a small number of producers“, ist der Konzentrationsgrad vor allem in der Automobil-,

---

[172] Vgl. *Boulding*, K. E.: The Organizational Revolution, S. 133.

[173] Vgl. *Berle*, A. A. und G. C. *Means*, The Modern Corporation and Private Property, S. 19 ff.

[174] Vgl. *Bain*, J. S.: Price and Production Policies, in: Ellis, H. S. (Hrsg.), A Survey of Contemporary Economics, S. 136.

[175] Vgl. *Kantzenbach*, E.: Die Funktionsfähigkeit des Wettbewerbs, S. 67.

[176] Vgl. Deutscher Bundestag, Bericht über das Ergebnis einer Untersuchung der Konzentration in der Wirtschaft, erstattet vom Bundesamt für gewerbliche Wirtschaft in Frankfurt a. M., (Drucksache IV/2320), S. 12.

Aluminium-, Stahl-, Zigaretten- und Büromaschinenindustrie sowie in der Produktion von landwirtschaftlichen Maschinen, Gummireifen, Fleischprodukten und Kupfer sehr hoch[177]. Dagegen sei der Konzentrationsgrad in der landwirtschaftlichen Produktion, der Forst-, Schuh- und Textilindustrie gering[178]. Auch *Mason* kommt zu dem Ergebnis, „that a substantial share of total economic activity is carried on in a relatively small number of large corporations"; nach seinen Schätzungen ist der Konzentrationsgrad „particularly high in public utilities, manufacture and mining"[179]. Nach *Blair* ist der Konzentrationsgrad in den Bereichen Eisen und Stahl, Glas etc. sehr hoch, in der landwirtschaftlichen Produktion, Textilindustrie u. a. sehr gering[180]. Für die BRD kommt die Konzentrationsenquête zu ähnlichen Resultaten[181].

Aus diesen empirisch gesicherten Konzentrationstendenzen bzw. hohen Konzentrationsgraden werden im wesentlichen zwei Ergebnisse abgeleitet: eine Veränderung der Marktstrukturen und Änderung des Wettbewerbs. Der Wandel der Marktstruktur besteht in einer Oligopolisierungstendenz der Produktmärkte: „It is clear that the growth of organisations increases the danger of oligopoly in almost all fields[182]." Diese von *Boulding* behauptete Gefahr ist nach Ansicht zahlreicher Autoren bereits eingetreten: „We do live in an industrial community where oligopoly — or, more horrid word, private collectivism — is the rule[183]." Da jedoch ein beträchtlicher Teil des Unternehmenssektors dem „Konzentrationsgesetz" nicht unterliegt bzw. keinen hohen Konzentrationsgrad aufweist, erscheint diese Äußerung von *Galbraith* zu pointiert. Nach einer groben Schätzung von *Nutter* aus dem Jahre 1954 „oligopolistic industries account for perhaps as much as 35 per cent of national income"[184]. Der Rest des Sozialprodukts wird unter mehr oder weniger regulären polypolistischen Bedingungen produziert. Der Bemerkung *Galbraiths*, daß gerade diejenigen Industrien, die man gemeinhin mit der Dynamik des amerikanischen Kapitalismus identifiziere, oligopolitisch strukturiert seien, ist jedoch zuzustimmen[185].

---

177 Vgl. *Galbraith*, J. K.: American Capitalism, S. 52.

178 Vgl. *Galbraith*, J. K.: American Capitalism, S. 129 f.

179 Vgl. *Mason*, E. S.: Economic Concentration and the Monopoly Problem: A Review of Recent Literature, in: derselbe; Economic Concentration and the Monopoly Problem, Cambridge Mass. 1959, S. 41 f.

180 Vgl. *Blair*, J. M.: Economic Concentration and Depression Price Rigidity, in: AER, Vol. 45, Proc., 1955, S. 582.

181 Vgl. Deutscher Bundestag, Bericht über das Ergebnis einer Untersuchung der Konzentration in der Wirtschaft.

182 Vgl. Boulding, K. E.: The Organizational Revolution, S. 38.

183 Vgl. *Galbraith*, J. K.: Monopoly and the Concentration of Economic Power, in: Ellis, H. S., (Hrsg.), A Survey of Contemporary Economics, S. 127.

184 Vgl. *Nutter*, G. W.: Competition: Direct and Devious, in: AER, Vol. 44, Proc., 1954, S. 76.

185 Vgl. *Galbraith*, J. K.: American Capitalism, S. 53.

25. Der Trend zu oligopolistischen Marktstrukturen auf zahlreichen Produktmärkten der industrialisierten Volkswirtschaften hat zu einer erheblichen Änderung des wirtschaftlichen Entscheidungsprozesses und damit der Steuerungsmechanik auf diesen Märkten geführt. Das zentrale Faktum wird in der teilweisen oder völligen Verdrängung des Preiswettbewerbs gesehen: „... a convention against price competition is inevitable under oligopoly[186]." Als Indikatoren und Folgeerscheinungen der Verdrängung der Preismechanik auf den Produktmärkten werden vor allem die Rigidität der Preise und das Entstehen neuer Wettbewerbsformen genannt. Verschiedene Autoren folgern aus diesen Erscheinungen, daß der Wettbewerbsgrad der Volkswirtschaft allgemein abgenommen habe[187]. Auf diese Problematik ist im folgenden kurz einzugehen.

Nach *Schumpeter* ist ein Preis dann starr, „wenn er auf Änderungen in den Nachfrage- und Angebotsbedingungen weniger reagiert, als er es unter der Herrschaft vollkommener Konkurrenz täte"[188]. Da der Vergleichsmaßstab der vollkommenen Konkurrenz in der Realität gemeinhin fehlt, kann mit *Mason* die Preisflexibilität als eine „relationship between price change and change in price determining variables" betrachtet werden[189]. Als statistische Maßstäbe für die Preisflexibilität werden jedoch meist die Häufigkeit von Preisänderungen in der Zeit, die Amplitude von Preisänderungen sowie die unterschiedlichen timelags der Preisanpassung benutzt. Den entscheidenden Impuls für die Rigiditäts-Debatte der 30er Jahre bildete die statistische Untersuchung von *Means,* der die Messung der Häufigkeit und Schwankungsbreite von Preisänderungen verschiedener Preisreihen während der Deflationsphase mit dem Konzentrationsgrad der in Frage stehenden Industrien, den Produkttypen und anderen Merkmalen verband. *Means* glaubte eine Preisrigidität in Bereichen mit hohem Konzentrationsgrad und oligopolistischer Marktstruktur feststellen zu können[190]. *Mason* gehört bezüglich der Rigiditätshypothese zu den Skeptikern: „It must be recognized at the outset that regardless of the meaning assigned to price rigidity it is probably impossible to determine whether the ‚price system' is now more rigid than it was, say fifty years ago[191]." Er ist

---

186 Vgl. *Galbraith,* J. K.: American Capitalism, S. 59.

187 Vgl. u. a. *Burns,* A. F.: The Decline of Competition, New York 1936; *Lewis,* B. W.: Economics by Admonition, in: AER, Vol. 49, Proc., 1959, S. 390 ff.

188 Vgl. *Schumpeter,* J. A.: Kapitalismus, Sozialismus und Demokratie, S. 151.

189 Vgl. *Mason,* E. S.: Price Inflexibility, in: derselbe, Economic Concentration and the Monopoly Problem, S. 111.

190 Vgl. *Means,* G. C.: The Structure of the American Economy, Part I, Basic Characteristics, Washington 1939, S. 122 ff.

191 Vgl. *Mason,* E. S.: Price Inflexibility, S. 109.

lediglich bereit, eine historische Zunahme des Rigiditätsgrades des Preissystems in der Form zu konzedieren, daß sich der gesamtwirtschaftliche Produktionsanteil der Bereiche mit eindeutig rigiden Preisen (public utilities) gegenüber demjenigen der Sektoren mit eindeutig flexiblen Preisen (agricultural commodities) erhöht hat[192].

Die beliebteste Methode, Preisrigiditäten empirisch zu ermitteln, ist die Beobachtung der Preisbewegungen in Depressions- oder Rezessionszeiten, also bei rückläufiger Nachfrage auf den Märkten. *Blair* untersucht die Bewegungen der Großhandelspreise in den USA für die gleichen Produkte in zwei Depressionsphasen (1890—97 und 1929—33). Er gelangt zu dem Ergebnis, daß in vier „atomistischen" Wirtschaftsbereichen in beiden Depressionsperioden die Preise flexibel waren, daß dagegen in den Branchen mit hohem Konzentrationsgrad die Preise eine erhebliche Rigidität zeigten[193]. In einer neueren Untersuchung zu dem gleichen Problemkreis kommt *Blair* zu dem Resultat, daß die Preise amerikanischer oligopolistischer Industrien bei substantieller Unterauslastung der Kapazitäten (Depression) tendenziell rigide, bei nur geringer Unterauslastung (Rezession) und bei voller Kapazitätsauslastung tendenziell steigen, wobei sie im letzten Fall weniger steigen als in Bereichen mit polypolistischen Marktstrukturen[194]. In seiner Deutung der Inflationsursachen in der BRD gelangt der Sachverständigenrat zu einer gleichartigen Feststellung: „Mangel an Preiswettbewerb ... — binnenwirtschaftlich ebenso wie außenwirtschaftlich — scheint der Hauptgrund dafür zu sein, daß die weithin festzustellende Abschwächung der Nachfrageexpansion im Inlande (1966; d. Verf.) eher und stärker auf die Kapazitätsauslastung drückt als zu einer Beruhigung der Preisentwicklung führt. Bei sinkender Kapazitätsauslastung ist die erste Reaktion vieler Unternehmen offensichtlich der Versuch, den damit verbundenen Anstieg der Stückkosten über höhere Preise auszugleichen[195]."

Resümierend können wir feststellen, daß auf den oligopolistisch strukturierten Produktmärkten eine gewisse Rigidität der Preise nach unten wie auch nach oben besteht. Bezüglich der Preis-Mengen-Reaktionen der Unternehmen auf polypolistischen und oligopolistischen Märkten ergibt sich damit das folgende Resultat: „The most striking difference between industry and agriculture is that in agriculture the income cycle is still largely a price cycle and not an output cycle, whereas in industry it is becoming increasingly an output cycle rather

---

192 Vgl. *Mason*, E. S.: Price Inflexibility, S. 110.

193 Vgl. *Blair*, J. M.: Economic Concentration and Depression Price Rigidity, S. 566 ff.

194 Vgl. *Blair*, J. M.: Administered Prices: A Phenomenon in Search of a Theory, in: AER, Vol. 59, Proc., 1959, S. 432 ff.

195 Vgl. Sachverständigenrat, Expansion und Stabilität, S. 121.

than a price cycle[196]." Die Unbeweglichkeit der Preise oligopolistischer Industrien während des Konjunkturzyklus besagt, daß es sich bei der Preisrigidität im wesentlichen um ein kurzfristiges Phänomen handelt, wobei die Kurzfristigkeit sich manchmal allerdings auf zehn Jahre und mehr erstrecken kann[197]. Was die oligopolistische Strategie also erreichen kann, ist, „daß sie saisonale, zufällige und zyklische Preisschwankungen vermeidet und nur auf wesentlichere Bedingungsänderungen, die diesen Schwankungen zugrunde liegen, reagiert"[198]. Danach bewegen sich die Produktpreise entlang einer Stufenfunktion, die sich u. U. langfristig einem Trendwert nähern wird. Durch welche Faktoren der Trendwert bestimmt wird, ist im folgenden kurz zu erörtern.

Die kurzfristige Preisrigidität legt die Vermutung nahe, daß der Preiswettbewerb ausgeschaltet ist, die langfristige Preisflexibilität könnte zu der Annahme verführen, daß es doch einen wirksamen Preiswettbewerb gibt. *Blair* folgert aus seinen empirischen Untersuchungen: „Since ... oligopolists tend to avoid competing in price with each other, such rivalry as develops among them must necessarily take the form of nonprice competition[199]." Als solche Formen des Nicht-Preiswettbewerbs werden vor allem der Substitutions-, Innovations-, Qualitäts-, Konditionen- und Werbungswettbewerb genannt. Die wachsende Bedeutung dieser Wettbewerbsarten auf oligopolistischen Märkten wird heute allgemein anerkannt und ergibt sich notwendig aus der Produktpreisrigidität auf oligopolistischen Märkten. Dabei steht zu vermuten, daß der Qualitäts-, Konditionen- und Werbungswettbewerb kurzfristig die Invarianz der Preise zu substituieren vermag, während langfristig der Substitutions- und Innovationswettbewerb die Preisentwicklung bestimmt. *Galbraith* und *Blair* betonen vor allem die Bedeutung des Werbungswettbewerbs[200], während *Schumpeter*, *Mason* und *Robertson* die langfristige Wirksamkeit des Innovations- und Substitutionswettbewerbs herausstellen[201]. Kurzfristig ist eine Stillegung des Preiswettbewerbs und eine Verlagerung des Wettbewerbs auf andere Formen also durchaus realistisch. Ob langfristig von einer Ausschaltung der Preismechanik oder sogar von einem Niedergang aller Konkurrenz

---

[196] Vgl. Boulding, K. E.: The Organizational Revolution, S. 143.

[197] Vgl. *Schumpeter*, J. A.: Kapitalismus, Sozialismus und Demokratie, S. 154, Anmerkung 11.

[198] Vgl. *Schumpeter*, J. A.: Kapitalismus, Sozialismus und Demokratie, S. 153.

[199] Vgl. *Blair*, J. M.: Administered Prices, S. 439.

[200] Vgl. *Galbraith*, J. K.: American Capitalism, S. 59; *Blair*, J. M.: Administered Prices, S. 439 f.

[201] Vgl. *Schumpeter*, J. A.: Kapitalismus, Sozialismus und Demokratie, S. 152 f.; *Mason*, E. S.: The New Competition, in: derselbe, Economic Concentration and the Monopoly Problem, S. 371 ff.; *Robertson*, R. M.: On the Changing Apparatus of Competition, in: AER, Vol. 44, Proc., 1954, S. 51 ff.

auf oligopolistischen Märkten gesprochen werden kann — wie es *Lewis* behauptet —, soll hier nicht entschieden werden[202].

26. Ergebnis unseres kurzen Überblicks über die Marktstruktur und die Steuerungsmechanik auf Produktmärkten ist, daß in den modernen Industriewirtschaften neben polypolistischen Märkten eine große Zahl oligopolistischer Märkte von bedeutendem gesamtwirtschaftlichen Gewicht existieren, die einer anderen Steuerungsmechanik als der der interdependenten Preismechanik unterliegen. Mit *Fellner* haben wir davon auszugehen, „that oligopolistic situations are bargaining situations in the broad sense. The essential property of bargining situations is that they involve two or more participants who know that what they do (individually) affects the policies of the others, just as the individual policies of the others affect them"[203]. Damit handelt es sich bei der oligopolistischen Konkurrenz — im Gegensatz zum polypolistischen und monopolistischen Wettbewerb und zur Marktform des reinen Monopols — um nicht-parametrische Unternehmensentscheidungen, d. h., der einzelne Oligopolist kann aufgrund der zirkulären Interdependenz das Ergebnis einer gewählten Handlungsalternative nicht kalkulieren: „Price here is a nonparametric element[204]." Aus dieser Entscheidungsunsicherheit der einzelnen Oligopolisten und damit der nicht-parametrische Marktlage resultiert in der Regel eine instabile Marktkonstellation. Die potentiellen Gefahren dieser Situation bestehen entweder im Ausbruch eines offenen Preiskampfes, der eine Existenzbedrohung für alle Marktteilnehmer darstellt, oder in der Koalitionsbildung, die sich zwecks Marktausschlusses gegen einzelne Oligopolisten richtet. Um diese möglichen Gefahren zu vermeiden, werden die Unternehmen versuchen, die nicht-parametrische Konstellation via „parametric procedure" in eine parametrische Situation umzuwandeln: „The usual parametric procedures under oligopoly may be divided into two broad categories: specific agreements and tacit collusion[205]."

Nach *Fellner* besteht eine große Wahrscheinlichkeit dafür, „that on oligopolistic markets there exists a strong tendency towards the spontaneous co-ordination of business policies"[206], also zu stillschweigenden Übereinkünften. Da der offene Preiskampf die für alle Marktpartner gefährlichste Form einer aggressiven wie auch defensiven Strategie ist, richten sich die Übereinkünfte auf eine Ächtung des Preiswettbewerbs:

---

[202] Vgl. *Lewis*, B. W.: Economics by Admonition, S. 391 f.

[203] Vgl. *Fellner*, W.: Collusion and Its Limits Under Oligopoly, in: AER, Vol. 40, Proc., 1950, S. 54.

[204] Vgl. *Leibenstein*, H.: Economic Theory and Organizational Analysis, S. 318.

[205] Vgl. *Leibenstein*, H.: Economic Theory and Organizational Analysis, S. 338.

[206] Vgl. *Fellner*, W.: Collusion and Its Limits Under Oligopoly, S. 54.

„In the usual case competition is relegated to directions other than price[207].“ Daraus folgt, daß die Preise auf oligopolistischen Märkten ökonomisch indeterminiert sind und daß „starre Preise ... ein wesentlicher Aspekt der ‚normalen‘ oligopolistischen Preisstrategie (sind)“[208]. Für einen großen und wachstumsstrategisch bedeutsamen Bereich läßt sich somit feststellen, daß „prices are not ‚made in the market‘ but are usually administered prices and reflect a greater or lesser degree of pricing power and pricing discretion on the part of price makers and price leaders“[209].

Wenn die Preise auf oligopolistischen Produktmärkten durch die Unternehmen administriert werden, so gewinnt die unternehmenspolitische Zielsetzung der Oligopolisten einen entscheidenden Einfluß auf den Preisfindungsprozeß. Mit *Bohley* kann festgestellt werden, daß „der eigentliche Kern des Administered Price Behaviour ... darin (liegt), daß es Ausfluß von Zielsetzungen ist, die nicht die der Gewinnmaximierung sind, jedenfalls nicht mehr explizit oder in der Art, daß man rechnerisch die Gewinnmaximierung als Grundlage der Preisfestsetzung annehmen könnte“[210]. Der „Zauberschlüssel“ der Profitmaximierung vermag das Unternehmensverhalten auf oligopolistischen Märkten nicht annähernd zu erklären[211]. Die nicht-parametrische Marktkonstellation und die daraus folgende Entscheidungsunsicherheit legen das Streben nach sicheren Profiten nahe, was bedeutet, „daß in ‚normalen‘ Zeiten der Preis weder so niedrig sein darf, daß es zu Gegenmaßnahmen seitens der Konkurrenten kommt, noch so hoch, daß Außenseiter angelockt werden, und daß er sich ferner innerhalb eines Bandes bewegt, das von den Kunden akzeptiert wird, womit ein Schutzwall gegen aggressive Maßnahmen seitens der Konkurrenzfirmen errichtet wird“[212]. Eine nicht zu unterschätzende Bedeutung für den Preisfindungsprozeß besitzen aber auch die unternehmensinternen Abstimmungsprozesse zwischen den verschiedenen Unternehmensabteilungen (Finanzierung, Produktion, Verkauf) und den unterschiedlichen sozioökonomischen Interessengruppen (Aktionäre, Arbeitnehmer, Manager)[213]. Schließlich haben die Großunternehmen auch darauf zu achten,

---

207 Vgl. *Leibenstein*, H.: Economic Theory and Organizational Analysis, S. 342.

208 Vgl. *Rothschild*, K. W.: Preistheorie und Oligopol, in: Ott, A. E., (Hrsg.), Preistheorie, S. 364.

209 Vgl. *Means*, G. C.: Collective Enterprise and Economic Theory, S. 1529.

210 Vgl. *Bohley*, P.: Preistheorie und ‚Administered Price Behavior‘, in: Konjunkturpolitik, 10. Jg., 1964, S. 238.

211 Zur Kritik an der Gewinnmaximierungshypothese vgl. Kap. 3, Ziff. 8 f.; zu den neuen unternehmenspolitischen Zielsetzungen vgl. Kap. 6, Ziff. 16 ff.

212 Vgl. *Rothschild*, K. W.: Preistheorie und Oligopol, S. 363.

213 Vgl. u. a. *Mason*, E. S.: Price and Production Policies of Large-Scale Enterprise, in: derselbe, Economic Concentration and the Monopoly Problem, S. 62; *Rothschild*, K. W.: Preistheorie und Oligopol, S. 364 f.

die öffentliche Meinung nicht zu verärgern, die wirtschaftspolitischen Instanzen des Staates nicht zu „antimonopolistischen" Interventionen zu provozieren und die Gewerkschaften nicht zu lohnpolitischen Gegenmaßnahmen zu veranlassen[214].

Der politisch administrative Charakter der Preisfindung in modernen Großunternehmen dürfte angesichts der genannten Determinanten der Preisbildung kaum zu bezweifeln sein. Der Preis ist jedoch nur eine strategische Variable für den einzelnen Oligopolisten. Um ihre Stellung im Markt zu sichern, stehen den modernen Großunternehmen eine Reihe anderer Mittel zur Verfügung, die häufig rein politischen Charakter tragen. Dazu gehören u. a. vertikale Kooperation, Personalverflechtungen, Aktienaustausch, Werbeausgaben im parlamentarischen Raum, Anstellung von Personen, die politisches Gewicht besitzen, etc. Für die modernen Großunternehmen auf oligopolistischen Märkten ist daher mit *Rothschild* festzustellen, „daß die traditionelle Trennung der ökonomischen von den politischen Handlungen nicht aufrechterhalten werden kann, sobald wir es mit Rivalitäten zwischen oligopolistischen Riesen zu tun haben"[215].

27. Aus dieser Kennzeichnung der Marktstruktur und Steuerungsmechanik eines großen Teils der Produktmärkte in reifen Volkswirtschaften folgt, daß der Preisbildungsprozeß auf den Produktmärkten eine gewisse Ähnlichkeit zum Preisbildungsprozeß auf den Arbeitsmärkten aufweist. Auf beiden Märkten sind die Preise ökonomisch indeterminiert, in beiden Fällen handelt es sich um starre Preise, die durch einen Bargaining-Prozeß ermittelt werden. Der Lohnführerschaft auf den Arbeitsmärkten steht die Preisführerschaft auf den Produktmärkten gegenüber. Die Preisfindungsprozesse werden auf beiden Märkten durch politische Faktoren in starkem Maße mitbestimmt. Beide Märkte sind administrierte Märkte. Dennoch ergeben sich bei etwas genauerer Betrachtung gravierende Unterschiede zwischen der Struktur und Steuerungsmechanik der Arbeits- und oligopolistischen Produktmärkte.

Wie leicht zu ersehen ist, betreffen diese Unterschiede sowohl Methode und Form der Preisfindung als auch das Preisfindungsergebnis. Das Hauptmerkmal der Verschiedenartigkeit liegt in der bilateralen Lohnfixierung und der unilateralen Preis- bzw. Spannenfestsetzung: „Es ist der Unterschied zwischen ‚vereinbarten' und ‚verkündeten' Preisen[216]." Bezogen auf das Konzept der countervailing power handelt

---

[214] Vgl. *Giersch*, H.: Allgemeine Wirtschaftspolitik, S. 79.

[215] Vgl. *Rothschild*, K. W.: Preistheorie und Oligopol, S. 369.

[216] Vgl. *Rothschild*, K. W.: Einkommenspolitik oder Wirtschaftspolitik?, in: Schneider, E., (Hrsg.), Probleme der Einkommenspolitik, Tübingen 1965, S. 74.

es sich auf den Arbeitsmärkten um ein Gleichgewicht, auf den Produktmärkten um einen gleichgewichtslosen Zustand, um eine originäre Machtposition. Dementsprechend vollzieht sich der Bargaining-Prozeß auf den Arbeitsmärkten zwischen beiden Marktseiten, auf den Produktmärkten nur zwischen den Marktteilnehmern auf der Angebotsseite. Der Bargaining-Prozeß auf den Arbeitsmärkten ist ein direkter Verhandlungsprozeß, der in einer expliziten Vereinbarung sein Ende findet; der Bargaining-Prozeß zwischen den Oligopolisten weist eine indirekte Form auf, beruht auf trial and error und schließt mit einer stillschweigenden Übereinkunft ab. Prima facie scheint bei der unilateralen Preisfixierung die Härte des administrativen Zugriffs auf die Marktgrößen zwingender zu sein als auf den Arbeitsmärkten. Diese Ergebnis ist jedoch nicht so ohne weiteres schlüssig, da es die grundsätzlich labile Marktkonstellation auf den oligopolistischen Märkten und die Möglichkeiten der Substitutions- und Innovationskonkurrenz sowie die potentielle Gefahr eines Ausbruchs von Preiskämpfen nicht genügend berücksichtigt. Ob der Rigiditätsgrad, der durch die oligopolistischen Großunternehmen in das interdependente Preissystem der Volkswirtschaft hereingetragen wird, größer, gleich oder kleiner ist als der durch die Lohnadministration bewirkte, hängt von der Haltbarkeit der oligopolistischen Zusammenarbeit ab.

Ein letzter Punkt betrifft den Vergleich von Lohnstruktur und Preisstruktur. Unser Ergebnis bezüglich der Lohnstruktur können wir mit einem Zitat von *Hicks* zusammenfassen: „The main thing is that the new procedure insulated the wage structure from its old exposure to economic pressures, so that it could move — to a considerable extent — on a course of its own[217].“ Es stellt sich die Frage, ob auch die Preisstruktur eine solche politisch bedingte Rigidität aufweist. *Paulsen* stellt dazu fest: „Zwar sind die Preisbewegungen nicht so einseitig nur nach oben gerichtet wie die Lohnbewegungen, die Preisrelationen vielleicht auch nicht so starr wie die Lohnrelationen. Daß aber tendenzmäßig der Grad der Preisrigidität zunimmt, teils wohl auch als Folge der mit zunehmender Spezialisierung fixer werdenden technischen Produktionskoeffizienten, muß vermutet werden[218].“ Diese generelle Vermutung einer ökonomisch indeterminierten, rigiden Preisstruktur ist jedoch mit Vorsicht zu behandeln. Sie könnte sich nur auf die Preise oligopolistischer Märkte beziehen, nicht dagegen auf die polypolistischen Märkte. Damit wird das Bild einer gesamtwirtschaftlich starren Preisstruktur

---

[217] Vgl. *Hicks*, J. R.: Economic Foundations of Wage Policy, in: EJ, Vol. 65, 1955, S. 390.

[218] Vgl. *Paulsen*, A.: Wirtschaftliche und soziale Grundprobleme stetigen Wirtschaftswachstums, in: Hoffmann, W. G. (Hrsg.), finanz- und währungspolitische Bedingungen stetigen Wirtschaftswachstums, S. 31.

erheblich eingeschränkt. Empirische Ergebnisse, die die Vermutung von *Paulsen* bestätigen, sind dem Verfasser nicht bekannt.

Es sprechen jedoch auch einige gewichtige Gründe für eine tendenziell rigide und sich uniform entwickelnde Produktpreisstruktur. Alle diese Ursachen beruhen auf der Annahme, daß es auch im Bereich der Produktpreisgestaltung orbits of coercive comparison gibt, die zu einem kurzfristig gleichgerichteten Preisverhalten der Unternehmen führen. Hier ist zunächst an die Kostenseite der Unternehmen, genauer an die industriebezogene Lohnfixierung zu denken. Eine uniforme Lohnerhöhung, die sich über einen industriellen Bereich erstreckt, dem die verschiedensten Unternehmen mit unterschiedlichen Produktionsprogrammen angehören, könnte die Unternehmen zu uniformen Preissteigerungen anregen, so daß die Preisstruktur für die verschiedenen Produkte das gleiche Bild wie vor der Lohnerhöhung aufweist. Voraussetzung für ein solches Verhalten der Unternehmen sind traditionelle, branchenübliche Profitsätze. — Ein zweiter Gesichtspunkt betrifft die Phänomene der Preisführerschaft und des preispolitischen Parallelverhaltens. Diese in der Empirie häufig beobachteten Verhaltensformen beinhalten u. a. auch, daß nicht nur Großunternehmen Preisadministration betreiben, sondern sich kleine und mittlere Anbieter dem Preisverhalten der Großen anschließen. Damit wird auf jene Mischung von Polypol und Oligopol auf heterogenen Märkten angespielt, die einer sog. kettenförmigen Konkurrenzbeziehung unterliegen, d. h. jeder Anbieter hat einen anderen Kreis persönlicher Rivalen[219]. Etwas spekulativ läßt sich annehmen, daß es auch in diesen Fällen zu einem abgestimmten Preisverhalten kommt, so daß die Preisstruktur dadurch eine Stabilisierung erfährt. Schließlich sind noch staatliche Preissetzungen oder Stützungen zu erwähnen, die sich an paritätischen Gesichtspunkten ausrichten, z. B. die Agrarpreise in der BRD. Diese genannten Gesichtspunkte könnten die These von einer tendenziellen Erstarrung der Produktpreisstruktur stützen. Sicher ist jedoch, daß der Rigiditätsgrad der Lohnstruktur erheblich größer ist als der der Preisstruktur.

28. Nach der Analyse der marktstrukturellen und steuerungsmechanischen Merkmale der Arbeits- und Produktmärkte soll im folgenden sehr kurz auf die diesbezüglichen Charakteristika der Kapital- und Geldmärkte in reifen Volkswirtschaften eingegangen werden. Nach der klassischen Vorstellung ist der Zins der Preis für die Überlassung von Kapital und hat die Aufgabe, die Nachfrage nach Kapital mit dem Angebot von Kapital in Übereinstimmung zu bringen. Es lag gleichfalls in der klassischen Tradition, sich die Nachfrager nach Kapital (Investoren)

---

[219] Vgl. dazu *Giersch*, H.: Aufgaben der Strukturpolitik, in: HbJ, 9. Jahr, 1964, S. 65.

und die Anbieter von Kapital (Sparer) als individuelle Wirtschaftssubjekte vorzustellen. Damit postulierte man für den Kapitalmarkt das allseits verwendbare theoretische Leitbild eines vollkommenen Marktes, auf dem sich der Zins in einem anonymen Marktprozeß bildet. Es bedarf keiner längeren Diskussion, um nachzuweisen, daß die Annahmen bezüglich der Marktstruktur und des Preisbildungsprozesses auf den Geld- und Kapitalmärkten in den reifen Volkswirtschaften nicht gegeben sind.

Die wesentlichsten marktstrukturellen Merkmale der Kreditmärkte in reifen Volkswirtschaften sind — von Land zu Land differierend — ein hoher Konzentrationsstatus, eine starke staatliche Kontrolle und Lenkung sowie eine abnehmende Bedeutung des Zinssatzes als gesamtwirtschaftliches Steuerungselement. Der hohe Konzentrationsgrad gilt — wie schon festgestellt — für die End-Nachfrager nach Kapital (Unternehmenskonzentration), er gilt jedoch auch für die Anbieter und Vermittler von Kapital. So kommt *O'Leary* zu dem Ergebnis: „An increasing proportion of the saving being done by Americans is flowing through savings institutions, and an increasing proportion is taking a contractual form[220].“ Als solche Institutionen werden von *O'Leary* vor allem Versicherungsgesellschaften, staatliche Fonds, Banken und andere Organisationsformen genannt. In der BRD sind ähnliche Entwicklungen zu beobachten. Die Konzentrationsenquête kommt zu dem Ergebnis, „daß der Konzentrationsgrad im Bankwesen hoch ist; er hat sich im Untersuchungszeitraum (1950—60; d. Verf.) jedoch nicht erhöht, sondern verringert“[221]. Der Konzentrationsgrad im Versicherungsbereich der BRD ist noch höher als im Bankensektor[222].

Die staatliche Kontrolle der Geld- und Kapitalmärkte in industrialisierten Volkswirtschaften betrifft sowohl die Marktordnung und den Marktzugang als auch den Preisbildungsprozeß. In der BRD wird die Marktordnung u. a. durch das Kreditwesengesetz, das Aktiengesetz, das Versicherungsaufsichtsgesetz und das Bundesbankgesetz geregelt. Die preispolitischen Eingriffe der staatlichen Organe und der Bundesbank erstrecken sich vom absoluten Zinsstopp, dem Haben- und Sollzinsabkommen bis zu den preis- und mengenpolitischen Maßnahmen der Notenbank (Diskont-, Offenmarkt- und Mindestreservepolitik) und der staatlichen Verschuldungspolitik. Aufgrund der kartellarischen und behördlichen Preisbindungen und der vielfältigen mengenpolitischen

---

[220] Vgl. *O'Leary,* J. J.: The Institutional Saving-Investment Process and Current Economic Theory, in: AER, Vol. 44, Proc., 1954, S. 455.

[221] Deutscher Bundestag, Bericht über das Ergebnis einer Untersuchung der Konzentration in der Wirtschaft, S. 36.

[222] Deutscher Bundestag, Bericht über das Ergebnis einer Untersuchung der Konzentration in der Wirtschaft, S. 44 f.

Beeinflussungsmöglichkeiten staatlicher Organe und der Notenbankpolitik kann festgestellt werden, daß es sich auch bei den Geld- und Kapitalmärkten um administrierte Märkte handelt, die nicht durch die Preismechanik gesteuert werden.

Stützel sieht die Kreditmärkte als einen Anwendungsfall der Theorie des Zugabewesens an, wo den Bankinstituten im Wettbewerb um die Einleger nichts anderes übrig bleibe, „als an Stelle des Preises oder Zinses möglichst attraktive Zugaben als Aktionsparameter einzusetzen, nicht nur hübsche Kalender und vielerlei interessante Drucksachen, sondern auch den möglichst kundennahen Geschäftsraum“[223]. Der Wettbewerb hat sich vom Preis- auf den Konditionenwettbewerb verlagert, die Zinshöhe ist manipuliert und kann daher ihre Direktions- und Selektionsfunktion nicht mehr voll ausüben. Der Zinssatz ist ein verwalteter Preis, seine steuerungsmechanischen Funktionen sind stillgelegt[224]. Daher können *Marchal* und *Lecaillon* feststellen: „Si l'on passe du marché du travail au marché des capitaux, on constate des phènomènes du même genre. Certes, le taux de l'intérêt se forme toujours sur un marché, infiniment plus parfait que le marché du travail. Mais sur ce marché interviennent des banques puissantes, tant du côté de l'offre que du côté de la demande. De surcroît, ce marché est sévèrement controlé par des pouvoirs publics. Ici encore, elle serait bien superficielle l'analyse qui négligerait d'intégrer ces deux actions[225].“ Abschließend sei daran erinnert, daß sich diese marktstrukturellen und steuerungsmechanischen Ergebnisse auf den Nominalzins beziehen.

29. Nach der Analyse der marktstrukturellen und steuerungsmechanischen Besonderheiten der Produkt- und Kapitalmärkte in reifen Volkswirtschaften ist im folgenden auf die dritte (funktionale) Stufe des Wachstumsprozesses, die Einkommensverwendung, einzugehen. Da die Einkommensverwendungsentschlüsse der Wirtschaftssubjekte sowohl die endgültige gesamtwirtschaftliche Realverteilung als auch die gesamtwirtschaftliche Wachstumsrate determinieren, erfolgt damit auch der theoretische Brückenschlag vom Verteilungs- zum Wachstumsprozeß. Die kreislaufmechanische Determination und Integration des Verteilungs- und Wachstumsprozesses haben wir in Kap. 4 ausführlich untersucht. Danach lautet das verteilungstheoretische Kreislaufaxiom, daß das gesamtwirtschaftliche Verteilungsergebnis zwischen Arbeit-

---

[223] Vgl. *Stützel*, W.: Banken, Kapital und Kredit in der zweiten Hälfte des zwanzigsten Jahrhunderts, in: Neumark, F., (Hrsg.), Strukturwandlungen einer wachsenden Wirtschaft, Bd. 2, S. 553.

[224] Zu weiteren Gründen für die Bedeutungslosigkeit des Zinses vgl. Ziff. 31 dieses Kapitels.

[225] Vgl. *Marchal*, J. und J. *Lecaillon:* La Répartition du Revenue National, 1. Teil, Les Participants, S. 23.

nehmern und Arbeitgebern um so gleichmäßiger ist, je höher die Sparquote und je geringer die Konsumquote der Unselbständigen einerseits und je geringer die Investitions- und Konsumquote der Selbständigen andererseits ist. Das theoretisch-funktionale Bindeglied zwischen Verteilungs- und Wachstumsprozeß stellen die Ersparnisse und die Investitionen dar. Das wachstumstheoretische Kreislaufaxiom besagt, daß die gesamtwirtschaftliche Wachstumsrate um so größer ist, je höher die gesamtwirtschaftliche Spar- und Investitionsquote sind.

Neben der kreislaufmechanischen Integration von Wachstums- und Verteilungsprozeß steht die preismechanische Bestimmung und Verbindung beider Prozesse. Danach lautet das preismechanische Verteilungsaxiom, daß die Produktionsfaktoren gemäß ihren relativen Seltenheiten entlohnt werden. Das Bindeglied zwischen Verteilungs- und Wachstumsprozeß stellen die relativen Preise der Produktionsfaktoren dar, der Wachstumsprozeß wird — trotz der einkommensmechanischen Bestimmung der gesamtwirtschaftlichen Sparquote — im wesentlichen als preistheoretischer Allokationsprozeß interpretiert[226]. Es war die Absicht der bisherigen Ausführungen dieses Kapitels, nachzuweisen, daß die Preissteuerung auf den Faktormärkten und einem wachstumsstrategisch bedeutsamen Teil der Produktmärkte in den industrialisierten Volkswirtschaften stillgelegt ist. Diese Märkte unterliegen einer politischen Steuerung, die Preise werden administriert.

Die folgenden Erörterungen sollen in sehr pragmatischer, d. h. hier in mit Plausibilitätssätzen arbeitender Form untersuchen, welche Determinanten den Wachstumsprozeß in reifen Volkswirtschaften tatsächlich bestimmen und welche Rolle den Faktor- und Produktpreisen für die Ausgabeentscheidungen der Wirtschaftssubjekte zukommt. Damit wird gleichzeitig ein Versuch unternommen, das relative Gewicht von angebots- und nachfragebedingten Faktoren im konkreten Wachstums- und Verteilungsprozeß tendenziell zu fixieren. Auf die in diesem Zusammenhang naheliegenden Fragen, welche Konstellationen von preis- und einkommensmechanischen Steuerungselementen den integrierten Verteilungs- und Wachstumsprozeß kennzeichnen und ob die Verteilung Resultante oder Determinante des Wachstumsprozesses ist, soll an dieser Stelle noch nicht eingegangen werden.

30. Realistische Erklärungen des Wachstumsprozesses gehen gemeinhin davon aus, daß die drei makroökonomischen Produktionsfaktoren Arbeit, Kapital und technischer Fortschritt sowie — als Gegengewicht — die gesamtwirtschaftliche Nachfrage die Höhe der Wachstums-

---

[226] Vgl. dazu Kap. 3.

rate bestimmen[227]. Es wurde schon betont, daß der Wachstumsmechanismus als Wechselspiel von Angebot und Nachfrage aufzufassen ist. Nach *Vogt* hat eine realistische Wachstumstheorie drei Wachstumspfade zu enthalten, „die nicht notwendig zusammenfallen, und zwar den Wachstumspfad, der bei der herrschenden Kapitalproduktivität durch den Kapitalstock maximal ermöglicht werden kann, ferner den Wachstumspfad, der bei der geltenden Arbeitsproduktivität durch den Faktor Arbeitskraft höchstens ermöglicht wird, und schließlich den Wachstumspfad, der sich über die Produktionsentscheidungen der Unternehmer aus der Entwicklung der Nachfrage ergibt“[228]. Das Wachstum der produktiven Kapazitäten bildet den Wachstumsrahmen, der gesamtwirtschaftlichen Nachfrage fällt die Aufgabe zu, diesen Rahmen auszufüllen und seine Erweiterungen anzuregen. Der Zusammenhang zwischen Angebots- und Nachfrageseite wird im wesentlichen durch die doppelte Funktion der Investitionen hergestellt, die sowohl zusätzliche Einkommen schaffen als auch eine Erweiterung und/oder Vertiefung der produktiven Kapazitäten ermöglichen und damit eine Steigerung des Güter- und Leistungsangebots bewirken.

Die Antwort auf die Frage, welcher Determinanten-Gruppe, der Angebots- oder Nachfrageseite, das größere Gewicht für das tatsächlich sich vollziehende Wachstum beizumessen ist, hängt u. a. von der relativen Höhe der Einkommens- und Kapazitätseffekte der Investitionen ab. Für ein stärker von der gesamtwirtschaftlichen Nachfrage abhängiges Wirtschaftswachstum spricht vor allem der in den reifen Volkswirtschaften erreichte Industrialisierungsgrad. Auf ihn beziehen sich verschiedene moderne Stufentheorien, die eine größere gesamtwirtschaftliche Wachstumsrelevanz der Nachfrage postulieren und empirisch belegen. Neben *Galbraith*[229] ist es vor allem *Rostow*, der diesen historischen Trend annimmt: „In einem ganz technischen Sinn geht die Aufmerksamkeit einer Gesellschaft, je mehr sie sich dem Reifestadium nähert oder darüber hinauswächst, vom Angebot zur Nachfrage, von Problemen der Produktion zu solchen des Konsums und der Wohlfahrt im weiteren Sinne des Wortes über[230].“ In einer Untersuchung der Strukturwandlungen des Kapitalstocks im Zuge des Industrialisierungsprozesses stellt *Ehrlicher* unter Bezugnahme auf die industrialisierten Volkswirtschaften fest: „In der jüngsten Phase des Massenkonsums verlagert sich das Gewicht der Investitionstätigkeit auf das Konsumtivkapital. Hier sind es auf der einen

---

[227] Auf die Rolle der Struktureffekte kommt es in diesem Zusammenhang nicht an, weshalb sie vernachlässigt werden.

[228] Vgl. *Vogt*, W.: Eine Verallgemeinerung der Wachstumstheorie, S. 261 f.

[229] Vgl. *Galbraith*, J. K.: The Affluent Society.

[230] Vgl. *Rostow*, W. W.: Stadien wirtschaftlichen Wachstums, S. 94.

Seite die Investitionen der öffentlichen Hand im konsumtiven Infrastock, von denen eine starke einkommen- und damit nachfrageschaffende Wirkung ausgeht; auf der anderen Seite die privaten Investitionen in langlebigen Konsumgütern, die ja unmittelbar Nachfrage darstellen[231]." Die aus diesen Investitionen resultierenden hohen Einkommenseffekte stellen die Nachfrage für den industriellen Sektor zur Verfügung, der durch Sättigungserscheinungen und vergleichsweise hohe Kapazitätseffekte gekennzeichnet ist.

Nach *Jochimsen* zeichnet sich die Stufe hoher Einkommen — im Gegensatz zu den Stufen der Subsistenzwirtschaft und derjenigen mittlerer Einkommen — dadurch aus, daß ein immer wachsender Teil des Gesamteinkommens nicht essentiellen Lebensmitteln und Industrieprodukten zufließt. Die Preiselastizitäten aller Güter steigen, die Einkommenselastizitäten für lebensnotwendige Nahrungsmittel sinken stark unter eins, diejenigen für consumer durables steigen über eins. Als Ursachen für diese Entwicklungen führt *Jochimsen* ins Feld: die Urbanisierung, Industrialisierung und Kommerzialisierung der modernen Gesellschaften sowie die Lerngewohnheit der Wirtschaftssubjekte, ihre Bedürfnisse zu erweitern[232]. Aufschlußreich ist die Verbindung dieser Entwicklungstheorie mit der Wettbewerbstheorie: „Bei hohen Durchschnittseinkommen konkurrieren tatsächlich alle Güterarten miteinander, wenn auch in unterschiedlichem Ausmaß. Es gibt echte ‚vagabundierende Kaufkraft', die hohe Werbeaufwendungen kaufmännisch rechtfertigen kann, weil in der Tat große Nachfragebeeinflussung möglich ist[233]."

Die hier aufgezeigten Entwicklungstendenzen legen die u. E. realistische Hypothese einer ständig steigenden Bedeutung der Nachfragekomponente für das Wirtschaftswachstum nahe, wenn auch nicht verkannt werden soll, daß die Nachfrage nur incentives zu setzen vermag, deren Realisation durch eine Zunahme der drei makroökonomischen Produktionsfaktoren ins Werk gesetzt wird. Diese Tendenzen werden auch durch weniger ehrgeizige, weil nicht stufentheoretisch konzipierte statistische Untersuchungen bestätigt[234]. Dennoch kann der generelle Hinweis auf ein stärker nachfrageabhängiges Wachstum noch nicht befriedigen. Es bleibt noch zu klären, welche Rolle den Sparern und Investoren im Wachstumsprozeß zukommt. Die in den Postkeynesiani-

---

[231] Vgl. *Ehrlicher*, W.: Probleme langfristiger Strukturwandlungen des Kapitalstocks, S. 889.

[232] Vgl. *Jochimsen*, R.: Marktform und wirtschaftliche Entwicklung, S. 36 ff.

[233] Vgl. *Jochimsen*, R.: Marktform und wirtschaftliche Entwicklung, S. 36.

[234] Vgl. u. a. *Maddison*, A.: Economic Growth in the West, S. 46 ff.; *Vogt*, W.: Makroökonomische Bestimmungsgründe des wirtschaftlichen Wachstums der Bundesrepublik Deutschland von 1950 bis 1960, S. 156 ff.

schen Wachstumsmodellen unterstellte Hypothese, daß der Höhe der freiwilligen Ersparnis eine wachstumsbestimmende Funktion zukomme, erscheint durch die Empirie eindeutig widerlegt: „Wollen wir die Nachkriegsentwicklung adäquat beschreiben, so sollte das Modell umgeformt und zunächst einfach davon ausgegangen werden, daß die Investitionsfreudigkeit der Unternehmer ständig groß und das Investitionsvolumen durch die Finanzierungsbereitschaft der Banken und niemals durch das Ausmaß sich gleichzeitig vollziehender Ersparnisse begrenzt gewesen ist. Die von den Unternehmern (und vom Staat) durchgeführten Investitionen bestimmen also gemeinsam mit dem Kapitalkoeffizienten die Wachstumsrate, zunächst gänzlich unabhängig von der Höhe der freiwilligen Ersparnis[235].“ Danach sind die Investitionen die entscheidende wachstumssteuernde Größe, die bezüglich ihres Finanzierungsspielraums von der Höhe der Ersparnis unabhängig sind.

31. Neben dem Finanzierungsspielraum hängt die Höhe der Investitionen von der Investitionsneigung ab. Damit ergibt sich die weitere Frage, welchen Einfluß die Produktpreise, die Zinssätze und die Nachfrage auf die Investitionstätigkeit ausüben. Die große Bedeutung der gesamtwirtschaftlichen Nachfrage legt es nahe, das Akzelerationsprinzip als Investitionsfunktion zu unterstellen. In seiner globalen, für alle Investitionsformen beanspruchten Gültigkeit ist dieses Prinzip umstritten. *Hicks* und *Ehrlicher* haben daher die gesamten Investitionen in zwei verschiedene Typen aufgegliedert, von denen der eine als autonom bzw. kreditabhängig, der andere als induziert bzw. konjunkturabhängig bezeichnet wird[236]. Die induzierten bzw. konjunkturabhängigen Investitionen werden als nachfrageabhängig angesehen, wobei jedoch die induzierten Investitionen von *Hicks* nur zyklusrelevant sind, während die konjunkturabhängigen Investitionen von *Ehrlicher* ausdrücklich wachstumsrelevant konzipiert sind. Sie zeichnen sich durch hohe Kapazitäts- und relativ geringe Einkommenseffekte aus und besitzen damit für das realwirtschaftliche Wachstum große Bedeutung.

Die Nachfrageabhängigkeit der induzierten bzw. konjunkturabhängigen Investitionen kann jedoch nicht als eine strenge funktionale Bindung aufgefaßt werden. Wenn aber *Bombach* einwendet, daß man den Wachstumsprozeß nicht aus Entscheidungen von Unterneh-

---

[235] Vgl. *Bombach*, G.: Quantitative und monetäre Aspekte des Wirtschaftswachstums, S. 214.

[236] Vgl. *Hicks*, J. R.: A Contribution to the Theory of the Trade Cycle, Oxford 1950; *Ehrlicher*, W.: Geldkapitalbildung und Realkapitalbildung, Tübingen 1956, S. 20 ff. und S. 67 ff.; derselbe, Bestimmungsgründe der Investitionstätigkeit, in: Konjunkturpolitik, 3. Jg., 1957, S. 143 ff.

men herleiten könne, die sich wie ein Thermostat verhalten[237], so wird mit dieser Bemerkung auf einen Investitionstyp angespielt, der eine Prozeß- oder Produktinnovation einleitet. Wenn auch die Kategorie der autonomen Investitionen als unabhängig von kurzfristigen Nachfrageänderungen definiert ist, so dürfte dennoch in der Realität die langfristige Nachfrageentwicklung einen gewichtigen Bestimmungsgrund für Innovationen darstellen. Für die Wachstumsanalyse ist daher das Akzelerationsprinzip zu modifizieren. Die Investitionsanreize gehen nicht von kurzfristigen Nachfragesteigerungen aus, sondern von einer als dauernd empfundenen Entwicklung der gesamtwirtschaftlichen oder branchenbezogenen Nachfrage. Dementsprechend stellt *Eisner* eine permanent acceleration hypothesis auf, die beinhaltet, „that firms will invest to the extent that they believe increases in demand are permanent“[238]. Mit dieser langfristigen Nachfrageabhängigkeit innovatorischer Investitionen steht auch nicht in Widerspruch, daß sich die modernen Großunternehmen ihre Nachfrage selbst schaffen. Im Gegenteil zeigt dieser von *Galbraith* betonte Abhängigkeitseffekt, in welchem Ausmaß heute die Investitionsbereitschaft der industriellen Großunternehmen auf die Nachfrageentwicklung angewiesen und ausgerichtet ist[239].

Die große Bedeutung der Nachfrageentwicklung für die Investitionspolitik der Unternehmen läßt auf die relative Bedeutungslosigkeit der Zins- und Produktpreisentwicklung schließen. Es darf heute als herrschende Lehre angesehen werden, daß die Zinsempfindlichkeit vor allem industrieller Investitionen außerordentlich gering ist. So schätzt *Lutz* den Anteil der zinsempfindlichen Investitionen auf ca. 25% aller Bruttoinvestitionen[240]. Nach *Ehrlicher* ist der Anteil der kreditabhängigen Investitionen mit 70% zwar bedeutend größer, was aber auf einer Abgrenzung beruht, die auch die staatlichen Investitionen mit einbezieht[241]. Nach *White* „the investment plans of 85% of large firms may be assumed unaffected by changes in the cost of capital“[242]. Die klassische Vorstellung einer allgemein gültigen zinsabhängigen Investitionsfunktion erweist sich in reifen Volkswirtschaften

---

237 Vgl. *Bombach*, G.: Von der Neoklassik zur modernen Wachstums- und Verteilungstheorie, S. 419.

238 Vgl. *Eisner*, R.: Investment: Fact and Fancy, in: AER, Vol. 53, Proc., 1963, S. 240.

239 Vgl. *Galbraith*, J. K.: The Affluent Society, S. 131 ff.; *Kuznets*, S.: Long-term Changes in the National Income of the United States of America since 1870, S. 69.

240 Vgl. *Lutz*, F. A.: The Interest Rate and Investment in a Dynamic Economy, in: AER, Vol. 35, 1945, S. 826.

241 Vgl. *Ehrlicher*, W.: Bestimmungsgründe der Investitionstätigkeit, S. 148.

242 Vgl. *White*, W. H.: The Rate of Interest, the Marginal Efficiency of Capital and Investment Programming, in: EJ, Vol. 68, 1958, S. 55.

als unhaltbar: „It is doubtful if productive methods in mature economies are much affected by the rate of interest at all. The effect that it should have in principle is swamped by uncertainty factors[243].“ Es mag ergänzt werden, daß diese Unsicherheitsfaktoren im wesentlichen in den Nachfragefluktuationen der „vagabundierenden Kaufkraft“ zu sehen sind.

Die Produktpreisentwicklung wird in den dynamischen Sektoren der industrialisierten Volkswirtschaften durch die Großunternehmen administriert. Damit ist es nicht der Marktpreis für die Produkte, sondern die unternehmerische Zielsetzung, die das Investitionsverhalten bestimmt. Die unternehmerische Preis- und Investitionspolitik besitzt aber nicht nur eine Schlüsselstellung für das Wirtschaftswachstum, sondern auch für die Einkommensverteilung, da der Profit „nicht einfach der andere Teil eines gegebenen Volkseinkommens, sondern eine im Prozeß der wirtschaftlichen Entwicklung selbständig bestimmte Größe ist“[244]. Entscheidend für diesen Zusammenhang ist die schon mehrfach herausgestellte Änderung der unternehmerischen Zielsetzung. Nicht die unter Ausnutzung aller Marktchancen mögliche kurzfristige Gewinnmaximierung steht im Vordergrund, sondern die Gewinnsicherung, die Umsatzmaximierung, das Unternehmenswachstum sowie die Marktanteilssicherung bzw. -steigerung. Alle diese Zielsetzungen haben ein gemeinsames Merkmal: die Erweiterung des unternehmerischen Zeithorizontes. Es gehen in zunehmendem Maße langfristige, investitionspolitische Überlegungen in den Preiskalkül ein, also wachstumspolitische Gesichtspunkte. Daraus folgt, daß die unternehmerischen Zielsetzungen nicht die „totale Ausbeutung“ des kurzfristig bestehenden Nachfragereservoirs bezwecken, sondern vielmehr für eine langfristige Nachfragekontinuität nach ihren Produkten Sorge tragen[245].

Für die Höhe der Investitionsausgaben ist also die Höhe des Zinssatzes unwichtig, die Produktpreise sind — da administriert — abhängige Variable der Investitionsplanung und als zentrale Determinante der Investitionstätigkeit muß die Nachfrageentwicklung angesehen werden. Abschließend stellt sich die Frage, welche Relevanz die Zinssätze und Produktpreise für die Verwendungsentschlüsse der Konsumenten besitzen. Die klassische Vorstellung einer Zinsabhängigkeit des Sparens wird heute durch die Annahme ersetzt, daß die Höhe der Ersparnis von der Einkommenshöhe bestimmt wird. Ange-

---

[243] Vgl. *Harrod*, R. F.: Comment, in: QJE, Vol. 67, 1953, S. 557.
[244] Vgl. *Preiser*, E.: Distribution, S. 305.
[245] Zum Zusammenhang zwischen Preis- und Investitionspolitik moderner Großunternehmen vgl. Kap. 6, Ziff. 17.

sichts der Tatsache, daß mit zunehmendem realen pro-Kopf-Einkommen die Einkommenselastizität der Nachfrage nach langlebigen Gebrauchsgütern ebenfalls steigt, kann die Höhe der freiwilligen Ersparnis der privaten Haushalte sogar als abhängige Variable des Konsums von dauerhaften Gebrauchsgütern angesehen werden. Folgt man der Charakterisierung *Ehrlichers*, „so ... handelt es sich beim Zwecksparen gar nicht mehr um ein eigentliches Sparen, sondern um eine Konsumplanung für einen späteren Zeitpunkt“[246]. Auch für den Fall der Einkommensverwendung durch die Konsumenten ergibt sich somit tendenziell die ökonomische Irrelevanz des Zinssatzes und eine zunehmende Bedeutung des Nachfrageaspektes. Für den Zusammenhang zwischen Produktpreisen und Einkommensverwendung kann eine ähnliche Gewichtsverlagerung konstatiert werden. Zwar ist und bleibt die Höhe der Produktpreise eine wesentliche Determinante der Ausgabeentschlüsse der privaten Haushalte. Jedoch hat es in der wirtschaftlichen Wirklichkeit der reifen Volkswirtschaften zunehmend den Anschein, daß sozialpsychologische Faktoren wie die Konsumkonkurrenz und die Werbung den Einfluß der Preise auf die Kaufentscheidungen zu reduzieren tendieren.

Abschließend können wir feststellen, daß die Stufe der Einkommensverwendung eine entscheidende Transformationsstation für den gesamtwirtschaftlichen Wachstums- und Verteilungsprozeß darstellt. Auf dieser Stufe werden die Investitions-, Spar- und Konsumentschlüsse gefällt, die das Verteilungs- und Wachstumsergebnis wesentlich mitbestimmen. Bezüglich des relativen Gewichts von Angebots- und Nachfragefaktoren für den Wachstumsprozeß konnte festgestellt werden, daß in reifen Volkswirtschaften den Nachfrageaspekten eine relativ große und zunehmende Bedeutung zukommt. Die wachstumssteuernden Investitionen sind als nachfrageabhängig anzusehen, der Höhe des Zinssatzes ist keine wachstumssteuernde Funktion beizumessen, ebensowenig wie den Produktpreisen. Aufgrund des relativ hohen Niveaus der Masseneinkommen sowie sozialpsychologischer Faktoren spielen die Höhe der Zinssätze und der Produktpreise auch für die Einkommensverwendung der Verbraucher nur eine untergeordnete Rolle.

32. Den letzten Schritt zur Darstellung des kombinierten Wachstums- und Verteilungsprozesses in reifen Volkswirtschaften bildet die Diskussion der zweiten (funktionalen) Stufe des Wachstumsprozesses, die staatliche Stabilisierungs- und Wachstumspolitik. In diesem Fall wird die staatliche Aktivität nicht vom verteilungspolitischen Aspekt, sondern als Garant für die Berücksichtigung der Interessen der Allgemeinheit begriffen. Das durch die preis- und produktionspolitischen

---

[246] Vgl. *Ehrlicher*, W.: Geldkapitalbildung und Realkapitalbildung, S. 179.

Entschlüsse sowie die Einkommensverwendungsentscheidungen der individuellen oder gruppierten Wirtschaftssubjekte gesteuerte Wirtschaftswachstums wird durch die staatlichen Aktivitäten in der stabilization und allocation branch modifiziert und kontrolliert. Die Ausgleichs- und Kontrollfunktionen des Staates beruhen dabei im wesentlichen auf der Verpflichtung zur Realisierung der wirtschaftspolitischen Grundpostulate des magischen Dreiecks und des stetigen Wirtschaftswachstums. In dieser Verpflichtung werden die staatlichen Organe vor allem durch die gegenüber dem Mißbrauch wirtschaftlicher Macht immer mißtrauischer gewordene Öffentlichkeit, besonders die Massenmedien, unterstützt.

Die konjunktur- und wachstumspolitisch adäquate Stabilisierung des Wirtschaftsablaufs besitzt eine konjunkturdynamische und eine verteilungspolitische Komponente[247]. Während eine Gefährdung der Stabilität des Wirtschaftsablaufs durch die konjunkturelle Eigendynamik auch und gerade für rein marktwirtschaftlich organisierte, d. h. auf isolierter Einzelsteuerung beruhende Volkswirtschaften gilt, ist die Stabilitätsgefährdung durch die verteilungspolitische Komponente ausschließlich gruppenpolitischen Ursprungs. Da in diesem Zusammenhang vor allem die funktionalen Beziehungen zwischen Einkommensverteilung und Wirtschaftswachstum interessieren, wollen wir uns im wesentlichen mit den Stabilitätseffekten der verteilungspolitischen Komponente beschäftigen.

Aus den Analysen der modernen Arbeits- und Produktmärkte ergibt sich die Konsequenz, daß die Arbeitnehmer- und Arbeitgeberorganisationen die Löhne und Produktpreise administrieren. Alle Löhne werden bilateral fixiert, ein großer Teil der Produktpreise unilateral festgesetzt. Daraus läßt sich ableiten, daß das gesamtwirtschaftliche Lohn- und Preisniveau in erheblichem Ausmaß der wirtschaftspolitischen Steuerung durch die Organisationen der sozioökonomischen Gruppen unterliegt. Die wirtschaftspolitische Instanz Staat kann nun ebenfalls wie jeder einzelwirtschaftliche Monopolist oder wie jedes gruppenpolitische „Kartell" entweder die Preise- oder die Mengenkomponente festzulegen versuchen, d. h. die staatlichen Instanzen können entweder das Preisniveau oder aber die Höhe des realen Sozialprodukts und damit den Beschäftigungsgrad und das Fortschrittstempo der Wirtschaft zu stabilisieren versuchen. Zu den staatlichen wirtschaftspolitischen Instanzen soll in diesem Zusammenhang der Einfachheit halber auch die Zentralnotenbank gezählt werden, trotz der Tatsache, daß Staat und

---

[247] Vgl. *Föhl*, C.: Geldwertstabilisierung bei Vollbeschäftigung, in: Bombach, G., (Hrsg.), Stabile Preise in wachsender Wirtschaft, Festschrift für E. Schneider, Tübingen 1960, S. 149.

Notenbank häufig — z. B. in der BRD von 1957—66 — eine gegenläufige Wirtschaftspolitik treiben.

Während sich in einer atomisierten Wettbewerbswirtschaft, die durch den interdependenten Preismechanismus gesteuert wird, das aus der konjunkturellen Dynamik resultierende Stabilitätsproblem relativ einfach durch die staatliche Wirtschaftspolitik meistern läßt, ergibt sich für die modernen Volkswirtschaften mit einer Vielfalt an wirtschaftspolitischen Aktionszentren eine spezifische Stabilisierungsproblematik, die ihre Ursache in der politischen Steuerung der Verteilung hat. Aus dem Zusammenhang von Stabilisierungs- und Verteilungsproblem folgt, daß der Verteilungsprozeß nicht nur von zwei Organisationen gesteuert wird: „For what might seem to be a bilateral monopoly situation involving only the labour union and the employers organization, is really one of trilateral monopoly, with the monetary authorities as the third party[248].“ Das Gleiche läßt sich für die Stabilitätspolitik konstatieren: „There would be, in effect, three monetary authorities — the de jure authorities, the labour union, and the employers' organization[249].“ Damit ist die modellhafte Grundsituation für den Verteilungs- und Wachstumsprozeß in reifen Volkswirtschaften umrissen: es handelt sich um drei wirtschaftspolitische Aktionszentren, die auf direktem oder indirektem Wege Wachstum, Stabilität und Verteilung des Sozialprodukts determinieren.

Die spezifische Form des Zusammenhanges zwischen der Verteilungspolitik der sozioökonomischen Gruppen und der gesamtwirtschaftlichen Stabilität des Wirtschaftsablaufs ergibt sich aus dem bekannten Preis-Mengen-Mechanismus. Die verteilungspolitischen Aktionen der Gruppenorganisationen beziehen sich primär auf das Lohn- und Preisniveau, sekundär auf realwirtschaftliche Größen wie Höhe der Produktion und Beschäftigung. Die stabilisierungspolitische Aktivität der staatlichen Instanzen kann sich auf das Preisniveau oder die Höhe des realen Sozialprodukts und damit den gesamtwirtschaftlichen Beschäftigungsgrad und die Wachstumsrate des Sozialprodukts beziehen. In allen heute industrialisierten Volkswirtschaften stellt sich damit der Zusammenhang zwischen Verteilungs- und Stabilisierungspolitik sowie die Beziehung zwischen der Regulierung monetärer und realwirtschaftlicher Niveaugrößen wie folgt dar: „In short, if the monetary authorities commit themselves to the preservation of full employment, they relinquish control over the price level; if they commit themselves to

[248] Vgl. *Reder,* M. W.: The Theoretical Problems of a National Wage-Price Policy, in: CJE, Vol. 14, 1948, S. 54.

[249] Vgl. *Reder,* M. W.: The Theoretical Problems of a National Wage-Price Policy, S. 55.

maintaining a constant price level, they lose control over the volume of real national income and employment[250]." Entscheidet sich also der Staat für die Fixierung einer seiner beiden Parameter, so ist damit automatisch die Fixierung des anderen den beiden anderen Monopolisten, d. h. den Gewerkschaften und Arbeitgeberverbänden überlassen. In welcher Höhe sich der durch die Tarifpartner bestimmte Parameter jeweils einpendelt, hängt von den lohn- und preispolitischen Strategien der beiden Organisationen sowie von den Einkommensverwendungsentschlüssen ihrer Mitglieder ab.

Dieses von *Reder* entwickelte Modell des trilateralen Monopols muß als beachtlicher theoretischer Fortschritt angesehen werden, was die Realitätsnähe der Verteilungs- und Wachstumstheorie angeht. Die Grundstruktur der wirtschaftspolitischen Interdependenz in pluralistischen Volkswirtschaften, die Dezentralisierung der wirtschaftspolitischen Gewalt sowie die Rolle des einkommensmechanischen Steuerungsmechanismus werden deutlich herausgearbeitet. Dennoch erscheint dieses Modell in verschiedenen Hinsichten ergänzungsbedürftig, wenn es den integrierten Verteilungs- und Wachstumsprozeß in den reifen Volkswirtschaften adäquat beschreiben soll. Das Verhältnis der drei gesamtgesellschaftlichen Steuerungsmechanismen, die Beziehungen zwischen Niveau- und Strukturgrößen sowie marktstrukturelle Charakteristika sind ebenso zu ergänzen wie auf die Beurteilung des Ergebnisses des trilateralen Monopols einzugehen ist. Indem im folgenden diese Gesichtspunkte berücksichtigt werden, soll gleichzeitig ein realistisches Bild der Funktionsträger und Funktionsmechanismen entwickelter Industriegesellschaften gegeben werden.

33. In den einleitenden Abschnitten zu diesem Kapitel gingen wir von drei gesamtgesellschaftlichen Mechanismen aus, die im Zusammenspiel die Wirtschaftsprozesse in reifen Volkswirtschaften bestimmen: dem Preis-, Einkommens- und Bargaining-Mechanismus. Die klassische Aufgabe der interdependenten Preismechanik ist die simultane Lösung der drei fundamentalen gesamtwirtschaftlichen Probleme der Produktion, Allokation und Distribution. Daneben soll dieser Steuerungsmechanismus zwei weitere, dynamische Funktionen wahrnehmen: die Förderung des technischen Fortschritts und die flexible Anpassung der Produktionsstruktur an exogene Datenänderungen[251]. Die Erfüllung dieser Funktionen gewährleistet eine Optimierung des wirtschaftlichen Wohlstandes und erfordert eine Kalkulation der Mittelverteilung auf die Ziele. „Das Preis-System löst dieses komplizierte

[250] Vgl. *Reder*, M. W.: The Theoretical Problems of a National Wage-Price Policy, S. 55.

[251] Vgl. *Kantzenbach*, E.: Die Funktionsfähigkeit des Wettbewerbs, S. 16 f.

Kalkulationsproblem, indem es die Entscheidung über das zu produzierende Sortiment von Gütern an zahlreiche Entscheidungsträger delegiert... und indem es den Individuen vergleichbare Daten liefert[252]."

Die zentralen Variablen der interdependenten Preismechanik einer evolutorischen, offenen Volkswirtschaft sind die Produktpreise, die Lohnsätze, die Zinssätze und die Wechselkurse. Die vorstehende Analyse der Preisbildung auf den Arbeits- und Produktmärkten hat ergeben, daß die marktwirtschaftliche Preissteuerung in zunehmendem Maße durch soziopolitische Abstimmungsmechanismen ersetzt worden ist. Die Lohnsätze werden auf allen Teilmärkten des gesamtwirtschaftlichen Arbeitsmarktes und die Produktpreise auf zahlreichen oligopolistischen und monopolistischen Märkten für Güter und Dienste unabhängig von den Gesetzen des Marktes durch politische Überlegungen fixiert und weisen daher eine temporäre Immunität gegenüber kurzfristigen Änderungen der Angebots-Nachfrage-Konstellation auf. Daraus folgte der Verlust ihrer wirtschaftlichen Steuerungsfunktion im interdependenten Preissystem: das marktwirtschaftliche Triebwerk in Form der Preiskonkurrenz ist in diesen Bereichen suspendiert, die Löhne und Preise werden in diesen Bereichen nicht durch isolierte, individuelle Dispositionen bestimmt, sondern durch Gruppenentscheidungen, die meist in bewußtem Gegensatz zu der wirtschaftlichen Gesetzmäßigkeit des anonymen Marktgeschehens stehen. Es handelt sich um zweiseitig bzw. einseitig administrierte Märkte.

Für die Kreditmärkte konnte das Gleiche festgestellt werden. Seine wachstumsstrategischen Funktionen, die ihm in der Theorie zugeschrieben werden, hat der Zinssatz bzw. das System der Zinssätze verloren. Sowohl die Zinsreagibilität der freiwilligen Ersparnis als auch die Zinsempfindlichkeit der privaten Investitionen muß als außerordentlich gering veranschlagt werden. Zudem wird die Höhe des Zinssatzes durch politische und wirtschaftliche Überlegungen und Manipulationen der Notenbank und der staatlichen Instanzen determiniert. Daß die Verdrängung der Preismechanik nicht auf die Binnenwirtschaft beschränkt ist, manifestiert sich in der Tatsache, daß die preismechanische Methode des Zahlungsbilanzausgleichs via freischwankende Wechselkurse praktisch selten bestanden hat. Die gleichen Erscheinungen einer soziopolitischen Preissteuerung gelten natürlich für die — in der BRD relativ zahlreichen — Sektoren staatlicher Preisstützung und Preisfixierung (z. B. Landwirtschaft, Energie, Verkehr etc.).

Angesichts der Tatsache, daß in den industrialisierten Volkswirtschaften die vier zentralen Varibalen der interdependenten Preis-

[252] Vgl. *Stohler*, J.: Wirtschaftswachstum und Wohlfahrtsstaat, S. 350.

mechanik in erheblichem Maße einer Administration durch die wirtschaftspolitischen Instanzen und die Organisationen der sozioökonomischen Gruppen unterliegen, kann die Hypothese einer Substitution der Preismechanik durch den politischen Abstimmungsmechanismus als hinreichend gesichert angesehen werden. Dieser politische Steuerungsmechanismus ist als ein wechselseitiger Abstimmungsprozeß zwischen den Organisationen der sozioökonomischen Gruppen untereinander und zwischen diesen und den staatlichen Instanzen zu verstehen. Das politische Entscheidungssystem beruht im wesentlichen auf dem Prinzip des gegenseitigen Interessenausgleichs durch Verhandlungen in direkter oder indirekter Form und damit auf dem Prinzip des gegenseitigen Machtausgleichs. Die in dem bargaining-System enthaltene Möglichkeit des Stimmentauschs bzw. des Tauschs der Verhandlungsobjekte ist ein wesentliches Kennzeichen dieses Abstimmungsmechanismus[253]. Weitere wesentliche Merkmale des politischen Steuerungssystems sind die zeitliche und räumliche Ausdehnung des Planungshorizonts, die durch eine größere Transparenz der wirtschaftlichen, sozialen und politischen Gegebenheiten geprägten Zielsetzungen und Strategien sowie die wirtschaftliche, soziale und politische Macht der Gruppenorganisationen, ihre Ziele gegen die Marktgesetze durchzusetzen.

Die Substitution der interdependenten Preismechanik durch das bargaining-System bedeutet eine Paralyse der Preissteuerung. Die Zins-, Produktpreis- und Lohnadministration führt zu einer temporären Rigidität der Preisvariablen gegenüber den sie in einem System funktionsfähiger Preiskonkurrenz bestimmenden Angebots-Nachfrage-Konstellationen und beinhaltet damit eine Gleichgewichtslosigkeit der betreffenden Faktor- und Produktmärkte. Diese Gleichgewichtslosigkeit besteht auch dann, wenn die durch den direkten oder indirekten bargaining-Prozeß ausgehandelten Preise genau den Gleichgewichtswerten entsprechen würden. Die atomistische Interdependenz aller Einzelpreise ist einer molekularen bzw. gruppenpolitischen Interdependenz gewichen. Die preismechanische Erfüllung der genannten fünf Wettbewerbsfunktionen und damit der Verteilung und des Wachstums des Sozialprodukts ist in den pluralistischen Industriegesellschaften aufgehoben, denn administrierte Preise sind nur eine symptomhafte Beschreibung einer administrierten Faktorallokation: „In a sense, the expression ‚administered prices' ... carries a faulty emphasis. To speak of ‚administered resources' might better point the issue. It would focus attention in the fact that giant corporations are making administrative decisions that activate or withhold the use of the economy's capital plant or funds[254]."

---

[253] Vgl. dazu *Stohler*, J.: Wirtschaftswachstum und Wohlfahrtsstaat, S. 353 f.

34. Ausgangspunkt des in dieser Arbeit entwickelten integrierten Verteilungs- und Wachstumsmodells ist die realistische Annahme, daß „die Verteilungsvorgänge ihrem Wesen nach auf einen Kampf zurückzuführen (sind)“[255], der zwischen großen sozioökonomischen Gruppen ausgetragen wird, bzw. zwischen ihren Organisationen. Ziel jeder Organisation ist es, die relative Verteilungsposition ihrer Mitglieder zu verbessern. Dieses Ziel wird durch Aktionen an der politischen, wirtschaftlichen und gesellschaftlichen Front durchzusetzen versucht. Über den Erfolg entscheidet die Gruppenmacht: „Par ailleurs, la puissance d'action du groupe dépend évidemment de son bargaining power, de la cohésion interne et de l'organisation des syndicats, du nombre de leurs membres rapproché de celui de la population active, de leurs idéologie, de leurs succès et de leurs échecs antérieurs etc.[256].“ Im wirtschaftspolitischen Modell des trilateralen Monopols wird von drei gesamtwirtschaftlichen Machtzentren ausgegangen, die im Zusammenwirken das volkswirtschaftliche Verteilungs-, Stabilitäts- und Wachstumsergebnis bestimmen. Dabei wird unterstellt, daß sich zwischen den drei Gruppenorganisationen ein langfristiges Machtgleichgewicht in der Form erhält, daß die Existenz aller beteiligten Organisationen gesichert ist. Kurzfristig muß die Machtkonstellation jedoch keineswegs gleichgewichtig sein.

Der von drei Machtzentren ausgehende Ansatz des trilateralen Monopols ist jedoch insofern wirklichkeitsfremd, als dem Tatbestand nicht Rechnung getragen wird, daß die Macht der sozioökonomischen Gruppen sich nicht in einer einzigen, zentralen Organisation manifestiert, sondern daß vielmehr jedes der drei Machtzentren sektoral oder regional gegliederte Substrukturen aufweist. Diese vor allem für die Sozialpartner zutreffende Gliederung der Verhandlungsmacht in autonome, in ihren Aktionen jedoch aufeinander abgestimmte Unter-Organisationen verlangt die Berücksichtigung struktureller und hierarchischer Aspekte. Für jede Einzelorganisation muß es als durchaus realistische Zielsetzung angesehen werden, ihre Position in der Einkommenshierarchie zumindest zu behaupten. Wenn *Dunlop* feststellt, daß „the structure of wage rates of a country can be conceived as reflecting the course of its industrialization and economic development“[257], so kann

---

[254] Vgl. *Nourse*, E. G.: Testimony, in: Administered Prices, Hearings before the Subcommittee on the Judiciary, United States Senate, 85 th Congress, First Session, Part I, S. 11.

[255] Vgl. *Marchal*, J. und J. *Lecaillon*: Strategischer Wert der Ausgangsstellung der Arbeitnehmer im Verteilungsprozeß des Volkseinkommens, S. 209.

[256] Vgl. *Marchal*, J. und J. *Lecaillon*: La Répartition du Revenue National, 1. Teil, Les Participants, 1. Bd., S. 23.

[257] Vgl. *Dunlop*, J. T.: The Task of Contemporary Wage Theory, S. 25.

diese Aussage nur unter säkularem Zeithorizont akzeptiert werden. Kurz- und mittelfristig weist die Einkommenshierarchie der verschiedenen sozioökonomischen Gruppen und ihrer Substrukturen eine erhebliche politisch bedingte Konstanz auf. Dies gilt vor allem für die Lohnstruktur: „... wage rigidity downward will also result in a more or less complete freezing of relative wages, of the wage structure, which must still further impede labor mobility and reduce the adaptability of the whole economy[258]."

Neben der Administration der gesamtwirtschaftlichen Lohnstruktur läßt sich auch für die Preisstruktur des oligopolistischen Sektors ein temporäres Einfrieren der Preisrelationen beobachten. Die Struktur der Zinssätze wird durch die monetären Gewalten manipuliert und ist damit ebenfalls temporär erstarrt. Die Rigiditätsfaktoren in den reifen Volkswirtschaften verstärken sich noch, wenn die Bindung der Löhne an andere gesamtwirtschaftliche Variablen sowie die staatlich fixierten Indexbindungen und Paritäten berücksichtigt werden. Nach *Hicks* „wages disputes are not concerned with money wages; they are concerned with the relations of money wages to the money values of other things"[259]. Als solche anderen Größen können neben den Lohnsätzen anderer Gewerkschaften, auch die Unternehmergewinne, die Entwicklung des Preisindex der Lebenshaltung sowie die Produktivitätsentwicklung der Volkswirtschaft angesehen werden. In die Reihe der staatlich verursachten Rigiditäten gehören in der BRD u. a. die landwirtschaftliche Paritätspolitik, die Preispolitik im Energie- und Verkehrssektor sowie im sozialpolitischen Bereich. Für die industrialisierten Volkswirtschaften haben wir uns damit vertraut zu machen: „Aktive Einkommenspolitik gibt es heute praktisch in allen Volkswirtschaften in mannigfaltiger Form, sei es in Gestalt von institutionell verankerten Indexbindungen (Produktivitätslohn, dynamische Rente, Paritätsklauseln) oder mehr oder weniger regelmäßig durchgesetzten Einkommensanpassungen[260]."

Ausgehend von den drei Machtzentren des trilateralen Monopols und ihren Unterorganisationen ergibt sich also eine Administration der Preisstrukturen, nicht nur isoliert für die Lohnstruktur, Produktpreisstruktur und Zinsstruktur, sondern auch in Form von institutionalisierten Querverbindungen zwischen den genannten Strukturen. Entscheidend ist weiterhin, daß dieses Argument nicht nur statisch, sondern vor allem auch dynamisch Gültigkeit besitzt. Ändert sich beispielsweise ein

---

[258] Vgl. *Haberler*, G.: Wage Policy, Employment, and Economic Stability, S. 60.
[259] Vgl. *Hicks*, J. R.: Economic Foundations of Wage Policy, S. 394..
[260] Vgl. *Bombach*, G.: Preisstabilität, wirtschaftliches Wachstum und Einkommensverteilung, S. 13.

administrierter Preis, so werden durch politischen Akt bzw. aufgrund der institutionalisierten Anpassungsautomatik eine Vielzahl anderer Preisgrößen entsprechend angeglichen. *Bombach* hat diesen Tatbestand klar erkannt: „Wir laufen Gefahr, daß die Volkswirtschaft allmählich in einem System von Gleitklauseln erstarrt, in dem jeglicher Spielraum für marktwirtschaftliche Angleichungsprozesse verlorengegangen ist[261]." Damit stellt sich ein entscheidendes Problem: das des Spannungsverhältnisses zwischen einem rigiden Preissystem einerseits und einem relativ hohen, aber stetigen Wirtschaftswachstum andererseits.

Es stellt heute herrschende Lehre dar, „daß stetiges Wachstum Starrheit der Strukturen verbietet und von allen, die wirtschaftliche Entscheidungen zu treffen haben, den hohen Preis flexiblen Verhaltens verlangt"[262]. Andererseits ist festzustellen, daß — aus verteilungspolitischen Intentionen — die Funktionsfähigkeit der Preismechanik als apparatus of response (*Schumpeter*) wenn nicht total beseitigt, so doch temporär paralysiert ist. Daraus könnte gefolgert werden, daß die wachstumsnotwendigen und -bedingten Umsetzungsvorgänge aufgrund der Gruppenpolitik nicht mehr erfolgen und somit die gruppengesteuerte Verteilungspolitik das gesamtwirtschaftliche Wachstumstempo erheblich beeinträchtigt. Es stellt sich daher die Frage, ob die durch die verteilungspolitischen Gruppenaktionen bedingte Substitution der Preis- durch die politische Mechanik und damit die politische Steuerung der Mikrorelationen tatsächlich ein gesamtwirtschaftliches Fexibilitätsproblem aufwirft und das Wachstumstempo der reifen Volkswirtschaften hemmt.

35. Die Beantwortung der gestellten Frage erfordert eine Analyse der funktionalen Beziehungen zwischen Preissteuerung und Einkommensmechanik. Ebenso wie bei der Ableitung der Substitution der Preis- durch die politische Steuerung ist auch in diesem Zusammenhang vom Größenwachstum der privaten, wirtschaftlichen Entscheidungseinheiten auszugehen. Die empirische Hypothese *Shisters* ist zweifellos realistisch, „that with the passage of time an increasingly growing number of the more important economic decisions in this country (USA; d. Verf.) have been the result of group rather than individual action. In fact, it might not be at all inappropriate to characterize our system as a ‚group economy'[263]." Diese auch für die übrigen reifen Volkswirtschaften zutreffende Kennzeichnung stellt jedoch das Problem, welche die „wichtigeren" Entscheidungen sind, d. h. welche spezifische

---

[261] Vgl. *Bombach*, G.: Preisstabilität, wirtschaftliches Wachstum und Einkommensverteilung, S. 19.

[262] Vgl. Sachverständigenrat, Stabilisierung ohne Stagnation, S. 125.

[263] Vgl. *Shister*, J.: Trade-Unionism, Collective Bargaining and Economic Growth, S. 214.

Form die Gruppen-Konstellation der pluralistischen Gesellschaften aufweist. Es ist diese typische Gruppen-Formation, die die Beziehungen zwischen preis- und einkommensmechanischem Steuerungssystem bedingen dürfte.

In Kapitel 2 dieser Arbeit wurde schon darauf hingewiesen, daß sich eine Gruppierung und Organisierung wirtschaftlicher Interessen vor allem für den Bereich der Einkommensentstehung und -verteilung konstatieren läßt, während sich die modernen Industriegesellschaften hinsichtlich der Einkommensverwendung als „Massenkonsumgesellschaften“ darstellen. Diese globale Hypothese ist für den hier zu verfolgenden Zusammenhang zu präzisieren. Es gilt festzustellen, daß sich alle Gruppenorganisationen der pluralistischen Gesellschaften auf der Angebotsseite des Wirtschaftssystems befinden. Das trifft sowohl für die Gewerkschaften und Arbeitgeberverbände als auch für die modernen Großunternehmen zu. Auch die staatlichen Eingriffe in den Wirtschaftsablauf setzen meist an der Einkommensentstehung oder -verteilung an — mit Ausnahme der staatlichen Ausgabepolitik, die zwar makroökonomisch eine Einkommensverwendung bedeutet, für die einzelnen Wirtschaftssubjekte jedoch ebenfalls eine einkommensschaffende Wirkung besitzt. Das Gleiche läßt sich über die „Grüne Front“ sagen. Diese Asymmetrie in der Entwicklung von Wirtschaftsorganisationen beruht sowohl auf Faktoren der Organisationsfähigkeit als auch der Organisationswilligkeit. Aufgrund der Arbeitsteilung und Spezialisierung im Produktionssektor der Volkswirtschaften ist die Zahl der zu Organisierenden geringer, das Interesse homogener und der Informationsgrad höher als auf der Nachfrageseite. Typisches Beispiel dafür ist die Schwierigkeit, Konsumenten-Organisationen zu konstituieren.

Für die Marktstruktur und den Wettbewerbsgrad in reifen Volkswirtschaften ergeben sich aus diesen Tatbeständen eindeutige Konsequenzen. Auf einem vollkommenen Markt muß die Intensität des Wettbewerbs auf der Nachfrageseite genau so vollkommen sein wie auf der Angebotsseite. Für die reifen Volkswirtschaften läßt sich jedoch mit *Giersch* feststellen, daß — von Ausnahmen abgesehen — „die Nachfrager vermutlich meist in stärkerer Konkurrenz (stehen) als die Anbieter. Dies gilt ganz sicher für die Konsumgütermärkte ... Es gilt aber wohl auch für die Märkte der Vorprodukte im industriellen Bereich[264].“ Als Produzent hat es der einzelne Unternehmer und Arbeitnehmer immer mit einer sehr spezifischen Leistung zu tun, als Nachfrager dagegen steht er heterogenen Gütern und Diensten gegenüber. Daraus können wir die grundsätzliche Schlußfolgerung ableiten: „Unser markt-

---

[264] Vgl. *Giersch*, H.: Aufgaben der Strukturpolitik, S. 66.

wirtschaftliches System ist gleichsam ‚vorderlastig' durch die größere Marktmacht der Anbieter[265]." Diese von *Giersch* postulierte Vorderlastigkeit manifestiert sich eindeutig in der Asymmetrie der Gruppengewalten in reifen Volkswirtschaften.

Die Substitution der Preissteuerung durch das bargaining-System bedeutet — wie festgestellt — das Versagen des Preismechanismus als gesamtwirtschaftlichem Koordinator des integrierten Verteilungs- und Wachstumsprozesses. Die Faktor- und Produktmärkte sind gleichgewichtslos, die Preise inflexibel nach unten und die Preisstrukturen rigide. Dies beinhaltet, daß die erste (analytische) Stufe des Verteilungs- und Wachstumsprozesses einer kollektiven, gruppenpolitischen Lenkung unterliegt. Faktorallokation und Distribution sind administriert. Die zweite Stufe des Prozesses ist durch ihre staatliche Lenkung definiert. Für das für reife Volkswirtschaften typische Mischungsverhältnis der drei gesamtwirtschaftlichen Steuerungsmechanismen ist nun die Beantwortung der Frage entscheidend, welcher Steuerung die Stufe der Einkommensverwendung unterstellt ist. Diesbezüglich soll die empirische Hypothese aufgestellt werden, daß auf der Einkommensverwendungsstufe die individuellen Dispositionen der Wirtschaftssubjekte die verteilungs- und wachstumsstrategischen Ausgabenentscheidungen fällen.

Die schon angetretene Beweisführung für eine individuelle, einkommensmechanische Bestimmung der Investitions-, Spar- und Konsumentscheide der privaten Wirtschaftssubjekte soll hier nur noch einmal kurz zusammengefaßt und ergänzt werden[266]. Für die kollektivkapitalistischen Großunternehmen ist festzustellen, daß sie ihre Preise stillschweigend aufeinander abstimmen, daß ihre Investitionen zinsunempfindlich, aber nachfrageabhängig sind. Die Unternehmenspolitik paßt sich an Nachfrageänderungen kurzfristig durch Variationen des Absatzes, langfristig durch Variationen der Investitionen und Innovationen an. Während also die Preisfixierung kollektiv erfolgt, werden die Absatz-, Investitions- und Innovationsänderungen unternehmensindividuell vollzogen. Es ergibt sich eindeutig die Nachfrageabhängigkeit der Investitionsausgaben sowie ihre einkommensmechanische Steuerung. Diese Verlagerung von der Preis- zur Einkommenssteuerung zeigt sich auch in dem Phänomen der Selbstfinanzierung. Die Selbstfinanzierung kann als eine Umgehung oder Auslassung des Kapitalmarktes und damit als Vermeidung marktwirtschaftlicher Preiskontrollen interpretiert werden. Von den im theoretischen Modell vorgesehenen zwei Preiskontrollen für die Verteilung der Finanzierungs-

---

[265] Vgl. *Giersch*, H.: Aufgaben der Strukturpolitik, S. 66 f.
[266] Vgl. Ziff. 31 dieses Kapitels.

mittel auf die Investoren, den Kontrollen auf den Produkt- und den Kapitalmärkten, ist in den reifen Volkswirtschaften aufgrund der administrierten Preise und Zinssätze sowie der Selbstfinanzierung praktisch keine mehr existent. Die Kapitalströme sind in erheblichem Ausmaß „internalisiert". Der Ausfall der Preiskontrollen ist jedoch durch die Nachfrageabhängigkeit wirksam ersetzt worden.

Eine gleichartige, wenn auch noch eindeutigere Verlagerung von der Preis- zur Einkommensmechanik läßt sich für die Verbraucher konstatieren. Die nominalen Arbeitnehmereinkommen werden durch die aktive Einkommenspolitik der Sozialpartner festgesetzt. Die Spar- und Konsumentschlüsse werden jedoch von den Arbeitnehmern nach Maßgabe ihrer individuellen Prioritätsskalen gefällt. Auch in diesem Fall steht also der kollektiv bestimmten Einkommensentstehung die individuell determinierte Einkommensverwendung gegenüber. Die einzelwirtschaftliche Bestimmung von Ausgabeentscheidungen ist charakterisiert durch einen geringen Informationsgrad, der durch Vorurteile kompensiert wird. Nach *Scitovsky* ist es diese mangelnde Information, die die Vorderlastigkeit auf den Produktmärkten erleichtert und ermöglicht: „... Consumers' ignorance creates oligopoly power and oligopoly profits in three ways: it limits price and quality competition among established firms, it protects these firms from the potential competition of newcomers by setting a high entrance fee to their market, and it facilitates collusion by limiting the number of established firms[267]."

Aus der Analyse der Einkommensverwendungsstufe folgt also, daß die Ausgabeentschlüsse der Wirtschaftssubjekte individuell vorgenommen und einkommensdeterminiert sind. Die preismechanische Lenkung der einzelwirtschaftlichen Entscheidungen wird durch ihre einkommensmechanische Steuerung ersetzt. Die interdependente Preismechanik ist demnach in den reifen Volkswirtschaften nicht nur durch das bargaining-System ersetzt worden, sondern gleichzeitig auch durch die Einkommensmechanik. Vergleicht man diese für die modernen Industriegesellschaften realistischen Ergebnisse mit den herkömmlichen theoretischen Konzepten der Preis- und Einkommenstheorie, so fällt eine bemerkenswerte Paradoxie auf. Ein beträchtlicher Teil derjenigen wirtschaftlichen Vorgänge, die nach traditioneller Lehre als durch isolierte, mikroökonomische Dispositionen determiniert angesehen wurden, werden heute in der Realität durch gruppengesteuerte und in diesem Sinne makroökonomische Entscheidungen weitgehend unabhängig vom marktwirtschaftlichen Steuerungsmechanismus festgelegt. Dagegen wird das seit *Keynes* in der Theorie makroökonomisch kon-

---

[267] Vgl. *Scitovsky*, T.: Ignorance as a Source of Oligopoly Power, in: AER, Vol. 40, Proc., 1950, S. 52.

zipierte Ausgabeverhalten von Wirtschaftsgruppen im wesentlichen einzelwirtschaftlich bestimmt und (noch ?) nicht kollektiv gesteuert. Diese zweifellos etwas zu pointierte Kennzeichnung macht jedoch deutlich, daß die Substitution des Preis- durch den bargaining-Mechanismus eine kollektive Steuerung der Preisbildungs- und Einkommensentstehungsprozesse beinhaltet, daß aber die sich gleichzeitig vollziehende Substitution der Preis- durch die Einkommenssteuerung keine kollektiven, sondern individuelle Entscheidungen über die Einkommensverwendung impliziert.

36. Nach der eingangs gegebenen Definition steuert der Preismechanismus die Relationen der Wirtschaft, der Einkommensmechanismus das Niveau der Wirtschaftstätigkeit. Die Paralyse der Preismechanik beinhaltet demnach, daß die Relationensteuerung in reifen Volkswirtschaften durch das bargaining-System vorgenommen wird. Wenn wir gleichzeitig eine Substitution der Preis- durch die Einkommenssteuerung konstatiert haben, so bezieht sich diese Substitution vor allem auf die Verbindung zwischen den beiden Steuerungssystemen. Wenn auch die Frage des funktionalen Zusammenhanges zwischen Preis- und Einkommensmechanismus völlig ungeklärt ist, so kann doch gesagt werden, daß die Stufe der Einkommensverwendung eine wichtige Transformationsstation darstellt, die die zwei Mechanismen funktional verbindet. Dies ist dann der Fall, wenn die Ausgabeentscheidungen der Wirtschaftssubjekte preisabhängig gefällt werden. In diesem Fall entscheidet die Höhe der relativen Preise über die Breite der verschiedenen Ausgabeströme. Die Substitution der Preis- durch die Einkommenssteuerung besagt in diesem Zusammenhang nur, daß die Ausgabeentscheidungen in den industrialisierten Gesellschaften nicht von der relativen Höhe der Preise, sondern einseitig von der Höhe der Nachfrage bzw. des Einkommens determiniert werden.

Wenn — wie festgestellt — die Preisstrukturen kollektiv, die Ausgabeentscheidungen dagegen individuell bestimmt werden, dann könnte daraus abgeleitet werden, daß das Niveau der Wirtschaftstätigkeit durch isolierte Einzelentscheidungen, die Wirtschaftsstruktur dagegen durch abgestimmte Gruppenentscheidungen gesteuert wird. Anders gesagt: die erste und zweite Stufe des integrierten Verteilungs- und Wachstumsprozesses unterliegen der gruppenpolitischen oder staatlichen Administration, die dritte Stufe dagegen einer voll funktionsfähigen Einzelsteuerung. Es drängt sich damit die Frage auf, wie sich die gruppenpolitische und staatliche Steuerung von Struktur- und Niveaugrößen einerseits zur einzelwirtschaftlichen Steuerung der Ausgabeentscheidungen andererseits verhält. Die Frage, inwieweit die zunehmende Bedeutung des politischen Abstimmungsmechanismus und die dadurch bedingten Rigiditäten ein gesamtwirtschaftliches Flexibilitätsproblem aufwerfen, erfordert eine Analyse der Beziehungen zwischen bargaining-System und Einkommensmechanik in reifen Volkswirtschaften.

Um diese Beziehungen zu verdeutlichen, sei zunächst von einem abstrakten Modell ausgegangen, das dann auf die reifen Volkswirtschaften in modifizierter Form übertragen wird. Ausgangspunkt dieses Modells ist die Unterscheidung zwischen Struktur- und Niveaugrößen. Jede Volkswirtschaft ist durch eine begrenzte Zahl wirtschaftlicher Niveaugrößen charakterisiert. Die zentralen Niveaugrößen sind das reale Sozialprodukt, das nominelle Volkseinkommen, daraus resultierend das Preisniveau, der Beschäftigungsgrad und die Auslastung des Kapitalstocks, die wir der Einfachheit halber mit der Beschäftigungshöhe koppeln wollen. Jede dieser nominalen und realen Niveaugrößen läßt sich nach verschiedenen Kriterien in Strukturen aufgliedern, Struktur verstanden als Gliederung der zu einem bestimmten Niveau gehörenden Teilgrößen. In einer Wirtschaft mit vollkommener Flexibilität aller Struktur- und Niveaukomponenten ist es im Prinzip denkbar, daß sich exogene Datenänderungen entweder in strukturellen Umschichtungen oder in Niveauvariationen niederschlagen. Welche Struktur- oder Niveaukomponenten in diesem Modell die exogenen Impulse aufnehmen, in wirtschaftliche Bewegungsabläufe umsetzen und somit gesamtwirtschaftlich absorbieren, hängt allein von der Art der exogenen Datenänderung, ihrem strukturellen oder niveaubezogenen Ansatzpunkt sowie den funktionalen Beziehungen zwischen den verschiedenen Struktur- und Niveaugrößen ab.

Eine Anwendung dieses einfachen Struktur-Niveau-Modells, das von der individuellen preismechanischen Steuerung der Strukturen und der individuellen einkommensmechanischen Lenkung der Niveaugrößen ausgeht, auf die reifen Volkswirtschaften ergibt das spezifische Bild des Mischungsverhältnisses der gesamtwirtschaftlichen Steuerungsmechanismen. Dieses Mischungsverhältnis wird geprägt von dem politischen Abstimmungsmechanismus. Die Einführung dieses Entscheidungssystems als drittes Steuerungselement der Industriegesellschaften hat für die diversen Struktur- und Niveaukomponenten der Volkswirtschaft unterschiedliche Konsequenzen erbracht. Die Substitution der Preis- durch die politische Steuerung hat einmal zur Folge, daß die verteilungs- und wachstumsrelevanten Einzelpreise, vor allem die Löhne und Produktpreise auf oligopolistischen Märkten, eine erhebliche Rigidität nach unten aufweisen. Das zweite Charakteristikum des bargaining-Systems besteht in der temporären Erstarrung verteilungs- und wachstumsrelevanter Strukturen: sowohl die Verteilungsquoten der organisierten, sozioökonomischen Gruppen am nominellen Sozialprodukt als auch die dem Preisniveau zugehörigen Lohn-, Preis- und

Zinsstrukturen neigen zur Rigidität. Diese beiden politisch bedingten Rigiditäten, die Inflexibilität der Einzelpreise nach unten und die Stabilität der relativen Einkommens- und Preisabstände, haben eine beträchtliche Beschränkung der strukturellen Flexibilität der reifen Volkswirtschaften zur Folge.

Auf die Flexibilität der gesamtwirtschaftlichen Niveaugrößen hat der politische Abstimmungsmechanismus ebenfalls einen hemmenden Einfluß. Die stärkste elastizitätshemmende Wirkung geht wieder von der Gruppenpolitik aus. Aus der Rigidität der einzelnen Lohnsätze, Produktpreise und anderer Einkommensarten nach unten folgt zwingend die Unbeweglichkeit des nominellen Sozialprodukts und des Preisniveaus nach unten. Eine Anpassungsmöglichkeit an exogene Datenänderungen besteht für diese Niveaukomponenten nur in einer Richtung. Eine weitere Einschränkung der Elastizität der Niveaugröße wird durch die staatliche Wirtschaftspolitik verursacht. Praktisch alle Niveaukomponenten sind in irgendeiner Form zu wirtschaftspolitischen Zielen erklärt worden. Für diejenigen Niveaus, deren zugehörige Strukturen dem direkten gruppenpolitischen Zugriff unterliegen, ist der Staat auf Stabilität verpflichtet (Preisniveau und nominelles Sozialprodukt). Gleichzeitig hat er für Vollbeschäftigung und hohes Wirtschaftswachstum zu sorgen. Vor allem aus der Vollbeschäftigungspolitik ergibt sich eine Einschränkung der Niveauelastizität: der Beschäftigungsgrad ist zu stabilisieren, d. h. er ist nach unten nur schwer beweglich. Die wirtschaftspolitisch orientierte Niveausteuerung durch die staatlichen Organe weist noch einen weiteren Aspekt auf. Wie schon im Rahmen des trilateralen Monopols abgeleitet, „the monetary authority is part of a trilateral monopoly along with labor and management, all of whom can exert independent power in the macro-market place“[268]. Aus dieser Konstellation folgt, daß der Staat die Manipulation derjenigen Niveaugrößen, die er aufgrund der Inkonsistenz seines Zielkatalogs nicht selbst steuern kann, der Gruppenpolitik überlassen muß. Dabei ist jedoch zu beachten, daß nur dann, wenn der Staat die Vollbeschäftigungsgarantie ernst nimmt, das Preis- und nominale Einkommensniveau einer gruppenpolitischen Steuerung unterstellt wird. Gibt der Staat der Geldwertstabilität die politische Priorität, so entscheiden nicht die Organisationen, sondern deren Mitglieder über die Beschäftigungseffekte. Schließlich gilt es anzumerken, daß aus der Verlagerung von der preis- zur einkommensmechanischen Bestimmung der Einkommensverwendung weder strukturelle noch niveaubezogene Inflexibilitäten resultieren. Vielmehr muß die relative Flexibilität der Ni-

---

[268] Vgl. *Bronfenbrenner*, M. und F. D. *Holzman*: Survey of Inflation Theory, in: AER, Vol. 53, 1963, S. 628.

veaukomponenten gerade als Folge der individuellen Einkommensverwendungsdispositionen bezeichnet werden.

37. Das Ergebnis der vorstehenden Analyse des relativen Flexibilitätsgrades von Struktur- und Niveaugrößen in reifen Volkswirtschaften läßt sich dahingehend zusammenfassen, daß die gruppenpolitisch gesteuerten, verteilungsrelevanten Strukturen tendenziell rigider sind als die ihnen entsprechenden Niveaugrößen, daß aber gleichzeitig die zugehörige Niveauelastizität nur einseitig funktioniert. Wir befinden uns somit in einer Wirtschaft, in der zentrale Preis- und Einkommensstrukturen verteilungspolitisch konserviert werden. Versuche, diese Strukturen neu zu formieren, können sich nun entweder in einer Variation des zugehörigen Niveaus oder in Änderungen der übrigen, als mehr oder weniger flexibel unterstellten Strukturen und/oder Niveaus bemerkbar machen. Um die spezifische Form des steuerungsmechanischen Zusammenwirkens der drei gesamtwirtschaftlichen Abstimmungsmechanismen darzustellen, soll in drei Schritten vorgegangen werden: zuerst sollen die Wirkungen der Preisinflexibilitäten nach unten, anschließend die Effekte der Rigidität der Preisstrukturen und schließlich die Wechselbeziehungen zwischen den Ergebnissen des ersten und zweiten Schrittes untersucht werden.

Da es sich bei der Inflexibilität der Löhne und Preise nach unten um eine defensive Form der Verteilungspolitik handelt, kann bei der Analyse dieser Rigiditätseffekte nicht von einer Datenänderung an der verteilungspolitischen Front ausgegangen werden. Als Ausgangspunkt für die Wirkungen dieser Inflexibilitäten auf die Niveaugrößen sei daher ein Konjunktur- oder Wachstumszyklus unterstellt, also ein schwankendes Nachfrageniveau. Aufgrund der Preis- und Lohnadministration kann für die expansive Phase festgestellt werden, „that monopolistic organization makes for greater stability of prices than a competitive organization“[269]. Erst nach einem bestimmten time-lag wird es zu Preis- und Lohnerhöhungen kommen, dann allerdings auf breiter Front. Für die Situation der Rezession oder Depression ergibt sich, „that if the price-wage level is inflexible, a deflationary situation will work out not in lowered money prices and money wages but in reduced output and employment“[270]. Aus der Inflexibilität der Löhne und Preise nach unten folgt also ein — kurzfristig verzögerter — Anstieg des Preisniveaus in Zeiten der Hochkonjunktur und ein relativer Rückgang von realem Sozialprodukt und Beschäftigung bei konstantem Preisniveau in Rezessions- oder Depressionszeiten.

---

[269] Vgl. *Boulding*, K. E.: Collective Bargaining and Fiscal Policy, S. 314.
[270] Vgl. *Boulding*, K. E.: The Organizational Revolution, S. 47.

Die durch die Lohn- und Preisadministration veränderte Funktionsweise des Wirtschaftssystems bei zyklischen Nachfrageschwankungen wird deutlich, wenn wir ihr die Anpassungsformen einer Wirtschaft mit polypolistischer Preiskonkurrenz gegenüberstellen. Kurzfristig drücken sich in diesem Modell zyklische Schwankungen der gesamtwirtschaftlichen monetären Nachfrage in reinen Preiszyklen aus, bedingt durch die vollkommene Flexibilität aller Preise und Löhne auch nach unten. Langfristig kommt es im Konkurrenzmodell zu Schwankungen des Preisniveaus um einen Trend mit der Steigung null. Diese klassische Vorstellung einer voll flexiblen Wirtschaft wurde schon von *Keynes* bezweifelt: „The fundamental difference ... between Keynesian and classical monetary theory lies in the Keynesian assumption of rigid wages[271]." Die Lohn- und Preisrigiditäten in den reifen Volkswirtschaften haben kurzfristig eine verzögerte Nachfrage-Inflation in der Hochkonjunktur und eine Anbieter-Inflation in der Rezession bzw. Depression zur Folge[272]. Langfristig ergibt sich ein in Stufenform steigendes Preisniveau, bei (mäßig) schwankendem Beschäftigungsgrad. Mit *Boulding* können wir die langfristige Konsequenz der Rigiditäten nach unten wie folgt kennzeichnen: „... if we wish to avoid unemployment we cannot afford to have a deflation. If, however, we cannot have a deflation we can never correct an inflation; by that very fact we have introduced a long-run inflationary bias into a full-employment system[273]."

Wird der exogene Impuls nicht durch eine Niveaugröße, sondern eine Strukturkomponente ausgelöst, so zeigt sich eine noch spezifischere Wirkung der Preisinflexibilitäten nach unten. Ausgangspunkt sei eine in verschiedenen Branchen unterschiedliche Nachfrageentwicklung, d. h. eine Verlagerung der Nachfragestruktur. Unter der Annahme völliger Preisflexibilität im Konkurrenzmodell ergibt sich, daß die Bereiche, aus denen die Nachfrage abgezogen wird, ihre Preise senken, und die Bereiche, denen die Nachfrage zufließt, ihre Preise erhöhen. Die interdependente Preismechanik sorgt also dafür, daß der exogene Impuls einer Nachfrageverschiebung durch sich kompensierende Bewegungen der relativen Preise aufgefangen wird. Werden die Preise dagegen administriert, so wird es zwar zu — verzögerten — Preissteigerungen in den Zuflußbereichen, aber zu keinen Preissenkungen in den Abflußsekto-

---

[271] Vgl. *Johnson*, H. G.: The Determination of the General Level of Wage Rates, in: Dunlop, J. T., (Hrsg.), The Theory of Wage Determination, S. 34.

[272] Zum Begriff der Anbieter-Inflation vgl. *Lerner*, A. P.: Inflationary Depression and the Regulation of Administered Prices, in: The Relationship of Prices to Economic Stability and Growth, Compendium of Papers Submitted by Panelists Appearing before the Joint Economic Committee, Washington 1958, S. 257 f.

[273] Vgl. *Boulding*, K. E.: The Organizational Revolution, S. 47.

ren kommen. Die Preisinflexibilität nach unten beinhaltet daher, daß exogene, strukturändernde Impulse nicht durch strukturelle Adaptionsprozesse absorbiert werden, sondern sich in Niveauänderungen, d. h. hier Steigerung des Preisniveaus, niederschlagen[274].

38. Die gesamtwirtschaftlichen Effekte der Rigidität der Lohn-, Preis- und Zinsstrukturen und damit der Einkommensstrukturen müssen sich auf die Wirkungen der Erstarrung der relativen Abstände zwischen den Einzelgrößen beziehen. Daher ist es prinzipiell denkbar, daß sich die erstarrten Strukturen nach unten und nach oben bewegen. Für beide Fälle soll im folgenden ein Beispiel gegeben werden. Ausgangspunkt sei die Annahme, daß die Volkswirtschaft von oligopolistischen Märkten beherrscht werde und zwischen den verschiedenen Oligopolen kettenförmige Konkurrenzbeziehungen bestünden. Wenn — als exogener Impuls — einer der Oligopolisten aus dem preispolitischen Stillhalteabkommen ausbricht und die Preise für seine Produkte senkt, so kann er damit eine Lawine von Preissenkungen auf den übrigen Produktmärkten auslösen. Da die in homogener und heterogener Produktkonkurrenz stehenden Oligopolisten an einer Wahrung der relativen Preisabstände interessiert sind, ließe sich so ein „Abrutschen" der gesamten Produktpreisstruktur konstruieren, was notwendig eine Senkung des Preisniveaus zur Folge hat. Die Rigidität der Preistrukturen hebt also die Relationensteuerung der interdependenten Preismechanik auf und indem sie dies tut, werden strukturelle Impulse nicht durch Strukturänderungen, sondern durch Niveauverschiebungen ausgeglichen. Zugegebenermaßen ist das hier gegebene Beispiel eine Konstruktion, die keine Realitätsnähe besitzt.

Realistischer sind dagegen Verschiebungen rigider Strukturen nach oben, vor allem was die Verteilungsstrukturen angeht. Die Rivalität zwischen den verschiedenen sozioökonomischen Gruppen hinsichtlich ihrer Anteile am Sozialprodukt, also der verteilungspolitische Gruppenkampf, bildet die Ursache für gruppenpolitische Vorstöße zur Änderung der Verteilungsstruktur. Den exogenen Impuls zur Störung des verteilungshierarchischen Gleichgewichts stellt die verteilungspolitische Forderung einer Organisation dar. Kommt diese Forderung durch, so werden die übrigen, rivalisierenden Gruppen durch verteilungspolitisches Parallelverhalten versuchen, die Ausgangssituation wieder herzustellen. Aufgrund ihrer Machtposition können diese Gruppen dieses Ziel

---

[274] In dieser Form hat *Schultze* die Inflationstendenzen in den USA während der Rezessions-Periode 1955—57 zu erklären versucht. Vgl. *Schultze*, C. L.: Recent Inflation in the United States. A Summary Analysis. Statement before the Joint Economic Committee, in: Employment, Growth, and Price Levels, Hearings before the Joint Economic Committee, Congress of the United States, Washington 1959, S. 2172 ff.

auch erreichen. D. h. die gesamtwirtschaftliche Verteilungsstruktur bleibt konstant, aber sie befindet sich auf einem höheren Niveau. Auch in diesem Fall sorgt also der politische Abstimmungsmechanismus über die orbits of coercive comparison dafür, daß sich exogene Impulse, die an einer bestimmten Strukturgröße ansetzen, nicht über die Variation anderer, flexibler Strukturen auspendeln, sondern daß strukturelle Anstöße über Niveauvariationen ausgeglichen werden. Im dargestellten Fall führt die Rigidität der Verteilungsstruktur zu einer Erhöhung des nominellen Volkseinkommens.

39. Im vollkommen flexiblen Struktur-Niveau-Modell unterliegen sowohl die Struktur- als auch die Niveaugrößen der Einzelsteuerung. Diese isolierte, individuelle Steuerung aller wirtschaftlichen Größen ist die Ursache für die hohe Flexibilität. In den reifen Volkswirtschaften ist die staatliche Wirtschaftspolitik darauf abgestellt, bestimmte Niveau- und Strukturkomponenten zu steuern. Andererseits sind die Gruppenorganisationen bestrebt, die Verteilungsstrukturen zu ihren Gunsten zu ändern. Aufgrund der politischen Abstimmungsmechanik bleiben die verteilungsrelevanten Strukturen jedoch trotz der Änderungsversuche konstant. Der typische wirtschaftspolitische Konflikt besteht also in der gruppenpolitischen (und staatlichen) Strukturkonservierung, der staatlichen Niveaufixierung und der verteilungspolitischen Kampfsituation. Dieses — etwas vereinfachte — Modell ist mit einem Druckkessel in der Physik vergleichbar. Bei einer Erhitzung seiner Atmosphäre müssen, um eine Explosion zu verhindern, entweder die Wandungen des Kessels entsprechend stabil konstruiert sein oder es muß sich die molekulare Struktur des Kesselinhalts verändern oder es muß ein Ventil geöffnet werden. Welche Konstellation in den reifen Volkswirtschaften vorliegt, dürfte aus der bisherigen Analyse deutlich zu entnehmen sein. Die Wandungen des Kessels vermögen dem Druck der durch die verteilungspolitische Rivalität bedingten gleichmäßigen Ausdehnung der Strukturen des Kesselinhalts nicht standzuhalten, der Druck bricht sich in Form einer Niveausteigerung Bahn. Daß es sich hier um eine nominelle Niveaugröße handelt, die im besonderen Maße der staatlichen Obhut anvertraut ist, ergibt sich aus der Alternativ-Situation, vor der die staatliche Stabilisierungs- und Wachstumspolitik im Rahmen des trilateralen Monopols steht.

Diese Druckkessel-Situation der reifen Volkswirtschaften wird durch die Einzelergebnisse der beiden politisch bedingten Rigiditätsformen bestätigt. Für den Fall der Preis- und Lohninflexibilitäten nach unten gilt, daß es sowohl bei strukturellen als auch bei niveaubezogenen exogenen Impulsen zu Preisniveausteigerungen kommt. Die Rigidität der Preis- und Lohnstrukturen läßt prinzipiell eine Entwicklung des Preisniveaus nach oben und unten möglich erscheinen. Werden jedoch beide Phänomene, Inflexibilitäten nach unten und Strukturrigiditäten, verbunden, wie es für reife Volkswirtschaften realistisch ist, so ergibt sich zwangsläufig eine inflatorische Tendenz, sowohl kurz- als auch langfristig. Auf diese Form der „schleichenden Inflation" soll im folgenden noch etwas näher eingegangen werden.

Zunächst ist festzustellen, daß es sich um eine Anbieter-Inflation handelt, die nach *Lerner* immer dann eintritt, „whenever wage earners and profit takers together attempt to get shares that amount to more than 100 per cent of the selling price"[275]. Diese Anbieter-Inflation beruht eindeutig auf der Vorderlastigkeit des Wirtschaftssystems. Charakteristisch für diese Inflations-Art ist ihr Auftreten in Rezessions- und Depressionsphasen: „... together with sellers' inflation, we can also have depression — indeed we will have depression with our sellers' inflation, just to the degree that the authorities try to cure the inflation by reducing ('excess') demand[276]." Wie auch immer die Anbieter-Inflation zustandekommen mag, die Ursache ist in der politischen Steuerung von Einzelpreisen und Preisstrukturen auf der Angebotsseite zu suchen. Wer die Inflation verursacht hat, die Gewerkschaften oder die Arbeitgeber, und ob es sich daher um eine Lohn- oder Gewinninflation handelt, ist angesichts der politischen Interdependenzen zwischen diesen beiden Exponenten der Angebotsseite des Wirtschaftssystems irrelevant: „The term 'sellers' inflation', by treating wages and profits on exactly the same footing, avoids the fruitless game of mutual recrimination[277]." Die zirkuläre Interdependenz zwischen den verschiedenen bargaining-Prozessen zwingt jede Gruppen-Organisation, auf verteilungspolitische Vorstöße anderer Organisationen zu reagieren, ebenso wie die verteilungspolitische Rivalität jede Organisation zwingt, Aktionen zur verteilungspolitischen Verbesserung einzuleiten.

Der Höhe des Preisniveaus kommt für die Anbieter-Inflation eine besondere Bedeutung zu. *Reder* kennzeichnet diese Rolle des Preisniveaus sehr eindeutig: „... the monetary system acts as a veil to disguise from the various parties the incompatibility of their demands[278]." Verteilungspolitische Zugeständnisse durch eine Gruppen-Organisation werden fast ausschließlich in der Erwartung, ja in der Gewißheit gewährt, diese Zugeständnisse durch eigene verteilungspolitische Ope-

---

[275] Vgl. *Lerner*, A. P.: Inflationary Depression and the Regulation of Administered Prices, S. 259.
[276] Vgl. *Lerner*, A. P.: Inflationary Depression and the Regulation of Administered Prices, S. 265.
[277] Vgl. *Lerner*, A. P.: Inflationary Depression and the Regulation of Administered Prices, S. 259.
[278] Vgl. *Reder*, M. W.: The Theoretical Problems of a National Wage-Price Policy, S. 51.

rationen wieder einzuholen. Der typische Fall dafür sind die Lohnzugeständnisse der Arbeitgeber, die auf die Produktpreise überwälzt werden. Damit werden die realen Arbeitnehmereinkommen reduziert. Die Unvereinbarkeit der verschiedenen monetären Ansprüche an das reale Sozialprodukt äußert sich also in der Tatsache, „that the equilibrium price level is indeterminate, but it does not mean that the actual price level does not have determining factors“[279]. Diese determinierenden Faktoren sind die sozioökonomischen Gruppen und der Staat.

Das Preisniveau besitzt also in diesem Zusammenhang eine Ausgleichsfunktion: die durch die Inflexibilitäten nach unten und die Rigidität ganzer Strukturen bedingten strukturellen Verhärtungen des Wirtschaftssystems werden durch die Beweglichkeit des Preisniveaus ausgeglichen. Das realwirtschaftliche Pendant dieser nominalen Niveauanpassung ist — bei konstantem Preisniveau — die Anpassung des Beschäftigungsgrades. Bezüglich des Mischungsverhältnisses der drei gesamtwirtschaftlichen Steuerungsmechanismen läßt sich somit feststellen, daß die Paralyse des interdependenten Preissystems und damit der Relationensteuerung in ihrer flexibilitätshemmenden Wirkung durch die hohe Elastizität der Niveaugrößen aufgehoben wird. Der gleichzeitigen Substitution des Preismechanismus durch das bargaining-System einerseits und die Einkommensmechanik andererseits steht eine komplementäre Beziehung zwischen politischem Abstimmungsmechanismus und einkommensmechanischer Steuerung gegenüber. Zwei Einschränkungen sind hier jedoch angebracht. Einmal gilt die Paralyse des Preissystems nur für einen Teilbereich der Volkswirtschaft, eben für die Sektoren, die durch die Existenz großer Entscheidungseinheiten charakterisiert sind. Andererseits ist festzustellen, daß Preisniveau und Beschäftigungsgrad jeweils nur in einer Richtung elastisch sind, daß sich also — je nach wirtschaftspolitischer Priorität — die Anpassungselastizität auf einer Einbahnstraße bewegt. Den steuerungsmechanischen Konsequenzen dieser einseitigen Ausrichtung haben wir uns im folgenden zuzuwenden.

40. Das gesamtwirtschaftliche Flexibilitätsproblem der reifen Volkswirtschaften besteht in dem Spannungsverhältnis von verteilungspolitisch bedingten strukturellen Rigiditäten und der staatlichen Niveausteuerung. Es stellt sich die Frage, wie sich die reifen Volkswirtschaften an exogene, strukturelle Impulse anpassen. Die bisherige Antwort lautete, daß die strukturellen Verhärtungen durch Niveaubewegungen ausgeglichen werden, daß jedoch — je nach wirtschaftspolitischer Priorität — eine einseitig ausgerichtete Anpassung des Beschäftigungs-

---

[279] Vgl. *Reder*, M. W.: The Theoretical Problems of a National Wage-Price Policy, S. 52.

oder Preisniveaus erfolgt. Die Einseitigkeit der Anpassungsrichtung ist eine Folge der Asymmetrie in der Lohn- und Preisflexibilität: „Prices and wages tend to be more flexible upward in response to increases in demand than they are in a downward direction in response to decreases in demand[280].“ Diese Asymmetrie ist entscheidend für das steuerungsmechanische Mischungsverhältnis und für die Lösung des gesamtwirtschaftlichen Flexibilitätsproblems. Unter der Annahme, daß die staatliche Wirtschaftspolitik die Vollbeschäftigungsgarantie übernimmt, äußern sich aufgrund der verteilungspolitisch bedingten strukturellen Rigiditäten exogene Strukturanstöße sowohl kurz- als auch langfristig in inflationären Tendenzen. Damit werden differenzierende Lohn- und Preisanpassungen nach oben möglich. *Schultze* führt dazu aus: „The rigidities in costs and prices are thus sufficient to provide a ratchet under the price level, preventing its falling back from levels attained during periods of inflation. Adjustments in relative prices tend to be accomplished by upward movements only, even though aggregate demand is not excessive[281].“ Anders ausgedrückt: exogene, strukturelle Anstöße können und werden sich nur über den Umweg von Niveauvariationen in Änderungen der Lohn- und Preisstruktur auswirken.

Die funktionalen Beziehungen zwischen den drei gesamtwirtschaftlichen Steuerungsmechanismen in reifen Volkswirtschaften weisen also folgende Konstellation auf. Zwar ist die interdependente Preismechanik durch das bargaining-System und den Einkommensmechanismus substituiert worden, aber eine vollständige Paralyse der Preissteuerung ist nicht eingetreten. Die volle Funktionsfähigkeit der Einkommensmechanik sorgt also für eine preismechanische Steuerung der Relationen: „Mild inflation is, in fact, one of the ways in which an economy with downward rigidities in its cost and price structure allocates resources[282].“ Exogene, strukturelle Impulse führen also zu Änderungen der Lohn-, Preis- und Einkommensstrukturen, jedoch nicht — wie im vollkommen flexiblen Struktur-Niveau-Modell — auf direktem Wege durch strukturelle Anpassungen bei konstantem Preisniveau, sondern über den Umweg einer Niveauvariation. Legt sich die staatliche Wirtschaftspolitik auf die Stabilisierung des Geldwertes fest, so äußert sich die differenzierende Wirkung in Form mengenmäßiger Anpassungen: es kommt zu unterschiedlichen, individuell gesteuerten Produktions- und Beschäftigungsrückgängen.

Die Ursache dafür, daß es in den reifen Volkswirtschaften trotz der konstatierten Rigiditäten zu strukturellen Anpassungsvorgängen

---

280 Vgl. *Schultze*, C. L.: Recent Inflation in the United States, S. 2174.
281 Vgl. *Schultze*, C. L.: Recent Inflation in the United States, S. 2177.
282 Vgl. *Schultze*, C. L.: Recent Inflation in the United States, S. 2180.

kommt, ist vor allem darin zu sehen, daß die politische Steuerung in Form der Inflexibilitäten nach unten höher entwickelt und daher wirksamer ist, als die gruppenpolitische Festlegung von Preis- und Einkommensstrukturen. Diese Erklärung ist durch eine weitere Überlegung zu ergänzen. Während die Fixierung von Einzellöhnen und Preisen kurzfristig möglich ist, verlangt die Begradigung einer Verteilungsstruktur einen größeren Zeitfaktor. Schließlich ist zu berücksichtigen, daß auch die Änderungen der Lohn-, Preis- und Einkommensstrukturen politisch gesteuert werden, also keinesfalls als Ausfluß kurzfristiger Angebots-Nachfrage-Änderungen zu interpretieren sind. Daraus folgt, daß die schleichende Inflation zwar Änderungen der verteilungsrelevanten Strukturen ermöglicht, daß diese Strukturänderungen selbst aber wieder administriert werden[283].

Das allgemeine theoretische Problem, das sich hinter dieser Analyse der Abstimmungsmechanismen in reifen Volkswirtschaften verbirgt, ist das des Zusammenhanges zwischen mikro- und makroökonomischer Steuerung. Der politische Abstimmungsmechanismus verursacht sowohl die ökonomische Indeterminiertheit der mikroökonomischen Preisvariablen als auch die des Preisniveaus. *Bombach*, der die politische Steuerung auf den Faktormärkten als Gleichgewichtslosigkeit und die Indeterminiertheit des Preisniveaus als Gleichgewichtsstörung interpretiert, konstatiert eine Wechselbeziehung zwischen beiden Ungleichgewichten, die es u. a. möglich mache, daß sich aufgrund der autonomen Lohnfindung ein preisstabiles Wirtschaftswachstum bei existierender I/S-Lücke vollziehe[284]. Diese Aussage ist dann zutreffend, wenn von einem verteilungspolitischen Waffenstillstand ausgegangen wird. Obwohl eine solche zurücksteckende Verteilungspolitik zeitweise zu beobachten ist — z. B. in der BRD von 1949—56 von Seiten der Gewerkschaften — kann dieser Fall wohl kaum generalisiert werden. Realistischer erscheint vielmehr der Fall, daß es bei einem wachsenden Sozialprodukt immer wieder zu verteilungspolitischen Konflikten kommen wird. In allen diesen Fällen gilt jedoch das wirtschaftspolitisch orientierte Strukturmodell des trilateralen Monopols.

---

283 Eine genauere Analyse der strukturellen Anpassungen erfolgt in Kap. 8 dieser Arbeit.

284 Vgl. *Bombach*, G.: Ursachen der Nachkriegsinflation und Probleme der Inflationsbekämpfung, in: derselbe, (Hrsg.), Stabile Preise in wachsender Wirtschaft, S. 197.

Dritter Teil

Gesamtwirtschaftliche Wirkungen von Verteilungsänderungen im trilateralen Monopol

Das in Kap. 5 entwickelte Modell des trilateralen Monopols stellt die strukturellen Bedingungen der Wirtschaftsordnungen westlicher Industriegesellschaften dar, unter denen sich die Verteilungs- und Wachstumsprozesse vollziehen. Im Rahmen dieses Modells kamen wir zu dem Ergebnis, daß die verteilungspolitischen Impulse aufgrund einer spezifischen Konstellation der drei gesamtwirtschaftlichen Steuerungsmechanismen dazu tendieren, sich monetär zu verflüchtigen. Dieses Resultat wurde abgeleitet, ohne im einzelnen den verschiedenen, durch verteilungspolitische Initiativen ausgelösten Wirkungszusammenhängen auf einzelwirtschaftlicher, gesamtwirtschaftlicher und sektoraler Ebene nachzugehen. In den folgenden Kapiteln soll daher die bisher ausgesparte Prozeßanalyse unternommen werden, d. h. die Frage beantwortet werden, wie und unter welchen Prämissen das Verteilungs- und Wachstumsergebnis im trilateralen Monopol zustande kommt.

Ausgangspunkt der Analyse der gesamtwirtschaftlichen Wirkungen von Verteilungsänderungen sind autonome, auf Tarifebene durch die Sozialpartner ausgehandelte Änderungen der Einkommens- und Vermögensverteilung. Damit wird der Verteilungsprozeß aus der synchronisierenden Funktionalbetrachtung der interdependenten Steuerungsmechanik herausgelöst und zur Initialzündung gesamtwirtschaftlicher Verläufe. Die Beschränkung der folgenden Ablaufsanalyse auf verteilungspolitische Maßnahmen der Tarifpartner erscheint insofern zweckmäßig, als die Berücksichtigung staatlicher und betriebsindividueller verteilungspolitischer Aktivitäten keine wesentlich abweichenden Ergebnisse zeitigen, die Untersuchung aber unnötig ausdehen würde. Im folgenden werden daher vor allem zwei Formen der Verteilungspolitik im Vordergrund stehen: die nominellen Lohn- und Gehaltserhöhungen und die vorgeschlagenen und realisierten Pläne zur Vermögensbildung in Arbeitnehmerhand.

Es wird weiter unterstellt, daß alle verteilungspolitischen Maßnahmen der Sozialpartner eine gleichmäßigere personen- und gruppenbezogene Verteilungsstruktur bezwecken. Um die mit der Unterscheidung von organisierten und nicht-organisierten Arbeitnehmern verbundenen analytischen Komplikationen zu vermeiden, wird angenommen, daß die von den Gewerkschaften und Arbeitgeberverbänden beabsichtigten Verteilungsänderungen allen Arbeitnehmern gleichermaßen zugutekommen.

Im Rahmen des trilateralen Monopols ist zweckmäßigerweise davon auszugehen, daß jeder durch die Gruppenorganisationen ausgehandelte und durchgesetzte verteilungspolitische Vorstoß bei den einzelnen Wirtschaftssubjekten psychologische Reaktionen auslöst, die die direkt oder indirekt von der verteilungspolitischen Maßnahme Betroffenen zu Revisionen ihrer wirtschaftlichen Dispositionen veranlassen werden. In Analogie zu der finanzwissenschaftlichen Unterscheidung von Entzugs- und Ausgabeeffekten der Besteuerung lassen sich ebenfalls Entzugs- und Ausgabeeffekte von Verteilungsänderungen feststellen. Unter Entzugswirkungen wären danach alle jene Effekte zu verstehen, die der Entzug von Einkommen und Vermögen bzw. die Reduktion des Einkommens- und Vermögenszuwachses bei denjenigen Wirtschaftssubjekten und -gruppen verursacht, die durch die Verteilungsänderung negativ betroffen werden. Dagegen würden die Ausgabeeffekte diejenigen Wirkungen umfassen, die von dem Zufluß an Einkommen und Vermögen und ihrer Wiederverausgabung durch die verteilungspolitisch begünstigten Arbeitnehmer auf den Wirtschaftsprozeß ausgehen. Für eine differenzierte Prozeßanalyse erscheint es jedoch zweckmäßiger, das genannte Begriffspaar weiter aufzuschlüsseln. Wir gehen davon aus, daß die Verteilungsänderungen in den hier vorausgesetzten Formen für die Gruppe der Unternehmer Kosten- und Nachfrageeffekte, die Gruppe der Arbeitnehmer Einkommens- und Preiseffekte zeitigen. Entscheidend für Richtung, Tragweite und Ergebnis des durch die Änderung der Einkommens- und Vermögensverteilung ausgelösten gesamtwirtschaftlichen Prozesses sind die Verhaltensformen und Reaktionsweisen der drei dem trilateralen Monopol zugehörigen Organisationen und ihrer Mitglieder.

Die Prozeßanalyse der Wirkungen der Verteilungspolitik der Tarifpartner soll auf einzelwirtschaftlicher, gesamtwirtschaftlicher und sektoraler Ebene verfolgt werden. Auf allen drei Ebenen werden sich eindeutige und endgültige Wachstumswirkungen der Verteilungspolitik nur selten aufzeigen lassen, sondern es werden vor allem Beschäftigungs- und Preisniveauprobleme diskutiert werden können. In Kap. 6 werden die möglichen bzw. wahrscheinlichen Reaktionen der Mitglieder der Gewerkschaften und Arbeitgeberverbände auf die auf Gruppenebene ausgehandelten Verteilungsänderungen untersucht, die für die einzelnen Arbeitnehmer und Unternehmer autonom gesetzte Daten ihrer einzelwirtschaftlichen Dispositionen darstellen. Dieser einzelwirtschaftlichen Verhaltensanalyse folgt in Kap. 7 eine makroökonomische Untersuchung des durch die verteilungspolitische Aktivität der Wirtschaftsgruppen ausgelösten gesamtwirtschaftlichen Prozeßverlaufs, wobei die geld- und fiskalpolitische Verhaltensweise der staatlichen Wirtschaftspolitik sowie außenwirtschaftliche Einflüsse entscheidende Bedeutung gewinnen. In Kap. 8 werden vor allem die Rigiditätserscheinungen bei Löhnen und Preisen auf ihre gesamtwirtschaftlichen Effekte hin untersucht, wobei für einzelne (fiktive) Sektoren der Volkswirtschaft von unterschiedlichen Rigiditätsgraden ausgegangen wird.

Sechstes Kapitel

Individuelle Reaktionen

1. Um die gesamtwirtschaftlichen Auswirkungen der verschiedenen, von den Partnern des trilateralen Monopols ausgehandelten Verteilungsmaßnahmen auf Beschäftigung, Preisniveau und Konsum-Investitionsrelation untersuchen zu können, erscheint es zweckmäßig, zunächst die Effekte der Verteilungsänderungen innerhalb der Sphäre der privaten Haushalte und Unternehmen isoliert betrachten. Die folgende Analyse der möglichen und wahrscheinlichen Reaktionen der einzelnen Wirtschaftssubjekte ist also primär mikroökonomischer Natur und vernachlässigt bewußt die Doppelnatur der Verteilungsänderungen. Die verteilungspolitischen Maßnahmen der Organisationen sind als Plandaten für die wirtschaftlichen Dispositionen der einzelnen Wirtschaftssubjekte aufzufassen.

Im Vordergrund des analytischen Interesses stehen im folgenden die durch verteilungspolitische Aktionen der Organisationen ausgelösten individuellen Reaktionen auf die positiven Einkommens- und Nachfrageeffekte (bei den Unselbständigen), auf die negativen Einkommenseffekte (bei den Selbständigen) sowie die Kosten- und Liquiditätseffekte (bei den unternehmerischen Dispositionen der Selbständigen). Während wir für die Haushaltsentscheidungen unterstellen, daß die Preiseffekte der Verteilungsänderungen nicht „wahrgenommen" werden, wird für die Reaktionen der Großunternehmen angenommen, daß die Nachfrageeffekte der Verteilungspolitik unter bestimmten Bedingungen antizipiert werden. Diese Asymmetrie in der Berücksichtigung der Kreislaufzusammenhänge erscheint empirisch bestätigt[1].

---

[1] Vgl. dazu u. a. *Bombach,* G.: Von der Neoklassik zur modernen Wachstums- und Verteilungstheorie, S. 421; *Lübbert,* J.: Untersuchungen zur Theorie der gesamtwirtschaftlichen Einkommensverteilung, S. 147 f.

Das hier gewählte methodische Vorgehen einer weitgehend isolierten Analyse der Wirkungen der Verteilungspolitik auf die Reaktionen der individuellen Konsumenten und Produzenten ist stark umstritten. So bemerkt z. B. *Stobbe*: „Es ist ... so gut wie nutzlos, eine Untersuchung der möglichen Reaktionen der Unternehmungen auf eine Lohnerhöhung im gesamtwirtschaftlichen Maßstab in der noch vielfach üblichen Weise damit zu beginnen, daß zunächst die Reaktion einer einzelnen Unternehmung auf die Lohnerhöhung in Abhängigkeit von der Marktform beschrieben wird. Eine solche mikroökonomische Partialanalyse basiert auf der Annahme von Nachfragekurven, die von Lohnerhöhungen unabhängig sind, und eben diese Annahme kann bei einer generellen Lohnerhöhung nicht gemacht werden[2]."

Wenn hier dennoch eine isolierende, mikroökonomische Analyse der Wirkungen von Verteilungsänderungen gegeben werden soll, so sind dafür zwei Gründe maßgebend:

1. weil gerade der Unterschied zwischen isolierender mikroökonomischer Partialanalyse und makroökonomischer Kreislaufanalyse herausgearbeitet werden soll;
2. weil die kreislauforientierte Globalanalyse eines Unterbaues an individuellen Verhaltensreaktionen bedarf.

Erst die Konfrontation von Individual- und Globalanalyse erlaubt es, quasi-strukturelle Reaktionsparameter für die sozioökonomischen Gruppen zu gewinnen, auf denen dann die strukturbezogene Analyse aufbauen kann. Im folgenden geht es uns daher vor allem darum, das breite und vielfältige Spektrum von individuellen Verhaltens- und Reaktionsformen aufzuzeigen[3].

2. Generell können die von den Organisationen der selbständig und unselbständig Beschäftigten ausgehandelten Verteilungsänderungen in drei Formen erfolgen: als Arbeitszeitverkürzung, als Einkommensänderung und als Vermögensvariation. Für die einzelnen Mitglieder der Gruppe der unselbständig Beschäftigten stellen sich diese Verteilungsmaßnahmen als Freizeitsteigerung, Einkommenserhöhung und Vermögenszuwachs dar. Auf diese für ihn exogen gegebenen Verteilungsgewinne kann der einzelne Arbeitnehmer grundsätzlich mit einer Variation seines individuellen Arbeitsangebots, seiner Konsumausgaben und/oder seiner Ersparnisse reagieren. Für jeden einzelnen unselbständig

---

[2] Vgl. *Stobbe*, A.: Untersuchungen zur makroökonomischen Theorie der Einkommensverteilung, S. 94.

[3] Auf statistische Verifikationen der möglichen Verhaltensweisen muß weitgehend verzichtet werden.

Beschäftigten stellt sich bei allen drei Formen der Verteilungsänderung folgende Kausalkette von möglichen Reaktionen. Zunächst kann er zwischen einer Freizeitsteigerung oder einem erhöhten Einkommen wählen. Entscheidet er sich für eine Variation seines Arbeitsangebotes, so hat er damit eine naturale Wohlstandsteigerung der geldmäßigen Wohlstandszunahme vorgezogen. Das Ausmaß an Freizeit stellt sowohl einzel- wie auch gesamtwirtschaftlich eine konsumtive Verwendung des Einkommens im weiteren Sinne dar. Entscheidet sich der Arbeitnehmer für eine Erhöhung seines geldmäßigen Einkommens, so steht er damit vor einem weiteren Wahlakt. Er kann entweder die Konsumgüterausgaben steigern oder Vermögen akkumulieren. Rechnet man die Konsumtivkapitalbildung zur Vermögensbildung, so stellt sich ein drittes Entscheidungsproblem: Der Arbeitnehmer kann zwischen Erwerbs- und Haushaltsvermögensbildung wählen.

Für die Mitglieder der Gruppe der unselbständig Beschäftigten wäre zu untersuchen, welche Reaktionen auf die drei Formen der Verteilungsänderung in reifen Volkswirtschaften die wahrscheinliche ist. Da sich jedoch Arbeitszeitverkürzungen und Lohnerhöhungen ineinander überführen lassen, soll das Problem der Reaktionen auf Freizeitsteigerungen nur kurz gestreift werden. Der genannten Entscheidungskette folgend, werden wir nacheinander die Verhaltensweisen bezüglich des Arbeitsangebots, der Konsum- und der Sparentscheidungen untersuchen, die durch Einkommenserhöhungen und Vermögenzuwächse ausgelöst werden. Abschließend folgt der Versuch, von den individuellen Verhaltensformen auf das Gruppenverhalten zu schließen.

3. Für die individuelle Arbeitsangebotsreaktion auf Einkommens- und Vermögenszuflüsse gilt es die Frage zu beantworten, wie der einzelne Arbeitnehmer mit seiner angebotenen Arbeitszeit reagieren kann und vermutlich reagieren wird. Eine erste abgrenzende Antwort auf diese Frage erhält man mit der bekannten These, daß eine vollkommene Einkommensnivellierung bei Annahme eines gleichen physischen und sozialen Bedarfs aller Individuen zu einem allgemeinen Leistungsstillstand führe. Diese These beruht auf dem Gedanken, daß eine totale Einebnung der personellen Einkommensstruktur alle materiellen Leistungsanreize beseitige und damit auch die Arbeitswilligkeit der Wirtschaftssubjekte. Das pekuniäre incentive System der marktwirtschaftlich orientierten Volkswirtschaften könnte zwar durch differenzierte Arbeitsbedingungen oder ein differenzierendes Sozialprestige ersetzt werden, aber beide Substitute stellen keinen vollwertigen Ersatz dar. Die Anwendung abgestufter Arbeitsbedingungen würde u. a. zu herabgesetzten Arbeitszeiten und -normen in ausgesprochenen Mangelberufen führen, wirkt also in die falsche Richtung, und das Sozialprestige besitzt keine solche stimulierende Kraft wie das Einkom-

men und ist zudem bezüglich struktureller wirtschaftlicher Änderungen nur beschränkt reagibel. *Giersch* kommt aufgrund dieser Überlegungen daher auch zu dem Ergebnis, daß „dieses Mehr an Anreiz, das in der Lohntüte steckt . . . nur durch Zwang ersetzt werden" könnte[4].

Da es sich bei den tatsächlichen Verteilungsaktionen der Sozialpartner in reifen Industriegesellschaften weder um eine totale Nivellierung noch um tiefgreifende Umschichtungen der personen- und gruppenbezogenen Verteilungsstruktur handelt, sondern um vergleichsweise geringfügige Variationen der Einkommenshierarchie, die trotz zähen Ringens um die jeweilige Höhe von beiden Sozialpartnern grundsätzlich anerkannt werden, vermag der incentive-Ansatz die Frage nach der Arbeitsangebotsreaktion der einzelnen Arbeitnehmer nicht zu beantworten. Die Verteilungsgewinne, vor allem, wenn sie sich im Rahmen der Produktivitätssteigerung halten, dürften von den Arbeitnehmern sicherlich als „verdient" empfunden werden und daher nicht jene katastrophalen Folgen des totalen Leistungsstillstandes zur Folge haben. Wie die einzelnen Arbeitnehmer auf verteilungspolitisch gewonnene Einkommens- und Vermögenszuflüsse bei im wesentlichen gleichbleibender Einkommensdifferenzierung reagieren werden, vermag die angeführte Hypothese nicht zu beantworten.

4. Die klassische Vorstellung des Angebotsverhaltens der Arbeitnehmer lautete, daß mit steigendem Lohnsatz das Arbeitsangebot zunimmt. Diese Analogie zum Angebots-Nachfrage-Mechanismus auf den Produktmärkten wird heute angezweifelt. Die Beziehung zwischen Höhe des Lohnsatzes und Menge des Arbeitsangebots stellt sich in der klassischen Version als ein kontinuierlicher Zusammenhang dar, der eine vollkommene Teilbarkeit des Arbeitsangebots zur Voraussetzung hatte. Gerade diese Bedingung ist aber auf den Arbeitsmärkten der industrialisierten Volkswirtschaften nicht erfüllt: „Für die meisten Arbeiter und Angestellten steht die Frage praktisch so, ob sie zu einem gegebenen Lohn pro Woche 45 Stunden oder gar nicht arbeiten wollen. Da die zweite Alternative für die meisten unselbständig Erwerbstätigen angesichts ihrer Besitzlosigkeit nicht in Frage kommt, steht ihnen normalerweise nur der erste Weg offen. Sie müssen jene Arbeitszeit anbieten, die vom Unternehmer bestimmt ist oder die durch Gesetz bzw. Gewerkschaftsverhandlungen kollektiv festgesetzt wurde[5]." Bezüglich des individuellen Arbeitsangebots existiert also ein Unteilbarkeitsproblem, das durch politische Faktoren verursacht ist. Der einzelne Arbeitnehmer sieht sich politisch determinierten Löhnen und

---

[4] Vgl. *Giersch*, H.: Allgemeine Wirtschaftspolitik, S. 91.

[5] Vgl. *Rothschild*, K. W.: Lohntheorie, Berlin und Frankfurt a. M. 1963, S. 54.

Arbeitszeiten gegenüber, die prima facie seine eigenen Reaktionsmöglichkeiten auf null zu reduzieren scheinen.

Wenn wir im folgenden dennoch auf individuelle Reaktionsmöglichkeiten der Arbeitnehmer eingehen, so deshalb, weil in engen Grenzen einzelwirtschaftliche Variationen des Arbeitsangebots auch bei kollektiv vereinbarten Arbeitszeiten möglich sind. Der einzelne Arbeitnehmer kann u. U. Überstunden leisten oder es unterlassen, er kann der sog. Schwarzarbeit nachgehen, er kann seine Arbeitsleistung, wenn er im Akkordlohn steht, intensivieren oder nicht, er kann durch gelegentliches Fernbleiben vom Arbeitsplatz, durch Arbeitsplatzwechsel und durch Mitarbeit von Familienangehörigen sein Arbeitszeitangebot gegenüber der tarifvertraglich festgesetzten Arbeitszeit ändern[6]. Da diese Modifikationen der kollektiv festgesetzten Arbeitszeit möglich sind, erscheint eine knappe Analyse der individuellen Reaktionen in Form des Arbeitsangebots auf Lohnsatzsteigerungen sinnvoll.

5. Wie *Krelle* bemerkt, ist eine Analyse des Arbeitsangebots schwierig und unbestimmt, „weil sehr viele heterogene und nichtökonomische Momente mitsprechen und der Lohnsatz meist nur einer der Bestimmungsgründe und nicht einmal der wesentlichste ist“[7]. Isoliert man eine Lohnsatzsteigerung von den übrigen Determinanten des Arbeitsangebots, so kommt man zu dem bekannten Ergebnis, daß eine Lohnerhöhung zwei, in entgegengesetzte Richtung weisende Angebotseffekte auslösen kann[8]. Eine Steigerung des Lohnsatzes ermöglicht es dem Arbeitnehmer, bei konstanter Arbeitszeit ein höheres Einkommen zu erzielen. Da die Mühe einer zusätzlichen Arbeitsstunde nun auch besser entlohnt wird, könnte der Arbeitnehmer versucht sein, seine Arbeitszeit auszudehnen. Ein erhöhtes Arbeitszeitangebot ergibt sich auch unter wohlstandstheoretischem Aspekt: Die Lohnsatzsteigerung stellt eine Erhöhung des Preises der Freizeit dar, d. h. eine Freizeitzunahme müßte mit einem größeren Verdienstausfall bezahlt werden als vor der Lohnerhöhung. Unter der Annahme, daß die Nachfrage nach Freizeit preiselastisch ist, kann eine Lohnsatzsteigerung aus beiden Gründen zu einer Zunahme der vom einzelnen Arbeitnehmer angebotenen Arbeitszeit führen. Andererseits jedoch kann der Lohnempfänger infolge der Lohnsteigerung sein bisheriges Einkommen in kürzerer Zeit als bisher verdienen. Das kann zu der Konsequenz führen, daß der unselbständig Beschäftigte sein Arbeitsangebot reduzieren wird. In die-

---

[6] Vgl. *Rothschild*, K. W.: Lohntheorie, S. 55.

[7] Vgl. *Krelle*, W.: Lohn: (I), S. 9.

[8] Vgl. zum folgenden *Krelle*, W.: Lohn (I), S. 9; *Rothschild*, K. W.: Lohntheorie, S. 55 f.

sem Fall wird der Grenznutzen des zusätzlichen Einkommens, das bei gleichbleibender oder zusätzlicher Arbeitszeit aufgrund der Lohnsatzsteigerung zu erzielen wäre, geringer eingeschätzt als der Grenznutzen der verkürzten Arbeitszeit. Wird also der Lohnsatz von den übrigen Einflußgrößen auf das Arbeitszeitangebot isoliert und als alleinige Determinante angesehen, so ergibt sich — auch bei Unterstellung eines vollkommen ökonomistisch rational handelnden Arbeitnehmers —, daß die konkrete Wirkung einer Lohnerhöhung auf das individuelle Arbeitszeitangebot von der relativen Stärke der beiden gegenläufigen Tendenzen abhängt.

Die hier konstatierte Unsicherheit über die Angebotsreaktionen der individuellen Arbeitnehmer beruht auf der Gegenläufigkeit zweier möglicher Verhaltensweisen, die beide rational sind. Bezieht man weitere Bestimmungsgründe des Arbeitszeitangebots in die Analyse ein, so kann man sowohl erwarten, daß die konkrete Wirkung einer Lohnerhöhung auf die angebotene Arbeitsmenge deutlicher, als auch, daß sie noch unsicherer wird. Die weiteren Bestimmungsgrößen für das individuelle Arbeitsangebotsverhalten betreffen vor allem das bestehende Einkommensniveau, die Vermögenssituation und die einkommens- und verwendungspolitische Zielsetzung des einzelnen unselbständig Beschäftigten. Inwieweit mit Hilfe dieser Faktoren eine wirklichkeitsnähere Angebotsreaktion abgeleitet werden kann, ist im folgenden zu untersuchen.

6. Die Beziehung zwischen Einkommensniveau und angebotener Arbeitszeit kann — cum grano salis — gleichgesetzt werden der Beziehung zwischen Höhe des Lohnsatzes und Arbeitszeitangebot, d. h., es wird unterstellt, daß einem hohen Lohnsatz auch ein hohes Lohn- und Einkommensniveau und umgekehrt entspricht. Unter dieser Prämisse läßt sich die Beziehung zwischen Einkommensniveau und Arbeitsangebot in drei Reaktionszonen einteilen. Sind Lohnsatz und damit Einkommenshöhe sehr niedrig, so wird eine Lohnsatzsteigerung zu einer Reduktion der Arbeitszeit führen. Die vor der Lohnerhöhung notwendige Mitarbeit von Frauen und Kindern zur Sicherung des physischen Existenzminimums entfällt, der Arbeitnehmer versucht, seine tägliche Arbeitszeit auf ein erträgliches Mindestmaß zu verringern. Hier liegt auch die sozialkulturelle und arbeitswissenschaftliche Rechtfertigung für allgemeine Arbeitszeitverkürzungen. Wenn der Lohnsatz eine Höhe erreicht hat, die der Arbeitnehmer im Hinblick auf die Arbeitszeit als zufriedenstellend empfindet, ist eine relativ preisunelastische Zone des Arbeitsangebotes gegeben und weitere Lohnsteigerungen, die sich innerhalb einer gewissen Spanne halten, rufen keine wesentliche Einschränkung oder Ausdehnung des Arbeitsangebotes hervor. Gehen die Lohnsteigerungen über diese Marge hin-

aus, so werden sich wiederum inverse Angebotsreaktionen einstellen, die Arbeitszeit wird bei Steigerungen des Lohnsatzes reduziert werden. Typisch für dieses bekannte Drei-Zonen-Schema der Preiselastizität des Arbeitsangebots sind die inversen Angebotsreaktionen und der reaktionslose Bereich.

Der Einfluß des Erwerbskapitalstockes auf die Angebotsreaktionen individueller Arbeitnehmer ist im wesentlichen mitbestimmender, sekundärer Natur. Wirklichkeitsnahe Aussagen lassen sich über diesen Zusammenhang kaum treffen, da in keiner Phase des kapitalistischen Industrialisierungsprozesses ein nennenswerter Prozentsatz der Arbeitnehmerschaft einen nennenswerten, frei verfügbaren Erwerbskapitalstock besaß. Hier ist man auf nicht falsifizierbare Hypothesen, also Fiktionen angewiesen. Dennoch erscheint es plausibel, anzunehmen, daß die Elastizität des mengenmäißgen Arbeitsangebots vor allem bei niedrigem Lohnniveau von der Vermögenslage stark beeinflußt wird. Da der einzelne Arbeitnehmer, wenn er völlig vermögenslos ist, bekanntlich nicht „warten" kann, also die Dringlichkeit seines Arbeitsangebots sehr groß ist, ergibt sich eine relativ unelastische Angebotskurve, d. h. bei nur geringem oder keinem Erwerbskapital werden weder Lohnsatzerhöhungen noch geringfügige Vermögenszuflüsse zu einer Reduktion der angebotenen Arbeitszeit führen. Trotz des im Zuge des Industrialisierungsprozesses spürbar gestiegenen Lohnsatzes und Lohnniveaus kann es heute keinesfalls als realistisch angesehen werden, daß sich die Angebotselastizität des Faktors Arbeit aufgrund gestiegener Erwerbsvermögensakkumulation in Arbeitnehmerhand auch nur geringfügig erhöht hätte. Andererseits kann jedoch nicht bestritten werden, daß die nicht frei verfügbare Vermögensbildung der Arbeitnehmerschaft in Form des sozialen Sicherungssystems die Vorsorge- und Sicherungsfunktion einer frei verfügbaren Erwerbskapitalbildung z. T. ersetzt hat. Sieht man diese Substitutionsbeziehung als realistisch an — wie es beispielsweise *Föhl* tut[9] —, so kann aus diesem Grunde von einer gewissen Steigerung der Elastizität des Arbeitsangebots in bezug auf Lohnsteigerungen und Vermögenszuflüsse gesprochen werden. Der vom Erwerbsvermögen — ob frei verfügbar oder nicht — ausgehende Einfluß auf das individuelle Arbeitszeitangebot dürfte jedoch aufgrund der Größenordnungen, um die es sich handelt, nur von äußerst geringem Gewicht sein.

Die für die Angebotsreaktionen der einzelnen Arbeitnehmer dritte Determinante ist seine Zielsetzung. Erst mit ihrer Hilfe läßt sich die

[9] Vgl. *Föhl*, C.: Über die Möglichkeit einer Beeinflussung der Vermögensbildung und ihrer Verteilung, S. 149.

Frage beantworten, welche Verhaltensweise bezüglich der angebotenen Arbeitszeit gewählt wird. Wohlfahrtstheoretisch läßt sich die Zielsetzung der Arbeitnehmer als einzelne sehr einfach ableiten: Danach ist das Optimum für den Arbeitnehmer dann erreicht, wenn der Grenznachteil der Arbeit gleich ist dem Grenzvorteil der Arbeit. Der Grenznachteil wird bestimmt durch den Grenznutzen der Freizeit, der Grenzvorteil durch den Wert des Grenzprodukts. Dieser Marginalkalkül setzt vollkommene Konkurrenz, freie Entscheidung zwischen Eigenbeschäftigung und Lohnarbeit, freie Entscheidung über die Länge der Arbeitszeit und freie Wahl des Arbeitsplatzes und Berufs voraus[10]. Aus dieser marginalanalytischen Bestimmung des individuellen Optimums eines Arbeitnehmers folgt hinsichtlich der Zielsetzung, daß nicht Einkommenssteigerung oder Freizeitzunahme die entscheidende Zielsetzung sein kann, sondern daß immer eine bestimmte Kombination von Freizeit und Einkommen die individuell optimale Zielvorstellung ausmacht. Diese optimale Kombination dürfte je nach Alter, sozialer Umwelt und Verbrauchsstruktur differieren. Obwohl eine generelle Aussage über die präferenzierte Einkommens-Freizeit-Kombination daher kaum möglich erscheint, soll im folgenden doch kurz dargelegt werden, aus welchen Gründen ein allgemeiner Trend zu einer verstärkten Freizeitpräferenz der Arbeitnehmer in den reifen Volkswirtschaften als realistisch unterstellt werden kann.

7. Die Hypothese einer relativ zum Einkommen steigenden Freizeitpräferenz findet ihre Bestätigung in einigen statistischen Unterlagen. Untersuchungen, die die Elastizität der Arbeitszeit in bezug auf Lohnsatzsteigerungen zu bestimmen suchten, kamen zu dem Ergebnis, daß dieser Elastizitätkoeffizient sich im langfristigen Durchschnitt (1850—1940) auf 0,3 Prozent (*Verdoorn*) bzw. nach einer anderen Methode auf 0,2 Prozent (Colin *Clark*) belief. Eine Reallohnsteigerung von 1 Prozent führte demnach zu einer Arbeitszeitverkürzung von 0,3 Prozent bzw. 0,2 Prozent. Dieser säkulare Durchschnitt gliedert sich jedoch auf in eine relativ geringe Zunahme der Elastizität im 19. und eine schnellere Zunahme im 20. Jahrhundert (1930—40)[11]. Daraus läßt sich folgern, daß die Arbeitnehmer zunächst der Lohnsteigerung den Vorzug gegeben haben und erst mit steigendem Einkommensniveau eine Freizeitzunahme präferenzierten.

Der gleiche Trend hat sich nach Abschluß der Wiederaufbauperiode nach dem 2. Weltkrieg gezeigt. In der BRD blieb die effektive durchschnittliche Arbeitszeit je Arbeiter von 1950—55 fast konstant, und erst

---

10 Vgl. Giersch, H.: Allgemeine Wirtschaftspolitik, S. 118 f.

11 Vgl. zu diesen Zahlenangaben *Hartog*, F.: Wirtschaftliche Probleme der Arbeitszeitverkürzung, in: ZfdgSt, 112. Bd., 1956, S. 674 f.

im Jahre 1956 werden die ersten tariflich vereinbarten Arbeitszeitverkürzungen von den Gewerkschaften durchgesetzt. Nach *Krengel* ist die Zahl der geleisteten Wochenarbeitsstunden für Männer und Frauen in der BRD von 1957—60 von 43 auf 42 Stunden reduziert worden[12]. Die Tatsache, daß es sich bei dem Trend zu einer Freizeitzunahme nicht ausschließlich um gruppenpolitische Einflüsse, sondern auch in starkem Maße um die individuellen Angebotsreaktionen der einzelnen Arbeitnehmer handelt, wird durch die Feststellung belegt, daß im Jahre 1961 die Zahl der geleisteten Arbeitsstunden der Arbeiter in der Industrie bei wöchentlich 38,7 Stunden lag[13]. So gesehen ist die gewerkschaftliche Forderung der 40-Stunden-Woche schon erreicht, wenn auch der gravierende Unterschied zwischen einer tarifvertraglichen Festsetzung der 40-Stunden-Woche und einer tatsächlich geleisteten Arbeitszeit von weniger als 40 Stunden nicht übersehen werden darf. Die tatsächliche Arbeitszeit wird ja nicht nur durch den freien Entschluß des einzelnen Arbeitnehmers beeinflußt, sondern auch durch die Zahl der Krankheitstage, der Feiertage und der konjunkturell bedingten Kurz- und Mehrarbeitszeiten[14].

8. Trotz des großen Einflusses tarifvertraglicher, gesetzlicher, medizinischer und konjunktureller Faktoren auf das Arbeitsangebot der einzelnen Arbeitnehmer kann wohl kaum bezweifelt werden, daß sozialstrukturelle Bestimmungsgründe die Arbeitsangebotsreaktionen und — grundsätzlicher — die Zielvorstellungen der Arbeitnehmerhaushalte ebenfalls in erheblichem Umfang mitbestimmen. Die sozialstrukturellen Charakteristiken der reifen Volkswirtschaften werden u. a. unter dem Schlagwort Freizeit- und Konsumgesellschaft zusammengefaßt: nicht mehr die Arbeitswelt und ihre Hierarchie gliedere die Gesellschaft, sondern zur Berufssphäre habe sich ein Gegenpol mit eigenen Werten und Vorstellungen entwickelt, der die gesamtgesellschaftliche Struktur bestimme[15]. Von der Seite der Einkommensentstehung, des Berufs, der Arbeitswelt her erscheint die Zielvorstellung einer Einkommensmaximierung bzw. einer optimalen Kombination von Einkommen und Freizeit in Arbeitnehmerhaushalten sinnvoll. Dominiert jedoch der Aspekt der Einkommensverwendung, eine Annahme, die einer Freizeit- und Konsumgesellschaft entsprechen würde, so kann die Zielsetzung des

---

[12] Vgl. *Krengel*, R.: Arbeitszeitverkürzung und Produktivität, Untersuchungsergebnisse wissenschaftlicher Forschungsinstitute, Bd. 4, Volkswirtschaftliche Untersuchungen, durchgeführt vom Deutschen Institut für Wirtschaftsforschung, Berlin 1962, S. 43 ff.

[13] Vgl. *Mertens*, D.: Arbeitszeitverkürzung: Kompromiß unabdingbar, in: Der Volkswirt, Nr. 51/52 vom 21. Dez. 1962, S. 52.

[14] Vgl. dazu *Mertens*, D.: Arbeitszeitverkürzung: Kompromiß unabdingbar, S. 52.

[15] Vgl. dazu u. a *Riesman*, D. und Mitarbeiter: Die einsame Masse, S. 153 ff.

einzelnen Arbeitnehmers auch darin bestehen, einen bestimmten Konsumstandard zu erhalten bzw. zu erreichen. Da ein bestimmter Konsumstandard ein bestimmtes Einkommensniveau erforderlich macht, stellt sich die Frage, wie die einzelnen Arbeitnehmer bei Annahme dieser Zielsetzung auf Lohnerhöhungen mit ihrer angebotenen Arbeitszeit reagieren.

Unter Annahme dieser Zielprämisse ergeben sich zunächst zwei mögliche Angebotsreaktionen: ist das erstrebte Einkommens- und Konsumniveau noch nicht erreicht, so wird die gleiche oder eine höhere Arbeitszeit angeboten; ist die Zielgröße des Einkommens dagegen erreicht, so wird die angebotene Arbeitszeit sicher nicht ausgedehnt. Diese Resultate bedürfen jedoch zweier wesentlicher Modifikationen, da erstens nicht ein für alle Arbeitnehmer gleiches Konsumniveau existiert, sondern vielmehr eine Hierarchie von Konsum-Klassen besteht, und zweitens jeder Konsumstandard einen gewissen Freizeitbedarf notwendig macht.

Bezüglich der verschiedenen Konsumstandards ist festzustellen, daß der Höhe der Lohnsatzsteigerung entscheidende Bedeutung zukommt: „Wenn eine merklich höhere Entlohnung die Aussicht bietet, in ein ‚neues Milieu' hinüberzuwechseln . . ., mag der einzelne auf die Lohnerhöhung mit einer größeren Arbeitsleistung reagieren, um die Durchführung des nun möglich gewordenen Sprungs zu sichern. Soweit die Menschen jedoch erwarten, sich weiterhin im wesentlichen innerhalb der Grenzen ihres bisherigen Standards bewegen zu müssen, wird bei Einkommenserhöhungen meist früher oder später eine starke Vorliebe für zusätzliche Freizeit auftreten[16]." Bei welchem Einkommensniveau und bei welcher Höhe der Lohnsatzsteigerung der Sprung in die nächst höhere Klasse gelingt, ist Tatfrage.

Neben dem Eigenwert der Freizeit, der von einem bestimmten Einkommensniveau ab zu inversen Arbeitsangebotsreaktionen führt, existiert auch ein bestimmter Freizeitbedarf für die verschiedenen Konsumstandards. Dieser Freizeitbedarf folgt aus der Tatsache, daß diejenigen Konsumgüter, die zu gesellschaftlichen Statussymbolen geworden sind und mit den Einkommensspitzen, also den letztverdienten 10—20 Prozent des Einkommens gekauft werden, im allgemeinen dauerhafte Gebrauchsgüter (durables) sind, deren Inanspruchnahme eine genügende Freizeit voraussetzt. Damit besteht zwischen marginaler Einkommensverwendung und Freizeit also eine Komplementaritätsbeziehung[17]. Diese Komplementarität gilt jedoch nur für die durablen

---

[16] Vgl. *Rothschild*, K. W.: Lohntheorie, S. 57.

[17] Vgl. dazu auch *Hartog*, F.: Wirtschaftliche Probleme der Arbeitszeitverkürzung, S. 671; *Meyer-Dohm*, P.: Arbeitszeitverkürzung und Verbraucher-

und die ausgesprochenen Freizeitgüter, deren Anteil am individuellen Gesamtkonsum in den reifen Volkswirtschaften steigende Tendenz aufweist[18]. Für die dauerhaften Gebrauchsgüter kann dann unter wohlstandspolitischem Aspekt festgestellt werden, daß der Nutzen dieser Güter in dem Maße zunehmen wird, wie sie mit mehr Freizeit kombiniert werden können. Unter diesem Gesichtspunkt läßt sich auch gesamtwirtschaftlich der Satz rechtfertigen, daß „die Arbeitszeitverkürzung im Laufe des wirtschaftlichen Wachstums notwendig (ist), da sonst der steigende Wohlstand nicht realisiert werden kann“[19].

Es kann also davon ausgegangen werden, daß bestimmte, sich im Zuge des wirtschaftlichen Wachstums allerdings verschiebende Schwellenwerte des Einkommens existieren, bei deren Überschreiten die Komplementaritätsbeziehung zwischen Konsum und Freizeit wirksam wird und inverse Arbeitsangebotsreaktionen wahrscheinlich werden. Will man einen allgemeinen Schwellenwert nennen, dem in der Realität eine diesbezügliche Bedeutung zukommt, so kann man stark vereinfachend vielleicht sagen: die Arbeitsangebotsreaktion wird dann invers werden, wenn das erste Auto angeschafft ist. Ob das Verhältnis von dauerhaften Konsumgütern und dafür aufzuwendender Zeit mit zunehmender Konsumtivkapitalbildung konstant bleiben wird oder zu- oder abnehmen wird, läßt sich kaum abschätzen. Da unter die consumer durables auch arbeitssparende Haushaltsmaschinen fallen, die die bisher notwendige Arbeitszeit im Haushalt reduzieren, kann angenommen werden, daß das Arbeitsangebot weiblicher Arbeitskräfte elastischer werden wird. So stellt *Mack* fest: „These goods save several billion woman-hours of work a year in homes, change the orientation of our life through the vast implication of what appears in the statistics as ‚user operated transportation‘, peculiarly expose us to the seduction of other goods, and imprint their mark on the face of industry as well as on consumption[20].“ Es kann jedoch als wahrscheinlich angesehen werden, daß mit zunehmender Haushaltsvermögensbildung der Zeitaufwand pro Gütereinheit zumindest konstant bleiben wird und damit bei steigender Konsumtivkapitalbildung ein zunehmender Freizeitbedarf zu erwarten ist.

---

verhalten, in: Arbeitszeit und Freizeit, Nürnberger Abhandlungen zu den Wirtschafts- und Sozialwissenschaften, Heft 15, Berlin 1961, S. 41 ff.

[18] Statistisch nachgewiesen wird dieser Trend u. a. von *Mack*, R. P.: Trends in American Consumption and the Aspiration to Consume, in: AER, Vol. 46, Proc., 1956, S. 55 f., und *Schmucker*, H.: Die langfristigen Strukturwandlungen des Verbrauchs der privaten Haushalte in ihrer Interdependenz mit den übrigen Bereichen einer wachsenden Wirtschaft, S. 123 ff.

[19] Vgl. *Tuchtfeld*, E.: Die volkswirtschaftlichen Auswirkungen der Arbeitszeitverkürzung, in: Arbeitszeit und Freizeit, S. 36.

[20] Vgl. *Mack*, R. P.: Trends in American Consumption and the Aspiration to Consume, S. 56.

9. Zusammenfassend können wir feststellen, daß die Untersuchung der möglichen und wahrscheinlichen Arbeitsangebotsreaktionen der einzelnen Arbeitnehmer auf Einkommenssteigerungen und Vermögenszuflüsse eine verwirrende Vielfalt von Verhaltenshypothesen zum Ergebnis hat. Aus diesen Gründen sind gesamtwirtschaftliche Verhaltensmuster praktisch nicht zu erwarten. Trotz dieser Unsicherheiten dürfte eine hohe Wahrscheinlichkeit dafür bestehen, daß in den reifen Volkswirtschaften gesamtwirtschaftliche Verteilungsänderungen zugunsten der unselbständig Beschäftigten in Form von Lohnerhöhungen und frei verfügbaren Vermögenszuflüssen tendenziell einen Rückgang des individuellen und auch gesamtwirtschaftlichen Arbeitszeitangebotes auslösen werden, sei es in Form direkter individueller Reaktionen oder — wenn dies aus Gründen der technischen, organisatorischen und institutionellen Gesetzmäßigkeiten unmöglich sein sollte — in Form eines verstärkten Druckes der Gewerkschaftsmitglieder auf die Gewerkschaftsführung, bei Verteilungsforderungen künftig mehr Wert auf Arbeitszeitverkürzungen zu legen. Mit diesem Ergebnis soll die Analyse der möglichen und wahrscheinlichen Arbeitsangebotsreaktionen der Arbeitnehmer auf autonome Verteilungsänderungen abgeschlossen und auf das Spar- und Konsumverhalten der unselbständig Beschäftigten übergegangen werden.

10. Um die Wirkungen von Einkommenserhöhungen und Vermögenszuflüssen auf die einzelwirtschaftlichen Spar- und Konsumentscheide der Arbeitnehmer untersuchen zu können, ist auf die Bestimmungsgründe der individuellen Einkommensverwendung zurückzugehen. Über diese Bestimmungsgründe sind die unterschiedlichsten empirischen Hypothesen aufgestellt worden. Als Determinanten der individuellen Spar- und Konsumentschlüsse werden die absolute und relative Einkommenshöhe, die Stabilität und die Wachstumsrate des Einkommens, sozioökonomische und demographische Faktoren wie berufliche Qualifikation und Ausbildung, Alter und Familiengröße, das Vermögen und sein Liquidisierungsgrad, der individuelle Kreditspielraum und ökonomische und außerökonomische Erwartungen genannt[21]. Welchem unter diesen zahlreichen Bestimmungsgründen das größte Gewicht zukommt, kann allgemein nicht entschieden werden. Im folgenden wird vereinfachend unterstellt, daß das persönlich verfügbare Einkommen und das Erwerbsvermögen eine bedeutende Rolle für die Einkommensverwendungsentscheide der Arbeitnehmerhaushalte spielen.

---

[21] Vgl. u. a. *Mack*, R. P.: Economics of Consumption, in: Haley, B. F., (Hrsg.), A Survey of Contemporary Economics, Vol. II, S. 49 ff. *Ferber*, R.: Research on Household Behavior, in: AER, Vol. 52, 1962, S. 19 ff.

Über den Zusammenhang zwischen persönlich verfügbarem Einkommen und Einkommensverwendung existieren im wesentlichen drei empirische Hypothesen: die erste und älteste bezieht sich auf das absolute Einkommensniveau (absolute income hypothesis), die zweite auf die Einkommenshierarchie (relative income hypothesis) und die dritte auf die Einkommensstabilität (permanent income hypothesis)[22]. Die Annahme, daß die Einkommensverwendung von der absoluten Einkommenshöhe abhängt, findet ihren Ausdruck in dem grundlegenden psychologischen Gesetz von *Keynes*, nach dem mit steigendem Einkommen die Verbrauchsausgaben relativ abnehmen[23]. Es wird also postuliert, daß die Verbrauchsausgaben — und damit auch die Spartätigkeit — von der Einkommenshöhe abhängig sind, jedoch nicht vom Gesamteinkommen, sondern vom Überschußeinkommen über den als notwendig angesehenen Bedarf zur Sicherung des Existenzminimums. — Die entscheidende, neue Prämisse der relativen Einkommenshypothese besteht in der Annahme, daß das Spar- und Konsumverhalten der privaten Haushalte sich nicht an der absoluten Höhe des Einkommens, sondern an der relativen Position der einzelnen Haushalte in der Einkommens- und Konsumhierarchie orientiert[24]. Es wird also ein permanenter konsumtiver Wettbewerb zwischen den einzelnen Haushalten und Wirtschaftsgruppen unterstellt, wobei als Orientierungsgröße entweder der in der Vergangenheit höchste erreichte Lebensstandard des eigenen Haushaltes oder das Konsumniveau des nächsthöheren Haushaltes genannt wird. Die dritte Form des Zusammenhanges zwischen Einkommen und Einkommensverwendung sucht vor allem das Problem zu klären, wie sich die periodischen Einkommensschwankungen, besonders bei den Beziehern residualbestimmter Einkommen, mit dem zeitlich relativ konstanten Konsumverhalten vereinbaren lassen. Die Bedeutung des laufenden Einkommens für die Konsumausgaben wird von dieser Theorie bestritten. Die Spar- und Konsumentscheide werden als abhängig von dem tatsächlichen und antizipierten Einkommen über mehrere Perioden hinweg angesehen. Nach dieser Theorie werden die Spar- und Konsumentschlüsse der privaten Haushalte also weitgehend unabhängig vom Periodeneinkommen vorgenommen[25].

---

[22] Vgl. *Ferber*, R.: Research on Household Behavior, S. 19 ff.

[23] Vgl. *Keynes*, J. M.: Allgemeine Theorie der Beschäftigung, des Zinses und des Geldes, S. 77 ff.

[24] Vgl. *Duesenberry*, J. S.: Income, Saving and the Theory of Consumer Behavior; *Modigliani*, F.: Fluctuations in the Saving-Income Ratio: A Problem in Economic Forecasting, in: Studies in Income and Wealth, Vol. 11, New York 1949, S. 371 ff.

[25] Vgl. *Friedman*, M.: A Theory of the Consumption Function, Princeton N. J. 1957, S. 220.

11. Zunächst ist zu untersuchen, welche potentiellen Wirkungen, d. h. welche möglichen Spar- und Konsumreaktionen nach diesen Hypothesen bei den einzelnen Arbeitnehmern durch Einkommensverteilungsänderungen ausgelöst werden. Dabei erscheint es plausibel, für die Arbeitnehmerreaktionen die absolute und relative Einkommenshypothese, für die Selbständigen dagegen die Dauereinkommenshypothese heranzuziehen.

Nach der *Keynes*schen Hypothese hängt die Einkommensverwendungsreaktion der Arbeitnehmer vom bestehenden Einkommensniveau ab. Durch die Verteilungsänderung verschiebt sich das Einkommensniveau der unselbständig Beschäftigten nach oben. Da die Lohn- und Gehaltsempfänger sich durch ein vergleichsweise niedriges Einkommensniveau auszeichnen und demgemäß eine relativ hohe marginale Konsumneigung besitzen, steht zu erwarten, daß der dem Verbrauch gewidmete Teil des Verteilungsgewinns größer als der der Ersparnis zugeführte Teil sein wird. Nach der *Duesenberry-Modigliani*-Hypothese ergibt sich, daß, solange für die Empfänger kontraktbestimmter Einkommen noch Haushalte bzw. Wirtschaftsgruppen bestehen, denen man nacheifern möchte, weil sie einen höheren Konsumstandard besitzen, der Einkommenszuwachs voll dem Konsum gewidmet werden dürfte. Handelt es sich jedoch um eine nahezu nivellierte Massenkonsumgesellschaft, die keine neuen bzw. noch nicht von den Arbeitnehmern erreichten Konsumleitbilder besitzt, so dürfte die Ersparnis zunehmen.

Für die Gruppe der Arbeitgeber kann vereinfachend die Dauereinkommenshypothese unterstellt werden. Die Verbrauchsausgaben der Selbständigen sind im wesentlichen an einer als standesgemäß empfundenen Lebenshaltung orientiert, was u. a. bedingt, daß man die Konsumausgaben nicht von kurzfristigen Einkommensschwankungen, sondern nur von als bleibend angesehenen Einkommensänderungen abhängig machen wird. Da die Mitglieder der Gruppe der Arbeitgeber zudem meist über ein relativ hohes Vermögen verfügen, sind die Konsumausgaben fast völlig unabhängig von der Höhe der laufenden Einkommen. Für diesen Kreis von Einkommensbeziehern kann weiter mit *Föhl* festgestellt werden, daß „die Ersparnisbildung ... also nicht auf Grund eines bewußten Vermögensbildungsplanes (geschieht), sondern gespart wird vielmehr, was bei den schwankenden Einkommen über die standesgemäßen Verbrauchsausgaben hinaus anfällt. Insofern ist es berechtigt zu sagen, daß von diesem Kreis der Selbständigen ‚automatisch' gespart wird[26]." Diese Aussage dürfte in verstärktem Maße

---

[26] Vgl. *Föhl*, C. und Mitarbeiter: Kreislaufanalytische Untersuchung der Vermögensbildung in der Bundesrepublik und der Beeinflußbarkeit ihrer Verteilung, S. 31.

für jene Einkommensschichten der Unternehmer gelten, die die hohen Einkommensklassen besetzen. Generell dürfte für die Unternehmer als Einkommensgruppe die Feststellung realistisch sein, daß sie durch eine relativ konstante und im Verhältnis zu den Arbeitnehmern geringe Konsumneigung und eine hohe, aber variablere Sparneigung gekennzeichnet sind. Daraus folgt, daß sich die Entzugseffekte der Verteilungsänderungen — soweit sie die Konsum- und Sparentscheide betreffen — im wesentlichen in einer verringerten Ersparnis der Selbständigen bemerkbar machen werden.

12. Für die Abhängigkeit der Einkommensverwendungsentscheide der Arbeitnehmer- und Arbeitgeberhaushalte von der Vermögenslage bzw. den Zu- und Abflüssen von Geldkapital bestehen keine derartigen einfachen und bekannten empirischen Hypothesen wie für den Zusammenhang zwischen Einkommen und Einkommensverwendung: „... the impact of financial assets on buying and saving creates a troublesome problem on both statistical and conceptual levels[27].“ Dennoch kann es als wahrscheinlich bezeichnet werden, daß bei einem hohen Einkommensniveau die Geldvermögenszu- und -abflüsse kaum eine nennenswerte Bedeutung haben werden, daß aber umgekehrt bei geringem Einkommen Geldvermögensänderungen die Verwendungsentschlüsse der betroffenen Haushalte relativ stark beeinflussen werden. Die Bezieher kontraktbestimmter Einkommen haben im allgemeinen ein niedriges Einkommensniveau und eine nur geringe Vermögensbildung. Aus diesen Tatsachen könnte gefolgert werden, daß bei den Arbeitnehmern ein relativ starker Einfluß von Geldvermögenszuflüssen auf die Art der Einkommensverwendung gegeben sei. Diese Feststellung trifft jedoch für die Arbeitnehmerschaft in Wohlfahrtsstaaten nur bedingt zu, da die staatlichen sozialen Sicherungssysteme diese Vorsorgefunktion im wesentlichen übernommen haben. Die Ersparnisse der Arbeitnehmer aus ihrem Bruttoeinkommen sind heute kontraktbestimmt und es entfällt die Notwendigkeit, die gesamte private Ersparnis aus dem persönlich verfügbaren Einkommen zum Zweck der Lebensvorsorge zurücklegen zu müssen. Diese Überlegungen sprechen für eine konsumtive Verwendung frei verfügbarer Vermögenszuflüsse durch die einzelnen Arbeitnehmer.

Dieses Ergebnis wird erhärtet, wenn die mit den Begriffen Zwecksparen und Konsumtivkapitalbildung verbundenen Zusammenhänge berücksichtigt werden. Wie schon mehrfach betont, wird nicht nur die Freizeit, sondern auch die Haushaltsvermögensbildung in immer stärkerem Maße zu einem Substitut für die Geldkapitalbildung bzw. Erwerbskapitalbildung. Aus der Priorität der Haushaltsvermögensbildung

---

[27] Vgl. *Mack*, R. P.: Economics of Consumption, S. 56.

folgen zwei mögliche Sparformen: die Aufnahme von Konsumentenkrediten oder das Zwecksparen. Beide Möglichkeiten besitzen einen zeitlich begrenzten Grad an Starrheit, Sparen wie auch Entsparen sind zunehmend kontraktbestimmt. Es dürfte daher eine gewisse Wahrscheinlichkeit dafür bestehen, daß frei verfügbare Vermögenszuflüsse von den einzelnen Arbeitnehmern zur Tilgung von Krediten oder zur Zweckersparnisbildung verwendet werden. Daß diese Form der Ersparnis als konsumorientiert zu bezeichnen ist, dürfte sich von selbst verstehen.

Anhand der bisherigen Untersuchungen kann festgestellt werden, daß die Wirkung von verteilungspolitisch bedingten, frei verfügbaren Geldvermögenszuflüssen auf die Verwendungsentschlüsse der Arbeitnehmer gering ist, und daß, wenn eine Reaktion erfolgt, der Effekt in Richtung einer Steigerung der Haushaltsvermögensbildung liegen wird. Es ist kaum zu erwarten, daß diese Vermögenszuflüsse eine verstärkte Erwerbskapitalakkumulation der Arbeitnehmer zur Folge haben werden. Der Anreizeffekt, der den Geldvermögenszuflüssen zugesprochen wird, dürfte aufgrund des in den reifen Volkswirtschaften bestehenden Konsumdrucks nur selten zum Tragen kommen. Diese Hypothese läßt sich, in abgeschwächter Form, auch auf die Frage anwenden, ob die bei nicht frei verfügbarer Erwerbskapitalbildung temporär gebundenen Beträge nach Ablauf der Sperrfrist dem Konsum oder einer weiteren, nunmehr freiwilligen Ersparnis zugeführt werden.

13. Im folgenden ist kurz zu prüfen, ob die Annahmen und Ergebnisse unserer Analyse durch die Statistik verifiziert werden konnten. Die auf der *Keynes*schen Verwendungshypothese basierende Feststellung, daß mit einer gleichmäßigeren Einkommensverteilung die gesamtwirtschaftliche Sparquote sinkt, ist für ganze Volkswirtschaften weder durch Zeit- noch durch Ländervergleiche bestätigt worden. Die Ursache dafür ist einmal in der Tatsache zu suchen, daß ein Trend zu einer gleichmäßigeren Einkommensverteilung bislang für keine westliche Industrienation eindeutig nachgewiesen werden konnte. Aber selbst, wenn man sich auf die Konsum-Einkommens-Hypothese von *Keynes* beschränkt, kann ein eindeutiges Resultat nicht genannt werden. Trotz des außerordentlich hohen Wachstums der Pro-Kopf-Einkommen in den westlichen Industrienationen blieb die makroökonomische Sparquote im wesentlichen konstant bzw. zeigte sogar sinkende Tendenz[28]. Für die Einkommensverwendung verschiedener Schichten der Einkommenspyramide innerhalb einer Volkswirtschaft ist die *Keynes*sche Hypothese jedoch eindeutig nachgewiesen worden: Die Sparquote steigt, je mehr man sich von den unteren zu den höheren

[28] Vgl. dazu *Kuznets*, S.: Proportion of Capital Formation to National Product, in: AER, Vol. 42, Proc., 1952, S. 519 ff.

Einkommensklassen bewegt[29]. Diese begrenzte Verifikation der absolute income hypothesis sollte jedoch nicht in der Weise interpretiert werden, daß die Prämisse der Independenz der Konsumentenpräferenzen in den reifen Volkswirtschaften Gültigkeit besäße. Diesbezüglich erscheinen berechtigte Zweifel angebracht.

Vielmehr erscheint es plausibel, daß in den industrialisierten Volkswirtschaften eine Interdependenz der haushaltswirtschaftlichen Präferenzstrukturen gegeben ist. So kommt eine statistische Untersuchung von *Bilkey* zu dem Ergebnis, daß nivellierende Verteilungsänderungen höhere Sparraten und verringerte Käufe von dauerhaften Gebrauchsgütern zur Folge gehabt hätten[30]. Ohne im einzelnen auf die Untersuchungsmethode und die in Betracht kommenden Größen einzugehen, muß diesem statistischen Resultat dennoch mit Skepsis begegnet werden. So weist *Mack* auf die besonders starken Konsumimpulse in der amerikanischen Gesellschaft hin und kommt zu dem Schluß: „Income, in short, is a function of consumption, via consumption standards, just as truly as consumption is a function of income[31].“ Die aus der *Duesenberry-Modigliani*-Hypothese logisch sich ergebenden Spareffekte einer nivellierenden Verteilungsänderung können höchstens für einen utopischen Endzustand der totalen Einebnung sozialstruktureller Unterschiede postuliert werden, der aber einmal nirgends gegeben ist und, zweitens, ebenfalls nicht gewährleisten würde, daß der konsumtive Wettkampf zum Erliegen kommt. Es ließe sich im Gegensatz zu der relativen Einkommenshypothese auch die Annahme rechtfertigen, daß ein immer geringer werdender Abstand zwischen dem Lebensstandard der verschiedenen Gruppen dynamische Impulse auslöst, sich durch den Konsum von den übrigen Gruppen abzuheben, die einkommensmäßig gleichgestellt sind. Gegen die These der Stagnation durch Gleichartigkeit spricht auch die in den reifen Volkswirtschaften zunehmende Bedarfsdifferenzierung[32]. Die relative income hypothesis unterstellt implizit das Nachahmungsmotiv als dominierendes Prinzip, aus dem sich die Tendenz zum genormten Verbrauch und Massenkonsum zwangsläufig ergibt. Es gibt jedoch nicht nur den dynamischen Unternehmer und seine schöpferische Zerstörung, sondern auch einen dynamischen Verbraucher, der mit seinen Verbrauchsentscheidungen schöp-

---

[29] Vgl. dazu die Zahlenangaben bei *Föhl*, C. und Mitarbeiter: Kreislaufanalytische Untersuchung der Vermögensbildung in der Bundesrepublik und der Beeinflußbarkeit ihrer Verteilung, S. 65.

[30] Vgl. dazu die Zahlenangaben bei *Bilkey*, W. J.: Equality of Income Distribution and Consumption Expenditures, S. 81 ff.

[31] Vgl. *Mack*, R. P.: Trends in American Consumption and the Aspiration to Consume, S. 58.

[32] Vgl. dazu u. a. *Meyer-Dohm*, P.: Der private Haushalt im Prozeß der Bedarfsdifferenzierung, S. 67 ff.

ferisch tätig wird. Daraus kann die Konsequenz abgeleitet werden, daß leichte Nivellierungstendenzen in der Einkommenshierarchie keineswegs notwendig zur konsumtiven Stagnation führen müssen.

Zusammenfassend kann festgestellt werden, daß die Reduktion der Unternehmereinkommen bzw. des Zuwachses der residualbestimmten Einkommen bei gleichzeitiger Steigerung der Arbeitnehmereinkommen um den gleichen Betrag vermutlich einer konsumtiven Verwendung bei den unselbständig Beschäftigten zugeführt wird. Bei den Selbständigen werden die Entzugseffekte wahrscheinlich zu Lasten des Sparvolumens gehen. Bezüglich der speziellen Form der Einkommensverwendung liegt bei den Arbeitnehmern die Vermutung nahe, daß die Verteilungsgewinne der Akkumulation von Konsumtivkapital dienen werden. Auf der Basis dieser individuellen Verwendungsreaktionen kann gefolgert werden, daß sich verteilungspolitische Maßnahmen in Richtung einer gleichmäßigeren Einkommens- und Vermögensverteilung gesamtwirtschaftlich in einer Einengung des Sparvolumens und damit in einer vollbeschäftigten Wirtschaft in einer Einschränkung des Investitionsspielraums äußern wird. Dieses Ergebnis — das zu erwarten stand — ist unter einer entscheidenden ceteris-paribus-Prämisse abgeleitet worden: Die Reaktionen der Unternehmer auf die Entzugseffekte wurden nur für den Bereich der Unternehmer-Haushalte, nicht für den Bereich der Unternehmen selbst abgeleitet. Diesen Reaktionsmöglichkeiten ist im folgenden nachzugehen.

14. Im folgenden sind die einzelwirtschaftlichen Wirkungen der Einkommens- und Vermögensverteilungsänderungen sowie die durch sie ausgelösten bzw. auslösbaren Reaktionen in der Unternehmenssphäre zu behandeln. In Symmetrie zu den für die Arbeitnehmer konstatierten Verteilungseffekten, Einkommenssteigerung und Vermögenszufluß, bestehen die Wirkungen der Verteilungsänderungen bei den einzelnen davon betroffenen Unternehmern bzw. Unternehmen prima facie in Einkommensreduktionen und Vermögensabflüssen bzw. Erlös- und Gewinnkürzungen. Um die kurzfristigen, direkten Verteilungseffekte im Unternehmensbereich in nuce, d. h. ohne Ansehen von unternehmerischer Zielsetzung, Verhaltensweise und der jeweiligen Marktform, ableiten zu können, ist von dem unterschiedlichen Ansatzpunkt und der verschiedenartigen Ausgestaltung der verteilungspolitischen Maßnahmen auszugehen. Die Lohnkostensteigerung als erste Form der Verteilungsänderung setzt an der Kosten-Erlös-Relation eines Unternehmens an. Bei cet. par. gleichbleibenden Erlösen resultiert aus den Lohn- und Gehaltserhöhungen ein Kosteneffekt: Die Kosten pro Produkteinheit erhöhen sich, wobei jedoch zu beachten ist, daß die Gesamtkosten pro Produkteinheit nicht um den vollen Betrag der Lohnsatzsteigerung zunehmen, sondern nur im Ausmaß des Lohnkostenanteils an den totalen

Kosten. Beträgt also die Relation Lohnkosten zu Gesamtkosten z. B. 30% und die Lohnerhöhung 10%, so ergibt sich eine Steigerung der totalen Stückkosten von 3%. Die durch die Lohnerhöhung verursachten Kosteneffekte verringern cet. par. die Gewinne.

Im Prinzip können auch die durch die vermögenspolitischen Maßnahmen bedingten „Vermögensabflüsse" als Gewinnreduktionen aufgefaßt werden. Dennoch gilt es in diesem Fall, eine nach den Formen der Vermögenspolitik differenzierte Wirkung festzustellen. Zur Diskussion stehen vor allem vermögenswirksame Maßnahmen in Form von Investivlöhnen und investiven Ertragsbeteiligungen. Während die investiven Ertragsbeteiligungen sich direkt am Gewinn orientieren, sind die Investivlöhne als Lohnbestandteile zu interpretieren. Während also die Einführung von Investivlöhnen bzw. deren Steigerung an der Kosten-Erlös-Relation eines Unternehmens ansetzt, handelt es sich bei investiven Ertragsbeteiligungen nicht um Kostensteigerungen im strengen Sinn, sondern um Änderungen des Gewinnverteilungsmodus bzw. um eine Ausweitung des Kreises der Kapitaleigner und damit des Kreises der Gewinnempfänger. Erzielt ein Unternehmen einen Null-Gewinn, so führt die Einführung einer investiven Ertragsbeteiligung zu keiner Gewinnbelastung, während die Einführung von Investivlöhnen einen negativen Gewinn zur Folge hat. Dieser feinsinnige Unterschied dürfte sich allerdings in der wirtschaftlichen Wirklichkeit verwischen. Realistisch erscheint vielmehr die Annahme, daß die Unternehmer beide vermögenspolitischen Maßnahmen unterschiedslos als Kostenerhöhung ansehen und dementsprechend handeln werden.

Nach der Skizzierung der direkten, kurzfristigen Wirkungen der Verteilungspolitik sollen kurz die generell möglichen Reaktionen der durch sie betroffenen Unternehmen genannt werden. Diese Reaktionen werden eine Anpassung der unternehmenspolitischen Parameter an die Datenänderungen bezwecken. Dabei sind verschiedene Anpassungsformen möglich. Im einzelnen kann ein Unternehmen auf die Verteilungsänderungen mit einer Steigerung seiner Produktpreise oder Senkung seiner Materialpreise, mit Verbesserungen der Unternehmensorganisation und des Arbeitseinsatzes, mit Änderungen der Produktionstechnik, der Qualität und Zusammensetzung des Produktionsprogramms, mit einer Reduktion des Output und der Beschäftigung, einer gesteigerten oder reduzierten Investitionstätigkeit und einer Verlagerung von Fertigungsprozessen in lohnkostengünstigere Regionen sowie auch mit einer Hinnahme der Kosten- und Entzugseffekte reagieren. Welche dieser Möglichkeiten realisiert wird, hängt vor allem von Ausmaß und Dauer der verteilungspolitischen Intervention, der Arbeitsintensität der Produktion, der technischen Input-Output-Relation, dem leistungsmäßigen Ausnutzungsgrad des Faktors Arbeit, der Marktform, der konjunkturbedingten Marktlage und der Finanzierungssituation des Unternehmens sowie von den unternehmenspolitischen Zielvorstellungen ab.

Zwecks Systematisierung der vielfältigen Adaptionsformen soll im folgenden zwischen kurz- und langfristigen Anpassungsreaktionen der Unternehmungen unterschieden werden. Als kurzfristig werden alle Reaktionsformen bezeichnet, die ohne Änderung der produktiven Kapazitäten erfolgen. Unter die langfristigen Anpassungsformen werden alle unternehmenspolitischen Maßnahmen subsumiert, die eine Änderung des Produktionsprozesses und -potentials zur Folge haben, also vor allem die Faktorsubstitution, Prozeß- und Produktinnovationen und die Variationen der Nettoinvestition. *Arndt* unterscheidet vier, nach dem Zeitbedarf der unternehmerischen Anpassung an Lohnerhöhungen geordnete Phasen[33]: Das endgültige oder vorläufige Auffangen (1. Phase), den Überwälzungsversuch (2. Phase), die Leistungskompensation (3. Phase) und die Faktorsubstitution (4. Phase). Die ersten drei Phasen können als kurzfristige Reaktionen bezeichnet werden, da auch die Leistungskompensation eine Stückkostensenkung ohne kapazitative Änderungen beinhaltet.

Kurzfristig wird zunächst jedes Unternehmen eine Lohnkostensteigerung oder Gewinnreduktion durch eine vorläufige Verringerung der Kassenreserven und/oder eine temporäre Steigerung der Verschuldung auffangen müssen. Lassen sich weder kurz- noch langfristige Anpassungsalternativen verwirklichen, dann wird die erste vorläufige Anpassung zur endgültigen. Es dürfte jedoch *Arndt* zuzustimmen sein, daß „ein solches endgültiges Auffangen von Lohnerhöhungen durch das Unternehmen ... zu den Ausnahmen (gehört)“[34]. Ist die Unternehmensleitung nicht bereit, die Kosteneffekte der Verteilungsänderungen hinzunehmen, so stehen ihr als weitere kurzfristige Alternativen unternehmensinterne und marktbezogene Maßnahmen zur Verfügung. Auf die verschiedenen Formen der unternehmensinternen Reaktionen ohne Änderungen der Faktorkombination soll hier nicht eingegangen werden, wenn auch nicht bezweifelt werden kann, „daß in der Verbesserung der Organisation und im weiteren Sinne des Führungsstils unserer Unternehmen die größten Rationalisierungsreserven liegen, Rationalisierung also in erster Linie eine Sache besserer Leitung und Zusammenarbeit in der Führungsgruppe und mit der Belegschaft sei“[35].

Die Beschränkung der folgenden Analyse der unternehmerischen Anpassungsformen auf die marktstrategischen und langfristigen Reak-

---

[33] Vgl. *Arndt*, E.: Theoretische Grundlagen der Lohnpolitik, Tübingen 1957, S. 147 ff.

[34] Vgl. *Arndt*, E.: Theoretische Grundlagen der Lohnpolitik, S. 148.

[35] Vgl. *Sieber*, E. H.: Betriebswirtschaftliche Probleme der Arbeitszeitverkürzung, in: Arbeitszeit und Freizeit, S. 89.

tionen erscheint insofern sinnvoll, als in der wirtschaftspolitischen Diskussion vor allem die Preis-, Beschäftigungs- und Investitionseffekte verteilungspolitischer Maßnahmen herausgestellt werden. Nach dem Preis- und Beschäftigungsargument führen Änderungen der personen- und gruppenbezogenen Einkommens- und Vermögensstruktur via Kosten- und Entzugseffekte zu Preissteigerungen oder zu Produktions- und Beschäftigungsrückgängen, nach dem Investitionsargument via Gewinnreduktion und Einschränkung des Finanzierungsspielraums zu einer Drosselung des Investitionsvolumens und technischen Fortschritts. Diese — unter bestimmten Prämissen — auf einzelwirtschaftlicher Basis gewonnenen Ergebnisse werden häufig auf die Gesamtwirtschaft übertragen, was besagt, daß Verteilungsänderungen in Form von Lohnkostensteigerungen und Gewinnkürzungen Preisniveausteigerungen, Beschäftigungsrückgänge und Wachstumseinbußen zur Folge hätten. Diese Argumente gilt es auf ihre Prämissen, deren Realitätsnähe und die Schlüssigkeit des Analogieverfahrens zu untersuchen. Zudem dürfte die empirische Hypothese, „daß vor dem dornenvollen Pfad der Rationalisierung die glatte Straße der Überwälzung zunächst beschritten wird“[36], hinreichend realistisch sein, um die Analyse der unternehmerischen Anpassungsformen auf die marktstrategischen und langfristigen Variablen zu beschränken.

Wie die einzelnen Unternehmen auf die Kosten- und Liquiditätseffekte der Verteilungspolitik reagieren, wird üblicherweise als abhängig von Marktform und Marktverhalten gesehen, Determinanten, die ihrerseits von Anzahl und Größe der auf einem Markt anbietenden Firmen, der direkten und indirekten Preiselastizität von Angebot und Nachfrage, den Marktzugangsmöglichkeiten, der Markttransparenz, der Einkommenselastizität sowie wirtschaftlichen Erwartungen bestimmt werden. Die wesentlichen Bestimmungsgründe des Marktverhaltens einer Unternehmung objektivieren sich in der Preis-Absatz-Funktion. Im folgenden soll nun jedoch nicht jede mögliche Marktform bzw. jedes mögliche Marktverhalten diskutiert werden, sondern wir wollen uns auf zwei typische Fälle konzentrieren: auf die Reaktionen derjenigen Unternehmen, die auf preismechanisch gesteuerten Märkten anbieten (homogenes und heterogenes Polypol), und die Anpassungsformen derjenigen Unternehmen, die sich auf unilateral administrierten Märkten befinden (Oligopol und Monopol).

15. Die entscheidenden Parameter für kurzfristige, marktbezogene Kompensationsmaßnahmen der Unternehmen sind Preise und Mengen auf den Beschaffungs- und Absatzmärkten. Da sich preispolitische Vor-

---

[36] Vgl. *Arndt*, E.: Theoretische Grundlagen der Lohnpolitik, S. 149.

und Rückwälzung gestiegener Lohnkosten als prinzipiell gleichartige Probleme darstellen, wird auf eine gesonderte Analyse der Rückwälzung hier verzichtet, die zudem in den industrialisierten Volkswirtschaften als die unrealistischere Reaktion anzusprechen ist. Unter der Annahme, daß die durch die Lohnerhöhung betroffenen Unternehmen auf polypolistischen Märkten mit funktionsfähigem Preiswettbewerb anbieten, werden profitmaximierende Unternehmen diejenige Gütermenge produzieren, bei der sich Grenzkosten und Preise entsprechen[37]. Die Lohnkostensteigerungen erhöhen die Grenzkosten der Produktion und verschieben damit die unternehmensindividuelle Angebotskurve nach links, d. h. bei gleichem und vom Unternehmen unbeeinflußbaren Produktpreis wird die angebotene Produktmenge reduziert und damit Produktionsvolumen und Beschäftigung. Besteht also ein Markt mit relativ homogenen Gütern und ist die Preiselastizität des Absatzes für das einzelne Unternehmen unendlich, so schlägt sich eine Lohnkostensteigerung voll in einer mengenmäßigen Kürzung des Angebotes nieder. Die Angebotsverringerung ist um so geringer, je kleiner der Teil der Lohnerhöhungen ist, der auf die arbeitsbedingten Fixkosten wie indirekte Lohnkosten und Gehälter sowie auf die limitational eingesetzten Arbeitskräfte entfällt.

Diese Ergebnisse beziehen sich auf den in reifen Volkswirtschaften irrelevanten Fall, daß die Lohnerhöhungen nur einen Anbieter auf einem Produktmarkt betreffen. Wird unterstellt, daß sich die Lohnkostensteigerung auf alle Anbieter eines Marktes bzw. auf eine ganze Branche erstreckt, so ergibt sich im ersten Schritt zwar auch eine Reduktion des Gesamtangebots. Diese Verringerung des Angebots, die bei Arbeitszeitverkürzungen noch verschärft wird, wird jedoch zur entscheidenden Voraussetzung für eine Vorwälzung der Kostensteigerungen auf den Produktpreis im zweiten Stadium[38]. Das Ausmaß der Preissteigerungen hängt von der Preiselastizität der gesamten Marktnachfrage auf dem Produktmarkt und dem Anteil der Grenzbetriebe an der Gesamtzahl der auf diesem Markt anbietenden Unternehmen ab. Je elastischer die gesamte Nachfrage, desto geringere Preissteigerungen, je starrer die Nachfrage, desto größere Preissteigerungen sind möglich und aufgrund der kurzfristigen Gewinnmaximierungshypothese

---

[37] Vgl. zur folgenden Analyse u. a. *Krelle*, W.: Der Einfluß von Lohnveränderungen auf Preise und Beschäftigung, S. 9 ff.; *Arndt*, E.: Theoretische Grundlagen der Lohnpolitik, S. 139 ff.; *Lester*, R. A.: Economic Adjustments to Changes in Wage Differentials, in: Taylor, G. W., und Pierson, F. C. (Hrsg.), New Concepts in Wage Determination, New York—Toronto—London 1957, S. 206 ff.; *Slichter*, S. H.: Labor Costs and Prices, in: Myers, C. A., Wages, Prices, Profits and Productivity, S. 167 ff.

[38] Die hier theoretisch konstruierten zwei Etappen existieren in der wirtschaftlichen Wirklichkeit nicht. Dort vollziehen sich die Vorgänge simultan.

wahrscheinlich. Ist der Anteil der Grenzbetriebe an der Gesamtzahl der Anbieter hoch und wird angenommen, daß diese gewinnlosen, schon im Betriebsminimum produzierenden Unternehmen bei den geringsten Kostensteigerungen aus dem Markt endgültig ausscheiden, so sind für die im Markt verbleibenden Anbieter überproportionale Preissteigerungen möglich.

Der hier analysierte Fall der Wirkungen von Lohnerhöhungen auf in polypolistischer Preiskonkurrenz miteinander stehenden Unternehmen, die alle kurzfristige Profitmaximierung anstreben, stellt die „klassische" Lösung des Problems dar: Lohnerhöhungen haben Preis- und Beschäftigungsvariationen zur Folge, je nach der Elastizität der Nachfrage. Ist die Nachfrage hochelastisch, dann dominieren die negativen Beschäftigungswirkungen, ist die Nachfrage nahezu unelastisch, dann ergeben sich Preissteigerungen. Dieses auf marginalanalytischen Wegen erzielte Ergebnis trifft jedoch nur einen Teil der Realität. „For an analysis of the adjustments that individual firms may make to a particular wage change, the traditional theory of the firm is inadequate. Based on a single goal of profit maximization, arrived at by the method of marginal calculations, it is far too narrow and unrealistic. ... Corporate managements seem to be influenced by a number of objectives, not simply by a single monetary goal[39]." Dieser Kritik ist im folgenden Rechnung zu tragen.

16. Oligopolistische und monopolistische Großunternehmen, die ihre Produkte auf von ihnen administrierten Produktmärkten absetzen, verfolgen Zielsetzungen, die von der kurzfristigen Profitmaximierung abweichen. Wesentliche Ursache für das Entstehen neuer unternehmenspolitischer Zielsetzungen ist die Trennung der Eigentümer- von der Unternehmerfunktion, das Größenwachstum der Unternehmen, der prolongierte unternehmerische Zeithorizont sowie die veränderte Marktstruktur auf den Produktmärkten. Welche Zielsetzung von den modernen Großunternehmen konkret verfolgt wird, darüber sind die verschiedensten Hypothesen aufgestellt worden. Gemeinsamer Ausgangspunkt aller diesbezüglichen Überlegungen ist die Feststellung, daß moderne Großunternehmen eine weitgehende Preiskontrolle ausüben können. Entscheidendes Charakteristikum der Preispolitik der Anbieter auf administrierten Märkten ist ihre relative preispolitische Autonomie und die Rigidität der Preise. In seiner Auswertung einer großangelegten empirischen Untersuchung[40] nennt *Lanzilotti* vor allem

---

[39] Vgl. *Lester*, R. A.: Economic Adjustments to Changes in Wage Differentials, S. 207.

[40] Vgl. *Kaplan*, A. D. H., J. B. *Dirlam*, und R. F. *Lanzilotti:* Pricing in Big Business. A Case Approach, Washington D. C. 1958.

vier Ziele der Preispolitik, die von den Großunternehen in den USA am häufigsten als Zielsetzung angegeben wurden[41]. Danach diente die Preispolitik in der Mehrzahl aller befragten Unternehmen der Realisierung einer bestimmten target rate of return on investment. Als zweites Ziel wird die Preis- und Profitstabilisierung genannt, verhältnismäßig oft wurde die Preispolitik zur Erzielung eines bestimmten Marktanteils eingesetzt und an vierter Stelle rangierte das Motiv, mit der Preispolitik der Konkurrenz zu begegnen bzw. newcomer am Marktzugang zu hindern. *Baumol* seinerseits geht einmal davon aus, „that the typical oligopolist's objectives can usefully be characterized, approximately, as sales maximization subject to a minimum profit constraint"[42], andererseits, daß die Großunternehmen in den reifen Volkswirtschaften im wesentlichen eine Maximierung der Expansionsrate der Firma erreichen wollen[43].

Um die andersartigen unternehmenspolitischen Reaktionen der modernen Großunternehmen auf die Kosten- und Liquiditätseffekte der verteilungspolitischen Interventionen beurteilen zu können, erscheint es zweckmäßig, die verschiedenen, aus den unterschiedlichen Zielsetzungen sich ableitenden Preisprinzipien und -kalküle zu untersuchen. Die auf oligopolistischen und monopolistischen Märkten anbietenden Großunternehmen, die eine Maximierung des kurzfristigen Periodengewinns anstreben, gehen von geschätzten und periodenbezogenen Kosten- und Nachfragegrößen aus und wählen in jeder Periode denjenigen Preis, der die Bedingung der Gleichheit von Grenzerlös und Grenzkosten erfüllt. Wie schon erwähnt, muß dieses Preisbildungsprinzip für moderne Großunternehmen als unrealistisch angesehen werden. Wahrscheinlicher erscheinen die Prinzipien des cost-plus-pricing, das von *Hall* und *Hitch* entwickelt wurde[44], und des target-return pricing, das von *Kaplan*, *Dirlam* und *Lanzilotti* empirisch nachgewiesen wurde[45].

17. Rein formal ist das cost-plus pricing dann mit der Zielsetzung der kurzfristigen Gewinnmaximierung und dem daraus sich ergebenden marginalen Preiskalkül nicht vereinbar, wenn es sich um das „echte" oder „starre" Vollkostenprinzip handelt. Nach diesem Prinzip

---

[41] Vgl. *Lanzilotti*, R. F.: Pricing Objectives in Large Companies, in: AER, Vol. 48, 1958, S. 922 f.

[42] *Vgl.* Baumol, W. J.: Business Behavior, Value Growth, New York 1959, S. 49.

[43] Vgl. *Baumol*, W. J.: On the Theory of Expansion of the Firm, in: AER, Vol. 52, 1962, S. 1085.

[44] Vgl. *Hall*, R. L. und C. J. *Hitch*: Price Theory and Business Behaviour, in: OEP, No. 2, 1939, S. 12 ff.

[45] Vgl. *Kaplan*, A. D. H., J. B. *Dirlam*, und R. F. *Lanzilotti*: Pricing in Big Business.

errechnet sich der Preis als Summe aus den direkten Stückkosten, den indirekten Stückkosten (Gemeinkostenzuschlag) und einem starren Gewinnzuschlag. Entscheidend ist, daß es sich bei beiden „Zuschlägen um feste, starre Prozentsätze handelt“[46]. Berechnungsgrundlage für den Preis ist also die Kostenbasis, d. h. allein eine Änderung der durchschnittlichen totalen Kosten verändert bei gleichbleibendem Gewinnzuschlag den Vollkostenpreis. Wie der Gewinnzuschlag im einzelnen errechnet wird, ist kaum allgemeingültig zu fixieren. Die Vorstellung eines branchenüblichen Gewinns dürfte hier realistisch sein. Die Elastizität der Nachfrage in bezug auf den Preis spielt für die Festsetzung des Gewinnzuschlags keine Rolle. In seiner Kritik am „echten“ Vollkostenprinzip bezweifelt *Schneider*, daß in der wirtschaftlichen Praxis mit konstanten Gewinnzuschlägen gearbeitet würde. Er stellt die Antithese auf, daß der zugeschlagene Gewinn in Wirklichkeit immer eine flexible Größe sei. Das aber besage nichts anderes, „als daß die Preispolitik die Elastizität der Nachfrage in bezug auf den Preis in Rechnung stellt“[47]. Daraus folge, daß das „flexible“ oder „unechte“ Vollkostenprinzip in keinem Widerspruch zum Marginalkalkül stehe[48]. Diese Aussage, die langfristig durchaus ihre Berechtigung hat, ist in kurzer Sicht nicht haltbar. Die sich aus „begrenzt flexiblen“ Gewinnsätzen — im Gegensatz zu den vollständig flexiblen Gewinnspannen der Marginaltheorie — ergebende Stufenflexibilität der Preisadaption an veränderte Kosten- und/oder Nachfragebedingungen kann kurzfristig zu erheblichen Abweichungen zwischen dem theoretisch aus den Marktbedingungen folgenden Preis und dem tatsächlichen, politisch bestimmten Preis führen. Der administrativ-politische Charakter, auch des flexiblen cost-plus pricing, ist eindeutig. Die Kostenorientierung in der Preisbildung dient als Legitimation vor der Öffentlichkeit, wenn Preiserhöhungen vorgenommen werden. Die gesamtwirtschaftliche Verantwortung für Preissteigerungen kann dem prima facie verursachenden Faktor, den gewerkschaftlichen Verteilungsforderungen, zugeschoben werden. Das Vollkostenprinzip stellt eine jener Indexbindungen dar, durch die die industrialisierten Volkswirtschaften u. a. charakterisiert sind, und die letztlich der Einkommenssicherung von sozioökonomischen Gruppen bzw. deren Mitgliedern dienen.

---

[46] Vgl. *Schneider*, E.: Der Realismus der Marginalanalyse in der Preistheorie, in: WA, Bd. 73, 1954, S. 52.

[47] Vgl. *Schneider*, E.: Der Realismus der Marginalanalyse in der Preistheorie, S. 54.

[48] Vgl. *Schneider*, E.: Der Realismus der Marginalanalyse in der Preistheorie, S. 54 f.; zur Kritik des Vollkostenprinzips vgl. u. a. auch *Machlup*, F.: Marginal Analysis and Empirical Research, in: AER, Vol. 36, 1946, S. 519 ff.; *Kuhlo*, K. C.: Eine Analyse des Vollkostenprinzips, in: WA, Bd. 75, 1955, S. 137 ff.

Das politisch-administrative Element in der Preisbildung von Großunternehmen dokumentiert sich noch eindeutiger im target-return pricing[49]. In diesem Preiskalkül wird als erstes die target rate of return festgelegt, die langfristig als notwendig erachtet wird. Die dabei entscheidende Überlegung ist, daß keine zu hohe Profitrate fixiert wird, da dann staatliche Interventionen zu befürchten wären, neue Konkurrenten angelockt würden und die Lohnverhandlungen mit den Gewerkschaften sich weitaus schwieriger gestalten würden. Aus diesen Gründen wird das Unternehmen bemüht sein, einen Preis zu ermitteln, der eine Profitrate garantiert, die geringer als diejenige ist, die durch eine volle Ausnutzung des von der Nachfrage gewährten Preisspielraums in jeder einzelnen Periode zu erzielen wäre. Die aus dem Risikoausgleich zwischenstaatlicher Intervention, neuer Konkurrenz und gewerkschaftlicher Aktion einerseits und der höheren möglichen Profitrate andererseits resultierende target rate of return wird von den Unternehmen meist als „faire" oder „übliche" Profitrate bezeichnet. Im zweiten Schritt der Preiskalkulation wird dann eine bestimmte Standardauslastung der produktiven Kapazitäten festgesetzt, die aufgrund der bisherigen Erfahrungen als langfristig realistisch erscheint. Dann erst werden die Kosten in den Kalkül einbezogen, wobei man von den Standardkosten ausgeht. Die Standardkosten stellen in doppelter Hinsicht einen Durchschnitt dar: Sie „sind durchschnittliche totale Kosten bei 75 bis 80 % Kapazitätsausnutzung, und sie sind gleichzeitig ein Durchschnitt im Zeitablauf, insofern nämlich, als die Standardkosten jeweils für einen längeren Zeitraum gelten unter Berücksichtigung der zu erwartenden Material- und Lohnkostenentwicklung"[50]. Auf der dritten Stufe der unternehmerischen Preiskalkulation wird der target price ermittelt, der die Bedingung erfüllen muß, die Zielprofitrate zu gewährleisten und die erwartete Nachfrageentwicklung an die Standardauslastung anzupassen. Im letzten Schritt werden die Nachfrageentwicklung und die Preise der konkurrierenden Güter berücksichtigt. Erlaubt der Trend der Nachfrage nach den Gütern der Unternehmung einen höheren als den fixierten Preis, so wird in der Regel nicht mit einer Steigerung des target-Preises, sondern mit einer Erweiterung der Kapazitäten reagiert. Ist dagegen die Nachfrageentwicklung zu schwach, so wird entweder der kalkulierte Preis reduziert und versucht, durch Rationalisierung die ursprüngliche target rate wieder zu erreichen, oder aber man nimmt die Umsatzverringerung bei konstantem Preis in Kauf.

---

[49] Vgl. zum folgenden *Means*, G. C., Collective Enterprise and Economic Theory, S. 1530 f.

[50] Vgl. *Bohley*, P.: Preistheorie und 'Administered Price Behaviour', S. 241 f.

Varianten bzw. Zwischenformen von target-return pricing und cost-plus pricing stellen die Formen der Preispolitik dar, die entweder Marktanteilssicherung bzw. -steigerung oder die Einholung nicht realisierter Profite bezwecken. Bei der preispolitischen Marktanteilssicherung bzw. -erhöhung rücken die Nachfragentwicklung bezüglich der gesamten Gütergruppe (Einkommenselastizität), die Substitutionselastizität und die Preissetzung der Konkurrenten in den Vordergrund des Preiskalküls. In der Regel dürfte sich die Zielsetzung einer Erhaltung des Marktanteils preisberuhigend auswirken. Der Preis des Gutes wird die entscheidende, aber weitgehend tabuierte Variable; erst nach ihrer Fixierung wird unter Berücksichtigung der angestrebten Zielverzinsung die Kostenfrage entschieden. Hier werden also die Kosten zur abhängigen und manipulierten Variablen, d. h. nach Fixierung des Preises werden die Qualität und die Eigenschaften des Produktes festgelegt. Dieses Preisverhalten kommt vor allem bei den langlebigen Gebrauchsgütern zur Anwendung[51].

Eine weitere Variante des administered price behaviour ist von *Galbraith* entwickelt worden[52]. Sie stellt einen spezifischen Fall des target-return pricing dar und ergibt sich zwangsläufig aus der langfristigen Orientierung der Preispolitik. Nach *Galbraith* erhöhen die modernen Großunternehmen ihre Preise nicht nur im Ausmaß der Kostensteigerung, sondern überproportional. Ausgangspunkt dieser Preispolitik ist die Annahme, daß die oligopolistischen und monopolistischen Großunternehmen auf Märkten mit einem Nachfrageüberhang anbieten, ihre Preise also im allgemeinen unter dem Gleichgewichtspreis liegen und Auftragspolster bestehen. Es existieren also „unliquidated monopoly gains". Eine Kostensteigerung bietet den Unternehmen nun die geeignete Propaganda-Basis, ihre Preise zu erhöhen. Die über die Kostensteigerung hinausgehende Preiserhöhung kann einmal aus einer vom Unternehmen beschlossenen Änderung der langfristigen Zielverzinsung des investierten Kapitals resultieren, zum zweiten sich aus einer Antizipation zukünftiger Kostensteigerungen ergeben.

Ein abschließender Vergleich der verschiedenen Preisbildungsprinzipien moderner Großunternehmen zeigt, daß alle Formen des administered price behaviour auf der Manipulations-Möglichkeit der Preise beruhen und durch die Immunisierung der Preise gegenüber den kurzfristigen Angebots-Nachfrage-Konstellationen gekennzeichnet sind. Bedeutsame Unterschiede zwischen den einzelnen Preiskalkülen ergeben sich bezüglich der Kostenbasis, des preiskalkulatorischen Planungshorizonts und des Zusammenhangs von Preis- und Investitionspolitik. Hin-

[51] Vgl. *Bohley*, P.: Preistheorie und 'Administered Price Behaviour', S. 244.
[52] Vgl. *Galbraith*, J. K., Market Structure and Stabilization Policy, S. 124 ff.

sichtlich der Kostenbasis kann mit *Eckstein* festgestellt werden: „Target-return pricing differs from crude full-cost (or cost-plus) pricing by relating price not to actual cost but to standard cost[53]." Das target-return pricing ist damit unempfindlicher gegenüber Änderungen der Kostensituation eines Großunternehmens als das Vollkostenprinzip. Damit ist auch gleichzeitig die Frage des preispolitischen Planungshorizontes beantwortet. Die Preiskalküle des target-return pricing sind im Gegensatz zum cost-plus pricing langfristig ausgerichtet und gegenüber kurzfristigen Schwankungen der Kosten- und Nachfragekomponenten relativ rigide: „The time horizon for large companies with respect to these profit-objectives and pricing policy is best described as long run, in conformance with the exspectation of realizing an average rate of return over years of both high and low operating rates[54]." Dies gilt vor allem für Unternehmen mit einem breit gestreuten Güterangebot, für die *Lanzilotti* zu dem Ergebnis kommt, daß „pricing is frequently done for product groups with an eye to the over-all profit position of the company. This means that costing of products ends up as a result of price policy rather than the reverse"[55].

Ein weiterer Unterschied betrifft den Zusammenhang zwischen Preis- und Investitionspolitik in den Großunternehmen. Stellt sich diese Beziehung bei den profitmaximierenden Unternehmen als eines der undurchsichtigsten Kapitel heraus, so ist mit dem Prinzip des target-return pricing und seinen Varianten ein relativ eindeutiger und enger Zusammenhang zwischen Preis- und Investitionspolitik gegeben. Jeder Investitionsentscheidung wird eine bestimmte Profitrate vorgegeben, aus der dann, in Verbindung mit der als notwendig angesehenen Auslastung der Kapazitäten, ein langfristiger Produktpreis folgt. Ob man nun daraus — wie *Lanzilotti* — folgert, daß „investment decisions in effect are themselves a form of pricing decision"[56] oder ob man die Preispolitik als integrierten Bestandteil der Investitionspolitik ansieht, soll hier nicht entschieden werden. Augenfällig ist die Ausdehnung des unternehmerischen Planungshorizontes und offensichtlich ist die engere Koordination des preis- und investitionspolitischen Bereichs: kurz- und langfristige Entscheidungen werden unter Einschränkung der kurzfristigen Aspekte koordiniert und beide administriert.

---

[53] Vgl. *Eckstein*, O.: A Theory of the Wage-Price Process in Modern Industry, in: REStud, Vol. 31, 1964, S. 269, Anmerkung 5.

[54] Vgl. *Lanzilotti*, R. F.: Some Characteristics and Economic Effects of Pricing Objectives in Large Corporations, in: The Relationship of Prices to Economic Stability and Growth, S. 451.

[55] Vgl. *Lanzilotti*, R. F.: Pricing Objectives in Large Companies, S. 939; vgl. dazu auch *Eckstein*, O.: A Theory of the Wage-Price Process in Modern Industry, S. 269 f.

[56] Vgl. *Lanzilotti*, R. F.: Pricing Objectives in Large Companies, S. 940.

18. Zieht man die diskutierten preispolitischen Prinzipien zur Analyse der Reaktionsformen moderner Großunternehmen auf Lohnkostensteigerungen heran, so ergeben sich unterschiedliche Resultate. Diejenigen Unternehmen, die ein cost-plus pricing betreiben, reagieren auf Lohnkostensteigerungen „automatisch“ mit einer sofortigen Preiserhöhung. Wird das echte Vollkostenprinzip befolgt, so wird bei konstantem Gewinnzuschlag der Preis im Ausmaß der Zunahme der totalen Stückkosten heraufgesetzt. Die Wirkung einer Lohnerhöhung äußert sich bei dieser Form der unternehmerischen Preispolitik allein in einem Preiseffekt, Mengeneffekte lassen sich ohne zusätzliche Bedingungen über die Preis- und Einkommenselastizität nicht ableiten. Ein sofort funktionierendes und immer befolgtes Junktim zwischen Lohn- und Preiserhöhungen ist für die ein target-return pricing verfolgenden Großunternehmen nicht gegeben. Typisch für diese Form der Preisadministration ist eine verzögerte Preisanpassung an Kostenänderungen. Dem liegt die Überlegung zugrunde, daß häufige Preisänderungen und vor allem Preissteigerungen die potentiellen und tatsächlichen Abnehmer der Produkte vergrämen. Dies nicht nur aus Gründen der Verteuerung der Produkte, sondern auch aufgrund der Tatsache, daß damit die langfristige Kalkulationsgrundlage der abnehmenden Unternehmen unsicher wird und die Preisstabilität von Produkten in einer schleichenden Inflation bei den Konsumenten zu einem Wert an sich wird, der eine gesamtwirtschaftlich verantwortungsbewußte Unternehmenspolitik dokumentiert und den good will eines Unternehmens zweifellos erhöht. Lohnkostensteigerungen werden daher nicht sofort und in vollem Ausmaß mit Preissteigerungen beantwortet, sondern wenn Preiserhöhungen vorgenommen werden, so werden sie meist mit dem Erscheinen neuer bzw. verbesserter Produkte gekoppelt, so daß als Ursache der Preissteigerungen sowohl auf die Lohnerhöhungen der Gewerkschaften als auch auf die — oft nur simulierten — Produktinnovationen zurückgegriffen werden kann. Daraus folgt, daß die nach der Methode des target return pricing kalkulierenden Großunternehmen den preislichen Anpassungszeitraum vergrößern. Diese Tatsache kann mit einer kurzfristigen Anspannung des Liquiditätsspielraumes und einer temporären Gewinnkürzung verbunden sein. Langfristig werden jedoch beide unternehmensstrategische Größen nicht ernsthaft tangiert.

Werden Unternehmen von Lohnkostensteigerungen betroffen, die auf Marktanteilssicherung bzw. -steigerung bedacht sind, so dürfte auf den betreffenden Märkten eine relativ gespannte Lage herrschen, die sich sowohl in Preis- als auch in Innovationskämpfen äußern kann. So kann es durchaus im Interesse eines einzelnen Unternehmens liegen, die Kostenzunahme mit verringerten Gewinnspannnen aufzufangen, um auf diese Weise den Marktanteil zu halten bzw., wenn die übrigen ebenfalls von Lohnerhöhungen betroffenen Unternehmen derselben Branche ihre Preise anheben, zu erweitern. Die mangelnde Solidarität zwischen den anbietenden Großunternehmen in der Situation eines Marktanteil-Kampfes kann also die Überwälzung der verteilungspolitischen Belastungen durchaus wirksam verhindern.

Für diejenigen Unternehmen ,bei denen unliquidated monopoly gains existieren bzw. die zukünftige Kostensteigerungen antizipieren, kann eine überproportionale Preisreaktion konstatiert werden. Auch dieses Preisverhalten ist auf die Öffentlichkeit abgestimmt, wobei als sicher unterstellt werden kann, daß Kosten- und Preiserhöhungen von den Konsumenten in ihrem unterschiedlichen Ausmaß nicht erkannt werden, vor allem, wenn sie durch simulierte Produktinnovationen verschleiert werden. Lohnerhöhungen, die, wie schon erwähnt, zu nationalen Ereignissen geworden sind, bieten die beste Gelegenheit, die bisher aus politischen Gründen nicht realisierten Gewinne doch noch zu erzielen, ohne daß die Unternehmen Gefahr laufen, die wirtschaftlichen und politischen Gegenmächte zu mobilisieren: „Der Schwarze Peter kann den Gewerkschaften zugeschoben werden, während die Unternehmer gleichzeitig eine ausgezeichnete Begründung für simultane und allgemeine Preissteigerungen, die sonst vielleicht die Kartellbehörde auf den Plan rufen würde, vorbringen können[57]."

Wir können unsere skizzenhafte Analyse der potentiellen und wahrscheinlichen Reaktionen moderner Großunternehmen auf Lohnkostensteigerungen mit der allgemeinen Feststellung abschließen, daß aufgrund der politisch orientierten unternehmerischen Preispolitik Lohnerhöhungen mit verzögerten und durch echte und unechte Produktinnovationen verdeckten Preissteigerungen beantwortet werden. Reduktionen der angebotenen Menge und damit Beschäftigungsrückgänge werden kaum erfolgen. Die Tatsache, daß moderne Großunternehmen meist nicht unter dem Druck eines Preiswettbewerbs, sondern eines Qualitäts-, Konditionen- und Innovationswettbewerbs stehen, läßt die weitere Aussage zu, daß Lohnerhöhungen tendenziell nicht jene scharfen Reaktionen auslösen werden, wie sie für profitmaximierende oder cost-plus pricing betreibende Unternehmen zu erwarten sind. Die verzögerte und verdeckte Preisanpassung dürfte vielmehr dominieren. Es muß als wahrscheinlich angesehen werden, daß die Großunternehmen den Lohnerhöhungen nicht Schritt für Schritt durch Preiserhöhungen folgen. Die Wahrscheinlichkeit für eine Preisreaktion gilt verstärkt für Unternehmen, die ein konsumnahes Sortiment anbieten, da sie mit den Nachfrageeffekten der Lohnerhöhungen rechnen

---

[57] Vgl. *Rose*, K.: Bemerkungen zur Theorie der Kosteninflation, in: JfS, Bd. 12, 1961, S. 342.

können; die Wahrscheinlichkeit für gemäßigte Preisreaktionen ist sehr hoch für die Unternehmen, die sich durch einen relativ kapitalintensiven Produktionsprozeß auszeichnen, da der Anlaß für Preissteigerungen nur relativ gering ist.

19. Da die kurzfristigen und langfristigen Anpassungsformen der Unternehmungspolitik als Verhaltensalternativen anzusehen sind, wird in der folgenden Analyse der langfristigen Reaktionsmöglichkeiten der Unternehmen auf die verteilungspolitischen Maßnahmen unterstellt, daß kurzfristig keine Kompensationsgelegenheiten bestanden haben mögen. Als langfristige Ausgleichsmaßnahmen stehen der Unternehmenspolitik die Substitution des Faktors Arbeit durch den Faktor Kapital, Prozeß- und Produktinnovationen und Variationen der Investitionstätigkeit zur Verfügung. Da sich für das einzelne Unternehmen sowohl die Substitutions- als auch die Innovationsprozesse als Investitionsentscheidungen darstellen, ist es zweckmäßig, die folgende Analyse auf das generelle Problem zu konzentrieren, wie die durch die Verteilungspolitik verursachten Gewinnreduktionen die Investitionsentschlüsse des einzelnen Unternehmers beeinflussen. Auf die spezifischen Bedingungen derjenigen Investitionen, die einer Steigerung der Kapitalintensität, des technischen Fortschritts und einer Änderung des Produktionsprogramms dienen, wird dann jeweils kurz eingegangen.

Nach *Schumpeter* ist „unter rasch sich verändernden Bedingungen, besonders unter Bedingungen, die jeden Augenblick unter dem Druck neuer Güter und Techniken wechseln oder doch wechseln können, ... die langfristige Investition dem Schießen auf ein Ziel zu vergleichen, das nicht nur undeutlich ist, sondern sich auch bewegt“[58]. Um den spezifischen Einfluß lohnpolitischer Maßnahmen auf die Investitionsentscheidungen analysieren zu können, ist es notwendig, die Bestimmungsgründe der Investitionstätigkeit zu kennen und die Wirkungen der Verteilungspolitik auf die Investitionsdeterminanten zu untersuchen. Der Zusammenhang zwischen einer Investition und den sie bestimmenden Faktoren, also die Investitionsfunktion, gehört zu den ungesichertsten Erkenntnisbereichen der nationalökonomischen Theorie. Im allgemeinen wird heute die Vornahme einer Investition als abhängig von der Investitionsneigung und der Investitionsmöglichkeit angesehen[59].

Unter die Investitionsneigung werden alle subjektiven Faktoren subsumiert, die die Investitionsentschlüsse eines Unternehmens beeinflussen. Dazu gehören einmal die ökonomisch imponderablen Einflüsse, die vom Macht- und Prestigestreben der Unternehmer ausgehen, und zum anderen die wirtschaftlichen Erwägungen, die die unternehmeri-

---

[58] Vgl. *Schumpeter*, J. A.: Kapitalismus, Sozialismus und Demokratie, S. 144.
[59] Vgl. *Preiser*, E.: Investition und Zins, S. 171 f.

sche Zielsetzung, das von Unternehmen zu Unternehmen unterschiedliche Risiko und die erwartete Profitrate betreffen. Die Investitionsmöglichkeit bezieht sich dagegen auf den für die Durchführung einer Investition notwendigen Finanzierungsspielraum, also auf objektive Faktoren, wie die am Geld- und Kapitalmarkt zu einem bestimmten Zins verfügbaren Finanzierungsmittel, die Kreditbereitschaft des Bankensystems und die Kreditwürdigkeit des einzelnen Unternehmens, sowie seine Selbstfinanzierungsmöglichkeiten. Den langfristigen Investitionsentscheidungen liegt also der Sachverhalt zugrunde, „daß alle Investitionen gewollt sein und zweitens finanziert werden müssen“[60]. Im folgenden werden zunächst die von der Verteilungspolitik ausgehenden Einflüsse auf die Investitionsneigung und daran anschließend die Rückwirkungen der Verteilungsänderungen auf die Investitionsmöglichkeit analysiert.

20. Ausgangspunkt der Analyse der Wirkungen verteilungspolitischer Maßnahmen auf die einzelwirtschaftliche Investitionsneigung sei ein profitmaximierendes Unternehmen, das den Gewinn als entscheidende Determinante seines Investitionsentschlusses ansieht. Die marginalanalytische Version der langfristigen Bedingung der Profitmaximierung ist bekanntlich für den einzelnen Unternehmer dann erfüllt, wenn er unter alternativen Investitionsprojekten dasjenige auswählt, für das der diskontierte Grenzumsatz den diskontierten Grenzausgaben enstpricht[61]. Die das Investitionskalkül als Konkretisierung der Investitionsneigung bestimmenden Größen sind also die Gesamtheit der erwarteten Ausgaben und Einnahmen, die die erwartete Profitrate ergeben, sowie der Kalkulationszinsfuß.

Mit steigender Profitrate und abnehmendem Kalkulationszinsfuß wird die Investitionsneigung zunehmen. Die Kosteneffekte von Lohnerhöhungen werden cet. par. die mit einer Investition verbundenen Gesamtausgaben erhöhen und damit den Kapitalwert und die erwarteten Profitrate einer geplanten Investition senken. Sinkt die erwartete Profitrate unter die als notwendig angesehene Höhe des unternehmensindividuellen Kalkulationszinses, so werden geplante Investitionsobjekte zurückgestellt, die Investitionsneigung kommt zum Erliegen, da die Erwirtschaftung eines bestimmten Gewinnaufschlags und einer spezifischen Risikoprämie nicht mehr gesichert ist.

Auf der Basis gleichartiger marginalanalytischer Betrachtungen läßt sich das Ergebnis erreichen, daß durch Lohnkostensteigerungen Faktor- und Prozeßsubstitutionen (ohne technischen Fortschritt) ausgelöst werden[62]. Steigen die Lohnsätze durch die gewerkschaftliche Aktivität re-

[60] Vgl. *Preiser*, E.: Investition und Zins, S. 175.
[61] Vgl. *Schneider*, E.: Einführung in die Wirtschaftstheorie, II. Teil, S. 256.
[62] Vgl. *Schneider*, E.: Einführung in die Wirtschaftstheorie, II. Teil, S. 246 ff.

lativ stärker als die Zinssätze, so nehmen cet. par. die jährlichen Betriebsausgaben arbeitsintensiver Produktionsprozesse cet. par. relativ stärker zu, als die der vergleichweise kapitalintensiveren Methoden. Wenn also permanente Lohnkostensteigerungen von den Unternehmen erwartet werden, so führen sie zu einer Bevorzugung kapitalintensiverer Investitionsprojekte und damit zu einer Steigerung des Mechanisierungsgrades der Produktion. Dieses Ergebnis gilt sowohl für die Wahl zweier alternativer Investitionsprojekte als auch für den Vergleich zwischen einem bestehenden und einem neuen Produktionsverfahren.

Ob es in der Praxis zu derartigen Substitutionsvorgängen kommt, ist sehr umstritten. In einer schwedischen Untersuchung kommt *Nabseth* zu dem Ergebnis, „daß die Änderungen in der Wahl der Produktionsmethoden, die im allgemeinen nach einer für schwedische Verhältnisse mäßigen Lohnerhöhung eintreten, relativ gering sind“[63]. Als Begründung gibt *Nabseth* an, daß die Produktionsprozesse limitationalen Charakter aufwiesen, daß die Lohnerhöhungen nicht stark genug seien und daß die technische Entwicklung kontinuierlich verliefe und daher vorausgesehen werden könne[64]. *Gutenberg* nennt in seiner Untersuchung für die BRD jedoch ausdrücklich die Verknappung des Faktors Arbeit als Motiv für eine Vorverlegung des Ersatzzeitpunktes industrieller Anlagen[65]. Dennoch dürfte es zumindest realistischer sein, daß die Wahl zweier alternativer Projekte von der Lohnpolitik beeinflußt wird, als daß eine bestehende Produktionsmethode durch eine neue, kapitalintensivere aus Lohnkosten-Aspekten abgelöst wird.

21. Da die Kosteneffekte der Verteilungspolitik nicht nur Substitutionsvorgänge auslösen können, sondern auch die Einführung des technischen Fortschritts tangieren, sollen diese Zusammenhänge im folgenden kurz diskutiert werden. Grundlegend für diese Analyse ist die Tatsache, daß der einzelne Unternehmer bezüglich der Kostenentwicklung in einem permanenten Zwei-Fronten-Krieg steht: er sieht sich durch steigende verteilungspolitische Belastungen einerseits und durch das technische Veralten seiner Produktionsmethoden und seiner Produkte aufgrund des allgemeinen technischen Fortschritts andererseits bedroht. Die technische Entwicklung kann man mit *Schumpeter* als einen Prozeß „schöpferischer Zerstörung“ verstehen, der eines der fundamentalen Triebwerke wirtschaftlicher Entwicklung darstellt[66].

---

[63] Vgl. *Nabseth*, L.: Die Wirkungen der Lohnerhöhungen, in: WA, Bd. 94, 1965, S. 75.
[64] Vgl. *Nabseth*, L.: Die Wirkungen von Lohnerhöhungen, S. 76.
[65] Vgl. *Gutenberg*, E.: Untersuchungen über die Investitionsentscheidungen industrieller Unternehmen, Köln und Opladen 1959, S. 218 f.
[66] Vgl. *Schumpeter*, J. A.: Kapitalismus, Sozialismus und Demokratie, S. 134 ff.

Für ein einzelnes Unternehmen, gleichgültig, ob Großunternehmen oder nicht, ist es im allgemeinen nicht rational, der kontinuierlichen Kette des technischen Fortschritts Glied um Glied zu folgen. Es fragt sich somit, wann eine Unternehmung den technischen Fortschritt einführen wird, bei welchem Glied der Kette. Als Bedingung für die Einführung des technischen Fortschritts können wir mit *Schumpeter* annehmen, „daß ... eine private ... Unternehmungsleitung Verbesserungen dann einführen wird, wenn mit der neuen Produktionsmethode kleinere Gesamtkosten pro Produkteinheit zu erwarten sind, als die Gestehungskosten pro Produkteinheit bei der augenblicklich verwendeten Methode betragen“[67]. Etwas anders formuliert: Der technische Fortschritt wird eingeführt, wenn bei unverändertem Produktionsvolumen die totalen Stückkosten der neuen Methode geringer oder gleich den variablen Stückkosten des alten Verfahrens sind. Daraus folgt, daß Lohnkostensteigerungen dann die Einführung des technischen Fortschritts beschleunigen, wenn es sich um arbeitssparende Innovationen handelt.

Generell kann über den Zusammenhang zwischen Lohnkosten und Fortschrittsinvestitionen gesagt werden, daß Lohnerhöhungen dann von geringer Bedeutung für die unternehmerische Investitionsplanung sein werden, wenn es sich um Unternehmungen handelt, die sich einer raschen technischen Entwicklung ausgesetzt sehen und für die daher der Innovationszwang vergleichsweise größer ist als der Lohndruck. Diese Unternehmen werden sich zwangsläufig in ihrer Investitionspolitik stärker an der technischen Entwicklung als an der Lohnkostenentwicklung orientieren.

Das soeben über den Innovationsdruck Gesagte gilt gleichermaßen für den Nachfragesog. Sehen sich die einzelnen Unternehmen einer langfristig günstigen Nachfrageentwicklung gegenüber, so dürfte der Lohnkostendruck für die investiven Unternehmensentscheidungen kaum eine gravierende Rolle spielen.

In diesen Fällen können Lohnkostensteigerungen nur das „Tüpfelchen auf dem i“ sein, d. h. daß der durch Lohnerhöhungen nahegelegte Substitutionsgedanke das letzte Glied in einer Kette von Faktoren ist, die für die Vornahme innovativer Investitionen sprechen. Umgekehrt wird der Einfluß von verteilungsinduzierten Kostensteigerungen dann eine wichtige Rolle spielen, wenn die betroffene Unternehmung nur einem geringfügigen Innovationsdruck ausgesetzt ist, wenn die Nachfrageentwicklung ungünstig verläuft und das Investitionsobjekt auch keine hohen Pioniergewinne erwarten läßt. In diesen Fällen wird man

---

[67] Vgl. *Schumpeter*, J. A.: Kapitalismus, Sozialismus und Demokratie, S. 159.

versuchen, sich den relativen Faktorpreisänderungen durch substitutive Investitionen anzupassen[68].

22. Nach der Darstellung der Lohnkostenwirkungen auf substitutive und innovative Investitionen haben wir uns im folgenden mit den langfristigen unternehmenspolitischen Reaktionen auf gewinnreduzierende Verteilungsmaßnahmen zu befassen. Darunter sind sowohl Lohnkostensteigerungen als auch Investivlöhne und investive Ertragsbeteiligungen zu verstehen.

Der entscheidende Nachteil dieser Gewinnkürzungen wird in ihrem lähmenden Effekt auf Investitionsneigung und Unternehmerinitiative gesehen. Da die Einflüsse der investiven Ertragsbeteiligungen auf die erwartete Profitrate und damit die Investitionsneigung den in der finanzwissenschaftlichen Literatur ausgiebig behandelten Wirkungen der Gewinnbesteuerung auf die Investitionstätigkeit weitgehend entsprechen, können die dort angewandten Untersuchungsmethoden und auch -ergebisse hier weitgehend übernommen werden[69].

Ist der Bruttogewinn bzw. die erwartete Bruttoprofitrate Grundlage der unternehmerischen Investitionsplanung, so haben die investiven Ertragsbeteiligungen ebenso wie die Gewinnsteuern keinen gravierenden Einfluß auf die Investitionsneigung, da in den Bruttogewinnen die an die Arbeitnehmer abzuführenden Beträge enthalten sind. Die Annahme, daß sich die Unternehmenspolitik bei ihren Investitionsentschlüssen an der Bruttoprofitrate orientiert, ist nicht so unrealistisch, wie es zunächst scheinen mag. Eine an den Bruttoprofiten ausgerichtete Investitionspolitik ist vor allem von den großen Kapitalgesellschaften zu erwarten, deren Geschicke von nicht an dem Unternehmen beteiligten Managern gelenkt werden. Die Eigentümerunternehmer kleiner Unternehmen werden sich dagegen fast ausschließlich an der Nettoprofitrate, die Unternehmer mittlerer Unternehmen werden sich gleichzeitig an der erwarteten Entwicklung der Brutto- und der Nettogewinnrate orientieren[70].

Das zentrale Argument eines negativen Einflusses verteilungspolitisch bedingter Gewinnreduktionen auf die Investitionsentscheidungen stützt sich auf die Behauptung, daß die investiven Gewinnbeteiligun-

---

[68] Vgl. zu diesen Ergebnissen auch *Nabseth,* L.: Die Wirkungen von Lohnerhöhungen, S. 78.

[69] Vgl. dazu die durch zwei Artikel von *Föhl* (Föhl, C.: Kritik der progressiven Einkommensbesteuerung, in: FA, N. F. Bd. 14, 1953/54, S. 105 ff.; derselbe: Das Steuerparadoxon, S. 1 ff.) ausgelöste Überwälzungsdebatte im Finanzarchiv, deren Ergebnisse u. a. von *Littmann* (*Littmann,* K.: Zunehmende Staatstätigkeit und wirtschaftliche Entwicklung, Köln und Opladen 1957, S. 51 ff.) und *Oberhauser* (Finanzpolitik und private Vermögensbildung, Köln und Opladen 1963, S. 58 ff.) zusammenfassend ausgewertet wurden.

[70] Vgl. *Föhl,* C.: Kritik der progressiven Einkommensbesteuerung, S. 105 f.

gen die erwartete Nettoprofitrate beschneiden, mit der Konsequenz, daß der interne Zinsfuß unter den als notwendig erachteten Kalkulationszins fällt, so daß geplante Investitionsobjekte nicht durchgeführt werden. Eine wachstumspolitisch bedeutsame Variante dieses Investitionsarguments besagt, daß durch steigende vermögenspolitische Belastungen der einzelnen Unternehmen vor allem die Investitionsneigung für besonders risikoreiche Investitionen, die die neuen produktiven Kombinationen realisieren, beschränkt wird. Die Begründung sieht man in dem Tatbestand, daß die verteilungspolitischen Maßnahmen die Relation zwischen Profiterwartungen und Verlustgefahr verschlechtern. Dies ist immer dann der Fall, wenn durch den verteilungspolitischen Eingriff der potentielle Gewinn stärker reduizert wird, als eventuell eintretende Verluste kompensiert werden[71].

23. Gegen die Thesen, daß die verschiedenen Gewinnbeteiligungssysteme durch Kürzung der erwarteten Nettoprofitrate und Verschlechterung der Relation zwischen Profiterwartung und Verlustgefahr die Investitionsneigung privater Unternehmen verringerten, lassen sich verschiedene Argumente anführen. Zunächst ist darauf hinzuweisen, daß Investitionen schon aus rein technischen Gründen, bedingt vor allem durch die langen Ausreifungszeiten, nicht ohne weiteres gekürzt werden können. Und selbst wenn solche technischen Gesetze nicht vorliegen sollten, dürfte es realistisch sein, anzunehmen, daß die Unternehmer bei erwarteten Gewinnreduktionen versuchen werden, die begonnenen Investitionsprojekte auch zu vollenden. Dieser Einwand besitzt jedoch nur dann Gültigkeit, wenn die investiven Ertragsbeteiligungen sehr überraschend eingeführt werden würden, was als unrealistisch bezeichnet werden muß.

Ein weiterer Einwand ergibt sich, wenn von der Annahme ausgegangen wird, daß die vermögenspolitischen Maßnahmen vor allem die Grenzinvestitionen betreffen und diese daher unterbleiben müßten. Unter der Prämisse, daß jede gewinnbringende Investition realisiert wird, ergibt sich jedoch, daß sowohl die eigen- als auch fremdfinanzierten Grenzinvestitionen nicht unterbleiben. Dieses Resultat, das allerdings nur für die Gewinnbeteiligungen, dagegen nicht für die Investivlöhne gilt, ergibt sich aus der simplen Überlegung, daß die erwarteten Nettoprofite einer fremdfinanzierten Grenzinvestition den Fremdkapitalzinsen gleich sind, also ein Reingewinn von null gegeben ist, an dem man schlecht jemanden beteiligen kann. Wird die Grenzinvestition mit eigenen Mitteln finanziert und versucht der einzelne

[71] Diese Argumentation führt *Littmann* im Rahmen der Diskussion um die Gewinnbesteuerung an: vgl. *Littmann*, K.: Zunehmende Staatstätigkeit und wirtschaftliche Entwicklung, S. 70 ff.

Unternehmer mindestens einen der alternativen Anlage auf dem Kapitalmarkt entsprechenden Zins zu erwirtschaften, so wird der Gewinn aus der eigenfinanzierten Grenzinvestition und der aus der Kapitalmarktanlage gleichermaßen reduziert, die Grenzinvestition bleibt also auch in diesem Fall eine Grenzinvestition und wird durch die Vermögenspolitik nicht betroffen[72]. Für die nicht am Gewinn ansetzende Vermögenspolitik (Investivlöhne) gilt dagegen, daß die Grenzinvestitionen negativ betroffen werden.

Ebenso ist kaum zu bezweifeln, daß ein negativer Effekt der Vermögenspolitik auf sehr risikoreiche Investitionen besteht, da die vermögenspolitischen Maßnahmen keinen Verlustausgleich vorsehen. Diese Tatsache dürfte sich besonders auf die kleinen und mittleren Unternehmen negativ auswirken. Daraus ist gesamtwirtschaftlich zu folgern, daß risikoreiche Investitionen in immer stärkerem Maße von den Großunternehmen durchgeführt werden, denen i. d. R. bessere Möglichkeiten zur Abdeckung potentieller Verluste zur Verfügung stehen. Berücksichtigt man die Tatsache, daß in den reifen Volkswirtschaften gerade die Großunternehmen zu Trägern des technischen und wirtschaftlichen Fortschritts geworden sind[73], so dürfte der negative Innovationseffekt allerdings nicht allzu stark in Erscheinung treten.

Dies ergibt sich auch aus einem weiteren Aspekt, dem vor allem *Littmann* große Bedeutung beimißt[74]. Er geht davon aus, daß eine hohe vermögenspolitische Belastung des Periodengewinns die Unternehmenspolitik geradezu in risikoreiche Investitionsobjekte dränge, weil damit der Gewinn und die verteilungspolitischen Belastungen verringert würden. Die Voraussetzungen für diesen positiven Innovationseffekt, der jedoch nicht für die profitmaximierenden Unternehmen gilt, sind ein verteilungs- und steuerpolitisch rationales Unternehmerverhalten sowie ein hoher, absoluter Gewinn. Beide Annahmen dürften in den reifen Volkswirtschaften vor allem für die modernen Großunternehmen zutreffen, die damit die Arbeitnehmer bzw. den Staat indirekt an der Finanzierung ihrer Investitionen beteiligen. Im Zuge des wirtschaftlichen Wachstums löst diese Form der Nutzung des Gestaltungsprivilegs eine investive Kettenreaktion aus, um die „Einsparungen" nicht wieder in den folgenden Perioden einzubüßen. Der so in Gang gesetzte Prozeß findet allerdings seine Grenze in einer

---

[72] Vgl. dazu auch *Oberhauser*, A.: Finanzpolitik und private Vermögensbildung, S. 68 ff.

[73] Vgl. dazu die bekannte These Schumpeters, „daß die Großunternehmung . . mehr mit der Erhöhung als mit der Niedrighaltung (des) Lebensstandards zu tun gehabt hat"; vgl. *Schumpeter*, J. A.: Kapitalismus, Sozialismus und Demokratie, S. 135.

[74] Vgl. *Littmann*, K.: Zunehmende Staatstätigkeit und wirtschaftliche Entwicklung, S. 73 ff.

schlechten Gewinnsituation in einer der folgenden Perioden. Dieses aus der Gewinnsteuerdiskussion entnommene Argument ist jedoch nur unter der Bedingung auf vermögenspolitisch bedingte Gewinnreduktionen übertragbar, daß investive Ertragsbeteiligungen am steuerbaren Gewinn ansetzen. Ob dies der Fall ist, ist eine quaestio facti.

Die letztlich für den Zusammenhang zwischen vermögenspolitischen Maßnahmen und einzelwirtschaftlicher Investitionsneigung entscheidende Frage ist, ob die Investitionsneigung eines Unternehmens tatsächlich primär von den erwarteten Nettoprofiten abhängt. Auf die Orientierung der modernen, kollektivkapitalistischen Großunternehmen an der Bruttoprofitrate wurde schon hingewiesen. Es stellt sich aber die weitere Frage, ob die Gewinnorientierung bzw. -maximierung überhaupt als die dominierende Leitmaxime der Unternehmenspolitik angesehen werden kann. Die Zielsetzungen der Umsatzmaximierung (mit Mindestgewinn) und der Wachstumsmaximierung wurden schon als realistische Alternativen herausgestellt[75]. Nun wird zwar in den meisten Fällen das Wachstum der Unternehmung eng mit der Zunahme der Profite verbunden sein, aber es sind dennoch Fälle denkbar, in denen das Umsatz- bzw. Wachstumsmotiveinem einzelnen Unternehmen noch Expansionsimpulse und damit Investitionsanreize verleiht, wenn sich aus dem Profitmotiv schon eine nachlassende Investitionsbereitschaft ergeben würde[76].

Bezüglich der Bedeutung der Profitrate für die Investitionspolitik moderner Großunternehmen kommt *Baumol* zu folgender Aussage: „Specifically, profits are means for obtaining capital needed to finance expansion plans. Capital is raised both by direct retention of profits and by payment of dividends to induce outside investors to provide funds to the company. But, beyond some point, profits compete with sales. For the lower prices and higher marketing outlays which are necessary to promote sales also cut into net earnings. Hence, too high a level of profits will reduce the magnitude of the firms current operations, while too low a profit level will prevent future growth. The optimal profit stream will be that intermediate stream which is consistent with the largest flow of output (or rate of growth of output) over the firms lifetime[77].“ Daraus ergibt sich für die Bestimmung der Investitionsneigung, daß sich der Abhängigkeitsgrad zwischen erwarteter Profitrate und Investitionsvornahme bei den modernen Großunternehmen entschieden gelockert hat. Die Investitionen werden zum

---

[75] Vgl. dazu Ziffer 16 dieses Kapitels.

[76] Vgl. dazu auch *Katzenbach*, E.: Die Funktionsfähigkeit des Wettbewerbs, S. 102.

[77] Vgl. *Baumol*, W. J.: On the Theory of Expansion of the Firm, S. 1085.

Zweck der management-geleiteten Großunternehmen, die Profite zum Mittel der Expansionspolitik. Eine Kürzung der Profite durch vermögenspolitische Maßnahmen ist von nur sekundärer Bedeutung.

24. Angesichts der vielfältigen Reaktionsmöglichkeiten der Unternehmenspolitik auf verteilungspolitische Maßnahmen fällt es schwer, zu einem abschließenden Urteil über die wahrscheinlichsten langfristigen Anpassungsformen und Wirkungen zu gelangen. Sicher kann man *Lester* zustimmen, wenn der den Vertretern des marginalanalytischen Raisonnements entgegenhält: „For many manufacturing concerns it is not feasible or would prove too costly, to shift the proportions of productive factors in response to current changes in wages, in the manner suggested by marginal analysis[78].“ Andererseits jedoch argumentiert *Lester:* „Trade unionism may serve to stimulate some employers into innovations that result in cost reduction, product improvement, or sales increases. Union-inspired wage standardization or wage increases may provide an added incentive to management initiative and ingenuity[79]“. Der latente Widerspruch, der sich hinter der Argumentation von *Lester* verbirgt, ist symptomatisch für das Problem.

Will man dennoch zu einer hinreichend klaren Stellungnahme gelangen, so ist davon auszugehen, daß die unternehmenspolitischen Entscheidungen im allgemeinen von drei Trendwerten beeinflußt werden: dem verteilungspolitisch bedingten Kostendruck, den konkurrenzwirtschaftlichen Pressionen des technischen Fortschritts und der Nachfrageentwicklung. Das Ergebnis bezüglich der Investitionspolitik eines einzelnen Unternehmens hängt demnach von dem relativen Gewicht dieser drei Faktoren ab. Daß der Druck des technischen Fortschritts und die Nachfrageentwicklung die Investitionsbereitschaft der Unternehmen stark beeinflussen, zeigen die Ergebnisse *Gutenbergs*. Nach seinen Untersuchungen ist die Vorverlegung des Ersatzzeitpunktes einer Investition vor allem auf den technischen Fortschritt zurückzuführen. Die Bedeutung der Nachfrageentwicklung für die Investitionsneigung der Unternehmer geht aus der empirisch untermauerten Feststellung *Gutenbergs* hervor, „daß für die Erweiterungsinvestitionen die Absatzerwartungen schlechthin ausschlaggebend sind“[80].

Ein empirischer Nachweis, daß lohninduzierte Kostensteigerungen oder vermögenspolitisch bedingte Gewinnreduktionen zu sinkender oder wachsender Investitionsbereitschaft der Unternehmen geführt

---

[78] Vgl. *Lester,* R. A.: Shortcomings of Marginal Analysis for Wage-Employment Problems, in: AER, Vol. 36, 1946, S. 81 f.

[79] Vgl. *Lester,* R. A.: Economic Adjustments to Changes in Wage Differentials, S. 209.

[80] Vgl. *Gutenberg,* E.: Untersuchungen über die Investitionsentscheidungen industrieller Unternehmen, S. 223.

hätten, ließ sich in der dem Verfasser zugänglichen Literatur nicht auffinden. Wenn *Gutenberg* die Verknappung des Faktors Arbeit als einen Grund für die Vorverlegung des Ersatzzeitpunktes von Investitionen anführt[81], so stellt er damit primär auf das Mengengerüst der Faktorkombination ab und erst in zweiter Linie auf Kostenaspekte. Die geringe empirische Bedeutung, die augenscheinlich dem verteilungspolitisch bedingten Kostendruck für die Investitionsneigung zukommt, ist sicherlich einerseits durch das geringfügige Ausmaß der Vermögensbildung, andererseits durch die hohen Überwälzungschancen der Lohnerhöhungen bedingt. Aber es dürfte auch der Schluß zulässig sein, daß die durch die Verteilungspolitik verursachten Gewinnkürzungen die Investitionsneigung der Unternehmen nicht wesentlich tangiert, d. h. daß der verteilungspolitisch bedingte Kostendruck gegenüber den Pressionen des technischen Fortschritts und der Nachfrageentwicklung inferior ist.

Die Bedeutung des Gewinnmotivs reduziert sich heute für viele Unternehmen auf die Erwirtschaftung eines „befriedigenden", „fairen" oder branchenüblichen Profits. Erst wenn dieses Anspruchsniveau unterschritten wird, sind Variationen in der unternehmerischen Investitionspolitik zu erwarten. Bezüglich des Zusammenhangs zwischen Preisen, Profiten und Investitionen eines Großunternehmens arbeitet man heute daher vielfach mit der Annahme, daß die Unternehmen ihre Preise so festsetzen, daß die daraus resultierenden Profite gerade zur Finanzierung derjenigen Investitionen ausreichen, die zur Befriedigung der wachsenden Nachfrage notwendig sind. Da bei höheren Preisen die Nachfrageexpansion und bei niedrigeren der durch die Profite gewährleistete Finanzierungsspielraum Schaden nehmen würde, wird durch die Preispolitik ein maximales Unternehmenswachstum erreicht. In dieser Preispolitik wird sowohl die Absatzorientierung der unternehmerischen Preis- und Investitionspolitik als auch die Lockerung des Zusammenhangs zwischen der erwarteten Profitrate und der Investitionsvornahme deutlich[82].

25. Die Durchführung einer Investition hängt außer von der Investitionsneigung auch von der Investitionsmöglichkeit ab. Es stellt sich die Frage, wie der Finanzierungsspielraum eines einzelnen Unternehmens durch die vermögenspolitischen Maßnahmen betroffen wird, bzw. wie die Determinanten der Investitionsmöglichkeit tangiert werden. Nach der traditionellen Theorie ist die Höhe des Kapitalmarktzinses

---

[81] Vgl. *Gutenberg*, E.: Untersuchungen über die Investitionsentscheidungen industrieller Unternehmen, S. 218 f.

[82] Vgl. *Kantzenbach*, E.: Die Funktionsfähigkeit des Wettbewerbs, S. 102, sowie die dort angegebene Literatur.

als Preis der Finanzierungsmittel der wesentliche Bestimmungsgrund des Finanzierungsspielraums eines Unternehmens. Ist der Kapitalmarktzins höher als die vom Unternehmen als notwendig empfundene Mindestverzinsung, die, das sei unterstellt, auch realisiert werden kann, so ist der Finanzierungsspielraum des Unternehmens gleich Null. Im umgekehrten Fall ist die Finanzierung eines geplanten Investitionsprojektes voll gesichert. Diese formale Bestimmung der Investitionsmöglichkeit reicht jedoch für die Zwecke einer wirklichkeitsnahen einzelwirtschaftlichen Analyse nicht aus. Ob ein Unternehmen Fremdkapital erhalten kann, hängt nicht nur von der Höhe des Kapitalmarktzines, sondern auch von der Kreditwürdigkeit eines Unternehmens ab. Diese wird wiederum entscheidend von der Höhe des haftenden Eigenkapitals, den Gewinn- und Wachstumschancen der Unternehmung und der Zahl der beschäftigten Arbeitnehmer bestimmt, die, wenn sie hinreichend groß ist, im Krisenfall staatliche Stützungsaktionen auslösen kann. Neben den beiden genannten Faktoren wird der Finanzierungsspielraum von den existierenden thesaurierten Gewinnen und der Rechtsform des Unternehmens bestimmt. Personalgesellschaften sind bei der Finanzierung ihrer Investitionen auf ihre Gewinne und die Kapitalkraft ihrer Gesellschafter angewiesen, Kapitalgesellschaften dagegen steht als Finanzierungsquelle der Kapitalmarkt zur Verfügung.

Wie die verschiedenen Determinanten des Finanzierungsspielraumes eines Unternehmens durch vermögenspolitische Eingriffe betroffen werden, hängt in starkem Maße von der spezifischen Form der Vermögenspolitik ab. Ohne auf die vielfältigen Gestaltungsmöglichkeiten eines Gewinnbeteiligungssystems hier einzugehen, soll im folgenden davon ausgegangen werden, daß die Profite entweder frei verfügbar oder gebunden sind, wobei für die verwendungsgebundenen Formen drei Anlagemöglichkeiten diskutiert werden sollen: Verbleiben der Beträge im einzelnen Unternehmen, Einstellung der Beträge in einen überbetrieblichen Fond, der entweder eine freie oder eine branchengebundene Anlagepolitik betreiben kann.

Die Wirkungen der frei verfügbaren und der verwendungsgebundenen, im jeweiligen Unternehmen anzulegenden Gewinnübertragungen auf den Finanzierungsspielraum sind relativ eindeutig. Im ersten Fall kann generell angenommen werden, daß die Mittel dem einzelnen Unternehmen verloren gehen und damit den unternehmensindividuellen Finanzierungsspielraum einschränken. Ob es jedoch zu einer Einschränkung der Investitionen dieses Unternehmens kommen wird, hängt von der Rechtsform, den Marktchancen und der Kreditwürdigkeit des Unternehmens ab. Verbleiben andererseits die an die Arbeitnehmer übereigneten Beträge im Unternehmen als Eigenkapital oder

Arbeitnehmerfond, so ergeben sich für die Unternehmensführung keine Liquiditäts- und Finanzierungsschwierigkeiten. Der unternehmensindividuelle Gewinnverteilungsmodus hat sich geändert, die Finanzlage dagegen nicht. Da zudem die steuerliche Belastung der von den Arbeitnehmern im Unternehmen angelegten Beträge meist geringer ist als die des Unternehmergewinns, kann sogar ein geringfügiger positiver Finanzierungseffekt abgeleitet werden.

Fließt das Sparkapital der Arbeitnehmer einem Fond zu, der diese Mittel branchengebunden zu verwenden hat, so ist für das einzelne Unternehmen der Branche der Finanzierungsspielraum solange nicht bedroht, wie der Fond die Mittel je nach Aufbringung wieder auf die Unternehmen verteilt. Ist dies, was wahrscheinlich ist, nicht der Fall, sondern betreibt die Kapitalsammelstelle eine gewinnorientierte Anlagepolitik, so kann es zu einer Kürzung der Investitionsmöglichkeit des einzelnen Unternehmens kommen. Eine solche Kürzung ist vor allem dann zu erwarten, wenn die Vermögenspolitik in Form eines Investivlohnes durchgeführt wird, da dann auch die Grenzunternehmen betroffen werden, die die geringste Chance besitzen, Finanzierungsmittel auch von einem branchenorientierten Fonds zu erhalten. Die Einschränkung des Finanzierungsspielraumes der Grenzproduzenten durch die Fondspolitik ist aber insofern unrealistisch, als eine Kapitalsammelstelle, die die Interessenvertretung der Arbeitnehmer übernommen hat, es kaum zu einem Rückgang der Beschäftigung in der jeweiligen Branche kommen lassen wird. Hier kann ein Zielkonflikt zwischen der Erwirtschaftung möglichst hoher Zinsen für die Arbeitnehmer und hoher Beschäftigung in der Branche entstehen. Ist die Kapitalsammelstelle, der die Gewinnreduktionen zugunsten der Arbeitnehmer zufließen, in ihrer Anlagepolitik ungebunden, so tritt damit ein neuer Anbieter von langfristigem Kapital auf dem Kapitalmarkt auf. Dadurch kann u. U. der Wettbewerb im Kreditwesen verschärft und die Selektionsfunktion des Kapitalmarktes erhöht werden. Für das einzelne Unternehmen bedeutet dies nicht notwendig eine Einschränkung seines Finanzierungsspielraumes, jedoch dürften die Personalgesellschaften von dieser Form der Vermögensanlage der Arbeitnehmer am härtesten betroffen werden.

Abschließend stellt sich das Problem, wie sich die Substitution von Eigenkapital bzw. Selbstfinanzierung durch Fremdkapital bzw. durch den Arbeitnehmern zugehöriges Eigenkapital auf die Zinsbelastung der Unternehmen auswirkt. Solche Zins- und damit Kosteneffekte treten immer dann auf, wenn die Einführung eines Gewinnbeteiligungssystems einen Übergang von der Eigen- zur Fremdfinanzierung bedingt, wenn also vor Einführung der Gewinnbeteiligung die Investitionen aus dem Eigenkapital und der Selbstfinanzierung getragen werden konnten, danach aber das Unternehmen gezwungen ist, an den Kapitalmarkt heranzutreten (bzw. an Vermögensfonds). Der den Finanzierungsspielraum beschränkende Zinseffekt verstärkt sich, wenn die Arbeitnehmer die ihnen zufließenden Zinsen dem Konsum zuführen und angenommen werden kann, daß ohne Gewinnbeteiligung diese Zinsen dem Unternehmen bzw. dem Kapitalmarkt zugeführt worden wären. Ist dies jedoch nicht der Fall, so resultiert die erhöhte Zinsbelastung nur aus einem größeren Zinsvolumen bei gleichbleibender Zinshöhe. Der negative Zinseffekt wird allerdings partiell durch die steuerlichen Entlastungen kompensiert, die die vermögenswirksamen Leistungen der Unternehmen an die Arbeitnehmer meist erfahren.

Dieser sehr pragmatische Überblick über die Wirkungen verteilungspolitischer Maßnahmen auf den Finanzierungsspielraum der Unternehmen kann dahingehend zusammengefaßt werden, daß die Einführung von verwendungsgebundenen Vermögensbildungsplänen eigentlich nur einen Tausch der Finanziers bedeutet, der für das einzelne Unternehmen jedoch zu einer um so stärkeren Einengung seines Finanzierungsspielraums führt, je anonymer die Kapitalsammelstelle und je geringer die erwartete Profitrate ist. Die Zinseffekte beziehen sich auf jene Ausdehnung des Zinsvolumens, das mit einem Wechsel von Eigen- zu Fremdfinanzierung gemeinhin verbunden ist. Auf die ordnungspolitische Problematik — vor allem der sog. Fondlösungen —, die im wesentlichen aus der Verwendungsgebundenheit der vermögenswirksamen Leistungen und der Kapitalverfügungskonzentration resultiert, konnte in diesem Zusammenhang nicht eingegangen werden[83]. Es ist jedoch festzustellen, daß die wesentlichen Einwände gegen die Einführung von Gewinnbeteiligungssystemen vor allem die ordnungspolitische Problematik betreffen, wogegen die Finanzierungseffekte der Gewinnbeteiligung als relativ geringfügig und unbedeutend angesprochen werden müssen.

Siebentes Kapitel

Gesamtwirtschaftliche Niveauanalyse

1. Um die gesamtwirtschaftlichen Wirkungen von Verteilungsänderungen in globaler Sicht untersuchen zu können, ist von den makro-

---

[83] Vgl. dazu u. a. *Meinhold*, H.: Investivlohn und soziale Marktwirtschaft, in: Leber, G., (Hrsg.), Vermögensbildung in Arbeitnehmerhand, Wissenschaftliche Beiträge, Dokumentation 3, Frankfurt am Main 1965, S. 61 ff.; *Müller*, J. H. und J. *Klaus:* Bindung und Freiheit als Problem der Eigentumspolitik, in: Leber, G., (Hrsg.), Vermögensbildung in Arbeitnehmerhand, S. 81 ff.

ökonomischen Kreislauf- und Wachstumszusammenhängen auszugehen. Es handelt sich daher im folgenden primär um eine Analyse einkommensmechanischer Beziehungen zwischen verschiedenen Niveaugrößen. Grundsätzlich gilt auch für diese Zusammenhänge das Angebots-Nachfrage-Schema. Dem realen Sozialprodukt und seiner Zuwachsrate auf der Angebotsseite steht auf der Nachfrageseite das nominale Sozialprodukt und seine Steigerung gegenüber. Die Höhe des realen Sozialprodukts ergibt sich rein rechnerisch aus dem Produkt von Arbeitsproduktivität und Arbeitspotential bzw. aus dem Produkt von Kapitalproduktivität und Kapitalstock. Entsprechend läßt sich die Wachstumsrate des realen Sozialprodukts ermitteln, indem statt der absoluten Größen ihre Steigerungsraten eingesetzt werden. Bei den verwendeten Produktivitätsziffern handelt es sich um faktorbezogene Produktivitäten, die nur statistische Meßgrößen sind und keine Zurechnungen ausdrücken wollen. Heute arbeiten gesamtwirtschaftliche und branchenbezogene Produktivitätsuntersuchungen meist mit der arbeitsbezogenen Produktivität, deren Zu- oder Abnahme als statistischer Indikator des realwirtschaftlichen Wirtschaftswachstums angesehen wird. Die Entwicklung dieser Produktivitätsziffer wird vor allem durch Substitutionsprozesse, technische Fortschritte, wechselnde Ausnutzungsgrade der Produktionsfaktoren (Arbeitspotential und Kapitalstock) und strukturelle Umschichtungen beeinflußt.

Die gesamtwirtschaftliche Nachfrage, die dem realen Sozialprodukt gegenübersteht, setzt sich aus vier großen Aggregaten zusammen: der privaten Konsum- und Investitionsgüternachfrage, der Staatsnachfrage sowie der Auslandsnachfrage, die aus einem positiven Saldo der Zahlungsbilanz resultiert. Welche Nachfrageeffekte verteilungspolitische Maßnahmen zeitigen, hängt von den Determinanten der gesamtwirtschaftlichen Nachfragekomponenten ab. Während das gesamtwirtschaftliche Spar- und Konsumvolumen vor allem von der Höhe und Verteilung des Volkseinkommens bestimmt wird, sind die Determinanten der Investitionsgüternachfrage sehr heterogener Natur. Hier dürften die erwartete Nachfrage und der Innovationsdruck eine größere Rolle spielen als etwa die Gewinnerwartungen oder die Zinssätze. Die Nachfrage der staatlichen Instanzen nach Gütern und Diensten muß als politisch determiniert angesehen werden. Die Auslandsnachfrage hängt vor allem von den zwischenstaatlichen Preisniveaudifferenzen, den internationalen Unterschieden in den Wachstumszyklen und -raten sowie dem Liberalisierungsgrad des Welthandels ab.

Aus der in Kapitel 5 durchgeführten Analyse ergibt sich, daß mit Ausnahme der Staatsnachfrage alle Produktions- und Verwendungsentscheidungen in pluralistischen Gesellschaften individuell, d. h.

nicht gruppenpolitisch gesteuert werden. Zwar werden die private Konsum- und Investitionsgüternachfrage und die Auslandsnachfrage sowie auch die Bestimmungsgründe des gesamtwirtschaftlichen Produktivitätsfortschritts durch die Einkommens- und Kosteneffekte verteilungspolitischer Maßnahmen stark beeinflußt, aber die Verwendungs- und Produktionsentscheidungen selbst liegen in den Händen individueller Wirtschaftssubjekte. Der funktionale Zusammenhang zwischen Angebots- und Nachfrageseite, zwischen Produktivitätsfortschritt und Nachfragewachstum besteht einerseits in den Einkommens- und Kapazitätseffekten der Investitionen, andererseits in den Nachfrage- und Kosteneffekten verteilungspolitischer Aktivitäten. Daß weitere funktionale Abhängigkeiten zwischen Produktivitätsfortschritt und Nachfragesteigerung bestehen, z. B. in Form der incentive-Wirkungen von Nachfragesteigerungen etc., darf jedoch nicht übersehen werden.

Die folgende Analyse der Kreislauf- und Wachstumswirkungen verteilungspolitischer Maßnahmen der Gruppen-Organisationen geht von einer wachsenden Wirtschaft aus, unterstellt also einen gesamtwirtschaftlichen Produktivitätsfortschritt. Generell kann sich die Verteilungspolitik in zwei Formen äußern: sie kann sich im Rahmen des gesamtwirtschaftlichen Produktivitätsspielraums halten (produktivitätsorientierte Verteilungspolitik) oder sie kann ihn überschreiten (expansive Verteilungspolitik). Sowohl die adaptive als auch die aggressive Variante der Verteilungspolitik beruht auf einem gruppengesteuerten Einkommensentstehungsprozeß. Auch für die Einkommensverwendung können zwei Verhaltensformen unterstellt werden: die verteilungspolitische Aktion kann eine Expansion oder Reduktion der direkt nachfragewirksamen Gesamtausgaben zur Folge haben. Beide Varianten beruhen auf einem individuell gesteuerten Einkommensverwendungsprozeß.

Aus der Kombination der beiden Möglichkeiten der Einkommensverteilung mit den beiden Möglichkeiten der Einkommensverwendung lassen sich vier gesamtwirtschaftliche Modelle konstruieren, die aufgrund unterschiedlicher Prämissen zu verschiedenartigen Kreislauf- und Wachstumswirkungen von verteilungspolitischen Maßnahmen kommen. Ausgangspunkt dieser Modelle sind generelle, autonome Verteilungsänderungen, autonome Änderungen der Einkommensverwendung und eine gesamtwirtschaftliche Gleichgewichtssituation im Ausgangszustand, unter der hier die Erfüllung der Bedingungen eines kurzfristigen Nachfrage-Gleichgewichts (I/S-Gleichgewicht) und eines langfristigen Gleichgewichts von Einkommens- und Kapazitätseffekten von Investitionen zu verstehen ist. Anschließend werden diese Modelle ergänzt durch unterschiedliche Annahmen über das staatliche Ausgabeverhalten, die außenwirtschaftlichen Zusammenhänge und die konjunkturelle bzw. Wachstumssituation. Abschließend wird auf die gruppenpolitischen Zusammenhänge und gesamtwirtschaftliche Ungleichgewichtslagen eingegangen.

2. In dem ersten Modell wird davon ausgegangen, daß die auf Tarifebene ausgehandelten nominellen Lohn- und Gehaltserhöhungen den gesamtwirtschaftlichen Produktivitätsfortschritt nicht überschreiten, sondern ihn gerade kompensieren. Aus welchen Quellen der gesamtwirtschaftliche Produktivitätseffekt gespeist wird, ob er aus strukturellen Umschichtungen (Struktureffekt), einer verbesserten Faktorallokation oder der Einführung des technischen Fortschrittes resultiert, wird vernachlässigt. Weiter wird unterstellt, daß die Arbeitnehmer nur konsumieren und die Unternehmen nur investieren, und daß die staatliche und die Auslandsnachfrage ebenfalls im Ausmaß des generellen Produktivitätsfortschrittes zunehmen. Unter diesen Bedingungen führt eine allgemeine Lohnerhöhung zu einer der Zunahme des Gütervolumens proportionalen Steigerung der Konsumausgaben. Da die Lohn- und Gehaltssteigerungen die gesamtwirtschaftliche Kosten-Erlös-Relation nicht ändern, ist weder eine Abnahme noch eine Zunahme der Investitionsgüternachfrage zu erwarten.

Eine Bindung der Nominallohnsteigerungen an die gesamtwirtschaftliche Produktivitätszunahme bewirkt also bei einer ebenfalls an der Produktivitätsentwicklung orientierten Expansion der staatlichen und der Auslandsnachfrage sowie einer durch die Lohnerhöhungen nicht beeinflußten Investitionsgüternachfrage eine proportionale Zunahme aller Nachfragekomponenten und damit ein gesamtwirtschaftliches Angebots-Nachfrage-Gleichgewicht. Dieser Gleichschritt der Entwicklung hat zur Folge, daß Lohn- und Gewinnquote konstant bleiben, bzw. daß der Reallohn in gleichem Maße zunimmt wie das reale Sozialprodukt. Damit ist ein stabiles Preisniveau gewährleistet. Unter der zusätzlichen Annahme, daß die Aufteilung des Lohnzuwachses auf die verschiedenen Konsumgüter ebenso konstant bleibt wie die Gewinnverwendung zu Investitionszwecken und die Aufteilung und Verwendung der Staatsausgaben und der Auslandsnachfrage, erhält man das Bild einer gleichmäßig expandierenden Wirtschaft ohne strukturelle Änderungen und Störungen. Das gleiche Resultat würde sich ergeben, wenn die Annahme, daß die Arbeitnehmer nur konsumieren und die Unternehmer nur investieren, aufgegeben wird und statt dessen unterstellt wird, daß die unselbständig Beschäftigten auch sparen und die Selbständigen auch konsumieren, jedoch die marginale Konsum- und Sparneigung der bisherigen durchschnittlichen entspricht. Vom verteilungspolitischen Standpunkt ist eine solche Einkommensentstehungs- und verwendungspolitik fragwürdig, da die Ausgangsquoten der Einkommensverteilung zementiert werden und eine im

Ausmaß des Wirtschaftswachstums sich vollziehende Reallohnsteigerung eine Konstanz der Quote der unselbständig Beschäftigten an den insgesamt Beschäftigten voraussetzen würde.

3. Im zweiten Modell soll wiederum von produktivitätsorientierten Nominallohnerhöhungen ausgegangen werden, jedoch wird eine nicht konsumtive Verwendung der Lohnerhöhungen durch die Arbeitnehmer unterstellt. Ein solches Verhalten der Gruppe der unselbständig Beschäftigten kann z. B. darauf beruhen, daß die Arbeitnehmer versuchen, mit Hilfe ihrer Einkommensverwendung — überzeugt durch die moral suasion ihrer Organisation oder der Regierung — Verteilungspolitik auf eigene Faust zu treiben. Auch die verschiedenen Sparförderungsmaßnahmen des Staates können in diese Richtung wirken, deren Zinseffekte hier aber vernachlässigt werden sollen. Unter der Annahme, daß die gesamten nominellen Einkommenssteigerungen von den Arbeitnehmern der Ersparnis zugeführt werden, kommt es kreislaufanalytisch gesehen zu einem Angebots-Nachfrage-Ungleichgewicht. Dem realen Zuwachs des Sozialproduktes entspricht keine dieses Angebot absorbierende Nachfragezunahme; es entsteht eine kurzfristige deflatorische Lücke.

Die gesamtwirtschaftliche Kosten-Erlös-Relation ändert sich; zwar paßt sich das Lohnkostenniveau dem Produktivitätszuwachs an, aber die entsprechende Erlössteigerung tritt nicht ein. Daher werden die gesamtwirtschaftlichen Unternehmergewinne aufgrund der Gewinnreduktionen im Konsumgütersektor zurückgehen. Die nachlassende Nachfrageentwicklung in diesem Sektor kann entweder bei flexiblen Preisen und gleichem Produktionsvolumen zu sinkenden Preisen oder bei rigiden Preisen und flexiblen Produktionsniveau zu Produktionseinschränkungen und damit zu leichter Arbeitslosigkeit führen. Die Grenzbetriebe des Konsumgüterbereichs werden aus dem Wirtschaftsprozeß ausscheiden müssen. Als Resultat einer produktivitätsorientierten Lohnerhöhung, die voll gespart wird, ergibt sich, daß kurzfristig entweder das Preisniveau sinken und/oder der Beschäftigungsgrad der Volkswirtschaft abnehmen wird. Wenn dies nicht im Konsumgütersektor der Fall ist, so werden sich diese Tendenzen zwangsläufig in anderen Sektoren bemerkbar machen müssen, es sei denn, die Unternehmer sind bereit, die Gewinnkürzung zu akzeptieren, — eine ziemlich unwahrscheinliche Reaktion[1]. Das hier deduzierte Ergebnis einer produktivitätsorientierten gesparten Nominallohnerhöhung ist

---

[1] *Preiser* stellt zu dem hier analysierten Fall fest, daß die Unternehmer „es bitter bereuen (werden), daß sie für die Förderung des Sparens eingetreten sind, für ein Programm, das sie für ungefährlich hielten, weil es ihr Einkommen nicht zu tangieren schien“; vgl. *Preiser*, E.: Theoretische Grundlagen der Vermögenspolitik, S. 34.

unter Vernachlässigung der Beschäftigungs- und Wachstumssituation der Volkswirtschaft und der Reaktionen der Investoren, des Staates und der Auslandsnachfrage gewonnen.

4. Das zweite Modell ist aus im wesentlichen zwei Gründen für reife Volkswirtschaften unrealistisch: erstens betreiben die Gewerkschaften und Arbeitgeberverbände keine Verteilungspolitik nach Maßgabe der gesamtwirtschaftlichen Produktivitätsentwicklung und zweitens würde die unterstellte Form der Einkommensverwendung durch die Arbeitnehmer bedeuten, ein Danaidenfaß zu einer Sparbüchse machen zu wollen. Daher sollen im folgenden dritten Modell realistischere Prämissen eingesetzt werden. Es wird angenommen, daß die Sozialpartner eine aggressive Nominallohnpolitik verfolgen und Lohnerhöhungen über die Produktivitätsrate hinaus aushandeln und daß die unselbständig Beschäftigten den gesamten Einkommenszuwachs konsumtiv verwenden. Während im zweiten Modell eine gruppengesteuerte Einkommenspolitik ohne verteilungspolitische Akzentuierung durch eine verteilungswirksame, individuell gesteuerte Verwendungspolitik (Vermögenspolitik) ergänzt wurde, ist in diesem dritten Modell eine Einkommenspolitik mit verteilungspolitischem Impetus ohne assistierende Verwendungspolitik (Vermögenspolitik) gegeben. Unter diesen Annahmen steht dem Wachstum des realen Sozialproduktes cet. par. eine insgesamt höhere effektive Nachfrage gegenüber, deren Überschuß sich auf das Konsumgüterangebot richtet. Damit ist eine inflatorische Lücke gegeben. Die kurzfristige Folge dieser Situation sind Preissteigerungen: Die überproportional gestiegene Konsumgüternachfrage, also der Ausgabeeffekt der Verteilungsänderung, führt im Konsumgütersektor der Volkswirtschaft unter der Annahme eines kurzfristig unelastischen Angebots zu Preissteigerungen. Die Unternehmergewinne nehmen in diesem Bereich zu und kompensieren die in anderen Bereichen u. U. entstandenen Gewinnreduktionen. Die gesamtwirtschaftliche Kosten-Erlös-Relation bleibt unverändert, die Kosten nehmen in gleichem Ausmaß zu wie die Erlöse, der Reallohn ändert sich nur im Ausmaß der Produktivitätssteigerung, die darüber hinausgehende Geldlohnerhöhung wirkt sich auf die Höhe des Reallohnes nicht aus.

Der hier dargestellte Prozeß ist der bekannte Fall der Lohnkostenüberwälzung und der Ausgangspunkt der Lohn-Preis-Spirale. Er beruht auf den folgenden Voraussetzungen: Erstens müssen die Bezieher kontraktbestimmter Einkommen ihren über die Produktivitätszunahme hinausgehenden Einkommenszuwachs gänzlich zur Konsumgüternachfrage verwenden, der Nachfrageeffekt der Verteilungsänderung muß also voll zur Geltung kommen. Zweitens muß die Angebotselastizität kurzfristig vollkommen starr sein, d. h. die Lohnerhöhungen dürfen keine Produktionseinschränkungen und die Preissteigerungen keine Expansion des Produktionsvolumens verursachen. Drittens muß entweder das Geldsystem hoch elastisch oder die Einkommenskreislaufgeschwindigkeit des Geldes zu erhöhen sein. Diese Bedingungen sind nur ein anderer Ausdruck für die möglichen bzw. wahrscheinlichen Reaktionen der dem trilateralen Monopol angeschlossenen Organisationen bzw. der zu diesen Organisationen gehörenden Mitglieder.

5. Das vierte Modell geht davon aus, daß die Lohnerhöhungen wiederum den Produktivitätsfortschritt übertreffen, daß aber im Gegensatz zum dritten Modell der Teil der Lohnerhöhungen, der den Produktivitätszuwachs übersteigt, von den einzelnen Arbeitnehmern gespart wird, sei es durch Zwang, sei es freiwillig aufgrund von Sparanreizen oder aus anderen Gründen. Unter diesen Annahmen ergeben sich folgende Konsequenzen. Die monetäre Gesamtnachfrage nimmt im Ausmaß der Produktivitätssteigerung zu, jedoch ändert sich die gesamtwirtschaftliche Kosten-Erlös-Relation. Die Gewinne gehen zurück, nicht weil die Erlöse abgenommen haben, wie im zweiten Modell, sondern weil die Kosten bei konstanten Erlösen zugenommen haben, ohne daß sie kurzfristig auf die Preise überwälzt werden können.

Von den vier bisher diskutierten Modellen wird das zuletzt skizzierte meist als der Idealfall einer wachstumsgerechten Verteilungspolitik zitiert. Man nimmt an, daß in diesem Fall die Kompatibilität der wirtschaftspolitischen Ziele am weitesten gediehen sei — trotz der verteilungspolitischen Aktionen der Gruppen-Organisationen sei ein preisstabiles Wirtschaftswachstum bei Vollbeschäftigung möglich. Die euphorische Vision leuchtet auf, daß die Arbeitnehmer zu Eigentümern an den Produktionsmitteln werden könnten, ebenfalls Profiteinkommen „einstreichen" könnten und sich in die Kategorie der beati possidentes freiheitlicher Wirtschaftsordnungen einreihen könnten. In dieser Richtung argumentiert etwa der Wissenschaftliche Beirat beim Bundeswirtschaftsministerium: „Soweit die Gewerkschaften eine für ihre Mitglieder vorteilhaftere Einkommensverteilung, eine Einschränkung der Selbstfinanzierung und eine gleichmäßigere Vermögensverteilung anstreben, läßt sich dieses Ziel einzig und allein dadurch verwirklichen, daß ein wesentlich größerer Teil der zusätzlich verdienten Einkommen als bisher der Ersparnisbildung zufließt[2]." Nach dem vorliegenden Modell wäre diese Aussage dahingehend zu ergänzen, daß es auf die Ersparnis der über den gesamtwirtschaftlichen

[2] Vgl. Der Wissenschaftliche Beirat beim Bundeswirtschaftsministerium, Gutachten vom 21. 2. 1960, Gegenwärtige Möglichkeiten und Grenzen einer konjunkturbewußten Lohnpolitik in der Bundesrepublik, in: Bd. 5 der Gutachten des Wissenschaftlichen Beirats beim Bundeswirtschaftsministerium, Göttingen 1961, S. 88.

Produktivitätszuwachs hinausgehenden Einkommenserhöhungen der unselbständig Beschäftigten ankommt und daß ein so orientiertes Arbeitnehmersparen die Investitionen kaum tangieren dürfte. Es stellt sich jedoch auch hier die Frage, ob die expliziten und impliziten Prämissen in den reifen Volkswirtschaften tatsächlich gegeben sind.

6. Die vier skizzierten Modelle gehen von unterschiedlichen Konstellationen der gruppenpolitisch gesteuerten Verteilungspolitik einerseits und der individuell gesteuerten Einkommensverwendungspolitik andererseits aus. Als gesamtwirtschaftliche Wirkungen ergeben sich Störungen des Angebots-Nachfrage-Gleichgewichts in Form deflatorischer oder inflatorischer Tendenzen. Ob es jedoch tatsächlich und endgültig zu solchen Konsequenzen kommt, hängt von der Entwicklung der restlichen Nachfragekomponenten und dem Produktivitätsfortschritt ab, die bisher durch die cet. par. Prämisse aus der Analyse verbannt worden waren. Es stellt sich zunächst die Frage, in welcher Form die deflatorischen und inflatorischen Tendenzen die Investitionstätigkeit und damit das Produktivitätswachstum beeinflussen. Dabei ist nach Ursache und Ausmaß der deflatorischen und inflatorischen Lücke ebenso zu unterscheiden wie nach der Beschäftigungssituation.

Die aus dem zweiten Modell sich ergebenden depressiven Tendenzen könnten durch eine hohe Investitionsneigung der Unternehmer aufgefangen werden. Wird jedoch die Investitionsneigung von den laufenden oder erwarteten Gewinnen, den Absatzerwartungen oder der Umsatzhöhe bestimmt, so ist mit einer solchen Kompensation nicht zu rechnen. Aufgrund der in reifen Volkswirtschaften festzustellenden großen Nachfrageabhängigkeit wird sich eine im Vergleich zur Zunahme des realen Sozialprodukts zurückbleibende Nachfrageentwicklung negativ auf die Investitionsbereitschaft der Unternehmer auswirken. Dies gilt vor allem für die konjunkturabhängigen Investitionen der industriellen Bereiche. Der durch die Verwendungspolitik der Arbeitnehmerhaushalte bereitgestellte zusätzliche Finanzierungsspielraum wird durch die Unternehmen also kaum genutzt werden.

In diesem Zusammenhang ist jedoch auch der klassische Zinsmechanismus zu berücksichtigen, nach dem ein vergrößertes Angebot von Sparkapital eine Zinssenkung bewirkt und diese einen positiven Einfluß auf die Investitionsbereitschaft der Unternehmen ausübt. Ob das vergrößerte gesamtwirtschaftliche Sparvolumen die Investitionen reduziert, hängt also davon ab, ob eine Zinssenkung tatsächlich erfolgt, ob die Zinssenkung die Gewinnreduktion durch den Nachfrageausfall kompensieren kann und ob es Investitionsarten gibt, die auf Änderungen des langfristigen Kapitalmarktzinses stärker reagieren als auf Nachfragereduktionen. Die erste Frage kann mit *Albers* dahingehend beantwortet werden, daß im allgemeinen „die Elastizität des Zinses in bezug auf Änderungen der Ersparnisse . . . mangelhaft (ist)“[8]. Die Beantwortung der zweiten Frage impliziert einen Kosten-Erlös-Kalkül, der generell kaum durchführbar ist. Für die industriellen Investitionen dürften jedoch die Nachfrageaspekte das größere Gewicht besitzen. Anders steht es mit den zinsempfindlichen, kreditabhängigen Investitionen. Diese Investitionen dürften durch eventuelle Zinssenkungen sowie durch einen flüssigen Kapitalmarkt bei konstantem Zins angeregt werden.

Berücksichtigt man, daß einmal die Sparkapitalbildung der Arbeitnehmer, wenn sie überhaupt jemals Wirklichkeit werden sollte, quantitativ kaum bedeutend sein dürfte, und zweitens, daß die reifen Volkswirtschaften in zunehmendem Maße durch ein soziales Ungleichgewicht gekennzeichnet sind, dessen wachstumsnotwendige Beseitigung kreditabhängige Infrastrukturinvestitionen erfordert, so dürfte zu erwarten sein, daß die durch steigendes Arbeitnehmersparen verfügbaren Finanzierungsmittel auch zu Investitionszwecken verwendet und damit die depressiven Tendenzen aufgefangen werden. Die Aussichten auf eine volle Kompensation des kurzfristigen Nachfrageausfalls sind langfristig insofern besonders günstig zu beurteilen, als die kreditabhängigen Infrastukturinvestitionen durch einen relativ hohen Einkommenseffekt und einen vergleichsweise nur geringen Kapazitätseffekt gekennzeichnet sind.

7. Die Wirkungen einer steigenden Sparneigung der Arbeitnehmer auf die Investitionsbereitschaft der Unternehmen differieren je nach Konjunktur- und Wachstumssituation. Wird in einer Wirtschaft mit in allen Bereichen brachliegenden Ressourcen (Unterbeschäftigung und freistehende Kapazitäten) in verstärktem Maße gespart, so wird sich der disincentive-Effekt der zusätzlichen Ersparnisse via Nachfrageausfall stärker auf die wirtschaftlichen Aktivitäten auswirken als der von kompensierenden Infrastrukturinvestitionen ausgehende incentive-Effekt. In einer voll- oder überbeschäftigten Wirtschaft wird eine zusätzliche, freiwillige Ersparnis vor allem unter dem Gesichtspunkt der Investitionsvoraussetzung gesehen. Denn wird der Vollbeschäftigungsbegriff eng definiert, so sind zusätzliche Nettoinvestitionen — ohne Preisniveausteigerungen auszulösen — nur möglich, wenn durch freiwilliges Sparen die für die Investitionen benötigten Produktionsfaktoren aus ihren bisherigen Verwendungen freigesetzt werden. Ein negativer incentive-Effekt der zusätzlichen Ersparnis auf die Investi-

---

[8] Vgl. *Albers*, W.: Sparen und Investieren als Bestimmungsgründe des Wachstums und der Verteilung des Sozialprodukts, in: WA, Bd. 81, 1958, S. 5.

tionsneigung ist daher kaum zu erwarten, wenn man nicht davon ausgeht, daß sich die „Selbstfinanzierungsmentalität" der Unternehmer schon traditionell verfestigt hat.

Die in dem vierten Modell enthaltene deflatorische Tendenz besitzt prima facie bei weitem nicht die Schärfe derjenigen des zweiten Modells. Dennoch kann daraus nicht ohne weiteres geschlossen werden, daß die für das zweite Modell angeführten Argumente in nur abgeschwächter Form auch für die Investitionsvornahme im vierten Modell gültig seien. Der Unterschied zwischen beiden Modellen besteht offensichtlich darin, daß im zweiten Modell die Erlöse bei Kostenkonstanz rückläufig sind, während im vierten Modell die Kosten bei Erlöskonstanz zunehmen. Damit stellt sich die für eine wachstumsgerechte Verteilungspolitik entscheidende Frage, ob sich die (negativen) Nachfrageeffekte oder die (negativen) Kostenwirkungen einer aggressiven Verteilungspolitik stärker auf die Investitionstätigkeit auswirken werden. Aus den Darlegungen im fünften und sechsten Kapitel folgt die zugegebenermaßen sehr pauschale Antwort, daß in reifen Volkswirtschaften die Nachfrageeffekte die Investitionstätigkeit stärker beeinflussen als die Wirkungen erhöhter Lohnkosten. Dieses Ergebnis wird gestützt durch das Argument, daß Lohnkostensteigerungen arbeitssparende Investitionen induzieren können, also eine Kompensationsmöglichkeit der Kosteneffekte besteht, die bei einem absoluten oder relativen Nachfragerückgang durch eine steigende Sparneigung der Arbeitnehmer nicht gegeben ist. Das erste und dritte Modell brauchen wir in diesem Zusammenhang nicht zu diskutieren, da die expansiven Ausgabewirkungen die Investitionsneigung beleben dürften bzw. eine Überwälzung der Lohnkostensteigerungen erlauben, womit die Investitionsneigung gegen die Verteilungspolitik immunisiert wird.

8. Die staatlichen Instanzen können die deflatorischen bzw. inflatorischen Erscheinungen der vier Ausgangs-Modelle auf grundsätzlich zwei Wegen vermeiden bzw. fördern: erstens durch ihre kreditpolitischen und zweitens durch ihre fiskalpolitischen Maßnahmen. Da diese Zusammenhänge hinreichend bekannt sind, genügen hier einige ergänzende, sich auf die Ausgangs-Modelle beziehende Bemerkungen. Die kreditpolitischen Maßnahmen betreffen die Geldversorgung der Volkswirtschaft und damit vor allem die privaten Nachfragekomponenten Konsum und Investition. Die fiskalpolitischen Maßnahmen beziehen sich auf den Staat als direkten Nachfrager nach Gütern und Diensten. Der Einsatz der kredit- und fiskalpolitischen Mittel hängt entscheidend von den wirtschaftspolitischen Zielen und ihrer Priorität ab. Der Staat — als Mitglied des wirtschaftspolitischen trilateralen Monopols — kann entweder Vollbeschäftigung oder Geldwertstabilität anstreben. Konzentriert sich die staatliche Wirtschaftspolitik auf eines der beiden

Ziele, so wird damit die Bestimmung des anderen automatisch den Sozialpartnern überlassen.

Die Beantwortung der Frage, ob es zu deflatorischen oder inflatorischen Tendenzen kommt, hängt also von dem zielorientierten Einsatz der wirtschaftspolitischen Instrumente des Staates ab. Für die Deflations-Modelle gilt, daß die rezessive oder depressive Tendenz durch eine expansive Kreditpolitik aufgehoben werden kann. Die entscheidende Prämisse für einen solchen Kompensationseffekt ist die Annahme, daß die privaten Wirtschaftssubjekte — vor allem die Investoren — trotz der (negativen) Kosten- und/oder Nachfrageeffekte zu einer Investitionsausweitung bereit sind. Es kann angenommen werden, daß die staatliche Kreditpolitik im Falle von Lohnkostensteigerungen bei Erlöskonstanz wirksamer ist als im Falle einer generellen Einschränkung des Arbeitnehmerkonsums, da die Investitionen in reifen Volkswirtschaften weniger kosten- als nachfrageorientiert vorgenommen werden.

Wirksamer jedoch als kreditpolitische Maßnahmen sind die fiskalpolitischen Mittel der Deflationsbekämpfung. Interessant im vorliegenden Zusammenhang ist ein Ausgleich der deflatorischen Lücke ohne Wachstumsbeeinträchtigung. Dies kann entweder durch investitionsanregende steuer- und kreditpolitische Maßnahmen oder durch die Vornahme staatlicher Investitionen, die mit dem Sparkapital der Arbeitnehmer finanziert werden, geschehen. Die Beantwortung der Frage, welche Investitionen der Staat durchführen soll, ob es sich um eine Substitution privater durch staatliche Investitionen handeln soll oder um die dem Staat traditionell obliegende Aufgabe der Vornahme von Infrastrukturinvestitionen, ergibt sich aus der *Galbraith*schen These vom sozialen Ungleichgewicht in den reifen Volkswirtschaften. Die Befriedigung des öffentlichen oder Gemeinschaftsbedarfs könnte mit Hilfe des Arbeitnehmersparens finanziert werden und damit die sonst auftretende Arbeitslosigkeit und Preisniveausenkung vermieden werden.

Diesem Vorteil der Reduktion des sozialen Ungleichgewichts und damit der Annäherung an das wie auch immer definierte Gleichgewicht von öffentlichen und privaten Investitionen steht jedoch ein gravierender verteilungspolitischer Nachteil gegenüber: Die Arbeitnehmer werden zwar zu Eigentümern an dem volkswirtschaftlichen Produktionskapital, aber sie beziehen keine fundierten Einkommen, da die Verzinsung des Sparkapitals der Arbeitnehmer aus Steuermitteln aufgebracht werden müßte. Dies ist nun zwar auch bei den staatlichen Sparförderungsmaßnahmen (Prämiensparen) der Fall, aber diese Maßnahmen sind nur als incentives aufzufassen, die später einmal wegfallen sollen. Hinsichtlich der Beurteilung der durch das Arbeitnehmersparen finanzierten Infrastrukturinvestitionen ist der Feststellung *Preisers* zuzustimmen: „Am Schluß der Entwicklung ergäbe sich das eigenartige Bild einer Volkswirtschaft, in der die alten und großen Kapitalisten im privaten, die neuen und kleinen Kapitalisten im öffentlichen Bereich zu finden wären — mit dem Unterschied, daß diese neuen keine Entscheidungen zu treffen hätten, weil sie ja nur Gläubiger sind[4]." Es darf hinzugefügt werden: mit dem weiteren Unterschied, daß die alten Kapitalisten funktionale Besitzeinkommen beziehen, während die neuen solange Transfereinkommen erhalten, wie das öffentliche Vermögen und seine Inanspruchnahme aus dem marktwirtschaftlichen Bewertungssystem herausgenommen ist. Das eigentliche Ziel der Vermögenspolitik, die Beteiligung der Arbeitnehmer am Erwerbsvermögen, wird also mit dieser Lösung des Kreislaufproblems nicht erreicht.

9. Als Gegenmaßnahmen gegen inflatorische Tendenzen könnte der Staat eine restriktive Kredit- und/oder Fiskalpolitik einsetzen. Die kreditpolitischen Maßnahmen hätten bekanntlich darauf hinauszulaufen, daß das gesamtwirtschaftliche Kredit- bzw. Geldvolumen konstant bzw. im Rahmen des gesamtwirtschaftlichen Produktivitätsfortschritts zu halten wäre. Ein genauer Gleichschritt in der Zunahme der Zahlungsmittel und der der volkswirtschaftlichen Produktivität wird sich allerdings aufgrund des zweistufigen Geldsystems und in Grenzen variablen Kreislaufgeschwindigkeit des Geldes kaum erreichen lassen. Die Umlaufsgeschwindigkeit des Geldes hängt vor allem von der Höhe des Realeinkommens und den opportunity costs der Kassenhaltung ab, die wiederum von der Zinshöhe und der Rate der Preissteigerungen bestimmt werden. Im allgemeinen wird eine generelle Lohnerhöhung eine schnellere Zirkulation der vorhandenen Geldmenge verursachen, da steigende Löhne eine erhöhte Kreditnachfrage und damit bei inflexiblem Geldangebot eine Zinssteigerung auslösen werden. Auch die erwartete Rate der Preissteigerung wird tendenziell zu einer reduzierten Kassenhaltung der Wirtschaftssubjekte führen[5]. Es ist jedoch realistisch, daß eine volle Kompensation der restriktiven Geldpolitik durch eine Zunahme der Zirkulationsgeschwindigkeit des Geldes kaum möglich sein wird. Für eine solche Kompensation sorgen jedoch die außenwirtschaftlichen Zusammenhänge[6].

Einer wachstumsgerechten, antizyklischen Politik der Nachfragedämpfung stellen sich ebenfalls beträchtliche Schwierigkeiten entgegen. Hierzu sei der Sachverständigenrat zitiert: „Eine allgemeine und anhaltende Tendenz zur Übernachfrage dadurch zu kompensieren, daß

---

[4] Vgl. *Preiser*, E.: Theoretische Grundlagen der Vermögenspolitik, S. 38.

[5] Vgl. dazu *Rose*, K.: Bemerkungen zur Theorie der Kosteninflation, S. 342 f.

[6] Die außenwirtschaftlichen Zusammenhänge werden in Ziffer 10 dieses Kapitels diskutiert.

man die öffentlichen Ausgaben drastisch beschränkt, ist nur für sehr kurze Zeit möglich, sollen nachteilige Wirkungen auf das wirtschaftliche Wachstum vermieden werden; denn gerade solche Ausgaben, deren Produktivitätseffekte langfristiger Natur sind (Verkehr, Bildung, Forschung usw.), werden erfahrungsgemäß beschnitten[7].“ Sollte sich trotz dieser Gegebenheiten eine restriktive Kredit- und Fiskalpolitik durchsetzen können, so ergeben sich die bekannten Beschäftigungs- und Wachstumseffekte. Aufgrund der Rigidität des Preissystems verlängert sich der Bremsweg der Kreditpolitik erheblich, d. h. will man kurzfristig zu einer Beseitigung der inflatorischen Tendenzen kommen, so müssen bei der Existenz eines rigiden Preissystems wesentlich härtere Mittel eingesetzt werden als bei einem hinlänglich flexiblen Preissystem.

Für die Inflations-Modelle ergibt sich also das bekannte wirtschaftspolitische Dilemma zwischen Geldwertstabilität und Vollbeschäftigung. Wird die Verteilungspolitik von den Mitgliedern des trilateralen Monopols ernst genommen, so ist eine die Preisniveaustabilität garantierende Kredit- und Fiskalpolitik der staatlichen Instanzen unabdingbar, da sich sonst die intendierten Reallohnsteigerungen in einer Aufblähung des Geldvolumens und damit einer Preisniveausteigerung verflüchtigen. Wird jedoch eine solche Geld- und Fiskalpolitik verfolgt, so ist eine Arbeitslosigkeit die wahrscheinliche Folge, und damit die Verletzung eines wirtschaftspolitischen Ziels, auf das die staatliche Wirtschaftspolitik ebenfalls verpflichtet ist. Statt die zu diesem Theorem erschienene Fülle an Beiträgen zu zitieren, sei die von *Boulding* stammende diesbezügliche „Eselsbrücke“ angeführt[8]:

> „We all (or nearly all) consent
> If wages rise by ten per cent
> It puts a choice before the nation
> Of unemployment or inflation.“

Ergänzend ist festzustellen, daß der aufgrund der Rigidität des Preissystems bedingte verlängerte Bremsweg nachfragedämpfender Maßnahmen nicht nur eine temporäre Unterbeschäftigung, sondern eine substanzielle Hemmung des Wirtschaftswachstums zur Folge hat. Somit verursachen kurzfristige stabilisierungspolitische Bemühungen in den reifen Volkswirtschaften langfristige Reduktionen des Wirtschaftswachstums.

---

[7] Vgl. Sachverständigenrat, Expansion und Stabilität, S. 144.

[8] Vgl. *Boulding*, K. E.: Diskussionsbeitrag, in: Wright, D. M. (Hrsg.), The Impact of the Union, S. 79.

10. Neben der privaten Konsum- und Investitionsgüternachfrage und der Staatsnachfrage spielen die Entwicklung der volkswirtschaftlichen Leistungs- und Kapitalverkehrsbilanz eine entscheidende Rolle für die tatsächlichen und endgültigen Wirkungen einer gruppenpolitisch oder individuell gesteuerten Verteilungspolitik. Dies gilt vor allem für die reifen Volkswirtschaften, die sich durch eine enge wirtschaftliche Verflechtung in Form substitutiven Güteraustausches untereinander und einen relativ starken komplementären Handel mit den Entwicklungsländern auszeichnen[9]. Die außenwirtschaftliche Nachfragekomponente als autonome Größe ist grundsätzlich in der Lage, die deflatorischen oder inflatorischen Effekte der Verteilungspolitik zu verstärken, abzuschwächen oder zu neutralisieren. Wird die Entwicklung der Auslandsnachfrage als funktional von der binnenwirtschaftlichen Situation abhängige Größe angesehen, so lassen sich spezifische Rückwirkungen der Verteilungspolitik auf die Außenhandelssituation ableiten. Beide Hypothesen, die der völlig autonomen und der von der binnenwirtschaftlichen Situation abhängigen Außenhandelsentwicklung besitzen einen relativ großen empirischen Gehalt[10].

Ohne hier näher auf die Funktionsweise der vier Teilmechanismen — des Wechselkurs-, Zins-, Preis- und Einkommensmechanismus — einzugehen, die im Zusammenwirken das außenwirtschaftliche Gleichgewicht der an der weltwirtschaftlichen Arbeitsteilung beteiligten Länder sichern sollen[11], sollen im folgenden kurz die funktionalen Beziehungen zwischen den durch die Verteilungspolitik ausgelösten binnenwirtschaftlichen Deflations- und Inflationssituationen einerseits und den möglichen, autonom bestimmten Leistungsbilanzkonstellationen andererseits analysiert werden. Die autonome, d. h. von der binnenwirtschaftlichen Lage unabhängige Leistungsbilanzentwicklung kann z. B. darauf beruhen, daß die Auslandsnachfrage nach Inlandsprodukten primär durch die Konjunktur- und Wachstumszyklen der Haupt-Partnerländer bestimmt wird, die ihrerseits binnenwirtschaftlich determiniert sind. Den Rahmen für diese analytische Skizze bildet das heutige internationale Währungssystem mit festen Wechselkursen — von den geringen Bandbreiten wird abgesehen — und freier Konvertierbarkeit.

---

[9] Vgl. dazu *Jürgensen*, H.: Die Welthandelsströme der Zukunft, in: Der Volkswirt, Nr. 51/52 vom 23. Dez. 1961, S. 98 ff.

[10] Auf die Rückwirkungen der außenwirtschaftlichen Situation auf Verteilung und Wachstum des Volkseinkommens wird im Schlußteil der Arbeit eingegangen.

[11] Vgl. u. a. *Ehrlicher*, W. Die außenwirtschaftliche Komponente der Geldversorgung, in: Jürgensen, H. (Hrsg.), Gestaltungsprobleme der Weltwirtschaft, S. 591 ff.; *Föhl*, C.: Außenwirtschaftliches und binnenwirtschaftliches Gleichgewicht, ebenda, S. 606 ff.; *Sanmann*, H.: Währungspolitik zwischen

Sieht man von der Möglichkeit einer ausgeglichenen Leistungsbilanz ab, so lassen sich vier Konstellationen konstruieren: ein Leistungsbilanzüberschuß (-defizit) bei einer cet. par. deflatorisch oder inflatorisch wirkenden Verteilungs- bzw. Verwendungspolitik. Im Falle eines Leistungsbilanzüberschusses in einer rezessiven Situation der Volkswirtschaft wirkt die außenwirtschaftliche Nachfragekomponente in Richtung auf eine Wirtschaftsbelebung. Hier besteht also ein kompensatorisches Gegenspiel von binnen- und außenwirtschaftlicher Nachfrageentwicklung. Gleichartige Kompensationstendenzen ergeben sich für den Fall einer verteilungspolitisch bedingten, binnenwirtschaftlichen Inflationstendenz und einem autonom bestimmten Leistungsbilanzdefizit: die von der Außenkomponente ausgehende Nachfragedämpfung vermag die binnenwirtschaftliche Nachfragesteigerung tendenziell auszugleichen. In den beiden restlichen Fällen ergeben sich eindeutig deflatorische bzw. inflatorische Verstärker-Effekte.

Wichtiger jedoch als die auf funktionaler Unabhängigkeit beruhende Gegenüberstellung von verteilungsbedingter binnenwirtschaftlicher und autonomer außenwirtschaftlicher Nachfrageentwicklung ist die Analyse beider Nachfragekomponenten unter der Annahme des Bestehens von Funktionalbeziehungen. Wir wollen uns hier auf die grundlegenden Zusammenhänge zwischen binnenwirtschaftlicher Verteilungspolitik und außenwirtschaftlicher Nachfrageentwicklung beschränken. Als Determinante der Auslandsnachfrage nach Inlandsgütern wird das binnenländische relative Preisniveau aufgefaßt. Führen die verteilungspolitischen Aktivitäten der Sozialpartner bzw. ihrer Mitglieder zu deflatorischen Tendenzen in der Volkswirtschaft, so wird cet. par. die Auslandsnachfrage nach Inlandsgütern angeregt, umgekehrt — umgekehrt. Bei der hier unterstellten Form der funktionalen Abhängigkeit lösen also rezessiv bzw. expansiv wirkende verteilungspolitische Maßnahmen kompensatorische Bewegungen im Export-Import-Saldo aus[12]. Ob es tatsächlich zu diesen Ausgleichsvorgängen kommt, hängt von weiteren Faktoren wie den Preiselastizitäten, time-lags, steuer- und zollpolitischen Gegebenheiten usw. ab.

11. Die für die bisher untersuchten vier Modelle zugrundegelegte Prämisse eines makroökonomischen Ausgangsgleichgewichts von Sparen und Investieren wird in dem folgenden fünften Modell aufgehoben. Es ist kaum vorstellbar, daß zu irgendeiner Zeit in irgendeinem

---

Automatismus und Autonomie, in: Wirtschaftsdienst, 44. Jg., H. 9, 1964, S. 367 ff.

[12] Vgl. u. a. *Jürgensen*, H.: Rückwirkungen der Verteilungspolitik auf die Wettbewerbsfähigkeit der westdeutschen Wirtschaft, in: Einkommensverteilung und Vermögensbildung in der Bundesrepublik, Veröff. der Deutschen Volkswirtschaftlichen Gesellschaft, Opladen 1964, S. 125 ff.; *Oberhauser*, A.: Zahlungsbilanzüberschüsse und Einkommensverteilung, in: WA, Bd. 93, 1964, S. 286 ff.

Lande eine gleichgewichtige wirtschaftliche Entwicklung stattgefunden hat. Als makroökonomisches Ausgangs-Ungleichgewicht wird die in der BRD seit der Währungsreform zu beobachtende leichte inflatorische Entwicklung unterstellt. Damit wird davon ausgegangen, daß sowohl das langfristige Gleichgewicht zwischen dem Wachstum des realen und des nominellen Sozialproduktes durch ein Vorauseilen der gesamten monetären Nachfrage gestört ist als auch das kurzfristige Nachfragegleichgewicht zwischen Investitionen und freiwilligen Ersparnissen durch ein weitaus schnelleres Wachstum der Investitionen und damit der monetären Nachfrage. In der BRD wurde die Investitionsneigung weder im industriellen noch im Bereich der Infrastruktur durch die freiwillige Ersparnis der privaten Haushalte begrenzt. Zur entscheidenden Determinanten des gesamtwirtschaftlichen Investitiosspielraumes wurde vielmehr die Finanzierungsbereitschaft des Bankensystems.

Diese Gleichgewichtsstörung fand ihren Niederschlag in leichten Preissteigerungen und einem hohen Anteil selbstfinanzierter Investitionen am gesamten Investitionsvolumen. Die in der BRD festzustellende geringe freiwillige Ersparnis der privaten Haushalte hat nicht, wie nach der Mehrzahl der Wachstumsmodelle zu erwarten gewesen wäre, zu einer verringerten Wachstumsrate des Sozialproduktes geführt, sondern vor allem zu einer Änderung der Sparstruktur: Die Abnahme des Sparens der privaten Haushalte bzw. deren vergleichsweise geringe Zunahme gegenüber der Steigerung der Investitionen wurde durch eine wachsende Ersparnis der Unternehmen, die der gesamtwirtschaftliche Reflex eines so gearteten ungleichgewichtigen wirtschaftlichen Wachstums ist, kompensiert. Zu dieser Gleichgewichtsstörung hat in der BRD vor allem auch die außenwirtschaftliche Nachfragekomponente beigetragen, deren Entwicklung zu einem ständigen Zufluß an Zahlungsmitteln ohne realwirtschaftlichen Ausgleich geführt hat (importierte Inflation).

Neben der hier gekennzeichneten makroökonomischen Gleichgewichtsstörung wird ebenfalls eine Gleichgewichtslosigkeit auf den Faktormärkten unterstellt. Damit stellt sich das wirtschaftspolitische Problem, wie sich die autonome, gleichgewichtslose Preisbildung auf den Faktormärkten auf die durch eine Gleichgewichtsstörung charakterisierte Gesamtwirtschaft auswirkt. Das allgemeine, theoretische Problem, das hinter dieser Frage steht, ist das des Zusammenhanges zwischen mikro- und makroökonomischem Gleichgewicht. Auf diese komplexe und diffizile Problematik kann hier nicht eingegangen werden. In dem vorliegenden Zusammenhang gilt es vielmehr, die spezifische Beziehung zwischen mikroökonomischer Gleichgewichtslosigkeit und makroökonomischer Gleichgewichtsstörung für die Frage nach den gesamtwirtschaftlichen Wirkungen von autonomen Lohnerhöhungen fruchtbar zu machen.

Bombach, der dieser Problematik zahlreiche Beiträge gewidmet hat[13], sieht einen Unterschied zwischen Gleichgewichtslosigkeit und Gleichgewichtsstörung: „Das eine ist eine heute allgemein gegebene Gleichgewichtslosigkeit, das andere eine Gleichgewichtsstörung. Daß immer wieder Verwechslungen vorkommen bzw. die Unterschiede gar nicht erkannt werden, erklärt zu einem guten Teil die Verwirrung um cost-push und demand-pull. Cost-push bezieht sich auf die Indeterminiertheit der Faktorpreisbildung (Gleichgewichtslosigkeit), demand-pull auf eine inflatorische Lücke (Gleichgewichtsstörung)[14].“ Er stellt die These auf, daß „die autonome Lohnbildung, d. h. die Gleichgewichtslosigkeit der Faktormärkte ... das Wachstum bei stabilen Preisen und gestörtem Angebots-Nachfrage-Gleichgewicht erst möglich (macht). Es ergeben sich interessante Wechselbeziehungen zwischen Gleichgewichtslosigkeit auf den Faktormärkten und Gleichgewichtsstörungen auf den Produktmärkten, und es ist jedenfalls nicht zutreffend, wenn die den wage-push ermöglichende autonome Lohnbildung für die schleichende Inflation allein verantwortlich gemacht wird. Mit gleichem Recht kann man das Gegenteil behaupten[15].“ Diese These ist im folgenden zu überprüfen.

12. In seinem diesbezüglichen Modell geht *Bombach* davon aus, daß eine inflatorische Lücke besteht und daß den privaten und staatlichen Haushalten als strategische Parameter eine autonome Einkommenspolitik und das Sparverhalten zur Verfügung stehen[16]. Es wird angenommen, daß das makroökonomische Ungleichgewicht durch einen Investitionsüberschuß oder Exportsaldo verursacht ist. Auf eine Investitionsfunktion wird verzichtet. Statt dessen wird von der Voraussetzung ausgegangen, daß es sich heute keine Regierung erlauben könne, die Investitionsquote unter eine Höhe sinken zu lassen, die die Erfüllung des Vollbeschäftigungs- und Wachstumspostulates gerade noch garantiert. Die Obergrenze der Investitionsquote stellt der Anteil dar, bei dessen Überschreiten die schleichende Inflation so verschärft

---

[13] Vgl. *Bombach*, G.: Quantitative und monetäre Aspekte des Wirtschaftswachstums, S. 200 ff.; derselbe, Preisstabilität, wirtschaftliches Wachstum und Einkommensverteilung, S. 1 ff.: derselbe, Gleichgewicht — kein Ziel an sich, S. 50 ff.; derselbe, Ursachen der Nachkriegsinflation und Probleme der Inflationsbekämpfung, S. 187 ff.

[14] Vgl. *Bombach*, G.: Ursachen der Nachkriegsinflation und Probleme der Inflationsbekämpfung, S. 195.

[15] Vgl. *Bombach*, G.: Ursachen der Nachkriegsinflation und Probleme der Inflationsbekämpfung, S. 197.

[16] Vgl. *Bombach*, G.: Preisstabilität, wirtschaftliches Wachstum und Einkommensverteilung, S. 1 ff.

wird, daß für die staatliche Wirtschaftspolitik direkte Preis- und Lohnkontrollen unumgänglich sind.

Werden nun die in den bisherigen vier Modellen unterstellten Formen der Verteilungspolitik durchgesetzt, so läßt sich für den Fall einer inflatorischen, makroökonomischen Gleichgewichtsstörung generell feststellen, daß verteilungspolitische Maßnahmen, die gegen den inflatorischen Trend gerichtet sind, sich wesentlich leichter und ohne Schaden für Beschäftigung und Wachstumsrate durchsetzen lassen und daß umgekehrt bei direkt nachfragewirksamen verteilungspolitischen Eingriffen die Überwälzungschance vergrößert wird. Werden also, wie im dritten Modell unterstellt, die Löhne über den Produktivitätszuwachs hinaus erhöht und voll dem Konsum zugeführt, so wird der inflatorische Trend verschärft, Investitionsneigung und -möglichkeit bleiben völlig unberührt, der reale Wachstumsprozeß vollzieht sich ungestört — solange es nicht zu übermäßigen Preissteigerungen kommt und die geldpolitischen Instanzen eingreifen müssen — und die Realverteilung bleibt unverändert. Wird andererseits die im zweiten Modell angenommene Verteilungspolitik, also Lohnerhöhungen im Ausmaß der Produktivitätssteigerung, die voll gespart werden, in der vorliegenden Ungleichgewichtssituation durchgesetzt, so werden sich depressive Tendenzen, wie sie für den Fall des Gleichgewichts abgeleitet werden konnten, nicht notwendig einstellen. Der kurzfristige Nachfrageausfall kann zu einer Stabilisierung der Verhältnisse beitragen. Der Verteilungsvorsprung, den die Unternehmer aufgrund des I/S-Ungleichgewichtes besitzen, läßt Gewinnreduktionen durch gesparte Lohnerhöhungen zu, ohne daß es zu depressiven Tendenzen und einer Einschränkung der Investitionstätigkeit kommen muß. Dies gilt auch für die Annahmen des vierten Modells, obwohl der stabilisierende Effekt nicht so durchschlagend sein wird.

Es ist daher *Bombach* voll zuzustimmen, wenn er ausführt: „Im Zustand des Gleichgewichts wäre es gewiß unrealistisch anzunehmen, daß eine Reduktion der Gewinnquote ohne Einfluß auf die Investitionen bleiben wird. Ist dagegen ein großes Polster an unverteilten Gewinnen in der Ausgangsposition vorhanden, und in vielen Ländern ist das in der Nachkriegszeit bis heute fast durchweg der Fall gewesen, so braucht auch eine fühlbare Beschneidung der Gewinnquote nicht zu einer Beeinträchtigung der Investitionstätigkeit zu führen, wenn das Bankensystem bereit und in der Lage ist, entsprechende Kredite zur Investitionsfinanzierung zur Verfügung zu stellen[17].“ Als einen Präzedenzfall für die These, daß die Investitionen in einem ge-

---

[17] Vgl. *Bombach*, G.: Preisstabilität, wirtschaftliches Wachstum und Einkommensverteilung, S. 11.

wissen Bereich von der Gewinnquote unabhängig sind, sieht *Bombach* die Bildung von Überschüssen im Staatshaushalt der BRD an (Juliusturm), die die Quote der unverteilten Gewinne fühlbar herabgedrückt haben, ohne daß es zu einer Reduktion der Investitionsquote gekommen ist[18].

Dieser empirische Nachweis ist insofern besonders schlüssig, als von dem ungünstigsten Fall ausgegangen wird: Die Gelder des Juliusturmes wurden völlig aus dem Kreislaufgeschehen herausgezogen, eine Wirkung, die bei einer Zunahme der Arbeitnehmerersparnisse ja nicht zwangsläufig eintreten wird, da sie jederzeit zur Investitionsfinanzierung verwendet werden können und damit im Kreislauf verbleiben. Für eine völlig flexible Geldpolitik ist diese Argumentation jedoch belanglos, da ein ausreichender Investitionsspielraum immer vorhanden ist. Besteht in einer Volkswirtschaft eine inflatorische Lücke, so werden die von den Arbeitnehmern gesparten Beträge aller Wahrscheinlichkeit nach auch für Investitionszwecke verwendet. Daraus folgt, daß in einer inflatorisch ungleichgewichtigen Wachstumssituation die Gefahren einer aggressiven Lohnpolitik, die mit einem Sparen der Arbeitnehmer verbunden ist, für Investitionstätigkeit und Wachstumsrate weitgehend als gegenstandslos zu bezeichnen sind. Es sind im Gegenteil positive Stabilisierungseffekte zu verzeichnen.

13. Ob, wie *Bombach* annimmt, die autonome Lohnpolitik ein preisstabiles Wirtschaftswachstum bei Bestehen einer makroökonomischen, inflatorischen Gleichgewichtsstörung ermöglicht, hängt von der verteilungspolitischen Zielsetzung der Gewerkschaften ab. Wird eine generell zurücksteckende, passive Verteilungspolitik aller Gewerkschaften unterstellt, die das Vorprellen der als ebenfalls autonom angesehenen übrigen Nachfragekomponenten sanktioniert, so ist der *Bombach*schen These zuzustimmen. Zwei Argumente könnten zugunsten einer zurücksteckenden oder maßvollen gewerkschaftlichen Lohnpolitik geltend gemacht werden: das erste bezieht sich auf die Monopoltheorie, das zweite auf die bisherigen, praktischen Erfahrungen.

Die Monopoltheorie betont die preisstabilisierenden Effekte monopoloider Situationen. Hauptvertreter dieser Richtung ist *Boulding*: „I am quite confident that the main effect of unionism is to hold down money wages and to prevent them from rising faster than they otherwise would. What does monopoly do? It introduces stability in the price system[19].“ Und derselbe Autor fügt in aphoristischer Kürze und

---

[18] Vgl. *Bombach*, G.: Preisstabilität, wirtschaftliches Wachstum und Einkommensverteilung, S. 11.

[19] Vgl. *Boulding*, K. E.: Diskussionsbeitrag, in: Wright, D. M., (Hrsg.), The Impact of the Union, S. 245.

Einseitigkeit hinzu: „Unions are the opiate of the people under capitalism[20]." Nach *Friedman* zeitigt die gewerkschaftliche Lohnpolitik zwei unterschiedliche Effekte: einen „rigidity effect" und einen „upward-pressing effect"[21]. Der erste hält die Lohnentwicklung in Zeiten konjunktureller Expansion in Grenzen und der zweite bewirkt einen Lohndruck in Perioden allgemeiner Stabilität. *Friedman* glaubt, daß sich beide Effekte langfristig weitgehend aufheben, daß aber dem Rigiditätseffekt unter den gegenwärtigen Umständen (1951) eine größere Bedeutung zugesprochen werden müsse. Aufgrund einer stark an den tatsächlichen Vorgängen in den USA ausgerichteten Analyse kommt *Slichter* zu dem Ergebnis: „It looks very much as if the wage-fixing arrangements in the American economy have a small inflationary bias — that they tend to put up wages fast enough to require a slow advance in our price level[22]."

Eine Analyse des lohnpolitischen Verhaltens der westdeutschen Gewerkschaften während der wirtschaftlichen Expansion der Nachkriegszeit führt *Bombach* zu der Vermutung: „Vielleicht ist es erforderlich, die oft negative Einstellung gegenüber der heute in praktisch allen entwickelten Ländern gegebenen autonomen Lohnbildung (d. h. Gleichgewichtslosigkeit der Faktormärkte) zu revidieren. Niemand vermag zu sagen, welche Entwicklung Löhne und Preise angesichts des rapiden Wachstums und der großen I/S-Diskrepanz als Dauererscheinung bei Konkurrenzpreisbildung auf vollkommenen Faktormärkten genommen hätten[23]." Die Untersuchungen des Sachverständigenrats stützen diese Vermutungen. Zwar wären die Nominallohnerhöhungen von 1950—63 in den meisten Jahren über den volkswirtschaftlichen Produktivitätsfortschritt hinausgegangen, dennoch seien die westdeutschen Gewerkschaften im internationalen Vergleich relativ zurückhaltend gewesen[24]. Ausgehend von der in der BRD existierenden wage-drift stellt der Sachverständigenrat ebenfalls fest, daß bei den Löhnen nach wie vor der Sog vom Arbeitskräftebedarf her höher ist als der Druck, der von der Tarifpolitik der Gewerkschaften ausgeht: „Die Gewerkschaften haben auch in der jüngsten Vergangenheit keine aggressive Lohnpolitik betrieben; allerdings ist die Knappheit am Arbeitsmarkt ihren Bestrebungen zugute gekommen[25]." Zu dieser Aussage kommt

---

[20] Vgl. *Boulding*, K. E.: Diskussionsbeitrag, ebenda, S. 245.

[21] Vgl. *Friedman*, M.: Some Comments on the Significance of Labor Unions for Economic Policy, in: Wright, D. M., (Hrsg.), The Impact of the Union, S. 226 ff.

[22] Vgl. *Slichter*, S. H.: Do the Wage-Fixing Arrangements in the American Labor Market Have an Inflationary Bias?, in: AER, Vol. 44, Proc., 1954, S. 343.

[23] Vgl. *Bombach*, G.: Ursachen der Nachkriegsinflation und Probleme der Inflationsbekämpfung, S. 197, Anmerkung 18.

[24] Vgl. Sachverständigenrat, Stabiles Geld — Stetiges Wachstum, S. 69.

[25] Vgl. Sachverständigenrat, Stabilisierung ohne Stagnation, S. 60.

der Sachverständigenrat trotz der Tatsache, daß selbst die Zunahme der realen Tariflöhne im Jahre 1965 größer war als der durchschnittliche Produktivitätszuwachs. Er erklärt diesen prima facie Widerspruch damit, „daß die Tariflöhne der Produktivitäts- und Preisentwicklung nur verzögert folgen"[26].

Für den Zeitraum von 1950—64 konstatiert der Sachverständigenrat zwar einen Anstieg der Lohnquote (Löhne plus Gehälter), den er jedoch wie folgt begründet: „Über einen längeren Zeitraum gesehen..., läßt sich der Anstieg der Lohnquote ausschließlich durch den Anstieg des Anteils der Unselbständigen an den Erwerbstätigen erklären. Die Entwicklung des Durchschnittseinkommens aus unselbständiger Arbeit hat insgesamt sogar auf eine geringere Lohnquote hingewirkt. ... Innerhalb des Gesamtzeitraumes hat sich diese Entwicklungstendenz jedoch mit zunehmender Versteifung der Lage auf dem Arbeitsmarkt gewandelt. Seit etwa 1961 vermindert sich der Abstand zwischen der tatsächlichen Lohnquote und ihrem rechnerischen Wert merklich[27]." Eine eindeutige Aussage darüber, ob die Gewerkschaften eine aggressive oder passive Lohnpolitik verfolgen und ob sie, wenn sie eine expansive Lohnpolitik beabsichtigen, damit in der Vergangenheit Erfolg gehabt haben, läßt sich kaum erzielen. Das Zahlenmaterial für die BRD spricht für eine langfristig adaptive gewerkschaftliche Lohnpolitik, was jedoch nicht besagt, daß die Zielsetzung nicht expansiver Natur war. Es kann im Gegenteil angenommen werden, daß die lohnpolitischen Ziele der Arbeitnehmervertretungen durchaus aggressiv waren, aber die Funktionsfähigkeit des politischen Abstimmungsmechanismus für einen Ausgleich der Interessen und damit für eine moderierte Lohnentwicklung sorgte.

14. Abschließend kann festgestellt werden, daß bei gegebener makroökonomischer Ungleichgewichtssitutation, die einen Verteilungsvorsprung der Gruppe der Unternehmer gegenüber den Arbeitnehmern dokumentiert, wenn sie durch einen Investitions- oder Exportüberschuß hervorgerufen worden ist, eine aggressive Verteilungspolitik der Gewerkschaften verbunden mit einer Steigerung der Sparneigung der Arbeitnehmer (Vermögensbildung in Arbeitnehmerhand), die gesamtwirtschaftliche Investitionstätigkeit kaum beeinträchtigen wird und damit das wirtschaftliche Wachstum nicht tangiert. Ein empirischer Beweis dieses deduzierten Ergebnisses ist ausgesprochen schwierig. Einen Hinweis kann man jedoch dem Verifikationsversuch der *Föhl*schen Überwälzungshypothese durch *Oberhauser* entnehmen. Er kommt zu dem Ergebnis, daß „trotz der starken Steigerung des

---

[26] Vgl. Sachverständigenrat, Stabilisierung ohne Stagnation, S. 61.
[27] Vgl. Sachverständigenrat, Stabilisierung ohne Stagnation, S. 55 f.

staatlichen Anteils am Sozialprodukt in den letzten Jahrzehnten, die zum großen Teil über eine Erhöhung der Gewinnsteuern finanziert wurde, ... die private Investitionsquote nicht abgesunken, sondern sogar — wenn auch in den einzelnen Ländern in unterschiedlichem Maße — ein wenig gestiegen (ist)“[28]. Daraus leitet *Oberhauser* eine Bestätigung des *Föhl*-Theorems ab.

Gegen diesen Beweis spricht jedoch einmal die Möglichkeit, daß die Investitionsquote bei unveränderter Gewinnbesteuerung noch stärker hätte zunehmen können, und zweitens, daß zwar die Konstanz des Unternehmerkonsums und der Investitionsquote von *Oberhauser* ermittelt worden ist, aber die dritte Komponente der gesamtwirtschaftlichen Gewinngleichung, das Sparen der Arbeitnehmer, nicht berücksichtigt worden ist. Gegen die These einer vollkommenen Überwälzung der Gewinnsteuern kann also der Einwand erhoben werden, daß die Ersparnisse der privaten Haushalte bzw. der unselbständig Beschäftigten zugenommen haben, wenn davon ausgegangen wird, daß die Ersparnis des Staates relativ konstant geblieben ist[29]. Aber gerade dieser Zusammenhang zeigt, daß eine Zunahme der Sparquote der privaten Haushalte vor allem, wenn es sich um eine langsame und zunächst nur geringfügige Zunahme handelt, die gesamtwirtschaftliche Investitionsquote via Investitionsneigung nicht beeinträchtigen muß und auch nicht beeinträchtigt hat. Wo allerdings der gesamtwirtschaftliche psychological breaking point der Gewinnreduktion liegt, ist kaum endgültig zu klären. In diesem Zusammenhang ist der ironisch gefärbten Bemerkung *Littmanns* durchaus zuzustimmen, daß „seltsamerweise dieses Argument (des psychologischen Bruchpunktes, d. Verf.) zu einem Zeitpunkt auf(-taucht), der nicht nur durch die höchsten Steuersätze der Wirtschaftsgeschichte, sondern auch durch außerordentlich hohe Wachstumsraten charakterisiert wird[30].“

Ebensowenig läßt sich die immer wieder aufgestellte Behauptung verifizieren, daß egalitäre Tendenzen in der Einkommens- und Vermögensverteilung die Wachstumsrate einer Volkswirtschaft mindern. Es liegt bis heute kein schlüssiger statistischer Nachweis dafür vor, daß unterschiedliche Verteilungssituationen in verschiedenen Ländern oder zu verschiedenen Zeiten zu unterschiedlichen Wachstumsraten geführt haben. Es kann im Gegenteil festgestellt werden, daß trotz

---

[28] Vgl. *Oberhauser*, A.: Finanzpolitik und private Vermögensbildung, S. 57.

[29] Die Ersparnis in v. H. des verfügbaren Einkommens ist in der BRD von 1950—1964 von rd. 3% auf rd. 11% gestiegen; vgl. Sachverständigenrat, Stabilisierung ohne Stagnation, S. 71, Schaubild 26.

[30] Vgl. *Littmann*, K.: Zunehmende Staatstätigkeit und wirtschaftliche Entwicklung, S. 77, Fußnote 167.

zwischen den einzelnen Industrienationen variierender quotenmäßiger Verteilung annähernd gleichhohe Wachstumsraten nachweisbar sind[31].

Achtes Kapitel

Gesamtwirtschaftliche Strukturanalyse

1. Um die Vereinfachungen der makroökonomischen Kreislaufanalyse bezüglich der gesamtwirtschaftlichen Wirkungen unterschiedlicher verteilungspolitischer Maßnahmen zu vermeiden, sind die gesamtwirtschaftlichen Aggregate in Teilaggregate und die Niveaugrößen in Strukturen aufzulösen. Damit werden die strukturellen Aspekte, die in der Kreislaufbetrachtung durch die Aggregation verdeckt wurden, explizit in die Untersuchung einbezogen. Im Zentrum der folgenden Analyse stehen die Lohn-, Preis-, Produktivitäts- und Nachfragestrukturen. Berücksichtigt werden ferner die interindustriellen Input-Relationen sowie die verschiedenen Sparformen. Die generelle Frage lautet, wie sich verteilungspolitische Aktivitäten — vor allem in Form von Lohnerhöhungen und Einkommensverwendungsvariationen — auf die Gesamtwirtschaft auswirken, wenn diese von Rigiditäten, Indexbindungen und eingebauten Stabilisatoren durchzogen ist. Grundlage und Ausgangspunkt aller folgenden Strukturmodelle ist die in Kap. 5 abgeleitete Annahme, „that neither in the labor market nor in most commodity markets are wages and prices set in automatic response to supply-demand forces“[1]. Vielmehr wird für alle Arbeitsmärkte und einen Teil der Produktmärkte von einer bilateralen bzw. unilateralen Preisadministration ausgegangen.

Es besteht nicht die Absicht, alle strukturellen Gesichtspunkte und alle hier relevanten Strukturkomponenten in ein strukturbezogenes Gesamtmodell zu integrieren. Ein solchermaßen integriertes Modell bedingt ein Urteil über das relative Gewicht der einzelnen strukturellen Phänomene, ein Urteil, das umfangreiche empirische Studien voraussetzt. Da dieses empirische Material nicht gegeben ist, soll im folgenden an Hand einiger isolierter Strukturmodelle, die auch nicht alle möglichen Fälle abdecken, daher also empirische Hypothesen über

---

[31] Diese These beruht auf einer Durchsicht des von den United Nations veröffentlichten Zahlenmaterials; vgl. United Nations, Statistical Yearbook 1963, New York 1964, S. 508 ff., 515 f., 530 ff.

[1] Vgl. *Ackley*, G.: A Third Approach to the Analysis and Control of Inflation, in: The Relationship of Prices to Economic Stability and Growth, S. 626.

ihre relative Relevanz enthalten, ein Überblick über die dem Verfasser am wesentlichsten erscheinenden strukturellen Phänomene gegeben werden. In einer ersten Gruppe von Modellen wird von einer an der gesamtwirtschaftlichen Produktivitätsentwicklung ausgerichteten Lohnerhöhung ausgegangen, die konsumtiv verwendet werden soll. Es geht im wesentlichen um die Preiseffekte dieser adaptiven Lohnpolitik. In einer zweiten Gruppe wird auf die Lohnstruktur der Volkswirtschaft abgestellt und auf deren expansives Moment. Die daraus resultierenden Kosten- und — bei konsumtiver Verwendung — Nachfrageeffekte sollen in ihren Rückwirkungen auf Preisniveau, Beschäftigungshöhe und Investitionsverhalten analysiert werden, wobei von den schon in Kap. 6 untersuchten unterschiedlichen Unternehmens- und preispolitischen Zielsetzungen ausgegangen wird. In einem letzten Abschnitt wird wiederum von einer gesamtwirtschaftlichen makroökonomischen Gleichgewichtsstörung ausgegangen, die die Allokationsproblematik der Preis- und Lohnrigiditäten in einer wachsenden Wirtschaft einer bestimmten Lösung zuführt.

2. Für die erste Modellgruppe wird unterstellt, daß in allen Bereichen der Volkswirtschaft Lohnerhöhungen nach Maßgabe des gesamtwirtschaftlichen, arbeitsbezogenen Produktivitätsfortschritts vorgenommen werden, die einer konsumtiven Verwendung zugeführt werden. Ohne hier die verschiedenen Formen der unternehmerischen Preispolitik zu berücksichtigen, wird angenommen, daß generell eine Preisrigidität nach unten gegeben ist, daß aber die Preisrelationen (durch Anpassung nach oben) flexibel sind. Damit tragen wir der Bemerkung *Schultzes* Rechnung, daß „we cannot really classify wage and price behavior simply into flexible and inflexible. The key fact about prices and wages in a modern economy is the asymmetry of their behavior“[2]. Für den Produktivitätsfortschritt wird vorausgesetzt, daß er in den einzelnen Wirtschaftsbereichen sehr stark streut, daß also eine Produktivitätshierarchie existiert, die sich im Zuge des Wirtschaftswachstums ändert. Da zunächst nur die Kosteneffekte der adaptiven Lohnerhöhung untersucht werden sollen, wird eine unveränderte Nachfragestruktur unterstellt.

Das Bestehen erheblicher Unterschiede in der Produktivitätsentwicklung verschiedener Wirtschaftsbereiche und -branchen muß als typisch für das Wachstum der reifen Volkswirtschaften angesehen werden. Statistische Untersuchungen belegen dieses Phänomen eindeutig. Nach Berechnungen von *Hahn* betrug der gesamtwirtschaftliche Produktivitätsfortschritt in der BRD von 1951—60 durchschnittlich 4%; die einzelnen Wirtschaftssektoren differierten in ihrer jahres-

---

[2] Vgl. *Schulze*, C. L.: Recent Inflation in the United States, S. 2189.

durchschnittlichen Produktivitätszunahme im gleichen Zeitraum von 0,1% (Handel) über 5,1% (Industrie) bis zu 9,4% (Land- und Forstwirtschaft)[3]. Innerhalb der Industrie sind zwischen den einzelnen Branchen noch erheblich größere Unterschiede feststellbar[4]. Nach den neuesten Berechnungen des Sachverständigenrats ergab sich beispielsweise für das Jahr 1963 eine industrielle Produktivitätshierarchie, die von einer Arbeitsproduktivität (absoluter Wert) von 67,91 für die mineralölverarbeitende Industrie bis zu einem Wert von 5,64 für die Bekleidungsindustrie reichte[5]. Das relative Wachstum der Branchenproduktivitäten[6] gegenüber dem durchschnittlichen Wachstum der gesamten Industrie von 1951 bis 1963 bewegte sich zwischen den beiden Extremwerten (+) 211.5% (Mineralölverarbeitung) und (—) 50% (Eisen-, Stahl- und Tempergießereien)[7]. Für die einfache Arbeitsproduktivität ermittelt der Sachverständigenrat einen auf die industriellen Produktivitätsunterschiede im Jahre 1963 bezogenen Variationskoeffizienten von 31%[8].

Wenn sich die Lohnerhöhungen in allen Bereichen an der gesamtwirtschaftlichen Produktivitätszunahme orientieren, dann kommt es in den Branchen, deren Produktivitätsfortschritt unter dem gesamtwirtschaftlichen Durchschnitt liegt, zu einer lohninduzierten Änderung der Kosten-Erlös-Relation und cet. par. zu Gewinnreduktionen. Diese werden den Versuch einer Lohnkostenüberwälzung auslösen. Die Preise werden — eine elastische Geldpolitik vorausgesetzt — pari passu oder mit einer zeitlichen Verzögerung mit dem allgemeinen Geldlohnniveau steigen. Diese partiellen Preiserhöhungen könnten

---

[3] Vgl. *Hahn*, H.: Unterschiede der Entwicklung von Produktivität, Lohn- und Preisniveau in den einzelnen Wirtschaftsbereichen der Bundesrepublik, in: Neumark, F., (Hrsg.), Strukturwandlungen einer wachsenden Wirtschaft, Bd. 2, S. 661.

[4] Vgl. u. a. *Bombach*, G.: Die Stabilität der industriellen Produktivitätsstruktur, S. 18 ff.; *Hoffmann*, W. G.: Die Stabilität der industriellen Produktivitätsstruktur (Bemerkungen zu einem Aufsatz unter gleichem Titel von G. Bombach), in: ZfdgSt, 116. Bd., 1960, S. 43 ff.; *Mertens*, D.: Veränderungen der industriellen Branchenstruktur in der Bundesrepublik 1950—1960, in: König, H., (Hrsg.), Wandlungen der Wirtschaftsstruktur in der Bundesrepublik Deutschland, S. 439 ff.

[5] Vgl. Sachverständigenrat, Stabilisierung ohne Stagnation, Tabelle 59, S. 140 f.

[6] Bei den hier zugrundegelegten Produktivitäten handelt es sich um bereinigte Werte der Arbeitsproduktivität. Die Unterschiede im Kapitaleinsatz, in der Verbrauchssteuerbelastung, in der Qualifikation der Arbeitskräfte und sonstigen Anforderungen an die Arbeitskräfte werden berücksichtigt. Vgl. Sachverständigenrat, Stabilisierung ohne Stagnation, Anhang IV, S. 195 ff.

[7] Vgl. Sachverständigenrat, Stabilisierung ohne Stagnation, Tabelle 62, S. 145.

[8] Vgl. Sachverständigenrat, Stabilisierung ohne Stagnation, Tabelle 60, S. 142.

durch Preissenkungen in den Wirtschaftsbereichen ausgeglichen werden, in denen es zu Änderungen der Kosten-Erlös-Relation mit umgekehrtem Vorzeichen kommt, also zu Gewinnsteigerungen aufgrund unterproportionaler Lohnkostenentwicklung. Liegt jedoch eine generelle Preisinflexibilität nach unten vor, so wird dieser Kompensationsvorgang verhindert, d. h. das Preisniveau steigt. Mit *Reynolds* können wir feststellen: „Thus even under these conditions of ‚ideal' wage behavior, there is a certain inflationary bias which might cause a gradual increase in price levels[9]."

3. Dieses erste Modell soll im folgenden dahingehend abgewandelt werden, daß das entscheidende Gewicht der Argumentation von der Angebots- und Kostenseite des Systems auf die Nachfrageseite verlegt wird. Es wird wiederum von generellen Preisinflexibilitäten nach unten, einer branchendifferenzierten Produktivitätsstruktur und einer produktivitätsorientierten, konsumtiv verwendeten Lohnerhöhung ausgegangen. Jedoch soll diesmal eine Änderung der (konsumtiven) Nachfragestruktur, also eine Änderung der Einkommensverwendung unterstellt werden. Um die daraus resultierenden gesamtwirtschaftlichen Effekte eindeutig ableiten zu können, sei vereinfachend vorausgesetzt, daß sich die Lohnkostensteigerung nicht nur gesamtwirtschaftlich, sondern auch branchenbezogen im Rahmen des Produktivitätsfortschrittes hält.

In einer Volkswirtschaft mit Preisrigiditäten kann nicht erwartet werden, daß Verschiebungen der Nachfragestruktur durch Änderungen der Produktpreisstruktur voll ausgependelt werden. Aus der Asymmetrie des unternehmerischen Preisverhaltens folgt zwangsläufig, daß diejenigen Wirtschaftsbereiche, die sich einem zunehmenden Nachfragesog ausgesetzt sehen, ihre Preise erhöhen, während die Produzenten derjenigen Sektoren, die eine Abnahme der Nachfrage nach ihren Produkten konstatieren müssen, ihre Preise nicht senken, sondern konstant halten. Da die Preissteigerungen in den Bereichen hoher Einkommenselastizität nicht durch Preissenkungen der Bereiche niedriger Einkommenselastizität ausbalanciert werden, ergibt sich — unter der Annahme einer flexiblen Geldpolitik — auch in diesem Fall notwendig eine Preisniveausteigerung — trotz vollkommener Kostenneutralität der produktivitätsorientierten Einkommenspolitik.

Dieser Aspekt der administered inflation wurde von *Schultze* aufgedeckt, der diesen Fall als charakteristisch für die Inflationstendenz in den USA von 1955 bis 1957 ansieht, also einer Periode rezessiver

---

[9] Vgl. *Reynolds*, L. G.: Wage Behavior and Inflation: An International View, in: Myers, C. A., (Hrsg.), Wages, Prices, Profits and Productivity, S. 121.

Nachfrageentwicklung. Sein Ergebnis sei hier zitiert: „In particular, it turns out that the relatively moderate upward drift in the average price level cannot be analyzed in terms of aggregate data alone . . . It was the shift in the composition of demand rather than its aggregate magnitude which provided the initial impulse to the inflation. The price and cost system of the modern American economy is so constructed that it responds to a sizable shift in the structure of demands not merely by a realinement of relative prices but also by a rise in the general price level. Even though rapidly rising demands in some sectors are balanced by declining demands in others, rigidities in the structure of prices and costs insures that the net result will be an increase in the average price level[10]."

4. Die bisher diskutierten, bekannten Modelle setzten eine adaptive Einkommenspolitik, Preisinflexibilitäten nach unten und ein elastisches Geldsystem voraus. Gefragt war nach den Wirkungen einer an der gesamtwirtschaftlichen Produktivität orientierten Lohnpolitik bei differierenden branchenbezogenen Produktivitätsfortschritten einerseits und sich ändernder Nachfragestruktur andererseits. Eine Kombination der beiden variablen Strukturkomponenten gestattet nun die Konstruktion von vier idealtypischen Grenzfällen für verschiedene Wirtschaftsbereiche: Es kann sich um Branchen mit überdurchschnittlichen Produktivitätszuwächsen bei entweder hoher (I) oder niedriger Einkommenselastizität (II) der Nachfrage oder um Bereiche unterdurchschnittlichen Produktivitätswachstums bei großer (III) oder geringer Einkommenselastizität (IV) der Nachfrage handeln[11]. Als Realtypen könnte für den ersten Fall die Automobilindustrie, für den zweiten Fall die Stahlindustrie, für den dritten Fall Teile des Dienstleistungssektors und für den vierten Teil Teilbereiche des Kohlenbergbaus genannt werden.

Soll in einer Volkswirtschaft, in der alle vier Branchensituationen gegeben sind, die Geldwertstabilität gewahrt werden, so muß die produktivitätsorientierte Lohnpolitik um eine „produktivitätsorientierte Preispolitik" ergänzt werden. D. h. daß die Branchen I und II die lohnkostenbedingten Preissteigerungen in den Bereichen III und IV durch entsprechende, „lohnkostenermöglichte" Preissenkungen kompensieren[12]. Jedoch steht nicht zu erwarten, daß die Unternehmen der

---

[10] Vgl. *Schulze*, C. L.: Recent Inflation in the United States, S. 2172.

[11] Vgl. u. a. *Jürgensen*, H.: Preisstabilität in der wachsenden Wirtschaft, in: Die Aussprache, 16. Jg., 1966, S. 108.

[12] Diese preispolitische Leitregel wird von *Giersch* als unerläßlicher Bestandteil einer gesamtwirtschaftlichen Stabilisierungspolitik angesehen; vgl. *Giersch*, H.: Wachstum und Konjunktur, in: Wachstum und Konjunktur, S. 154 f.; derselbe, 25 Thesen zur Stabilitätspolitik, in: Handelsblatt v. 27./28. Januar 1967.

verschiedenen Sektoren eine derart preisniveauneutrale Preispolitik verfolgen. Die marktrationale „Nabelschnur" zwischen Nachfrage-, Produktivitäts- und Preisstruktur ist in den reifen Volkswirtschaften durchschnitten, die Preisstruktur entwickelt sich — zumindest kurzfristig — nach anderen Gesetzmäßigkeiten. Die Preisinflexibilitäten nach unten sind ein Ausfluß dieser eigenwilligen Entwicklungsdynamik, sie verhindern die kompensatorischen Preissenkungen der Bereiche I und II.

Es stellt sich die Frage, ob die Diskrepanz zwischen der Entwicklung der Produktivitäts- und der Preisstruktur empirisch zu belegen ist. Der Sachverständigenrat hat dieser Frage in seinem zweiten Jahresgutachten besondere Aufmerksamkeit gewidmet, wobei er sich auf die Preis- und Produktivitätsstruktur des industriellen Bereichs beschränkt. Als Vergleichsbasis für die tatsächliche Preisentwicklung dient jene (hypothetische) Preisentwicklung, die sich ergeben hätte, wenn die Preise der verschiedenen industriellen Bereiche flexibel an die Produktivitätsentwicklungen und die Variationen der Fremdleistungspreise angepaßt worden wären. Der Sachverständigenrat gelangt zu dem Ergebnis, „daß selbst über längere Zeiträume hinweg die Preisstruktur sich wesentlich anders entwickelt hat, als es von der Produktivitätsstruktur her und unter Berücksichtigung der Fremdleistungspreise zu erwarten gewesen wäre. Die mittlere Abweichung von der Produktivitätsnorm war — für die Zeit von 1951 bis 1963 — mit 26% sogar noch größer als die mittlere Änderung der tatsächlichen relativen Preise (23%)[13]." Der Sachverständigenrat fügt hinzu, „daß die Preisentwicklung in den Teilzeiträumen noch weniger mit der Produktivitätsentwicklung übereinstimmt"[14]. Damit kann die Hypothese des Auseinanderfallens von Preis- und Produktivitätsstrukturen als zumindest tendenziell verifiziert gelten. Ein empirischer Nachweis des Auseinanderfallens von Nachfrage- und Preisstruktur ist erheblich schwieriger. Das jedoch auch vom Sachverständigenrat festgestellte Phänomen der Preiserhöhungen bei nachlassender Nachfrageexpansion im industriellen Bereich muß als Indikator genügen[15].

5. Im folgenden Modell soll die Eigendynamik der gesamtwirtschaftlichen Lohnstruktur berücksichtigt werden. Die entscheidende Annahme für das Zustandekommen einer überproportionalen Steigerung des Geldlohnniveaus ist, daß von den Einzelgewerkschaften eine an der relativen Position in der Lohnhierarchie bzw. eine an den von einem Lohnführer durchgesetzten Verteilungsgewinnen orientierte

[13] Vgl. Sachverständigenrat, Stabilisierung ohne Stagnation, S. 147.
[14] Vgl. Sachverständigenrat, Stabilisierung ohne Stagnation, S. 147.
[15] Vgl. Sachverständigenrat, Stabilisierung ohne Stagnation, S. 147.

Lohnpolitik betrieben wird. Die Anpassung der Löhne an den Produktivitätsfortschritt vollzieht sich in der Empirie meist in der Form, daß eine Gewerkschaft, die die Arbeitnehmer in einem Sektor mit relativ hohen Produktivitätszunahmen vertritt, eine Lohnerhöhung im Ausmaß der sektoralen Produktivitätssteigerung durchsetzt. Da es das erklärte Ziel aller Gewerkschaften ist, ihre Position in der Lohnhierarchie zumindest zu behaupten, werden die übrigen Gewerkschaften ebenfalls Lohnerhöhungen in der vom Lohnführer durchgesetzten Höhe zu erreichen suchen. Sind sie damit erfolgreich, so wird eine Lohnlawine ausgelöst, deren gesamtwirtschaftliche Höhe die des volkswirtschaftlichen Produktivitätsfortschrittes überschreitet.

Dieser expansive Impuls verschärft sich, wenn gewerkschaftliche Rivalitäten in der gleichen Branche unterstellt werden, z. B. wenn von zwei konkurrierenden Gewerkschaften die eine das Ziel verfolgt, ihre Löhne immer um 10% über denen der anderen Gewerkschaft zu halten, während die andere davon ausgeht, mit ihren Löhnen immer gleichzuziehen. Dieser Fall einer Lohn-Lohn-Spirale ist jedoch nur für die Länder relevant, in denen in einem Wirtschaftsbereich mehrere Gewerkschaften konkurrieren. Weitere expansive Impulse und u. U. Eskalationsprozesse resultieren aus den gleichzeitig bestehenden, aber unterschiedlichen Bindungen der Löhne z. B. an die branchenbezogene und gesamtwirtschaftliche Produktivität, den Index für Lebenshaltungskosten, den von anderen Gewerkschaften durchgesetzten Lohnerhöhungen, den in einer Branche gegebenen Gewinnspannen und ihren Änderungen usw. Damit dürfte deutlich geworden sein, wie sich gewisse Mechanismen und Automatismen, wie z. B. Paritätslöhne, Indexbindungen, produktivitätsorientierte Lohnpolitik usw., die u. a. ursprünglich dem Ziel der Preisniveaustabilität dienen sollten, durch die Rigiditäten in ihr Gegenteil pervertiert werden[16].

6. Die folgenden Strukturmodelle gehen von einer expansiven Einkommenspolitik und einer konsumtiven Verwendung der Verteilungsgewinne durch die unselbständig Beschäftigten aus. Die vereinfachende Annahme einer generellen Preisinflexibilität nach unten wird modifiziert. Statt dessen wird unterstellt, daß die entwickelten Industriegesellschaften durch ein Nebeneinander von polypolistischen, durch isolierte Einzelentscheidungen gesteuerten und oligopolistischen, durch kollektive Vereinbarungen dirigierten Märkten gekennzeichnet sind. Für die oligopolistischen Bereiche ist die Hypothese einer Preisadministration, für die polypolistischen Sektoren die einer flexiblen Preissteuerung realistisch. Dies ist der in der neueren Literatur übliche

[16] Vgl. Kap. 5, Ziff. 20.

Zwei-Sektoren-Ansatz der Analyse der administrierten Inflation[17]. Um zu einer — gegenüber diesen Ansätzen — etwas differenzierteren Wirkungsanalyse zu gelangen, wird im folgenden von einem Drei-Sektoren-Modell ausgegangen. Das Unterscheidungskriterium ist die unternehmenspolitische Zielsetzung bzw. die ihr zuzuordnende Preispolitik. Die erste Unternehmensgruppe, die auf polypolistischen Märkten anbietet, strebt eine kurzfristige Gewinnmaximierung an, die zweite Gruppe versucht einen bestimmten Mindestgewinn und die dritte eine bestimmte target rate of return on capital zu realisieren. Die beiden letztgenannten Gruppen gehören zum oligopolistischen Bereich, sie betreiben eine Preispolitik nach dem Prinzip des cost-plus pricing bzw. des target-return pricing[18].

In einem ersten Modell wird angenommen, daß die aus der Lohnerhöhung resultierenden Kosten- und Nachfrageeffekte sich gleichmäßig auf die drei Unternehmenssektoren verteilen. Gefragt wird nach den gesamtwirtschaftlichen Wirkungen dieser Form der Verteilungsänderung. Bezüglich der Preisreaktionen derjenigen Unternehmungen, deren Produktpreise marktbestimmt sind, ist festzustellen, daß sie, da die Kosten- und Nachfrageeffekte gleichzeitig und in gleichem Umfang auftreten, automatisch mit Preissteigerungen reagieren. Das Gleiche gilt für die Unternehmen, die ihre Preise an der kurzfristigen Kostenentwicklung oder an fixierten Gewinnspannen orientieren. In dem dritten Unternehmenssektor, der die Unternehmen umfaßt, die eine langfristig orientierte Preispolitik betreiben, sind drei verschiedene Fälle zu unterscheiden. Wird ein target-return pricing unterstellt, so kommt es bei Lohnkostenerhöhungen u. U. zu nur mäßigen Preissteigerungen, die oft nicht nur unter der Lohnsatzsteigerung, sondern auch unter der tatsächlichen, unter Berücksichtigung der Arbeitsintensität der Produktion sich ergebenden Kostensteigerung liegen. Dieses Resultat ergibt sich auch bei der Annahme, daß die modernen Großunternehmen die Maximierung des langfristigen Unternehmenswachstums anstreben.

Als Variante ist in diesem Sektor der *Galbraith*-Fall anzusprechen, der zu einer kosteninduzierten, jedoch überproportionalen Preiserhöhung führt. Diese Unternehmen nehmen die Lohnkostenerhöhung zum Anlaß, die bestehenden, nicht realisierten Gewinne nun zu erzielen und bauen demgemäß die Lieferfristen und Auftragspolster auf ihren Märkten ab. Eine weitere Modifikation ergibt sich, wenn die

---

[17] Vgl. u. a. *Lerner*, A. P.: Inflationary Depression and the Regulation of Administered Prices, S. 266 f.; *Ackley*, G.: Administered Prices and the Inflationary Process, in: AER, Vol. 49, Proc., 1959, S. 419 ff.

[18] Vgl. Kap. 6, Ziff. 16 ff.

Unternehmen des dritten Sektors den Preis zur weitgehend tabuierten Variablen erklären und auf die Steigerung der Lohnkosten mit einer Senkung anderer Kostenbestandteile der Produkte reagieren, also die Qualität oder den Werbeaufwand für z. B. langlebige Gebrauchsgüter variieren. Das gesamtwirtschaftliche Resultat einer expansiven, allgemeinen und gleichzeitigen Lohnerhöhung, deren Nachfrageeffekte sich gleichmäßig über die drei Sektoren verteilen, besteht in einer Preisniveausteigerung im Ausmaß der den Produktivitätsfortschritt überschreitenden Nachfragezunahme. Der einzige Unterschied zur üblichen Nachfrageinflation bei polypolistischer Konkurrenz ist in geringfügigen Ungleichmäßigkeiten und Verzögerungen des Preisanstiegs im dritten Unternehmensbereich zu sehen. Die überproportionalen Preiserhöhungen des *Galbraith*-Falles können von dem zurückhaltenden Preisverhalten der übrigen Unternehmen des dritten Sektors kompensiert werden.

7. Die Annahme einer gleichmäßigen Verteilung der Nachfrageeffekte einer expansiven Lohnerhöhung erscheint unrealistisch. Wird von der Prämisse ausgegangen, daß sich die Nachfrageeffekte primär auf den polypolistischen Bereich konzentrieren, so folgt, daß in diesem Sektor die Preise weit über das von der Lohnkostensteigerung induzierte und gesetzte Maß hinaus erhöht werden. Entscheidend für die gesamtwirtschaftliche Preiswirkung der Lohnerhöhung ist nun die Tatsache, daß auch in den beiden Unternehmenssektoren, die ein administered price behavior zeigen, Preissteigerungen im Ausmaß der Lohnkostensteigerungen trotz des in diesen Bereichen fehlenden Nachfrageeffektes vorgenommen werden, da diese Unternehmen dieses Preisverhalten vor der Öffentlichkeit zu rechtfertigen vermögen und in der Lage sind, die Produktpreise autonom zu setzen. Die Unternehmen, die ein cost-plus pricing verfolgen, werden die Lohnkostenzunahme voll überwälzen, während für den dritten Sektor von einer teilweisen Vorwälzung auf die Produktpreise auszugehen ist. Damit ergibt sich gesamtwirtschaftlich eine Preisniveausteigerung, die die Erhöhung des Nominallohnniveaus bei weitem übertrifft.

Die Prämisse, daß sich die Nachfrageeffekte der generellen Lohnerhöhung primär im marktgesteuerten Bereich der Volkswirtschaft niederschlagen, muß als ebenso unwahrscheinlich wie die einer Gleichverteilung der Nachfragewirkung bezeichnet werden. Als realistisch für die reifen Volkswirtschaften ist dagegen die Annahme einzuschätzen, daß sich die Nachfrageeffekte in konzentrierter Form im Bereich der oligopolistischen Märkte geltend machen. Es kann keinem Zweifel unterliegen, daß gerade jene Unternehmen, die ihre Preise autonom festzusetzen vermögen, den typischen Wachstumsindustrien zuzurechnen sind. Dazu gehören vor allem der Fahrzeugbau, die chemische, die kunststoffverarbeitende und die elektrotechnische Industrie, also Industriezweige, die preisgebundene Markenartikel für den gehobenen Konsumbedarf anbieten[19].

Ein weiteres Indiz für die Annahme, daß der Nachfrageeffekt einer allgemeinen Lohnerhöhung sich vor allem auf den Bereich der modernen Großunternehmen konzentrieren wird, ist neben den nicht realisierten Gewinnen, die ja schon einen bestehenden Nachfrageüberhang auf diesen Produktmärkten bedeuten, auch in der Tatsache zu sehen, daß diese Bereiche den aus einer gesamtwirtschaftlichen Lohnerhöhung resultierenden Nachfrageeffekt in den Lohnverhandlungen mit den Gewerkschaften antizipieren und demgemäß zu größeren Zugeständnissen bereit sind. So erwähnt *Lübbert* als Beispiel für eine solche Nachfrageantizipation die Lohnverhandlungen in der BRD von 1960, in denen „die technisch hochentwickelte und stark in der Produktion von Gütern für den gehobenen Konsum engagierte metallverarbeitende Industrie des südwestdeutschen Raumes aus der Linie der Unternehmerverbände ausgebrochen ist und das Ausmaß und Tempo der letzten Lohnsteigerung (1960) durch Lohnerhöhungen bzw. Lohnkonzessionen bestimmt hat, die über die von den Unternehmerverbänden ausgesprochenen Empfehlungen erheblich hinausgingen“[20]. Gegen die Hypothese einer Nachfragekonzentration im oligopolistischen Bereich spricht jedoch die hohe Einkommenselastizität der Dienstleistungen in reifen Volkswirtschaften. Der tertiäre Sektor ist im wesentlichen polypolistisch strukturiert.

Trotz der Gegenläufigkeit der empirischen Trendbewegungen sei im folgenden unterstellt, daß die Nachfrageeffekte vor allem auf den administrierten Märkten wirksam werden. Unter dieser Prämisse ergibt sich ein gegenüber dem vorhergehenden Modell entgegengesetztes Resultat. Im marktgesteuerten Bereich können die gestiegenen Lohnkosten nicht auf die Produktpreise überwälzt werden, der Kosteneffekt der Lohnerhöhung schlägt voll durch. Es kommt unter der Annahme, daß der Staat keine kurzfristig orientierte Vollbeschäftigungspolitik treibt, zu Produktionseinschränkungen, Grenzbetriebe müssen aus dem Markt ausscheiden und die Beschäftigungshöhe nimmt ab. Die Profite dieses Bereichs sinken und die Investitionsneigung wird demgemäß reduziert. Insgesamt ergeben sich in dem ersten, marktgesteuerten Unternehmenssektor depressive bzw. rezessive Tendenzen. Der Bereich der Großunternehmen sieht sich demgegenüber einem verschärf-

[19] Vgl. *Mertens*, D.: Veränderungen der industriellen Branchenstruktur in der Bundesrepublik 1950—1960, S. 449 f.; Sachverständigenrat, Stabilisierung ohne Stagnation, S. 129 ff.

[20] Vgl. *Lübbert*, J.: Untersuchungen zur Theorie der gesamtwirtschaftlichen Einkommensverteilung, S. 148, Anmerkung 1.

ten Nachfragesog ausgesetzt. Gleichzeitig haben sich die Lohnkosten in diesem Sektor erhöht. Es ist offensichtlich, daß in den beiden preisadministrierenden Unternehmensbereichen der Nachfragesog den Kostendruck weit übertrifft. Aus den Annahmen über das Preisverhalten der Unternehmen folgt, daß die Preise in beiden Sektoren ungefähr im Ausmaß der Lohnkostensteigerung erhöht werden, jedoch nicht so stark, wie es die Nachfrageentwicklung zulassen würde. Daraus ergeben sich als Konsequenz verstärkte Lieferfristen und Auftragspolster auf diesen Märkten und damit unliquidated monopoly gains. In dem eine langfristig orientierte Preispolitik betreibenden Unternehmenssektor resultiert aus diesen Gegebenheiten eine Zunahme der Investitionsneigung, wenn die gegenwärtige Nachfrageentwicklung als dauerhaft angesehen wird. Eine Zunahme der kapazitativen Auslastung wird zu Erweiterungsinvestitionen anregen. Daraus ergibt sich eine erhöhte Nachfrage nach Arbeitskräften und die im Bereich der Marktsteuerung freigesetzten Arbeitskräfte können, eine hohe Arbeitsmobilität vorausgesetzt, wieder beschäftigt werden, ein staatliches Eingreifen wird gegenstandslos. Es spricht eine große Wahrscheinlichkeit dafür, daß die im marktgesteuerten Sektor durch die Lohnerhöhung ausgelösten depressiven Tendenzen durch den Expansionsdrang der Wachstumsindustrien überkompensiert werden. Das gesamtwirtschaftliche Preisniveau wird zwar steigende Tendenz zeigen, aber nicht in dem Ausmaß zunehmen, wie in dem zuvor analysierten Strukturfall. Auch gegenüber der Globaluntersuchung läßt sich eine moderierte Preisniveausteigerung feststellen.

8. Ohne auf die weiteren Möglichkeiten der sich aus den Gesetzen der Kombinatorik ergebenden Fälle einzugehen, soll im folgenden die Produktionsstruktur, von der bisher abgesehen wurde, berücksichtigt werden. Es ist der Tatsache Rechnung zu tragen, daß zwischen den drei betrachteten Sektoren Güterströme fließen, daß die einzelnen Sektoren auf unterschiedlichen Produktionsstufen produzieren und demgemäß eine Interdependenz der Produktionsstruktur gegeben ist. Um die aus der Verzahnung der produktiven Beziehungen sich ergebenden Modifikationen der gesamtwirtschaftlichen Wirkungen von Lohnerhöhungen analysieren zu können, ist es sinnvoll, sich auf die gesamtwirtschaftliche Input-Output-Tabelle zu beziehen. Sie zeigt, daß der Output einiger Wirtschaftsbereiche sich in zahlreiche andere Sektoren verteilt, um dort als Input zur Produktion beizutragen, während andere Wirtschaftsbereiche nur geringe Mengen für andere Sektoren produzieren. Die Input-Output-Tabelle macht ferner deutlich, daß einige Wirtschaftsbereiche fast ausschließlich die privaten Haushalte beliefern, während andere allein Vor- und Zwischenprodukte für die weitere Produktion erstellen. Im Anschluß an *Dunlop* wird zwischen dem Diffu-

sionseffekt und dem Haushaltseffekt unterschieden[21]. Der Diffusionseffekt ist um so größer, je konsumferner die Produktion, je größer der Output und je mehr vor- und nachgelagerte Industrien die Produkte dieses Bereichs als Input verwenden. Einen hohen Diffusionseffekt dürften also vor allem die Stahlindustrie, die Energiewirtschaft, die Bauwirtschaft usw. aufweisen. Der Haushaltseffekt eines Wirtschaftsbereichs ist um so größer, je konsumnäher die Produktion und je größer der Anteil eines Sektors an den gesamten Konsumausgaben der privaten Haushalte ist. Durch einen hohen Haushaltseffekt sind also vor allem die Landwirtschaft und die Verbrauchsgüterindustrien gekennzeichnet.

Werden die Kriterien des Diffusions- und Haushaltseffektes auf sektorale Lohnerhöhungen angewandt, so ergeben sich je nachdem, welcher Effekt vorliegt, unterschiedliche gesamtwirtschaftliche Wirkungen. Werden in einem Sektor mit hohem Diffusionseffekt die Löhne über den Produktivitätsfortschritt hinaus erhöht, und handelt es sich bei diesem Sektor um preisadministrierende Unternehmen, die aufgrund der Lohnkostensteigerung ihre Preise im Ausmaß der Lohnerhöhung heraufsetzen, so kommt es in der gesamten Wirtschaft zu einem generellen Preisauftrieb. Die durch eine sektorale Lohnsteigerung ausgelöste gesamtwirtschaftliche Preiswelle wird das Preisniveau beträchtlich über das sonst zu erwartende Ausmaß nach oben verschieben. Ein solcher gesamtwirtschaftlicher Inflationsdruck ist von Lohnerhöhungen in Industrien mit geringem Diffusionseffekt nicht zu erwarten. Lohnerhöhungen in Bereichen mit einem großen Haushaltseffekt verursachen, sofern sie überwälzt werden können, einen Anstieg des Konsumgüterpreisniveaus. Dies ist für die Volkswirtschaft insofern von Bedeutung, als Steigerungen des Lebenshaltungskostenindex sehr oft weitere Lohnforderungen der Gewerkschaften auslösen und damit einen gesamtwirtschaftlichen Eskalationsprozeß in Gang setzen können, der dann auch wieder jene Bereiche mit Lohnkostensteigerungen konfrontiert, die einen hohen Diffusionseffekt besitzen. Die Unterscheidung von Wirtschaftsbereichen mit einem hohen Diffusions- und Haushalteseffekt ermöglicht also die Isolierung der inflationsstrategischen Sektoren in einer Volkswirtschaft.

Kombiniert man dieses produktionstechnische Kriterium mit denen des Preisverhaltens der Unternehmen und der Nachfragestruktur und ihrer Änderungen und wendet sie gemeinsam auf gesamtwirtschaftliche Lohnerhöhungen an, so ergibt sich eine Vielzahl möglicher Fälle. Es ist nicht sinnvoll, alle möglichen Konstellationen hier zu diskutieren.

---

[21] Vgl. *Dunlop*, J. T.: Policy Problems: Choices and Proposals, in: Myers, C. A., (Hrsg.), Wages, Prices, Profits and Productivity, S. 151 f.

Unter der Annahme, daß sich der aus einer gesamtwirtschaftlichen Lohnerhöhung resultierende Nachfrageeffekt voll auf die marktgesteuerten Bereiche der Wirtschaft konzentriert, für die im Gegensatz zu den preisadministrierenden Sektoren ein geringer Diffusionseffekt vorausgesetzt wird, kommt es auf den preisgesteuerten Märkten zu Preissteigerungen, die die Lohnkostensteigerung in diesem Bereich bei weitem überschreiten. Die aus der kostenorientierten Preispolitik der modernen Großunternehmen resultierenden Preissteigerungen in dem zweiten und dritten Unternehmungssektor führen aufgrund des hohen Diffusionseffektes zu Kostenerhöhungen in diesen und auch in den marktgesteuerten Bereichen, so daß es insgesamt zu einer Zunahme des Preisniveaus kommt, die weit über der des Kostenniveaus liegt. Dieses Ergebnis ist vor allem dann zu erwarten, wenn der *Galbraith*-Fall für die Unternehmensbereiche mit den größten Diffusionseffekten zutrifft.

Wird andererseits davon ausgegangen, daß der durch die Marktkräfte gelenkte Wirtschaftsbereich durch einen hohen Diffusionseffekt gekennzeichnet ist, so kommt es unter einer sonst gleichen Datenkostellation wie im ersten Fall zu noch stärkeren Preisniveausteigerungen. Richtet sich die aus der Lohnerhöhung resultierende Zunahme der gesamtwirtschaftlichen Nachfrage auf die Wirtschaftsbereiche, die ihre Preise autonom nach Maßgabe der Kostenentwicklung festsetzen und einen im Gegensatz zu den marktbestimmten Bereichen hohen Diffusionseffekt besitzen, so kommt es ebenfalls zu Preisniveausteigerungen, die aber unter denen der beiden vorher diskutierten Fälle liegen werden, da hier die Nachfragezunahme als inflationärer Bazillus kaum zur Geltung kommt. Generell ist festzustellen, daß sich gesamtwirtschaftliche Lohnerhöhungen desto stärker auf das Preisniveau auswirken werden, je mehr sich die Nachfragezunahme auf die marktabhängigen Bereiche richtet und je höher der Diffusionseffekt dieser Bereiche ist.

Die für reife Volkswirtschaften realistische Konstellation dürfte wohl diejenige sein, in der sich der Nachfrageeffekt der Lohnerhöhung auf diejenigen Wirtschaftszweige konzentriert, die ihre Preise administrieren und die gleichzeitig einen hohen Diffusions- und Haushaltseffekt besitzen. Es ist eindeutig, daß, obwohl der Nachfrageeffekt der Lohnerhöhung in diesem Fall nicht voll zur Geltung kommt, die Inflationsempfindlichkeit einer so strukturierten Volkswirtschaft relativ hoch ist. Hinsichtlich der inflationsstrategischen Bedeutung der einzelnen Sektoren kommt *Dunlop* unter Bezugnahme auf die Kosteneffekte der Lohnerhöhungen in den USA zu dem Ergebnis: „Basic steel is a pivotal sector from the analysis of the spreading effects of inflation because: (1) it rates so high in the diffusion of its output; (2) demand for steel is said to be inelastic for most uses; (3) labor costs are a significant proportion of total costs, and productivity has not increased materially faster than the average of industry; and (4) the steel wage constract is a key bargain, along with automobiles, in the whole heavy goods sector, and steel wage rates exercise influence on other wages in such areas as Chicago and Pittsburgh[22]".

Dieses Ergebnis dürfte für die 50er Jahre sowohl für die USA als auch für die BRD zutreffen. Mit dem Ende der 50er Jahre hat jedoch die gesamtwirtschaftliche Bedeutung der Stahlindustrie für die Lohnpolitik und die gesamte Volkswirtschaft abgenommen, der Diffusionseffekt der Stahlindustrie nimmt aufgrund steigender Substitution durch Synthetika ab, die Einkommenselastizität ist entscheidend gesunken, und die Lohnintensität in der Stahlindustrie ist ebenfalls nicht mehr so hoch wie von *Dunlop* angenommen. Die Lohnverhandlungen zwischen der Stahlindustrie und der IG Metall haben daher auch in der BRD ihre führende Rolle eingebüßt. Heute sind die Lohnabmachungen zwischen der IG Metall und den Arbeitgeberverbänden des Maschinenbaus, der elektrotechnischen Industrie und des Fahrzeugbaus für die Lohnverhandlungen der übrigen Bereiche richtungweisend geworden[23].

9. Im folgenden ist noch auf die Möglichkeiten des Ingangsetzens einer Lohn-Preis-Spirale einzugehen. In globaler Betrachtung ergibt sich dann eine Lohn-Preis-Spirale, wenn die Gewerkschaften Lohnerhöhungen über den gesamtwirtschaftlichen Produktivitätsfortschritt hinaus durchsetzen, die Arbeitnehmer diese Einkommenserhöhungen konsumtiv verwenden, die Unternehmer ihre Preise heraufsetzen, was eine flexible Geldpolitik bedingt, und daraufhin das Preisniveau steigt. Wenn in diesem Fall die Gewerkschaften auf die Preisniveausteigerungen mit erneuten Lohnforderungen reagieren, die wiederum einen Preissteigerungsprozeß auslösen, so erhält man den normalen Verlauf der Lohn-Preis-Spirale[24]. Wendet man diesen Gedankengang auf die Theorie der administrierten Preise an, wobei zunächst vereinfachend unterstellt wird, daß alle Preise in dieser Form festgesetzt werden, so ist von der Überlegung auszugehen, daß sowohl die Unternehmer als auch die Gewerkschaften eine kostenorientierte Preispolitik betreiben. Die Kosten der Unternehmer sind die direkten Material- und Lohn-

---

[22] Vgl. *Dunlop*, J. T.: Policy Problems: Choices and Proposals, S. 157; zu dem gleichen Ergebnis kommt auch *Eckstein* in seiner „Bottleneck-Theory" der Inflation; vgl. *Eckstein*, O.: Inflation, the Wage-Price Spiral and Economic Growth, in: The Relationship of Prices to Economic Stability and Growth, S. 361 ff.

[23] Den Hinweis auf die sinkende gesamtwirtschaftliche und verteilungsstrategische Bedeutung der Eisen- und Stahlindustrie verdanke ich Herrn Dr. Hans-Gerhard Voigt.

[24] Vgl. u. a. *Krelle*, W.: Die Lohn-Preis-Spirale, in: Vom Wert des Geldes, Eine Vortragsreihe, Stuttgart 1961, S. 71 ff.

kosten, die Kosten der Arbeitnehmer die Preise der von ihnen nachgefragten Produkte. Anders formuliert: Die Einkommen der Unternehmer sind die Kosten der Arbeitnehmer und die Einkommen der Arbeitnehmer die Kosten der Unternehmer. Gehen nun beide Gruppen von unterschiedlichen, aber fixierten „Gewinnspannen" aus, die letzlich nichts anders sind als ihre verteilungspolitischen Ziele, so werden sich zwangsläufig kumulative Prozesse entwickeln. *Ackley*, ein prononcierter Vertreter der mark-up Inflationstheorie, stellt diesen Prozeß einer administrierten Inflation wie folgt dar: „Suppose that a wage level of $ 2 leads to a price index of 104, and that a price index of 104 leads workers to seek and to get a wage of $ 2.08, which in turn requires a price index of 108,2, a wage level of $ 2.164, and so on. Clearly an endless upward spiral of wages and prices would ensue so long as these bases for setting wages and prices prevailed... The important fact is that, if each participant prices on the basis of a markup over the prices he pays, we can have a spiraling process of very considerable magnitude and duration[25]."

Dieser hier gesamtwirtschaftlich konzipierte Prozeß einer administrierten Inflation, der nicht bedeutet, daß eine der beiden Parteien ihn wünscht, läßt sich auch als sektoraler Prozeß denken. Wird beispielsweise von einer produktivitätsorientierten Lohnpolitik ausgegangen, deren Nachfrageeffekt sich voll auf die Endstufen der Produktion richtet, so werden dort, wenn ein administered price behaviour unterstellt wird, die Preise nicht erhöht, es werden jedoch die Kapazitäten stärker ausgelastet. Das führt zu einer verstärkten Nachfrage nach Vorprodukten und Arbeitskräften. Werden auf der vorgelagerten Stufe die Preise ebenfalls autonom und unabhängig von der Nachfrageentwicklung festgesetzt, so ergibt sich wiederum eine erhöhte Nachfrage auf der dieser Stufe vorgelagerten Industrie. Es wird solange nicht zu einer Preissteigerung kommen, wie die Nachfragelawine nicht auf eine Produktionsstufe trifft, die marktgesteuert ist. Ist das der Fall, dann ergibt sich sofort ein Preiseffekt. Die dadurch steigenden Materialkosten führen dann zu Kostensteigerungen in den preisadministrierenden Bereichen, die Nachfragelawine wird durch eine entgegengesetzte Preislawine überrollt, die Standardkosten in den Endstufen der Produktionshierarchie steigen, die Preise werden allgemein erhöht, das Preisniveau nimmt zu[26]. Der gleiche Fall läßt sich für eine durch die Nachfragezunahme in den Endstufen ausgelöste Lohnerhöhung durchspielen.

---

[25] Vgl. *Ackley*, G.: A Third Approach to the Analysis and Control of Inflation, S. 628.

[26] Vgl. zu diesem Prozeß *Ackley*, G.: Administered Prices and the Inflationary Process, S. 419 ff.

10. Die gesamtwirtschaftlichen Wirkungen der Verteilungspolitik ändern sich, wenn die Annahmen der Gleichzeitigkeit und Gleichmäßigkeit der Lohnerhöhungen und ihrer direkten Wirkungen aufgegeben und der Realität angepaßt werden. So dürfte ein time-lag zwischen Kosten- und Nachfrageeffekt von Lohnerhöhungen bestehen, was zu temporären Verzögerungen in der Preisanpassung führt, ein Tatbestand, der für einen kurzfristigen, realen Verteilungsgewinn der Arbeitnehmer bei expansiver Lohnpolitik der Gewerkschaften und konsumtiver Verwendung der Einkommensteigerungen spricht. *Means* stellt hinsichtlich der Preisniveauwirkungen eines Nachfrageüberhanges in reifen Volkswirtschaften fest, daß sich das Ergebnis mit dem klassischen Fall, wo alle Preise als flexibel vorausgesetzt werden, im wesentlichen decke, daß sich jedoch der Prozeß in zwei Schritten vollziehe. In der ersten Phase sei ein Preisanstieg bis zu dem Punkt festzustellen, an dem der Nachfrageüberhang beseitigt sei; d. h. die marktbestimmten Preise steigen überproportional, die administrierten Preise unterproportional. Es kommt zu einer Verzerrung der Preisstruktur. In der zweiten Phase bleibe das Preisniveau relativ stabil, verursacht durch ein Fallen der marktbestimmten Preise und ein langsames Anpassen der administrierten Preise an das neue Niveau[27].

11. Auf die offenstehende Frage, wie sich produktivitätsorientierte bzw. expansive Lohnerhöhungen auf die Gesamtwirtschaft auswirken, wenn die Einkommenszuflüsse von den Arbeitnehmern gespart werden, soll hier nicht weiter eingegangen werden, da sich die diesbezüglichen Effekte leicht aus der bisherigen Analyse ableiten lassen. Das Gleiche läßt sich — cum grano salis — feststellen, wenn als Ausgangszustand nicht — wie bisher — ein makroökonomisches Gleichgewicht, sondern eine Ungleichgewichtssituation gewählt wird. Die einzige Modifikation von Bedeutung ergibt sich daraus, daß eine gesamtwirtschaftliche Gleichgewichtsstörung eine Änderung der verteilungspolitischen Zielsetzungen der Gruppen-Organisationen bewirken kann. So gingen wir bisher von weitgehend fixierten „Gewinnaufschlägen" der Unternehmer und Gewerkschaften auf ihre „Kosten" aus. Es muß jedoch als wahrscheinlich bezeichnet werden, daß in Zeiten einer allgemeinen inflatorischen oder deflatorischen Lücke diese Spannen geändert werden. Herrscht beispielweise eine generelle Arbeitslosigkeit, so kann erwartet werden, daß die Gewerkschaften den „Aufschlag" auf die Lebenshaltungskosten reduzieren; in einer Expansionsphase werden umgekehrt die Unternehmer ihre Gewinnspannen zu erweitern

[27] Vgl. *Means*, G. C.: Diskussionsbeitrag, in: AER, Vol. 49, Proc., 1959, S. 453.

suchen[28]. Daraus kann eine gewisse Aufweichung der strukturellen Rigiditäten abgeleitet werden, eine Aufweichung allerdings, die sich nur mittel- bis langfristig bemerkbar machen wird.

In einer inflatorischen Ungleichgewichtssituation ergeben sich jedoch noch weitere Aufweichungstendenzen des rigiden Preissystems, die vor allem die Allokationsproblematik in den entwickelten Industriegesellschaften in einem anderen Licht erscheinen lassen. Aus der mangelnden Flexibilität der Löhne und Preise nach unten, der Erstarrung der Lohnstruktur und z. T. der Produktpreisstruktur sowie den Einkommenparitäten und Indexbindungen folgt u. a. die Gefahr einer ineffizienten Faktorallokation und das Entstehen struktureller Ungleichgewichte. Bekanntlich wird eine bestmögliche Allokation der Produktionsfaktoren dann erreicht, wenn die interdependente Preismechanik dafür sorgen kann, Arbeitskräfte und Kapitalsströme in die Wirtschaftsbereiche zu dirigieren, die die höchsten Produktivitätsfortschritte aufweisen. Weichen Lohn- und Produktivitätsstruktur wesentlich voneinander ab und drücken die Preisstrukturen nicht mehr die relativen Knappheitsverhältnisse auf den Produktmärkten aus, so kann dies als ein Symptom dafür gewertet werden, daß trotz des Bestehens von Lohn- und Preisstrukturen die Steuerungsfunktion der Löhne und Preise eingeschränkt und eine auch nur annähernd marktrationale Allokation nicht erreicht ist. Aufgrund der relativ hohen Löhne in Bereichen mit unterdurchschnittlichen Produktivitätszuwächsen werden Arbeitskräfte in Verwendungen gebunden, deren Beitrag zur gesamtwirtschaftlichen Wertschöpfung relativ gering ist.

Die negativen Allokationseffekte verschärfen sich, wenn eine geringe regionale und interindustrielle Arbeitsmobilität und Berufsmobilität vorausgesetzt wird. Der Wechsel des Arbeitsplatzes und vor allem der Berufswechsel verursachen bei dem einzelnen Arbeitnehmer Kosten in Form von temporären Einkommensverlusten. Diese Verluste werden durch eine nivellierende Verzerrung der Lohnstruktur, die durch Paritätsforderungen, eine gesamtwirtschaftliche produktivitätsorientierte Lohnpolitik aller Einzelgewerkschaften usw. bewirkt wird, erhöht und die schon geringe Arbeitsmobilität wird weiter eingeschränkt und damit der gesamtwirtschaftliche Produktivitätszuwachs gehemmt[29]. Die negativen Allokationseffekte der rigiden Löhne sind jedoch solange nicht für die gesamtwirtschaftliche Entwicklung gefährlich, wie der Produktivitätsfortschritt der Volkswirtschaft relativ hoch ist und sich Umgruppierungen in der Lohnpyramide durch sektoral differenzierte Lohn-

---

[28] Vgl. zu dieser Modifikation auch *Ackley*, G.: A Third Approach to the Analysis and Control of Inflation, S. 630.

[29] Vgl. dazu u. a. *Hicks*, J. R.: Economic Foundations of Wage Policy, S. 396 ff. *Raimon*, R. L.: Labor Mobility and Wage Inflexibility, in: AER, Vol. 54, Proc., 1964, S. 133 ff.

erhöhungen noch vollziehen. Das Problem wird aber dann für die Gesamtwirtschaft bedrohlich, wenn der Produktivitätsfortschritt der Volkswirtschaft nicht mehr die in der Nachkriegszeit beobachteten Raten aufweist und sich normalisiert und/oder sich die Tendenzen zur Erstarrung der Lohnstruktur oder sogar zur Nivellierung der Lohndifferenzen verstärkt durchsetzen. In diesen Fällen könnte es tatsächlich in verschärfter Form zu den abgeleiteten negativen Allokationseffekten kommen. Es stellt sich also die Frage, ob eine solche Entwicklung zu befürchten ist oder ob es kompensierende Mechanismen gibt, die diese Wirkungen aufzuheben vermögen.

12. Als entscheidende Faktoren, die eine Kompensation der negativen Allokationseffekte der Lohn- und Preisadministration bewirken, sind die Lohndrift und die mittelfristigen Änderungen der Gewinnspannen anzusehen. Nach *Hansen* und *Rehn*, die als Erste das Phänomen der wage-drift analysiert haben, ist unter einer Lohndrift die Differenz zwischen der Zunahme der Effektiv- und der Tariflöhne zu verstehen[30]. Der Sachverständigenrat führt diese Erscheinung auf drei Ursachenkomplexe zurück: Marktkräfte, Strukturwandlungen und statistische Fehler[31]. Die statistische Fehlerquote besitzt in diesem Zusammenhang erhebliches Gewicht. So kommt der Sachverständigenrat zu dem Ergebnis, „daß von der in den Jahren 1958 bis 1965 beobachteten Differenz in den Wachstumsraten von Effektivlöhnen und Tariflöhnen — sie machte im Durchschnitt je Jahr etwa zwei Prozentpunkte aus — möglicherweise die Hälfte auf Unterschiede in den Definitionen der statistisch gemessenen Größen und Lohnsummeneffekte zurückzuführen ist“[32].

Dennoch besitzt der verbliebene Rest der beobachteten Lohndrift erhebliches theoretisches Interesse. Der Ursachenkomplex der Marktkräfte bezieht sich vor allem auf Phasen starker Nachfrageexpansion. In diesen Zeiten ist die Lohndrift „das Mittel, mit dem der Markt auf die Arbeitskräfteverknappung antwortet, weil die Tariflöhne meist längerfristig fixiert sind“[33]. Damit ist — wie *Hansen* und *Rehn* feststellen — der entscheidende Grund für die Existenz der wage-drift eine gesamtwirtschaftliche Ungleichgewichtssituation bei Vollbeschäftigung[34]. Die strukturellen Ursachen der Lohndrift wirken sowohl auf betriebsindividueller wie auch sektoraler Ebene. Betriebsindivi-

---

[30] *Hansen*, B. und G. *Rehn:* On Wage-Drift, A Problem of Money-Wage Dynamics, in: 25 Essays in Honour of E. Lindahl, Stockholm 1956, S. 87 ff. *Külp*, B.: Die „wage-drift“ im Lichte der modernen Lohntheorie, in: Konjunkturpolitik, 9. Jg., 1963, S. 166 ff.

[31] Vgl. Sachverständigenrat, Expansion und Stabilität, S. 177.

[32] Vgl. Sachverständigenrat, Expansion und Stabilität, S. 178.

[33] Vgl. Sachverständigenrat, Expansion und Stabilität, S. 177.

[34] Vgl. *Hansen*, B. und G. *Rehn:* On Wage-Drift, S. 87 f.

duell wird die wage-drift verursacht durch die Zahlung höherer Stundenlöhne, um sich die Arbeitskräfte zu sichern und Abwanderungen vorzubeugen, durch die höher entlohnten Überstunden sowie durch die Gewährung sozialer Sondervergütungen. Letztlich beruht die wage-drift in dieser Sicht darauf, daß in den kollektiven Tarifverträgen bestimmte Besonderheiten und Differenzierungsbedürfnisse einzelner Unternehmungen und Unternehmensgruppen eines Tarifbereichs nicht berücksichtigt werden können. Gesamtwirtschaftlich gewichtiger dürften jedoch die interindustriellen Strukturverschiebungen sein. Diejenigen Wirtschaftsbereiche, die einen überdurchschnittlichen Produktivitätsfortschritt oder eine hohe Einkommenselastizität der Nachfrage zu verzeichnen haben, werden in aller Regel die Effektivlöhne über die ausgehandelten Tariflöhne hinaufsetzen, um die für ihren Expansionsdrang benötigten Arbeitskräfte aus anderen Bereichen abzuziehen und die Mobilitätshemmnisse zu überwinden. Gelingt ihnen dies, so folgt aus dem Wandel der Beschäftigungsstruktur — bei Konstanz der Tariflöhne — ein positiver Lohnsummeneffekt[35].

Ob die Änderung der Beschäftigtenstruktur auch eine Steigerung des Preisniveaus zur Folge hat, hängt von der Richtung des Strukturwandels und der relativen Höhe des Lohnsummen- und Produktivitätseffekts ab. Kommt es zu einer Wanderung der Arbeitskräfte von produktivitätsschwachen und zu produktivitätsstarken Bereichen, so wäre dann ein Gleichgewicht von Lohnsummen- und Produktivitätseffekt zu erwarten, wenn sich Lohn- und Produktivitätsstruktur absolut und relativ völlig entsprächen. Unter dieser völlig unrealistischen Bedingung wäre der Preisniveaueffekt des Strukturwandels gleich null. Wie jedoch schon mehrfach festgestellt, kann in den entwickelten Industriegesellschaften noch nicht einmal von einer annähernden Entsprechung beider Strukturen gesprochen werden: „Lohnstruktur und Produktivitätsstruktur stehen in keinem Zusammenhang[36].“ Der Preisniveaueffekt des Wandels der Beschäftigtenstruktur hängt unter diesen Umständen vor allem von Art und Ausmaß der Abweichungen von Lohn- und Produktivitätsstruktur ab.

Abschließend können wir feststellen, daß in den mit Lohn- und Preisrigiditäten durchsetzten reifen Volkswirtschaften der Lohndrift die Funktion eines „Puffers“ zukommt. Die durch die Rigiditäten verzerrte Faktorallokation kann durch eine große Flexibilität der Lohndrift in gewissem Umfang marktrational „bereinigt“ werden. Dieses

---

[35] Zu anderen Formen des Wandels der Beschäftigungsstruktur vgl. Sachverständigenrat, Expansion und Stabilität, S. 178.

[36] Vgl. *Bombach*, G.: Die Stabilität der industriellen Produktivitätsstruktur, S. 39.

Argument gilt sowohl konjunkturell als auch strukturell. Bestrebungen, die wage-drift abzubauen, müssen damit rechnen, daß damit die Allokationseffizienz des Gesamtsystems ebenfalls reduziert wird. Voraussetzung für diese Form der Allokationsmechanik ist allerdings ein flexibles Geldsystem, d. h. deutlicher: eine leichte inflatorische Tendenz.

Für die Produktpreise könnte dieses Ergebnis mit dem Hinweis bezweifelt werden, daß die Preisadministration ja gerade dadurch charakterisiert sei, auf Nachfrageschwankungen nicht mit entsprechenden Preisänderungen zu reagieren. Die geringfügige Anpassungsflexibilität in der Preispolitik der modernen Großunternehmen werde durch eine sehr variable Mengen-, Qualitäts- und Konditionenpolitik ersetzt. So konstatiert z. B. der Sachverständigenrat: „Die Unternehmen befolgen in nicht unerheblichem Maße den wachstumspolitisch wichtigen Grundsatz, bei der Preispolitik die Vorteile der Mengenkonjunktur zu berücksichtigen[37].“ Dennoch können die Preisvariablen nicht als völlig festgefroren und die Gewinnspannen nicht als langfristig zementierte Margen interpretiert werden. Die Preisstruktur muß als wesentlich flexibler angesehen werden als die Lohnstruktur. Wenn es jedoch zu preispolitischen Anpassungsvorgängen kommt, dann meist nur in einer Richtung: nach oben. Auch für die Produktpreise gilt demnach, daß Änderungen der Preisstruktur und damit u. U. Verbesserungen der Allokationsmechanik des Systems eine leichte Geldentwertung bedingen[38]. Anders formuliert: Die politisch bedingte Rigidität der Strukturgrößen kann nur durch eine hohe Niveauelastizität kompensiert werden.

---

[37] Vgl. Sachverständigenrat, Stabilisierung ohne Stagnation, S. 151.
[38] Vgl. *Schulze*, C. L.: Recent Inflation in the United States, S. 2180.

Schluß

Wachstumswirkungen von Verteilungsänderungen

1. Den empirischen Ausgangspunkt unserer Untersuchung der Einkommensverteilung in evolutorischen Industriegesellschaften bildete die Transformation der individualistisch strukturierten Massengesellschaften zu pluralistisch strukturierten Gruppengesellschaften, in denen organisierte sozioökonomische Gruppen mit divergierenden Interessen und institutionalisierten Organisationsspitzen um die Anteile am wachsenden Sozialprodukt kämpfen. Aus dem Größenwachstum der wirtschaftlichen Entscheidungseinheiten resultiert eine partielle Substitution der Preis- und Marktsteuerung durch das bargaining-System, sodaß die reifen Volkswirtschaften durch ein — gegenüber der Massengesellschaft des 19. Jahrhunderts — verändertes Mischungsverhältnis von wirtschaftlichen und politischen Steuerungsmechanismen charakterisiert sind. Die Stellung und Bedeutung des gruppengesteuerten Verteilungsprozesses im gesamtwirtschaftlichen Systemzusammenhang wird durch das wirtschaftspolitisch orientierte Modell des trilateralen Monopols beschrieben. Im Rahmen dieses Modells konnte festgestellt werden, daß sich die verteilungspolitischen Aktivitäten der Gruppen-Organisationen primär entweder in Reduktionen des Beschäftigungsniveaus oder Steigerungen des Preisniveaus auswirken werden.

Die Beschäftigungs- und Preisniveaueffekte der verteilungspolitischen Gruppen-Maßnahmen dokumentieren, daß die Distributionspolitik nicht unmittelbar die Determinanten des Wirtschaftswachstums tangiert. Höhe und Struktur der Investitionen, des Bevölkerungswachstums, des technischen Fortschritts und der effektiven Nachfrage werden nicht direkt betroffen. Will man also die Wachstumswirkungen der Verteilungspolitik beurteilen, so sind die durch die gruppengesteuerte Distributionspolitik ausgelösten Beschäftigungs- und Preisniveaueffekte auf ihren Einfluß auf das Wirtschaftswachstum zu prüfen. Diese Problemstellung kann auch so formuliert werden, daß die kurzfristigen Beschäftigungs- und Preisniveaueffekte auf ihre langfristigen Wachstumswirkungen untersucht werden sollen. Da die möglichen dieser Wirkungen so zahlreich und die wahrscheinlichen so unsicher sind, ist eine Einschränkung notwendig.

Aus drei Gründen erscheint eine Beschränkung auf den Zusammenhang zwischen Preisniveau und Wirtschaftswachstum sinnvoll. Erstens dürfte zwischen der Höhe des Beschäftigungsgrades und dem Wachstumstempo eine engere (positive) Korrelation bestehen als zwischen Preisniveau und Wirtschaftswachstum. Zweitens müssen Preisniveausteigerungen als die häufigere Wirkungsform verteilungspolitischer Aktivitäten angesprochen werden. Und schließlich existiert zwischen Preisniveau und Beschäftigungsgrad eine — wenn auch gestörte — relativ enge (negative) Korrelation. Neben den Wachstumswirkungen einer schleichenden Inflation ist jedoch auch auf ihre Verteilungswirkungen einzugehen. Dieser Frage wollen wir uns zunächst zuwenden.

2. Im Modell des trilateralen Monopols sind die Arbeitnehmer- und Arbeitgeber-Organisationen sowie der Staat enthalten. Werden von den Sozialpartnern expansive Lohnerhöhungen ausgehandelt, die von den Arbeitnehmern voll dem Konsum zugeführt werden, und betreibt der Staat eine elastische Geldpolitik, so werden die Lohnerhöhungen überwälzt und das Preisniveau wird steigen. Diese Preisniveausteigerung garantiert jedoch keineswegs eine gesamtwirtschaftliche Verteilungsneutralität. Unter den genannten Bedingungen kommt es zwar zu einer vollen Lohnkostenüberwälzung, das Preisniveau erhöht sich jedoch nur um einen Bruchteil. So wird z. B. eine Lohnerhöhung von 10% über den Produktivitätsfortschritt hinaus nur eine Preisniveausteigerung von 5% auslösen. Die 5%ige Differenz zwischen Nominallohnniveau- und Preisniveausteigerung stellt einen realen Verteilungsgewinn für die Arbeitnehmer dar[1]. Sowohl der nachfrage- als auch der kostenorientierte Ansatz führen zu diesem Ergebnis, das zeigt, daß kurzfristig auch bei expansiven, konsumtiv verwendeten Nominalerhöhungen Reallohnverbesserungen für die Arbeitnehmer möglich sind.

Dieser kurzfristige Verteilungsgewinn der Arbeitnehmer impliziert einen realen Einkommensverlust anderer sozioökonomischer Gruppen. Die relative Verteilungsverschlechterung ergibt sich nicht für die Arbeitgeber, die ebenso wie die Arbeitnehmer aufgrund ihrer Stellung im Produktionsprozeß als „aktive" Gruppe einzustufen sind. Den relativen Verteilungsnachteil haben vor allem die „passiven" Gruppen wie die Bezieher von Vermögens- und Besitzeinkommen sowie die Transfereinkommensempfänger zu tragen. Für die Bezieher von Vermögens- und Besitzeinkommen, die — wenn es sich um Geld- und Forderungsvermögen handelt — eine Gläubigerposition einnehmen, folgt aus der inflatorischen Entwicklung eine Redistribution der Real-

[1] Vgl. u. a. *Krelle*, W.: Die Lohn-Preis-Spirale, S. 80; *Preiser*, E.: Theoretische Grundlagen der Vermögenspolitik, S. 30.

einkommen von ihnen zu ihren Schuldnern[2]. Der Realwert nominal fixierter Zinseinkommen wird durch die Preisniveausteigerungen verringert[3]. Auch für die Transfereinkommensbezieher ergibt sich dieser Realeinkommensverlust, wenn die vom Staat einseitig fixierten Nominaleinkommen nicht laufend an die Preisentwicklung angepaßt werden.

Keynes hat die inflationsinduzierte Redistribution der Realeinkommen — bezogen auf die Bezieher von Zinseinkommen — als die „Euthanasie der Rentiers" bezeichnet[4]. *Bronfenbrenner* hat dieser Mechanismus zu folgendem Resümee veranlaßt: „Secular inflation has the net effect of permitting all ‚active' pressure groups to gain at the expense of the ‚dead hands' of the salariat, the rentier, and the pensioner. It offers to these active elements — farmers, workers, and industrialists alike — the same sort of incentive which compound interest offers to the passive saver and the passive rentier. It is then in a very real sense the social rebuttal to compound interest[5]." Ob es jedoch zu den Realeinkommensverlusten der passiven Gruppen kommt, hängt für die Bezieher von Zinseinkommen u. a. von der Antizipation des inflatorischen Trends, von der Einführung von Geldwertsicherungsklauseln, einer rationalen Portfolioauswahl, für die Bezieher von Transfereinkommen vor allem von der Entscheidung der politischen Instanzen und u. U. ihrem wahlpolitischen Gewicht ab.

3. Wird durch expansive verteilungspolitische Aktionen der Gruppen-Organisationen eine Preisniveausteigerung ausgelöst, so ist damit gleichzeitig gesagt, daß Beschäftigungs- und Investitionsniveau nicht tangiert werden. Geht man zusätzlich davon aus, daß die Arbeitnehmer trotz der Preisniveausteigerung einen kurzfristigen realen Einkommenszuwachs erzielen können, so wären kurzfristig das wirtschaftspolitische Verteilungs-, Beschäftigungs- und Wachstumspostulat kompatibel — auf Kosten der Geldwertstabilität. Diese Kompatibilität gilt — vor allem bezüglich des Verteilungspostulats — nur sehr kurzfristig. Mittel- und langfristig stellt sich jedoch auch das Problem, ob via Preisniveausteigerung das Wirtschaftswachstum gegen die Verteilungspolitik immunisiert werden kann, bzw. ob die schleichende In-

---

[2] Für die Realvermögensbesitzer setzt sich der inflations-induzierte Redistributionseffekt aus der Änderung der laufenden Erträge und den Vermögenswertänderungen zusammen.

[3] Vgl. u.a. *Kessel*, R. A.: Inflation Caused Wealth Redistribution, in: AER, Vol. 46, 1956, S. 128 ff.; derselbe und *Alchian*, A. A.: Effects of Inflation, in: JPE, Vol. 70, 1962, S. 521 ff.

[4] Vgl. *Bronfenbrenner*, M und F. D. *Holzman*: A Survey of Inflation Theory, S. 61.

[5] Vgl. *Bronfenbrenner*, M.: Some Neglected Implications of Secular Inflation, in: Kurihara, K. K., (Hrsg.), Post-Keynesian Economics, London 1955, S. 36.

flation das Wachstum hemmt oder fördert. Historisch lassen sich beide Hypothesen belegen: es hat sowohl Perioden hohen Wachstums bei sinkenden Preisen wie auch bei steigenden Preisen gegeben[6]. Es fragt sich, welcher Zusammenhang sich für reife, pluralistische Volkswirtschaften ergibt.

Zunächst stellt sich das Problem, wie die schleichende Inflation sich auf das Konsum- und Sparverhalten der privaten Wirtschaftssubjekte auswirken könnte. Für eine verringerte Spartätigkeit durch eine leichte Geldentwertung spricht einmal die Überlegung, daß die Konsumenten inflationsbewußt handeln und aufgrund der in Zukunft zu erwartenden Preissteigerungen die Käufe vor allem langlebiger Konsumgüter zeitlich vorverlegen. Dieses Konsumentenverhalten ist selbst dann als rational zu bezeichnen, wenn die zeitliche Vorverlegung der Konsumgüterkäufe mit einer Kreditaufnahme verbunden ist, da die reale Zinsenlast unter der Annahme eines im Zuge der schleichenden Inflation konstanten Nominalzinses sinkt, und die Rückzahlung der Kredite zu einem späteren Zeitpunkt zu einem Inflationsgewinn des Schuldners führt. Damit ist schon das zweite Motiv für eine verringerte Spartätigkeit in einer schleichenden Inflation genannt: Die Sparanreize werden durch die Inflationsverluste der Gläubigerpositionen in ihrer Wirksamkeit herabgesetzt. Zudem dürfte die Sorge, die schleichende könne in eine galoppierende Inflation übergehen, potentielle Sparer vor einer Geldkapitalbildung zurückschrecken lassen. Diese Gründe scheinen ebenso für eine verringerte Spartätigkeit und eine Steigerung des gesamtwirtschaftlichen Konsums zu sprechen, wie die verschiedenen Konsumeffekte, die mit dem Konsum als Statussymbol in den modernen Industriegesellschaften verbunden sind.

Gegen die Annahme, daß eine leichte Geldentwertung die Spartätigkeit reduziert, können vor allem drei Argumente ins Feld geführt werden[7]: die geringe Zinsreagibilität der Sparneigung, der Sparanreiz der Dividenden- und Wachstumswerte und die Zunahme des Zwecksparens mit wachsender Haushaltsvermögensbildung. Die mit steigendem Realeinkommen pro Kopf der Bevölkerung sinkende Zinselastizität des Sparens ist ein bekanntes Phänomen und trifft für die privaten Haushalte in den reifen Volkswirtschaften zweifellos zu. Der aus der Zunahme des Realeinkommens resultierende Spareffekt wird die möglicherweise auftretenden Zinseffekte bei weitem überkompensieren. Die Annahme, daß die Geldvermögensbesitzer die inflationsbedingten Realwertsenkungen ihres Vermögens durch eine entsprechende Anlagepolitik auffangen werden, setzt eine gewinnorien-

---

[6] Vgl. *Bombach*, G.: Wirtschaftswachstum und Stabilität, S. 64 f.
[7] Vgl. *Timm*, H.: Bemerkungen zum inflationären Wachstum, S. 536 ff.

tierte Ausschüttungspraxis der Kapitalgesellschaften und große Anleger mit Spekulationskapital voraus. Zudem handelt es sich hier nur um eine Substitution der Sparformen, nicht notwendig um zusätzliches Sparen. Das dritte Argument gegen eine inflationsbedingte Verringerung der Spartätigkeit betrifft das Zwecksparen. Die mit steigendem realen pro-Kopf-Einkommen verbundene zunehmende Einkommenselastizität der Nachfrage nach langlebigen Gebrauchsgütern bedingt Ansparprozesse, die das gesamtwirtschaftliche Sparvolumen bei weiterhin steigenden Einkommen erhöhen. Die enge Verbindung von Spar- und Konsumprozeß bei den dauerhaften Gebrauchsgütern wird auch durch die Tatsache gestützt, daß gerade diese Güter sich in den reifen Volkswirtschaften als außerordentlich preisstabil erwiesen haben. Daher ist *Timm* zuzustimmen, wenn er feststellt: „Während eine solche Entwicklung (Reduktion der Sparneigung und Inflationsverstärkung; d. Verf.) bei der Inflationserfahrung in mehreren Ländern in einer progressiven oder gar Hyperinflation befürchtet werden müßte, halte ich sie bei einer leichten Inflation von etwa 2—3 Prozent pro Jahr im Trend, zumal dann, wenn sie das Wachstum des realen Sozialprodukts begleitet, für durchaus unwahrscheinlich[8]."

4. Die Auswirkungen einer lohninduzierten Inflation auf Investitionsneigung und -möglichkeit haben wir in den Kapiteln 6 und 7 ausführlich untersucht. Hier dürfen daher einige ergänzende Bemerkungen genügen. Das zentrale Argument, das als Beleg für eine wachstumsstimulierende Funktion einer leichten Geldentwertung herangezogen wird, ist die Annahme, daß bei bestehender inflatorischer Lücke das allgemeine Investitionsklima günstig, die Erwartungen optimistisch und die Profite hoch sind. Die Antithese stellt die Behauptung dar, daß im Zuge der schleichenden Inflation die Rechenhaftigkeit der Investitionsentscheidungen sinkt und damit die Möglichkeit von Fehlinvestitionen gegeben ist[9]. Dem Profitmotiv kann — wie schon mehrfach betont — keine so große Bedeutung beigemessen werden. Nach Untersuchungen des Sachverständigenrats „besteht — insgesamt gesehen und über längere Zeiträume hinweg — kein systematischer Zusammenhang zwischen der relativen Gewinnsituation und der relativen Investitionsneigung der Industriezweige"[10]. Die Entwicklung der effektiven Nachfrage und der innovative Wettbewerb besitzen stärkeres Gewicht. Eine Förderung des arbeitssparenden technischen Fortschritts durch überwälzbare Lohnerhöhungen ist dagegen kaum zu erwarten.

---

[8] Vgl. *Timm*, H.: Bemerkungen zum inflationären Wachstum, S. 536.

[9] Zu den verschiedenen Hypothesen vgl. *Schilcher*, R.: Inflation und Wirtschaftswachstum, in: derselbe, (Hrsg.), Wirtschaftswachstum — Beiträge zur ökonomischen Theorie und Politik, Festschrift für A. Paulsen, Berlin 1964, S. 92 f.

[10] Vgl. Sachverständigenrat, Stabilisierung ohne Stagnation, S. 159.

Die Wirkungen einer leichten Geldentwertung auf die Investitionsneigung hängen weiterhin davon ab, wie sich die Inflationsrate in der Zeit entwickelt und ob der Entwertungsprozeß antizipierbar ist[11]. Wird eine unregelmäßige Abnahme des Geldwertes angenommen, so resultiert daraus eine Zunahme des unternehmerischen Risikos und unter der Annahme einer konstanten erwarteten Profitrate wird die Investitionsneigung sinken. Das investive Risiko wird jedoch dann nicht von der schleichenden Inflation betroffen, wenn die Preissteigerungsrate als stetig angesehen wird. Für die schleichende Inflation in der BRD kann sowohl ihre Stetigkeit als auch ihre Antizipierbarkeit als realistisch unterstellt werden. Daher kommt auch der Sachverständigenrat zu dem Ergebnis: „Hat sich eine Gesellschaft daran gewöhnt, daß das Preisniveau um 2 oder 3 Prozent steigt, und liegt das Zinsniveau am Kapitalmarkt um den Prozentsatz der Geldentwertung über seinem sonst üblichen Niveau, so gehen von der Inflation weder wachstumsfördernde noch wachstumshemmende Wirkungen aus[12]."

Das Problem der Wirkungen einer leichten Geldentwertung auf die Investitionsmöglichkeit zerfällt in mehrere Komplexe. Es ist zu untersuchen, (1) wie die schleichende Inflation den Preis der Finanzierungsmittel verändert, (2) wie die Kreditbereitschaft des Bankensystems beeinflußt wird, (3) wie das freiwillige Sparvolumen und (4) wie die Selbstfinanzierungsquote der Unternehmen tangiert werden. Die Beantwortung der drei ersten Fragen bereitet in diesem Zusammenhang keine weiteren Schwierigkeiten. In einer stetigen und antizipierbaren schleichenden Inflation dürfte der Nominalzins den Geldwertschwund eskomptieren. In diese Richtung wirkt auch die Kreditpolitik des Bankensystems, die in der unterstellten Situation eines inflationären Wachstums mit einer restriktiven Kreditpolitik reagieren wird, um einen schnelleren Geldwertschwund zu verhindern. Auf die Entwicklung des Sparvolumens der privaten Haushalte wurde schon eingegangen: es ist eher eine Zunahme als eine Abnahme zu erwarten.

Die aus diesen drei Faktoren folgende Erhöhung des Nominalzinses kann zu einem im Zuge des inflationären Wachstums konstanten Realzins führen, wodurch Investitionsimpulse durch Inflationsgewinne weitgehend entfallen. Ist die Zinsempfindlichkeit der Investitionen gering und das Geldsystem — trotz restriktiver Politik — elastisch, so ist eine wachstumshemmende Beschränkung des Finanzierungsspielraums nicht zu befürchten.

---

[11] Vgl. u. a. *Phelps*, E. S.: Anticipated Inflation and Economic Welfare, in: JPE, Vol. 73, 1961, S. 1 ff.

[12] Vgl. Sachverständigenrat, Stabilisierung ohne Stagnation, S. 109.

Für die Großunternehmen in entwickelten Industriegesellschaften ist die Selbstfinanzierung von erheblicher investitionspolitischer Bedeutung. Diese Sparform gewinnt gegenüber der Sparneigung der privaten Haushalte zunehmend an wachstumspolitischem Gewicht. In einer Gegenüberstellung beider Sparformen gelangt *Bombach* zu dem Ergebnis: „Die geringe Sparneigung (der privaten Haushalte; d. Verf.) hat nicht zur Einschränkung der Investitionstätigkeit und damit zu einer Beeinträchtigung des Wachstums geführt, sondern zu einer Umgruppierung der Ersparnisstruktur bei gleichbleibender oder meist sogar zunehmender Gesamtinvestition (= Gesamtersparnis). Die echten, auf einem Sparwillen beruhenden Ersparnisse haben in ihrer relativen Bedeutung entscheidend verloren, zugenommen haben die unverteilten Gewinne, die statistisch als Ersparnis registriert werden, die aber eben nur ein Reflex des beschriebenen (ungleichgewichtigen; d. Verf.) Entwicklungsprozesses sind[13]."

Die Höhe dieser unverteilten Gewinne determiniert nicht nur die Investitionstätigkeit der Unternehmen und damit die Wachstumsrate der Volkswirtschaft, sondern auch die Einkommens- und Vermögensverteilung. Ob die thesaurierten Gewinne als Residualgröße aufgefaßt werden können, erscheint jedoch zweifelhaft. Aus der Analyse der unternehmerischen Zielsetzungen unter dem „Regime der Manager" könnte ebenfalls der Schluß gezogen werden, daß die unverteilten Gewinne in immer stärkerem Maße zu einer Plangröße werden, deren Über- oder Unterschreiten bestimmte wachstums- und verteilungspolitische Konsequenzen nach sich ziehen wird. Resümierend kann jedoch festgestellt werden, daß im Zuge eines inflationären Wirtschaftswachstums wohl kaum eine wachstumshemmende Verringerung der Selbstfinanzierungsquote zu befürchten ist.

5. Während also Investitionsneigung und -möglichkeit durch die schleichende Inflation vermutlich positiv beeinflußt werden, stellt sich die weitere Frage, ob und in welcher Form sich die wachstumsbedingten und -bedingenden strukturellen Umsetzungsvorgänge vollziehen, bzw. ob die Marktrationalität struktureller Umschichtungsprozesse durch eine leichte Geldentwertung negativ beeinflußt wird. Der entscheidende Vorwurf, der gegen den durch die Gruppenpolitik in das Wirtschaftssystem eingeführten politischen Abstimmungsmechanismus erhoben wird, ist der der mangelnden Flexibilität bei strukturellen Umstellungsprozessen.

Bei dieser Kritik steht meist die allgegenwärtige Assoziation Pate, die politische Regulierungen mit bürokratischer Schwerfälligkeit, staat-

---

13 Vgl. *Bombach*, G.: Preisstabilität, wirtschaftliches Wachstum und Einkommensverteilung, S. 5 f.

lichen Hierarchien und langen Kontrollketten verbindet. Wenn auch die hier interessierenden Administrationen nicht aus staatlichen Eingriffen, sondern aus den Aktionen der einzelnen Wirtschaftssubjekte und -gruppen resultieren, so ist diese politische Steuerung eines großen Teils der Löhne und Produktpreise dennoch symptomatisch für die Gleichgewichtslosigkeit der betreffenden Märkte und hat Rigiditäten dieser normalerweise hoch reagiblen ökonomischen Variablen zur Folge, die nach Meinung zahlreicher Autoren die Funktionsfähigkeit der Preismechanik, wenn nicht völlig lähmen, so doch erheblich verringern. Es wird behauptet, daß die Wachstumssteuerung durch marktwirtschaftliche Kräfte in ihrer Effizienz durch die Preisadministration eingeschränkt werde. Die Realitätsnähe dieser Hypothese und die Rolle der schleichenden Inflation sind in diesem Zusammenhang zu prüfen.

Zu dem Zweck soll von einem generellen Lehrsatz *Schumpeters* ausgegangen werden: „Ein System, jedes System, nicht nur jedes Wirtschaftssystem, sondern auch jedes andere —, das zu jedem gegebenen Zeitpunkt seine Möglichkeiten möglichst vorteilhaft voll ausnützt, kann dennoch auf lange Sicht hinaus einem System unterlegen sein, das dies zu keinem gegebenen Zeitpunkt tut, weil diese seine Unterlassung eine Bedingung für das Niveau oder das Tempo der langfristigen Leistung sein kann[14]." Die Zweifel an der wachstumsstimulierenden Wirkung einer sofortigen und ungehemmten Preiskonkurrenz werden genährt, wenn berücksichtigt wird, daß der völlig freie Zutritt zu einem Gebiet jegliches Betreten generell verhindern kann, d. h. daß die Produkt- und Prozeßinnovationen durch die sofortige Konkurrenz, die die Pioniergewinne im Augenblick ihres Entstehens verschwinden läßt, eher verhindert als beschleunigt werden[15]. Starre Preise sind als eine Art des Widerstandes gegen diese sofortige Anpassung aufzufassen und wirken daher wachstumsfördernd. Ein zweites Argument, das zu Gunsten der Preisrigiditäten angeführt werden kann, ist die Tatsache, daß sie die konjunkturellen Ausschläge moderieren und damit zu einer Verstetigung des Wachstumsprozesses beitragen. Nach *Schumpeter* kann „vollkommene und sofortige Beweglichkeit ... sogar sinnlose Katastrophen erzeugen"[16].

Es fragt sich überhaupt, ob die Preiskonkurrenz in ihrer funktionsfähigen, d. h. Preisflexibilität unterstellenden Form als wachstums-

---

[14] Vgl. *Schumpeter*, J. A.: Kapitalismus, Sozialismus und Demokratie, S. 138.
[15] Vgl. *Schumpeter*, J. A.: Kapitalismus, Sozialismus und Demokratie, S. 172.
[16] Vgl. *Schumpeter*, J. A.: Kapitalismus, Sozialismus und Demokratie, S. 172.

relevant anzusehen ist. Dem Begriff des Preiswettbewerbs stellt *Schumpeter* einen anderen, vor allem langfristig gesehen realistischeren Konkurrenzbegriff gegenüber, den der schöpferischen Zerstörung[17]. Diese fundamentale Konkurrenz des Neuen gegenüber dem Alten wird nur dann außer Kraft gesetzt, wenn ein umfassendes Kartellsystem jeglichen Fortschritt sabotiert und zu einer Tabuierung des Neuartigen führt. Daß eine solche Situation in den reifen Volkswirtschaften nicht besteht und aufgrund der Inhomogenität und mangelnden Geschlossenheit der sozioökonomischen Gruppen auch kaum zu erwarten ist, dürfte außer Frage stehen. Der gleichen Überzeugung ist *Kromphardt*, wenn er feststellt: „Selbst die Fixierung der Lohnstruktur, selbst die Einkommensparität schützen nicht davor (...), daß interne Umschichtungen, Berufswechsel, Bevölkerungsverschiebungen und Strukturverschiebungen zwischen den Unternehmungen, die das Wachstum durch Neuartiges ausmachen, erfolgen und im größten Ausmaß seit 1948 tatsächlich erfolgt sind[18]."

Daß sich solche Strukturwandlungen trotz temporärer Rigiditäten der Einzellöhne und -preise sowie der Lohn- und Preisstrukturen vollziehen konnten, beruht jedoch nicht allein auf dem schöpferischen Wettbewerb, sondern auch auf der schleichenden Inflation. Die leichte Geldentwertung ermöglicht beispielsweise die Existenz einer Lohndrift, die die Kräfte des Marktes tendenziell wieder zur Geltung bringt. Trotz bestehender starrer Tariflohnstrukturen können somit die Arbeitskräfte produktiveren Verwendungen zugeführt werden. Die schleichende Inflation ist gleichfalls Indikator und Ursache für differenzierende Produktpreisänderungen — allerdings in einer verzögerten, stufenmäßigen Anpassung nach oben. Zwar bewegen sich die Produktpreise nicht mehr um ein in der Zeit konstantes Preisniveau, aber die Preissteuerung regelt sich durch ein unterschiedliches Tempo der Zunahme der Einzelpreise. Die schleichende Inflation ist somit zu einer entscheidenden Voraussetzung für die Bewältigung der Allokationsaufgaben in pluralistischen Gesellschaften geworden.

6. Eine eindeutige Beurteilung aller Wachstumswirkungen der schleichenden Inflation ist kaum möglich. Daher ist es zweckmäßig, den Ausgangspunkt der Analyse noch einmal zu rekapitulieren. Danach ist eine leichte Geldentwertung als das wahrscheinliche Ergebnis der gruppengesteuerten Verteilungspolitik im Rahmen des trilateralen Monopols zu bezeichnen. Der Versuch einer sozioökonomischen Gruppe, sich

---

[17] Vgl. *Schumpeter*, J. A.: Kapitalismus, Sozialismus und Demokratie, S. 140.

[18] Vgl. *Kromphardt*, W.: Diskussionsbeitrag, in: Hoffmann, W. G., (Hrsg.), Finanz- und währungspolitische Bedingungen stetigen Wirtschaftswachstums, S. 68.

via Erhöhung ihrer Nominaleinkommen einen realen Verteilungsvorteil zu verschaffen, muß scheitern. Anders ausgedrückt: Der Versuch einer Gruppe, die Einkommens- und Vermögensstruktur zu ihren Gunsten zu ändern, führt nicht zu der beabsichtigten strukturellen Umschichtung bei konstanten Niveaugrößen, sondern zunächst lediglich zu einer Erhöhung des Preisniveaus bei weitgehend konstanten Einkommensstrukturen. Inwieweit sich dieses vor allem für die Arbeitsmarktparteien und den Staat exemplifizierte Modell auch auf andere sozioökonomische Gruppen übertragen läßt, ist strittig. Für die Bezieher von staatlichen Transfereinkommen kann immerhin angenommen werden, daß sie ihre Verteilungsforderungen in einem — dem Wahlrhythmus folgenden — Vierjahreszyklus stellen und auch durchsetzen werden. Für die Bezieher von Vermögens- und Besitzeinkommen kann angenommen werden, daß die inflationsbedingte Redistribution der Realeinkommen durch einen den Geldwertschwund enthaltenden Nominalzins ebenfalls verhindert wird. Daher gilt auch für diese Gruppen tendenziell der im Ergebnis gleiche Mechanismus wie für die aktiven Gruppen. In dieser Sicht besitzt die schleichende Inflation eine „echte" soziale Funktion, die darin besteht, daß sie das explosive Aufeinanderprallen der verschiedenen verteilungspolitischen Gruppeninteressen verhindert und somit als „social mollifier" wirkt[19].

Die Preisniveausteigerungen in reifen Volkswirtschaften stellen die opportunity costs für die Realisierung anderer Ziele der Wirtschaftspolitik dar. Unter Bezugnahme auf das trilateriale Monopol kann festgestellt werden, daß die durch die Verteilungspolitik induzierte leichte Geldentwertung den Preis für eine autonome gruppenpolitische Aktivität (Tarifautonomie) darstellt, den die Volkswirtschaft unter einer anderen Bedingungskonstellation in Form einer Beschäftigungs- und Wachstumsreduktion hätte zahlen müssen. Dieser schon klassisch zu nennende Zielkonflikt muß auch in seiner langfristigen Version klar erkannt werden: „Hence the cost of long-run stability of prices would be the unnecessary unemployment and loss of output that accompany recessions sufficiently severe to cancel the price rise of the previous booms[20]."

Die zumindest nicht negativen Wachstumseffekte einer verteilungspolitisch induzierten Inflationstendenz ergeben sich einmal aus ihrer Neutralität bezüglich Investitionsneigung und -möglichkeit. Ein zweiter (positiver) Einfluß auf das Wachstumstempo folgt aus der für die

---

[19] Vgl. *Bronfenbrenner*, M.: Some Neglected Implications of Secular Inflation, S. 35.

[20] Vgl. *Slichter*, S. H.: How Bad is Inflation?, in: Ritter, L. S., (Hrsg.), Money and Economic Activity, Readings in Money and Banking, Boston 1961, S. 371.

Allokationseffizienz des Wirtschaftssystems komplementären Funktion einer leichten Geldentwertung. Des weiteren stellt die verteilungsbedingte schleichende Inflation eine spezifische Form des Nachfragesogs dar: die monetären Ansprüche an das Sozialprodukt übersteigen das vorhandene Gütervolumen. Es ist zu erwarten, daß dieser Nachfragesog die Investoren zur Vornahme von Investitionen, die meist mit Innovationseffekten gekoppelt sind, stimuliert.

Slichter kommt bezüglich des Zusammenhangs zwischen gesamtwirtschaftlicher Nachfrage, wirtschaftlichem Wachstum und schleichender Inflation zu dem folgenden naheliegenden und für die reifen Volkswirtschaften realistischen Ergebnis: „The way to accelerate the growth of the economy is to stimulate the demand for goods. When demand presses hard upon productive capacity, that capacity is used and industry takes steps to increase it. Pressure of demand upon capacity tends to produce creeping inflations, but this pressure is necessary to attain the maximum rate of growth. Thus creeping inflation is part of the price that we must pay to achieve maximum growth[21].“ In den reifen Volkswirtschaften, die mit partiellen Sättigungsproblemen im Bereich der privatwirtschaftlichen Produktion zu kämpfen haben, gewinnt die wachstumsstimulierende Funktion eines leichten Nachfrageüberhangs eine zunehmende Bedeutung. Der freiwilligen Ersparnis der privaten Haushalte kommt in dieser Hinsicht keine Bedeutung zu. *Bombach* stellt daher auch für die BRD fest: „Wenn die Rate der freiwilligen Ersparnis über unser Wachstum entschieden hätte, dann hätte es kein Wirtschaftswunder gegeben[22].“

Wohlstandspolitisch ausgedrückt, ist die Minderung des Geldwertes der Preis, den die Volkswirtschaft für die autonome Einkommenspolitik der sozioökonomischen Gruppen, die Gewährleistung eines dauerhaften „sozialen Friedens“, die Vermeidung von gesamtwirtschaftlichen Verlusten durch Streiks usw. zu zahlen hat. Gleichzeitig sind die Preisniveausteigerungen als alternative Wachstums- und Vollbeschäftigungskosten anzusehen. Es ergibt sich, daß sowohl funktional als auch normativ das Postulat der Preisniveaustabilität innerhalb des interdependenten und inkonsistenten Zielkatalogs diejenige Zielvariable ist, deren Verletzung bei Erfüllung der übrigen Zielsetzungen augenscheinlich von der Gesellschaft toleriert wird. Irgendeinen Preis muß die Volkswirtschaft für die Verfolgung sich widersprechender Ziele immer zahlen, jeder Zielkompromiß verursacht Wohlfahrtsver-

---

[21] Vgl. *Slichter*, S. H.: Current Trends, Problems, and Prospects in the American Economy, in: Dunlop, J. T., (Hrsg.), Selected Essays of S. H. Slichter, Cambridge Mass. 1961, S. 162.

[22] Vgl. *Bombach*, G.: Wirtschaftswachstum und Stabilität, S. 20.

luste. Aber nach allem, was sich in den Jahren nach der Beendigung des 2. Weltkrieges gezeigt hat, scheint die schleichende Inflation der Preis zu sein, den die Gesellschaft hinzunehmen bereit ist: „Es scheint inzwischen im Hinblick auf die Geldwertentwicklung ein Stadium erreicht zu sein, in dem die meisten Menschen, Gruppen und Instanzen in Gesellschaft und Staat einen jährlichen Geldwertschwund von 2 oder 3% für normal halten, antizipieren oder — notfalls — zu tolerieren bereit sind[23]." Unter diesen Bedingungen war in der BRD der Arbeitsfriede gewährleistet, ein relativ hohes und relativ stabiles Wachstum gesichert und Vollbeschäftigung garantiert.

Die Frage, auf Kosten welcher Zielsetzung ein gesamtwirtschaftlicher Zielkompromiß erreicht werden soll, ist und bleibt ein normatives, politisches Problem. Dennoch dürfte die Annahme realistisch sein, daß die politischen Instanzen in allen Ländern der westlichen Hemisphäre nicht bereit sind, eine leichte Arbeitslosigkeit oder eine reduzierte Wachstumsrate des Sozialproduktes als Therapie für die Sicherung des Geldwertes einzusetzen.

7. Abschließend sind noch die Alternativkosten der Zielverwirklichung zu analysieren, die sich aus der außenwirtschaftlichen Verflechtung der reifen Volkswirtschaften ergeben. In Kap. 7 wurde schon darauf hingewiesen, daß es selbst dann zu binnenländischen Preisniveausteigerungen kommen wird, wenn die binnenländischen Nachfragekomponenten eine preisniveautrale Zuwachsrate aufweisen, wenn und solange die Auslandsnachfrage überproportional zunimmt. Daß gerade dieser Fall der importierten Inflation für die BRD von 1951 bis 1961 relevant war, ist bekannt[24]. Ebenso bekannt ist, daß das Wachstumstempo in der BRD von den Leistungsbilanzüberschüssen in erheblichem Maße gefördert worden ist: „Die Wachstumsverlangsamung, die sich nach der Aufwertung mit der Verminderung des Exportanstiegs vollzog, scheint eine Auffassung zu bestätigen, die die erstaunlich hohen Raten des Wirtschaftswachstums in vielen Ländern während der Nachkriegszeit in erster Linie dem Sog der weltweiten Nachfrageexpansion zurechnet und hohe Wachstumsraten in Ländern mit vergleichsweise restriktiver Geld- und Fiskalpolitik als exportgetriebenes Wachstum erklärt[25]."

Die Beziehungen zwischen Inlands- und Auslandspreisniveau und binnenländischem und ausländischem Wirtschaftswachstum werden u. a. durch die Konstruktion des internationalen Währungssystems mitbe-

---

[23] Vgl. Sachverständigenrat, Stabilisierung ohne Stagnation, S. 108.
[24] Vgl. Sachverständigenrat, Stabiles Geld — Stetiges Wachstum, S. 90.
[25] Vgl. Sachverständigenrat, Stabiles Geld — Stetiges Wachstum, S. 18.

stimmt, das *Sanmann* als eine „imitierte Goldwährung“ bezeichnet[26]. Charakteristisch für dieses Währungssystem ist, daß bei liberalisiertem Handel, freier Konvertibilität und (in Margen) fixierten Wechselkursen inflatorische Ungleichgewichte von einem auf das andere Land übertragen werden. Die stabilitätspolitisch am wenigsten disziplinierten Länder exportieren ihre Instabilität auf ihre Partnerländer, die Partnerländer wiederum exportieren ihre Stabilität in die in der Geldschöpfungsaktivität führenden Länder. „Unter diesen Umständen und angesichts der Tatsache, daß die meisten Länder — jedenfalls in der Praxis — die Stabilität des Preisniveaus nicht für ebenso wichtig halten wie Vollbeschäftigung und Wachstum, ist es nicht verwunderlich, daß die Geldwertgemeinschaft des heutigen Währungssystems praktisch eine Geldentwertungsgemeinschaft darstellt[27].“

Die Verteilungs- und Wachstumseffekte einer importierten Inflation ergeben sich aus der Kreislaufmechanik. Danach führt ein Leistungsbilanzüberschuß cet. par. zu Preisniveausteigerungen und damit zu einer Senkung der Realeinkommen der Bezieher kontraktbestimmter Einkommen. Bei cet. par. unveränderter Wachstumsrate ändert sich die Einkommensverteilung zugunsten der Unternehmer. Wird die cet. par. Bedingung aufgehoben, so sind investive incentives zu erwarten; das Wachstumstempo kann sich aufgrund steigender Investitionen beschleunigen. Positive Salden der Leistungsbilanz verursachen demnach Verteilungsgewinne der Unternehmer und Wachstumsimpulse. Ihren Verteilungsverlust können die Arbeitnehmer durch neue verteilungspolitische Forderungen auszugleichen versuchen. Der enge Konnex zwischen Leistungsbilanzentwicklung, binnenländischer Verteilung und binnenländischem Wachstum ist symmetrisch: Eine aggressive Verteilungspolitik kann eine Importbelebung und Exportdrosselung bewirken — mit den entsprechenden Folgen für das binnenländische Wirtschaftswachstum. Die kurzfristigen binnenwirtschaftlichen Wachstumswirkungen von Leistungsbilanzsalden kollidieren mit den langfristigen, realwirtschaftlichen Effekten. Realwirtschaftlich gesehen, bedeutet jeder positive Saldo der Leistungsbilanz einen Abzug produktiver Kapazitäten aus dem Inland. Damit wird die Expansion des realen Wachstumsrahmens des Inlandes bei gleichbleibenden Zuwachsraten der gesamtwirtschaftlichen Nachfrage gehemmt. Unter langfristigen wachstumspolitischen Gesichtspunkten erscheint also ein Exportüberschuß absolut nicht so wünschenswert, wie in Anlehnung an merkantilistische Vorstellungen immer behauptet wird.

---

[26] Vgl. *Sanmann*, H.: Währungspolitik zwischen Automatismus und Autonomie, S. 373.

[27] Vgl. Sachverständigenrat, Stabiles Geld — Stetiges Wachstum, S. 92.

Die Einbeziehung der außenwirtschaftlichen Nachfragekomponente stellt den Trägern der Wirtschaftspolitik das Problem, sich entweder für eine binnen- oder außenwirtschaftlich induzierte leichte Geldentwertung entscheiden zu müssen. Üben die die binnenländischen Nachfragekomponenten steuernden Gruppen monetäre Disziplin, so wird aufgrund der internationalen Geldentwertungsmechanik eine importierte Inflation kaum zu vermeiden sein. Geht man realistischerweise davon aus, daß diejenige Gruppe, die zuerst überhöhte monetäre Anspüche an das Sozialprodukt geltend macht, temporäre Wohlstandsgewinne gegenüber den übrigen, maßvolleren Gruppen erzielt, so stellt sich das wirtschaftspolitische Problem, welche Gruppe und damit Nachfragekomponente eine gesamtwirtschaftliche Priorität besitzen soll. Die Beantwortung dieser Frage muß den politischen, wertsetzenden Instanzen überlassen bleiben. Zwei ökonomische Aspekte können jedoch dieses wirtschaftspolitische Problem verdeutlichen und eine rationale Entscheidung erleichtern.

Der erste Gesichtspunkt betrifft die diskutierten Zusammenhänge zwischen wirtschaftlichem Wachstum und Leistungsbilanzüberschüssen. Wenn, wie dargelegt, positive Salden der Leistungsbilanz den Abzug produktiver Kapazitäten bedeuten, und damit das reale wirtschaftliche Wachstum des Inlandes gehemmt und der Inflationsbazillus von außen in die Binnenwirtschaft hereingetragen wird, so besteht aus wachstumspolitischen Gesichtspunkten kein direkter Anlaß, diese Entwicklung zu tolerieren, selbst wenn berücksichtigt wird, daß dadurch incentives zur Vornahme von Investitionen gesetzt werden. Die letzteren können auch von einer binnenländischen Nachfrageexpansion ausgehen. Zudem ist die importierte Inflation mit negativen Verteilungseffekten verbunden. Daraus ergibt sich das zweite wirtschaftspolitische Argument. Zwar stellt der Wissenschaftliche Beirat beim Bundeswirtschaftsministerium fest: „Eine immer gültige Prioritätsskala für die verschiedenen Komponenten der Gesamtnachfrage gibt es nicht. Ebensowenig darf die Zusammensetzung der Gesamtnachfrage als Norm und damit als Maßstab für die zukünftige Entwicklung betrachtet werden[28]." Dieser Feststellung ist durchaus zuzustimmen. Jedoch muß es als fragwürdig bezeichnet werden, wenn in einer Volkswirtschaft von den wirtschaftspolitischen Instanzen eine Entwicklung toleriert bzw. gefördert wird, die nichts anderes bedeutet, als einige Gruppen der Binnenwirtschaft zu veranlassen, zugunsten des Auslands auf die Wohlstandseffekte des Wirtschaftswachstums zu verzichten.

---

[28] Vgl. Gutachten des Wissenschaftlichen Beirats beim Bundeswirtschaftsministerium, Gegenwärtige Möglichkeiten und Grenzen einer konjunkturbewußten Lohnpolitik in der Bundesrepublik, S. 84.

Daß diese Beziehungen zwischen binnen- und außenwirtschaftlicher Entwicklung für die BRD in hohem Maße relevant waren, mögen zwei Stellungnahmen belegen. So konstatiert *Oberhauser*, daß „die Aufwertung ... zu einer erheblichen Umschichtung in der Einkommensverteilung beigetragen (hat). Wohl keine wirtschaftspolitische Maßnahme der Nachkriegszeit hat in diesem Umfang zugunsten der Arbeitnehmer gewirkt[29]." Und der Sachverständigenrat kommt zu dem Ergebnis: „Mit der Zurückhaltung, die die Sozialpartner im Interesse der Geldwertstabilität nicht selten geübt haben, ist über unsere Exportüberschüsse die Expansion in Ländern mit weniger disziplinierter Wirtschaftspolitik ungewollt real mitfinanziert worden[30]."

[29] Vgl. *Oberhauser*, A.: Zahlungsbilanzüberschüsse und Einkommensverteilung, S. 298.
[30] Vgl. Sachverständigenrat, Stabiles Geld — Stetiges Wachstum, S. 132.

Literaturverzeichnis

Abramovitz, M.: Economics of Growth, in: Haley, B. F., (Hrsg.), A Survey of Contemporary Economics, Vol. II, Homewood Ill. 1952, S. 132 ff.

— The Welfare Interpretation of Secular Trends in National Income and Product, in: Abramovitz, M. und andere, The Allocation of Economic Resources, Essays in Honor of B. F. Haley, Stanford 1959, S. 1 ff.

Ackley, G.: A Third Approach to the Analysis and Control of Inflation, in: The Relationship of Prices to Economic Stability and Growth, Compendium of Papers Submitted by Panelists Appearing before the Joint Economic Committee, Washington D. C. 1958, S. 619 ff.

— Administered Prices and the Inflationary Process, in: AER, Vol. 49, Proc., 1959, S. 419 ff.

Agartz, V.: Expansive Lohnpolitik, in: WWI, Mitteilungen, Bd. 6, 1953, S. 245 ff.

Albers, W.: Sparen und Investieren als Bestimmungsgründe des Wachstums und der Verteilung des Sozialprodukts, in: WA, Bd. 81, 1958, S. 1 ff.

Albert, H.: Wachstumsmodelle und Realität, Bemerkungen zu Roses Kritik der Wachstumstheorie, in: JfNuSt, Bd. 169, 1958, S. 120 ff.

Ara, K.: Capital Theory and Economic Growth, in: EJ, Vol. 68, 1958, S. 511 ff.

Arndt, E.: Theoretische Grundlagen der Lohnpolitik, Tübingen 1957

Arrow, K. J.: The Economic Implications of Learning by Doing, in: REStud, Vol. 29, 1961/62, S. 155 ff.

Arrow, K. J.; H. B. *Chenery*; B. S. *Minhas* und R. M. *Solow*: Capital-Labor Substitution and Economic Efficiency, in: REStat, Vol. 43, 1961, S. 225 ff.

Aujac, H.: Inflation as the Monetary Consequence of the Behavoir of Social Groups: A Working Hypothesis, in: IEP, No. 4, 1954, S. 109 ff.

Bach, G. L. und A. *Ando*: The Redistributional Effects of Inflation, in: REStat, Vol. 39, 1957, S. 1 ff.

Bain, J. S.: Price and Production Policies, in: Ellis, H. S., (Hrsg.), A Survey of Contemporary Economics, Vol. I, Homewood Ill. 1948, S. 129 ff.

Baldwin, W. L.: The Motives of Managers, Environmental Restraints and the Theory of Managerial Enterprise, in: QJE, Vol. 78, 1964, S. 238 ff.

Baumol, W. J.: Business Behavior, Value and Growth, New York 1959

— On the Theory of Expansion of Firm, in: AER, Vol. 52, 1962, S. 1078 ff.

— Economic Dynamics, An Introduction, With a Contribution by R. Turvey, 2. Aufl., New York 1964

Berg, H.: Ökonomische Grundlagen der Bildungsplanung, Forschungsbeiträge der Adolf-Weber-Stiftung, Bd. 1, Berlin 1965

Berle, A. A. und G. C. *Means*: The Modern Corporation and Private Property, New York—Chicago—Washington 1932

Bilkey, W. J.: Equality of Income Distribution and Consumption Expenditures, in: REStat, Vol. 38, 1956, S. 81 ff.

Blair, J. M.: Economic Concentration and Depression Price Rigidity, in: AER, Vol. 45, Proc., 1955, S. 566 ff.

Blair, J. M.: Administered Prices: A Phenomenon in Search of a Theory, in: AER, Vol. 49, Proc., 1959, S. 431 ff.

Bloom, G. F.: Union Wage Pressure and Technological Discovery, in: AER, Vol. 41, 1951, S. 603 ff.

Blümle, E.-B.: Zur Zielproblematik der Wirtschaftsverbände, Versuch einer Systematik, in: JfS, Bd. 16, 1965, S. 337 ff.

Boettcher, E.: Phasentheorie der wirtschaftlichen Entwicklung, in: HbJ, 4. Jahr, Festausgabe für E. Heimann, 1959, S. 23 ff.

Bohley, P.: Preistheorie und 'Administered Price Behaviour', in: Konjunkturpolitik, 10. Jg., 1964, S. 237 ff.

Böhm, H.-H. und H. *Rugo*: Die Regelung der Arbeitszeit durch Gesetz und durch Tarifvertrag, in: Bundesministerium für Arbeit und Sozialordnung, (Hrsg.), Sozialpolitik in Deutschland, Nr. 27, Stuttgart 1962

Bombach, G.: Löhne und Preise im Lichte der modernen Theorie, in: Löhne und Preise, Veröff. der Deutschen Volkswirtschaftlichen Gesellschaft e. V., Darmstadt 1957, S. 39 ff.

— Die Bedeutung wirtschaftspolitischer Zielsetzungen, in: Löhne und Preise, a. a. O., S. 209 ff.

— Preisstabilität, wirtschaftliches Wachstum und Einkommensverteilung, in: SchZ, 95. Jg., 1959, S. 1 ff.

— Quantitative und monetäre Aspekte des Wirtschaftswachstums, in: Hoffmann, W. G., (Hrsg.), Finanz- und währungspolitische Bedingungen stetigen Wirtschaftswachstums, SchdVfS, N. F. Bd. 15, Berlin 1959, S. 154 ff.

— Die verschiedenen Ansätze der Verteilungstheorie, in: Schneider, E., (Hrsg.), Einkommensverteilung und technischer Fortschritt, SchdVfS, N. F. Bd. 17, Berlin 1959, S. 95 ff.

— Ursachen der Nachkriegsinflation und Probleme der Inflationsbekämpfung, in: Bombach, G., (Hrsg.), Stabile Preise in wachsender Wirtschaft, Festschrift für E. Schneider, Tübingen 1960, S. 187 ff.

— Die Stabilität der industriellen Produktivitätsstruktur (Bemerkungen zu einem Aufsatz von W. G. Hoffmann), in: ZfdgSt, 116. Bd., 1960, S. 18 ff.

— Wirtschaftswachstum und Stabilität, in: Wachstum und Konjunktur, Veröff. d. Deutschen Volkswirtschaftlichen Gesellschaft e. V., Darmstadt und Opladen 1960, S. 7 ff.

— Gleichgewicht — kein Ziel an sich, in: Der Volkswirt, Nr. 52/53 vom 24. Dez. 1960, S. 50 ff.

— Optimales Wachstum und Gleichgewichtswachstum, in: Schneider, E., (Hrsg.), Optimales Wachstum und optimale Standortverteilung, SchdVfS, N. F. Bd. 27, Berlin 1962, S. 47 ff.

— Der Strukturbegriff in der Ökonomie, in: Neumark, F., (Hrsg.), Strukturwandlungen einer wachsenden Wirtschaft, Bd. 1, SchdVfS, N. F. Bd. 30/I, Berlin 1964, S. 10 ff.

— Lohnentwicklung, Sparprozeß und Kapitalbildung, in: Stiller, E., (Hrsg.), Lohnpolitik und Vermögensbildung, Veröff. d. List Gesellschaft e. V., Bd. 37, Basel 1964, S. 45 ff.

— Von der Neoklassik zur modernen Wachstums- und Verteilungstheorie, in: SchZ, 100. Jg., 1964, S. 399 ff.

— Wirtschaftswachstum, in: HdSw, Bd. 12, Stuttgart — Tübingen — Göttingen 1965, S. 763 ff.

Boulding, K. E.: Collective Bargaining and Fiscal Policy, in: AER, Vol. 40, Proc., 1950, S. 306 ff.

Boulding, K. E.: Wages as a Share in the National Income, in: Wright, D. M. (Hrsg.), The Impact of the Union, New York 1951, S. 123 ff.

— Diskussionsbeiträge, in: Wright, D. M., (Hrsg.), The Impact of the Union, a. a. O.

— Welfare Economics, in: Haley, B. F., (Hrsg.), A Survey of Contemporary Economics, Vol. II, Homewood Ill. 1952, S. 1 ff.
deutsch: Einführung in die Wohlfahrtsökonomik, in: Gäfgen, G., (Hrsg.), Grundlagen der Wirtschaftspolitik, Neue Wissenschaftliche Bibliothek 11, Köln — Berlin 1966, S. 77 ff.

— The Fruits of Progress and the Dynamics of Distribution, in: AER, Vol. 43, Proc., 1953, S. 473 ff.

— The Organizational Revolution, A Study in the Ethics of Economic Organization, New York 1953

— Principles of Economic Policy, Englewood Cliffs N. J. 1958

Brandt, K.: Struktur der Wirtschaftsdynamik, Frankfurt a. M. 1952

— Zur Theorie des wirtschaftlichen Wachstums, in: ZfN, Bd. 17, 1957, S. 341 ff.

— Preistheorie, Ludwigshafen am Rhein o. J.

Breitling, R.: Die Verbände in der Bundesrepublik. Ihre Arten und ihre politische Wirkungsweise, Meisenheim am Glan 1955

Briefs, G.: Zwischen Kapitalismus und Syndikalismus. Die Gewerkschaften am Scheidewege, München 1952

— Gewerkschaften (I), in: HdSw, Bd. 4, Stuttgart — Tübingen — Göttingen 1965, S. 545 ff.

Bronfenbrenner, M.: The Incidence of Collective Bargaining, in: AER, Vol. 44, Proc., 1954, S. 293 ff.

— Some Neglected Implications of Secular Inflation, in: Kurihara, K. K., (Hrsg.), Post-Keynesian Economics, London 1955, S. 31 ff.

Bronfenbrenner, M., und F. D. *Holzmann:* Survey of Inflation Theory, in: AER, Vol. 53, 1963, S. 593 ff.

Buchholz, E. H.: Zur ‚Vermögensbildung in Arbeiterhand', in: SchJ, 86. Jg., 1966, S. 55 ff.

Burns, A. F.: The Organization of Industry and the Theory of Prices, in: Hoover, E. M., und Dean, J. (Hrsg.), Readings in the Social Control of Industry, Philadelphia — Toronto 1949, S. 397 ff.

— The Decline of Competition, New York 1936

Chamberlin, E. H.: The Monopoly Power of Labor, in: Wright, D. M., (Hrsg.), The Impact of the Union, New York 1951, S. 168 ff.

— The Theory of Monopolistic Competition, 7. Aufl., Cambridge Mass. 1960

— The Economic Analysis of Labor Union Power, rev. Aufl., American Enterprise Institute, Washington D. C. 1963

Christmann, A.: Die Gewerkschaften in der industriellen Gesellschaft. Versuch einer Standortbestimmung, in: HbJ, 5. Jahr, 1960, S. 125 ff.

Claassen, R. E.: Analyse der industriellen Produktivitätsstruktur in der Bundesrepublik Deutschland 1950—1959, Seligenstadt 1963 (Diss.)

Clark, J. B.: The Distribution of Wealth. A Theory of Wages, Interest and Profits, London und New York 1899, Nachdruck New York 1951

Clark, J. M.: Criteria of Sound Wage Adjustments, with Emphasis on the Question of Inflationary Effects, in: Wright, D. M., (Hrsg.), The Impact of the Union, New York 1951, S. 1 ff.

— Sicherheit in Freiheit, übers. v. M. Caillaud, Wien 1954

— Competition as a Dynamic Process, Washington D. C. 1961

Clauß, F. J.: Das Produktivitätsproblem in Entwicklungsdiagnose und Wachstumstheorie, in: Konjunkturpolitik, 10. Jg., 1964, S. 114 ff.

Cobb, C. W., und P. H. *Douglas:* A Theory of Production, in: AER, Vol. 18, Proc., 1928, S. 139 ff.

Dahl, R. A., und C. E. *Lindblom:* Politics, Economics and Welfare, New York — Evanston — London 1963 (Paperback Edition)

Dahrendorf, R.: Soziale Klassen und Klassenkonflikt in der industriellen Gesellschaft, Stuttgart 1957

— Über den Ursprung der Ungleichheit unter den Menschen, Recht und Staat, H. 232, Tübingen 1961

— Die Politik der Massengesellschaft. Amerikanische Theorien und europäische Realitäten, in: HbJ, 9. Jahr, 1964, S. 187 ff.

— Markt und Plan, zwei Typen der Rationalität, Walter Eucken Institut, Vorträge und Aufsätze, H. 14, Tübingen 1966

Deutscher Bundestag: Bericht über das Ergebnis einer Untersuchung der Konzentration in der Wirtschaft, erstattet vom Bundesamt für gewerbliche Wirtschaft in Frankfurt a. M., (Drucksache IV/2320)

Domar, E. D.: Capital Expansion, Rate of Growth, and Employment, in: Econometrica, Vol. 14, 1946, S. 137 ff.; Nachdruck in: derselbe, Essays in the Theory of Economic Growth, New York 1957, S. 70 ff.

— Expansion and Employment, in: AER, Vol. 37, 1947, S. 34 ff.; Nachdruck in: derselbe, Essays in the Theory of Economic Growth, a. a. O., S. 83 ff.

— A Theoretical Analysis of Economic Growth, in: AER, Vol. 42, Proc., 1952, S. 479 ff.; Nachdruck in: derselbe, Essays in the Theory of Economic Growth, a. a. O., S. 16 ff.

Douglas, P. H.: Are there Laws of Production?, in: AER, Vol. 38, 1948, S. 1 ff.

Duesenberry, J. S.: Income, Savings and the Theory of Consumer Behavior, Cambridge Mass. 1949

— Underlying Factors in the Postwar Inflation, in: Myers, C. A., (Hrsg.), Wages, Prices, Profits and Productivity, o. O., o. J. (1959), S. 61 ff.

Dunlop, J. T.: Wage Determination under Trade Unions, 2. Aufl., New York 1950

— The Task of Contemporary Wage Theory, in: derselbe, (Hrsg.), The Theory of Wage Determination, London — New York 1957, S. 3 ff.

— Policy Problems — Choices and Proposals, in: Myers, C. A., (Hrsg.), Wages, Prices, Profits and Productivity, o. O., o. J. (1959), S. 137 ff.

— Wage Policies of Trade Unions, in: Fellner, W., und Haley, B. F., (Hrsg.), Readings in the Theory of Income Distribution, London 1950, S. 336 ff.

Eckstein, O.: Inflation, the Wage-Price Spiral and Economic Growth, in: The Relationship of Prices to Economic Stability and Growth, Compendium of Papers Submitted by Panelists Appearing before the Joint Economic Committee, Washington D. C. 1958, S. 361 ff.

— A Theory of the Wage-Price Process in Modern Industry, in: REStud, Vol. 31, 1964, S. 267 ff.

Edgeworth, F. Y.: Mathematical Psychics. An Essay on the Application of Mathematics to the Moral Sciences, London 1881, Nachdruck New York 1961

Ehrlicher, W.: Geldkapitalbildung und Realkapitalbildung, Tübingen 1956

— Bestimmungsgründe der Investitionstätigkeit, in: Konjunkturpolitik, 3. Jg., 1957, S. 143 ff.

— Die Wirkungen der Unternehmungssteuern auf Investitionen, Gewinne und Löhne, in: FA, N. F. Bd. 18, 1957/58, S. 373 ff.

Ehrlicher, W.: Die Geld-, Finanz- und Lohnpolitik im volkswirtschaftlichen Systemzusammenhang, in: JfS, Bd. 12, 1961, S. 80 ff.

— Lohneinkommen und wirtschaftliches Wachstum, in: Volkswirtschaftliche Korrespondenz der Adolf-Weber-Stiftung, Nr. 13, Juli 1963

— Die außenwirtschaftliche Komponente der Geldversorgung, in: Jürgensen, H., (Hrsg.), Gestaltungsprobleme der Weltwirtschaft, Festschrift für A. Predöhl, JfS, Bd. 14, H. 3, Göttingen 1963, S. 591 ff.

— Probleme langfristiger Strukturwandlungen des Kapitalstocks, in: Neumark, F., (Hrsg.), Strukturwandlungen in wachsender Wirtschaft, Bd. 2, SchdVfS, N. F. Bd. 30/II, Berlin 1964, S. 871 ff.

— Ansätze zu einer makroökonomischen Theorie der Marktformen, in: JfNuSt, Bd. 178, 1965, S. 297 ff.

Eisner, R.: Investment: Fact and Fancy, in: AER, Vol. 53, Proc., 1963, S. 237 ff.

Enke, S.: Population and Development: A General Model, in: QJE, Vol. 77, 1963, S. 55 ff.

Eucken, W.: Grundsätze der Wirtschaftspolitik, 2. Aufl., Tübingen — Zürich 1955

Fellner, W.: Collusion and Its Limits Under Oligopoly, in: AER, Vol. 40, Proc., 1950, S. 54 ff.

— Significance and Limitations of Contemporary Distribution Theory, in: AER, Vol. 43, Proc., 1953, S. 484 ff.

— Competition among the Few, New York 1949

— Amerikanische Erfahrungen mit der Lohninflation in den fünfziger Jahren, Walter Eucken Institut, Vorträge und Aufsätze, H. 8, Tübingen 1962

— Prices and Wages Under Bilateral Monopoly, in: JPE, Vol. 61, 1947, S. 503 ff.

Ferber, R.: Research on Household Behavior, in: AER, Vol. 52, 1962, S. 19 ff.

Ferguson, C. E.: A Macroeconomic Theory of Workable Competition, Durham N. C. 1964

— Theories of Distribution and Relative Shares, in: JfNuSt, Bd. 176, 1964, S. 23 ff.

Findlay, R.: Economic Growth and the Distributive Shares, in: REStud, Vol. 27, 1959/60, S. 167 ff.

Föhl, C.: Geldschöpfung und Wirtschaftskreislauf, 2. Aufl., Berlin 1955

— Kritik der progressiven Einkommensbesteuerung, in: FA, N. F. Bd. 14, 1953/54, S. 105 ff.

— Diskussionsbeitrag, in: Schneider, E., (Hrsg.), Lohnhöhe und Beschäftigung, SchdVfS, N. F. Bd. 11, Berlin 1955, S. 51 ff.

— Das Steuerparadoxon, in: FA, N. F. Bd. 17, 1956/57, S. 1 ff.

— Über die Möglichkeit einer Beeinflussung der Vermögensbildung und ihrer Verteilung, in: FA, N. F. Bd. 19, 1958/59, S. 132 ff.

— Geldwertstabilisierung bei Vollbeschäftigung, in: Bombach, G., (Hrsg.), Stabile Preise in wachsender Wirtschaft, Festschrift für E. Schneider, Tübingen 1960, S. 147 ff.

— Ursachen und Beeinflußbarkeit der Vermögenskonzentration, in: Neumark, F., (Hrsg.), Die Konzentration in der Wirtschaft, SchdVfS, N. F. Bd. 22, Berlin 1961, S. 156 ff.

— Außenwirtschaftliches und binnenwirtschaftliches Gleichgewicht, in: Jürgensen, H., (Hrsg.), Gestaltungsprobleme der Weltwirtschaft, Festschrift für A. Predöhl, JfS, Bd. 14, H. 3, Göttingen 1963, S. 606 ff.

Föhl, C., und Mitarbeiter: Kreislaufanalytische Untersuchung der Vermögensbildung in der Bundesrepublik und der Beeinflußbarkeit ihrer Verteilung, Gutachten erstellt im Auftrage des Bundeswirtschaftsministeriums, Tübingen 1964

Friedmann, M.: Some Comments on the Significance of Labor Unions for Economic Policy, in: Wright, D. M., (Hrsg.), The Impact of the Union, New York 1951, S. 204 ff.

— A Theory of the Consumption Function, Princeton N. J. 1957

v. d. Gablentz, O. H.: Der Staat in der pluralistischen Gesellschaft, in: HbJ, 4. Jahr, Festausgabe für E. Heimann, 1959, S. 133 ff.

Gäfgen, G.: Fördert die Inflation das Wachstum der Wirtschaft, in: Sparkasse, 78. Jg., 1961, S. 339 ff.

Galbraith, J. K.: Monopoly Power and Price Rigidities, in: QJE, Vol. 50, 1936, S. 456 ff.

— Monopoly and the Concentration of Economic Power, in: Ellis, H. S., (Hrsg.), A Survey of Contemporary Economics, Vol. I, Homewood Ill. 1948, S. 99 ff.

— American Capitalism. The Concept of Countervailing Power, London 1952 (im Text zitiert nach der Taschenbuchausgabe Pelican Books 1963)

— Countervailing Power, in: AER, Vol. 44, Proc., 1954, S. 1 ff.

— Market Structure and Stabilization Policy, in: REStat, Vol. 39, 1957, S. 124 ff.

— The Affluent Society, Boston 1958 (im Text zitiert nach der Taschenbuchausgabe Pelican Books 1962)

— Tabus in Wirtschaft und Gesellschaft der USA, übers. von G. Frodl, Reinbek bei Hamburg 1964 (Rowohlts Deutsche Enzyklopädie)

Gehlen, A.: Soziologische Aspekte des Eigentumsproblems in der Industriegesellschaft, in: Eigentum und Eigentümer in unserer Gesellschaftsordnung, Veröff. d. Walter-Raymond-Stiftung, Bd. 1, Köln und Opladen 1960, S. 164 ff.

Giersch, H.: Das Problem der Objektivität des wirtschaftspolitischen Urteils und der Lösungsversuche der neueren Lehre vom wirtschaftlichen Wohlstand, in: ZfdgSt, 107. Bd., 1951, S. 247 ff.

— Das Handelsoptimum. Ein Beitrag zur Theorie der Wirtschaftspolitik, in: WA, Bd. 76, 1956, S. 1 ff.

— Allgemeine Wirtschaftspolitik, 1. Bd., Grundlagen, Die Wirtschaftswissenschaften, Wiesbaden 1960

— Wachstum und Konjunktur, in: Wachstum und Konjunktur, Veröff. d. Deutschen Volkswirtschaftlichen Gesellschaft e. V., Darmstadt und Opladen 1960, S. 131 ff.

— Strategien der Wachstumspolitik, in: ZfdgSt, 119. Bd., 1963, S. 239 ff.

— Aufgaben der Strukturpolitik, in: HbJ, 9. Jahr, 1964, S. 61 ff.

— Rationale Wirtschaftspolitik in der pluralistischen Gesellschaft, Vortrag vor dem Verein für Socialpolitik, Tagung v. 27.—29. Sept. 1966 (Tagungsmanuskript)

— 25 Thesen zur Stabilitätspolitik, in: Handelsblatt vom 27./28. Jan. 1967

Grundgesetz für die Bundesrepublik Deutschland, Textausgabe, 27. durchgesehene Aufl., München und Berlin 1961

Gutenberg, E.: Untersuchungen über die Investitionsentscheidungen industrieller Unternehmen, Köln und Opladen 1959

— Grundlagen der Betriebswirtschaftslehre, Bd. 1, Die Produktion, 8./9. Aufl., Berlin — Göttingen — Heidelberg 1963

Haberler, G.: Wage Policy, Employment, and Economic Stability, in: Wright, D. M., (Hrsg.), The Impact of the Union, New York 1951, S. 34 ff.

— Geldinflation, Nachfrageinflation, Kosteninflation, in: Bombach, G., (Hrsg.), Stabile Preise in wachsender Wirtschaft, Festschrift für E. Schneider, Tübingen 1960, S. 79 ff.

Habermas, J.: Über den Begriff der politischen Beteiligung, in: Habermas, J., v. Friedeburg, L., Oehler, C., und Weltz, F., Student und Politik, Neuwied am Rhein und Berlin 1961, S. 13 ff.

Hahn, F. H., und R. C. O. *Matthews:* The Theory of Economic Growth: A Survey, in: EJ, Vol. 74, 1964, S. 779 ff.

Hahn, H.: Unterschiede der Entwicklung von Produktivität, Lohn- und Preisniveau in den einzelnen Wirtschaftsbereichen der Bundesrepublik, in: Neumark, F., (Hrsg.), Strukturwandlungen einer wachsenden Wirtschaft, Bd. 2, SchdVfS, N. F. Bd. 30/II, Berlin 1964, S. 650 ff.

Hall, R. L., und C. J. *Hitch:* Price Theory and Business Behavior, in: OEP, No. 2, 1939, S. 12 ff.

Haller, H.: Löhne und Beschäftigung, in: Schneider, E., (Hrsg.), Lohnhöhe und Beschäftigung, SchdVfS, N. F. Bd. 11, Berlin 1955, S. 27 ff.

Hamberg, D.: Economic Growth and Instability, New York 1956

Hansen B.: Full Employment and Wage Stability, in: Dunlop, J. T., (Hrsg.), The Theory of Wage Determination, London-New York 1957, S. 66 ff.

Hansen, B. und G. *Rehn:* On Wage-Drift. A Problem on Money-Wage Dynamics, in: 25 Economic Essays in Honour of E. Lindahl, Stockholm 1956, S. 87 ff.

Harrod, R. F.: An Essay in Dynamic Theory, in: EJ, Vol. 49, 1939, S. 14 ff.; Nachdruck in: Hansen, A. H. und Clemence, R. V., (Hrsg.), Readings in Business Cycles and National Income, London 1953, S. 200 ff.

— Dynamische Wirtschaft, übersetzt von L. Bosse, Wien-Stuttgart 1949

— Comment, in: QJE, Vol. 67, 1953, S. 553 ff.

— Domar and Dynamic Economics, in: EJ, Vol. 69, 1959, S. 451 ff.

— Second Essay in Dynamic Theory, in: EJ, Vol. 70, 1960, S. 277 ff.

— Themes in Dynamic Theory, in: EJ, Vol. 73, 1963, S. 401 ff.

Harsanyi, J. C.: Bargaining and Conflict Situations in the Light of a New Approach to Game Theory, in: AER, Vol. 55, Proc., 1965, S. 447 ff.

Hartog, F.: Wirtschaftliche Probleme der Arbeitszeitverkürzung in: ZfdgSt, 112. Bd., 1956, S. 671 ff.

Hesse, H.: Der Einfluß des Staates auf die wirtschaftliche Entwicklung, in: ZfdgSt, 117. Bd., 1961, S. 635 ff.

Heuss, E.: Die Verbindung von mikroökonomischer und makroökonomischer Verteilungstheorie, Walter Eucken Institut, Vorträge und Aufsätze, H. 11, Tübingen 1965

— Die oligopolistische Verhaltensweise als evolutorischer Prozeß, in: JfNuSt, Bd. 179, 1966, S. 452 ff.

Hicks, J. R.: Annual Survey of Economic Theory: The Theory of Monopoly, in: Econometrica, Vol. 3, 1935, S. 1 ff.; deutsch: Jahresüberblick über die Wirtschaftstheorie: Die Theorie des Monopols, in: Ott, A. E., (Hrsg.), Preistheorie, Neue Wissenschaftliche Bibliothek 1, 2. Aufl., Köln-Berlin 1965, S. 249 ff.

— A Contribution to the Theory of the Trade Cycle, Oxford 1950

— Economic Foundations of Wage Policy, in: EJ, Vol. 65, 1955, S. 389 ff.

— The Theory of Wages, 2. Aufl., London 1963

Hildebrand, G. H.: Economics by Negotiation, in: AER, Vol. 49, Proc., 1959, S. 399 ff.

Hoffmann, W. G.: Die Produktivitätsstruktur der Industrie in verschiedenen Entwicklungsstadien, in: ZfdgSt, 115. Bd., 1959, S. 536 ff.

— Die Stabilität der industriellen Produktivitätsstruktur (Bemerkungen zu einem Aufsatz unter gleichem Titel von G. Bombach), in: ZfdgSt, 116. Bd., 1960, S. 43 ff.

— Die branchenmäßige Lohnstruktur der Industrie, in: Volkswirtschaftliche Korrespondenz der Adolf-Weber-Stiftung, Nr. 32, 4. Jg., o. J.

— Die branchenmäßige Lohnstruktur der Industrie, Tübingen 1961

— Die industriellen Lohnrelationen, in: König, H., (Hrsg.), Wandlungen der Wirtschaftsstruktur in der Bundesrepublik Deutschland, SchVfS, N. F. Bd. 26, Berlin 1962, S. 47 ff.

Hoffmann, W. G. und Mitarbeiter: Das Wachstum der deutschen Wirtschaft seit der Mitte des 19. Jahrhunderts, Berlin-Heidelberg-New York 1965

Hoffmann, W. G. und J. H. *Müller:* Das deutsche Volkseinkommen 1851 - 1957, Tübingen 1959

Hofmann, W.: Schleichende Inflation und Kapitalbildung, in: Meinhold, W., (Hrsg.), Internationale Währungs- und Finanzpolitik, Festschrift für A. Weber, Berlin 1961, S. 153 ff.

Hofstätter, P. R.: Gruppendynamik. Kritik der Massenpsychologie, Reinbek bei Hamburg 1957 (Rowohlts Deutsche Enzyklopädie)

Holzman, F. D.: Inflation: Cost-Push and Demand-Pull, in: AER, Vol. 50, 1960, S. 20 ff.

Hoover, C. B.: The Relevance of the Competitive, Laissez-Faire Economic Model to Modern Capitalistic National Economies, in: Kyklos, Vol. 8, 1955, S. 40 ff.

Hosmalin, G.: Der soziologische Ansatz und die ökonomische Theorie der Einkommensverteilung in Frankreich, in: JfNuSt, Bd. 172, 1960, S. 273 ff.

Hutchison, T. W.: Das Problem der systematischen Verknüpfung von Normen und von Aussagen der positiven Ökonomik in grundsätzlicher Betrachtung, in: v. Beckerath, E. und Giersch, H., (Hrsg.), Probleme der normativen Ökonomik und der wirtschaftspolitischen Beratung, SchdVfS, N. F. Bd. 29, Berlin 1963, S. 3 ff.

Jecht, H.: Staatliche Wirtschaftspolitik und Einkommensverteilung, in: Hoffmann, W. G., (Hrsg.), Einkommensbildung und Einkommensverteilung, SchdVfS, N. F. Bd. 13, Berlin 1957, S. 126 ff.

Jochimsen, R.: Ansatzpunkte der Wohlstandsökonomik, Veröff. der List-Gesellschaft e. V., Bd. 21, Basel und Tübingen 1961

— Grundlagen, Grenzen und Entwicklungsmöglichkeiten der Welfare Economics, in: v. Beckerath, E. und Giersch, H., (Hrsg.), Probleme der normativen Ökonomik und der wirtschaftspolitischen Beratung, SchdVfS, N. F. Bd. 29, Berlin 1963, S. 129 ff.

— Marktform und wirtschaftliche Entwicklung, in: ZfdgSt, 122. Bd., 1966, S. 29 ff.

— Theorie der Infrastruktur, Tübingen 1966

Johansen, L.: Substitution versus Fixed Production Coefficients in the Theory of Economic Growth: A Synthesis, in: Econometrica, Vol. 27, 1959, S. 157 ff.

— A Multi-Sectoral Study of Economic Growth, Amsterdam 1960

Johnson, H. G.: A Note on the Effect of Income Redistribution on Aggregate Consumption with Interdependent Consumer Preferences, in: Economica, Vol. 18, 1951, S. 295 ff.

Johnson, H. G.: The Effects of Income-Redistribution on Aggregate Consumption with Interdependence of Consumers' Preferences, in: Economica, Vol. 19, 1952, S. 131 ff.

— The Macro-Economics of Income Redistribution, in: Peacock, A. T., (Hrsg.), Income Redistribution and Social Policy, London 1954, S. 19 ff.

— The Determination of the General Level of Wage Rates, in: Dunlop, J. T., (Hrsg.), The Theory of Wage Determination, New York-London 1957, S. 31 ff.

Jöhr, W. A.: Das Modell der vollständigen Konkurrenz. Seine Funktion und seine Stellung in der Nationalökonomie, in: Konkurrenz und Planwirtschaft, Bern 1946, S. 19 ff.

Jöhr, W. A. und H. W. *Singer:* Die Nationalökonomie im Dienste der Wirtschaftspolitik, Göttingen 1957

Jürgensen, H.: Die Welthandelsströme der Zukunft, in: Der Volkswirt, Nr. 51/52 vom 23. Dezember 1961, S. 98 ff.

— Grundlagen einer produktivitätsorientierten Industrialisierungspolitik, in: Wirtschaftsdienst, 44. Jg., H. 1, 1964, S. 20 ff.

— Rückwirkungen der Verteilungspolitik auf die Wettbewerbsfähigkeit der westdeutschen Wirtschaft, in: Einkommensverteilung und Vermögensbildung in der Bundesrepublik, Veröff. der Deutschen Volkswirtschaftlichen Gesellschaft, Opladen 1964, S. 125 ff.

— Die Auswirkungen des Leber-Planes auf die Außenwirtschaft, in: Leber, G., (Hrsg.), Vermögensbildung in Arbeitnehmerhand, Wissenschaftliche Beiträge, Dokumentation 3, Frankfurt a. M. 1965, S. 153 ff.

— Bemerkungen zu Wachstums- und Verteilungseffekten privater und öffentlicher Investitionen, in: Schneider, E., (Hrsg.), Wirtschaftskreislauf und Wirtschaftswachstum, Festschrift für C. Föhl, Tübingen 1966, S. 75 ff.

Kaiser, J. H.: Die Repräsentation organisierter Interessen, Berlin 1959

Kaldor, N.: Alternative Theories of Distribution, in: REStud, Vol. 23, 1955/56, S. 83 ff.; Nachdruck in: derselbe, Essays on Value and Distribution, London 1960, S. 209 ff.

— Introduction, in: derselbe, Essays on Economic Stability and Growth, London 1960, S. 1 ff.

— A Model of Economic Growth, in: EJ, Vol. 67, 1957, S. 591 ff.; Nachdruck in: derselbe, Essays on Economic Stability and Growth, a. a. O., S. 259 ff.

— Capital Accumulation and Economic Growth, in: Lutz, F. A. und Hague, D. C., (Hrsg.), The Theory of Capital, London-New York 1961, S. 177 ff.

Kaldor, N. und J. A. *Mirrless:* A New Model of Economic Growth, in: REStud, Vol. 29, 1961/62, S. 174 ff.

Kalecki, M.: Theory of Economic Dynamics, London 1954

Kantzenbach, E.: Dynamischer Wettbewerb und oligopolistisches Marktverhalten, in: Jürgensen, H., (Hrsg.), Gestaltungsprobleme der Weltwirtschaft, Festschrift für A. Predöhl, JfS, Bd. 14, H. 3, Göttingen 1963, S. 194 ff.

— Die Funktionsfähigkeit des Wettbewerbs, Wirtschaftspolitische Studien, H. 1, Göttingen 1966

Kaplan, A. D. H., J. B. *Dirlam* und R. F. *Lanzilotti:* Pricing in Big Business. A Case Approach, Washington D. C. 1958

Keirstead, B. S.: An Essay in the Theory of Profit and Income Distribution, Oxford 1953

Kerr, C.: Labor Markets: Their Character and Consequences, in: AER, Vol. 40, Proc., 1950, S. 278 ff.

— Trade-Unionism and Distributive Shares, in: AER, Vol. 44, Proc., 1954, S. 279 ff.

Kerr, C.: Wage Relationships — The Comparative Impact of Market and Power Forces, in: Dunlop, J. T. (Hrsg.), The Theory of Wage Determination, New York—London 1957, S. 173 ff.

— The Impacts of Unions on the Level of Wages, in: Myers, C. A., (Hrsg.), Wages, Prices, Profits and Productivity, o. O., o. J. (1959), S. 91 ff.

Kessel, R. A.: Inflation-Caused Wealth Redistribution, in: AER, Vol. 46, 1956, S. 128 ff.

Kessel, R. A. und A. A. *Alchian:* The Inflation Induced Lag of Wages, in: AER, Vol. 50, 1960, S. 43 ff.

— Effects of Inflation, in: JPE, Vol. 70, 1962, S. 521 ff.

Keynes, J. M.: Die wirtschaftlichen Folgen des Friedensvertrages, übersetzt von M. J. Bonn und C. Brinkmann, München und Leipzig 1921

— A Treatise on Money, Vol. I, The Pure Theory of Money, London 1930

— Allgemeine Theorie der Beschäftigung, des Zinses und des Geldes, übersetzt von F. Waeger, unveränd. Nachdruck, Berlin 1955

— Economic Possibilities for Our Grandchildren, in: derselbe, Essays in Persuasion, New York 1963, S. 358 ff.

Kirschen, E. S. und andere: Economic Policy in Our Time, Vol. I, General Theory, Amsterdam 1964; deutsch (Auszug): Ziele der praktischen Wirtschaftspolitik, in: Gäfgen, G., (Hrsg.), Grundlagen der Wirtschaftspolitik, Neue Wissenschaftliche Bibliothek 11, Köln-Berlin 1966, S. 237 ff.

Kleps, K.: Wirtschaftsplanung in Frankreich, in: HbJ, 8. Jahr, 1963, S. 37 ff.

Kolms, H.: Der Einfluß der nicht-staatlichen Instanzen auf die Einkommensverteilung, in: Hoffmann, W. G., (Hrsg.), Einkommensbildung und Einkommensverteilung, SchdVfS, N. F. Bd. 13, Berlin 1957, S. 166 ff.

Krelle, W.: Die Grenzproduktivitätstheorie des Lohnes, in: JfNuSt, Bd. 162, 1950, S. 1 ff.

— Der Einfluß von Lohnveränderungen auf Preise und Beschäftigung, in: Schneider, E., (Hrsg.), Lohnhöhe und Beschäftigung, SchdVfS, N. F. Bd. 11, Berlin 1955, S. 9 ff.

— Sparen und Investieren in der volkswirtschaftlichen Gesamtrechnung, in: JfNuSt, Bd. 167, 1955, S. 141 ff.

— Unbestimmtheitsbereiche in der Preisbildung als ein Erklärungsgrund für Änderungen der Einkommensverteilung, in: Schneider, E., (Hrsg.), Beiträge zur Theorie der Produktion und der Einkommensverteilung, SchdVfS, N. F. Bd. 12, Berlin 1956, S. 61 ff.

— Bestimmungsgründe der Einkommensverteilung in der modernen Wirtschaft, in: Hoffmann, W. G., (Hrsg.), Einkommensbildung und Einkommensverteilung, SchdVfS, N. F. Bd. 13, Berlin 1957, S. 55 ff.

— Volkswirtschaftliche Gesamtrechnung einschließlich input-output-Analyse mit Zahlen für die Bundesrepublik Deutschland, Berlin 1959

— Die Lohn-Preis-Spirale, in: Vom Wert des Geldes, Eine Vortragsreihe, Stuttgart 1961, S. 71 ff.

— Preistheorie, Basel und Tübingen 1960

— Lohn: (I) Theorie, in: HdSw, Bd. 7, Stuttgart-Tübingen-Göttingen 1961, S. 1 ff.

— Verteilungstheorie, Tübingen 1962

— Wachstum und Einkommensverteilung, in: ZfdgSt, 119. Bd., 1963, S. 147 ff.

— Investitionen und Wachstum, in: JfNuSt, Bd. 176, 1964, S. 1 ff.

Krengel, R.: Arbeitszeitverkürzung und Produktivität, Untersuchungsergebnisse wissenschaftlicher Forschungsinstitute, Bd. 4, Volkswirtschaftliche Untersuchungen, durchgeführt vom Deutschen Institut für Wirtschaftsforschung, Berlin 1962

Kromphardt, W.: Diskussionsbeitrag, in: Hoffmann, W. G., (Hrsg.), Finanz- und währungspolitische Bedingungen stetigen Wirtschaftswachstums, SchdVfS, N. F. Bd. 15, Berlin 1959, S. 64 ff.

Kuhlo, K. C.: Eine Analyse des Vollkostenprinzips, in: WA, Bd. 75, 1955, S. 137 ff.

Kullmer, H. K.: Produktivität, Lohn und Inflation. Vorfragen und Probleme der produktivitätsorientierten Lohnpolitik, Meisenheim am Glan 1965

Külp, B.: Die 'wage drift' im Lichte der modernen Lohntheorie, in: Konjunkturpolitik, 9. Jg., 1963, S. 166 ff.

— Lohnbildung im Wechselspiel zwischen politischen und wirtschaftlichen Kräften, Volkswirtschaftliche Schriften, H. 84, Berlin 1965

Kurihara, K. K.: Distribution, Employment and Secular Growth, in: derselbe, (Hrsg.), Post-Keynesian Economics, London 1955, S. 251 ff.

— The Keynesian Theory of Economic Development, London 1959

— National Income and Economic Growth, London 1961

Kuznets, S.: Long-Term Changes in the National Income of the United States of America since 1870, in: derselbe, (Hrsg.), Income and Wealth of the United States. Trends and Structure, Income and Wealth Series, Baltimore 1952, S. 29 ff.

— Proportion of Capital Formation to National Product, in: AER, Vol. 42, Proc., 1952, S. 507 ff.

— Economic Growth and Income Inequality, in: AER, Vol. 45, 1955, S. 1 ff.

Lanzilotti, R. F.: Some Characteristics and Economics Effects of Pricing Objectives in Large Corporations, in: The Relationship of Prices to Economic Stability and Growth, Compendium of Papers Submitted by Panelists Appearing before the Joint Economic Committee, Washington D. C. 1958, S. 441 ff.

— Pricing Objectives in Large Companies, in: AER, Vol. 48, 1958, S. 921 ff.

Leber, G. (Hrsg.): Vermögensbildung in Arbeitnehmerhand. Tarifvertrag, Gesetz, Bank, Dokumentation 4, Frankfurt a. M. 1966

Lechtape, H.: Die deutschen Arbeitgeberverbände. Ihre volkswirtschaftliche Funktion und ihre soziologischen Grundlagen, Münsterer Wirtschafts- und Sozialwissenschaftliche Abhandlungen, H. 3, Leipzig 1926

Leckebusch, R.: Entstehung und Wandlungen der Zielsetzungen, der Struktur und der Wirkungen von Arbeitgeberverbänden, Untersuchungen über Gruppen und Verbände, Bd. 3, Berlin 1966

Lederer, E.: Konjunktur und Krisen, in: Grundriß der Sozialökonomik, IV. Abtlg., I. Teil, Tübingen 1925, S. 354 ff.

— Wirkungen des Lohnabbaus, Tübingen 1930

Leibenstein, H.: Economic Theory and Organizational Analysis, New York 1960

Leibholz, G.: Der Strukturwandel in der modernen Demokratie, Juristische Studiengesellschaft Karlsruhe, Schriftenreihe H. 2, Karlsruhe 1952

— Gesellschaftsordnung, Verbände, Staatsordnung, in: Die unternehmerische Verantwortung in unserer Gesellschaftsordnung, Veröff. der Walter-Raymond-Stiftung, Bd. 4, Köln und Opladen 1964, S. 215 ff.

Leontief, W. W.: The Structure of American Economy 1919—1929, New York 1941

Lerner, A. P.: The Concept of Monopoly and the Measurement of Monopoly Power, in: REStud, Vol. 1, 1933/34, S. 157 ff.

— The Economics of Control, Principles of Welfare Economics, New York 1944

Lerner, A. P.: Inflationary Depression and the Regulation of Administered Prices, in: The Relationship of Prices to Economic Stability and Growth, Compendium of Papers Submitted by Panelists Appearing before the Joint Economic Committee, Washington D. C. 1958, S. 257 ff.

Lester, R.A.: Reflections on the 'Labor Monopoly' Issue, in: JPE, Vol. 55, 1947, S. 513 ff.

— Shortcomings of Marginal Analysis for Wage-Employment Problems, in: AER, Vol. 36, 1946, S. 63 ff.

— Economic Adjustments to Changes in Wage Differentials, in: Taylor, G. W. und Pierson, F. C., (Hrsg.), New Concepts in Wage Determination, New York-Toronto-London 1957, S. 206 ff.

Lewis, B. W.: Economics by Admonition, in: AER, Vol. 49, Proc., 1959, S. 384 ff.

Libbert, W.: Gleichgewichtswerte für Preisniveau und Einkommensverteilung in einer wachsenden Wirtschaft, Wirtschaftswissenschaftliche Abhandlungen, H. 18, Berlin 1962

Liefmann-Keil, E.: Produktivitätsorientierte Lohnpolitik, in: WA, Bd. 76, 1956, S. 240 ff.

— Ökonomische Theorie der Sozialpolitik, Berlin-Göttingen-Heidelberg 1961

— Erwerbstätigkeit, Ausbildung und wirtschaftliches Wachstum, in: Neumark, F., (Hrsg.), Strukturwandlungen einer wachsenden Wirtschaft, Bd. 1, SchdVfS, N. F. Bd. 30/I, Berlin 1964, S. 378 ff.

Lindblom, C. E.: Unions and Capitalism, New Haven 1949

List, F.: Das nationale System der politischen Ökonomie, Sammlung sozialwissenschaftlicher Meister, Hrsg. H. Waentig, Bd. 3, 2. Aufl., Jena 1910

Little, I. M. D.: A Critique of Welfare Economics, 2. Aufl., London 1957

Littmann, K.: Zunehmende Staatstätigkeit und wirtschaftliche Entwicklung, Köln und Opladen 1957

— Über einige Zwangsläufigkeiten der Vermögensverteilung in der Marktwirtschaft, in: ZfdgSt, 113. Bd., 1957, S. 205 ff.

— Bestimmungsgründe der Einkommensverteilung in der modernen Wirtschaft, in: ZfdgSt, 113. Bd., 1957, S. 678 ff.

Lübbert, J.: Untersuchungen zur Theorie der gesamtwirtschaftlichen Einkommensverteilung, Kieler Studien 68, Tübingen 1964

Lutz, F. A.: The Interest Rate and Investment in a Dynamic Economy, in: AER, Vol. 35, 1945, S. 811 ff.

Machlup, F.: Marginal Analysis and Empirical Research, in: AER, Vol. 36, 1946, S. 519 ff.

Mack, R.: Economics of Consumption, in: Haley, B. F., (Hrsg.), A Survey of Contemporary Economics, Vol. II, Homewood Ill. 1952, S. 39 ff.

— Trens in American Consumption and the Aspiration to Consume, in: AER, Vol. 46, Proc., 1956, S. 55 ff.

Maddison, A.: Economic Growth in the West, London-New York 1964

Malthus, T. R.: Eine Abhandlung über das Bevölkerungsgesetz oder eine Untersuchung seiner Bedeutung für die menschliche Wohlfahrt in Vergangenheit und Zukunft, nebst einer Prüfung unserer Aussichten auf eine künftige Beseitigung oder Linderung der Übel, die es verursacht, Sammlung sozialwissenschaftlicher Meister, Hrsg. H. Waentig, Bd. 6, 2. Aufl., Jena 1924

Marchal, A.: Die neuen Tendenzen im französischen Wirtschaftsdenken, in: JfNuSt, Bd. 167, 1955, S. 321 ff.

Marchal, J.: Gegenstand und Wesen der Wirtschaftswissenschaft: von einer mechanischen Wissenschaft zu einer Wissenschaft vom Menschen, in: ZfdgSt, 106. Bd., 1950, S. 577 ff.

Marchal, J.: The Construction of a New Theory of Profit, in: AER, Vol. 41, 1951, S. 549 ff.
— Wage Theory and Social Groups, in: Dunlop, J. T., (Hrsg.), The Theory of Wage Determination, London-New York 1957, S. 148 ff.
— Categories of Capitalists in the Theory of the Distribution of the National Income, in: Lutz, F. A. und Hague, D.C., (Hrsg.), The Theory of Capital, London-New York 1961, S. 269 ff.
Marchal, J. und J. *Lecaillon*: La Répartition du Revenu National, 1. Teil, Les Participants, Bd. 1, Les Salaries, Paris o. J.
— La Répartition du Revenu National, 1. Teil, Les Participants, Bd. 2, Les Entrepreneurs, Agriculteurs, Prêteurs, Bénéficiaires des Transferts, Paris o. J.
— Strategischer Wert der Ausgangsstellung der Arbeitnehmer im Verteilungsprozeß des Volkseinkommens, in: ZfN, Bd. 18, 1958, S. 299 ff.
Marschak, J.: Hohe Löhne und die Volkswirtschaft, in: Die Arbeit, Zeitschrift für Gewerkschaftspolitik und Wirtschaftskunde, 4. Jg., 1927, S. 725 ff.
— Lohntheorie und Lohnpolitik, in: Heyde, L., (Hrsg.), Internationales Handwörterbuch des Gewerkschaftswesens, 2. Bd., Berlin 1932, S. 1079 ff.
Marx, K.: Das Kapital. Kritik der politischen Ökonomie, Bd. I, Der Produktionsprozeß des Kapitals, Ausgabe des Marx-Engels-Lenin-Instituts Moskau, 8. Aufl., Berlin 1959
Mason, E. S.: Economic Concentration and the Monopoly Problem: A Review of Recent Literature, in: derselbe, Economic Concentration and the Monopoly Problem, Cambridge Mass. 1959, S. 16 ff.
— Industrial Concentration and the Decline of Competition, in: derselbe, Economic Concentration and the Monopoly Problem, a. a. O., S. 44 ff.
— Price and Production Policies of Large-Scale Enterprise, in: derselbe, Economic Concentration and the Monopoly Problem, a. a. O., S. 55 ff.
— Price Inflexibility, in: derselbe, Economic Concentration and the Monopoly Problem, a. a. O., S. 109 ff.
— Labor Monopoly and All That, in: derselbe, Economic Concentration and the Monopoly Problem, a. a. O., S. 196 ff.
— The New Competition, in: derselbe, Economic Concentration and the Monopoly Problem, a. a. O., S. 371 ff.
Massar, K.: Lohnpolitik und Wirtschaftstheorie, Tübingen 1932
Materialien zur Vermögensbildung in Arbeitnehmerhand — Thesen, Pläne, Gesetze 1946—1965, Schriftenreihe des Instituts für Städtebau, Wohnungswirtschaft und Bausparwesen e. V., Bonn 1965
Meade, J. E.: A Neo-Classical Theory of Economic Growth, 2. verb. Aufl., London 1962
— The Adjustment of Savings to Investment in a Growing Economy, in: REStud, Vol. 30, 1963, S. 151 ff.
Means, G. C.: The Structure of the American Economy, Part I, Basic Characteristics, Washington 1939
— Diskussionsbeitrag, in: AER, Vol. 49, Proc., 1959, S. 451 ff.
— Collective Enterprise and Economic Theory, in: Arndt, H., (Hrsg.), Die Konzentration in der Wirtschaft, Bd. 3, SchdVfS, N. F. Bd. 20/III, Berlin 1960, S. 1523 ff.
Meimberg, R.: Über das Element der Willkür in sozialökonomischen Werturteilen, in: JfS, Bd. 15, 1964, S. 312 ff.
Meinhold, W.: Investivlohn und soziale Marktwirtschaft, in: Leber, G., (Hrsg.), Vermögensbildung in Arbeitnehmerhand, Wissenschaftliche Beiträge, Dokumentation 3, Frankfurt a. M. 1965, S. 61 ff.

Meinhold, W.: Wirtschaftspolitischer Pluralismus und die Aufgaben der Koordinierung von Zielen und Mitteln, in: Seraphim, H.-J. (Hrsg.), Probleme der Willensbildung und der wirtschaftspolitischen Führung, SchdVfS, N. F. Bd. 19, Berlin 1959, S. 123 ff.

Mertens, D.: Veränderungen der industriellen Branchenstruktur in der Bundesrepublik 1950—1960, in: König, H., (Hrsg.), Wandlungen der Wirtschaftsstruktur in der Bundesrepublik Deutschland, SchdVfS, N. F. Bd. 26, Berlin 1962, S. 439 ff.

— Arbeitszeitverkürzung: Kompromiß unabdingbar, in: Der Volkswirt, Nr. 51/52 vom 21. Dezember 1962, S. 49 ff.

Meyer-Dohm, P.: Arbeitszeitverkürzung und Verbraucherverhalten, in: Arbeitszeit und Freizeit, Nürnberger Abhandlungen, H. 15, Berlin 1961, S. 41 ff.

— Der private Haushalt im Prozeß der Bedarfsdifferenzierung, in: Neumark, F., (Hrsg.), Strukturwandlungen einer wachsenden Wirtschaft, Bd. 1, SchdVfS, N. F. Bd. 30/I, Berlin 1964, S. 67 ff.

Michalski, W.: Soziales Gleichgewicht in der Demokratie, dargestellt am Beispiel der Aufteilung des Sozialprodukts auf öffentliche und private Bedarfe in der Bundesrepublik Deutschland, in: HbJ, 6. Jahr, 1961, S. 94 ff.

— Infrastrukturpolitik im Engpaß, Veröff. des Hamburgischen Weltwirtschaftsarchivs, Hamburg 1966

Mieth, W.: Personelle Einkommensverteilung und fallende Angebotskurven, in: JfS, Bd. 11, 1960, S. 270 ff.

Mishan, E. J.: A Survey of Welfare Economics 1939—1959, in: EJ, Vol. 70, 1960, S. 197 ff.; deutsch: Ein Überblick über die Wohlfahrtsökonomik 1939—1959, in: Gäfgen, G., (Hrsg.), Grundlagen der Wirtschaftspolitik, Neue Wissenschaftliche Bibliothek 11, Köln-Berlin 1966, S. 110 ff.

Mitra, A.: The Share of Wages in National Income, Den Haag 1954

Modigliani, F.: Fluctuations in the Saving-Income Ratio: A Problem in Economic Forecasting, in: Studies in Income and Wealth, Vol. 11, New York 1949, S. 371 ff.

Molitor, B.: „Gesellschaft im Überfluß". Bemerkungen zu einer Studie von J. K. Galbraith, in: HbJ, 4. Jahr, Festausgabe für E. Heimann, 1959, S. 188 ff.

— Vermögensverteilung als wirtschaftspolitisches Problem, Tübingen 1965

Morton, W. A.: Trade Unionism, Full Employment and Inflation, in: AER, Vol. 40, 1950, S. 13 ff.

Müller, E. (Hrsg.) Eigentumsbildung in sozialer Verantwortung. Der Text der Denkschrift des Rates der Evangelischen Kirche in Deutschland, Hamburg 1962

Müller, J. H.: Sparen als Investitionsvoraussetzung und als Nachfrageausfall, in: Beiträge zur Theorie des Sparens und der wirtschaftlichen Entwicklung, Schriften des Instituts für das Spar-, Giro- und Kreditwesen, Bd. 1, Berlin 1958, S. 105 ff.

Müller, J. H. und J. *Klaus:* Bindung und Freiheit als Problem der Eigentumspolitik, in: Leber, G., (Hrsg.), Vermögensbildung in Arbeitnehmerhand, Wissenschaftliche Beiträge, Dokumentation 3, Frankfurt a. M. 1965, S. 81 ff.

Musgrave, R. A.: The Theory of Public Finance, New York — Toronto — London 1959

Myrdal, G.: Das politische Element in der nationalökonomischen Doktrinbildung, Mit einem Nachwort von P. Streeten, Schriftenreihe der Forschungsstelle der Friedrich-Ebert-Stiftung, Hannover 1963

Nabseth, L.: Die Wirkungen von Lohnerhöhungen, in: WA, Bd. 94, 1965, S. 65 ff.

Neumark, F.: Steuerpolitik in der Überflußgesellschaft, Berlin 1961

— Wandlungen in den Auffassungen vom Volkswohlstand, Wissenschaft und Gegenwart, H. 28, Frankfurt a. M. 1964, S. 7 ff.

Niehans, J.: Die Wirkungen von Lohnerhöhungen, technischen Fortschritten, Steuern und Spargewohnheiten auf Preise, Produktion und Einkommensverteilung, in: Schneider, E., (Hrsg.), Einkommensverteilung und technischer Fortschritt, SchdVfS, N. F. Bd. 17, Berlin 1959, S. 9 ff.

— Economic Growth with Two Endogenous Factors, in: QJE, Vol. 77, 1963, S. 349 ff.

Nourse, E. G.: Testimony, in: Administered Prices, Hearings before the Subcommittee on the Judiciary, United States Senate, 85th Congress, First Session, Part I, S. 8 ff.

Nutter, G. W.: Competition: Direct versus Devious, in: AER, Vol. 44, Proc., 1954, S. 69 ff.

Oberhauser, A.: Finanzpolitik und private Vermögensbildung, Köln und Opladen 1963

— Zahlungsbilanzüberschüsse und Einkommensverteilung, in: WA, Bd. 93, 1964, S. 286 ff.

Ohm, H.: Allgemeine Volkswirtschaftspolitik, Bd. I, Systematisch-theoretische Grundlegung, 2. verb. und erg. Aufl., Berlin 1965

O'Leary, J. J.: The Institutional Saving-Investment Process and Current Economic Theory, in: AER, Vol. 44, Proc., 1954, S. 455 ff.

Oppenländer, K.: Die moderne Wachstumstheorie. Eine kritische Untersuchung der Bausteine der Gleichgewichtskonzeption und der Wirklichkeitsnähe, Berlin — München 1963

Ortlieb, H.-D.: Unsere Konsumgesellschaft. Glanz und Elend des deutschen Wirtschaftswunders, in: HbJ, 4. Jahr, Festausgabe für E. Heimann, 1959, S. 225 ff.

— Die Legende vom Volkskapitalismus. Zur Rolle des Privateigentums in unserer heutigen Wirtschaftsordnung und Wirtschaftsstruktur, in: HbJ, 7. Jahr, 1962, S 11 ff.

Oshima, H. T.: Consumer Asset Formation and the Future of Capitalism, in: EJ, Vol. 71, 1961, S. 20 ff.

Ott, A. E.: Technischer Fortschritt, in: HdSw, Bd. 10, Stuttgart — Tübingen — Göttingen 1959, S. 302 ff.

— Produktionsfunktion, technischer Fortschritt und Wirtschaftswachstum, in: Schneider, E., (Hrsg.), Einkommensverteilung und technischer Fortschritt, SchdVfS, N. F. Bd. 17, Berlin 1959, S. 155 ff.

— Über die Gleichgewichtsbedingungen in einer wachsenden Wirtschaft, in: JfNuSt, Bd. 173, 1961, S. 229 ff.

— Bemerkungen zu Bombachs Aufsatz über Preisstabilität, wirtschaftliches Wachstum und Einkommensverteilung, in: SchZ, 97. Jg., 1961, S. 76 ff.

Papandreou, A. G.: Some Basic Problems in the Theory of the Firm, in: Haley, B. F., (Hrsg.), A Survey of Contemporary Economics, Vol. II, Homewood Ill. 1952, S. 183 ff.

Pasinetti, L. I.: Rate of Profit and Income Distribution in Relation to the Rate of Economic Growth, in: REStud, Vol. 29, 1961/62, S. 267 ff.

Paulsen, A.: Wirtschaftliche und soziale Grundprobleme stetigen Wirtschaftswachstums, in: Hoffmann, W. G., (Hrsg.), Finanz- und währungspolitische

Bedingungen stetigen Wirtschaftswachstums, SchdVfS, N. F. Bd. 15, Berlin 1959, S. 18 ff.

Pen, J.: A General Theory of Bargaining, in: AER, Vol. 42, 1952, S. 24 ff.

— Wage Determination Rivisited, in: Kyklos, Vol. 11, 1958, S. 1 ff.

Perroux, F.: Structural Inflation and the Economic Function of Wages: The French Example, in: Dunlop, J. T.: (Hrsg.), The Theory of Wage Determination, London — New York 1957, S. 251 ff.

Peston, M. H.: Income Distribution in the Edgeworth Box Diagram, in: EJ, Vol. 70, 1960, S. 331 ff.

Peter, H.: Über gerechte Verteilung des Einkommens und Eigentums, in: ZfdgSt, 112. Bd., 1956, S. 218 ff.

— Formen der Einkommensbildung und Einkommensverteilung, in: Hoffmann, W. G., (Hrsg.), Einkommensbildung und Einkommensverteilung, SchdVfS, N. F. Bd. 13, Berlin 1957, S. 42 ff.

Peters, H.: Die unterschiedlichen Auffassungen von der Wirkung des Sparens und die moderne Wachstumstheorie, Schriften des Instituts für das Spar-, Giro- und Kreditwesen, Bd. 11, Berlin 1960

Phelps, E. S.: The Golden Rule of Accumulation: A Fable for Growthmen, in: AER, Vol. 51, 1961, S. 638 ff.

— Anticipated Inflation and Economic Welfare, in: JPE, Vol. 73, 1965, S. 1 ff.

Poole, K. E.: Full Employment, Wage Flexibility, and Inflation, in: AER, Vol. 45, Proc., 1955, S. 583 ff.

Preiser, E.: Sparen und Investieren, in: JfNuSt, Bd. 159, 1944, S. 257 ff.; Nachdruck in: derselbe, Bildung und Verteilung des Volkseinkommens, 2. durchgesehene und erw. Aufl., Göttingen 1961, S. 9 ff.

— Besitz und Macht in der Distributionstheorie, in: Salin, E., (Hrsg.), Synopsis, Festgabe für Alfred Weber, Heidelberg o. J., S. 331 ff.; Nachdruck in: derselbe, Bildung und Verteilung des Volkseinkommens, a. a. O., S. 227 ff.

— Geldschöpfung oder Sparen?, in: JfNuSt, Bd. 162, 1950, S. 245 ff.; Nachdruck in: derselbe, Bildung und Verteilung des Volkseinkommens, a. a. O., S. 65 ff.

— Erkenntniswert und Grenzen der Grenzproduktivitätstheorie, in: SchZ, 89. Jg., 1953, S. 25 ff.; Nachdruck in: derselbe, Bildung und Verteilung des Volkseinkommens, a. a. O., S. 265 ff.

— Multiplikatorprozeß und dynamischer Unternehmergewinn, in: JfNuSt, Bd. 167, 1955, S. 89 ff.; Nachdruck in: derselbe, Bildung und Verteilung des Volkseinkommens, a. a. O., S. 124 ff.

— Diskussionsbeitrag, in: Hoffmann, W. G., (Hrsg.), Einkommensbildung und Einkommensverteilung, SchdVfS, N. F. Bd. 13, Berlin 1957, S. 113 ff.

— Investition und Zins, in: JfNuSt, Bd. 170, 1958, S. 100 ff.; Nachdruck in: derselbe, Bildung und Verteilung des Volkseinkommens, a. a. O., S. 171 ff.

— Distribution (I), in: HdSw, Bd. 2, Stuttgart — Tübingen — Göttingen 1959, S. 620 ff.; Nachdruck in: derselbe, Bildung und Verteilung des Volkseinkommens, a. a. O., S. 290 ff.

— Die Zukunft unserer Wirtschaftsordnung, 3. erw. Aufl., Göttingen 1960

— Wachstum und Einkommensverteilung, Sitzungsberichte der Heidelberger Akademie der Wissenschaften, Phil.-Hist. Klasse, Jg. 1961, 5. Abhdlg., Heidelberg 1961

— Probleme der Wohlstandsgesellschaft, Bayerische Akademie der Wissenschaften, Phil.-Hist. Klasse, Sitzungsgeschichte, Jg. 1964, Heft 7, München 1964

Preiser, E.: Theoretische Grundlagen der Vermögenspolitik, Bonner Akademische Reden 29, Bonn 1964

Raimon, R. L.: Labor Mobility and Wage Inflexibility, in: AER, Vol. 54, Proc., 1964, S. 133 ff.

Recktenwald, H. C.: Die Finanzwirtschaft der Bundesrepublik in der Mitte unseres Jahrhunderts, Wachstum und Strukturwandlungen, in: JfNuSt, Bd. 177, 1965, S. 159 ff.

Reder, M. W.: A Reconsideration of the Marginal Productivity Theory, in: JPE, Vol. 55, 1947, S. 450 ff.

— The Theoretical Problems of a National Wage-Price Policy, in: CJE, Vol. 14, 1948, S. 46 ff.

— The Theory of Union Wage Policy, in: REStat, Vol. 34, 1952, S. 34 ff.

— Alternative Theories of Labor's Share, in: Abramovitz, M. und andere, The Allocation of Economic Resources, Essays in Honor of B. F. Haley, Stanford 1959, S. 180 ff.

Rehn, G.: Unionism and the Wage Structure in Sweden, in: Dunlop, J. T., (Hrsg.), The Theory of Wage Determination, London-New York 1957, S. 222 ff.

Reynolds, L. G.: Economics of Labor, in: Ellis, H. S., (Hrsg.), A Survey of Contemporary Economics, Vol. I, Homewood Ill. 1948, S. 255 ff.

— The Impact of Collective Bargaining on the Wage Structure in the United States, in: Dunlop, J. T., (Hrsg.), The Theory of Wage Determination, London-New York 1957, S. 194 ff.

— Wage Behavoir and Inflation, An International View, in: Myers, C. A., (Hrsg.), Wages, Prices, Profits and Productivity, o. O., o. J. (1959), S. 109 ff.

— Wage-Push and All That, in: AER, Vol. 50, Proc., 1960, S. 195 ff.

— Labor Economics and Labor Relations, 4. Aufl., Englewood Cliffs N. J. 1964

Ricardo, D.: Grundsätze der Volkswirtschaft und Besteuerung, Sammlung sozialwissenschaftlicher Meister, Hrsg. H. Waentig, Bd. 5, 3. Aufl., Jena 1923

Riese, H.: Gleichgewichtswachstum und optimales Wachstum in der neoklassischen Wachstumstheorie, in: Kyklos, Vol. 17, 1964, S. 40 ff.

— Mittelfristiges wirtschaftliches Wachstum und neoklassische Theorie, in: Kyklos, Vol. 18, 1965, S. 80 ff.

Riesman, D. und Mitarbeiter: Die einsame Masse. Eine Untersuchung der Wandlungen des amerikanischen Charakters, Hamburg 1958 (Rowohlts Deutsche Enzyklopädie)

van Rijckeghem, W.: The Structure of Some Macro-Economic Growth Models: A Comparison, in: WA, Bd. 91, 1963, S. 84 ff.

Rinsche, G.: Der aufwendige Verbrauch. Sozialökonomische Besonderheiten geltungsbedingter Nachfrage, in: Das Prestigemotiv in Konsum und Investition, Beiträge zur Verhaltensforschung, H. 4, Berlin 1961, S. 105 ff.

Robertson, R. M.: On the Changing Apparatus of Competition, in: AER, Vol. 44, Proc., 1954, S. 51 ff.

Robinson, J.: The Economics of Imperfect Competition, London 1933, 11. Nachdruck London 1961

— Mr. Harrod's Dynamics, in: EJ, Vol. 59, 1949, S. 68 ff.; Nachdruck in: Hansen, A. H. und Clemence, R. V., (Hrsg.), Readings in Business Cycles and National Income, London 1953, S. 232 ff.

— The Model of an Expanding Ecnomy, in: EJ, Vol. 62, 1952, S. 42 ff.

— An Essay on Marxian Economics, 6. Nachdruck, London 1960

— Notes on the Theory of Economic Development, in: dieselbe, Collected Economic Papers, Vol. II, Oxford 1960, S. 88 ff., deutsch: Anmerkungen zur

Theorie der wirtschaftlichen Entwicklung, in: dieselbe, Über Keynes hinaus, Ausgewählte ökonomische Essays, übers. von E. Weissel, Wien—Frankfurt a. M. — Zürich 1962, S. 93 ff.
— The Accumulation of Capital, London 1956, deutsch: Die Akkumulation des Kapitals, übers. von E. Weissel, Wien o. J.
Rose, K.: Der Erkenntniswert der Wachstumsmodelle, in: JfNuSt, Bd. 168, 1956, S. 321 ff.
— Replik, in: JfNuSt, Bd. 169, 1958, S. 125 ff.
— Bemerkungen zur Theorie der Kosteninflation, in: JfS, Bd. 12, 1961, S. 339 ff.
— Wachstums- und Konjunkturtheorie, in: JfS, Bd. 13, 1962, S. 196 ff.
Ross, A. M.: Trade Union Wage Policy, Berkeley und Los Angeles 1948
Rostow, W. W.: Stadien wirtschaftlichen Wachstums. Eine Alternative zur marxistischen Entwicklungstheorie, übers. von E. Müller, Göttingen o. J. (1960)
Rothschild, K. W.: Price Theory and Oligopoly, in: EJ, Vol. 57, 1947, S. 299 ff. deutsch: Preistheorie und Oligopol, in: Ott, A. E., (Hrsg.), Preistheorie, Neue Wissenschaftliche Bibliothek 1, Köln-Berlin 1965, S. 354 ff.
— Der Lohnanteil am Gesamteinkommen. Einige Bemerkungen zu einem umstrittenen Problem, in: WA, Bd. 78, 1957, S. 157 ff.
— Approaches to the Theory of Bargaining, in: Dunlop, J. T., (Hrsg.), The Theory of Wage Determination, London-New York 1957, S. 281 ff.
— The Limitation of Economic Growth Models, in: Kyklos, Vol. 12, 1959, S. 567 ff.
— Some Recent Contributions to a Macro-Economic Theory of Income Distribution, in: SJPE, Vol. 8, 1961, S. 173 ff.
— Lohntheorie, Berlin und Frankfurt a. M. 1963
— Einkommenspolitik oder Wirtschaftspolitik?, in: Schneider, E., (Hrsg.), Probleme der Einkommenspolitik, Tübingen 1965, S. 63 ff.
Ruggles, R.: Preisstabilität und Wirtschaftswachstum in den USA, in: Konjunkturpolitik, 8. Jg., 1962, S. 131 ff.
Sachverständigenrat zur Begutachtung der gesamtwirtschaftlichen Entwicklung: Stabiles Geld — Stetiges Wachstum, Jahresgutachten 1964/65, Stuttgart und Mainz 1965
— Stabilisierung ohne Stagnation, Jahresgutachten 1965/66, Stuttgart und Mainz 1965
— Expansion und Stabilität, Jahresgutachten 1966/67, Stuttgart und Mainz 1966
Salin, E.: Soziologische Aspekte der Konzentration, in: Neumark, F., (Hrsg.), Die Konzentration in der Wirtschaft, SchdVfS, N. F. Bd. 22, Berlin 1961, S. 16 ff.
Samuelson, P. A.: Economic Theory and Wages, in: Wrigth, D. M., (Hrsg.), The Impact of the Union, New York 1951, S. 312 ff.
— Foundations of Economic Analysis, Cambridge Mass. 1953
Sanmann, H.: Währungspolitik zwischen Automatismus und Autonomie, in: Wirtschaftsdienst, 44. Jg., H. 9, 1964, 367 ff.
Scheele, E.: Die makroökonomische Theorie der Einkommensverteilung, in: JfS, Bd. 13/14, 1962/63, S. 333 ff. und S. 141 ff.
Schelsky, H.: Gesellschaftlicher Wandel, in: derselbe, Auf der Suche nach Wirklichkeit. Gesammelte Aufsätze, Düsseldorf-Köln 1965, S. 337 ff.
Schilcher, R.: Inflation und Wirtschaftswachstum, in: derselbe, (Hrsg.), Wirtschaftswachstum — Beiträge zur ökonomischen Theorie und Politik, Festschrift für A. Paulsen, Berlin 1964, S. 79 ff.

Schilcher, R.: Inflation und Inflationsbekämpfung in der Gegenwart, in: HbJ, 10. Jahr, 1965, S. 55 ff.

Schiller, K.: Neuere Entwicklungen in der Theorie der Wirtschaftspolitik, Walter Eucken Institut, Vorträge und Aufsätze, Heft 1, Tübingen 1958

— Einige Bemerkungen über Modelltheorie und Wirtschaftsgestaltung, in: HbJ, 4. Jahr, Festausgabe für E. Heimann, 1959, S. 270 ff.

Schlesinger, J. R.: Market Structure, Union Power and Inflation, in: SEJ, Vol. 24, 1957/58, S. 296 ff.

Schmölders, G.: Zur Psychologie der Vermögensbildung in Arbeiterhand, in: Kyklos„ Vol. 15, 1962, S. 165 ff.

Schmucker, H.: Die langfristigen Strukturwandlungen des Verbrauchs der privaten Haushalte in ihrer Interdependenz mit den übrigen Bereichen einer wachsenden Wirtschaft, in: Neumark, F., (Hrsg.), Strukturwandlungen einer wachsenden Wirtschaft, Bd. 1, SchdVfS, N. F. Bd. 30/I, Berlin 1964, S. 106 ff.

Schneider, E.: Der Realismus der Marginalanalyse in der Preistheorie, in: WA, Bd. 73, 1954, S. 38 ff.

— Einkommen und Einkommensverteilung in der makroökonomischen Theorie, in: L'industria, Milano 1957, S. 256 ff.; Nachdruck in: derselbe, Volkswirtschaft und Betriebswirtschaft, Ausgewälte Aufsätze, Tübingen 1964, S. 217 ff.

— Einführung in die Wirtschaftstheorie, I. Teil, Theorie des Wirtschaftskreislaufs, 13. umgearb. und erw. Aufl., Tübingen 1967

— Einführung in die Wirtschaftstheorie, II. Teil, Wirtschaftspläne und wirtschaftliches Gleichgewicht in der Verkehrswirtschaft, 13. verb. und erw. Aufl., Tübingen 1967

— Einführung in die Wirtschaftstheorie, III. Teil, Geld, Kredit, Volkseinkommen und Beschäftigung, 10. verb. und erw. Aufl., Tübingen 1967

Schreiber, W.: Investieren, Sparen, Wirtschaftswachstum und Eigentumsbildung, in: JfNuSt, Bd. 171, 1959, S. 251 ff.

— Das Auseinanderfallen von ordnungspolitischer Wünschbarkeit und persönlicher Motivation der Vermögensbildung, in: Stiller, E., (Hrsg.), Lohnpolitik und Vermögensbildung, Veröff. der List Gesellschaft E. V., Bd. 37, Basel 1964, S. 54 ff.

Schultze, C. L.: Recent Inflation in the United States. A Summary Analysis. Statement before the Joint Economic Committee, in: Employment, Growth, and Price Levels, Hearings before the Joint Economic Committee, Congress of the United States, Washington 1959, S. 2172 ff.

Schumpeter, J. A.: Theorie der wirtschaftlichen Entwicklung, 5. Aufl., Berlin 1952

— Kapitalismus, Sozialismus und Demokratie, 2. erw. Aufl., übers. von S. Preiswerk, Bern 1950

Scitovsky, T.: A Note on Welfare Propositions in Economics, in: REStud, Vol. 9, 1941/42, S. 77 ff.; Nachdruck in: derselbe, Papers on Welfare and Growth, London 1964, S. 123 ff.

— Ignorance as a Source of Oligopoly Power, in: AER, Vol. 40, Proc., 1950, S. 48 ff.

Shackle, G. L. S.: The Nature of the Bargaining Process, in: Dunlop, J. T., (Hrsg.), The Theory of Wage Determination, London-New York 1957, S. 292 ff.

Shister, J.: The Theory of Union Wage Rigidity, in: QJE, Vol. 57, 1943, S. 522 ff.

Shister, J.: Trade-Unionism, Collective Bargaining and Economic Growth, in: AER, Vol. 44, Proc., 1954, S. 214 ff.

Sieber, E. H.: Betriebswirtschaftliche Probleme der Arbeitszeitverkürzung, in: Arbeitszeit und Freizeit, Nürnberger Abhandlungen, Heft 15, Berlin 1961, S. 89 ff.

Slichter, S. H.: Do the Wage-Fixing Arrangements in the American Labor Market Have an Inflationary Bias?, in: AER, Vol. 44, Proc., 1954, S. 322 ff.

— Labor Costs and Prices, in: Myers, C. A., (Hrsg.), Wages, Prices, Profits and Productivity, o. O., o. J. (1959), S. 167 ff.

— How Bad is Inflation?, in: Ritter, L. S., (Hrsg.), Money and Economic Activity, Readings in Money and Banking, Boston 1961, S. 370 ff.

— Inflation — A Problem of Shrinking Importance, in: Dunlop, J. T., (Hrsg.), Potentials of the American Economy, Selected Essays of Sumner H. Slichter, Cambridge Mass. 1961, S. 134 ff.

— Current Trends, Problems, and Prospects in the American Economy, in: Dunlop, J. T., (Hrsg.), Potentials of the American Economy, a. a. O., S. 150 ff.

— New Goals for the Unions, in: Potentials of the American Economy, a. a. O., S. 287 ff.

Smith, A.: An Inquiry into the Nature and Causes of the Wealth of Nations, London-New York 1960 (Ausgabe der Everyman's Library)

Smithies, A.: Economic Welfare and Policy, Brookings Lectures 1954, Washington D. C. 1955, S. 1 ff.

— The Control of Inflation, in: REStat, Vol. 39, 1957, S. 272 ff.

Sohmen, E.: Grundlagen, Grenzen und Entwicklungsmöglichkeiten der Welfare Economics, in: v. Beckerath, E. und Giersch, H., (Hrsg.), Probleme der normativen Ökonomik und der wirtschaftspolitischen Beratung, SchdVfS, N. F. Bd. 29, Berlin 1963, S. 69 ff.

Solow, R. M.: A Contribution to the Theory of Economic Growth, in: QJE, Vol. 70, 1956, S. 65 ff.

— Technical Change and the Aggregate Production Function, in: REStat, Vol. 39, 1957, S. 312 ff.

— Investment and Technical Progress, in: Arrow, K. J., Karlin, S. und Suppes, P., (Hrsg.), Mathematical Methods in the Social Sciences, Stanford Cal. 1960, S. 89 ff.

Spengler, J. J.: Power Blocs and the Formation and Content of Economic Decisions, in: AER, Vol. 40, Proc., 1950, S. 413 ff.

Spilker, H.: Zur Theorie der expansiven Lohnpolitik, in: ZfdgSt, 111. Bd, 1955, S. 611 ff.

Sraffa, P.: The Laws of Return under Competitive Conditions, in: EJ, Vol. 36, 1926, S. 535 ff.

v. Stackelberg, H.: Grundlagen der theoretischen Volkswirtschaftslehre, 2. Aufl., Tübingen-Zürich 1951

Statistisches Bundesamt (Hrsg.): Statistisches Jahrbuch für die Bundesrepublik Deutschland 1967, Stuttgart und Mainz 1967

Stigler, G. J.: The Economist Plays with Blocs, in: AER, Vol. 44, Proc., 1954, S. 7 ff.

Stobbe, A.: Kurzfristige und langfristige Bestimmungsgründe der Einkommensverteilung, in: SchZ, 96. Jg., 1960, S. 131 ff.

— Untersuchungen zur makroökonomischen Theorie der Einkommensverteilung, Kieler Studien 59, Tübingen 1962

Stohler, J.: Wirtschaftswachstum und Wohlfahrtsstaat, in: ZfN, Bd. 24, 1964, S. 349 ff.

— Zur rationalen Planung der Infrastruktur, in: Konjunkturpolitik, 11. Jg., 1965, S. 279 ff.

Stolper, G., K. *Häuser* und K. *Borchardt*: Deutsche Wirtschaft seit 1870, 2. Aufl., Tübingen 1966

Stöwe, H.: Ökonometrie und makroökonomische Theorie, Stuttgart 1959

Streeten, P.: Values, Facts and the Compensation Principle, in: v. Beckerath, E. und Giersch, H., (Hrsg.), Probleme der normativen Ökonomik und der wirtschaftspolitischen Beratung, SchdVfS, N. F. Bd. 29, Berlin 1963, S. 164 ff.

Stützel, W.: Banken, Kapital und Kredit in der zweiten Hälfte des zwanzigsten Jahrhunderts, in: Neumark, F., (Hrsg.), Strukturwandlungen einer wachsenden Wirtschaft, Bd. 2, SchdVfS, N. F. Bd. 30/II, Berlin 1964, S. 527 ff.

Timm, H.: Bemerkungen zum inflationären Wachstum, in: Jürgensen, H., (Hrsg.), Gestaltungsprobleme der Weltwirtschaft, Festschrift für A. Predöhl, JfS, Bd. 14, H. 3, Göttingen 1963, S. 523 ff.

Tinbergen, J.: Economic Policy: Principles and Design, Amsterdam 1956

— Welfare Economics and Income Distribution, in: AER, Vol. 47, Proc., 1957, S. 490 ff.

— Centralization and Decentralization in Economic Policy, Amsterdam 1954

Tintner, G.: Note on the Problem of Bilateral Monopoly, in: JPE, Vol. 47, 1939, S. 263 ff.

Tuchtfeld, E.: Die volkswirtschaftlichen Auswirkungen der Arbeitszeitverkürzung, in: Arbeitszeit und Freizeit, Nürnberger Abhandlungen, Heft 15, Berlin 1961, S. 11 ff.

Turner, R. C.: Relationship of Prices to Economic Stability and Growth; A Statement of the Problem, in: The Relationship of Prices to Economic Stability and Growth, Compendium of Papers Submitted by Panelists Appearing before the Joint Economic Committee, Washington D. C. 1958, S. 671 ff.

United Nations: Statistical Yearbook 1963, New York 1964

Veblen, T.: Theorie der feinen Leute — Eine ökonomische Untersuchung der Institutionen, übers. von S. Heintz und P. v. Haselberg, Köln-Berlin o. J. (zuerst veröff. 1899)

Vermögensbildung für Jedermann. Eine neue Denkschrift evangelischer und katholischer Persönlichkeiten zur Eigentumspolitik, in: FAZ vom 15. Januar 1964, S. 14.

Vogt, W.: Makroökonomische Bestimmungsgründe wirtschaftlichen Wachstums der Bundesrepublik Deutschland von 1950 bis 1960. Ein Beitrag zur Theorie des wirtschaftlichen Wachstums, Kieler Studien 66, Tübingen 1964

— Eine Verallgemeinerung der Wachstumstheorie, in: WA, Bd. 92, 1964, S. 259 ff.

Wagenführ, R.: Der Integrationsprozeß und das Lohnkostenargument, in: Kyklos, Vol. 15, Festschrift für E. Salin, 1962, S. 134 ff.

Walters, A. A.: Production and Cost Functions: An Econometric Survey, in: Econometrica, Vol. 31, 1963, S. 1 ff.

Weber, M.: Asketischer Protestantismus und kapitalistischer Geist, in: derselbe, Soziologie — Weltgeschichtliche Analysen — Politik, (Hrsg. H. Winkelmann), Stuttgart 1956, S. 357 ff.

Weber, W.: Das politische Kräftesystem in der wohlfahrtsstaatlichen Massendemokratie, in: derselbe, Spannungen und Kräfte im westdeutschen Verfassungssystem, 2. erw. Aufl., Stuttgart 1958, S. 139 ff.

Weisser, G.: Die Überwindung des Ökonomismus in der Wirtschaftswissenschaft, in: Grundsatzfragen der Wirtschaftsordnung, Berlin 1954, S. 9 ff.

— Grundsätze der Verteilungspolitik, in: Grundsatzfragen der Wirtschaftsordnung, a. a. O., S. 41 ff.

— Distribution, (II), in: HdSw, Bd. 2, Stuttgart-Tübingen-Göttingen 1959, S. 635 ff.

— Vermögen und Vermögenspolitik, in: HdSw, Bd. 11, Stuttgart-Tübingen-Göttingen 1961, S. 163 ff.

v. Weizsäcker, C. C.: Wachstum, Zins und optimale Investitionsquote, Veröff. der List Gesellschaft E. V., Bd. 26, Basel-Tübingen 1962

— Zur ökonomischen Theorie des technischen Fortschritts, Göttingen 1966

Welty, E. (Hrsg.): Die Sozialenzyklika Papst Johannes XXIII., Mater et Magistra, 2. Aufl., Freiburg i. Br. 1962

Werlé, E.: Öffentliche Investitionen und Wirtschaftswachstum, Vorschlag für eine antizyklische Vergabe öffentlicher Investitionsaufträge, Sonderschrift des Ifo-Instituts für Wirtschaftsforschung, Nr. 25, Berlin-München 1960

White, W. H.: The Rate of Interest, the Marginal Efficiency of Capital and Investment Programming, in: EJ, Vol. 68, 1958, S. 51 ff.

Wissenschaftlicher Beirat beim Bundeswirtschaftsministerium: Gegenwärtige Möglichkeiten und Grenzen einer konjunkturbewußten Lohnpolitik in der Bundesrepublik, Gutachten vom 21. 2. 1960, in: Bd. 5 der Gutachten des Wissenschaftlichen Beirats beim Bundeswirtschaftsministerium, Göttingen 1961, S. 82 ff.

Wössner, J.: Industriegesellschaft und Verbandswesen, in: JfS, Bd. 15, 1964, S. 221 ff.

Wrede, K. M.: Produktivität und Distribution im Lichte der deutschen gewerkschaftlichen Lehrmeinungen der Weimarer Epoche (1918—1933), Volkswirtschaftliche Schriften, Heft 56, Berlin 1960

Würgler, H.: Die obersten Zielsetzungen der Wirtschaftspolitik, in: SchZ, 96. Jg., 1960, S. 195 ff.

Wyss, H.: Der Konsument als Bestimmungsfaktor für die Konjunkturentwicklung in den Vereinigten Staaten, in: SchZ, 94. Jg., 1958, S. 233 ff.

Zeitel, G., Bestimmungsfaktoren der Preis- und Produktivitätsstruktur, in: Neumark, F., (Hrsg.), Strukturwandlungen einer wachsenden Wirtschaft, Bd. 2, SchdVfS, N. F. Bd. 30/II, Berlin 1964, S. 666 ff.

Kolibri 360 GmbH
Ferdinand-Jühlke-Straße 7
99095 Erfurt, Deutschland
produktsicherheit@kolibri360.de

Druck:
CPI Druckdienstleistungen GmbH
im Auftrag der
Kolibri 360 GmbH
Ferdinand-Jühlke-Str. 7
99095 Erfurt